SOCIEDADE E NATUREZA

uma investigação sociológica

CONTRACORRENTE

Hans Kelsen

SOCIEDADE E NATUREZA

uma investigação sociológica

Tradução de Pedro Davoglio

SÃO PAULO
2022

CONTRACORRENTE

Alameda Itu, 852 | 1º andar |
CEP 01421 002
www.loja-editoracontracorrente.com.br
contato@editoracontracorrente.com.br

EDITORES
Camila Almeida Janela Valim
Gustavo Marinho de Carvalho
Rafael Valim
Walfrido Warde
Silvio Almeida

EQUIPE EDITORIAL
COORDENAÇÃO DE PROJETO: Juliana Daglio
PREPARAÇÃO DE TEXTO: Amanda Dorth
REVISÃO: Carla Carreiro
REVISÃO TÉCNICA: Douglas Magalhães
DIAGRAMAÇÃO: Pablo Madeira
CAPA: Maikon Nery

EQUIPE DE APOIO
Fabiana Celli
Carla Vasconcellos
Fernando Pereira
Valéria Pucci
Regina Gomes
Nathalia Oliveira

Dados Internacionais de Catalogação na Publicação (CIP)
(Câmara Brasileira do Livro, SP, Brasil)

Kelsen, Hans, 1881-1973
Sociedade e natureza: uma investigação sociológica / Hans Kelsen ; tradução Pedro Davoglio. -- São Paulo, SP : Editora Contracorrente, 2022.
Título original: Nature and society.

ISBN 978-65-5396-063-3

1. Etnofilosofia 2. Filosofia da natureza 3. Filosofia do Direito 4. Sociedade I. Título.

22-128217 CDU-340.12

Índices para catálogo sistemático:
1. Direito : Filosofia 340.12
Eliete Marques da Silva - Bibliotecária - CRB-8/9380

@editoracontracorrente
Editora Contracorrente
@ContraEditora

Este livro é dedicado à Fundação Rockefeller por um dos muitos acadêmicos europeus que devem a essa nobre instituição – símbolo da generosidade americana – o privilégio de dar continuidade a seu trabalho científico em um país livre.

SUMÁRIO

INTRODUÇÃO

Nosso pensamento é caracterizado por um dualismo fundamental e pela tendência a superar esse dualismo, estabelecendo uma visão de mundo monista. O dualismo manifesta-se de várias maneiras. A distinção entre sociedade e natureza é uma delas.

Sociedade e natureza, se concebidas como dois sistemas diferentes de elementos, resultam de dois métodos de pensamento diferentes, e apenas como tais são dois objetos diferentes. Os mesmos elementos, se conectados uns aos outros segundo o princípio da causalidade, constituem a natureza; se conectados uns aos outros segundo outro princípio – a saber, o normativo –, constituem a sociedade.

A causalidade não é uma forma de pensamento da qual a consciência humana é dotada por necessidade natural; a causalidade não é, como Kant a chama, uma "noção inata". Houve períodos na história do pensamento humano em que o homem não pensava de maneira causal – isto é, o homem conectava os fatos percebidos por seus sentidos não segundo o princípio da causalidade, mas segundo os mesmos princípios que regulavam sua conduta em relação a outros homens. A lei da causalidade como princípio do pensamento científico apareceu pela primeira vez em um nível de desenvolvimento mental relativamente alto. A natureza, isto é, os fatos que o homem civilizado concebe como um sistema de elementos conectados uns aos outros de acordo com o princípio da causalidade, é interpretada pelo homem primevo de acordo com um esquema totalmente diferente. Os primitivos interpretam a "natureza" de acordo com normas sociais, especialmente segundo a *lex talioni*, a norma de retribuição. Para eles, a "natureza" é uma parte intrínseca da sociedade. O dualismo entre sociedade e natureza, tão característico do pensamento do homem civilizado, é completamente estranho à mentalidade primitiva. A ciência moderna, por outro lado, tenta realizar seu objetivo monista ao conceber a sociedade como parte da natureza, e não a natureza como parte da sociedade.

Este livro compromete-se com a tarefa de investigar com base em material etnográfico como o homem primitivo interpreta a natureza que o circunda e como, a partir dos fundamentos dessa interpretação, especialmente a partir do princípio da retribuição, a ideia de causalidade – e, com isso, o conceito moderno de natureza – desenvolveu-se. Esse desenvolvimento significa a separação entre natureza e sociedade na mente humana.

Se a percepção obtida a respeito da origem do conceito de causalidade provar-se correta, então a controvérsia que recentemente eclodiu nas ciências naturais sobre esse conceito aparecerá sob nova luz e, portanto, a tendência a eliminar ou modificar a ideia de uma lei causal que determina com absoluta necessidade todos os eventos mostrará seu verdadeiro significado. A chamada "crise da causalidade", a alegada revolução de nossa concepção do universo, pode ser compreendida como o último degrau de um processo intelectual cujo significado é a emancipação gradual da lei da causalidade em relação ao princípio da retribuição. É a emancipação em relação a uma interpretação social da natureza.

Esse processo mostra uma relação entre ciência social e ciência natural que é muito importante do ponto de vista da história intelectual. Este trabalho pretende dar uma contribuição sociológica a esse problema.

PARTE I

A CONCEPÇÃO PRIMITIVA DA NATUREZA

CAPÍTULO I

A CONSCIÊNCIA PRIMITIVA

1 O predomínio do componente emocional

A consciência do homem primitivo é essencialmente caracterizada pelo fato de que com ele o componente racional, que visa à cognição objetiva, está muito atrás do componente emocional, que resulta dos sentimentos e volições; originalmente, esse componente emocional dominou quase exclusivamente a mente do homem primitivo.[1]

Para que se compreenda a mentalidade primitiva, é extremamente importante considerarmos a peculiaridade e a função dessas duas atitudes fundamentalmente diferentes do homem em relação a seu ambiente.[2] Uma leva à ideia de uma conexão objetiva entre

---

1 Wundt aponta que os motivos do pensamento mítico, e portanto primitivo, são "não ideias, mas emoções que sempre acompanham as ideias; ao estimularem a imaginação, elas influenciam a formação das ideias. As emoções de medo e esperança, expectativa e desejo, amor e ódio, são fontes disseminadas de mitos". Cf. WUNDT, Wilhelm. *Völkerpsychologie*: Mythus und Religion. vol. IV, 2ª ed. parte I. Leipzig: Engelmann, 1910, p. 60.

2 Wilson D. Wallis diz: "O homem não é fundamentalmente racional ou prioritariamente racionalista. Ele age antes de pensar; atitudes emocionais

as coisas, como concebe o homem civilizado, à realidade determinada pelas leis da causalidade, à natureza; a outra leva a ideias que nem descrevem o mundo nem satisfazem nossa curiosidade e desejo por conhecimento, mas que servem a interesses subjetivos não cognitivos. Estas ideias, por estarem relacionadas a objetos que desejamos ou tememos, são formadas não pela observação receptiva, mas pela fantasia produtiva; totalmente ambivalentes, elas atenuam e amplificam a emoção inicial, satisfazem e excitam o desejo, acalmam e estimulam o medo. Nessas ideias estão baseados conceitos de valor: do que é útil porque desejado, do que é nocivo porque temido, do que é moralmente bom ou mau porque é expressão do interesse de um grupo, e não de um indivíduo. Essas ideias não estão preocupadas em explicar fenômenos, mas com a necessidade que o homem primitivo sente de reagir aos eventos naturais, a justificação de cada ação é a função específica dessas ideias. Portanto, expressam avaliações que estabelecem uma ordem normativa do comportamento humano. Assim como a atitude racional leva à natureza governada pelas leis da causalidade, a atitude emocional leva à sociedade governada por normas. Para o homem civilizado, esses são certamente dois mundos diferentes, correspondentes a atitudes mentais fundamentalmente díspares.

É quase desnecessário dizer que o componente emocional é o elemento mais antigo ou, pelo menos, aquele originalmente mais forte.[3] Isso fica claro quando dizemos que inicialmente o

---

precedem a lógica. Ele se comporta e em seguida se torna consciente de seu comportamento e seu sentido. Atitudes emocionais são primárias, induções lógicas cuidadosas são secundárias e derivadas. A razão é profundamente afetada por atitudes emocionais precedentes ou concomitantes. É guiada por elas; seu caráter determina amplamente os objetivos e ênfases racionalizados..." WALLIS, Wilson D. *Religion in Primitive Society*. EUA: F.S. Crofts & Co., 1939. O mesmo autor afirma, na p. 321: "Se o selvagem é um homem civilizado em potencial, um homem civilizado é um selvagem em potencial".

3 KING, Irving. *The Development of Religion*: a Study in Anthropology and Social Psychology. [s.l.]: [s.n.], 1910, pp. 44 e ss.: "O mundo não se apresenta a nós em primeiro lugar como uma massa de fatos objetivos, com pouca ou

comportamento do homem era determinado essencialmente pelo desejo.[4] A partir disso se pode explicar a posição proeminente da chamada "magia" na vida do homem primitivo, pois ela consiste principalmente no fato de que quanto menos o homem domina tecnicamente a natureza, mais ele se volta com seus desejos, expressos em uma linguagem de sinais peculiar, a seres sobre-humanos. Especialmente porque acredita que o poder desses seres satisfará suas necessidades, ele imagina tais seres.[5] Não há razão para que se suponha entre os homens primitivos uma tendência

---

nenhuma relação conosco e com as coisas que nos esforçamos para fazer. Em vez disso, é um mundo de valores e interesses que é apreendido em primeiro lugar; o mundo do fato frio é uma abstração desse aspecto anterior e mais primitivo das coisas e eventos. Ou seja, o que chamamos, por falta de termo melhor, de "atitude apreciativa" está diretamente conectado à relação ativa do homem com seu meio ambiente, tanto físico quanto social. Os valores que reconhecemos, as apreciações que sentimos, são construídos em nós pela maneira como tomamos posse de nosso mundo e lidamos com ele. As coisas que nos interessam, os atos que aprovamos ou desaprovamos, os fins, as finalidades de ações que julgamos valerem a pena chegam à nossa experiência consciente porque na maioria do tempo estamos nos esforçando para *fazer* algo. É dessa maneira que elas estabelecem relações conosco. Posteriormente, esses objetos, atos e ideais podem se tornar tão familiares a ponto de ser conhecidos, ao menos em termos relativos, independentemente de nossos propósitos ou ações".

4 ZIEGLER, Leopold. *Überlieferung*. Leipzig: Hegner, 1936, p. 18. O predomínio do componente emocional sobre o racional no pensamento primitivo também é enfatizado por MARETT, R. R. *Faith, Hope, and Charity in Primitive Religion*. Nova York: MacMillan, 1932, p. 3.

5 ZIEGLER, Leopold. *Überlieferung*. Leipzig: Hegner, 1936, p. 19: "Assim, os desejos dão lugar a excessos no mesmo grau em que os instrumentos e ferramentas permanecem subdesenvolvidos e, portanto, não são capazes de satisfazer desejos de maneira significativa". O mesmo autor, na p. 21: "Magia! O homem como 'Wunsch-Wesen' é o *homo magus*, o próprio mago. Em oposição ao homem de vontade, ele conta menos com instrumentos técnicos e ferramentas mecânicas do que com a magia quando tenta influenciar a realidade. Na medida em que tudo que é objeto de um desejo... significa também uma realidade, uma realidade *sui generis*, uma realidade em *statu nascendi*, cuja realização deve ser produzida por poderes imanentes à natureza... ele passa a confiar nesses poderes a fim de dispô-los favoravelmente a seus desejos. Essa é a fonte de toda magia".

desenvolvida à cognição ou um desejo direto por uma explicação objetiva do mundo – uma explicação que seja independente de seus desejos ou livre de qualquer julgamento; pois mesmo o homem civilizado médio luta em menor grau por uma cognição objetiva do que por um julgamento de valor e, assim, por uma justificação de seus interesses individuais à luz dos interesses coletivos (que se apresentam ideologicamente como normas).[6]

A mentalidade do homem primitivo é caracterizada pela falta de curiosidade.[7] Os etnólogos mais bem informados concordam em retratá-lo como um indivíduo que não pode ser facilmente levado a um estado de perplexidade, que é o primeiro impulso para a pesquisa. A busca por causas mais profundas é estranha a sua

---

6 ANKERMANN, Bernhard. "Die Religion der Naturvölker". *In*: BERTHOLET, Edvard; LEHMANN, Alfred. *Lehrbuch der Religionsgeschichte*. 4ª ed. Tubingen: Mohr, 1925, p. 35, observa: "Não temos o direito de supor que o homem em um estado primitivo de desenvolvimento tem uma tendência à cognição; pois, mesmo hoje, muitos homens carecem dessa tendência". E GRAEBNER, Fritz. *Das Weltbild der Primitiven*: Eine Untersuchung der Urformen weltanschaulichen Denkens bei Naturvölkern. Munique: Ernst Reinhardt, 1924, p. 135: "Do ponto de vista histórico, a razão prática é o *a priori* da razão teórica".

7 Ver LETOURNEAU, C. *La Psychologie ethnique*. Paris: Schleicher Frères, 1901, pp. 95 e 156; LÉVY-BRUHL, Lucien. *Primitive Mentality*. Trad. autorizada de Lilian A. Clare. Nova York: MacMillan; Londres: George Allen & Unwin Ltd., 1923, p. 59, fala de "falta de curiosidade".

MAGYAR, Ladislaus. *Reisen In Süd-afrika In Den Jahren, 1849-1857*. Leipzig: Von Lauffer & Stolp, 1859, p. 346, escreve dos kimbunda (África do Sul): "Eles olham para um eclipse solar ou lunar com completa apatia... Eles são tão indiferentes em relação aos fenômenos da natureza que durante os oito anos de minha estadia entre eles nunca fui questionado sobre a causa, por exemplo, de um eclipse".

natureza.[8] O novo lhe causa medo,[9] não curiosidade.[10] Sua mente, diferentemente da do homem civilizado, não é sensível em relação à contradição lógica. Dudley Kidd escreve:

> No que diz respeito aos cafres,[11] devemos tentar compreender o fato de que são capazes de acolher, ao mesmo tempo, ideias contraditórias. Até que alguém aponte a contradição, um cafre não vê dificuldade em acreditar que seu avô "apagou-se como uma vela" na morte, ao mesmo tempo

---

8 SPENCER, Herbert. *The Principles of Sociology*. vol. I. Nova York: D. Appleton and Company, 1898, § 46, pp. 88 e ss. diz da mentalidade do homem primitivo: "Junto com a ausência de surpresa há a ausência de curiosidade; e onde há menor faculdade de pensamento, mesmo a perplexidade pode ser excitada sem provocar a pesquisa".

PHILLIPS, Richard Cobden. "The Lower Congo". *Journal of the Anthropological Institute of Great Britain and Ireland*, vol. XVII, 1888, p. 221, escreve: "As ideias são, em sua maioria, as mais simples, raramente passando pelos concretos da experiência real, estando as generalizações, via de regra, além de seu poder. A associação de ideias, embora boa em virtude da boa memória, só ocorre na forma concreta da contiguidade no tempo e no espaço como efetivamente percebidos... O ato fundamental de inteligência, a intuição de semelhança e dessemelhança, é muito circunscrito; e atos elevados do intelecto são, portanto, negados... Um traço que acompanha isso é a ausência de surpresa racional; ao ver algo novo, um maravilhamento vago é tudo o que se pode observar, e isso é muito transitório, e a nova experiência é classificada como "moda do homem branco". É quase natural que não haja curiosidade, nem desejo de investigar a causa de uma experiência nova; nunca ocorre ao nativo que exista uma causa para a novidade ou uma explicação necessária. Da mesma forma, há quase total ausência de teorização sobre os fenômenos naturais".

LE ROY, Alexander. *The Religion of the Primitives*. Trad. Newton Thompson. Nova York: MacMillan, 1922, p. 47: "Nada o surpreende, e a investigação das causas primárias é totalmente indiferente a ele".

9 Cf. CRAWLEY, Ernest. *The Mystic Rose*. vol. I, nova ed. de Theodore Bestermann. Londres: Methuen and Co., 1927, pp. 23 e ss.

10 SCHULTZE, Fritz. *Psychologie der Naturvölker*. Leipzig: Veit & comp., 1900, p. 251.

11 N.T. Termo obsoleto utilizado por etnólogos para se referir primeiro à população banta do sudeste da África, depois genericamente à população negra africana escravizada; por fim, usado para indicar indivíduo rude, inculto; daí seu sentido mais moderno, racista (em inglês, *kaffir*).

> em que lhe contará que seu avô visitou o *kraal*[12] ontem na forma de uma cobra. Mais tarde, ele lhe dirá que ontem seu avô morto vivia sob a terra em um esplêndido mundo de júbilo. O espírito desse avô pode ser material e imaterial, e pode existir e não existir ao mesmo tempo. Quando alguém aponta que essas afirmações são contraditórias, o cafre reexaminará a questão, e sua resposta mudará de acordo com o humor em que se encontra. Declarações de fatos opostas se disseminam em sua mente, aparentemente sem passar por qualquer região de inverdade consciente ou incompatibilidade mental.[13]

W. H. R. Rivers relata:

> Durante o trabalho da Expedição do Percy Sladen Trust às Ilhas Salomão, obtivemos na ilha de Eddystone um longo relato sobre o destino do homem após a morte. Nos foi contado que ele permanece por certo tempo nas proximidades do local onde morreu, até que espíritos chegam em suas canoas, vindos de uma ilha distante habitada pelos mortos, para levar o fantasma para seu novo lar. Em uma ocasião, estávamos presentes em uma casa lotada de pessoas que ouviram o barulho dos remos dos visitantes fantasmagóricos e o som de seus passos quando atracaram na praia, enquanto por várias horas a casa estava cheia de estranhos sons de sussurros, que todos a nosso redor acreditavam firmemente serem as vozes dos visitantes fantasmagóricos que vinham buscar o homem recentemente falecido... Mais tarde, depois de visitar uma caverna no cume da ilha, nos deram um relato circunstancial de seus habitantes fantasmagóricos, e ficamos sabendo que após a morte o povo da ilha habita essa caverna. Aqui os nativos possuem duas crenças que nos parecem incompatíveis: se

12 N.T. Curral.

13 KIDD, Dudley. *The Essential Kafir*. Edimburgo: A & C Black, 1904, p. 74.

> os espíritos dos mortos vão para uma ilha distante, não podem, segundo a nossa lógica, viver ao mesmo tempo numa caverna da ilha onde morreram. É claro que a interpretação natural é de que os fantasmas vivem em uma caverna no intervalo entre a morte a partida para a ilha distante, ou que, enquanto alguns vão para a ilha distante, outros passam a habitar a caverna. Estava claro, entretanto, que a contradição não deveria ser explicada dessas maneiras simples, mas que as pessoas mantinham as duas crenças: os mortos vão para uma ilha distante e, ainda assim, permanecem na ilha onde morreram.[14]

O desejo racional por cognição do homem primitivo é fracamente desenvolvido;[15] e, onde quer que se mostre, está inseparavelmente conectado com a – e mesmo fundamentalmente influenciado pela – tendência emocional-normativa. Essa tendência domina seu mundo interior. "Não a contemplação, mas a ação é o centro do qual irradia a interpretação que o homem faz da realidade", observa Cassirer;[16] e ele aponta que nos primeiros estágios da consciência mítico-religiosa

> as coisas existem para o eu somente na medida em que se tornam emocionalmente efetivas, isto é, causam emoções de esperança ou medo, desejo ou horror, satisfação ou decepção. A natureza também se apresenta ao homem dessa maneira antes que possa se tornar objeto de percepção, ou mesmo objeto de cognição.[17]

---

14 RIVERS, W. H. R. "The Primitive Conception of Death". *Hibbert Journal*, vol. X, 1911-1912, pp. 395/396.

15 LÉVY-BRUHL, Lucien. *The Soul of the Primitive*. Trad. autorizada de Lilian A. Clare. Londres: George Allen & Unwin Ltd., 1928, p. 110.

16 CASSIRER, Ernst. *Das Mythische Denken*: Philosophie der symbolischen Formen. Parte II. Berlim: Cassirer, 1925, p. 193.

17 CASSIRER, Ernst. *Das Mythische Denken*: Philosophie der symbolischen Formen. Parte II. Berlim: Cassirer, 1925, p. 247.

2 Ausência de pensamento causal

A ideia de que os eventos são determinados por leis da natureza, o conceito do princípio da causalidade – uma base fundamental do pensamento científico que se desenvolve lentamente e com dificuldade na mente dos homens – está inteiramente além do alcance do homem primitivo.[18] Pode-se falar de "pensamento cau-

---

18 Cf., e.g., SPENCER, Herbert. *The Principles of Sociology*. vol. II. Nova York: D. Appleton and Company, 1898, § 560, p. 599: "O homem primitivo não tem ideia de causa no sentido moderno. Os únicos agentes incluídos em sua teoria das coisas são pessoas vivas e fantasmas de pessoas mortas".

BASTIAN, Adolf. *Die Vorstellungen von der Seele*. Sammlung gemeinverstaendlicher wissenschaftlicher Vortraege. Edição de Rud. Virchow e Fr. von Holtzendorff, série 10, caderno 226. Berlim: Lüderitz, 1875, p. 11: "Sua [do homem primitivo] sequência de ideias parece ser... rápida e abruptamente interrompida e ele é incapaz de se agarrar ao fio de uma conexão causal. Assim, ele carece do princípio de causalidade que permite uma compreensão mais profunda da gênese dos fenômenos e sua conexão".

WUNDT, Wilhelm. *Völkerpsychologie*: Mythus und Religion. vol. IV, 2ª ed, parte I. Leipzig: Engelmann, 1910, p. 62: "A causalidade no sentido que a empregamos é inteiramente desconhecida do homem primitivo". Para mais, cf. FRIEDMANN, Max. "Über die Entwicklung des Urteils bei Naturvölkern". *In*: DRITTEN INTERNATIONALEN KONGRESSES FÜR PSYCHOLOGIE IN MUENCHEN. *Anais*. 1897, p. 333; e LÉVY-BRUHL, L. *Primitives and the Supernatural*. Trad. autorizada de Lilian A. Clare. Nova York: E.P. Dutton & Co., 1935, pp. 80 e ss.

ACHELIS, Thomas. *Die Religion Naturvölker im Umriß*. Hamburgo: Severus, 1919, p. 18, diz: "A mente ingênua do homem primitivo ainda é incapaz de pensar de maneira consistente e, em particular, incapaz de compreender o conceito de uma lei geral ou inevitável de causalidade e necessidade".

Max Moszkowski fala de uma "tendência extraordinariamente fraca ao pensamento causal" dos sakai e afirma corretamente: "No início de toda cultura está o fato de que o homem investiga com intensidade cada vez maior as causas dos eventos, de modo que se pode dizer que a cultura é uma função do desejo etiológico". Cf. MOSZKOWSKI, Max. *Auf neuen Wegen durch Sumatra*. Berlim: Dietrich Reimer/Ernst Vohsen, 1909, p. 90.

KRAUSE, Aurel. *Die Tlinkit-Indianer*. Jena: Hermann Costenoble, 1885, p. 151: "Seu poder de compreensão é limitado... É verdade que seus contos sobre as origens das coisas manifestam uma fantasia vívida, mas ao mesmo tempo eles desafiam toda interpretação razoável e muito raramente

sal" somente se a regularidade percebida em qualquer sucessão de eventos for também considerada necessária. Mas precisamente essa cadeia regular de eventos, pela qual o comportamento do homem primitivo é de fato guiado e na qual ele confia para suas ações e omissões, não lhe dá motivo para meditar: como uma criança, ele aceita a cadeia de eventos sem pensar nela. Na verdade, é preciso ser um Newton para descobrir a lei da gravitação simplesmente observando que uma maçã solta da árvore sempre cai na terra. A reflexão consciente, da qual pode surgir a lei da causalidade, ocorre nos processos mentais do homem primitivo apenas se coisas extraordinárias acontecerem, interrompendo inesperadamente a sucessão normal dos eventos – e, sobretudo, se fortes emoções forem despertadas.[19] Por essa razão, um conceito de causalidade ou uma tendência ao pensamento causal está fora de questão para o homem primitivo. Se alguns etnólogos atribuem pensamento causal a ele,[20] imputam nosso conceito de causalidade a certas

---

demonstram qualquer ideia de conexão causal entre os eventos. Apesar de seu constante intercurso com a natureza, o tlingit tem familiaridade com ela apenas no grau exigido pelas necessidades mais ordinárias da vida. Ele conhece todas as formas adequadas de cultivo e pesca, cada vale que oferece um caminho para o interior, e lhes dá nomes especiais; mas as cimeiras das montanhas, mesmo quando distintas por forma e altura, são raramente notadas por ele. Os animais e as plantas recebem nomes somente se forem úteis ou perigosos; – todos os outros são incluídos em conceitos gerais tais como 'pequena ave', 'vegetal' etc.".

19 Segundo Wundt, o homem primitivo divide todos os eventos em duas grandes esferas: "Eventos ordinários do dia a dia, que são aceitos como algo natural, e eventos inusitados, que despertam sua curiosidade e, sobretudo, seu medo ou espanto". Ele de modo algum reflete sobre os eventos do dia a dia. "Eventos inusitados são a doença e a morte; além disso, acidentes de todos os tipos, sonhos e visões peculiares e, finalmente, eventos naturais estranhos; mas nunca aqueles que ocorrem regularmente, em particular os que despertam medo e ansiedade, como tempestades, ou aqueles pelos quais se espera, como a chuva refrescante e renovadora na zona tórrida". Cf. WUNDT, Wilhelm. Völkerpsychologie: Mythus und Religion. vol. IV, 2ª ed. parte I. Leipzig: Engelmann, 1910, pp. 262 e ss.

20 E.g., DURKHEIM, Emile. *The Elementary Forms of the Religious Life*. Trad. J. W. Swain. Nova York: MacMillan, 1915, p. 363. [ed. bras.: DURKHEIM,

ideias que ele tem sobre a conexão entre eventos. Tal imputação pode ser facilmente induzida, uma vez que a lei da causalidade se originou, como mostraremos, no curso de uma mudança gradual de significado, das noções primitivas sobre certas relações sociais segundo as quais o homem primitivo interpreta a natureza. Mas nem esse fator, nem o fato de que o homem primitivo pode de fato utilizar conexões causais em sua vida prática – ou seja, conexões que os povos civilizados interpretam como causais – permitem que se atribua o pensamento causal, ou uma tendência ao pensamento causal, a ele. Pois, como um animal, ele utiliza essas conexões sem estar ciente de sua natureza e sem nunca refletir sobre elas.[21]

Émile. *As formas elementares da vida religiosa*: o sistema totêmico na Austrália. Trad. Paulo Neves. São Paulo: Martins Fontes, 1996, p. 393]. Em GRAEBNER, Fritz. *Das Weltbild der Primitiven*: Eine Untersuchung der Urformen weltanschaulichen Denkens bei Naturvölkern. Munique: Ernst Reinhardt, 1924, pp. 20 e ss, atribui-se certa importância à "tendência à causalidade" do homem primitivo, um fato que não está em conformidade com a primazia da razão prática sobre a razão teórica defendida pelo mesmo autor. Se o pensamento primitivo, como acredita Graebner, tem um caráter associativo, então as associações do homem primitivo são determinadas muito mais por fatores emocionais do que por fatores racionais. Graebner admite que entre os homens primitivos "a sugestiva firmeza da associação... é parcialmente resultante de um desejo apaixonado ou pelo menos de um desejo vívido". Ele diz, na p. 24, que a categoria de causalidade funciona de maneira muito mais forte no pensamento primitivo do que a categoria de substância. Isso é pouco convincente. Posteriormente, faremos referência à extraordinária importância da tendência à substancialização no pensamento primitivo.

21 Thurnwald diz desses nativos: "Seu conhecimento da natureza é... muito defeituoso... um registro dos fatos é o máximo que eles alcançam. Uma conexão causal mais profunda está ausente de todo e em princípio. A falta de percepção sobre as conexões entre os eventos é a fonte do medo e da superstição" (Cf. THURNWALD, R. "Im Bismarckarchipel und auf den Salomo Inseln, 1906-1909". *Zeitschrift für Ethnologie*, ano 42, 1910, p. 145). Mas em seu ensaio "Geistesverfassung der Naturvölker", em PREUSS, K. T. *Lehrbuch der Voelkerkunde*. Stuttgart: Ferdinand Enke Verlag, 1939, p. 47, o mesmo autor afirma que "a lógica e as conexões causais" existem no pensamento dos povos primitivos. Pois é lógico e denota percepção de conexão causal se um caçador prepara armadilhas para capturar animais. Mas isso significa somente que o chamado "homem natural" usa a conexão objetivamente existente, que o homem civilizado interpreta como causal, mas

---

não que ele está consciente dela em seu pensamento. O animal também a usa; um pássaro constrói um ninho ou uma abelha coleta mel, assim como os povos caçadores ou coletores de comida fazem. Estaríamos, assim, autorizados a presumir que os animais pensam logicamente e usam a categoria da causalidade em seu pensamento? Não seria mais correto falarmos, como L. Lévy-Bruhl, em LÉVY-BRUHL, Lucien. *Primitive Mentality*. Trad. autorizada de Lilian A. Clare. Nova York: MacMillan; Londres: George Allen & Unwin Ltd., 1923, p. 443, de uma intuição que guia o homem primitivo? "Em vez disso, sua mão adquiriu suas habilidades por um tipo de intuição dirigida pela observação aguda de objetos que possuem interesse particular para eles. Tal intuição os levaria longe".

GUSINDE, Martin. *Die Feuerland-Indianer*: Die Selknam. vol. I. Sankt Augustin: Anthropos, 1931, p. 1088, afirma que entre os índios selk'nam, muito primitivos, "o pensamento causal consciente" pode ser observado. Mas qual é a evidência para essa afirmação? Ele diz que os índios selk'nam refletem "se os meios são suficientes para os fins desejados, e qual causa [*Anlass*] produz este ou aquele evento; ele emprega auxílio capaz e ferramentas adequadas porque com isso aumenta sua própria capacidade de obter o que deseja". Mas essa afirmação diz apenas que os selk'nam utilizam conexões de fato que nós interpretamos como causais. Que ele levante a questão "Que fatos 'produzem' este ou aquele evento?" não significa que ele reconheça um nexo causal entre os eventos. Assim, ele acredita que a "causa" da morte ou da doença, que ele vê como punição infligida por uma autoridade super-humana, é um delito. Consequentemente, ele não conecta o fenômeno em questão segundo a lei da causalidade, mas segundo o princípio da retribuição. Gusinde prossegue: "Tudo o que ele mesmo fabrica ou o que ganhou ou recebeu é considerado por ele sua propriedade, sua fortuna particular, visto que o alcançou por meio de seus próprios esforços". Isso não é uma conexão causal, mas uma justificação da propriedade privada segundo a Filosofia do Direito católica, que Gusinde imputa ingenuamente aos indígenas. "Ele [o selk'nam] também encontra uma explicação que o satisfaz sobre o porquê de tantos eventos naturais, como a existência das montanhas e rios, de animais e seres humanos, movimentos das forças climáticas e planetas, mesmo para a formação multifacetada e a distribuição de sua terra natal a seu povo, os costumes dominantes e a ordem social predominante, que são atribuídos causalmente a Temáukel, o ser supremo". Que o homem primitivo "procure e encontre uma explicação que o satisfaça" de modo algum significa que ela precise ser uma explicação causal; e que ele refira sua ordem social a um "ser supremo", não significa que ele veja nesse ser a *prima causa*, mas que vê nele a autoridade suprema. Segundo a própria versão de Gusinde, Temáukel não é a "causa" – mais corretamente, não é o criador – do mundo. O mundo foi criado pelos ancestrais que transformaram a si mesmos em coisas da natureza. Cf. adiante, cap. II, notas 73 e 80.

Sobretudo, não se pode identificar, como frequentemente se faz, uma necessidade de explicação com uma tendência ao pensamento causal. É verdade que o homem primitivo tem certa necessidade de explicações, mas apenas em um grau limitado; essa necessidade é menos pronunciada do que qualquer outra que ele possa ter e está sujeita a seus desejos e medos. Se eventos extraordinários, reais ou imaginários, que tocam seus interesses vitais atraem a atenção do homem primitivo, sua resposta imediata não será uma explicação racional, mas uma reação emocional.[22] A totalidade de seu desejo secundário por explicação, contudo, é satisfeita quando ele pode interpretar os fatos em questão segundo sua ordem social, que também integra a natureza; ele fica satisfeito quando os fatos que exigem uma explicação podem ser interpretados como recompensa ou punição, ou como condição para elas. Um exemplo disso é a

---

Ziegler diz: "Se um evento não ocorre imediatamente no presente, não faz muita diferença se ocorreu no passado ou ocorrerá no futuro. Não existe uma sequência irreversível de eventos no tempo". Portanto, não há pensamento causal (Cf. ZIEGLER, Leopold. *Überlieferung*. Leipzig: Hegner, 1936, p. 49). Em seu artigo (THURNWALD, R. "Primitives Denken". *In*: EBERT, Max. *Reallexikon der Vorguchichte*. vol. X, 1927/1928, pp. 302 e ss.), Thurnwald afirma que qualquer tentativa de pôr em dúvida a tendência ao pensamento causal dos povos primitivos só poderia ser feita de um ponto de vista do "racionalismo exagerado". Mas é um exagero da interpretação racionalista imputar ao homem primitivo o pensamento causal – o pensamento racional por excelência. Todos os questionamentos sérios quanto à "tendência ao pensamento causal" do homem primitivo são provenientes principalmente da assunção de uma prevalência dos elementos emocionais sobre os elementos racionais na mente do homem primitivo. Às vezes afirma-se que o homem primitivo pensa causalmente, mas que sua concepção de causalidade é totalmente diferente daquela do homem civilizado (cf., p. ex., VAN DER LEEUW, G. "La Structure de la mentalité primitive". *Revue d'histoire et de philosophie religieuses*, vol. VIII, 1928, p. 6). Mas isso é abusar da terminologia. Causalidade é o que a ciência compreende como tal.

22 HARTLAND, Edwin Sidney. *Transactions of the Third International Congress for the History of Religion*. vol. I. Oxford: The Clarendon Press, 1908, p. 31 observa de modo notável: "Assim, a ação amadureceu antes da especulação. Na prepotência da ação, encontro a causa do vívido desenvolvimento dos rituais nas culturas inferiores, em contraste com a fraqueza do pensamento especulativo".

interpretação que o homem primitivo dá a uma morte que para nós seria totalmente natural, mas na opinião dele é uma punição infligida por uma autoridade sobre-humana ou um delito cometido por magia,[23] o que consequentemente implica um ato de vingança,

---

23 Brinton diz: "O selvagem não conhece a morte como uma ocorrência natural. Sua linguagem não tem nenhuma palavra que signifique 'morrer', mas apenas 'ser morto'". Cf. BRINTON, Daniel G. *Religions of Primitive Peoples*. Nova York/ Londres: G.P. Putnam's Sons, 1897, p. 68.

John Koty recentemente negou que a morte seja uma ocorrência "não natural" para o homem primitivo (cf. KOTY, J. "Die Behandlung der Alten und Kranken bei den Naturvölkern". *Forschungen zur Völkerpsychologie und Soziologie*, vol. XIII, 1934, p. 233). Pode ser que entre grupos muito primitivos certas mortes – por exemplo, o falecimento devido à fraqueza na velhice – não sejam vistas como ato de uma autoridade sobre-humana. Isso não implica necessariamente que tal morte seja considerada um evento "natural", mas pode apenas significar que nenhuma "explicação" é encontrada, uma vez que se está acostumado a ela e até mesmo se espera por ela. A ideia de que a morte é causada por uma autoridade sobre-humana é a primeira tentativa de explicação do homem primitivo e, portanto, aparece somente naqueles casos em que não é esperada e provoca grande impacto no grupo, tal como a morte de homens jovens e fortes. Se a morte é infligida pela ação violenta de outro homem, a situação é totalmente diferente. O homem primitivo vê nisso uma ocorrência social que é compreensível a ele; como tal, ele não a interpreta como um processo "natural" ou fisiológico-biológico. Somente quando o fato não representa um evento social é que o homem primitivo se inclina, por sua tendência de explicação socialmente orientada, a imaginar a interferência de uma autoridade sobre-humana. O homem atribui a essa autoridade as mesmas motivações de seus pares humanos. A evidência mais arrebatadora para mostrar que o homem primitivo vê a morte como um evento social, e não como um evento "natural" é o mito, disseminado entre os povos primitivos, que explica como a morte veio a este mundo. Esse mito justifica a morte como punição infligida por uma divindade por um pecado cometido pelo homem. A história bíblica da queda do homem, que tem como consequência tornar o homem mortal, ao passo que sem isso ele viveria eternamente, é fundamentalmente uma ideia primitiva (cf. ZIEGLER, Leopold. *Überlieferung*. Leipzig: Hegner, 1936, p. 45).

BAUMANN, Hermann. *Schöpfung und Urzeit des Menschen im Mythos der afrikanischen Völker*. Berlim: Dietrich Reimer (Andrews & Steiner), 1936, p. 291 (seguindo PREUSS, K. T. *Tod und Unsterblichkeit im Glauben der Naturvölker*. Sammlung gemeinverstaendlicher Vortraege. bol. 146. Tubingen: Mohr, 1930, pp. 3-16), declara que, apenas com base em sua experiência, o homem primitivo não pode acreditar na inevitabilidade da

justificado por tal interpretação. Mesmo quando um guerreiro é abatido em ação e a causa de sua morte é óbvia, a vingança de seus parentes é às vezes direcionada não contra o assassino, mas contra um suposto feiticeiro distante, cuja identidade eles tentam descobrir por meio de um estranho ritual. A retribuição é exercida contra ele. A crença na magia não faz com que o homem primitivo suponha uma causa falsa ou "mística". O que interessa a ele não é o fato que deu causa à morte de seu parente, mas a responsabilidade individual por ela. Portanto, ele não precisa investigar a causa, mas pode responsabilizar alguém pela morte; isto é, ele pode acusar um indivíduo de assassinato mesmo que, de acordo com a visão moderna, não haja absolutamente nenhuma conexão causal entre a pessoa responsabilizada e a morte. O pensamento do homem primitivo é dominado por essa ideia de retribuição, e não pela lei da causalidade. Nunca ocorre a ele descobrir a verdadeira conexão causal, i. e., atribuir o resultado a algum fato que possa, por si só, ser considerado a causa.

Schultze,[24] que atribui pensamento causal aos selvagens, dá o seguinte exemplo como prova de sua suposição: "Um cafre que quebrou um pedaço da âncora de um navio encalhado morreu logo

---

morte: "a crença no comando de um ser superior era necessária a fim de convencer o homem primitivo de que todos os seres humanos devem morrer". A inevitabilidade da morte não provém da necessidade de uma lei causal, mas da inviolabilidade de uma norma.

24 SCHULTZE, Fritz. *Psychologie der Naturvölker*. Leipzig: Veit & comp., 1900, pp. 43 e 223 e ss. O exemplo citado é tomado de LICHTENSTEIN, Henry. *Travels in Southern Africa*. vol. I. Trad. para o inglês por Anne Plumptre. Londres: H. Colburn, 1812, p. 313: "Na foz do rio Keissi, ou Keisskamma, como é chamado pelos hotentotes, encontra-se a âncora de um navio encalhado. Chachábe, o avô do rei atual, pediu que se quebrasse um pedaço dela, e a pessoa que o quebrou morreu logo depois. A âncora foi imediatamente considerada um feiticeiro, que tinha poder sobre o mar, e ficou zangado com a ofensa a ele dirigida; em consequência, conferiu-se um nome a ele, e ele é saudado sempre que alguém passa pelo local".

Um caso parecido é relatado por BEST, Elsdon, *The Maori*. vol. I. Wellington: H.H. Tombs, 1924, p. 229. O comandante de um navio tinha um relógio que os nativos consideravam um ser sobre-humano. Um dia, esse relógio caiu no mar. Após a partida do navio, eclodiu uma epidemia entre os nativos, e esse evento foi imediatamente relacionado ao relógio demoníaco. Mas como? Elsdon Best diz: "Os nativos juraram vingança contra os marinheiros de pele branca. Em casos como esse, é o próximo visitante que sofre". Isso significa que os maori interpretaram a queda do relógio como um delito tentado. O homem branco causou a doença dos nativos com a ajuda do demônio do relógio. Um mal tão grave permite o exercício da retribuição contra o homem branco, seja ele quem for. A natureza da conexão entre a queda do relógio e a epidemia não é decisiva para a interpretação primitiva do evento; o fator decisivo é saber se a epidemia é uma punição por um mal cometido pelos maori ou se é ela própria um mal cometido contra eles. Se for o último, a quem deve ser atribuído? Claro, os homens brancos são inimigos e, como magos, manipulam os poderes dos espíritos. O relógio em que tal espírito foi imaginado é lembrado como uma fonte potencial de mal. A epidemia é, portanto, considerada um crime que deve ser vingado. O fato em questão, a epidemia, está associado a uma ação futura, e assim é estabelecida uma conexão que "explica" o fato em questão.

Sobre a "causalidade" específica do homem primitivo, que supostamente difere de nosso conceito de causalidade, VAN DER LEEUW, G. "La Structure de la mentalité primitive". *Revue d'histoire et de philosophie religieuses*, vol. VIII, 1928, p. 5, relata o seguinte exemplo: "No Congo, um missionário matou um crocodilo que atacou seus porcos durante a noite. Ele abriu o corpo do animal e encontrou em seu estômago dois anéis. Imediatamente esses objetos foram reconhecidos como pertencentes a duas mulheres que haviam desaparecido, em datas diferentes, quando foram ao rio buscar água. Consequentemente, diríamos que o destino dessas pobres mulheres é evidente. Mas o nativo não compartilha de nossa opinião. O crocodilo não devorou as mulheres, pois os crocodilos não fazem esse tipo de coisa". Mas e os anéis? Não são evidências palpáveis de que, pelo menos nesse caso, o crocodilo devorou as mulheres? "Não, o crocodilo as arrebatou e as entregou ao feiticeiro de quem era auxiliar; os anéis, o crocodilo os recebera como salário". Van der Leeuw conclui: "Assim, o homem primitivo estabelece um tipo de causalidade cujas leis contradizem totalmente o que consideramos razoável e até evidente. Os fatos não contam; a lógica está ausente". Mas isso não é verdadeiro. O homem primitivo simplesmente considera fatos diferentes dos que reconhecemos como dados. Ele acredita no poder do feiticeiro; para ele, isso é um fato, como a gravidade é para nós. E ele acredita que os crocodilos não devoram os homens, assim como consideramos as bactérias a causa de certas doenças. Talvez no futuro o que agora consideramos fato seja considerado um erro, assim como consideramos erros os fatos aceitos pelos povos primitivos. Mas a diferença essencial entre o homem primitivo e nós não é que os fatos não contam para ele, mas que ele conecta os fatos, ou o que considera como tal, de uma maneira diferente da nossa. Ele vê o desaparecimento das mulheres como um acontecimento

---

social, e não como um acontecimento "natural". Ele os atribui a um homem, um feiticeiro, que, como uma investigação mais cuidadosa do evento sem dúvida mostraria, arrebatou as duas mulheres de suas famílias para se vingar. O crocodilo apenas cumpriu uma ordem do feiticeiro e recebeu os anéis como recompensa. O princípio que conecta o desaparecimento das mulheres aos anéis no estômago do animal é o da retribuição.

Wundt também limita sua afirmação de que o homem primitivo não tem consciência da causalidade no sentido que a concebemos quando diz: "... não o interesse intelectual, mas o desejo de satisfazer as emoções determina a conexão dos eventos na mente do primitivo, bem como na do homem supersticioso de hoje". Isso certamente está correto. O autor continua: "É verdade que também se pode chamar essa conexão de causal. Mas é uma causalidade mágica, absolutamente diferente da causalidade lógica da ciência, embora também conecte certos eventos entre si. É uma causalidade individual, que pode mudar em cada caso... pois se aplica apenas aos aspectos restritos da realidade que estão no interior da esfera da emoção humana. Em tudo isso, difere inteiramente da causalidade lógica da ciência, embora seja possível que a ideia da conexão entre eventos externamente separados, que domina toda a causalidade, tenha sua origem nessa causalidade mágica". Cf. WUNDT, Wilhelm. Völkerpsychologie: Mythus und Religion. vol. IV, 2ª ed. parte I. Leipzig: Engelmann, 1910, p. 62. Mas é enganoso chamar uma mera conexão individual de causalidade dos fenômenos, e até mesmo de causalidade "mágica". Além disso, existe no pensamento do homem primitivo um princípio geral, e, portanto, uma lei, que conecta esses elementos – o princípio da retribuição. Mas esse tipo de conexão ainda está muito distante de uma conexão causal. Somente se seguirmos Schultze e Wundt e compreendermos por "causalidade" todas as conexões dos fenômenos no sentido mais amplo, podemos falar de causalidade entre os homens primitivos ou, como Wundt, p. 264, de um "despertar do pensamento causal" em relação a eventos excepcionais e inesperados. Somente essa suposição torna a observação de Wundt correta. "Em vista dos fatos etnopsicológicos, a conhecida teoria da causalidade de David Hume poderia ser completamente invertida. A origem da ideia de causalidade não está na sequência regular e costumeira de eventos, mas, ao contrário, no inesperado e no incomum, em tudo o que desperta susto, medo, surpresa ou emoções incomuns de felicidade porque se desvia do curso regular dos acontecimentos". A esses eventos, o homem primitivo liga outros que aparentemente não têm conexão causal; mas existe uma conexão segundo o princípio da retribuição, que é um princípio social, e não místico ou mágico. A partir do princípio da retribuição, a lei da causalidade surgiu em um estágio muito posterior do desenvolvimento da mente humana e após uma mudança completa de significado; e surgiu porque o princípio em questão foi também aplicado a sequências ordinárias de eventos, reconhecidas como regulares e que não evocavam emoções especiais.

em seguida. Desde então, os cafres atribuem caráter divino à âncora, e ao passarem por ela, honram-na com saudações a fim de evitar sua ira". Schultze crê que "se atribui subjetivamente uma conexão causal a dois eventos que de modo algum a têm do ponto de vista objetivo, a saber, a quebra de um pedaço da âncora e a morte do negro". Mas não há conexão causal nesse caso, pela simples razão de que a conexão presumida na interpretação de Schultze limita-se a dois eventos bastante concretos. Os cafres, ao interpretar esse incidente, não supõem que o dano a uma âncora cause em geral a morte do agressor. Se eles veem nesse evento a aplicação de uma lei geral, é a da retribuição, e não a da causalidade. A âncora, imaginada como um ser pessoal, vingou-se do agressor, assim como os homens, por conta de um dano causado a eles, vingam-se e têm a prerrogativa, se não a obrigação, de vingar-se. Tal interpretação é também uma "explicação", embora não segundo a lei da causalidade. É uma explicação meramente no sentido de uma justificação normativa que legitima o comportamento pessoal.

Phillips escreve dos nativos do Baixo Congo:

> No intelecto, encontramos o mesmo desenvolvimento atrofiado que ocorre com as emoções; a relação de causa e efeito, em todos os casos, exceto os mais patentes e mecânicos, está além de seu alcance. Aqui, novamente, rege o costume; do mesmo modo que um estudante escolar realiza operações com frações assim e assim porque lhe foi dito para fazer desse jeito, e acredita que a resposta estará correta porque essa é a regra, também os nativos atribuem efeitos conhecidos às causas mais inadequadas, tanto do ponto de vista quantitativo quanto do qualitativo. Tomemos um caso. Há alguns anos, a xíquia, ou bicho-de-pé, foi importada do Brasil; perguntemos a um kabinda o que é dito sobre sua origem. Ele provavelmente dirá que eles vieram porque o rei dos kabinda ainda não foi sepultado (um homem que morreu há quarenta ou cinquenta anos), e nada os persuadirá do contrário. Pode-se argumentar que em Loango, onde o rei ainda vive, as xíquias são igualmente perniciosas, ou que

> também causam problema em Ambriz, onde os portugueses dominam o território; nada alterará sua crença.[25]

Esse é um exemplo muito característico. Os nativos não atribuíram um efeito a uma "causa inadequada", como Phillips presume; eles interpretaram um evento natural não segundo a lei da causalidade, mas segundo o princípio da retribuição; as xíquias vieram a Kabinda como punição por um pecado cometido naquele país. Portanto, o fato de que em Loango e Ambriz as xíquias são tão perniciosas quanto em Kabinda de modo algum é uma contraevidência.

Pode-se presumir uma tendência ao pensamento causal somente se, diferentemente dos impulsos emocionais, uma inclinação à cognição pura foi desenvolvida, ou se, independentemente do desejo e do medo, manifestou-se um interesse de compreender a conexão objetiva entre os fenômenos da natureza.[26] A natureza,

---

25 PHILLIPS, Richard Cobden. "The Lower Congo". *Journal of the Anthropological Institute of Great Britain and Ireland*, vol. XVII, 1888, p. 220.

26 Afirma-se com frequência que a ideia de leis naturais é estranha ao homem primitivo (cf. BRINTON, Daniel G. *Religions of Primitive Peoples*. Nova York/ Londres: G.P. Putnam's Sons, 1897, pp. 39 e 48). HARTLAND, E. S. *Primitive Paternity*. vol. I. Londres: D. Nutt, 1909/1910, p. 3 diz do selvagem: "Pode-se dizer que para ele as leis da natureza não existem; tudo depende da vontade e do poder de seres concebidos, qualquer que seja sua forma externa, nos termos de sua própria consciência". Ver também LÉVY-BRUHL, L. *Primitives and the Supernatural*. Trad. autorizada de Lilian A. Clare. Nova York: E.P. Dutton & Co., 1935, p. 20; KARSTEN, Rafael. *The Origins of Religion*. Londres: K. Paul, Trench, Trübner & Company, 1935, p. 133. Em seu livro *The Civilization of the South American Indians*, Karsten escreve: "Os selvagens não costumam desenvolver suas ideias de maneira lógica, e um problema que só tem interesse teórico dificilmente se apresentaria à sua mente" (KARSTEN, Rafael. *The Civilization of the South American Indians*. Londres: K. Paul, Trench, Trübner & Company, 1926, p. 295). PREUSS, K. T. *Die Nayarit Expedition*. vol. I. Leipzig: Teubner, 1912, pp. xlvii aponta: "Para o cora, a natureza não é uma série de eventos que ocorrem com regularidade. Para ele, as leis da natureza não existem, pois os eventos naturais refletem atividades de pessoas dotadas de vontade

como conexão de fenômenos independentes do desejo e do medo, não existe para o homem primitivo mais do que, nesse sentido, existe para a criança. O homem primitivo interpreta aqueles fatos que, na cognição científica do homem civilizado, formam o sistema da natureza segundo os mesmos princípios que determinam sua sociedade.

3 Ausência de consciência do eu

Junto com a predominância da tendência emocional sobre a racional na alma do homem primitivo, está uma notável ausência de consciência do eu, uma falta de qualquer experiência desenvolvida de sua individualidade. Kidd diz dos cafres:

> Eles estão vagamente conscientes de grandes extensões de sua própria individualidade, que se encontram abaixo do nível da plena consciência... O eu subliminar é enormemente maior do que aquela parte que se revela à plena autoconsciência.[27]

Isso é típico da condição da mentalidade primitiva. Essa falta de consciência do eu é, contudo, o reverso do medo de seu ambiente, que domina toda a vida do homem primitivo; ele vê o mundo que o rodeia como repleto de espíritos poderosos, particularmente dos falecidos, aos quais atribui poderes sobre-humanos. Quando questionado sobre a crença de seu povo, um esquimó respondeu ao explorador Rasmussen:

---

e razão". Também EHRENREICH, Paul. *Die allgemeine Mythologie und ihre etknologischen Grundlagen*. Mythologische Bibliothek. vol. IV, parte I. Leipzig: J. C. Hinrich'sche Buchhandlung, 1910, p. 56, afirma que os selvagens têm um senso de causalidade, mas ele diz que "falta aos selvagens qualquer conceito de uma lei da natureza". Consequentemente, eles não podem ter um "senso de causalidade".

27 KIDD, Dudley. *The Essential Kafir*. Edimburgo: A & C Black, 1904, p. 71.

> Não acreditamos, tememos. Tememos o que não é familiar. Tememos o que vemos e nos diz respeito, e tememos todas as coisas invisíveis que também nos dizem respeito, tudo o que ouvimos nas histórias e mitos de nossos antepassados. Portanto, temos nossos costumes.[28]

O medo das almas dos mortos, isto é, o medo da vingança que possam exercer sobre aqueles que ofendem a ordem social, bem como a esperança de proteção e apoio no caso de comportamento ordeiro – em suma, a crença na função retributiva das almas dos mortos é a base para o culto aos ancestrais difundido entre os povos primitivos. Os antepassados mortos são tudo e fizeram tudo. Os vivos não são nada. Os etnólogos concordam em seus relatos de que o homem primitivo, em contraste com o homem civilizado, não se considera Senhor da Criação, superior aos animais, plantas e objetos inanimados, mas igual, e às vezes até inferior, tratando esses outros seres e objetos com respeito e temor.

Essa atitude corresponde à situação real do selvagem, que se encontra em uma luta amarga com os perigos da natureza, que o ameaçam de todos os lados, e particularmente com animais frequentemente muito mais fortes. É fácil entender que ele veja forças sobre-humanas nesse mundo ameaçador; e também é possível compreender que em tais circunstâncias não poderia surgir aquela orgulhosa consciência do eu que separa o homem civilizado da natureza, tecnicamente dominada por ele, e particularmente dos animais, inteiramente subordinados a ele. O que Nieuwenhuis disse sobre o nativo do Bornéu central pode ser considerado típico:

> Na verdade, a posição que os habitantes de Bornéu central atribuem a si próprios no reino da Natureza é muito

28 RASMUSSEN, Knud. *Intellectual Culture of the Iglulik Eskimos*. vol. VII, nº 1 do Report of the Fifth Thule Expedition, 1921-1924. Copenhagen: Gyldendalske Boghandel, 1929, p. 54.

> modesta. Pois eles se consideram não essencialmente, mas apenas em grau, diferentes dos animais, plantas e pedras de seu ambiente. De maneira característica, os bajaus atribuem não apenas a si mesmos, mas também a todos os seres animados e inanimados, a posse de almas (*bruwa*). Segundo eles, a alma de uma árvore, de um cão ou de uma rocha reage da mesma forma que a alma do homem e é movida pelos mesmos sentimentos de prazer e dor. Os bajaus tentam, portanto, acalmar por meio do sacrifício as almas iradas de animais, plantas e pedras que se veem obrigados a danificar ou destruir...[29]

É amplamente difundida a crença de que os animais de caça não podem ser mortos contra sua vontade e de que os animais ou os espíritos que neles residem tornam o sucesso da caça dependente de certo comportamento dos caçadores.[30] Uma ideia análoga em relação ao mundo vegetal também pode ser encontrada. Se, por exemplo, uma árvore deve ser derrubada entre as tribos de Kattourie (Índia), são observados os mesmos ritos realizados pelos caçadores quando pretendem matar um animal. Roga-se à árvore que abençoe o empreendimento e permita o corte,[31] assim como em outras tribos pede-se que o animal concorde em ser morto.

---

29 NIEUWENHUIS, A. W. *Quer durch Borneo*. vol I. Leiden: Buchhandlung und druckerei vormals E. J. Brill, 1904, p. 96.

30 Cf. LÉVY-BRUHL, L. *How Natives Think*. Trad. autorizada de Lilian A. Clare. Londres: Allen & Unwin, 1926, p. 23; TOUT, Charles Hill. "Report on the Ethnology of the Statue of British Columbia". *Journal of the Anthropological Institute of Great Britain and Ireland*, vol. XXXV, 1905, p. 136, relata: "Na verdade, o índio considerava todos os seus alimentos, animais e vegetais, como dádivas voluntariamente concedidas a ele pelo 'espírito' do animal ou vegetal, e considerava-se absolutamente dependente de sua boa vontade para seu sustento diário. Daí seus muitos costumes e práticas curiosos para pacificar os espíritos e garantir seu favor e consideração".

31 LÉVY-BRUHL, L. *Primitives and the Supernatural*. Trad. autorizada de Lilian A. Clare. Nova York: E.P. Dutton & Co., 1935, pp. 103 e ss.; cf. também pp. 95 e ss.

Há relatos similares sobre os chagga da África.[32] Mesmo no século XIX, os madeireiros do Alto Palatinado alemão imploravam pelo perdão da árvore saudável antes de "despachar sua vida".[33] Os habitantes das ilhas Fiji pedem permissão ao coqueiro antes de colher um coco.[34] Entre os bakaondes da Rodésia do Norte,[35] o ferreiro não atribui seu trabalho a sua própria habilidade. Ele acredita que a alma de seu pai morto realiza o que suas próprias mãos produzem. Ele reza:

> *Oh! Espírito de meu pai: que trabalhaste aqui o ferro de outrora,*
> *Ouça-me e ouça minha oração.*
> *Amanhã também trabalharei o ferro.*
> *Rogo-te que me ajude e guie meu trabalho, para que prospere.*[36]

Na verdade, o homem primitivo assume uma atitude submissa mesmo em relação às ferramentas que ele fabricou com grande habilidade e cuidado. Assim, em Togo, o ferreiro dirige uma oração ao martelo e à tenaz;[37] assim também, os bagandas oferecem sacrifícios ao barco em que vão pescar.[38] Certas tribos da Indonésia oferecem comida aos implementos com que trabalham e, em outros lugares, povos fazem sacrifícios aos arpões com que

---

32 Cf. GUTMANN, Bruno. "Die Imkerei bei den Dschagga". *Archiv für Anthropologie*, N. F., vol. XIX, 1922, pp. 10 e ss. Cf. também acima, pp. 94 e ss.

33 MANNHARDT, Wilhelm. *Wald- und Feldkulte*. 2ª ed. vol. I. Sttutgart: Gebrüder Borntraeger, 1904, p. 10.

34 FRAZER, J. G. *The Golden Bough*. Parte I, vol. II. Londres: MacMillan, 1920, p. 13.

35 Atual Zâmbia.

36 MELLAND, Frank H. *In Witch-bound Africa*: an Account of the Primitive Kaonde Tribe & Their Beliefs. Londres: Seeley, Service & Co., 1923, p. 137.

37 MEINHOF, C. *Die Religionen der Afrikaner in ihrem Zusammenhang mit dem Wirtschaftsleben*. Oslo: H. Aschehoug & Co. (W. Nygaard); Cambridge: Harvard University Press, 1926, p. 58.

38 MOSBACHER, Ernst. "Untersuchungen zum Suendenbegriff der Naturvölker". *Baessler Archiv*, vol. XVII, nº1, 1934, p. 42.

matam o dugongo.[39] O índio tlingit (tlinkit) dirige-se ao anzol e à linha que emprega na pesca do halibute como personagens de respeito, como cunhado e sogro; e o arapao, na dança do sol, dirige sua oração a sua ferramenta de escavação. O fangue na Guiné Espanhola considera seus utensílios animados e, portanto, como pessoas.[40] S. R. Riggs escreve:[41]

> Os dakota viam cada objeto conhecido por eles como possuidor de um espírito capaz de ajudá-los ou feri-los e, consequentemente, como um objeto digno de adoração... Além disso, eles rezam ao sol, à terra, à lua, aos lagos, aos rios, árvores, plantas, cobras e todos os tipos de animais e vegetais – muitos deles para praticamente tudo, pois rezam para suas armas, flechas –, para qualquer objeto, tanto artificial quanto natural, pois supõem que todo objeto, tanto

---

39 LÉVY-BRUHL, L. *Primitives and the Supernatural.* Trad. autorizada de Lilian A. Clare. Nova York: E.P. Dutton & Co., 1935, pp. 109 e ss.

40 PREUSS, K. T. *Die geistige Kultur der Naturvölker.* 2ª ed. Leipzig/Berlim: Teubner, 1923, p. 26. A adoração de ferramentas (aparentemente um resquício de estágios primitivos) ainda pode ser encontrada em civilizações relativamente avançadas. Spencer vê esse fenômeno como fetichismo e diz sobre ele (SPENCER, Herbert. *The Principles of Sociology*, vol. I. Nova York: D. Appleton and Company, 1898, § 162): "E então, se perguntarmos onde o fetichismo culminou, devemos nos voltar a um povo cuja civilização, mais antiga que a nossa, criou vastas cidades, indústrias elaboradas, uma linguagem altamente estruturada, grandes poemas, filosofias sutis. Na Índia, "A mulher adora a cesta que serve para carregar ou guardar suas coisas, e oferece sacrifícios a ela; bem como ao moinho de arroz e outros implementos que a auxiliam nas tarefas domésticas. O carpinteiro faz a mesma homenagem à sua machadinha, seu enxó e outras ferramentas: e da mesma forma oferece sacrifícios a eles. O Bramã o faz para o estilo em que vai escrever; o soldado para as armas que usará no campo; um pedreiro para sua espátula'. E esta declaração de Dubois, citada por Sir John Lubbock, coincide com a do Sr. Lyall em seu 'Religion of an Indian Province': 'Não apenas,' diz ele, 'o lavrador reza para seu arado, o pescador para sua rede, o tecelão para seu tear; mas o escriba adora sua caneta, e o banqueiro, seus livros de contas'".

41 RIGGS, S. R. "Mythology of the Dakotas"; *American Antiquarian*, vol. V, nº 2, 1883, pp. 148/149.

artificial quanto natural, tem um espírito que pode ferir ou ajudar e, portanto, é um objeto digno de adoração.

O missionário Brebeuf relata sobre os hurões:

> Todos os anos eles casam suas redes e arrastões com duas meninas, que devem ter de seis a sete anos de idade, para garantir que ainda sejam virgens, qualidade muito rara entre eles. A cerimônia desses casamentos ocorre em uma bela festa, na qual a rede é colocada entre as duas virgens; isso serve para torná-los afortunados na captura de peixes.[42]

Preuss tem razão quando diz: "o homem primitivo é um ser que não confia em si mesmo".[43] Ele considera seu instrumento um deus, ao passo que o homem civilizado às vezes chega a reconhecer que mesmo Deus é apenas um instrumento do homem.

4 Crença na alma e experiência do eu

A questão de até que ponto a atitude do homem primitivo para com os seres não humanos e objetos inanimados é determinada pela ideia de que neles estão incorporados seres humanos, ou seja, as almas dos ancestrais mortos e semelhantes, pode ser deixada de lado aqui, bem como a da relação entre a alma animal e a humana.[44] Decisivo é o status que o homem primitivo atribui aos seres

---

42 JESUÍTAS. *The Jesuit Relations and Allied Documents*. vol. X. Cleveland: Burrows Bros. Co., 1636, p. 167.

43 PREUSS, K. T. *Die geistige Kultur der Naturvölker*. 2ª ed. Leipzig/Berlim: Teubner, 1923, p. 27. No mesmo livro, p. 2, ele observa que "a consciência do eu do indivíduo era então [no tempo da cultura primitiva] muito menos desenvolvida do que entre nós...".

44 JARVES, James J. *History of the Hawaiian or Sandwich Islands*. Londres: E. Moxon, 1843, p. 74: "Os pescadores acreditavam, até certo ponto, na transmigração, e frequentemente lançavam seus mortos ao mar para serem devorados por tubarões. Suas almas deveriam animar para sempre aqueles

não humanos em relação a si mesmo. E isso mostra quão pequena é sua autoavaliação. A crença na alma é de extrema importância para ele. Isso é especialmente verdadeiro na medida em que o selvagem não se considera capaz de produzir sua própria descendência, pois, originalmente, pelo menos, ele não tinha ideia da ligação entre o ato sexual e a gravidez. Ele às vezes interpreta o nascimento de uma criança como um ato de um ancestral cuja alma penetrou no corpo da mulher para renascer e assim assegurar a continuidade de seu grupo.[45] Da ideia da reencarnação de uma alma ancestral no recém-nascido

---

peixes e incliná-los a respeitar os corpos dos vivos caso um acidente os colocasse em seu poder".

45 Que nos tempos primevos a relação física entre o pai e a criança era desconhecida já foi mencionado por HARTLAND, E. S. *The Legend of Perseus*. Londres: D. Butt, 1894-96, vol. I, pp. 180 e ss.; vol. II, p. 410. Cf. também VON REITZENSTEIN, J. "Der Kausalzusammenhang zwischen Geschlechtsverkehr und Empfaengnis in Glaube und Brauch der Natur- und Kulturvoelker". *Zeitschrift für Ethnologie,* ano 41, 1909, pp. 644 e ss. Reitzenstein diz: "Pode-se até considerar uma suposição monstruosa imaginar que o homem primitivo conhece a conexão entre *cohabitatio* e *conceptio*". Essa conclusão é baseada principalmente em resultados de pesquisas entre nativos australianos. Cf. SPENCER, Baldwin; GILLEN, F. J. *The Northern Tribes of Central Australia.* Londres: MacMillan, 1904, cap. XI, pp. 330; VAN GENNEP, Arnold. *Mythes et legendes d'Australie*. Paris: E. Guilmoto, 1905, p. xlviii; KLAATSCH, Hermann. *Die Anifaenge von Kunst und Religion in der Urmenschheit*. Leipzig: Verlag Unesma, 1913, p. 34. Essa visão, no entanto, tem sido frequentemente atacada, especialmente por aqueles que se opõem à doutrina evolucionista e pelos etnólogos de orientação teológica – e. g., por P. Wilhelm Schmidt e sua escola. As pesquisas mais recentes de Malinowski entre os habitantes das Ilhas Trobriand confirmam as opiniões de Hartland e Reitzenstein. Cf. MALINOWSKI, Bronislaw. *The Sexual Life of Savages in north-western Melanesia*: an ethnographic account of courtship, marriage and family life among the natives of the Trobriand Islands, British New Guinea. Nova York: Eugenics Pub. Co., 1929, pp. 140 e ss. [ed. bras.: MALINOWSKI, Bronislaw. *A vida sexual dos selvagens*. Trad. Carlos Sussekind. Rio de Janeiro: F. Alves, 1982, pp. 181 e ss.], especialmente pp. 153 e ss., e MALINOWSKI, Bronislaw. "Baloma, the Spirits of the Dead in the Trobriand Islands". *Journal of the Royal Anthropological Institute of Great Britain and Ireland*, vol. XLVI, 1916, p. 403. Cf. também HARTLAND, E. S. *Primitive Society*. Londres: Methuen & Co. Ltd., 1921, pp. 18 e ss.

WARNER, W. Lloyd. *A Black Civilization*. Nova York: Harper & Brothers, 1937, pp. 23 e ss., relata sobre os murngin, uma tribo australiana: "Durante meus primeiros oito ou nove meses entre eles, eu estava firmemente convencido de que não tinham compreensão da concepção fisiológica e acreditavam na fecundação espiritual de uma mulher por um espírito infantil totêmico. Todos os pais me disseram que seus filhos tinham vindo a eles em sonhos como almas totêmicas, ou em alguma experiência extramundana. Os homens atenderam ao pedido dos filhos, que entraram nas vaginas das mães... Na segunda vez que entrei na área... pude indagar diretamente a certos velhos sobre o que ocorria exatamente quando o sêmen entrava no útero de uma mulher. Todos eles me olharam com muito desprezo por minha ignorância e me informaram que "é assim que são feitos os bebês". Não fui capaz de obter essa informação antes porque o selvagem comum está muito mais interessado na concepção espiritual da criança, que determina seu lugar na vida social das pessoas, do que no mecanismo fisiológico da concepção. Ele prefere muito mais falar sobre o ritual e o mito do que sobre os assuntos mundanos ordinários".

O fato de os povos primitivos conhecerem a conexão em questão, mas não admitirem oficialmente tal conhecimento por motivos religiosos ou outros que os levem a outra explicação da gravidez, em particular à ideia da reencarnação de uma alma ancestral, de modo algum contradiz a suposição de uma ignorância original de sua parte. O que hoje é uma ideologia religiosa conscientemente preservada deve ter sido anteriormente uma crença real. O que mais poderia ter dado origem a essa ideologia? Onde quer que se acredite na reencarnação das almas dos mortos em crianças recém-nascidas deve ter havido originalmente ignorância sobre a verdadeira causa da gravidez.

ROSCOE, John. *The Baganda*. Londres: MacMillan, 1911, p. 46, escreve: "Embora a geração atual conheça a causa da gravidez, as pessoas dos tempos primevos não tinham certeza de sua real causa e pensavam que era possível conceber sem qualquer intercurso com o sexo masculino. Daí seus cuidados ao passarem por lugares onde um suicídio ocorreu, ou onde uma criança que nasceu com os pés primeiro foi enterrada. As mulheres tinham o cuidado de jogar grama ou gravetos em tal local, pois, ao fazê-lo, pensavam que poderiam impedir o fantasma do morto de entrar nelas e renascer. Mulheres encontradas grávidas em circunstâncias em que não deveriam estar grávidas poderiam negar qualquer ação pecaminosa de sua parte; elas poderiam afirmar que uma flor caída de uma tanchagem, enquanto cavavam, as fez engravidar. Se o leitor considerar a estreita conexão que se pensava existir entre as tanchagens e os fantasmas do pós-nascimento, e também como os fantasmas dos ancestrais residiam entre as tanchagens, ele compreenderá prontamente que a concepção devia ter ocorrido pela reencarnação de um dos fantasmas". Na p. 64, lemos: "Toda avó ia a seu neto e mencionava os

origina-se presumivelmente a crença geral e extraordinariamente difundida do homem primitivo na existência de duas almas:[46] uma que dá vida e garante suas funções mais importantes, e outra, totalmente diferente, que continua a existência do homem após a sua morte. O fato de a alma da vida de um homem ser a alma da morte reencarnada de um ancestral explica a peculiaridade de que o homem primitivo de modo algum se identifica com sua alma da vida, mas vê nela um espírito guardião a quem ele reza e oferece

---

nomes, um por um, dos antepassados de seu filho, começando com o nome do antepassado falecido mais próximo de seu filho, sem mencionar nenhuma pessoa viva. Enquanto recitava os nomes, cada vez mais para trás, ela observava a criança e, quando ela ria, era um sinal de que o ancestral que acabara de citar era aquele cujo fantasma seria o guardião da criança. Se a criança adoecesse em seguida, ou não crescesse, eles mudavam seu nome e nomeavam outro tutor, porque o primeiro provavelmente não gostasse da criança". A ideia de que o fantasma de um ancestral se torna o espírito guardião de uma criança provavelmente é apenas uma modificação posterior da crença na reencarnação do ancestral na criança. A alma da vida de uma criança como a alma da morte reencarnada de um ancestral e o espírito guardião da criança estão intimamente conectados e são frequentemente idênticos.

46 A distinção entre alma da vida e alma da morte feita pelos nativos do Arquipélago da Índia foi comentada por KRUIJT, A. C. *Het Animisme in den Indischen Archipel*. Haia: M. Nijhoff, 1906. Para a mesma distinção entre os nativos africanos ver o artigo de ANKERMANN, Bernhard. "Totenkult und Seelenglaube bei afrikanischen Voelkern". *Zeitschrift für Ethnologie*, ano 50, 1918, pp. 93 e ss. Cf. também ARBMAN, Ernst. "Untersuchungen zur primitiven Seelenvorstellung mit besonderer Ruecksicht auf Indien". *Le Monde oriental*, vol. XX, 1926; vol. XXI, 1927; e ARBMAN, Ernst. "Seele und Mana". *Archiv für Religionswissenschaft*, vol. XXIX, 1931, pp. 293 e ss. Outros que tratam do assunto são WUNDT, Wilhelm. *Völkerpsychologie*: Mythus und Religion. vol. IV, 2ª ed, parte I. Leipzig: Engelmann, 1910, pp. 78 e ss., e NILSSON, M. P. "Existe-t-i1 une conception primitive de l'âme?" *Revue d'histoire et de philosophie religieuses*, vol. X, 1930, pp. 113 e ss. Que a alma da vida é frequentemente imaginada como um ser minúsculo, uma espécie de Pequeno Polegar (CRAWLEY, E. *The Idea of the Soul*. Londres: A. and C. Black, 1909, pp. 7, 200 e ss. e 230 e ss.), provavelmente está conectado com a crença de que apenas sob essa forma ele pode penetrar no corpo da mulher que dará à luz.

sacrifícios,[47] e que pode, em sua opinião, até residir fora do corpo, durante o sono, por exemplo, e em certas outras circunstâncias.[48] Presumivelmente, nessa não identificação com sua alma da vida estão as causas mais profundas que explicam por que o homem primitivo às vezes não relaciona sua atividade espiritual com seu centro mais íntimo, com seu eu. Sobre os cafres, Kidd escreve:

---

47 Assim, o bataque da Sumatra distingue, segundo WARNECK, J. *Die Religion der Batak*: ein paradigma fur Animistischen Religionen des Indischen Archipels. (Série: Quellen der Religionsgeschichte). Gotinga: Vandenhoeck & Ruprecht, 1909, pp. 8 e ss. – publicado por intermédio da Auftrage der religionsgeschichtlichen Kommission bei der Koeniglichen Gesellschaft der Wissenschaften zu Goettingen – a *tondi*, a alma da vida, da *begu*, a alma da morte. "A *tondi* é uma espécie de homem dentro do homem, mas não coincide com a personalidade deste e frequentemente está mesmo em conflito com seu eu; é um ser especial no interior do homem com vontade e desejos próprios que ele sabe como realizar, frequentemente em discordância com a vontade do próprio homem". O bataque teme constantemente que sua *tondi* o deixe. Portanto, ele está muito mais preocupado em tratar respeitosamente sua *tondi* e realizar sacrifícios a ela do que em venerar divindades distantes que ele nem teme nem ama. Segundo WARNECK, J. "Der Batak'sche Ahnen- und Geister-Kult". *Allgemeine Missionsteitschrift*, vol. XXXI, 1904, p. 13, um homem doente dirigiu a seguinte oração a sua alma da vida: "Aqui está um bétel (que ele põe diante de si). Digo-te, minha alma, que pequei contra ti. (Então ele relata seu pecado, que consiste principalmente em não ter dado nenhum presente à alma por muito tempo). Juro-te que farei melhor e dou-te aqui um bétel como pagamento. Assim que eu estiver bem de novo, trarei a ti boa comida, roupas e joias, tudo o que eu tiver, como desejas. Tende piedade de mim!" Deve-se acrescentar aqui que o bataque acredita na reencarnação de uma alma da morte ancestral em uma criança recém-nascida.

48 Que a alma da vida pode deixar o corpo durante o sono e que os sonhos são suas aventuras, e não as aventuras do homem adormecido, são ideias que aparecem frequentemente. Intimamente conectada com essas noções está a crença de que a alma da vida, como o espírito guardião, vive fora do homem cuja vida ela garante – por exemplo, em um animal ou planta. Entre o indivíduo e a planta ou animal guardião no qual reside sua alma da vida, há uma conexão congênita de tal modo íntima que o destino de um está ligado ao destino do outro. Se o animal ou planta guardião adoecer ou morrer, o homem também adoecerá ou morrerá. Cf. CRAWLEY, E. *The Idea of the Soul*. Londres: A. and C. Black, 1909, pp. 7, 178 e ss. e 227.

> Quando sente escrúpulos de consciência, eles geralmente lhe parecem verificações irracionais, quase *ab extra*. É como se sofresse de alguma alternância de personalidade, ou como se algumas faculdades de sua alma tivessem surgido repentinamente das estranhas profundezes ocultas de sua própria personalidade e feito-se sentir em sua consciência. Frequentemente, parece-lhe que uma voz o estava prendendo, um pouco no estilo do Demônio de Sócrates e, como no caso deste, advertindo-o sobre o que não fazer em vez de incitá-lo ao dever positivo.[49]

Isso é particularmente característico do fato de que o homem primitivo não tem nenhuma experiência do eu, o que provavelmente só é possível se esse dualismo de almas for superado e a alma da vida e a da morte forem combinadas em um conceito unificado de alma.[50]

A ideia de que a alma de um ancestral venerado vive no corpo de uma criança pode – pelo menos em alguns casos – explicar o

---

49 KIDD, Dudley. *The Essential Kafir*. Edimburgo: A & C Black, 1904, p. 284.

50 CRAWLEY, E. *The Idea of the Soul*. Londres: A. and C. Black, 1909, pp. 267 e 277 aponta que o homem primitivo não localiza seus pensamentos no cérebro. Observou-se frequentemente que o homem primitivo interpreta várias emoções e sentimentos como expressões de um ser diferente de si mesmo. Assim, a fome, por exemplo, é considerada como o "roer" de um espírito no interior da cavidade corporal. Schultze (SCHULTZE, Fritz. *Psychologie der Naturvölker*. Leipzig: Veit & comp., 1900, p. 269) está certo quando declara que, na consciência do eu, a unidade e a simplicidade da alma do homem são manifestadas. A ideia de que o homem tem somente uma alma é fruto de uma longa evolução. Se pudermos interpretar certas condições espirituais dos psicopatas como regressão a um estado de mentalidade primitiva, então a personalidade cindida que aparece nos esquizofrênicos, o fato de que o homem doente experimenta certas ideias e até mesmo ações que ele realiza como ideias ou ações de outra pessoa, talvez esteja relacionada à peculiaridade do homem primitivo de não se identificar com sua alma da vida a ponto de considerá-la um ser vivente externo. Com a mesma relação pode-se abordar a conhecida experiência do duplo, o fato de que a pessoa se vê fora do próprio corpo como outra pessoa. Cf. VAN DER LEEUW, G. "La Structure de la mentalité primitive". *Revue d'histoire et de philosophie religieuses*, vol. VIII, 1928, pp. 8 e ss.

fato de que alguns povos primitivos de modo algum assumem autoridade sobre as crianças, mas as tratam, apesar de sua própria superioridade de fato, respeitosamente, e não se atrevem a castigá-las ou mesmo repreendê-las. Assim, por exemplo, Stefansson,[51]

---

51 STEFANSSON, Vilhjalmur. *My Life with the Eskimo*. Nova York: MacMillan, 1913, pp. 395 e ss.: "Uma família de esquimós serviu na expedição durante todos os seus quatro anos e eu já os tinha conhecido em uma expedição anterior. Essa família consiste no homem, Ilavinirk, sua esposa, Mamayak e sua filha, Noashak. Quando conheci Noashak, formei a opinião de que era a pior criança que já havia conhecido e mantive essa opinião por mais de seis anos, ou até que ela fosse uma jovem de talvez 12 anos (algumas meninas esquimó estão totalmente desenvolvidas aos 12 ou 13 anos). Apesar de seu mau comportamento, Noashak nunca foi punida. "As duas explicações básicas de porque os esquimós não punem seus filhos são: primeiro, que as próprias crianças se comportam tão bem que não precisam ser punidas (mas isso dificilmente se aplica ao caso de Noashak); ou que os esquimós são tão afeiçoados a seus filhos que não suportam puni-los, o que também não é verdade, pois eles mostram de muitas maneiras que não são mais afeiçoados a seus filhos do que nós. "Percebi desde que os conheci que Mamayak, ao falar com Noashak, sempre a chamava de 'mãe'. Quando paramos para pensar nisso, é claro que era um pouco curioso que uma mulher de vinte e cinco anos se referisse a uma menina de oito como 'mãe'. Suponho que, se pensei sobre o assunto, devo ter posto essa prática na mesma categoria que encontramos entre nosso próprio povo, entre o qual frequentemente ouvimos um homem dirigir-se à esposa como 'mãe'.

"Um dia, outra família esquimó veio nos visitar e, estranhamente, a mulher da família também falou com Noashak e a chamou de 'mãe'. Então minha curiosidade foi finalmente despertada e perguntei: 'Por que vocês, duas mulheres adultas, chamam esta criança de sua mãe?' A resposta delas foi: 'Simplesmente porque ela é nossa mãe', uma resposta que no memento era mais incompreensível para mim do que o problema original. Eu vi, no entanto, que estava no caminho de algo interessante, e as duas mulheres estavam em um humor comunicativo, de modo que não demorou muito até que minhas perguntas trouxessem os fatos, que (reunidos com o que eu já sabia) formam a seguinte explicação coerente, que mostra não apenas por que essas mulheres chamavam Noashak de 'mãe', mas também porque ela nunca deveria, em nenhuma circunstância, ser proibida de algo ou punida.

"Quando um esquimó Mackenzie morre, o corpo é retirado no mesmo dia em que a morte ocorre para o topo de alguma colina vizinha e coberto com uma pilha de toras, mas a alma (*nappan*) permanece na casa onde ocorreu a morte por quatro dias se for homem e por cinco dias se for mulher. Ao término desse tempo é realizada uma cerimônia pela qual o espírito é induzido a sair de casa e subir à sepultura, onde fica com o corpo esperando o próximo filho da comunidade nascer.

"Quando uma criança nasce, ela vem ao mundo com uma alma própria (*nappan*), mas essa alma é tão inexperiente, tola e fraca quanto uma criança é e parece. É evidente, portanto, que a criança precisa de uma alma mais experiente e mais sábia do que a sua própria para pensar por ela e cuidar dela. Consequentemente, a mãe, tão logo ela possa após o nascimento da criança, pronuncia uma fórmula mágica para convocar do túmulo a alma do morto que está esperando para tornar-se a alma guardiã da criança recém-nascida, ou sua *atka*, como a chamam.

"Suponhamos que o morto fosse um velho sábio de nome João. A mãe então pronuncia a fórmula que pode ser traduzida aproximadamente assim: 'Alma de João, venha aqui, venha aqui, seja a guardiã de meu filho! Alma de João, venha aqui, venha aqui, seja a guardiã de meu filho!' (A maioria das fórmulas mágicas entre os esquimós deve ser repetida duas vezes). Quando a alma de João, esperando no túmulo, ouve o chamado da mãe, ela vem e entra na criança. A partir desse momento, torna-se tarefa dessa alma adquirida não apenas pensar pela criança, mas também ajudá-la de todas as maneiras para mantê-la forte e saudável: auxiliá-la na dentição e cuidar de todos os aspectos de seu bem-estar, coisas que a própria alma com a qual a criança nasceu não poderia fazer por ela, por conta de sua fraqueza e inexperiência. O espírito de João não ensina apenas a criança a falar, mas depois que a criança aprende a falar é na verdade a alma de João que fala com você e não a alma inata da criança. A criança, portanto, fala com toda a sabedoria que João acumulou durante sua longa vida, mais a sabedoria superior que só vem após a morte. Evidentemente, portanto, a criança é a pessoa mais sábia da família ou da comunidade e suas opiniões devem ser ouvidas apropriadamente. O que ela diz e faz pode parecer tolice para você, mas isso é mera aparência e, na realidade, a criança é sábia além da sua compreensão. O fato de a criança possuir toda a sabedoria do João morto nunca é esquecido pelos pais. Se ela clama por uma faca ou uma tesoura, não é uma criança tola que quer a faca, mas a alma do velho e sábio João, e seria presunçoso da parte de uma jovem mãe supor que ela sabe melhor do que João o que é bom para a criança, portanto, ela lhe dá a faca. Se ela recusasse a faca (e este é o ponto principal), ela não apenas preferiria sua tolice à sabedoria de João, mas também ofenderia o espírito de João e, em sua fúria, João abandonaria a criança. Com a retirada de sua proteção, a criança se tornaria vítima de doenças e provavelmente morreria; se não morresse, se tornaria estúpida, corcunda, deformada ou desafortunada. João deve, portanto, ser aplacado a todo custo, e ofendê-lo de forma deliberada seria de fato equivalente a desejar o infortúnio ou a morte da criança e seria assim interpretado pela comunidade; de modo que um homem não pode proibir seu filho ou puni-lo,

um dos melhores observadores dos esquimós, explica o respeito demonstrado pelos pais em relação a seus filhos diretamente pela crença de que a alma de uma pessoa morta reencarna na criança.[52]

---

não apenas por seu próprio interesse no bem-estar da criança, mas também pelo medo da opinião pública, porque se ele começasse a proibir seu filho ou a puni-lo, ele passaria a ser visto pela comunidade como um pai cruel e desumano, descuidado com o bem-estar do filho. Podemos ver aqui o quanto há nesse ponto de vista. Com base nessa explicação é fácil entender como um homem, cansado e faminto, e no limite de suas forças, ainda puxaria sua filha para cima do trenó, em vez de obrigá-la a descer e andar, pois obrigá-la a isso seria equivalente a desejar causar sua grave desgraça, se não a morte, ofendendo seu anjo da guarda".

O fato de a criança ser tratada como "mãe" (ou "pai") justifica a conjectura de que originalmente a alma da vida da criança era a alma reencarnada do morto e que posteriormente este assumiu o caráter de espírito guardião.

52 O fato de que muitos povos primitivos não punem seus filhos pode, é claro, ter diferentes causas. Cf. STEINMETZ, S. R. "Das Verhiiltnis zwischen Eltern und Kindern bei den Naturvolkern". *Zritschrift für Sozialwissenschaft,* ano I, 1898, pp. 607-631. Steinmetz explica o fato apenas por causas biológicas, mas isso não é suficiente. Os povos civilizados também amam seus filhos, mas, mesmo assim, não hesitam em puni-los.

Em seu CHARLEVOIX, Pierre-François-Xavier de. *Journal of a Voyage to North America*. vol. II (1761). Editado por Louise Phelps Kellogg. Chicago: Caxton Club, 1923, pp. 114/115, declarou que os indígenas não castigavam seus filhos. "Às vezes, para corrigir suas faltas, eles usam lágrimas e súplicas, mas nunca ameaças; isso não causaria nenhuma impressão em mentes que absorveram esse preconceito de que ninguém tem o direito de forçá-las a qualquer coisa... Em geral, o maior castigo que os indígenas impõem aos filhos é atirar-lhes um pouco de água no rosto". Mas Charlevoix acrescentou: "Não obstante, desde que passaram a comercializar mais frequentemente com os franceses, alguns deles começaram a castigar seus filhos, mas isso só acontece entre aqueles que são cristãos, ou que estão assentados na colônia". Isso é muito significativo. É obviamente uma razão religiosa que impedia os índios de punir seus filhos. Na p. 153, Charlevoix escreve: "Há outros, que reconhecem duas almas nos homens; à primeira, atribuem tudo que acabo de falar, e alegam que a outra nunca deixa o corpo, a menos que seja para passar a algum outro, o que, contudo, acontece apenas, dizem eles, às almas das crianças pequenas, que tendo gozado apenas um curto período de vida, obtêm licença para começar uma nova. É por isso que eles enterram as crianças na beira das estradas, para que as mulheres que por ali passem possam coletar suas almas".

LOSKIEL, George Henry. *History of the Mission of the United Brethren among the Indians in North America*. Londres: Brethren's Society for the furtherance of the Gospel, 1794, p. 56, escreve sobre os indígenas de Delaware: "Eles supõem que quando as almas passaram algum tempo com Deus, elas têm a liberdade de retornar ao mundo e nascer de novo". E, pp. 61/62: "Ambas as partes [os pais] desejam muito ganhar o amor dos filhos, e isso explica a sua conduta para com eles. Nunca se opõem às suas inclinações para não perderem o seu afeto. Portanto, não se dá muita atenção à sua educação. Os filhos têm vontade própria e nunca fazem nada por imposição. Os pais são muito cuidadosos para não bater ou castigá-los por qualquer falta, temendo que os filhos se lembrem disso e se vinguem em alguma ocasião futura".

KEATING, William H. *Narrative of an Expedition to the Source of St. Peter's River*. vol. I. Filadélfia: H. C. Carey, 1825, pp. 420/421: "Os dacota parecem não se importar muito com a educação de seus filhos; eles não seguem um sistema regular. O que as crianças aprendem sobre suas opiniões e tradições religiosas é coletado gradualmente e no curso de conversas não premeditadas. A única atenção que recebem é para o desenvolvimento daquelas qualificações, tanto da mente quanto do corpo, que os tornarão caçadores ativos e guerreiros destemidos. Levantar-se cedo, habituar-se à fadiga, caçar habilmente, passar fome sem lamentação são os únicos pontos que o dacota considera importante atender na educação de seus filhos. Nunca se recorre a correções; eles nunca apanham; na verdade, com a exceção de ocasionalmente jogarem água fria sobre eles para fazê-los acordar de manhã, eles nunca recorrem a qualquer medida de autoridade, que consideram cruéis e antinaturais". E p. 342: "Nenhum evento parece mais importante a um pai dacota do que dar um nome a sua prole; isso é feito com muita cerimônia; uma grande festa ou sacrifício é preparado; os parentes e amigos são convidados. O nome dado geralmente deriva de algum objeto visível nos céus ou na terra. Faz-se com que o bebê segure um cachimbo, cuja haste é direcionada ao objeto do qual o nome foi tirado; um sacrifício é oferecido ao espírito que supostamente reside naquele objeto". É bem possível que esse costume tenha sua origem em uma antiga crença na reencarnação.

KRAUSE, Aurel. *Die Tlinkit-Indianer*. Jena: Hermann Costenoble, 1885, p. 160 escreve sobre os tlingit que raramente ouve-se deles grandes explosões de prazer ou dor, e "crianças pequenas são tratadas por seus pais com amor, até mesmo com ternura. Nunca os vimos ser espancados e apenas raramente ouvimos um grito ou palavra de repreensão". Em outra conexão, Krause reporta (pp. 217, 282 e 310), que o tlingit acredita na reencarnação dos mortos nas crianças.

WARNECK, J. *Die Religion der Batak*: ein paradigma fur Animistischen Religionen des Indischen Archipels. Série: Quellen der Religionsgeschichte. Gotinga: Vandenhoeck & Ruprecht, 1909, p. 11 relata: "Os pais devem tratar seus filhos com gentileza e têm medo de puni-los para não insultar a *tondi* (a alma da vida que age como o espírito guardião; ela é a reencarnação da alma da morte de um ancestral) do ente querido e assim fazê-la fugir. Assim, toda a educação da criança é envenenada pela ideia da *tondi*".

Segundo BLUMENTRITT, F. "Die Igorroten von Pangasinan: Nach den Mitteilungen des Missionars P. Fr. Mariano Rodriguez". *Mitteilungen der k. k. Geographischen Gesellschaft in Wien*, vol. XLIII, 1900, p. 96, os igorots de Luzon (Filipinas) costumam nomear uma criança recém-nascida com o nome de um ancestral falecido. Se a criança adoece e nem a medicina familiar nem o exorcismo surtem os efeitos desejados, supõe-se que a criança deve ter o nome de outro ancestral "que tem mais direito de que a criança receba o seu nome". A prática generalizada de nomear crianças com o nome de ancestrais está, sem dúvida, em estreita conexão com a crença na reencarnação (cf. HARTLAND, E. S. *Primitive Paternity*. vol. I. Londres: D. Nutt, 1909-1910, p. 222). O nome é ou representa a alma do morto reencarnada na criança recém-nascida.

Blumentritt relata em seguida: "As crianças gozam de liberdade ilimitada; elas nunca apanham".

Segundo SELIGMAN, C. G.; SELIGMAN, Brenda Z. *The Veddas*. Cambridge: The University Press, 1911, p. 90, os vedas "são pais carinhosos e indulgentes, nunca recusam a uma criança pequena o que ela quer, e lhe dão sempre o melhor...Vimos um menino nu de cerca de dois anos e meio andar orgulhosamente para cima e para baixo... com o machado de seu pai pendurado no ombro; ele estava extremamente feliz e tudo ia bem, até que ele ameaçou um dos cães com o machado. Aí a mãe foi obrigada a interferir e a criança tentou bater nela. O pai, vendo isso, levantou-se e tentou persuadir a criança a desistir do machado, mas o menino estava agora excitado e não desistia; por fim, ele o jogou em seu pai e acertou sua perna. O homem estava obviamente irritado e jogou o machado na floresta, mas não tentou repreender ou punir a criança, que agora estava gritando com raiva; na verdade, depois de algum tempo, um pouco de comida foi dada a ele para acalmá-lo". Na p. 103, os Seligman relatam: "O pai e a mãe dão um nome ao filho, geralmente escolhendo o de um ancestral... Nosso informante deu o nome de seu pai a seu segundo filho, não ao primeiro, porque seu pai estava vivo quando seu primeiro filho nasceu. O nome de uma mulher geralmente é dado a uma neta nascida após a morte da avó".

BROWN, A. R. *The Andaman Islanders*. Cambridge, The University Press, 1922, p. 77, escreve: "As crianças são tratadas com extrema gentileza, nunca são punidas e raramente são repreendidas. Se os pais morrem, as crianças são adotadas por amigos ou parentes, e tais crianças adotadas são tratadas pelos pais adotivos exatamente da mesma maneira que seus próprios filhos". Obviamente, não é um fato fisiológico que constitui a relação entre filhos e pais. "O bebê recebe um nome algum tempo depois de nascer e, a partir

Muitos etnólogos enfatizam a cortesia extraordinária demonstrada pelos povos primitivos não apenas em relação aos brancos, mas também entre si. Kidd[53] descreve o comportamento do cafre da seguinte maneira:

---

desse momento, os pais não são mais chamados pelo nome. Por exemplo, se o nome escolhido for Rea, o pai será chamado de Rea aka-mai (pai de Rea) em vez de pelo seu próprio nome. A mãe pode ser chamada de Rea it-pet, pois a palavra it-pet significa "barriga" (p. 89). A mãe é evidentemente considerada apenas o receptáculo de um ser superior, diante do qual até mesmo a personalidade do pai recua. Entre os habitantes das ilhas Andamão, também, essa atitude em relação às crianças é combinada com a crença na reencarnação. Brown relata, pp. 90 e ss.: "Se um bebê morre e dentro de um ano ou dois a mãe fica grávida novamente, diz-se que é o mesmo bebê nascido de novo, e o nome da criança falecida é dado a ele". "Num lugar chamado Tonmuket, no Andamão do Norte, existe um local ao qual se diz que as mulheres podem recorrer se desejarem engravidar. No recife desse local existe um grande número de pedras que, segundo a lenda, foram crianças. A mulher que deseja um filho vai ao recife quando a maré está baixa e fica sobre essas pedras. Acredita-se que uma das almas dos bebês entrará em seu corpo e encarnará. No Andamão do Norte, há algum tipo de associação entre as almas de bebês não nascidos, o pombo verde e a árvore Ficus laccifera. O mesmo nome, Reykos, é usado para designar tanto o pombo verde quanto o Ficus laccifera, de cujo fruto o pombo gosta muito. A crença dos nativos às vezes é afirmada pelo dizer de que as almas dos nascituros vivem nas árvores de fícus e que, se um bebê morre antes de ser desmamado, sua alma volta para a árvore. Os nativos também afirmam que quando o pombo verde chama é que a alma de um bebê vai para a mãe. O Ficus é, até certo ponto, um tabu". Somente aqueles que morrem na infância reencarnam. Mas essa pode ser uma modificação posterior de uma crença geral na reencarnação.

São relatados fatos similares a respeito de outras tribos primitivas. Cf. LÉVY-BRUHL, Lucien. *The Soul of the Primitive*. Trad. autorizada de Lilian A. Clare. Londres: George Allen & Unwin Ltd., 1928, pp. 321 e ss. e 330; e SCHULTZE, Fritz. *Psychologie der Naturvölker*. Leipzig: Veit & comp., 1900, p. 184; PLOSS, H. *Das Kind in Brauch und Sitte der Voelker*. 2ª ed. vol. II. Leipzig: T. Grieben, 1884, p. 334; MacDONALD, D. *Oceania*. Melbourne: Hutchinson, 1889, p. 195; MOLINA, J. Ignatius. *The Geographical, Natural, and Civic History of Chili*. vol. II. Londres: Longman, Hurst, Rees and Orme, 1808, p. 104; BRETT, W. H. *The Indian Tribes of Guiana*. Londres: Bell and Daldy, 1868, p. 99; SMITH, E. R. *The Araucanians*. Londres: Harper & Brothers, 1855, p. 201.

53 KIDD, Dudley. *The Essential Kafir*. Edimburgo: A & C Black, 1904, pp. 8 e 72. E. L. K. Anantha Krishna Iyer, *The Cochin Tribes and Castes* (1909),

> Ele sempre começa com Sim, mesmo quando a próxima palavra é Não; ele sempre se levanta na sela quando indica o fim da viagem; ele sempre declara que o fim da jornada está logo acima. Ele faz isso por pura cortesia natural, pois não se preocupa com nossa concepção ocidental da verdade. A cortesia é muito mais importante a seus olhos do que a veracidade; consequentemente, ele diz às pessoas o que acha que elas gostariam de ouvir. Um antigo autor descreve como havia perguntado aos nativos sobre animais estranhos e, entre outras coisas, sobre unicórnios. Os nativos, querendo concordar com o homem branco, garantiram-lhe que havia um unicórnio a certa distância. Acontece que era um velho bode que havia perdido um dos chifres. Os nativos não tinham intenção de enganar. Eles pretendiam agradar.

E: "o homem vai lhe dizer exatamente o que ele pensa que você deseja ouvir, e então ele dará um grunhido de satisfação, como se dissesse, 'pronto, é assim que se faz'". Isso não resulta de nenhuma educação especial, mas é reflexo daquela fraqueza interior que surge da falta de um centro sólido para a personalidade. Lévy-Bruhl diz com razão:

I, 29, escreve sobre os malaios, uma tribo da selva que vive nas florestas de Cochim: "Seu domínio da linguagem é pobre, e os gestos têm um importante lugar. Sempre que um oficial ou membro de uma casta superior lhes faz uma pergunta, eles invariavelmente dizem 'sim', com um aceno de cabeça, acreditando que uma resposta negativa pode desagradá-lo".

Lévy-Bruhl diz que os habitantes das ilhas Fiji tentam "agradar o interlocutor concordando com o que ele diz". Cf. LÉVY-BRUHL, Lucien. *Primitive Mentality*. Trad. autorizada de Lilian A. Clare. Nova York: MacMillan; Londres: George Allen & Unwin Ltd., 1923, p. 403.

HENRY, J. *L'Ame d'un peuple africain*: les Bambara. (Série Biblioteque Anthropos). tomo I, fasc. 2. Münster: Aschendorff, 1910, p. 47, escreve sobre os Bambara: "Sabendo que o maometano, o missionário e todo europeu não acreditam em fetiches e os desprezam, o bambara acusa Deus diante deles de ter causado a morte de um de seus parentes. Essa forma de se comportar é apenas uma cortesia, uma forma tortuosa de respeitar a crença daqueles com quem fala, cuja vida ele compartilha e a quem ele teme".

> O primitivo que tem uma expedição de caça bem-sucedida, que colhe uma colheita abundante ou triunfa sobre seu inimigo na guerra, não atribui esse resultado favorável (como faria o europeu em um caso semelhante) à excelência de seus instrumentos ou armas, nem à sua própria engenhosidade e esforços, mas à assistência indispensável dos poderes invisíveis.[54]

Em um relato do padre Alloeuez de 1672-1673, lemos que os indígenas (outagamis)

> não atribuem a vitória nem à força ou bravura de seus soldados, nem à estratégia de seus capitães, mas ao destino, ou ao manitu, que dá uma tribo para ser comida por outra quando isso Lhe agrada. É por isso que eles jejuam, pois esperam que o manitu fale e se mostre a eles à noite e diga: "Dou-te alguns dos teus inimigos para comer; vai e procura-os". Por isso, disseram, o capitão de um desses bandos mataria infalivelmente alguns dos inimigos, porque, disseram, o manitu fala com ele. Expliquei a eles que ele mataria alguns inimigos porque era valente, corajoso, um bom líder etc.[55]

Visto que o homem primitivo atribui sua fortuna à influência desses perigosos poderes invisíveis, ele sente-se desconfortável em seus sucessos. Um lote de caça muito grande ou uma colheita muito boa o deixam constrangido.[56] Temer a "inveja dos deuses" é um sintoma característico de uma consciência do eu diminuída pela crença na existência de poderes sobre-humanos.

---

54 LÉVY-BRUHL, Lucien. *Primitive Mentality*. Trad. autorizada de Lilian A. Clare. Nova York: MacMillan; Londres: George Allen & Unwin Ltd., 1923, p. 308.

55 JESUÍTAS. *The Jesuit Relations and Allied Documents*. vol. LVIII. Cleveland: Burrows Bros. Co., 1672-1673, p. 54.

56 LÉVY-BRUHL, L. *Primitives and the Supernatural*. Trad. autorizada de Lilian A. Clare. Nova York: E.P. Dutton & Co., 1935, p. 45.

É compreensível que o homem primitivo faça todos os esforços concebíveis para garantir para si o favor dessas forças invisíveis. A maneira mais direta é pela identificação com esses poderes. O homem primitivo alcança essa identificação por vários meios, mas, sobretudo, pela já mencionada crença de que a alma de um poderoso ancestral reencarnou no recém-nascido. A tentativa de se identificar com o ancestral aparece também de outras formas – por exemplo, em certas cerimônias realizadas pelos arandas australianos em homenagem a seus ancestrais. Os participantes entram em uma espécie de transe, acreditando que se tornaram um com seus ancestrais míticos.[57] A identificação com a autoridade sobre-humana é o contrapeso de uma consciência do eu humilhada por uma pressão permanente. O homem primitivo, entretanto, identifica-se não apenas com a autoridade sobre-humana, mas também com outros seres. Esse pensamento identificador, tão característico do homem primitivo,[58] tem por base sua débil consciência do eu. Somente porque o homem primitivo não pode distinguir claramente entre seu eu, o tu, e o ele e porque não se sente um sujeito claramente contrastado com o objeto,[59] ele pode tão facilmente identificar-se

---

57 LÉVY-BRUHL, L. *Primitives and the Supernatural.* Trad. autorizada de Lilian A. Clare. Nova York: E.P. Dutton & Co., 1935, pp. 30 e ss.; também p. xxxii.

58 Cf. PREUSS, K. T. *Die geistige Kultur der Naturvölker*. 2ª ed. Leipzig/Berlim: Teubner, 1923, pp. 12 e ss.

59 LÉVY-BRUHL, Lucien. *The Soul of the Primitive.* Trad. autorizada de Lilian A. Clare. Londres: George Allen & Unwin Ltd., 1928, p. 15: "Ele atribui a si mesmo as sensações, prazeres, dores que experimenta, assim como faz com os atos que pratica. Mas disso não decorre que ele se apreenda como "sujeito", nem especialmente que esteja consciente de que apreende a si mesmo como algo diferente dos 'objetos'... Na ideia vaga que o primitivo tem de si mesmo..." Já foi apontado que o homem primitivo frequentemente atribui até mesmo fatos de sua própria vida psíquica a outro ser que não ele mesmo, a sua alma da vida, que ele considera uma espécie de espírito guardião.

A fim de evitar possíveis mal-entendidos, pode-se apontar expressamente aqui que a falta de uma clara consciência do eu é psicologicamente compatível com um comportamento que chamamos de "egoísmo" e que consiste no desejo de satisfazer seus desejos sem consideração pelos outros, especialmente sem

com outros seres. Essa é a razão de sua capacidade frequentemente observada de compreender instintivamente outros seres e de sua notável habilidade de imitar homens e animais.[60] Dessa débil

---

levar em conta a ordem moral prevalente. O egoísmo é caracterizado por uma qualidade específica da função emocional e não – como a falta de uma consciência do eu, que é a ignorância do próprio eu, a ausência de distinção entre sujeito e objeto da cognição – por uma fraqueza da função racional. O homem primitivo é sem dúvida um egoísta, pois seus desejos são mais fortes do que seu pensamento. Mas suas tendências egoístas são envolvidas pela ordem social sob cuja coerção ele vive; assim, eles não se desenvolvem totalmente. A esse respeito, existe certa diferença entre o homem primitivo e a criança, que também possui uma frágil consciência do eu. A criança é totalmente egoísta, uma vez que a ordem social ainda não foi totalmente introjetada nela. Sobre a falta de consciência do eu das crianças, ver PIAGET, Jean. *La Représentation du monde chez l'enfant*. Paris: F. Alcan, 1938, pp. 110 e ss. Piaget fala de "uma completa ausência de consciência do eu". Ele observa, p. 159: "... a criança não distingue entre o mundo psíquico e o mundo físico... ela não observa limites precisos entre seu eu e o mundo exterior".

O egoísmo como mera qualificação moral deve ser distinguido claramente do egocentrismo, uma atitude psicológica e epistemológica. Este é uma forma de compreender o mundo ao redor, imaginando-se o próprio eu no centro e referindo-se todas as coisas a ele. Tal método de interpretar o mundo pressupõe uma distinção clara, até mesmo um contraste, entre o eu e o não eu, entre o sujeito e o objeto da cognição, e é psicologicamente impossível sem uma consciência do eu claramente desenvolvida e hipertrofiada. Portanto, é contraditório atribuir ao homem primitivo ou à criança – como, infelizmente, se faz com frequência – o egocentrismo e, ao mesmo tempo, a falta de consciência do eu.

60 SPENCER, Herbert. *The Principles of Sociology*. vol. I. Nova York: D. Appleton and Company, 1898, § 42, p. 83, afirma: "Entre as raças inferiores parcialmente civilizadas, encontramos a imitação como traço marcante". Ver também as referências mencionadas aqui.

WEEKS, John H. *Among Congo Cannibals*. Londres: J.B. Lippincott, 1913, p. 177, diz do bangala do Alto Congo: "Ele tem um maravilhoso poder de imitação, mas lhe falta invenção e iniciativa". Cf. DANZEL, Theodor Wilhelm. *Kultur und Religion des primitiven Menschen*. Stuttgart: Strecker u. Schröder, 1924, pp. 12, 52 e 78. Danzel pensa que o homem primitivo carece de toda consciência de um eu separado por fronteiras claras do não eu. "Do nosso ponto de vista, o eu parece estar enormemente estendido". Danzel percebe corretamente a grande importância do pensamento identificador do homem primitivo. O homem primitivo, diz ele, ao se identificar com muitas coisas no mundo externo, estendeu seu eu a essas coisas. No entanto, é obviamente mais

consciência do eu também surge sua falta de autoconfiança, que se manifesta claramente na magia que ocupa uma posição central entre todos os povos primitivos.[61]

5 Consciência coletiva e tendência à substancialização

A falta de consciência do eu é apenas o lado negativo de uma mentalidade completamente determinada pela vida social. É sabido

---

correto interpretar o fenômeno em questão não como hipertrofia, mas, pelo contrário, como fraqueza ou falta de consciência do eu.

61 CODRINGTON, R. H. *The Melanesians*. Oxford: Clarendon Press, 1891, p. 120 relata: "Se um homem foi bem-sucedido numa batalha, não foi a força natural de seu braço, a rapidez de seu olho ou a prontidão de recursos que lhe deu a vitória; ele certamente obteve o *mana* [poder mágico] de um espírito ou de algum guerreiro falecido para fortalecê-lo, transmitido de um amuleto de pedra em volta de seu pescoço, ou de um tufo de folhas em seu cinto, de um dente pendurado no dedo da mão que segura seu arco, ou por meio de palavras com as quais traz a ajuda sobrenatural para seu lado. Se os porcos de um homem se multiplicam e suas hortas são produtivas, não é porque ele é industrioso e cuida de sua propriedade, mas por causa das pedras cheias de *mana* para porcos e inhames que ele possui".

Melland escreve sobre a crença dos bakaonde: "Os espíritos ouvem tudo, veem tudo, permeiam tudo e são todo-poderosos. Nada a não ser espíritos (e em alguns casos, pagamentos prescritos) pode neutralizar os espíritos: ninguém, exceto o feiticeiro pode mostrar como isso se efetua. O próprio homem é impotente". Cf. MELLAND, Frank H. *In Witch-bound Africa*: an Account of the Primitive Kaonde Tribe & Their Beliefs. Londres: Seeley, Service & Co., 1923, p. 129.

SPEISER, Felix. *Ethnographische Materialien aus den Neuen Hebriden und den Banks-Inseln*. Berlim: C.W. Kreidel, 1923, pp. 300 e ss. observa sobre os nativos das Novas Hébridas: "O nativo sabe tão bem quanto nós que um golpe de clava deve acarretar a morte; mas ele também presume que o golpe bem-sucedido não depende só da habilidade do inimigo, mas também de uma força mágica que guia a sua mão. Essa crença é uma expressão comovente do desamparo do homem em relação à natureza. Assim como o nativo busca assegurar ajuda mágica em todas as suas ações como contrapeso para sua própria incapacidade, nenhum infortúnio infligido a ele pode ser completamente destrutivo sem magia". Essa afirmação poder muito bem ser generalizada.

que as crianças pequenas, quando falam de si mesmas, não usam a primeira pessoa. As línguas primitivas são caracterizadas pelo fato de que as "possibilidades de expressão em primeira pessoa são comparativamente subdesenvolvidas".[62] Ungnad escreve que "na língua semita original não existe expressão para o 'Eu'".[63] O "semita original" não diz: "Eu mato", mas: "Aqui matar". "Só gradualmente desenvolveu-se o que queremos dizer com 'Eu mato'". Se o maori fala em primeira pessoa, ele não fala necessariamente de si mesmo, mas de seu grupo, com o qual ele se identifica naturalmente. Ele diz "Eu" fiz isso ou aquilo e com isso quer dizer, "minha tribo fez isso". "Meu" solo, significa a terra da tribo.[64]

Um sintoma particularmente marcante da total solidariedade do indivíduo com o grupo é o costume, observado entre certas tribos, de acordo com o qual, em caso de doença, não só o doente, mas também todos os membros de sua família devem passar pelo tratamento.[65] Dos cafres, Kidd escreve:

---

62 DANZEL, Theodor Wilhelm. *Kultur und Religion des primitiven Menschen.* Stuttgart: Strecker u. Schröder, 1924, p. 52.

63 UNGNAD, Arthur. "Zur Geschichte des Ichbewusstseins". *Zeitschrift für Assyriologie*, vol. XXXVI, 1925, p. 269.

64 BEST, Elsdon, *The Maori.* vol. I. Wellington: H.H. Tombs, 1924, p. 397, escreve: "Ao estudar os costumes dos maori, é bom ter em mente que um nativo se identifica tão completamente com sua tribo que está sempre empregando o primeiro pronome pessoal. Ao mencionar uma batalha ocorrida possivelmente há dez gerações, ele dirá: 'Derrotei o inimigo ali', mencionando o nome da tribo. Da mesma maneira, ele indicará descuidadamente dez mil acres de terra com um aceno de mão e comentará: 'Esta é minha terra'. Ele não suspeita que alguém pensaria que ele é o único proprietário dessas terras, nem ninguém, exceto um europeu, cometeria tal erro. Quando os europeus chegaram a essas praias, surgiram muitos problemas devido à incapacidade dos maoris de compreender a posse individual de terras e a venda de terras".

65 ROTH, Walter E. "An Inquiry into the Animism and Folk-Lore of the Guiana Indians". *In*: HOLMES, W. H. (Coord.). *30th Annual Report of the Bureau of American Ethnology*. Washington: Government Printing Office, 1915, pp. 352 e ss.

> Além disso, um nativo às vezes toma remédio por procuração. Assim, certa vez, um homem veio até mim e reclamou de uma longa lista de sintomas e disse que queria muito um remédio. Como *placebo*, dei-lhe algumas jalapas e uma dose de sais. Enquanto lambia os últimos grãos de sal de Epsom com a língua – como eles adoram remédios de sabor ruim, e os comem devagar! – agradeceu-me pela dose e disse que esperava que o remédio que acabara de tomar fizesse bem para sua esposa, pois as dores eram dela e não dele.[66]

Se entre os guaranis, uma tribo indígena da América do Sul, uma criança adoece, todos os parentes devem evitar comer as coisas que são consideradas prejudiciais à criança.[67] Karsten diz dos índios jivaro:

> A concepção de personalidade individual e, consequentemente, de responsabilidade individual não existe entre os indígenas primitivos da mesma forma que entre os povos civilizados. O indivíduo forma parte inseparável de um todo, isto é, da família ou tribo a que pertence. Especialmente os membros da mesma família são considerados, por assim dizer, organicamente coerentes uns com os outros, de modo que uma parte representa todos e todos representam um. O que acontece a um membro dessa unidade social acontece a todos, e todos são considerados igualmente responsáveis pelos atos de um de seus membros. Como os jivaros concebem essa conexão, fica claro a partir de alguns de seus costumes sociais. Por exemplo, o costume prescreve que, após o nascimento de uma criança, os pais devem jejuar e observar outras regras de abstinência por alguns anos, ou até que a criança receba um nome. Isso se deve à ideia de que algo da alma ou da essência dos pais é transmitido à

---

66 KIDD, Dudley. *The Essential Kafir*. Edimburgo: A & C Black, 1904, pp. 136 e ss.

67 PLOSS, H. *Das Kind in Brauch und Sitte der Voelker*. 2ª ed. vol. II. Leipzig: T. Grieben, 1884, p. 193.

criança, de modo que todos os três formam, de certa maneira, um único organismo, uma única personalidade. Mas essa conexão mística entre pais e filho também subsiste depois que a criança cresce, embora talvez menos intimamente. Da mesma forma, o laço que une irmãos e irmãs de uma família é tão íntimo que se pode dizer que eles formam um todo orgânico. Entre os índios jivaros e canelos, quando um membro da família está doente, os demais devem alimentar-se da mesma forma que o próprio paciente, pois se ingerissem alimentos inadequados, seria como se o paciente comesse aquele alimento, e sua condição pioraria. Devemos explicar do mesmo ponto de vista o costume predominante entre os jivaros de que quando um homem morre seu irmão deve se casar com a viúva. O marido que partiu, que ainda tem ciúmes da esposa que deixou para trás, não a cede a nenhum outro homem que não seu irmão, que com ele forma uma personalidade e o representa no sentido mais real da palavra. Quando um jivaro mais jovem é assassinado por seus inimigos, o dever de vingar sua morte incumbe, em primeiro lugar, a seus irmãos.[68]

Se os povos primitivos censuram o homicídio como crime, eles o consideram mais como um dano infligido ao grupo, que foi privado de um membro útil, do que como um mal feito à pessoa assassinada.[69] Se um homem foi morto, é o sangue do grupo que foi derramado. Entre os árabes, segundo Robertson Smith,[70]

o grupo absoluto de parentesco é aquele que sempre age junto em todos os casos de vingança de sangue. E na Arábia esse

---

68 KARSTEN, Rafael. "Blood Revenge, War, and Victory Feasts among the jibaro Indians of Eastern Ecuador". *Bureau of American Ethnology Bull.*, nº 79. Washington: Government Printing Office, 1923, pp. 11 e ss.

69 Cf. WESTERMARCK, Edward. *The Origin and Development of the Moral Ideas*. 2ª ed. vol. I. Londres: MacMillan, 1912, p. 373.

70 SMITH, W. R. *Kinship and Marriage in Early Arabia*. Cambridge: The University Press, 1903, pp. 26 e ss.

> grupo não era a família ou a casa, não eram os parentes do assassino e da vítima até certo grau, como consideramos o parentesco, mas uma unidade definida que se diferencia de todos os outros grupos pela posse de um nome de grupo comum. Os árabes costumam chamar esse grupo de *hayy*, e os membros do *hayy* de um homem são chamados de seus *ahl* ou *caum*. Para determinar se um homem está ou não envolvido em uma rixa de sangue não é necessário perguntar mais do que se ele pertence ao mesmo nome de grupo que o assassino ou vítima. A fórmula comum aplicada a homicídios não intencionais é que o sangue de uma *hayy* foi derramado e deve ser vingado. Os membros da tribo não dizem que o sangue de A ou B foi derramando, nomeando o homem; eles dizem "nosso sangue foi derramado"... Nenhum homem do grupo pode escapar à responsabilidade somente porque não tem uma relação próxima com o assassino ou a vítima. Se há sangue entre Lihyān e ᵓAdī, há guerra entre todo homem de Lihyān e ᵓAdī até que o sangue seja expiado. E, inversamente, se um homem de um grupo derramar o sangue de outro homem do grupo, não faz diferença se ele é parente da vítima do modo como compreendemos: "ele derramou o sangue de seu povo" e por isso deve morrer ou ser banido do nome e do local de sua tribo.

Uma vez que o indivíduo nada mais é que um membro de seu grupo, ele pode ser substituído por outro. Lafitau[71] relata sobre os indígenas norte-americanos:

> A perda [por morte] de um único indivíduo é uma grande perda, mas uma perda que deve ser reparada necessariamente pela substituição do indivíduo faltante por um ou vários outros indivíduos, a depender da maior ou menor importância da pessoa a ser substituída.

---

71 LAFITAU, P. *Mœurs des sauvages américains comparées aux mœurs des premiers temps*. vol. II. Paris: Chez Saugrain l'aine/Charles-Estienne Hochereau, 1724, p. 163.

Daí a instituição da adoção, difundida entre os povos primitivos, especialmente os indígenas. Sua função é substituir o membro falecido do grupo por um indivíduo vivo.

O homem primitivo é induzido a essa atitude coletivista não apenas por sua falta de consciência do eu, mas também por uma peculiaridade de pensamento que pode ser chamada de "tendência substancializadora". Ele não distingue, como nós, o corpo e suas condições, suas qualidades, as forças que o movem ou a relação que mantém com outros corpos; em vez disso, ele imagina essas qualidades, condições, forças e relações como substâncias. Uma vez que ele teme certas qualidades ou condições ou deseja obtê-las, ele considera a coisa temida ou desejada algo de certa maneira infeccioso, ou uma substância emanada, contagiosa pelo toque. Daí o método amplamente difundido entre os povos primitivos de curar doenças sugando ou extraindo sangue. Assim, os índios pawumwa do Brasil, como muitos outros povos primitivos,

> usam um pequeno bastão curto no septo nasal, com as pontas projetando-se para dentro das narinas. Esse costume peculiar está associado a uma ideia primitiva de medicina. Eles afirmam que a doença é algo sólido e viaja em linha reta como uma flecha, enquanto o ar é como o nada e pode dobrar esquinas. Portanto, quando eles respiram, a doença bate na ponta do bastão e sai de suas narinas, enquanto o ar purificado entra em seus pulmões.[72]

---

72 HASEMAN, J. D. "The Pawumwa Indians of South America". *American Anthropologist,* N.S., vol. XIV, 1912, p. 342. GUSINDE, Martin. *Die Feuerland-Indianer*: Die Selknam. vol. I. Sankt Augustin: Anthropos, 1931, p. 744, escreve sobre os índios selk'nam: "Todo sofrimento ou sensação corporal desagradável, dores reais ou supersensibilidade, acima de tudo depressão e desânimo, medo e inquietação interior, geralmente a consequência de certos sonhos, dependem sempre do *kwake*. Este é considerado uma substância, um pequeno objeto, um corpo estranho que penetra no corpo de uma pessoa e ali se faz sentir". Consequentemente, o curandeiro cura o paciente extraindo a substância estranha de seu corpo por meio da sucção.

Isso também explica o fato de a doença ser considerada um mal coletivo que atinge não só um único indivíduo, mas também aqueles que com ele convivem, de modo que eles, assim como o doente, devem tomar o medicamente prescrito, mesmo que ele só esteja ferido.[73] Consequentemente, o homem primitivo também considera a morte uma substância contagiosa, que tem sua sede nos mortos; daí sua aversão a tocar um cadáver por medo de "contaminação". Mesmo a dor é frequentemente considerada uma substância; daí origina-se a prática, ainda existente em certas partes do norte da Europa, de livrar-se da dor de dente tocando o dente dolorido com um pequeno graveto, que é então cravado em uma árvore, transferindo-lhe assim o mal.[74] A transferência de uma doença de um ser humano para uma árvore entre os nativos de Lobi, um território no Alto Volta (África Ocidental), é descrita por Henri Labouret da seguinte maneira:

> Neste caso, o paciente é carregado à noite por seus pais até uma encruzilhada de trilhas no mato. No local, um sacerdote espera por eles, muito perto de uma grande árvore. O homem doente é encostado no tronco e ungido com um remédio especial, então o sacerdote "pega a respiração da árvore", coloca-a ao lado dele, toma a respiração do homem e a insere na árvore, enquanto faz a respiração da árvore passar para o corpo do homem doente. Depois disso, os parentes que trouxeram o paciente podem levá-lo para casa. Mas ele terá que tomar cuidado para não descansar à sombra da árvore assim tratada, cujos galhos não devem ser cortados para fazer uma fogueira, pois se ele inalasse sua fumaça morreria imediatamente. Quando a árvore seca e morre, o homem doente com certeza se recupera, mas

---

73 Cf. VAN DER LEEUW, G. "La Structure de la mentalité primitive". *Revue d'histoire et de philosophie religieuses*, vol. VIII, 1928, p. 7.

74 KARSTEN, Rafael. *The Origins of Religion*. Londres: K. Paul, Trench, Trübner & Company, 1935, p. 45.

> se o tronco continuar forte e cheio de vida, o homem está condenado à morte.[75]

Não é de admirar que o homem primitivo não seja capaz de conceber um conceito tão abstrato como o tempo. No entanto, é significativo que ele considere o tempo uma substância a ser renovada perpetuamente.[76]

Para a visão de que as qualidades corporais são transferíveis pelo toque, há uma abundância de exemplos: entre certas tribos de Papua, as costas e os membros são esfregados contra uma rocha a fim de torná-los tão fortes quanto elas;[77] se uma garota cafre comer o lábio inferior protuso de um animal, ela ficará feia, pois adquirirá tal lábio;[78] entre os esquimós polares, sempre que os pais desejam que seus filhos se tornem fortes, costuram a pele da garganta de um urso no capuz da criança. Um amuleto favorito é um pedaço de uma velha pedra de lareira, pois

> o fogo é a coisa mais forte que se conhece; a velha pedra de lareira resistiu ao fogo por muitas gerações e, portanto, deve ser mais forte que ele. O homem que a carrega como amuleto viverá muito e será forte nos reveses.[79]

O canibalismo, especialmente o consumo de cadáveres, está frequentemente relacionado à crença na possibilidade de adquirir

---

75 LABOURET, Henri. *Les Tribus du Rameau Lobi*. (Série: Travaux et mémoires de l'Institut d'Ethnologie). vol. XV. Paris: Institut d'ethnologie, 1931, p. 318.

76 Cf. VAN DER LEEUW, G. "La Structure de la mentalité primitive". *Revue d'histoire et de philosophie religieuses*, vol. VIII, 1928, p. 11.

77 KEYSSER, C. "Vom Sattelberg zum Markham". *Zeitschrift für Ethnologie*, ano 44, 1912, p. 561.

78 KIDD, Dudley. *The Essential Kafir*. Edimburgo: A & C Black, 1904, p. 140. Há muitos exemplos mais.

79 RASMUSSEN, Knud. *Neue Menschen*. Berna: Verlag A. Franke, 1907, pp. 166 e ss.

a força e os poderes do devorado. Ocasionalmente, observou-se na China que as crianças tinham pequenos pedaços de sua carne cortados para serem dados a seus pais doentes como remédio; essa prática envolve uma transferência da força da juventude, considerada uma substância.[80]

É de extrema importância para o pensamento coletivista do homem primitivo que não apenas as qualidades físicas, mas também as mentais e, especialmente, as morais, como bem e mal, e mesmo atos qualificados moralmente, como um pecado cometido, sejam considerados substâncias que de alguma maneira aderem ou são inerentes ao corpo do malfeitor. Sobre essa ideia repousam as cerimônias de purificação tão características da moralidade e da religião primitivas, especialmente o costume difundido de livrar-se de uma má ação por meio de perda de sangue, cuspe ou vômito. A confissão de pecados tem o mesmo sentido; como amplamente observado entre os selvagens, consiste em falar em voz alta do mal cometido, frequentemente acompanhando-se de vômito real.[81]

---

80 KARUTZ, Richard. "Der Emanismus". *Zeitschrift für Ethnologie*, ano 45, 1913, p. 585.

Dos nativos de Madagascar, GRANDIDIER, A.; GRANDIDIER, Guillaume. *Ethnographie de* Madagascar: Histoire physique, naturelle et politique de Madagascar. tomo III, vol. IV. Paris: Imprimerie nationale, 1917, p. 375, escreve: "Como os hebreus, como os hindus etc., os malgaxes creem que, como um corpo, que por mais sujo que esteja, é purificado por um banho mais ou menos prologado, também a alma, por muito suja que esteja, mesmo a do criminoso, pode ser limpa e purificada por ações externas, por procedimentos mecânicos, por água, fogo ou sacrifícios".

81 Entre os aleutas existe o costume de embrulhar alguém na grama para que ela absorva seus pecados; em seguida, a grama é queimada. Cf. MARETT, R. R. *Faith, Hope, and Charity in Primitive Religion*. Nova York: MacMillan, 1932, p. 122.

Segundo MELLAND, Frank H.; CHOLMELEY, Edward H. *Through the Heart of Africa*. Londres: Constable & Co Ltd., 1912, p. 23, entre os wakuluwe a doença é interpretada como punição por um crime. O doente busca se recuperar pela confissão pública. "O homem que vai se confessar fica parado na porta de sua cabana, voltado para o oeste, com um cesto nas mãos, no qual se coloca um pouco de areia e alguns pedaços de grama seca.

Tendo confessado seu *mpondo* (crime) em voz alta, ele atira a grama e a areia para cima e o vento leva os pedaços de grama, enquanto a areia cai de volta no cesto. O homem então grita, 'Meu *mpondo* se foi como as folhas da grama, meus *tusinza* (pequenas ofensas ou contravenções) são tão numerosos quanto os grãos de areia nesta cesta, deixe-os ir também', e, adequando a ação à palavra, joga a areia fora. Ele então diz: 'Não tenho mais *mpondo*, e *Ngulwe* (o ser supremo) curará minha doença...'"

BROWN, George. *Melanesians and Polynesians*. Londres: MacMillan, 1910, pp. 229 e ss. escreve dos nativos de Samoa: "Eles atribuíam grande valor à confissão de pecados em tempos de perigo, mas, até onde sei, não havia expressão de arrependimento ou emenda, nem se realizava qualquer oração por perdão em tal ocasião". Essa é apenas a consequência de sua ideia do caráter substancial do crime. Brown prossegue: "Se, por exemplo, um barco à vela ou canoa estivesse cruzando o canal entre Savaii e Upolu e corresse risco de ser inundado, o timoneiro viraria o barco contra o vento e cada homem faria uma confissão de algum pecado. Um diria, "Bem, eu roubei uma ave em certa aldeia'. Outro homem reconheceria um pecado com alguma mulher casada em outra aldeia; outro, alguma outra falta ou quebra de conduta. Outro homem talvez dissesse que não havia feito nada, e sua vez seria passada. Isso continuaria até que cada homem se confessasse ou declarasse sua inocência, quando o barco seria colocado novamente a favor do vento, com a confiança de que a tripulação faria a passagem com segurança".

Os mapuches (Chile) realizam a seguinte operação em um jovem considerado moralmente reprimível. Ele é ferido perto do coração, e o sangue que jorra é derramado em um rio. O curandeiro nativo interpreta essa operação dizendo que o mal é removido do coração e jogado na água para que seja levado embora. (LÉVY-BRUHL, L. *Primitives and the Supernatural.* Trad. autorizada de Lilian A. Clare. Nova York: E.P. Dutton & Co., 1935, p. 91).

KIDD, Dudley. *The Essential Kafir*. Edimburgo: A & C Black, 1904, p. 5: "Uma mulher cafre estava muito indignada porque seu filho renunciou ao paganismo e abraçou o cristianismo. Ela prontamente administrou um forte emético e purgante para dissipar a religião odiada".

É especialmente significativo o que relata CAYZAC, P. P. "La Religion des Kikuyu (Afrique orientale)". *Anthropos,* vol. V, 1910, pp. 310 e ss.: "Entre os quicuio... o pecado é transmissível e remissível, daí as duas frases que se ouve em toda parte: *Kogwatis ne sahu*, 'ser tomado pelo pecado de outro'; e *Kotahikio*, 'ser libertado do pecado'. 'Ser tomado pelo pecado de outro' significa mais exatamente 'sofrer as consequências do pecado de outro'. Pois o *sahu* é a consequência de um *noki*, ou 'ato proibido'. Acima de tudo, uma mulher frequentemente transmite seu pecado aos filhos; por exemplo, se uma jovem comete um *noki* antes do casamento, mais tarde seu filho terá *sahu* se adoecer, e a doença será atribuída ao *noki* da mãe... O pecado é essencialmente remissível: basta admiti-lo. Normalmente, isso é realizado por meio de um 'feiticeiro' que expulsa o pecado com uma cerimônia cujo ritual principal é um vômito simulado: *kotahikio*, derivado de *tahika*, vomitar... O quicuio também reconhece o bode expiatório, no caso de incesto, por exemplo. O culpado deve morrer, mas oferece um sacrifício, um bode. Eles realizam uma cerimônia ignóbil destinada a transferir o crime para o animal; então sua garganta é cortada como punição. O culpado é assim redimido... Uma garotinha cristã morreu e eu ordenei a um trabalhador pagão que cavasse uma cova. Ele se recusou obstinadamente a cometer esse pecado... para ele, cavar uma sepultura era *noki* e teria *sahu* como punição. Na verdade, sendo pai de família, seus filhos seriam afligidos. Se ele fosse solteiro, teria sido diferente; ele não poderia infectar ninguém".

LOSKIEL, George Henry. *History of the Mission of the United Brethren among the Indians in North America*. Londres: Brethren's Society for the furtherance of the Gospel, 1794, p. 37 relata que os índios acreditam que para conseguir após a morte "um lugar entre os bons espíritos... eles devem primeiro ser completamente purificados de seus pecados, fazendo a pobre gente vomitar, como a forma mais rápida de realizar a purificação". BRINTON, D. G. *The Myths of the New World*. Nova York: Leypoldt & Holt, 1868, p. 127 escreve dos índios: "Para se livrarem desse sentimento de culpa, os delawares usam um emético... os cherokees, uma poção preparada por uma ordem de guerreiras... os takahli do território de Washington, os astecas, maias e peruanos, confissão confidencial". Cf. mais em LÉVY-BRUHL, L. *Primitives and the Supernatural*. Trad. autorizada de Lilian A. Clare. Nova York: E.P. Dutton & Co., 1935, pp. 348 e ss.; LE ROY, Alexander. *The Religion of the Primitives*. Trad. Newton Thompson. Nova York: MacMillan, 1922, pp. 247 e ss.; KARSTEN, Rafael. *The Origins of Religion*. Londres: K. Paul, Trench, Trübner & Company, 1935, pp. 242 e ss.; MOSBACHER, Ernst. "Untersuchungen zum Suendenbegriff der Naturvölker". *Baessler Archiv*, vol. XVII, nº 1, 1934, pp. 20 e ss.

Uma combinação interessante de confissão de pecado com o bode expiatório pode ser encontrada em KIDD, Dudley. *The Essential Kafir*. Edimburgo: A & C Black, 1904, p. 261. "Entre os cafres, quando os homens estão doentes e os feiticeiros não lhes podem fazer bem, os nativos às vezes adotam o costume de levar um bode à presença de um homem doente e confessar os pecados do kraal sobre o animal. Às vezes, algumas gotas de sangue do doente são despejadas na cabeça do bode, que é levado a uma parte desabitada da savana. Supõe-se que a doença seja transferida para o animal e perca-se no deserto". Não só a doença é transferida para o animal, mas também os pecados dos membros do grupo que são considerados responsáveis pela doença do membro.

Nessa mesma base, funda-se a conhecida prática de transferir o mal do qual a pessoa se sente culpada para um animal que deve ser sacrificado ou expulso – o bode expiatório.[82]

O fato de o homem primitivo imaginar os valores resultantes de sua ordem social como substância deu origem à falsa ideia de que ele é moralmente indiferente. Essa interpretação é totalmente equivocada, pois é contradita pelo fato indubitável de que o homem primitivo, muito mais do que o homem civilizado, está socialmente ligado e que os seus laços sociais são muito mais eficientes do que os do homem moderno. Moralidade, entretanto, é ordem social; e não se pode falar de moralidade a menos que a espiritualização e a intensificação características da moralidade moderna tenham sido alcançadas. Que a diferença entre a moralidade do homem primitivo e a do homem civilizado seja apenas quantitativa e não qualitativa está claramente provado pela confissão dos pecados – uma instituição comum a ambos. Se para o homem moderno a consciência de um mal cometido não contivesse nada de "substancial", então o sentimento de alívio que a confissão acarreta dificilmente poderia ser compreendido.

A ideia de que as qualidades morais e jurídicas são substâncias leva à crença de que o mal, como a doença, é contagioso. Assim, o mal cometido por um indivíduo assume caráter coletivo, porque necessariamente se espalha para aqueles que convivem com ele ou que têm proximidade com ele. Essa é a razão da responsabilidade coletiva, tão significativa para uma ordem jurídica primitiva. É evidente para o homem primitivo que a retribuição é exercida a todo o grupo, embora o delito tenha sido cometido por um único membro; e é inteiramente justificável que os filhos e os filhos dos filhos expiem os pecados de seus pais. Pois, como a doença, o pecado é uma substância e, portanto, contagioso e hereditário.

---

82 Cf. FARNELL, L. R. *The Evolution of Religion*. Nova York: G. P. Putnam's Sons, 1905, pp. 65 e ss. e 118 e ss.

Na verdade, mesmo o *collectivum*, o grupo, é considerado uma substância. Um homem pertence a um único e mesmo grupo se ele compartilha com outros a mesma substância-grupo: o sangue é preferencialmente considerado como a sede dessa substância. Comunidade de sangue, irmandade de sangue, todo o mito de sangue, ainda hoje em vigor, são ideias baseadas nessa tendência primitiva à substancialização – uma tendência que ainda não foi totalmente superada no pensamento científico do homem civilizado e que desempenha um papel fatídico na teoria social do nosso tempo, particularmente na doutrina do Estado.[83]

Assim como o homem primitivo substancializa o grupo em si, ele também substancializa todas as relações sociais concretas – como, por exemplo, a propriedade.[84] Em conformidade com a

---

83 A tendência à substancialização do pensamento primitivo estabelece a conexão entre religião e sociedade, e até mesmo a identidade que existe entre as ideias do homem primitivo sobre sua comunidade e suas noções sobre a divindade. Ele concebe a comunidade social como uma substância comum a todos os membros do grupo. A substância que constitui a comunidade é o sangue. "O parentesco entre os árabes", escreve Robertson Smith, p. 27, "significa partilhar do sangue comum que corre nas veias de cada membro de uma tribo".

Mas o grupo também pode se basear em algo diferente da descendência comum ou da comunidade de sangue. Pode ser estabelecido ao se comer ou beber com o estranho, consumindo com ele a mesma substância. Igualmente, a comunidade com a divindade é uma comunidade de sangue, porque a divindade é o ancestral comum, ou é estabelecida por uma refeição sacrificial comum que os sacrificadores consomem juntos. O objeto consumido representa a própria divindade cuja substância eles incorporam. Outra ideia que também prevalece é que os sacrificadores consomem o sacrifício junto com a divindade. Esse significado particular do sacrifício foi enfatizado por SMITH, W. Robertson. *Lectures on the Religion of the Semites*. Londres: A. & C. Black, 1894, pp. 226 e ss.

84 A propriedade individual como instituição jurídica pressupõe não apenas certa condição econômica, mas também uma condição psicológica muito definida, a saber, um mínimo de consciência do eu. O homem primitivo, cuja consciência é completamente socializada, não preenche a condição essencial para o surgimento da propriedade individual. Sua mentalidade apresenta a condição ideal para a propriedade coletiva. Sob a influência da teoria evolucionista do século XIX, etnólogos e historiadores estavam convencidos de

---

que a propriedade coletiva era a forma original de propriedade. Sir Henry James Sumner Maine escreveu em sua famosa obra *Ancient Law* (Everyman's Library, nº 734. Londres: Murray, 1897, pp. 152 e ss.): "O Direito antigo... não sabe quase nada sobre os indivíduos. Não se preocupa com indivíduos, mas com Famílias, não com seres humanos individuais, mas grupos". "É mais do que provável que a propriedade conjunta, e não a propriedade separada, seja a instituição realmente arcaica, e que as formas de propriedade que nos darão instrução serão aquelas associadas aos direitos das famílias e dos grupos de parentesco". Com a crescente oposição ao evolucionismo, uma teoria diferente sobre a origem da propriedade foi apresentada. Por exemplo, HILDEBRAND, Richard. *Recht und Sitte auf den primitiveren wirtschaftlichen Kulturstufen*. Jena: G. Fischer, 1907, defende que entre os povos mais primitivos que obtêm seu sustento colhendo frutos ou caçando, não há nenhuma forma de propriedade da terra, pois a terra é tão abundante que, como o ar, não tem valor econômico. Consequentemente, a terra não pode ser objeto de propriedade. A terra é *res nullius*. Desse estado de ausência de propriedade, a propriedade individual originou-se por ocupação. Essa hipótese não pode estar correta, porque, primeiro, apenas terras férteis e áreas de caça abundante tornam-se economicamente importantes – e tais terras nunca são tão abundantes quanto o ar; segundo, a hipótese é baseada em uma consideração puramente econômica, e as considerações econômicas não desempenham nenhum papel, ou nenhum papel decisivo, no pensamento e no sentimento primitivos. Na prática, encontramos entre os primitivos coletores de alimentos, caçadores e criadores de gado, todos ainda nômades, uma relação muito definida entre o grupo e as terras por ele ocupadas. A relação é caracterizada pelo fato de qualquer outro grupo ser excluído da terra – se necessário, pela força. A reivindicação de posse exclusiva é o elemento essencial da propriedade. Os membros do grupo consideram as pastagens onde pastam seus rebanhos, os terrenos onde caçam, como "suas" terras. Na verdade, ela é propriedade coletiva do grupo.

HARTLAND, E. Sidney *Primitive Law*. Londres: Methuen & Company Limited, 1924, pp. 92e ss., escreve: "Uma comunidade de caçadores errantes em busca de comida de caça ou de frutas e sementes silvestres (e esse é o estágio mais longínquo que a ciência nos permite vislumbrar), raramente viaja além do distrito com o qual seus membros estão familiarizados, a menos que seja motivada por falta de mantimentos ou alguma outra causa especial. Esse distrito pode ser amplo; mas, por mais amplo que seja, tem limites dificilmente reconhecíveis por nós, mas bem conhecidos pela comunidade. O que está dentro desses limites é considerado pela comunidade como seu próprio território. Ela se ressente de intrusões sem permissão por membros de qualquer outra comunidade. Nesse estágio, e por muito tempo depois, nenhum indivíduo é considerado o proprietário exclusivo de qualquer parte dela". Mesmo o Padre Wilhelm Schmidt, que se opõe vigorosamente à doutrina evolucionista da origem da propriedade, admite em sua obra SCHMIDT, Wilhelm. *Das Eigentum auf den aeltesten Stufen der Menschheit*, Volume I: *Das Eigentum in den Urkulturen*. Münster: Aschendorff, 1937, pp. 288ss., que entre os povos que ele considera os mais primitivos, os povos da chamada "*Urkultur*" [cultura primitiva], a saber, os pigmeus e pigmoides ao norte e ao sul do Equador, algumas tribos indígenas na Califórnia, os índios salishan e algonquinos, os índios da Tierra del Fuego, os esquimós reno, os bosquímanos, os damaras e algumas tribos no sudeste da Austrália, a terra é propriedade de grupos, não de indivíduos. Às vezes é a *Gross-Familie* (a família estendida), às vezes a comunidade da aldeia ou a tribo que é a proprietária. Entretanto, Schmidt enfatiza que entre esses povos a posse de bens móveis, como artigos de alimentação e roupas, ferramentas e armas, tem o caráter de propriedade individual. Mas esses povos, como muitas outras tribos muito primitivas, mostram uma atitude decididamente comunista ao consumir e usar essas coisas. Frutas e caças, mesmo que resultem da coleta ou caça de um único indivíduo, são divididas entre os membros do grupo de acordo com regras bem definidas de Direito Consuetudinário. Ferramentas e armas não são utilizadas exclusivamente pelo "dono", mas estão mais ou menos à disposição dos demais membros do grupo quando necessário. É comum o empréstimo de objetos pessoais e a troca de presentes, de modo que os objetos móveis mudam constantemente de possuidor.

Alguns exemplos podem ilustrar esses costumes. DAWSON, James. *Australian Aborigines*. Melbourne: George Robertson, 1881, p. 22, relata sobre algumas tribos no Distrito Ocidental de Victoria: "existem regras rígidas que regulam a distribuição de alimentos. Quando um caçador traz a caça para o acampamento, ele abre mão de qualquer reivindicação sobre ela, e deve ficar de lado e permitir que as melhores porções sejam levadas, contentando-se com as piores. Se ele tiver um irmão presente, o irmão é tratado da mesma maneira, e ajuda o caçador a comer os piores pedaços deixados a eles, como os quartos dianteiros e as costelas de cangurus, gambás e pequenos quadrúpedes e a espinha dorsal de aves. O narrador desse costume mencionou que quando era muito jovem costumava resmungar porque seu pai dava todos os melhores pedaços das aves e dos quadrúpedes, e as melhore enguias, mas lhe foi dito que era uma regra e devia ser observada".

SCHEBESTA, Paul. *Among the Forest Dwarfs of Malaya*. Trad. de Arthur Chambers. Londres: Hutchinson & Co., 1929, p. 83, escreve: "O alimento é comido pela família em comum. Mesmo quando as mulheres já trouxeram raízes suficientes da floresta, ou quando cada família tem arroz, carne ou caça, eles são divididos entre todos. Cada família contribui com seu próprio alimento, já cozido e preparado para todas as outras famílias. Se uma família em algum dia particular estiver excepcionalmente bem suprida, eles doam generosamente a todas as famílias afins, mesmo que isso os deixe com muito pouco. Se outras famílias não pertencentes ao grupo estiverem no acampamento, elas não partilham, ou apenas em pequena parte, da distribuição. Portanto, é perfeitamente justificável falar de uma espécie de comunismo entre os semang, mas é apenas um comunismo familiar aplicado ao alimento".

BROWN, A. R. *The Andaman Islanders*. Cambridge, The University Press, 1922, p. 43, relata que entre os habitantes da ilha Andamão, todos os alimentos são propriedade privada (individual) e pertencem ao homem ou mulher que os obteve por seu próprio esforço. Mas acrescenta: "Espera-se, porém, que todo aquele que tem comida dê a quem não tem. Um homem casado mais velho reservará para si o suficiente para sua família, e então dará o restante para seus amigos. Espera-se de um homem mais jovem que dê o melhor que consegue aos homens mais velhos. Este é particularmente o caso dos solteiros. Se um jovem solteiro matar um porco, ele deve contentar-se em vê-lo distribuído por um dos homens mais velhos, indo todas as melhores partes para os idosos, enquanto ele e seus companheiros devem contentar-se com as partes inferiores. O resultado desse costume é que praticamente toda a comida obtida é distribuída uniformemente por todo o acampamento, a única diferença é que os homens mais jovens não comem tão bem quanto os idosos. A generosidade é considerada pelos habitantes das ilhas Andamão uma das mais altas virtudes e é praticada incessantemente pela maioria deles".

SCHEBESTA, P. *Among Congo Pigmies*. Trad. de Gerald Griffin. Londres: Hutchinson & Co., 1933, pp. 124s., relata dos bambuti: "Tudo é propriedade comum, mesmo o formigueiro e qualquer caça que seja capturada ou morta durante a caçada do dia... Os membros de um grupo familiar estão em contato constante entre si durante toda a ronda diária; eles formam uma entidade que visa ao bem-estar do grupo como um todo. O produto da caça e os frutos da floresta são propriedade comum. A caça do dia é cortada pelo membro mais idoso do grupo familiar e dividida entre as famílias individuais. O homem que matou o animal não tem voz na divisão. E mesmo um grupo familiar de fora, no mesmo acampamento, pode ficar com uma parte dos despojos se tiver qualquer reivindicação com base no parentesco por casamento. Os vegetais raramente são repartidos dessa forma devido ao fato de que todas as mulheres do grupo familiar que saem juntas em busca alimento geralmente trazem para casa quantidades semelhantes. Mas quando os membros de um grupo familiar, por qualquer motivo, não trouxeram nada para casa, os outros vêm em sua ajuda".

Segundo VON ZASTROW, B. "Die Herero". *In*: SCHULTZ-EVERTH, E.; ADAM, L. *Das Eingeborenenrecht*. vol. II. Stuttgart: Strecker und Schröder, 1930, p. 259, ideias coletivistas prevalecem entre os herero. Todos acreditam ter o direito de tirar de seu semelhante o que quiserem se o outro tiver muito. Eles têm uma instituição peculiar chamada *okuramberia*. Se alguém está com fome, tem o direito de tomar um boi, por exemplo, ou uma ovelha, do rebanho

---

de seu vizinho, para matá-lo e comê-lo imediatamente. O "dono" não reage de outra maneira senão fazendo a mesma coisa na primeira oportunidade.

JETTE, J. "On Ten'a Folk-Lore". *Journal of the Royal Anthropological Institute of Great Britain and Ireland,* vol. XXXIX, p. 483, 1909, relata dos índios ten'a no Alasca: "A caça dos ten'a é conduzida de acordo com princípios comunistas: em um bando de caçadores, nunca é aquele que matou uma peça grande que a pega; ele geralmente recebe apenas uma parte insignificante, ou nenhuma. De comum acordo, ela é distribuída entre o grupo, ou dada inteira a alguém que então deve cozinhá-la e servi-la como um banquete para toda a aldeia".

Quanto à propriedade de ferramentas e armas, o exemplo a seguir é instrutivo. DAWSON, James. *Australian Aborigines*. Melbourne: George Robertson, 1881, p. 24, relata sobre a tribo australiana do Distrito Ocidental de Victoria mencionada acima: "Os nativos têm poucas ferramentas; a principal é o machado de pedra, que se assemelha às enxadas de pedra encontradas na Europa... O machado de pedra é tão valioso e raro que geralmente é propriedade do chefe da tribo. Ele o empresta, porém, como contrapartida, aos melhores escaladores, que o utilizam para cavar degraus na casca das árvores, para lhes permitir escalar em busca de ursos, gambás, pássaros e ninhos, e também para cortar madeira e descascá-la para suas moradias (Cf. DAWSON, James. *Australian Aborigines*. Melbourne: George Robertson, 1881)". Isso significa que a ferramenta mais importante, o machado de pedra, é propriedade coletiva da tribo e que o chefe, como representante da tribo, é competente para regular o uso do machado por seus membros.

BROWN, A. R. *The Andaman Islanders*. Cambridge: The University Press, 1922, p. 42 relata sobre os habitantes da ilha de Andamão: "Embora todas as propriedades móveis sejam... propriedade de indivíduos, os andamaneses têm costumes que resultam em uma abordagem comunista. Um deles é o costume de trocar presentes constantemente uns com os outros... Considera-se uma violação das boas maneiras recusar o pedido de alguém. Assim, se alguém pedir a um homem qualquer coisa que ele possua, ele a dará imediatamente... Quase todos os objetos que os andamaneses possuem estão constantemente mudando de mãos".

MAN, E. H. "On the Aboriginal Inhabitants of the Andaman Islands". *Journal of the Royal Anthropological Institute of Great Britain and Ireland,* vol. XII, p. 340, 1883 escreve: "As armas, ferramentas e outras propriedades pertencentes a um membro da família são consideradas disponíveis para o uso de seus parentes, mas artigos como panelas, canoas ou caixas de ressonância, quando não exigidos pelo proprietário, são vistos de certa forma à luz da propriedade pública dos membros da mesma comunidade; em suma, os direitos de propriedade privada vão somente até o reconhecimento de que ninguém se apropria ou leva para longe qualquer coisa pertencente a um amigo ou vizinho sem permissão".

Entre os índios yámana em Tierra del Fuego é habitual a troca de presentes. COOPER, J. M. *Analytical and Critical Bibliography of the Tribes of Tierra del Fuego and Adjacent Territory*. Washington, D.C.: Government Printing Office, 1917, p. 179, escreve: "Frequentemente dava-se presentes independentemente da vontade do destinatário, que não poderia recusá-los sem ofender o doador, a quem era devido algo em troca". KOPPERS, W. "Die Eigentumsverhaeltnisse bei den Yamana auf Feuerland". *In*: XXII CONGRESSO DEGLI AMERICANISTI. *Anais*, vol. II. Roma, 1928, p. 192, relata: "Os yámanas emprestam tudo que lhes é solicitado. Eles esperam pacientemente até que o tomador devolva, e nunca o instigam ou repreendem".

LOWIE, Robert H. *Primitive Society*. Nova York: Boni and Liveright, 1920, p. 209, observa que muitos dos costumes das populações árticas "realmente cheiram a comunismo". NELSON, E. W. "The Eskimo about Bering Strait". *In*: POWELL, J. W. (Coord.). *Eighteenth Annual Report of the Bureau of American Ethnology to the Secretary of the Smithsonian Institution*, parte I. Washington DC: Government Printing Office, 1896/1897, p. 294, escreve: "O único sentimento de consciência ou dever moral que observei entre os esquimós parecia ser um desejo instintivo de fazer o que era mais conveniente ao bem geral da comunidade, visto que do seu ponto de vista... se um homem toma emprestado de outro um artigo e deixa de devolvê-lo, ele não é responsabilizado. Isso é feito sob o sentimento geral de que se uma pessoa tem bens suficientes que a permitam emprestar alguns deles, ela tem mais do que precisa. Quem faz o empréstimo nessas circunstâncias nem mesmo se sente justificado em pedir que o artigo seja devolvido, e espera que isso ocorra voluntariamente". Em BOGORAS, Valdemar (Coord.). *Memoirs of the American Museum of Natural History*. vol. XI, Parte I – The Chukchee. Reimpressão do vol. VII, parte I de The Jesup North Pacific Expedition. Leida: E. J. Brill Ltd., 1904, p. 630, Bogoras relata sobre os Chukchi: "Um homem que tem um barco extra muitas vezes cede o seu uso a alguns de seus vizinhos. É contrário ao senso de justiça dos nativos permitir que um bom barco fique parado na costa quando há por perto caçadores precisando de um. Nesse caso, forma-se também uma tripulação de barco, sob a direção de alguém que é considerado o capitão do barco e responsável por ele. Nada é pago pelo uso do barco, mesmo quando a caça é extremamente bem-sucedida... Acredita-se que pagar por tal uso põe em risco a sorte da caça... LOWIE, Robert H. *Primitive Society*. Nova York: Boni and Liveright, 1920, p. 210 diz: "A sociedade ártica reconhece dois axiomas, o compartilhamento altruísta de suprimentos de alimentos e a necessidade do uso eficaz dos meios de produção econômica existentes. Portanto, o comunismo ártico centra-se em considerações puramente econômicas. Fora delas, há espaço

falta de consciência do eu está o fato de que, no início do desenvolvimento social, a propriedade individual é desconhecida. Assim que aparece, porém, vem acompanhada de uma ideologia baseada na já mencionada tendência à substancialização. Consideram-se certos objetos, especialmente os de uso diário, pertencentes a um determinado indivíduo porque estão ligados a ele pela transferência a eles da substância de sua personalidade;[85] pois a personalidade de um indivíduo, sua essência específica, é considerada transferível e irradiadora. Daí surge aquela peculiaridade do pensamento primitivo de aceitar a parte pelo todo. Uma unha solta do corpo, um tufo de cabelo cortado, os excrementos de um homem contêm

---

para a afirmação de motivos individualistas". O comunismo – não apenas o comunismo primitivo – sempre está centrado em considerações econômicas. Mas o mesmo é verdadeiro para o sistema oposto, o individualismo econômico. O fato de os povos primitivos se inclinarem mais ao primeiro do que ao último pode ser explicado não apenas por razões econômicas, mas também, e talvez melhor, pelo caráter coletivista de sua consciência.

85 KARSTEN, Rafael. "Blood Revenge, War, and Victory Feasts among the jibaro Indians of Eastern Ecuador". *Bureau of American Ethnology Bull.*, nº 79. Washington: Government Printing Office, 1923, p. 12, escreve: "O jibaro *não consegue sequer distinguir sua própria personalidade de seus pertences materiais; pelo menos não das coisas que ele mesmo fez. Quando ele fabrica um escudo, um tambor, uma zarabatana ou algum outro objeto delicado, ele tem que fazer dieta e observar abstinência de outras maneiras; pois, de acordo com sua própria ideia, ele realmente coloca algo de sua própria personalidade, sua própria alma, no objeto que está fazendo. Suas propriedades, tanto as essenciais e habituais quanto aquelas ocasionalmente ingeridas por meio de determinado alimento etc., serão assim transferidas ao objeto. A divisão do trabalho existente entre os índios depende dessa mesma visão peculiar. Assim, por exemplo, a índia tem de fabricar os vasos de barro e administrar esses utensílios, porque o barro de que são feitos, como a própria terra, é feminino – ou seja, tem alma de mulher. Ela está ligada ao fogo e tem que cozinhar a comida, porque o fogo tem alma feminina etc.*".

SMITH, Edwin W.; DALE, Andrew Murray. *The Ila-speaking Peoples of Northern Rhodesia*. vol. I. Londres: MacMillan, 1920, p. 347, fala de "uma conexão muito íntima, quase uma identidade, entre a pessoa e suas posses".

sua personalidade. Desnecessário dizer que essa ideia desempenha um papel significativo na magia dos selvagens.[86]

---

86 A tendência à substancialização do homem primitivo é assim caracterizada por KREGLINGER, R. "La Mentalité primitive et la signification première des rites". *In*: CONGRES INTERNATIONAL D'HISTOIRE DES RELIGIONS. *Anais*, vol. I. Paris: 1925, pp. 189 e ss.: "Mais do que qualquer outra coisa, o homem primitivo percebe os corpos sólidos e pesados que ele pode ver ou tocar; ele imagina todas as outras coisas por analogia com eles; tudo parece a ele como estendido no espaço e, consequentemente, material; todos os sentimentos, todos os pensamentos, toda qualidade é para ele um objeto, uma substância, que impregna os seres que os possuem, mas permanece independente deles. Na vida moral, o vício é um miasma que se apodera do homem e o torna mau e que se move e se propaga por contágio; virtudes são outros poderes, também claramente individualizados, mas contrários em seus efeitos. Uma pessoa é boa ou má a depender da substância boa ou má de que está carregada. A intenção é irrelevante; quem estiver impregnado de vício será punido. O vício, nos diz Ésquilo, estende-se mecanicamente do criminoso a todos os que estão próximos dele e o descendente o herda de seus ancestrais... Portanto, toda a vida moral confirma o caráter material do pensamento primitivo; até mesmo algumas teorias profundas de povos civilizados mantêm esse traço; daí a doutrina paulina da graça e a crença judaica na identidade entre punição e crime. O mal que é inerente ao delinquente o fere tanto quanto às vítimas de seu crime; ele será infeliz e também perverso, e sua angústia, que necessariamente resulta da presença nele de um miasma deletério, é, portanto, prova suficiente de sua culpa... Cada indivíduo, por outro lado, é feito de certa substância que marca sua individualidade e impregna todos os seus órgãos; sua presença os torna seus e sua persistência, mesmo quando estão separados, mantêm uma solidariedade efetiva... Geralmente, essas fatos são explicados pelo princípio do *pars pro toto*. O que caracteriza esse tipo de pensamento é que o membro continua a ser uma parte do todo do qual está separado...". Kreglinger continua: "Muitas vezes se disse que a vida de um primitivo se banha em uma atmosfera religiosa, que essa religião desempenha nele um papel predominante, e que a história, no fundo, é apenas uma secularização gradual da humanidade. Mas isso me parece absolutamente errado". Sobre a noção de mundo do homem primitivo, ele escreve: "Sua visão do mundo... não é nada mística. Ele não crê mais do que nós, mas menos do que muitos de nossos contemporâneos, na intervenção de seres superiores; sua física não é a nossa, mas não é menos positiva e nem menos lógica; ela é decididamente sobrenatural".

Sem dúvida é verdade que muitas ideias e práticas primitivas que a etnologia moderna trata como "mágicas" ou "religiosas" são apenas expressões da tendência à substancialização do homem primitivo e nada têm a ver com a ideia de poderes sobre-humanos (nesse sentido "místico"), uma ideia

---

essencial para a magia ou para a religião. Além disso, resta bastante na vida do homem primitivo que pode ser corretamente separado da esfera profana (magia ou religião), especialmente quando se fala de padrões de conduta que pressupõem uma crença na existência e no poder de seres sobre-humanos. Se Kreglinger atribui tão pouco valor ao fator religioso (ou mágico) na concepção primitiva do mundo, ele negligencia o tremendo papel que a crença na alma dos mortos desempenha em seus vários aspectos; ele não percebe que, na visão do homem primitivo, os portadores dessas forças, habilidades e qualidades concebidas em termos de substância são, em grande medida, seres pessoais caracterizados como "almas" ou "espíritos" e, portanto, corretamente incorporados na magia ou na religião. É provável que esses "espíritos" fossem, originalmente, nada mais do que almas de mortos. A tese de SPENCER, Herbert. *The Principles of Sociology*. vol. I. Nova York: D. Appleton and Company, 1898, § 305, de que "o fantasma é o tipo primitivo de ser sobrenatural" ainda não foi refutada. E a afirmação de WUNDT, Wilhelm. *Völkerpsychologie*: Mythus und Religion. vol. IV, 2ª ed. parte I. Leipzig: Engelmann, 1910, pp. 269 e ss., de que a crença na magia se originou da crença na alma continua válida até hoje, apesar de todos os esforços para provar uma magia pré-animista; desde então, ela foi confirmada muitas vezes por novos materiais.

Partindo desses fatos nos quais se expressa a tendência à substancialização do homem primitivo, KARUTZ, Richard. "Der Emanismus". *Zeitschrift für Ethnologie,* ano 45, 1913, pp. 545 e ss., rotula como um elemento essencial do pensamento primitivo a crença "de que a substância irradia, emana e transfere ao mundo circundante suas qualidades e que essas emanações – das qualidades físicas dos corpos inorgânicos, das qualidades fisiológicas dos corpos orgânicos, das qualidades psíquicas ou intelectuais dos homens e animais – são transferidas para outras coisas e organismos". Segundo a crença do homem primitivo, "tudo é fonte de emanações características por meio das quais a coisa irradia suas qualidades e as transfere com efeito específico ao ambiente" (p. 570). Essa caracterização da maneira primitiva de pensar certamente toca num ponto essencial: a transferibilidade das qualidades. Mas ignora que essa transferibilidade, a emanação, é apenas a consequência da natureza da substância imaginada das qualidades. Portanto, Karutz equivoca-se ao presumir que, de acordo com a crença do homem primitivo, "a emanação" procede de uma "força". "Essa força está viva nas qualidades naturais das coisas. Isso não é magia nem uma mística inexplicável, mas a ideia clara de que o acontecimento é o efeito de objetos concretos do mundo circundante" (p. 555). Mas esse conceito não animista de força, por ser impessoal e, portanto, concebido no sentido da ciência moderna, é psicologicamente impossível na mentalidade primitiva. Karutz provavelmente foi induzido a essa suposição pelo fato de ter encontrado certas semelhanças entre os fenômenos que ele chama de "emanacionismo" e a hipótese moderna da

A substância que conecta um indivíduo ao seu grupo, a substância do grupo ou a substância social, é de longe a mais forte no pensamento primitivo. Na consciência primitiva, portanto, não há possibilidade de qualquer distinção entre indivíduo e comunidade; assim, a ideia de um indivíduo independente da comunidade não pode existir. O que W. C. Willoughby diz dos bantus é típico: "Ao estudar as instituições bantus, é necessário, no início, eliminar nossa ideia do indivíduo... o indivíduo não existe na sociedade bantu... A unidade da sociedade bantu é a família".[87] Elsdon Best afirma praticamente a mesma coisa sobre os maori: "Na sociedade maori, o indivíduo dificilmente poderia ser denominado uma unidade social; ele se perde no *whanau*, ou grupo familiar, que pode ser denominado a unidade social da vida maori".[88] Ocasionalmente, essa atitude coletivista leva a consequências altamente paradoxais. Se um homem sofre um acidente que o torna incapaz de trabalhar, ele é saqueado por seu grupo porque prejudicou toda a comunidade. Mesmo a morte de um indivíduo pode levar o grupo a espoliar seus parentes, que são considerados culpados por não terem evitado o falecimento. Um homem cuja esposa foge

---

radioatividade, da qual tomou a expressão. Se o homem primitivo conhece a "emanação", por que ele não conheceria também o moderno conceito físico de força? Essa seria uma conclusão precipitada. Karutz, como Kreglinger, está certo quando reprova a etnologia por exagerar a teoria da magia. Mas ele ignora o fato de que essas "emanações", em muitos casos, especialmente aquelas particularmente importantes para a vida primitiva, procedem não de objetos naturais, mas de seres pessoais invisíveis a cujo poder sobre-humano o efeito "emanado" remonta. Cf. KARUTZ, Richard. "Der Emanismus", *Zeitschrift für Ethnologie*, ano 45, 1913.

87 WILLOUGHBY, W. C. *Race Problems in the New Africa*: a study of the relation of Bantu and Britons in those parts of Bantu Africa which are under British control. Oxford: The Clarendon Press,1923, pp. 82 e s. Cf. Também VAN DER LEEUW, G. "La Structure de la mentalité primitive". *Revue d'histoire et de philosophie religieuses*, vol. VIII, 1928, p. 7.

88 BEST, Elsdon. *The Maori*. vol. I. Wellington: H.H. Tombs, 1924, p. 341.

sofre o mesmo destino; ele deveria tê-la impedido de fugir. A esse respeito, Elsdon Best observa:

> Era assim que os maori obtinham ressarcimento quando consideravam que o bem-estar da comunidade havia sofrido ou um ato indevido havia sido cometido. Agora, se um de nós tiver o azar de quebrar uma perna, ou sofrer algum outro acidente grave, o ato de multá-lo pelo delito seria considerado um procedimento muito impróprio; no entanto, era um costume maori. O ponto de vista deles é o de que – o homem não é uma unidade independente, o indivíduo não existe, ele é parte de uma tribo e feriu a tribo ao ferir-se e tornar-se incapaz de trabalhar ou lutar – claramente ele deveria ser punido.[89]

Sobre os índios tlingit, Oberg relata:[90]

---

89 BEST, Elsdon, *The Maori*. vol. I. Wellington: H.H. Tombs, 1924, pp. 359 e ss.

90 OBERG, K. "Crime and Punishment in Tlingit Society". *American Anthropologist*, N.S., vol. XXXVI, 1934, pp. 146 e ss.

GUSINDE, Martin. *Die Feuerland-Indianer*: Die Selknam. vol. I. Sankt Augustin: Anthropos, 1931, p. 1143, acredita ter observado entre os selk'nam uma "consciência do eu altamente elevada". Mas uma investigação mais cuidadosa revela que ela é, na verdade, apenas uma consciência de tribo ou de grupo fortemente desenvolvida. Sua prova é a seguinte declaração de um velho índio: "Quando eu era jovem, nosso grupo anunciou uma corrida para a qual um velho trouxe um grande amigo que era conhecido por ser um bom corredor. Ele lhe disse: 'Faça seu máximo. Não se deixe ultrapassar!' Logo a corrida começou. Aquele jovem correu muito bem e superou os outros; assim, ele foi o primeiro a chegar e continuou correndo até que os outros chegassem. Imediatamente todos os espectadores seguiram os corredores e o velho que trouxera o corredor exclamou cheio de satisfação: 'Vencemos! Nossos homens são excelentes corredores, como nossos ancestrais. Eu trouxe este homem e por isso nós vencemos. Tínhamos de superar o outro grupo!' Todo o nosso povo estava feliz e extremamente satisfeito". Gusinde acrescenta: "Assim, após dezenas de anos, Tenenusk repetiu aquele evento com a maior alegria, como se ele próprio tivesse alcançado um sucesso memorável e excepcional. Isso é típico do selk'nam". Somente se alguém se identificar inteiramente com o grupo "vencemos" pode significar "eu venci". Mas isso significa a falta de qualquer consciência real do eu; somente essa falta torna

> Teoricamente, o crime contra um indivíduo não existia. A perda de um indivíduo por assassinato, a perda de propriedade por roubo ou a vergonha trazida a um membro de um clã eram perdas do clã e o clã exigia um equivalente em vingança.

Aqui, as posições sociais do perpetrador e da vítima desempenham um papel decisivo. “Quer dizer, se um homem de baixa posição matasse um homem de alta posição de outro clã, o assassino muitas vezes ficava livre enquanto um de seus parentes mais importantes morria em seu lugar”. A submissão incondicional à comunidade é especialmente significativa:

> O homem escolhido como compensação preparou-se para morrer de boa vontade. Ele teve muito tempo para se preparar por meio de jejum e oração. A execução ocorreu diante de sua casa. No dia marcado para a execução, o homem vestiu todas as suas vestes cerimoniais e exibiu todos os seus brasões e emblemas. Ele saiu de sua casa, parou na porta e relatou sua história, enfatizando os feitos que ele e seus ancestrais haviam realizado. Todos os membros da aldeia estavam reunidos para essa ocasião solene. Ele então olhou para o clã a quem sua morte deveria satisfazer para observar o homem que havia sido selecionado para matá-lo. Se esse homem fosse grande e honrado, ele se apresentaria com alegria; mas se o homem fosse de baixa posição social, ele voltaria para casa e esperaria até que um homem de sua própria posição ou superior fosse escolhido para matá-lo.

---

plausível esta observação de Gusinde: “O selk’nam vê com naturalidade e sem a menor dúvida os velhos costumes e usos predominantes; se ele for desprezado ou condenado por violações, ele sente isso amargamente. Quando concede a si mesmo privilégios permissíveis, como ter uma segunda ou até uma terceira esposa, ele tenta equilibrar a diminuição da boa reputação com o aumento de habilidades ou maior ênfase em seus valores pessoais”. Na realidade, esses “valores pessoais” são os valores que o indivíduo tem para o grupo. “Ninguém pensa em reclamar das antigas obrigações e regras: na verdade, todo mundo tenta mais ou menos ser um indivíduo bom e útil”.

> Quando isso foi feito, ele avançou corajosamente com sua lança na mão, cantando uma canção de puberdade das meninas. Ele fingiu um ataque, mas permitiu ser morto. Morrer assim pela honra de um clã era considerado um ato de grande bravura e o corpo era exposto como o de um grande guerreiro.

Tal costume só é possível enquanto o indivíduo médio não percebe que tem uma personalidade diferente daquela do grupo.

6 Autocratismo, conservadorismo e tradicionalismo

Durkheim observou o fato de que na sociedade primitiva, na qual a divisão do trabalho não diferencia os indivíduos de acordo com sua função social, não se formou ainda qualquer ideia de personalidade individual.[91] Correspondente à circunstância de que o homem não se considera um indivíduo separado, mas apenas um membro de um coletivo, é o caráter autocrático que a organização social exibe assim que surge uma chefia.[92] O chefe representa todo

---

91 DURKHEIM, Émile. *On the Division of Labor in Society*. Trad. de George Simpson. Nova York: MacMillan, 1933, p. 194. [ed. bras.: DURKHEIM, Émile. *Da divisão do trabalho social*. Trad. Eduardo Brandão. São Paulo: WMF Martins Fontes, 2010, pp. 178/179]. LÉVY-BRUHL, Lucien. *The Soul of the Primitive*. Trad. autorizada de Lilian A. Clare. Londres: George Allen & Unwin Ltd., 1928, p. 95, escreve: "Uma vez que nessas sociedades a verdadeira unidade é o grupo social (clã, família ou irmandade) do qual os indivíduos são meros elementos componentes, é bastante natural que estes não sejam os únicos árbitros das ações mais importantes de suas vidas. É o grupo, ou seu chefe, que decidirá pelos indivíduos".

92 JUNOD, H. A. *The Life of a South African Tribe*. 2ª ed. vol. I. Londres: MacMillan, 1927, p. 382 escreve dos tsonga: "'Realeza', na mente de um nativo, é uma instituição venerável e sagrada; o respeito pelo chefe e a obediência a seus comandos são universais; seu prestígio é mantido não por grandes demonstrações de riqueza ou poder, mas pela ideia mística de que, como o corpo vive pelos nutrientes apreendidos por meio de sua cabeça, também a vida da nação é sustentada por seu chefe. – Os tsongas não explicam isso

o grupo, e a solidariedade do grupo é demonstrada pela submissão incondicional do indivíduo ao chefe.

Em seu interessante estudo sobre o socialismo dos cafres, Dudley Kidd escreve que os cafres

> não são obcecados com a ideia europeia de liberdade pessoal, mas acreditam fortemente que os indivíduos pertencem ao chefe e que são propriedade dele. Eles encontram sua autorrealização em sua liderança constituída, pois a tribo chega à autoconsciência na pessoa do chefe.[93]

Não há consciência individual, apenas coletiva e, consequentemente, não há também propriedade privada:

> Entre os cafres, a pessoa do indivíduo pertence em teoria ao chefe: ele não é seu próprio dono, pois é um homem do chefe. É extremamente difícil para nós, com nossa concepção avançada da inviolabilidade dos direitos do indivíduo, avaliar o sentido desse fato... A relação do indivíduo com o chefe pode ser entendida a partir da seguinte declaração feita por um zulu, que estava descrevendo a um homem branco o costume da Festa das Primícias. Ele disse: "Os zulus, quando os milhos

---

com palavras abstratas, mas com imagens que são muito impressionantes. O chefe é a Terra... Ele é o galo que sustenta o país ... Ele é o touro: sem ele, as vacas não podem dar à luz. Ele é o marido; o país sem ele é como uma mulher sem um marido... Um clã sem um chefe perdeu sua razão (*hungukile*). Está morto. Pois quem reunirá o exército?... O chefe é nosso maior guerreiro (*nhena*), ele é nossa floresta onde nos escondemos e a quem pedimos nossas leis". Cf. LÉVY-BRUHL, Lucien. *Primitive Mentality*. Trad. autorizada de Lilian A. Clare. Nova York: MacMillan; Londres: George Allen & Unwin Ltd., 1923, p. 401; em um relatório de um missionário citado ali, está escrito: "A nação tem apenas uma mente e uma vontade. O indivíduo é aniquilado, temos aqui o princípio da centralização levado a seu limite extremo, ou para falar de outra maneira, a morte de todos em nome de um só".

93 KIDD, Dudley. *Kafir Socialism*. Londres: Adam and Charles Black, 1908, p. 80.

estão maduros, não têm permissão para comê-los. O rei deve sempre dar-lhes permissão antes que o façam. Se alguém está comendo o novo cereal antes que o rei dê sua permissão, será morto". Os homens brancos tentam entender isso e dizem: "Não é permitido a um homem entrar em à sua própria horta e colher e comer os alimentos que ele mesmo plantou?" Mas os zulus não refletem a esse respeito, e dizem: "Somos todos homens do rei: nossos corpos, nosso poder, nosso alimento e tudo o que temos são propriedade do rei. É muito certo que não comecemos a comer os novos cerais a menos que o rei tenha permitido'".[94] Em teoria, toda a propriedade de todos os membros da tribo pertence ao chefe. Ao negociarmos com os cafres coisas como zagaias e até caixas de rapé, o nativo, que relutava em vende-los, disse que não tinha o direito de se desfazer dos bens de seu chefe.[95]

Os cafres, entretanto, só permitem que as pessoas possuam propriedades privadas e gado quando isso não entra em conflito com o bem da comunidade; eles diminuem um homem que se torna muito rico e negligencia os interesses do clã. Tal homem certamente será acusado de acumular riqueza usando feitiçaria e, consequentemente, será "devorado" pelo chefe.[96]

Todas as terras de propriedade da tribo pertencem ao chefe, que autoriza que cada homem use o máximo de terra que suas esposas puderem cultivar. Nenhuma terra pode ser vendida, adquirida ou dividida, e ainda assim um homem sabe que suas hortas nunca lhe serão retiradas enquanto ele as cultivar. Toda a terra não distribuída que não seja necessária para hortas, junto com toda a madeira e água, é considerada propriedade comum para a pastagem do gado ou para as necessidades de todos os membros do clã. A nacionalização da terra é,

---

94 KIDD, Dudley. *Kafir Socialism*. Londres: Adam and Charles Black, 1908, pp. 6/7.

95 KIDD, Dudley. *Kafir Socialism*. Londres: Adam and Charles Black, 1908, pp. 8/9.

96 KIDD, Dudley. *Kafir Socialism*. Londres: Adam and Charles Black, 1908, p. 11.

> portanto, absoluta. É importante notar que foi o sentido de solidariedade do clã que levou à tribalização da terra. É fácil imaginar a instituição de um plano de posse da terra cuidadosamente elaborado, concebido de forma a evitar o egoísmo escandaloso e a negligência ao bem das pessoas, e também para produzir e fomentar um espírito de camaradagem e união social: mas não foi isso que aconteceu entre os cafres; no caso deles, o sistema de posse da terra é o efeito e não a causa de seu comunismo. No caso deles, a autoconsciência individual não está totalmente desenvolvida, embora a consciência do clã seja surpreendentemente forte. O indivíduo entre os cafres em grande parte confunde-se (podemos dizer que se funde) com seu clã e, portanto, não tem aquele forte senso de propriedade e direitos pessoais que existe entre pessoas que se tornaram agudamente conscientes de sua própria individualidade.[97]

Essa atitude coletivista dos cafres está essencialmente conectada com o caráter autocrático de seu sistema político.

> Quando falamos de senso de justiça, esta frase do zulu será de valor para mostrar como um cafre difere de um europeu em sua concepção de justiça e de "direitos". Mas, neste lugar, mostra-nos apenas como os direitos do clã suplantam inteiramente os do indivíduo. O indivíduo pertence tão plenamente ao líder da tribo que um chefe, chamado Shiluvane, emitiu o decreto: "Não permito que ninguém morra em meu país, exceto por velhice". Esse comando foi dado com o objetivo de vetar o uso da feitiçaria e da bruxaria para assassinar pessoas; pois o chefe imaginava que a velhice era a causa natural da morte e que nenhum de seus guerreiros podia morrer na flor da idade a menos que fosse enfeitiçado por algum inimigo particular. Mas a própria expressão – "Não permito que ninguém morra" – mostra quão completamente as pessoas eram consideradas como propriedade do chefe. A própria existência

97 KIDD, Dudley. *Kafir Socialism*. Londres: Adam and Charles Black, 1908, p. 17.

da tribo depende da existência e da manutenção de um grande número de seres humanos maduros e fisicamente aptos; e nesse sentido as próprias pessoas podem ser vistas como meios de produção, pois são elas que criam e protegem a tribo. Por essa razão, os indivíduos, com todos os seus direitos pessoais, devem ser socializados e sujeitados ao líder reconhecido da tribo.[98]

Uma vez que os corpos de todos os membros da tribo pertencem ao chefe, qualquer dano causado à pessoa do indivíduo é considerado crime e a restituição deve ser feita não à pessoa ferida, mas ao chefe. Assim, se A quebra a perna de B ou lhe arranca o olho, ele terá que pagar indenização não a B, mas ao chefe. Quando um magistrado branco inverte esses procedimentos, os nativos pensam que ele está prejudicando a tribo, pois está premiando o egoísmo antissocial. A ação do homem branco é, portanto, considerada imoral. Assim, a mesa é virada e, em vez da objeção de Glauco – "É uma cidade de porcos, Sócrates" – ser aplicada ao Estado socialista, ela seria usada por um cafre como uma observação aplicável ao nosso regime individualista.[99]

Estamos agora preparados para perceber que o cafre não vê a justiça como algo abstrato da maneira como fazemos na Europa; para ele ela é essencialmente uma coisa pessoal, e ele não pode tolerar nossa ideia ocidental de justiça fria, impessoal e abstrata. Ele gosta dela quente, pessoal e concreta. Só o chefe pode dá-la a ele, pois a justiça é algo que dificilmente existe à parte do chefe que a cria. Como as crianças inglesas acreditam – ou costumavam acreditar, nos bons e velhos tempos – na justiça necessária de tudo o que seus pais fazem, e consideram tais decisões como necessariamente finais, também o cafre, antes de ser educado, tem uma fé apaixonada na justiça essencial da decisão de seu chefe. Nunca lhe ocorre questionar a palavra de seu chefe, pois o veredicto inibe instantaneamente todas

98 KIDD, Dudley. *Kafir Socialism*. Londres: Adam and Charles Black, 1908, p. 8.

99 KIDD, Dudley. *Kafir Socialism*. Londres: Adam and Charles Black, 1908, p. 9.

> as outras ações de seu julgamento. O homem não quer justiça abstrata, mas sim a opinião pessoal de seu chefe; e a última coisa que um cafre gostaria de fazer seria chamar um homem branco para examinar, e possivelmente reverter, a decisão de seu chefe, mesmo quando tal decisão foi proferida contra ele.[100]

Nacionalismo e absolutismo político caminham juntos em todos os momentos. Na medida em que a autoridade do grupo, representada por seu líder, absorve toda a individualidade de seus membros, eles perdem todo impulso para desenvolver sentimentos pessoais de responsabilidade; essa circunstância também leva à já mencionada responsabilidade coletiva, peculiar à moralidade primitiva, isto é, à ideia, autoevidente para o homem primitivo, mas repugnante para o homem civilizado, de que um ato certo ou errado de um membro deve ser atribuído ao grupo e que, portanto, não apenas o membro, mas todo o grupo deve suportar as consequências.[101] Kidd escreve:

---

100 KIDD, Dudley. *Kafir Socialism*. Londres: Adam and Charles Black, 1908, p. 73.

101 MEEK, C.K. *Tribal Studies in Northern Nigeria*. Londres: Kegan Paul, Trench, Trübner & Co, 1931, p. 208 escreve dos Ibo, uma tribo do sudeste da Nigéria: "Cometer um assassinato era uma ofensa contra Ala (divindade da Terra) e era preocupação de toda a comunidade observar que os costumes prescritos estavam sendo praticados". Dos ritos prescritos segue que "a família do assassino partilhava a responsabilidade pelo crime, a menos que tivesse tomado medidas para se dissociar do assassino... Se o assassino não se enforcou imediatamente, mas fugiu, sua família também tinha de fugir, pois os parentes do homem assassinado... imediatamente invadiriam as propriedades dos parentes do assassino".

FORTUNE, R. F. *Manus Religion*. (Série: Memoirs of the American Philosophical Society). vol. III. Filadélfia: American Philosophical Society, 1935, p. 28: "Pois se o filho mais velho peca, o Sr. Fantasma [a alma de um ancestral] não leva necessariamente a alma do filho mais velho. O Sr. Fantasma leva a alma da próxima pessoa da família a adoecer. Pelas leis de probabilidade, há muito mais chances de que ele machuque uma pessoa que não o pecador". Tal responsabilidade coletiva, ou, de maneira mais geral, tal responsabilidade substitutiva de terceiros, é também uma consequência do sistema de sanções transcendentais. Essas sanções transcendentais não

> Talvez a concepção central da lei cafre – uma concepção em correlação íntima com toda a ideia na base do sistema de clã – seja a responsabilidade coletiva ou corporativa. É uma concepção admiravelmente adequada para uma raça que está em uma condição atrasada, pois é um grande impedimento para o crime em todas as sociedades imaturas.[102]

Essa submissão completa do indivíduo ao grupo manifesta-se também em um tradicionalismo peculiar à mente primitiva, no caráter consuetudinário da formação do Direito, na observação exageradamente escrupulosa de costumes e usos herdados e zelados pelos ancestrais, e no fato de que as violações da ordem social ocorrem com menos frequência na sociedade primitiva do que na civilizada;[103] daí pode-se explicar a notável ausência de qualquer sanção socialmente organizada contra certos crimes – por exemplo, assassinato, se cometido dentro do próprio grupo – ao passo que a reação social na forma de uma rixa de sangue aparece claramente se o perpetrador pertencer a outro grupo. No próprio grupo, a sanção transcendental infligida por autoridades sobre-humanas, i. e., as almas ancestrais, é suficiente.[104] O medo desse poder trans-

---

são sanções executadas racionalmente pela sociedade, i. e., pelos próprios homens. Elas consistem apenas em uma interpretação dos fatos. Portanto, a fim de manter a conexão entre o pecado e o mal, interpretado como punição, deve ser aceito um esquema de interpretação segundo o qual o verdadeiro malfeitor permanece livre do mal, enquanto um inocente está sujeito a ele. Isso pode ser considerado uma aplicação do princípio da retribuição. Essa é a ideia de responsabilidade coletiva ou substitutiva.

102 KIDD, Dudley. *Kafir Socialism*. Londres: Adam and Charles Black, 1908, p. 75.

103 Cf. SPENCER, Herbert. *The Principles of Sociology*. vol. I. Nova York: D. Appleton and Company, 1898, § 36, p. 66; A. S. Diamond, *Primitive Law* (1935), p. 187.

104 HOWITT, A. W. *The Native Tribes of South-East Australia*. Londres: MacMillan, 1904, p. 296 escreve sobre a eficácia da ordem social entre os nativos do sudeste da Austrália: "É bem verdade que muitas dessas leis e costumes são obedecidos sem o temor de uma punição física ser infligida por sua violação por qualquer autoridade tribal, individual ou coletiva. Mas

cendental é, de fato, tão grande que pode até provocar a morte de uma pessoa consciente de sua culpa.[105]

---

tais leis ou costumes são obedecidos porque foi dito ao nativo, desde sua mais tenra infância, que a infração seria acompanhada por uma punição pessoal sobrenatural".

WARNER, W. Lloyd. *A Black Civilization*. Nova York: Harper & Brothers, 1937, p. 17 relata sobre os murngin australianos: "Dentro desse grupo [o clã] nenhum conflito violento ocorre, não importa quantas causas sejam dadas. Os membros podem brigar, mas para eles lutar entre si seria considerado um ato não natural na sociedade murngin e, portanto, isso nunca ocorre". Página 162: "Ocasionalmente, homens são mortos dentro do clã, mas isso não é motivo de guerra ou retaliação por parte dos membros do clã ou por parentes próximos de fora do clã". Do relato de Warner parece que, de acordo com a crença dos murngin, as almas ancestrais punem seus descendentes pelos delitos cometidos por eles (cf. pp. 131, 163 e 394). A vingança de sangue, entretanto, dirigida por um grupo contra outro, é um princípio geralmente aceito entre as tribos australianas.

DUNDAS, Charles. "The Organization and Laws of Some Bantu Tribes in East Africa". *Journal of the Royal Anthropological Institute of Great Britain and Ireland*, vol. XLV, 1915, p. 266, comentado o fato de que entre certas tribos bantu um delito cometido no interior da família não enseja retribuição, ou apenas uma muito mais leve do que um delito cometido contra um membro de outra família, escreve: "... entre povos em que o laço familiar é tão marcadamente próximo, não podemos presumir que o assassinato de um pai ou filho seja considerado uma ofensa menor (em contraste com um delito cometido por alguém que não é membro da família). Na verdade, é dito que um parricida está condenado a morrer também. Um incidente relatado a mim como absolutamente autêntico, conta a história de um homem que, tendo ferido seu pai, foi amaldiçoado pelo moribundo e proibido de beber água ou de se alimentar a não ser em localidades remotas. Por algum tempo, o infeliz viveu de caldo de cana, mas um dia, esquecendo-se da maldição, bebeu água do rio e, não podendo engoli-la, morreu sufocado. Acredita-se que a lepra seja um dos resultados do parricídio". Delitos cometidos dentro do grupo mais próximo implicam uma sanção transcendental e não uma socialmente organizada, como a vingança de sangue, que é uma ação realizada por um grupo contra outro.

105 Cf. CRAWLEY, Ernest. *The Mystic Rose*. vol. I, nova ed. de Theodore Bestermann. Londres: Methuen and Co., 1927, p. 176, diz de maneira impressionante; "O homem primitivo tem algumas diferenças em seu código de moral, mas no todo ele é mais moral no sentido social do que o homem civilizado... A morte frequentemente decorre de seu medo moral".

> Os let-htas... não têm leis ou governantes, e os karens dizem que não precisam de nenhum deles, pois os let-htas nunca cometem nenhum mal entre si ou contra qualquer outro povo. O sentimento de vergonha entre essa tribo é tão agudo que, ao ser acusada de qualquer ato maligno por vários membros da comunidade, a pessoa se retira para um local afastado, cava sua sepultura e sufoca a si mesma.[106]

Labouret relata dos nativos de Lobi:

> Embora o suicídio não seja frequente nesta região, pode-se encontrar alguns casos de enforcamento ou de ferimento por flechas envenenadas. Em geral, acredita-se que o falecido foi levado ao desespero por um grave pecado que irritou os deuses. Consequentemente, ele não pode ter um funeral.[107]

Uma fraca consciência do eu conectada com uma forte consciência coletivista leva a um aumento da sensibilidade no que diz respeito ao julgamento da sociedade, particularmente a um aumento do medo da desaprovação pública. F. Nansen escreve sobre os esquimós: "Acontece de vez em quando de um ou outro, ferido, talvez, por uma única palavra de um de seus parentes, fugir para as montanhas e se perder por vários dias".[108] D. Crantz relatou:

> Nada restringe tão eficazmente um groenlandês do vício como o pavor da desgraça pública. E essa forma agradável

106 COLQUHOUN, Archibald Ross. *Amongst the Shans*. Nova York: Scribner & Welford, 1885, p. 76.

107 LABOURET, Henri. *Les Tribus du Rameau Lobi*. (Série: Travaux et mémoires de l'Institut d'Ethnologie). vol. XV. Paris: Institut d'ethnologie, 1931, p. 325.

108 NANSEN, Fridtjof. *Eskimo Life*. Londres: Longmans, Green and Co.,1893, pp. 267 e ss.

de vingança impede até mesmo que muitos expressem sua maldade em atos de violência ou derramamento de sangue.[109]

Isso está frequentemente conectado ao medo de ser ridículo. Gilbertson escreve:

> Um método notável e eficaz de envergonhar os infratores é a "dança do tambor" ou uma batalha de canto, descritos por muitos autores na Groelândia... O procedimento resumia-se assim: se uma pessoa (homem ou mulher) se sentia ofendida por outra, ela desafiava o agressor a encontrá-la em um determinado momento e local para realizar uma batalha de canto. Cada uma das partes preparava canções satíricas sobre seu oponente. Na hora marcada, diante do povo reunido, os competidores, cada um na sua vez, atacavam-se com sátiras até que um dos dois ficasse sem recursos.[110]

O objetivo óbvio disso é fazer o adversário parecer ridículo. Essa é a punição.[111]

---

109 CRANTZ, David. *The History of Greenland*. Londres: Longman, Hurst, Rees, Orme, and Brown, 1820, p.165.

110 GILBERTSON, Albert Nicolay. "Some Ethical Phases of Eskimo Culture". *Journal of Religious Psychology*, vol. VI, 1913, p. 344. Ver também RINK, Henry. *Tales and Traditions of the Eskimo*. Edimburgo: William Blackwood and Sons, 1875, p. 34.

111 RADIN, Paul. *Primitive Man as Philosopher*. Nova York/ Londres: D. Appleton and Company, 1927, pp. 30 e ss., contradiz a visão de que o primitivo tem apenas uma consciência do eu fracamente desenvolvida, dizendo que ele tem um "desejo insaciável por prestígio", ou ao menos que esse fenômeno pode ser frequentemente observado entre os povos primitivos. É certo que o homem primitivo também tem um desejo por prestígio, e esse desejo torna-se maior quanto mais ele respeita a ordem social. Mas isso não significa que ele tem consciência do eu, que olha para si mesmo como diferente, ou mesmo equivalente ao grupo. Pois o desejo por prestígio pode aparecer de duas formas totalmente diferentes: ou no desejo de ser respeitado pela sociedade como um membro obediente, mais corretamente, no medo de ser condenado socialmente, e, portanto, no desejo de não ser objeto de culpa, reprimenda ou punição, ou no desejo de se opor à sociedade, de estar acima

Essa atitude coletivista manifesta-se, finalmente, em um conservadorismo rígido, que pode, em última análise, transformar-se em um forte misoneísmo.[112] Os mortos governam os vivos; portanto,

---

da ordem social e degradá-la por um comportamento que a viola e se opõe a ela. No primeiro comportamento está expresso o "desejo por prestígio" de um indivíduo com uma consciência do eu frágil ou uma personalidade subdesenvolvida. É o tipo do homem obediente. No segundo, está expresso o tipo do revolucionário. Ambos têm um "desejo por prestígio". Pois o desejo por prestígio é uma expressão da vontade de viver, do instinto de autopreservação. Assim, é característico do homem primitivo que ele satisfaça seu "desejo por prestígio" pela consciência de comportar-se inteiramente em conformidade com a ordem social para ter a aprovação de seus companheiros e de modo algum opor-se à ordem social. Ele é o típico não revolucionário.

O próprio Radin confirma isso ao apontar o importante papel que o medo do ridículo desempenha na vida do homem primitivo (p. 50): "Em termos gerais, podemos dizer que todo pecado, todo desvio da opinião aceita, toda interpretação individual e puramente pessoal, toda excentricidade podem atrair o ridículo. É o ridículo, não a indignação e o horror, que assalta um homem que tenta mudar um detalhe de uma cerimônia, contar uma história de uma maneira nova e original, ou que age contra alguma crença ou costume definitivamente aceitos, e é o mesmo riso fundamentalmente mal-humorado que o cumprimenta quando ele se torna involuntariamente vítima de algum acidente desagradável. Para evitá-lo, um homem fará qualquer coisa. Ele pode até cometer suicídio em consequência disso". "O medo do ridículo é, portanto, um grande fator positivo na vida dos povos primitivos. É o que preserva a ordem estabelecida das coisas, mais potente e tirânico do que a mais restritiva e coercitiva das injunções positivas poderia ser".

A reação da sociedade que considera ridícula a violação de suas normas é a expressão de um prazer malicioso que os outros têm quando o dano é infligido ao violador. Radin tem razão quando compara o ridículo que atinge o violador da norma com o ridículo a que é submetida a vítima de um acidente. O ridículo da vítima é o efeito da malignidade da sociedade. Mas apenas aquele que não tem suficiente consciência do eu pode ser ferido pela maldade e pelo riso. Um homem que está consciente de seu valor porque está consciente de seu eu o desafia; isso não pode machucá-lo. Do fato de que o homem primitivo tem medo do ridículo, podemos concluir que ele não tem consciência do eu. O que Radin diz sobre o medo que o homem primitivo tem do ridículo prova o governo tirânico da sociedade que Radin gostaria de negar.

112 SPENCER, Herbert. *The Principles of Sociology*. vol. I. Nova York: D. Appleton and Company, 1898, § 38, p. 71, escreve: "O homem primitivo é conservador em um grau extremo". Cf. também LÉVY-BRUHL, Lucien.

o passado é considerado sagrado. Somente o que os antepassados fizeram deve ser feito; e, para alcançar o sucesso ou para evitar o infortúnio, deve-se agir do mesmo modo.[113] A conexão entre um ato realizado segundo a tradição e o sucesso que o homem primitivo dele espera consiste na crença de que os ancestrais se ofendem e punem com o fracasso quando seus descendentes não agem como eles próprios agiam, mas os recompensam com sucesso quando o fazem. Pois o sucesso e o fracasso se originam dos ancestrais mortos, mas mesmo assim vivos. O que foi descrito por vários observadores como o senso de justiça altamente desenvolvido do homem primitivo[114] nada mais é do que o fato de que a ordem que

---

Primitive Mentality. Trad. autorizada de Lilian A. Clare. Nova York: MacMillan; Londres: George Allen & Unwin Ltd., 1923, p. 387.

113 Melland escreve dos bakaonde que eles recusam obstinadamente todas as melhorias técnicas mostradas a eles pelos europeus: "Eles realmente admitiram a superioridade do novo modelo [de um fole] e sua simplicidade, mas não o usariam, pois a inovação teria despertado a ira dos espíritos". E p. 171: "A imensa força do conservadorismo será notada; o argumento inevitável contra uma inovação é que o que era bom para os mais velhos é bom o suficiente para nós: em outras palavras, há medo de que o '*akishi*' fique descontente e retire seu apoio a eles" (MELLAND, Frank H. *In Witch-bound Afriver*: an Account of the Primitive Kaonde Tribe & Their Beliefs. Londres: Seeley, Service & Co., 1923, p. 137). Cf. LÉVY-BRUHL, L. *La Mythologie primitive*. Paris: Alcan, 1935, pp. 162 e ss. Referindo-se a uma observação de WILLIAMS, F. E. "Trading Voyages from the Gulf of Papua". *Oceania*, vol. III, 1932, pp. 157 e ss.), sobre a observância pelos povos primitivos da tradição na construção de barcos, que cumpre estritamente antigas regras legadas a eles por mitos, ele diz: "Esses precedentes estabelecidos por seus ancestrais míticos são imperativos. É absolutamente necessário segui-los. Comportar-se de acordo com esses 'modelos', 'imitar' esses ancestrais é o único modo de conciliar seus favores e ao mesmo tempo de participar de seu poder".

114 WILLIAMS, F. E. *Orokaiva Society*. Anthropology Series, relatório nº 10. Londres: Oxford University Press/Humphrey Milford, 1930, p. 309, enfatiza o senso de moralidade e justiça dos nativos. Das normas que governam seu comportamento, ele diz: "Selecionadas por gerações, elas foram inconscientemente projetadas para atender às necessidades restritas da família, clã ou unidade tribal; são normas essencialmente sociais e têm como objetivo garantir o funcionamento tranquilo e a felicidade da vida social. Nossa primeira tarefa é formular esses padrões – um trabalho para o qual,

governa sua comunidade está muito mais firmemente cravada em seu coração do que o direito e a moralidade no coração do homem civilizado, que considera a si mesmo um indivíduo mais ou menos independente do grupo. A esse respeito, o principal significado dos rituais de iniciação, comuns entre os povos primitivos, é colocar os meninos em contato com os espíritos dos ancestrais, que garantem a ordem social, e induzir o homem iniciado, por meio de cerimônias que produzem medo e reverência em relação às autoridades sobre-humanas, a obedecer aos costumes tribais.[115]

---

infelizmente, podemos esperar pouca ajuda direta do próprio nativo, que não é um pregador ou moralista. Embora não haja uma autoridade central para aplicar esses padrões, eles são, não obstante, observados com grande fidelidade; pois o indivíduo está tão imerso na unidade social que obedece às suas leis automaticamente na maioria dos casos".

PHILLIPS, Richard Cobden. "The Lower Congo". *Journal of the Anthropological Institute of Great Britain and Ireland*, vol. XVII, 1888, p. 220, diz dos nativos do Baixo Congo: "Embora eu tenha considerado a natureza emocional baixa, há uma exceção notável, o sentimento de justiça pública. Em todo trato com os nativos, se um europeu sofrer agressão e puder provar claramente que esse é o caso, ele é certamente considerado no seu direito, e o ofensor é condenado a uma penalidade que é discutida entre os nativos e o europeu; e em seguida, se um chefe promete que tal e tal bem será pago, sua palavra é em todos os casos suficiente. Nunca fiquei sabendo de um caso em que essa declaração não tenha sido cumprida".

Sobre o senso de justiça dos papua, ver NEUHAUSS, R. *Deutsch Neu-Guinea*. vol. I. Berlim: D. Reimer, 1911, pp. 181. Cf. também JUNOD, H. A. *The Life of a South African Tribe*. 2ª ed. vol. I. Londres: MacMillan, 1927, p. 436; LE ROY, Alexander. *The Religion of the Primitives*. Trad. Newton Thompson. Nova York: MacMillan, 1922, p. 205; KRUIJT, A. C. *Het Animisme in den Indischen Archipel*. Haia: M. Nijhoff, 1906, pp. 170 e 389; GUSINDE, Martin. *Die Feuerland-Indianer*: Die Selknam. vol. I. Sankt Augustin: Anthropos, 1931, p. 1143.

115 Graebner observa: "Uma vez que o homem primitivo aprende por imitação um tanto automática a satisfazer as necessidades da vida individual, as leis da vida social são gravadas em sua mente por meio de uma impressionante medida de educação. Nos chamados ritos de iniciação, pelos quais o menino ou rapaz torna-se homem, esse propósito não é alcançado apenas fisicamente por vários atos mágicos, mas a mente, tornada suscetível a todas as impressões por meio de vigília e jejum, é inoculada com o conhecimento superior do mundo do homem, acima de tudo dos costumes prescritos, particularmente

O tradicionalismo que surge desse senso coletivista do homem primitivo leva a um conceito de verdade inteiramente estranho ao pensamento moderno. Para o homem primitivo, uma afirmação não é verdadeira porque se conforma com a realidade empírica percebida por seus sentidos e confirmada pela razão – tal realidade não existe para ele –, mas porque veio de seus ancestrais, que a consideravam verdadeira. Rasmussen[116] tentou descobrir dos esquimós os motivos pelos quais acreditam nas regras tradicionais transmitidas por seus antepassados e por que as seguem tão estritamente.

> Por vários dias, durante o anoitecer, havíamos discutido regras de vida e costumes tabu, sem ir além de uma longa e circunstancial declaração de tudo o que era permitido e tudo o que era proibido. Todos sabiam exatamente o que deveria ser feito em qualquer situação; mas quando levanto a questão: "Por quê?", eles não conseguiram responder. Eles consideravam, com razão, irracional que eu exigisse não apenas um relato, mas também uma justificativa, de seus princípios religiosos.

Finalmente, um xamã particularmente inteligente disse a Rasmussen:

> Nossos pais herdaram de seus pais todas as velhas regras de vida que se baseiam na experiência e sabedoria de gerações.

---

o respeito e a obediência aos homens mais velhos" (Cf. GRAEBNER, Fritz. *Das Weltbild der Primitiven*: Eine Untersuchung der Urformen weltanschaulichen Denkens bei Naturvölkern. Munique: Ernst Reinhardt, 1924, p. 27).

116 RASMUSSEN, Knud. *Intellectual Culture of the Iglulik Eskimos*. vol. VII, nº 1 do Report of the Fifth Thule Expedition, 1921-24. Copenhagen: Gyldendalske Boghandel, 1929, pp. 54 e ss.; KIDD, Dudley. *The Essential Kafir*. Edimburgo: A & C Black, 1904, pp. 95 e ss., relata a seguinte resposta, que se recebe constantemente ao questionar por que os cafres observam um costume que parece absolutamente sem sentido: "Fazemos isso porque é nosso costume". E Kidd acrescenta: "Com um cafre, essa resposta finaliza toda a discussão".

> Não sabemos como, nem conseguimos dizer por que, mas mantemos essas regras para que possamos viver sem problemas. E tão ignorantes somos, apesar de todos os nossos xamãs, que tememos tudo o que não é familiar... Portanto, temos nossos costumes.

O sentido dessa resposta é: observamos a ordem da vida transmitida a nós por nossos antepassados porque tememos as consequências se as transgredirmos; e acreditamos nas terríveis consequências da transgressão porque nossos antepassados também acreditaram nelas e nos ensinaram a fazer o mesmo. O homem primitivo não sonha em examinar essa doutrina ou em compará-la com suas próprias experiências. Ele considera a declaração sobre a conexão necessária entre a violação da norma e o infortúnio como verdadeira e, portanto, considera a norma vinculativa; e ele baseia sua visão na autoridade de seus ancestrais, não em sua razão. Melland escreve que ocorre frequentemente entre os bakaondes que um homem confesse ter cometido um pecado, embora seja evidentemente inocente, "porque foi condenado de uma maneira sancionada pelo costume".[117] Ele acredita que cometeu o pecado não porque realmente o cometeu, mas porque crê na autoridade de uma antiga regra que determina o procedimento de prova.

No pensamento mítico primitivo, regido pelas emoções, os valores lógicos e os valores sociomorais, a razão da verdadeira cognição e da vontade correta coincidem. Para o homem primitivo, a verdade é idêntica à força vinculativa de sua ordem social, assim como esta é válida porque é herdada dos antepassados e imposta aos descendentes, o que os ancestrais ensinaram ser verdade, isto é, o que eles ordenaram que seus descendentes acreditassem, é verdade. De acordo com o tradicionalismo primitivo, a autoridade social é a fonte da verdade. Essa é apenas outra forma de primado

---

117 MELLAND, Frank H. *In Witch-bound Africa*: an Account of the Primitive Kaonde Tribe & Their Beliefs. Londres: Seeley, Service & Co., 1923, p. 130.

da esfera emocional da consciência sobre a racional e, nesse sentido, existe uma interrelação entre o fraco impulso à cognição e a limitada consciência do eu do homem primitivo.

CAPÍTULO II

A INTERPRETAÇÃO SOCIAL DA NATUREZA

7 O animismo como apercepção personalista da natureza

Desde as famosas investigações de Tylor sobre a cultura primitiva, estamos acostumados a denominar "animismo" a interpretação que o homem primitivo faz da natureza, porque os primeiros homens imaginam a natureza habitada por "espíritos", "animada".

Costuma-se caracterizar a visão animista como antropomórfica; e vê-se nessa crença a tendência à personificação, que é corretamente considerada um dos elementos mais antigos da mente humana.[118] Entretanto, não é totalmente correto falar em "perso-

---

118 KARSTEN, Rafael. *The Origins of Religion*. Londres: K. Paul, Trench, Trübner & Company, 1935, pp. 27 e 33, partilha da visão de Darwin de que mesmo os animais superiores têm a tendência "de personificar coisas inanimadas... de dotar até mesmo a natureza inanimada de uma vida semelhante à sua e a de seus iguais". Mas a personificação pressupõe o pensamento; e o pensamento, mesmo entre os animais superiores, só pode ser presumido com base numa interpretação analógica altamente problemática. Impelido pelo

nificação" em relação ao homem primitivo, pois a personificação de um objeto pressupõe que o objeto seja primeiro percebido como tal, i. e., como uma coisa e não uma pessoa, e que a coisa só seja personificada mais tarde.[119] O homem primitivo, deve-se notar, compreende a realidade imediatamente a partir da categoria pessoal. Shortland diz dos maori

> O maori tem uma noção muito limitada do abstrato. Todas as suas ideias assumem naturalmente uma forma concreta. Essa inaptidão para conceber quaisquer noções abstratas foi, acredita-se, a condição mental primeva do homem. Daí os Poderes da Natureza serem considerados por ele objetos concretos e, consequentemente, designados como pessoas.[120]

Crawley observa sucintamente: "O homem primitivo tem apenas um modo de pensamento, um modo de expressão, um pedaço da linguagem, o pessoal".[121] Portanto, é apropriado falar de

---

desejo de provar a continuidade de desenvolvimento do animal ao homem, Darwin estava inclinado a presumir nos animais certas qualidades mentais que mesmo nos homens tornam-se aparentes apenas nos estágios superiores de desenvolvimento. Assim, ele interpretou os atos de certos animais como atos de vingança.

119 Segundo KLAATSCH, Hermann. *Die Anifaenge von Kunst und Religion in der Urmenschheit*. Leipzig: Verlag Unesma, 1913, p. 52, "o pessoal como o elemento mais antigo e mais primitivo" aparece também no conceito de Deus; mas muitos autores "perceberam nele o estágio mais laboriosamente alcançado da cognição de Deus. A visão comum e geralmente aceita era e é a de que o homem criou os deuses a partir dos vários elementos, personificando-os, como um deus do trovão, um deus do vento etc. Mas isso pressuporia considerações e construções complicadas, impossíveis entre povos primitivos".

120 SHORTLAND, Edward. *Maori Religion and Mythology*. Londres: Longmans, Green, and Co., 1882, p. 5.

121 CRAWLEY, E. *The Idea of the Soul*. Londres: A. and C. Black, 1909, p. 43. Ele prossegue: "Por outro lado, como vimos, ele não está totalmente consciente da personalidade, nem mesmo da sua; coisas e pessoas são objetos, e ele fala originalmente apenas de suas relações. Portanto, não temos o direito de dizer que ele infere que os objetos têm uma vida e vontades

uma visão personalista, ou de pensamento personalista, mas não de personificação. Além disso, se considerarmos a personificação da natureza na visão animista como um processo pelo qual o homem primitivo projeta sua própria personalidade no mundo externo,[122] é errado afirmar que ele interpreta os eventos da natureza de acordo com uma analogia do eu. Tal ponto de vista pressupõe uma consciência do eu altamente desenvolvida no homem primitivo. E, de fato, costuma-se relacionar a visão "antropomórfica" da natureza do homem primitivo com sua suposta atitude "egocêntrica".[123]

É possível que essa concepção da personificação como a "projeção do eu" tenha acarretado a ideia de "egocentrismo" do homem primitivo, que pouco condiz com os fatos. O selvagem não pode projetar seu eu sobre o mundo exterior porque ele ainda não descobriu seu eu. Ele ainda carece de qualquer consciência real do

---

pessoais porque ele as tem; ele não sabe que as tem; e fica sabendo que as tem por forasteiros". Crawley baseia-se principalmente em PAYNE, E. J. *History of the New World Called America*. vol. II. Oxford: The Clarendon Press, 1899, p. 146. Lá é dito: "O homem primitivo encontra personalidade em todo lugar, em todas as formas de vida animal, em tudo que produz a sensação do som, em tudo que tem movimento perceptível; mesmo os objetos inanimados, inclusive instrumentos feitos por mãos humanas, são capazes de produzir impressões pessoais. O que quer que preencha certo espaço na consciência tende a tornar-se personalizado... tudo que fala a seu ouvido é uma pessoa". Payne aponta o papel decisivo da linguagem nas apercepções personalistas do homem primitivo. Ele diz, pp. 104 ss.: "A personalidade... é um atributo oculto envolvido em todos os termos gerais; devemos identificar o esforço para expressá-la como o germe oculto da própria linguagem, a característica essencial de seu estágio primevo, e o princípio formativo do sistema gramatical que ela finalmente cria". Cf. também CRAWLEY, E. *The Idea of the Soul*. Londres: A. and C. Black, 1909, p. 41.

122 KARSTEN, Rafael. *The Origins of Religion*. Londres: K. Paul, Trench, Trübner & Company, 1935, p. 28 escreve: "O selvagem projeta necessariamente sobre os objetos e fenômenos do mundo exterior a consciência inata e intrínseca de si mesmo como sujeito vivo, ativo, que exerce uma vontade própria, capaz de emoções e paixões, transformando-os assim em sujeitos vivos e dotados de intenção".

123 THURNWALD, R. "Im Bismarckarchipel und auf den Salomo Inseln, 1906-1909". *Zeitschrift für Ethnologie*, ano 42, p. 132.

eu ou de qualquer onisciência de sua própria individualidade como entidade independente de seu grupo. Se, por exemplo, um primitivo acredita na existência de espíritos, não é necessariamente em sua própria alma continuando a sua existência após a morte que ele está pensando: é antes na alma da morte dos outros. Sua própria vida após a morte é para ele algo irreal;[124] ele simplesmente não imagina sua própria vida após a morte. Segundo E. F. im Thurn, os índios da Guiana acreditam que

> uma pessoa pode passar seu espírito para um corpo que não o seu. Mas é necessário fazer aqui uma reserva. Nenhum índio, a não ser, talvez, um *peaiman* [mago], crê que ele próprio seja capaz de passar seu espírito para outro corpo, mas acredita que outros homens têm esse poder. A transmissão do espírito parece a ele algo misterioso, algo que só se faz voluntariamente... O índio nunca está ele próprio consciente de enviar seu espírito para outro corpo – embora, diga-se, tais casos de autoengano tenham sido notados em outras partes do mundo – e, portanto, crê que ele não tem esse poder; mas, por outro lado, ele vê certos animais que ele tem razões para acreditar que são homens disfarçados, e assim, sabendo que há espíritos vagantes que se ligam a corpos, ele supõe que outros homens sabem como adquirir tal poder, negado a ele, de transmitir seus espíritos para os corpos que quiserem.[125]

Portanto, é praticamente impossível que o homem primitivo interprete os fenômenos da natureza segundo a analogia do eu.

---

124 CONARD, E. Laetitia Moon. "Les Idées des Indiens Algonquins relatives à la vie d'outre-tombe". *Revue de l'histoire des religions*, vol. XLII, 1900, p. 274: "Se é verdade que sua própria vida após a morte é para o indígena algo irreal, se ele vive no presente e apenas no presente, seu mundo do presente compreende tanto o mundo visível quanto o invisível. As almas dos mortos são uma parte intrínseca e altamente real desse mundo no qual ele vive".

125 IM THURN, Everard Ferdinand. *Among the Indians of Guiana*. Londres: K. Paul, Trench & Company, 1883, p. 349.

Certamente ele projeta fenômenos de sua vida psíquica no mundo exterior: ele considera os sonhos ocorrências reais; e ele não relaciona suas emoções a si mesmo, mas imagina um ser diferente de si como sujeito delas. Ele faz isso porque ainda não tem consciência do eu. Portanto, não é seu eu que ele projeta sobre a natureza quando a interpreta de maneira pessoal.[126]

8 A capacidade de diferenciação do homem primitivo

Essa interpretação personalista da natureza, que representa o núcleo do que se chama de "animismo",[127] repousa sobre um

---

126 A psicanálise descobriu elementos da mentalidade primitiva no estado de espírito de alguns neuróticos. Esse método de análise também reconhece como análoga ao narcisismo a projeção característica que o homem primitivo faz dos eventos de sua vida interior no mundo exterior. KAPLAN, Leo. *Das Problem der Magie und die* Psychoanalyse: Die magische Bibliothek. vol. II. Berlim: Merlin, 1927, p. 8, pensa que o homem primitivo percebe a natureza "como se vários elementos objetivos fossem apenas objetivações (projeções) de sua vida interior". Isso pode ser verdade para o neurótico narcisista, mas é exatamente o contrário com o homem primitivo. Este não considera os eventos externos objetivações de sua vida interior, mas considera certos eventos que são, de acordo com nossa interpretação, fenômenos de sua vida interior, ocorrências objetivas. O fato de o indivíduo narcisista considerar os eventos externos objetivações de sua vida interior é, de fato, o resultado da hipertrofia de sua consciência do eu. Para o homem primitivo, entretanto, é a falta de qualquer consciência do eu que o obriga a não referir os eventos de sua vida interior ao seu eu, mas transferi-los para o mundo exterior em vez de para o interior.

127 HARTLAND, Edwin Sidney. *Ritual and Belief*. Nova York: C. Scribner's sons, 1914, p. 27, diz: "O animismo assim concebido é, obviamente, complexo e elaborado demais para ser realmente primitivo. Ele parece ser derivado de uma concepção mais simples e primeva, na qual o homem atribui vida e personalidade a todos os objetos da natureza exterior. Em outras palavras, o mundo externo é primeiro interpretado pelo pensador selvagem em termos de sua própria consciência; o animismo, ou a distinção entre alma e corpo, é um desenvolvimento que necessita de observação subsequente e do treinamento do raciocínio que essa observação desperta". A afirmação de que o homem primitivo interpreta o mundo exterior "em termos de sua

fato que, observado por Westermann entre os kpelle, é típico do homem primitivo.

> Homens, vivos ou mortos, demônios, animais, plantas e objetos inanimados são, na opinião dos kpelle, essencialmente a mesma coisa, e existem sob condições semelhantes; eles podem influenciar o homem da mesma maneira para o bem e para o mal. Ele nutre sentimentos semelhantes de timidez cautelosa em relação a todos eles, e defende-se deles do mesmo modo.

Esse distinto observador diz que seria

> uma transferência de ideias europeias imputar aos kpelle a crença de que todos esses fenômenos, do homem até um pedaço de madeira, são "animados" ou mesmo que têm uma "substância de alma". Nem mesmo o homem tem alma. A questão do que faz um objeto viver nunca surge na mente do kpelle. Ele fica satisfeito em saber simplesmente que os objetos existem, ele os julga de acordo com seus efeitos sobre si mesmo, e isso o convenceu de que eles são essencialmente todos iguais, porque todos podem ser prejudiciais ou úteis a ele; por outro lado, ele pode influenciá-los porque são todos semelhantes a ele.[128]

E. F. im Thurn, descrevendo a mentalidade dos indígenas da Guiana, chega a um resultado similar. Ele aponta que o indígena não vê

> qualquer linha nítida de distinção, como nós vemos, entre o homem e outros animais, entre um tipo de animal e outro, ou

---

própria consciência" é correto, contanto que se reconheça que sua consciência tem um caráter social.

128 WESTERMANN, Diedrich. *Die Kpelle*. (Série: Quellen der Religionsgeschichte). Gotinga: Vandenhoeck & Ruprecht, 1921, p. 174.

> entre animais – incluindo o homem – e objetos inanimados. Ao contrário, para o índio, todos os objetos, animados ou inanimados, parecem ter exatamente a mesma natureza, exceto por diferirem no acidente da forma corporal... É, portanto, mais importante perceber quão comparativamente pequena é de fato a diferença entre os homens em estado de selvageria e outros animais, e quão completamente mesmo a diferença existente escapa à atenção dos homens selvagens.[129]

O ponto decisivo desses comentários é que o homem primitivo considera homogêneas todas as coisas que despertam sua atenção; ao contrário do homem civilizado, ele não as diferencia de acordo com vários pontos de vista.[130] Para ser exato, o indivíduo primitivo não considera esses objetos de sua cognição homogêneos consigo mesmo, pois, para tanto, carece da necessária consciência do eu, mas os considera homogêneos a seus parentes. O homem primitivo considera os animais, as plantas e os objetos inanimados, na medida em que são de alguma forma importantes para ele, essencialmente semelhantes aos homens com quem vive e a quem conhece por experiência direta. Visto que o homem primitivo não consegue discernir uma diferença essencial entre o homem e o animal, não é tão surpreendente quanto pode parecer que os nativos australianos, quando viram homens brancos cavalgando pela primeira vez, tenham acreditado que os cavalos eram as mães dos homens, visto que entre eles as crianças são carregadas nas costas das mães; nem é surpreendente que tenham considerado o

---

129 IM THURN, Everard Ferdinand. *Among the Indians of Guiana*. Londres: K. Paul, Trench & Company, 1883, pp. 350/351.

130 SCHULTZE, Fritz. *Psychologie der Naturvölker*. Leipzig, Veit & comp., 1900, p. 217, diz que o pensamento do homem primitivo é subdesenvolvido e "totalmente incapaz de descobrir e estabelecer tantas diferenciações como nós fazemos". Por isso, "toda a natureza tem de parecer a ele mais homogênea do que parece a nós". Essa inabilidade do pensamento primitivo de estabelecer distinções contrasta com a extraordinária agudeza dos sentidos do homem primitivo. Cf. SCHULTZE, Fritz. *Psychologie der Naturvölker*. Leipzig: Veit & comp., 1900, pp. 21 e ss.

rebanho de búfalos esposas dos homens brancos, porque entre eles a bagagem é carregada pelas esposas.[131] No relato de sua viagem pela costa africana em 1455, Aluise de Cà da Mosto[132] conta que os indígenas consideraram um animal a primeira gaita de fole que viram. Eles também consideraram o navio um ser vivo; as duas válvulas da popa foram interpretadas como os olhos, com os quais ele se guiava no mar.

Segundo um relato do major português Monteiro,[133] os muembas, uma tribo sul-africana, presumiram que o burro do major, um animal que eles nunca tinham visto antes, era dotado de razão e capacidade de falar. Eles pediam as opiniões do animal, e tudo o que ele fazia era interpretado à luz do comportamento humano. "Os índios cuna", diz Nordennkiöld, "não acreditam na distinção cristã entre homens e animais... Eles nunca dizem que um animal foi transmutado em um homem, pois o animal já é um homem na forma de uma besta".[134]

---

131 VAN GENNEP, Arnold. *Mythes et legendes d'Australie*. Paris: E. Guilmoto, 1905, p. civ.

132 *Reise des Aluise da Cà da Mosto im Jahre 1455 laengs der afrikanischen Kueste bis Rio Grande, von ihm selbst beschrieben und aus dem Italienischen uebersetzt* ("Viagem do Aluise da Cà da Mosto em 1455 ao longo da costa africana até o Rio Grande, descrita por ele mesmo e traduzida do italiano") *apud* SCHWABE, Johann Joachim. *Allgemeine Historie der Reisen zu Wasser und zu Lande*. vol. II. Leipzig: Arkstee und Merkus, 1748, p. 89.

133 *Tagebuch der portugiesischen Expedition unter dem Commando des Majors Monteiro, ausgefuehrt in den Jahren 1831 und 1832, redigiert von dem Major Gamitto, zweiten Commandanten der Expedition. Im Auszug mitgeteilt von W. Peters* ("Diário da expedição portuguesa sob o comando do Major Monteiro, realizada em 1831 e 1832, editada pelo Major Gamitto, segundo comandante da expedição. Excerto comunicado por W. Peters") apud NEUMANN, K. *Zeitschrift für allgemeine Erdkunde*. Berlim: Reimer, 1856, pp. 407 e ss.

134 NORDENSKIÖLD, Erland. "La Conception de l'âme chez les Indiens Cuna de l'isthme de Panama". *Journal de la Societe des Americanistes,* N.S., vol. XXIV, 1932, p. 12.

Edwin James descreve uma caçada de bisões entre os índios omaha da seguinte maneira:

> Ao avistar o rebanho, os caçadores falam gentilmente com seus cavalos, aplicando-lhes os nomes carinhosos de pai, irmão, tio etc.; eles pedem que eles não temas os bisões, mas corram bem, e fiquem perto deles, mas ao mesmo tempo evitem ser chifrados.[135]

O missionário John Heckewelder escreve:

> Muitas vezes refleti sobre a curiosa conexão entre o homem e a criação bruta que parece subsistir na mente de um índio, e encontrei nisso muito material para observação curiosa. Embora considerem-se superiores a todos os outros animais e orgulhem-se dessa superioridade; embora acreditem que os animais da floresta, os pássaros do ar e os peixes das águas foram criados pelo Ser Todo-Poderoso para uso do homem; no entanto, parece que atribuem a diferença entre eles próprios e as espécies brutas, e o domínio que têm sobre elas, mais à sua destreza e força corporal superior do que à sua alma imortal. Eles veem como uma grande sociedade, da qual são a cabeça, todos os seres dotados pelo Criador do poder de volição e automovimento, a quem, na verdade, foram designados para governar, mas com quem podem existir íntimos laços de conexão e relacionamento, ou pelo menos existiram no início dos tempos. De fato, de acordo com sua opinião, eles são apenas os primeiros entre iguais, os legítimos soberanos hereditários de toda a raça animada, da qual eles próprios são uma parte constituinte. Consequentemente, em suas línguas, aquelas inflexões de seus substantivos que chamamos de *gêneros*, não são, como conosco, descritivas das espécies *masculina* e *feminina*,

---

135 JAMES, Edwin. *Account of an Expedition from Pittsburgh to the Rocky Mountains*. vol. I. Filadélfia: H.C. Carey and I. Lea, 1823, p. 208.

mas dos tipos *animados* e *inanimados*. Na verdade, eles chegam ao ponto de incluir árvores e plantas na primeira dessas categorias. Toda a natureza animada, em qualquer grau, é aos seus olhos um grande todo, do qual ainda não se aventuraram a separar-se. Eles não excluem outros animais de seu mundo dos espíritos, o local para o qual esperam ir após a morte...

Já observei que o índio inclui todas as bestas selvagens no número de seus *inimigos*. Essa não é de forma alguma uma expressão metafórica ou figurativa, mas é usada em um sentido literal, como se verá no que relatarei. Certa vez, um caçador delaware atirou em um urso enorme e quebrou sua espinha dorsal. O animal caiu e soltou um rugido lamentoso, parecido com o da pantera quando está com fome. O caçador, em vez de lhe dar outro tiro, aproximou-se dele e dirigiu-se a ele com essas palavras: "Ouça, urso! Você é um covarde, e não um guerreiro como finge ser. Se você fosse um guerreiro, demonstraria isso com sua firmeza e não chorando e se lamuriando como uma velha. Você sabe, urso, que nossas tribos estão em guerra uma com a outra, e que a sua foi a agressora. Você descobriu que os índios eram poderosos demais para você e foi se esgueirando pela floresta, roubando porcos; talvez neste momento você tenha carne de porco em sua barriga. Se você tivesse me conquistado, eu teria suportado com coragem e morrido como um bravo guerreiro; mas você, urso, senta-se e chora, e desgraça sua tribo com sua conduta covarde". Eu estava presente quando ocorreu essa curiosa invectiva; quando o caçador despachou o urso, perguntei-lhe como ele pensava que aquele pobre animal poderia entender o que lhe foi dito. "Oh!", disse ele em resposta, "o urso me entendeu muito bem; você não viu como ele olhou *envergonhado* enquanto eu o repreendia?" Em outra ocasião, testemunhei uma cena semelhante entre as cataratas do Ohio e o rio Wabash. Um jovem homem branco, chamado *William Wells*, que quando menino fora feito prisioneiro por uma tribo de índios wabash, por quem fora criado, e absorvera todas as suas noções, tinha ferido tanto um grande urso que ele não conseguia se mover do

> local, e o animal berrava tristemente como o que acabei de mencionar. O jovem foi até ele e, aparentemente com grande seriedade, dirigiu-se a ele na língua wabash, cutucando seu nariz de vez em quando com o bastão. Eu perguntei a ele o que estava dizendo a esse urso. "Eu", disse ele, "o reprendi por agir como um covarde; disse a ele que ele conhecia a sorte da guerra, que um ou outro de nós teria de cair; que era seu destino ser conquistado, e que ele deveria morrer como um homem, como um herói, e não como uma velha; que se fosse o contrário, e eu tivesse caído nas mãos de meu *inimigo*, eu não teria desonrado minha nação como ele fez, mas teria morrido com firmeza e coragem, como faz um verdadeiro guerreiro".[136]

A ideia da homogeneidade do homem e dos animais, plantas e outros objetos naturais é sustentada em particular pela crença, existente entre os marind-anim por exemplo, de que os homens como tudo no mundo foram criados pelos ancestrais míticos, os *dema*. Em especial, os *dema* transformaram-se em fenômenos perceptíveis pelos sentidos. Assim, todas as coisas – homens, animais, plantas, objetos animados, até mesmo implementos feitos por homens – não estão apenas relacionadas entre si pela mesma ascendência, mas são, de uma maneira ou de outra, imagens dos *dema*, que são percebidos na forma humana e considerados não apenas criadores, mas também protótipos de toda a realidade. "Como os animais e as plantas, as ferramentas também têm sua origem nos ancestrais, i. e., foram seres humanos anteriormente. Portanto, a forma humana ou partes do rosto humano ainda podem ser reconhecidas nelas". Assim, por exemplo, os três buracos

136 HECKEWELDER, John. "An Account of the History, Manners, and Customs of the Indian Nations Who Once Inhabited Pennsylvania and the Neighbouring States". *In*: AMERICAN PHILOSOPHICAL SOCIETY COMMITTEE. *Transactions of the Historical and Litterary Committee of the American Philosophical Society*. vol. I. Filadélfia: Abraham Small, 1819, pp. 247-249.

da semente do coco são os olhos e a boca do *dema*.[137] Como o marind-anim percebe nas coisas o protótipo de seu criador, ele decora suas ferramentas com ornamentos para os olhos e nariz e até mesmo com rostos inteiros. O maori acredita que não apenas os homens, mas também os animais, plantas e objetos, que em nossa opinião são inanimados, têm alma. Pois todas as coisas derivam de uma fonte comum, o casal de pais, Rangi e Papa. Para os maori, portanto, todas as coisas são homogêneas.

> Todas as coisas possuem uma *wairua* (alma ou espírito), cada uma à sua maneira. Há apenas um pai de todas as coisas, um deus de todas as coisas, um senhor de todas as coisas, uma alma de todas as coisas... Portanto, todas as coisas são uma... O maori personificava todas as coisas, ele acreditava que todas as coisas eram relacionadas entre si, descendentes dos mesmos pais.[138]

Portanto, o maori considera uma floresta uma comunidade de parentes, porque as árvores são seres de origem similar.

> Quando o maori entrou na floresta, ele sentiu que estava entre seus próprios parentes, pois as árvores e o homem não tinham uma origem comum, sendo ambos descendentes de Tane [o filho do casal de pais]? Assim, quando o maori desejou derrubar uma árvore para fazer uma canoa ou uma casa, por duas razões ele foi compelido a realizar um rito apaziguador antes de matar um dos descendentes de Tane. Ele via nas árvores majestosas criaturas vivas de um ramo mais antigo da grande família.[139]

---

137 WIRZ, P. *Die Marind-anim von Hollaendisch-Sued-Neu-Guinea* (Hamburgische Universitaet, “Abh. aus dem Gebiet der Auslandskunde). Hamburgo: Friederichsen & Co. vol. X (1922), nº I, parte II, pp. 1 e ss.; vol. XVI (1925), nº II, parte III, p. 104.

138 BEST, Elsdon, *The Maori*. vol. I. Wellington: H.H. Tombs, 1924, pp. 91 e 129.

139 BEST, Elsdon, *The Maori*. vol. I. Wellington: H.H. Tombs, 1924, p. 452.

E ele considera as montanhas da mesma maneira. Para garantir a paz entre duas tribos, a filha de um chefe casou-se com o filho de outro; ao mesmo tempo, duas montanhas selecionadas como representantes das tribos também se casaram.

> O povo maori conta sobre acontecimentos estranhos nos dias carregados de névoa de muito tempo atrás, quando as montanhas eram dotadas de poderes de fala e locomoção. Assim, ouvimos falar do grande conjunto de montanhas que antigamente ficava no distrito de Taupo, e das dissensões que surgiram entre elas, o que as fez se separarem, algumas se mudando para outras partes. O ciúme sexual parece ter sido a causa da briga, que resultou na dispersão do povo das montanhas, algumas das quais... permaneceram no antigo lar.[140]

Segundo Gusinde,[141] o selk'nam acredita que seus ancestrais não estão mortos, mas se transformaram em objetos da natureza. Portanto, a natureza parece a eles habitada por seus ancestrais.[142] "Um grupo de colinas é visto como uma família, sendo a colina mais alta o seu líder". Diz-se de certa cordilheira que

> antes era uma mulher que morava lá com seus três filhos. O objeto natural menor é considerado uma criança ou um parente mais jovem de um objeto maior do mesmo tipo. O mesmo é dito de duas estrelas vizinhas... As mudanças do vento e do tempo são as lutas incansáveis de dois inimigos

---

140 BEST, Elsdon, *The Maori*. vol. I. Wellington: H.H. Tombs, 1924, pp. 203 e ss.

141 GUSINDE, Martin. *Die Feuerland-Indianer*: Die Selknam. vol. I. Sankt Augustin: Anthropos, 1931, p. 540.

142 KOOTZ-KRETSCHMER, Elise. *Die Safwa*: Ein ostafrikanischer Volksstamm in seinem Leben und Denken. vol. I. Berlim: Reimer, 1926-1929, p. 236, relata a seguinte declaração de um nativo: "Os ancestrais estão onde quiserem estar. Os ancestrais dormem em grandes lagos, em grandes pedras, em grandes árvores. Por outro lado, os pequenos filhos dos ancestrais que morreram quando eram jovens sentam-se nas encruzilhadas".

> eternos; o sol e a lua (considerados marido e mulher que brigavam) continuam perseguindo um ao outro e as mudanças da mulher-lua são causadas por seu ódio irreconciliável pelos habitantes da terra.[143]

A noção da animação universal da natureza parece aqui nada mais que a crença do homem primitivo de que a natureza é habitada por seres pessoais, a saber, seus ancestrais.

9 A analogia do tu, não a analogia do eu, base da visão de mundo do homem primitivo

Visto que o homem primitivo considera os animais, as plantas e os objetos inanimados homogêneos com os homens de sua tribo, ele comporta-se da mesma maneira em relação às coisas da natureza e a seus semelhantes. Acreditando que ambos agem de acordo com princípios idênticos, ele pensa que deve tratá-los conforme prescrevem as regras de comportamento social. Ele supõe nas coisas o mesmo entendimento de suas declarações que seus parentes possuem; portanto, ele acredita-se em uma posição de fazer-se entender por elas como por seus semelhantes, uma vez que elas reagem ao seu comportamento assim como ele reage ao delas.[144] Como a criança, o homem primitivo concebe o mundo não de acordo com a analogia

---

143 GUSINDE, Martin. *Die Feuerland-Indianer*: Die Selknam. vol. I. Sankt Augustin: Anthropos, 1931, p. 687.

144 HARTLAND, Edwin Sidney. *Transactions of the Third International Congress for the History of Religion*. vol. I. Oxford: The Clarendon Press, 1908, pp. 27 e ss. diz que a visão da vida do homem primitivo é determinada por dois elementos: "o senso de personalidade e o senso de mistério". Ele acredita que "aquele homem corpulento cercado pelo desconhecido seria oprimido pelo espanto e pela admiração e pelo sentimento de poder que está por trás dos fenômenos externos. Interpretando esses fenômenos nos termos de sua própria consciência, ele os consideraria manifestações da personalidade". Também: "As relações do homem com todas as personalidades não humanas são concebidas como análogas às relações dos homens entre si. Ele deve invocar e conciliar seres mais poderosos do que ele; outros, ele pode

de seu eu, mas de acordo com a analogia do tu, experimentada anteriormente. Muito antes de tentar perceber a natureza como tal, ele torna-se mais ou menos consciente, primeiro por meio de sua relação com sua mãe, depois com seu pai, chefe, companheiros e inimigos, dos princípios de comportamento social e das relações sociais que o afetam diretamente. Consequentemente, ele interpreta seu ambiente em termos de categorias sociais; para o homem civilizado, entretanto, o meio ambiente assume um caráter não social; ele distingue entre natureza e sociedade.

Se as relações sociais, como o parentesco, são baseadas em fatos fisiológicos, o homem primitivo não vê o "natural", mas apenas o elemento social do fenômeno. Hartland caracteriza a ideia primitiva de parentesco da seguinte forma: "Parentesco é um termo sociológico. Não é sinônimo de consanguinidade; não expressa um fato fisiológico".[145] E Gomme escreve referindo-se a algumas tribos primitivas:

---

dirigir, controlar, subjugar ou mesmo destruir. Em qualquer dos casos, o seu fim é obtido por atos e palavras; estas são a expressão de sua vontade...".

145 HARTLAND, E. S. *Primitive Paternity*. vol. I. Londres: D. Nutt, 1909-1910, p. 257; LOWIE, Robert H. *Primitive Society*. Nova York: Boni and Liveright, 1920, pp. 47 e ss., escreve sobre os toda do sul da Índia: "Mais comumente, mas nem sempre, a poliandria toda é de variedade fraterna. Ou seja, quando um homem se casa com uma mulher, entende-se que ela se torna a esposa de seus irmãos, que normalmente vivem juntos. Mesmo um irmão nascido posteriormente terá os direitos de seus irmãos mais velhos. Em casos de poliandria fraterna, nenhuma disputa surge entre os maridos, e a própria noção de tal possibilidade é desprezada pela mente do toda. Quando a esposa fica grávida, o mais velho de seus maridos realiza uma cerimônia com um arco e flecha pela qual a paternidade jurídica é convencionalmente estabelecida nessa tribo, mas todos os irmãos são considerados pais da criança. – A situação torna-se mais complicada quando uma mulher se casa com vários homens que não são irmãos e que, como pode acontecer, vivem em aldeias diferentes. A esposa geralmente vive por um mês com cada um, embora não haja uma regra absoluta. Nesses casos, a determinação da paternidade em sentido jurídico é extremamente interessante. Para todos os fins sociais, o marido que realiza a cerimônia do arco e flecha durante a gravidez da esposa estabelece sua condição de pai não apenas do primeiro filho, mas de todos os filhos nascidos posteriormente, até

> A negligência do parentesco materno e paterno, respectivamente, nesses dois casos é óbvia... A maternidade ou paternidade física não é nada para essas pessoas, e é preciso aprender a compreender que existe uma grande diferença entre o mero fato físico de ter uma mãe e um pai, e o fato político de usar esse parentesco para a organização social. Selvagens que não aprenderam o significado político têm uma avaliação muito restrita do fato físico. Os australianos, por exemplo, não têm termo para expressar a relação entre mãe e filho. Isso ocorre porque o fato físico não tem significado, e não por causa da escassez da linguagem.[146]

Daí o fato de que a adoção é muito frequente entre os povos primitivos e que as crianças adotadas são tratadas por seus pais adotivos exatamente da mesma maneira que seus próprios filhos.[147]

---

que um dos outros maridos execute o rito prescrito. Normalmente concorda-se que os primeiros dois ou três filhos devem pertencer ao primeiro marido, que em uma gravidez posterior outro estabelecerá os direitos paternos, e assim por diante. A paternidade biológica é completamente desconsiderada, pois um homem morto há muito tempo é considerado pai de uma criança se nenhum outro homem tiver realizado o rito essencial".

146 GOMME, George Laurence. *Folklore as an Historical Science*. Londres: Methuen, 1908, p. 232. ASHLEY-MONTAGU, M. F. *Coming into Being among the Australian Aborigines*. Londres: Routledge and sons, 1937, pp. 306 e ss. diz que "na Austrália os conceitos de 'maternidade' e 'paternidade' são vistos como de natureza essencialmente não biológica, exclusivamente social; que há uma ausência de qualquer conceito de relação de sangue entre mãe e filho, bem como entre pai e filho – um fato que geralmente tem sido completamente negligenciado". Também: "Penso que é extremamente provável que essa ausência de qualquer reconhecimento de relação de sangue seja uma característica daquela criatura tão maltratada, o homem primevo".

147 Cf., e.g., BROWN, A. R. *The Andaman Islanders*. Cambridge, The University Press, 1922, p. 77; FOX, C. E. "Social Organization in San Cristoval, Solomon Islands". *Journal of the Royal Anthropological Institute of Great Britain and Ireland*, vol. XLIX, 1919, pp. 109 e ss., escreve: "A adoção é muito comum e coloca uma pessoa no lugar de fato, por assim dizer, daquelas nascidas nessas relações: um menino adotado é considerado o filho real de um homem que o adota, tanto quanto aquele que nasceu dele e de sua esposa. A mulher que corta o cordão umbilical e que raspa a cabeça

Referindo-se à adoção entre os habitantes das ilhas de Andamão, E. H. Man escreve:

> Diz-se que é raro encontrar algum filho com mais de seis ou sete anos residindo com os pais, e isso porque é considerado um elogio e também um sinal de amizade que um homem casado, após uma visita, peça aos anfitriões a permissão para adotar um de seus filhos.[148]

A relação "natural" não é considerada.

Visto que o parentesco é uma relação social, e não "natural", ele não apenas pode ser estabelecido artificialmente – por adoção,

---

do bebê é a mãe do bebê dali em diante. As crianças compradas tornam-se 'filhos reais' do homem que as cria – novamente um ponto de vista difícil para um inglês, que insiste que esses não são 'filhos reais' de forma alguma; mas quando um homem está atribuindo uma linhagem, ele não faz distinção entre filhos adotivos e aqueles nascidos dele. No entanto, ao usar termos de parentesco, ele pode pensar no parentesco em que o menino estava antes de ser comprado, ele pode atribuir este, ou às vezes este e o novo parentesco. Além disso, as pessoas não são apenas adotadas como filhos ou filhas, mas também como pais, mães, avôs e avós. Um menino pode ser adotado para ocupar o lugar do pai de um homem e manter sua memória; o nome do pai é dado a ele, e ele toma sua posição: é classificado como avô dos meninos de sua idade ou até mais velhos que ele. Os casamentos insólitos, talvez ajudados por esse sistema de adoção, tornam impossível saber, pela idade de uma pessoa, de qual geração ela é; alguém classificado como seu pai pode ter a sua idade, um irmão pode ser tão velho quanto seu pai". Na p. 119 lemos: "O fato físico da paternidade é reconhecido? Nos dias atuais, provavelmente sim. Quando se questiona o motivo do costume de enterrar vivo o primogênito, que se chama *ahubweu* ou cabeça-dura, a resposta quase universal é que isso ocorre porque a criança provavelmente não é um filho verdadeiro do homem, mas nascido de uma relação da mulher com algum outro homem. Mas certamente há uma série de argumentos contrários; e diz-se que o embrião (*hasiabu*) foi colocado no útero das mulheres por um *andaro* chamado *Hau-di-bwari*, que vive em uma montanha no estreito de Marau, em Guadalcanal (o estreito de Marau é para onde vão os espíritos dos mortos após a morte), ou por *Kauraha*, o espírito de uma cobra".

148 MAN, E. H. "On the Inhabitants of the Andaman Islands". *Journal of the Anthropological Institute of Great Britain and Ireland*, vol. XII, 1883, p. 125.

por exemplo – mas também pode ser anulado artificialmente. Esse é o significado do chamado "corte do ekar", um costume observado entre os fanti da Costa do Ouro. Sabah escreve:

> *Cortar o Ekar* é um modo particular de renegar a relação de sangue com outra pessoa. Quando um homem deseja renegar um parente consanguíneo, ele o traz diante dos anciãos de sua vila ou aldeia, e na presença deles, bem como na presença de outros membros de sua família, um ekar é cortado em dois, e se diz claramente "Agora estamos divididos". Ele pega uma metade e o renegado a outra. Assim que essa cerimônia é completada, as duas pessoas não têm mais parte ou porção da propriedade uma da outra. Quando um homem é renegado, isso afeta apenas ele; mas no caso de uma mulher, sua prole é incluída, pois se diz que os filhos seguem a condição da mãe.[149]

10 Comportamento real do homem primevo em relação a objetos da natureza

A interpretação que tem o homem primitivo da natureza em termos de categorias sociais manifesta-se pela maneira como ele realmente se comporta em relação aos objetos e eventos naturais. Referindo-se aos kpelle (Libéria), Westermann escreve:

> Para se livrar de um enxame de gafanhotos devastador, eles capturam alguns gafanhotos e tentam, com palavras amáveis, persuadi-los a ir embora. Dizem-lhes: "Voltai para casa, contai sobre nós para o vosso povo e deixai-nos em paz porque não há mais nada para comer aqui"... Assim

---

149 SARBAH, John M. "Fanti Customary Laws: A Brief Introduction to the Principles of the Native Laws and Customs of the Fanti and Akan Districts of the Gold Coast (1904)" citado por KOCOUREK A.; WIGMORE J. H. *Evolution of Law*. vol. I. Boston: Little Brown & Co., 1915, p. 326.

> como uma palavra de incentivo ou censura tem seu efeito sobre homens e animais, ela também afeta as coisas. Antes da guerra, eles pedem que suas flechas e lanças não errem o alvo. Quando queimam lenha, dirigem-se ao fogo com palavras e gestos correspondentes: "Avante, fogo, venha, arda!". Sob suas plantas totêmicas, colocam algodão para vesti-las. Assim como os homens e animais, os objetos também são "mortos". Um caminho que não é usado há muito tempo não fica coberto de mato, mas "morre".[150]

Labouret[151] escreve que, se entre os nativos de Lobi uma mulher encontra uma pepita de ouro, ela a leva para casa em um pedaço de barro moldado como um pequeno vaso.

> Seus parentes pegam o metal, colocam-no em outro receptáculo, adicionam um pouco de sal líquido indígena sobre ele, vão para os fundos da casa, recolhem a mesma terra úmida e a usam para cobri-lo..., cavam um buraco perto do monturo, colocam o pote dentro e tapam o buraco. Eles dizem que esse ouro é uma coisa viva; deve-se matá-lo, e é por isso que se urina nele. Ao cabo de um ano, o ouro está morto.

O ouro não pode ser vendido e a compensação não pode ser usada antes que grandes sacrifícios sejam oferecidos. "Este ouro é um ser vivo; se uma pessoa se apodera dele e não faz o que é devido, por exemplo, vende-o ou usa o valor obtido com ele, ele a mata".

Le Roy conta:

---

150 WESTERMANN, Diedrich. *Die Kpelle*. (Série: Quellen der Religionsgeschichte). Gotinga: Vandenhoeck & Ruprecht, 1921, pp. 175 e 203.

151 LABOURET, Henri. *Les Tribus du Rameau Lobi*. (Série: Travaux et mémoires de l'Institut d'Ethnologie). vol. XV. Paris: Instit't d'ethnologie, 1931, pp. 81 e ss.

> Cada vez que os negrillos estabelecem um novo acampamento, após a limpeza do local, eles começam fazendo uma fogueira na qual cada um coloca um galho. Se tudo transcorrer sem incidentes, significa que o acampamento é bom; mas se, neste primeiro fogo, um galho se dobrar, significa que a terra protesta e que é inútil acampar ali: o lugar é imediatamente abandonado e eles vão para outro local.[152]

A natureza fala com os homens e os alerta, e eles agem de acordo com isso. Sempre que os sakai saem em busca da valiosa madeira de cânfora, "eles não devem declarar", escreve Schebesta, "qual é a sua intenção, em vez disso, dizem: estamos indo para a floresta brincar". Os jakudes até usam uma linguagem secreta quando saem para procurar cânfora.[153] Os maori também creem que, antes de pegar um animal ou encontrar uma planta, não se pode pronunciar seu nome, pois o objeto assim buscado pode descobrir sua intenção e retirar-se.[154] Se um Toraja (Celebes) deseja copar uma árvore a fim de adquirir óleo de palma, ele se comporta em relação à árvore como um pretendente. Ele fala com a árvore, pede sua mão e a abraça violentamente.[155] Entre vários povos, tem-se observado o costume de uma pessoa – homem ou mulher – casar-se com uma árvore.[156] Mesmo que seja feito meramente como exibição ou para fins mágicos, isso mostra, no entanto, a atitude social completa do homem primitivo para com as coisas da natureza.

---

152 LE ROY, Alexander. *The Religion of the Primitives*. Trad. Newton Thompson. Nova York: MacMillan, 1922, p. 58.

153 SCHEBESTA, Paul. *Orango-Utan*: Bei den Urwaldmenschen Malayas und Sumatras. Leipzig: White Lotus Press, 1928, p. 77.

154 BEST, Elsdon. *The Maori*. vol. I. Wellington: H.H. Tombs, 1924, p. 226.

155 CRAWLEY, E. *The Idea of the Soul*. Londres: A. and C. Black, 1909, pp. 293 e ss. Compare a este o comportamento análogo dos chaga africanos quando caem de uma árvore.

156 CRAWLEY, Ernest. *The Mystic Rose*. vol. II, nova ed. de Theodore Bestermann. Londres: Methuen and Co., 1927, pp. 55 e ss.

A esse respeito, os relatórios de R. F. Fortune sobre os nativos de Dobu são bastante notáveis.[157] Eles consideram que as plantas de inhame, importantes para sua nutrição, são seres humanos; eles veem nelas seus ancestrais transformados. Consequentemente, lidam com os inhames plantados por eles como se fossem homens. Eles dirigem-se a eles com encantamentos, que são simplesmente pedidos que expressam o desejo de que as plantas floresçam. Fortune escreve sobre esses encantamentos:

> Em sua aplicação particular, acredita-se fortemente que o inhame não crescerá, por melhor que o solo seja preparado e cuidado, sem a devida execução do longo ritual de encantamentos de cultivo.

Os indígenas acreditam que os inhames conseguem sair à noite das hortas onde estão plantados. Em tais encantamentos, eles pedem às plantas que não façam isso. Fortune diz:

> Se então nos deparamos com um ritual dirigido à semeadura do inhame, não devemos supor que um homem esteja apenas murmurando palavras para o inhame. Ele está se dirigindo a um ser pessoal tão verdadeiramente quanto nós quando nos dirigimos a Deus. Pois os inhames são seres pessoais em forma metamorfizada. Se nos depararmos com um ritual dirigido a uma trepadeira que serve para amarrar a canoa, não pensemos que o homem está apenas murmurando palavras para uma trepadeira do mato. A trepadeira é um ser pessoal em forma metamorfizada.

Esses feitiços são murmurados para as plantas em voz baixa. Esta é a explicação do nativo:

---

157 FORTUNE, R. F. *Sorcerers of Dobu*: the Social Anthropology of the Dobu Islanders of the Western Pacific. Londres: G. Routledge & Sons, 1932, pp. 94 e ss., 97, 101e ss. e 107 e ss.

> Os inhames ouvem. Eles dizem entre si "esta é a nossa linguagem – não é alta como a conversa do dia a dia". Você deve entender que os inhames são pessoas... Se os chamarmos em voz alta, os inhames dizem "o que é isso – eles estão brigando entre si". Mas quando os encantamos com delicadeza, eles ouvem nossa fala com atenção. Eles crescem por causa do nosso chamado.

Fortune queria testar os nativos para ver se eles realmente acreditavam que os inhames eram seres pessoais; então ele recebeu a seguinte resposta firme de um deles: "Inhames são pessoas, com ouvidos. Se os encantamos, eles ouvem". E Fortune acrescenta:

> No dia seguinte, ele me mostrou orelhas, órgãos auditivos, os vários brotos de gavinha ao redor do ponto de crescimento da videira. Esses brotos são orelhas, bem como uma espiga de milho. Em Dobu, contudo, os cachos da videira são literalmente[158] órgãos auditivos.

Fortune prossegue:

> Num rito com folhas verdes queimando e produzindo assim uma nuvem de fumaça, o marido da encantadora disse: "Os inhames a veem. Eles a aspiram para sentir o seu odor. Eles abandonam o *kebudi* (um graveto que serve para apoiar o crescimento das gavinhas), sobem e voltam a ele novamente".

Entre as plantas do inhame e os homens existe uma relação comparável àquela entre um senhor e seus dependentes. A certo descendente de um homem pertence certo descendente de uma planta de inhame.

158 N.T. Aqui há um jogo de palavras impossível de reproduzir. Em inglês, o termo *ear*, cujo significado é "orelha", significa também "cacho" ou "espiga".

> Cada linhagem familiar *susu* [*susu* – a unidade de um homem, sua irmã e os filhos de sua irmã] tem sua própria linhagem de sementes. É retratado que uma linhagem familiar humana tem a sua linhagem familiar de sementes que crescerá para ela. Mas essa linhagem de sementes não crescerá para uma linhagem familiar estranha; exatamente como se os dependentes de uma casa trabalhassem para os descendentes daquela casa, mas não para outra casa, os dependentes e seus descendentes depois deles. A semente de inhame não é herdada fora do *susu* nem doada para fora do *susu* – esse fato assume na expressão nativa o aspecto de uma linhagem de descendência humana que é servida e pode ser servida apenas por certa linhagem de descendência do inhame – os fiéis dependentes da linhagem humana, infiéis a outras linhagens familiares.

Especialmente características a esse respeito são as seguintes declarações:

> A palavra *tomot*... é a única palavra que abrange homem, mulher e criança, independentemente de idade ou sexo. Quando usada como adjetivo, quer dizer nativo em oposição ao homem branco. Este uso contém a ideia predominante de que o homem branco é "outro tipo", não realmente uma pessoa humana no sentido nativo, mas um ser com qualidades diferentes das do nativo. Os dobuan classificam os inhames na mesma categoria que seu próprio povo, como seres pessoais, mas excluem os homens brancos.

Dos selk'nam, que, como já mencionado, veem em seu ambiente natural seus ancestrais transformados, Gusinde escreve:

> Sua ideia da animação universal da natureza se manifesta pelo crescente temor dirigido a todos os ancestrais em suas formas atuais. O lado negativo desse temor aparece em evitarem julgamentos depreciativos e discursos desdenhosos. Perto dessas rochas ou lagoas, que são conhecidas por eles

> como ancestrais, ninguém ousaria dizer nada contra eles e nem mesmo fazer qualquer referência verbal a eles... Esses ancestrais retribuem a tagarelice impertinente com mau tempo, tempestade, chuva ou neve... Considera-se impróprio falar mal do clima do país de um visitante quando ele está presente. Pois todos se consideram membros da família dos ancestrais desta ou daquela região, e assim ligados ao vento e ao clima, à chuva e às nuvens, à neblina e às tempestades que se acumulam em torno das montanhas de seu próprio país. Consequentemente, o visitante ficaria ofendido pela referência desdenhosa a seus antepassados (o clima de sua terra natal) e rapidamente deflagraria sua vingança.[159]

Swanton[160] relata sobre os índios tlingit que eles tentam influenciar todos os objetos da natureza, como o sol, a lua, o vento, lagos, montanhas, geleiras, fontes termais, árvores que caíram etc., tratando-os como seres racionais e pedindo-lhes boa sorte. Comer certos mexilhões deixa a pessoa doente; mas, se pedirmos adequadamente aos mexilhões, podemos evitar o efeito negativo. Os bosquímanos consideram a chuva um ser humano. Eles distinguem entre uma chuva moderada, feminina, e uma chuva pesada, masculina. Portanto, eles acreditam que devem tratar a chuva como tratam o homem. Pode-se despertar sua raiva, apaziguá-la, espantá-la, atraí-la – tudo isso pode ser realizado pelos mesmos meios pelos quais um comportamento análogo por parte de um homem é induzido.[161] Em *Jesuit Relations* [*Relações Jesuítas*] de 1637, lemos:

---

159 GUSINDE, Martin. *Die Feuerland*-Indianer: Die Selknam. vol. I. Sankt Augustin: Anthropos, 1931, p. 687.

160 SWANTON, John R. "Social Conditions, Beliefs, and Linguistic Relationship of the Tlingit Indians". *In*: HOLMES, W. H. (Coord.). 26th *Annual Report of the Bureau of American Ethnology*. Washington: Government Printing Office, 1908, pp. 451 e ss. e 459.

161 LÉVY-BRUHL, L. *La Mythologie primitive*. Paris: Alcan, 1935, p. 102.

> O padre Buteux perguntou a um selvagem (índio montagnet) por que eles fixavam suas lanças apontadas para cima; Ele respondeu que, como o trovão tinha inteligência, ao ver essas lanças nuas ele se desviaria e teria muito cuidado para não se aproximar de suas cabanas.[162]

Hollis relata em seu livro sobre os nandi:

> Durante uma forte tempestade, o Toiyoi pega um machado e, tendo-o esfregado nas cinzas do fogo, joga-no para fora da cabana, exclamando ao mesmo tempo: Toiyoi *ou* trovão, fique silencioso em nossa cidade.[163]

Nieuwenhuis escreve:

> Sem saber a verdadeira causa dos trovões, raios, chuva e vento, os bahau os consideram expressões de seres ou espíritos que, embora mais poderosos do que eles, sentem prazer e dor da mesma forma que o homem. Assim, os espíritos podem ser favoravelmente impressionados com presentes e sacrifícios de objetos de valor vivos ou mortos; mas também podem ser assustados por aquelas mesmas coisas que despertam aversão e medo no homem. Observei várias vezes como o filho de Kwing Irang, o chefe dos Mahakam Kajan, saiu correndo de casa no meio de uma forte tempestade. Para impressionar fortemente e ao mesmo tempo apaziguar os espíritos, matou com uma espada o primeiro animal que cruzou seu caminho, em uma ocasião um porco, em outra uma galinha. Também vi como um homem, segurando em uma das mãos uma espada desembainhada e na outra uma caveira, saiu correndo de casa para fazer o espírito da tempestade fugir. Ao gritar, os bahau também tentam

---

162 JESUÍTAS. *The Jesuit Relations and Allied Documents*. vol. XII. Cleveland: Burrows Bros. Co., 1637, p. 25.

163 HOLLIS, A. C. *The Nandi*. Oxford: Clarendon Press, 1909, p. 9.

> afugentar os espíritos do vento e da chuva; se isso não funcionar, eles colocam uma caveira como um impedimento em frente a suas casas. Certa vez, em uma viagem com os Mendalam Kajan, quando fomos apanhados por uma violenta tempestade e fortes trovões nos assustaram, os Kajan desembainharam suas espadas pela metade para afastar os espíritos poderosos.[164]

Aelian escreve sobre os celtas que

> muitos deles aguardam o mar transbordar, alguns se jogando armados nas ondas e recebendo seu ataque com espadas desembainhadas e lanças ameaçadoras, como se pudessem assustá-lo ou feri-lo.[165]

Hartland, que cita essa passagem, comenta corretamente: "O mar e as ondas eram vistos como seres pessoais com os quais era possível literalmente lutar e que poderiam até ser vencidos".[166] É um exemplo notável de interpretação social da natureza.

Karsten encontrou a mesma atitude entre os índios jivaro:

> Durante tempestades violentas, os índios jivaro são vistos brandindo suas lanças contra o céu, saltando no ar, gritando e desafiando seus invasores sobrenaturais invisíveis com as mesmas palavras que usam para desafiar seus inimigos naturais: "Vamos, estamos prontos para recebê-lo!".[167]

---

164 NIEUWENHUIS, A. W. *Quer durch Borneo*. vol I. Leiden: Buchhandlung und druckerei vormals E. J. Brill, 1904, p. 97.

165 AELIANUS, Claudius. *Variae historiae*, livro xii. [s.l]: *apud* Ioan. Tornaesium, 1600, p. 23.

166 HARTLAND, Edwin Sidney. *Ritual and Belief*. Nova York: C. Scribner's sons, 1914, p. 161.

167 KARSTEN, Rafael. *The Origins of Religion*. Londres: K. Paul, Trench, Trübner & Company, 1935, p. 204.

Dos abipones, Dobrizhoffer[168] relata:

> Quando um redemoinho faz girar a poeira em círculos, as mulheres jogam cinzas em seu caminho, para que se farte com aquela comida e siga para outra direção. Mas se o vento entra em alguma casa com aquele turbilhão impetuoso, eles têm certeza de que um dos moradores morrerá em breve.

Além disso: "... para defender seu querido planeta daqueles mastins aéreos [cães que abundam no ar], eles lançam uma chuva de flechas para o céu, em meio a vociferações ruidosas, na hora do eclipse".

Molina escreve, em sua *History of Chili* [*História do Chile*], dos aborígenes desse país:

> Eles atribuem todas as tempestades nos Andes ou no oceano a uma batalha entre as almas de seus conterrâneos e as dos espanhóis; dizem que o rugido do vento é o pisoteio de seus cavalos, o ruído do trovão é o de seus tambores, e os relâmpagos são o fogo da artilharia. Se a tempestade segue em direção ao território espanhol, eles afirmam que seus espíritos fizeram fugir os dos espanhóis e exclamam triunfantes, *Inavimen, inavimen, puen, laguvimen!* Persigam-nos, amigos, persigam-nos e matem-nos! Se o contrário acontecer, eles ficarão muito aflitos e gritarão consternados, *I avulumen, puen, namuntumen!* Coragem, amigos, sejam firmes![169]

"Em Sumatra", registra Tylor,

> temos a noção comparativamente científica de que um eclipse tem a ver com a ação do Sol e da Lua um sobre o outro e,

168 DOBRIZHOFRER, Martin. *An Account of the Abipones*. vol. II. Londres: John Murray, 1822, pp. 84-86.

169 MOLINA, J. Ignatius. *The Geographical, Natural, and Civic History of Chili*. vol. II. Londres: Longman, Hurst, Rees and Orme, 1808, p. 82.

> portanto, eles fazem um barulho alto com instrumentos sonoros para impedir que um deles devore o outro.[170]

Termer relata:

> Durante terremotos, os índios guaimi observam um costume peculiar que foi notado por Adrian de Santo Tomas. Por volta da meia-noite, um terremoto inquietou e até enfureceu os índios que acompanhavam o padre. Eles imediatamente pegaram suas armas e as apontaram para o céu. Após a indagação do padre sobre o significado de sua ação, os nativos responderam que o deus Noncomala queria matar a terra e, portanto, eles vinham em socorro de sua mãe. Na verdade, ela teria sido destruída há muito tempo se eles não a tivessem sempre protegido em tais ocasiões.[171]

Da mesma forma, Wallace escreve sobre os índios uaupes:

> Quando troveja, eles dizem que o "Yurupari" [Grande Espírito] está zangado e sua ideia de morte natural é que o "Yurupari" os mata. Em um eclipse, eles acreditam que esse espírito mau está matando a lua, e fazem todo o barulho que podem para afugentá-lo.[172]

Grubb destaca a respeito dos índios lenguanos:

---

170 TYLOR, E. B. *Primitive Culture*. 6ª ed. vol. I. Londres: Murray, 1920, p. 330.

171 TERMER, F. "Ein Beitrag zum religiösen und kulturellen Leben der Guaimi-Indianer im XVI. Jahrhundert". *In*: RANKE, Johannes. *Korrespondenz-Blatt der Deutschen Gesellschaft für Anthropologie, Etlmologie und Urgeschichte*. ano XVI, 1919, p. 55. A citação é baseada em um relato do Padre Frei Adrian de Santo Thomas (fim do século XVI e início do XVII).

172 WALLACE, Alfred Russel. *A Narrative of Travels on the Amazon and Rio Negro*. Londres: Reeve and Company, 1889, p. 348.

> Num dia nublado, quando o sol fica encoberto por algum tempo, às vezes se vê um homem idoso pegar um tição e erguê-lo contra o sol, aparentemente com a intenção de encorajá-lo a mostrar sua face novamente.[173]

Os kurnai, uma tribo australiana, consideram a luz do Polo Sul um fogo que foi aceso por um deus no céu. Portanto, assim que a veem, temem que salte para a terra e se espalhe por aqui. Para evitar isso, procuram afastar o fogo usando a mão seca de um morto, na qual supõem haver grande força. Ao mesmo tempo, eles gritam: "Mande-o embora, não deixe que nos queime".[174] Se relampeja, o bosquímano encara o relâmpago, esperando mantê-lo a distância. Meinhof interpreta essa ação da seguinte forma: "O bosquímano acredita que o poder de seu olhar é tão grande que o relâmpago recua".[175] Esse mesmo "olhar de força" que o bosquímano ocasionalmente dirige para seus companheiros em seu cotidiano; portanto, ele conhece sua eficácia. Os bosquímanos imploram às estrelas, especialmente à brilhante Canopus, o poder de vagar sem fome e alcançar seu objetivo seguros como as estrelas.

Para demonstrar que a "natureza física", como a chamamos, também é conhecida pelo homem primitivo, Marett escreve:

> O que chamamos de "natureza física" pode muito bem ser "natureza" também para o selvagem na maioria de seus aspectos normais; no entanto, suas manifestações mais surpreendentes, tempestades, eclipses, erupções e assim por diante, têm alta probabilidade de despertar nele um

---

173 GRUBB, W. B. *An Unknown People in an Unknown Land*. Londres: Seeley, Service & Co., 1911, p. 138.

174 HOWITT, A. W. *The Native Tribes of South-East Australia*. Londres: MacMillan, 1904, p. 430; Cf. também p. 277.

175 MEINHOF, C. *Die Religionen der Afrikaner in ihrem Zusammenhang mit dem Wirtschaftsleben*. Oslo: H. Aschehoug & Co. (W. Nygaard); Cambridge: Harvard University Press, 1926, p. 43.

> temor que acredito ser especificamente religioso tanto em sua essência quanto em seus frutos, quer o animismo tenha, ou não, conseguido impor sua cor distinta sobre ele. Assim, quando uma tempestade é vista se aproximando na África do Sul, uma aldeia cafre, liderada por seu curandeiro, corre para a colina mais próxima e grita com o furacão para desviá-lo de seu curso.[176]

Esse exemplo, no entanto, ilustra o contrário do que Marett deseja provar. Os cafres tratam a tempestade não como um fenômeno natural, mas como um evento social, ou seja, como uma pessoa que se relaciona socialmente com outras pessoas. Eles tentam exercer influência sobre sua vontade da mesma maneira que se mostrou eficaz em sua vida social. A tempestade, ou melhor, o ser pessoal que veem nela, está para eles na mesma relação que qualquer membro individual de sua sociedade. Ainda mais significativo é outro exemplo fornecido por Marett:

> Quando uma geleira no Alasca ameaçou engolir um valioso riacho de pesca, dois escravos foram mortos para paralisá-la. Aqui, o caráter avançado do rito propiciatório provavelmente presume o conhecimento de alguma forma da teoria animista. Pode muito bem ser, entretanto, que o sacrifício seja aqui utilizado como uma panaceia religiosa geral, sem envolver apenas o reconhecimento distinto de um espírito desse glaciar em particular.[177]

Que os nativos acreditem em um "espírito" especial de uma geleira talvez não seja certo, embora seja altamente provável. Mas, sem dúvida, eles acreditam que a geleira é um ser pessoal ou, pelo

---

176 MARETT, R. R. *The Threshold of Religion*. 2ª ed. Londres: Methuen, 1914, pp. 13 e ss.

177 MARETT, R. R. *The Threshold of Religion*. 2ª ed. Londres: Methuen, 1914, pp. 14 e ss.

menos, está sob o controle de um ser pessoal; portanto, esse ser entende seus sacrifícios e atos, assim como um homem que vive em sociedade com outros homens se vê induzido pela conduta dos outros, por alguma razão com que possa concordar, a agir favoravelmente em relação a eles. Obviamente, é a lei da retribuição que determina o comportamento dos homens em relação à geleira. Sem importância neste contexto é o significado do sacrifício, especialmente se for interpretado como uma espécie de punição substitutiva pela qual a conduta da geleira, considerada uma punição primária, deve ser evitada. O caráter social da interpretação da natureza, entretanto, está fora de dúvida.

11 A magia primitiva

Grande parte do que os etnólogos chamam de "magia" consiste em nada mais do que a interpretação social da natureza. Skeat escreve em seu trabalho *Malay Magic* [*A magia dos malaios*]:

> Quando o vento diminui e as velas de um barco estão batendo... um mago selangor não raramente convocará o vento nos seguintes termos:
>
> Venha aqui, senhor, venha aqui, meu senhor,
>
> Solte suas mechas tão longas e flutuantes.
>
> E se o vento é contrário, ele dirá:
>
> Vire, vento, uma agulha ou duas (da bússola),
>
> Uma agulha para (deixar-me alcançar) *Kapar*.
>
> Deixe-me ir até *Klang* para a refeição matinal
>
> E até *Langat* para o banho noturno.[178]

178 SKEAT, W. W. *Malay Magic*. Londres: MacMillan, 1900, p. 107.

"Kapar", "Klang", e "Langat" são nomes de alguns lugares. O mago considera o vento simplesmente um ser pessoal e consequentemente o trata como tal.

São classificados como magia do clima os esforços dos índios takelma para fazer cessar a neve; eles se dirigem à neve da seguinte maneira: "Para cá conduzem os alces, os de pescoço preto, que moram atrás da montanha, em lugares escuros sob as árvores!".[179] Mesmo crendo que a neve é hostil ao homem, os takelmas pedem que ela continue caindo para remover os veados das montanhas e, dessa maneira, ajude o homem mais do que o incomode. Consequentemente, eles esperam que a neve, seu inimigo que raciocina como eles, pare de cair. Visto que o homem primitivo considera os eventos naturais ações de seres pessoais, ele se considera capaz, embora sejam mais poderosos do que ele, de enganá-los, assim como pode enganar seus semelhantes. Em todo esse procedimento, portanto, do ponto de vista dele, não há nada de "mágico" ou "sobrenatural". Nem o comportamento do selk'nam denominado "encanto do tempo" é realmente isso; Gusinde[180] retrata sua conduta da seguinte maneira: Quando os nativos são impedidos por muito tempo pela chuva de ir caçar ou continuar suas festividades, eles pegam troncos brilhantes, agitam-nos no ar "como se estivessem lutando" e gritam furiosamente para o mau tempo:

> Quando é que você finalmente irá embora, chuva ruim? – Vá, finalmente, embora, chuva ruim! Vá para outro lugar, chuva imprudente! – Quando chegará o bom tempo? – Você, bom tempo, por que aguenta por tanto tempo a chuva? – Quando você finalmente virá, bom tempo? – Tenha vergonha de si mesmo, chuva ruim, e, finalmente, vá embora!

---

179 SAPIR, Edward. "Religious Ideas of the Takelma Indians of Southwestern Oregon". *Journal of American Folk Lore,* vol. XX, 1907, p. 38.

180 GUSINDE, Martin. *Die Feuerland-Indianer*: Die Selknam. vol. I. Sankt Augustin: Anthropos, 1931, pp. 683 e ss.

Assim como o chamado "encanto do tempo" dos selk'nam não é "mágico", o comportamento do fazedor de chuva entre os nativos de Loango não tem caráter "mágico". Pechuel-Losche descreve suas manipulações da seguinte maneira:

> Ele [o fazedor de chuva] salta... em direção às nuvens que se aproximam e as repele com um gesto constrangedor, estendendo os braços e balançando-os com os dedos abertos; ele pisoteia o chão e levanta poeira para as nuvens, ou mesmo a joga com as mãos, murmurando ou assobiando o tempo todo.[181]

O mesmo autor menciona o teste do veneno, costumeiro entre esses indígenas e muitos outros povos, por meio do qual se pode comprovar a culpa de uma pessoa acusada de um crime, especialmente de feitiçaria. Os nativos imaginam o efeito do veneno da seguinte maneira: No *Ndodschi* [o bruxo ou feiticeiro] existe o mal. O veneno procura o mal, o destrói e assim mata o *Ndodschi*. Onde não há mal, o veneno não tem efeito.[182] Portanto, o veneno age como um ser humano inteligente. Só que ele sabe mais do que os homens, pois conhece o culpado. Um teste do veneno feito em um feiticeiro entre os nativos do Congo é descrito por Nassau: "Supõe-se que o decocto em si tem quase senciência – como um policial, tem a capacidade de perseguir detectar e destruir, nos vários órgãos do corpo, o espírito do bruxo que supostamente está à espreita".[183] Entre os safwa da África Oriental, se uma pessoa tem que passar por um teste do veneno para se defender

181 PECHUEL-LOESCHE, E. *Die Loango-expedition ausgesandt von der deutschen Gesellschaft zur Erforschung Aequatorial-Africas. 1873-1876*. seção III, parte II. Stuttgart: Strecker und Schröder, 1907, p. 448.

182 PECHUEL-LOESCHE, E. *Die Loango-expedition ausgesandt von der deutschen Gesellschaft zur Erforschung Aequatorial-Africas. 1873-1876*. seção III, parte II. Stuttgart: Strecker und Schröder, 1907, p. 423.

183 NASSAU, Robert Hamill. *Fetichism in West Africa*. Nova York: C. Scribner's Sons 1904, p. 244.

contra a acusação de feitiçaria, ela diz ao veneno que tomou e que deve vomitar para provar sua inocência: "*Mwamfi*" – isto é, a poção envenenada – "saia para que eu possa emergir realmente branco e purificado".[184]

A chamada "magia do dano" consiste frequentemente no fato de que uma substância, especialmente o veneno, é induzida a matar uma pessoa determinada, e apenas ela. De acordo com A. L. Kitching,[185] o chefe Awin de Patiko (Sudão Anglo-Egípcio) morreu após uma refeição que compartilhou com várias outras pessoas. Acreditou-se que um inimigo o havia matado com uma galinha envenenada. Mas os outros também comeram a mesma galinha sem sofrer nenhum efeito nocivo. O "mago", ao que parece, pediu ao veneno para matar apenas o chefe Awin; e, de fato, o veneno atendeu ao seu pedido. O que é comumente chamado de "magia da morte" funciona da mesma maneira; o veneno é espalhado no limiar da casa do inimigo e é solicitado a matar apenas o próprio inimigo quando ele cruzar sua porta; todos os outros estão imunes. C. R. Lagae, que relata tal procedimento entre os Azande, afirma: "A droga não age de forma alguma de acordo com suas propensões químicas. A ação é puramente mágica, afetando apenas o indivíduo contra quem é dirigida".[186] O elemento "mágico" desse procedimento, porém, consiste apenas no fato de que a droga se comporta, segundo a crença do homem primitivo, como um ser humano que usa suas capacidades como ele ou outros desejam.

---

184 KOOTZ-KRETSCHMER, Elise. *Die Safwa*: Ein ostafrikanischer Volksstamm in seinem Leben und Denken. vol. I. Berlim: Reimer, 1926-1929, p. 199.

185 KITCHING, A. L. *On the Backwaters of the Nile*. Londres: Charles Scribner's Sons, 1912, pp. 242 e ss.

186 LAGAE, C. R. *Les Azande ou Niam-Niam*. Bruxelas: Vromant, 1926, p. 114, citado por LÉVY-BRUHL, L. *Primitives and the Supernatural*. Trad. autorizada de Lilian A. Clare. Nova York: E.P. Dutton & Co., 1935, p. 85.

Os ekoi acreditam em árvores com poderes "mágicos"; ao menos é assim que R. H. Lowie[187] interpreta seus costumes. Se um ekoi deseja se vingar de um inimigo, ele dirige uma oração a tal árvore, dá-lhe um presente e chama o nome da vítima. A árvore então atende ao pedido, capturando o filho do inimigo e prendendo-o dentro de seu tronco. Esse comportamento é uma consequência direta da interpretação social da natureza. O objeto natural – neste caso uma árvore – é considerado um ser humano, mas dotado de poderes sobre-humanos, com quem – e isso é decisivo – se pode estabelecer relações sociais correspondentes ao status do ser superior.

Se o homem primitivo vê no objeto natural, ou por trás dele, um ser sobre-humano, ele frequentemente expressa o desejo, que ele espera que seja realizado por esse ser, não em linguagem cotidiana, mas em uma linguagem de sinais especial correspondente ao caráter particular do ser sobre-humano. Ele demonstra por mímica, graficamente ou de maneira visual o que pede à autoridade sobre-humana. Danças de caça, pinturas rupestres, atividades como furar ou queimar um boneco que representa o inimigo e, principalmente, os ritos característicos de "fazer chuva", bem como outros procedimento rotulados como "mágicos", nada mais são do que pedidos a autoridades sobre-humanas em linguagem de sinais, um comportamento que na opinião do homem primitivo não é nem "mágico" nem "místico", isto é, não é sobrenatural, mas a consequência "natural" de sua interpretação social da natureza.[188]

---

187 LOWIE, Robert H. *Primitive Religion*. Londres: George Routledge and Sons Limited, 1925, p. 44.

188 Dos muitos tipos de conduta do homem primitivo resultantes de sua interpretação social da natureza, pode-se destacar como "mágica" em um sentido específico aquele tipo particular que se caracteriza pelo fato de o homem, para alcançar a realização de seus desejos, voltar-se a uma autoridade sobre-humana. Somente a relação do homem primitivo com essa autoridade sobre-humana fornece um critério confiável para esse conceito, que é tão importante para a etnologia moderna. Onde não existe tal relação com uma autoridade sobre-humana – por exemplo, onde o comportamento

12 O significado da crença na alma para a interpretação da natureza do homem primitivo

O comportamento real do homem primitivo em relação à natureza é de importância primordial se desejarmos "compreender" sua visão de mundo; menos importantes são as ideias que ele mesmo forma da natureza, sua própria "teoria", que, considerando a fraqueza do componente racional de sua mente, deve ser sempre vaga e contraditória. Tem especialmente pouca importância se o homem primitivo está consciente de interpretar a natureza de maneira personalista ou se ele diz que personifica a natureza. A distinção entre pessoa e coisa lhe é estranha. Portanto, não faz diferença se o homem primitivo acredita ou não que a natureza é "animada".

O conceito moderno de alma e seu pressuposto, a saber, a distinção entre substância material e espiritual, torna-se familiar ao homem somente depois que ele "personificou" a natureza por algum tempo. No entanto, podemos chamar a visão de mundo do homem primitivo de "animista", pois sua interpretação da

---

do homem primitivo resulta somente de sua tendência à substancialização, como no caso de uma doença ser curada pela sucção – não há razão para distinguir tal comportamento de um comportamento ordinário e rotulá-lo como "mágico".

Na medida em que a autoridade sobre-humana é uma "alma" ou "fantasma" ou um "espírito" – em outros termos, um ser pessoal sobre-humano – a magia tem essencialmente um caráter animista. Na etnologia moderna, no entanto, prevalece uma teoria da "magia pré-animista". De acordo com essa teoria, o mago não apela para a assistência de seres pessoais sobre-humanos, mas para forças sobrenaturais impessoais. Contudo, é um fato que o próprio homem primitivo trata as "forças", cuja ajuda ele deseja, como se fossem seres pessoais. Todos os procedimentos mágicos, o feitiço, conjurações, atos simbólicos etc. pressupõem que a "força sobrenatural" entende o mago e sua atuação e está disposta a realizar seus desejos. A "força sobrenatural" é considerada pelo mago um ser dotado de inteligência e vontade e dono de um poder que supera os poderes humanos. A teoria da "magia pré-animista" ergue-se e cai com a capacidade do homem primitivo de pensar em termos de forças impessoais. Cf. a nota seguinte.

natureza, que resulta de seu comportamento real em relação a ela e que é personalista em nosso sentido, é um pré-requisito essencial para a ideia de "animação" da natureza. A princípio, o homem primitivo, por causa da pobreza de sua razão, pode interpretar seu ambiente em analogia com sua primeira e mais impressionante experiência, a saber, o relacionamento com seu próximo; e ele pode até considerar iguais a ele animais, plantas e objetos inanimados que são úteis ou prejudiciais como amigos ou inimigos dentro do grupo. Mas gradualmente, por meio de seus sentidos aguçados, ele deve descobrir a diferença exterior entre os homens e os outros seres, especialmente os objetos inanimados. Se ele não se apega à sua apercepção personalista original é porque uma ideologia poderosa o impele nessa direção. Um animal, uma árvore, um rio etc. obviamente não são seres humanos. Se essas coisas se comportam como seres humanos, então um homem invisível deve residir nelas. Esse é presumivelmente o ponto em que a interpretação originalmente sociomórfica (não antropomórfica) da natureza concorda com a crença na existência de uma alma da morte, que pode assumir qualquer forma; consequentemente, qualquer coisa é ou pode ser o morto. Na medida em que os eventos naturais são considerados ações de seres pessoais, superiores aos homens, na medida em que as autoridades sobre-humanas são temidas e respeitadas na natureza, e na medida em que, por exemplo, na "magia", sua ajuda é invocada para efetuar o que excede a força humana, então pode-se supor que, pelo menos originalmente, esses seres eram as almas dos mortos, imaginadas pelo homem primitivo como dotadas de poderes sobre-humanos. Quanto à questão da origem da visão primitiva da natureza, limitamo-nos naturalmente a hipóteses, das quais a mais plausível ainda é aquela que relaciona o animismo, a interpretação personalista-social da natureza, com a crença na alma dos mortos; na verdade, essa hipótese é mais compatível com o material que temos do que qualquer outra.

13 Ausência da ideia de "forças impessoais"

Assim, por um lado, é incorreto considerar a personificação, na qual se baseia a visão animista da natureza, uma projeção do eu do homem primitivo e, portanto, declará-lo "egocêntrico", isto é, atribuir-lhe uma consciência do eu que de fato lhe falta; e assim, por outro lado, é um erro quase inconcebível identificar essa falta de consciência do eu do homem primitivo com a falta de qualquer categoria de personalidade no pensamento primitivo. É certo que nos estágios iniciais do desenvolvimento mental o homem carece de consciência do eu; com base nisso, porém, é errado supor que ele é incapaz de compreender eventos prejudiciais e úteis da natureza como ações de seres pessoais ou acreditar que ele considera tais eventos meramente manifestações de forças objetivas impessoais. O conceito de força impessoal, elemento específico do pensamento causal e uma das últimas conquistas da abstração científica, pressupõe um estágio de desenvolvimento mental muito mais elevado do que aquele em que a consciência do próprio eu ainda não foi alcançada.[189]

---

189 A ideia de forças impessoais é uma das realizações características da ciência moderna baseada no princípio da causalidade e totalmente estranha a uma mente primitiva. CRAWLEY, E. *The Idea of the Soul*. Londres: A. and C. Black, 1909, p. 9, observa: "... a suposição de que o homem primevo concebia a ideia de um 'poder' abstrato e impessoal, e posteriormente, a partir disso ou não, desenvolveu a ideia de uma alma pessoal concreta, é um argumento que segue do abstrato ao concreto. A ordem psicológica é sempre inversa, do concreto ao abstrato". WUNDT, Wilhelm. *Völkerpsychologie*: Mythus und Religion. parte III. Leipzig: Alfred Kröner: 1915, p. 38, também está certo quando enfatiza o fato de que o desenvolvimento mental segue do concreto ao abstrato, e não o contrário. Essa verdade milita contra a hipótese do pré-animismo, que afirma que antes do surgimento da interpretação animista da natureza o homem primitivo acreditava na existência de poderes "mágicos" impessoais.

Karsten, um estudioso que não estava enviesado pela tese pré-animista, não encontrou entre os índios sul-americanos qualquer ideia de poderes impessoais. Ele escreve em KARSTEN, Rafael. *The Origins of Religion*. Londres: K. Paul, Trench, Trübner & Company, 1935, p. 33: "Penso, além disso, que ela dificilmente é compatível com a psicologia do homem primitivo". E nas pp. 128/129: "... que, na evolução do pensamento religioso, o 'poder' mágico

Justamente essa falta de consciência do eu e o caráter social pervasivo de seu pensamento e sentimento são as razões pelas quais o homem primitivo interpreta a natureza não como o homem civilizado, segundo a lei da causalidade, como um mecanismo de "forças" objetivas e impessoais, mas segundo categorias sociais, como uma manifestação de "poderes" subjetivos e pessoais. Ele concebe os eventos naturais, mesmo aqueles que ele mesmo realiza, como ações e reações análogas às da sociedade humana. Não é – como às vezes se sugere – a ideia de "causalidade pessoal"[190] que influencia o homem primitivo em sua interpretação da natureza; é algo inteiramente diferente da causalidade. Certamente o pensamento primitivo inclui conceitos de criação e produção; os mitos lidam frequentemente com os problemas da criação. Esses conceitos, no entanto, nada têm a ver com a ideia de causalidade como uma conexão objetiva entre fenômenos determinados por

---

impessoal, como encontrado entre certos povos superiores, representa uma noção secundária em relação à ideia puramente animista de um espírito". A teoria da magia pré-animista remonta às representações que Codrington, em seu livro bastante conhecido e já citado, *The Melanesians,* deu da *mana* dos melanésios. Essa *mana* é o protótipo da força impessoal do pré-animismo. Mas um exame sem preconceitos do material apresentado por Codrington mostra que isso dificilmente seria um argumento a favor da hipótese pré-animista. KARSTEN, Rafael. *The Origins of Religion.* Londres: K. Paul, Trench, Trübner & Company, 1935, p. 32, caracteriza corretamente a *mana* como "o termo mais mal empregado da moderna ciência da religião". Ele chama a teoria da *mana* de uma construção não comprovada e diz, na página 47: "Uma teoria que faria a religião começar com uma crença em poderes mágicos impessoais e explicaria, por exemplo, a *mana* como 'aquele mesmo material vivo a partir do qual demônios, deuses e almas lentamente ganharam forma', baseia-se em uma impossibilidade psicológica: ela ignora aquela forte e constante tendência a personificar o objeto de temor e reverência religiosos que é característico do homem primitivo".

Se a hipótese dos pré-animistas se provar equivocada, então a teoria do animismo de Tylor permanece inabalada. O material acrescentado por pesquisas etnológicas recentes confirma o pressuposto básico de Tylor.

190 E.g., PREUSS, K. T. *Die geistige Kultur der Naturvölker.* 2ª ed. Leipzig/Berlim: Teubner, 1923, pp. 13 e 22.

leis da natureza. A noção que o homem primitivo tem do criador mítico, diz Brinton,[191]

> é a do moldador ou fabricante, como o oleiro faz seus potes, o sapateiro seus sapatos. Essa é a concepção subjacente a muitos mitos do Criador, como demonstrado pelos nomes que ele carrega. Assim, os australianos o chamavam de *Baiame*, "o recortador", como aquele que recorta uma sandália a partir de um couro, ou uma silhueta de um tronco de árvore. Os índios maias usavam o termo *Patol*, do verbo *pat*, moldar, como o oleiro faz com seu barro, *Bitol*, que tem o mesmo significado e *Tzacol*, o construtor, como de uma casa. Com os dayaks de Bornéu, o Criador é *Tupa*, o forjador, como se forja uma lâmina de lança e assim por diante.

Outra forma em que o homem primitivo imagina a criação – e que desempenha um papel importante nos mitos – é a procriação sexual. Essa ideia também não tem relação com o conceito de causalidade; pelo contrário, tem um caráter social.

14 Pensamento personalista e pensamento causal

A lei da causalidade caracteriza-se essencialmente pelo fato de conectar o efeito à causa. A causa é um evento objetivo homogêneo ao efeito e, como ele, ocorre na natureza; sendo da mesma natureza que o efeito, é, portanto, ela própria o efeito de uma causa. Daí segue a cadeia interminável de causa e efeito, inconcebível ao homem primitivo, que é um elemento essencial na concepção científica da causalidade. O pensamento personalista e o pensamento causal excluem um ao outro.[192] O homem primitivo remonta os aconte-

191 BRINTON, Daniel G. *Religions of Primitive Peoples*. Nova York/ Londres: G.P. Putnam's Sons, 1897, p. 123.

192 Essa é a razão por que a seguinte afirmação de FRAZER, J. G. *The Belief in Immortality and the Worship of the Dead*. vol. I. Londres: MacMillan,

cimentos, que ele deseja compreender, não a elementos da mesma natureza, mas a elementos de natureza diferente, não a um objeto, mas a um sujeito, não a uma coisa, mas a uma pessoa. Se algo deve ser explicado, o homem primitivo não pergunta, como o homem civilizado educado cientificamente, "Como isso aconteceu?" mas "Quem fez isso?" Meinhof[193] relata dos negros africanos que eles não questionam, se a chuva não chega, "O que a impede?" mas "Quem a impede?" "Como eles supõem haver uma má intenção, a causa deve ser uma pessoa" (mais devidamente, uma pessoa é culpada, i. e., responsável).

Sempre que o homem primitivo deseja explicar um novo evento, antes desconhecido para ele, ele o faz atribuindo-o a um ser pessoal ou, se ele não for visível, a um "espírito", ou, mais

---

1913, pp. 18 e ss., não pode ser aceita: "A ideia de causa é simplesmente a de sequência invariável sugerida pela observação de muitos casos particulares de sequência"; e depois: "Tudo isso vale tanto para o selvagem quanto para o homem civilizado". Assim, Frazer acredita que o homem primitivo tem o mesmo conceito de causalidade que o homem civilizado. Mas ele diz que "quando ele [o selvagem] procura descobrir as causas do evento no mundo exterior, ele deve, argumentando a partir da experiência, imaginar que eles são produzidos pelas ações de seres invisíveis parecidos com ele, que por trás do véu da natureza puxam as cordas que põem em movimento uma vasta maquinaria... em suma, ele personifica os fenômenos como poderosos espíritos antropomórficos e acreditando-se mais ou menos dependente de sua boa vontade, ele conquista seus favores pela oração e pelo sacrifício". CASSIRER, Ernst. *Das Mythische Denken*: Philosophie der symbolischen Formen. Parte II. Berlim: Cassirer, 1925, p. 58 [ed. bras.: CASSIRER, Ernst. *A filosofia das formas simbólicas*: o pensamento mítico. vol. 2. Trad. Cláudia Cavalcanti. São Paulo: Martins Fontes, 2004, p. 87], também pensa que "a categoria geral de 'causa' e 'efeito' não falta absolutamente ao pensamento mítico [i. e., primitivo]; ela pertence mesmo, em certo sentido, ao seu próprio acervo fundamental". Isso obviamente não está de acordo com sua afirmação em *Die Begriffsform im mythischen Denken* (p. 31), de que "nosso conceito moderno, analítico-científico de causalidade não é um elemento original da mente, mas uma de suas conquistas metodológicas mais recentes".

193 MEINHOF, C. *Die Religionen der Afrikaner in ihrem Zusammenhang mit dem Wirtschaftsleben*. Oslo: H. Aschehoug & Co. (W. Nygaard); Cambridge: Harvard University Press, 1926, p. 67.

corretamente, ele imputa os eventos a esse ser pessoal. Quando um fonógrafo foi exibido para os korjaks, eles acreditaram que uma pessoa invisível que podia imitar vozes humanas estava dentro da caixa; eles a chamavam de "o antigo". Os índios lenguanos estavam convencidos de que a agulha azul de uma bússola, que apontava sempre para o norte, era um espírito azul preso no pequeno recipiente. Schultze[194] relata um caso de homens primitivos que, ao lhes ser mostrada uma agulha magnética, viram nela um ser que, raptado de sua pátria, "ansiava apaixonadamente por aquela região desejada".

A atribuição de fenômenos a uma pessoa fictícia abrevia toda a pesquisa sobre suas causas.[195] Que o pensamento causal e o personalista estão em contraste um com o outro pode ser claramente demonstrado pelo fato de que o primeiro exclui absolutamente a ideia, observada repetidamente entre os selvagens, de poder enganar a natureza; mas tal intenção é consequência direta de uma interpretação personalista. Uma vez que os eventos desejados, assim como os temidos, são ações de seres pessoais, deve ser possível provocar ou impedir tais ações enganando as pessoas que

---

194 SCHULTZE, Fritz. *Psychologie der Naturvölker*. Leipzig: Veit & comp., 1900, p. 231, que entende o fetichismo em um sentido muito amplo e compreende nele a forma mais antiga de relação do homem com uma autoridade sobre-humana, diz que o resultado do fetichismo é que o homem primitivo tem uma explicação imediata para cada evento e, portanto, nunca reflete sobre as causas reais. Assim, ele nunca obtém "uma percepção verdadeira da conexão natural das coisas". O fetiche é a *prima causa* de tudo. O ponto decisivo nesse "curto-circuito" do pensamento primitivo é que o "fetiche" é imaginado como um ser pessoal, dotado de poder sobre-humano. Qualquer investigação sobre as causas é bloqueada por essa imputação a uma pessoa.

195 LÉVY-BRUHL, Lucien. *The Soul of the Primitive*. Trad. autorizada de Lilian A. Clare. Londres: George Allen & Unwin Ltd., 1928, de onde foram retirados os dois primeiros dos três exemplos mencionados no texto, observa, na p. 112: "O primitivo não tem noção de uma concatenação mais ou menos complexa dos fenômenos que se condicionam. Ele acredita na presença real e concreta de um ou mais pequenos seres completos dentro do indivíduo, e essa ideia o dispensa de prestar qualquer atenção aos processos reais".

agem, mesmo que sejam mais poderosas que o homem. Inúmeros costumes dos povos primitivos comprovam essa atitude deles em relação à natureza. E se a "magia" parece incompatível com uma visão científica da vida, é porque se baseia essencialmente na ideia de que por trás dos acontecimentos da natureza estão demiurgos pessoais cuja ajuda pode ser garantida para o bem ou para o mal.[196] Observadores ocasionalmente ficaram impressionados com

---

196 Consequentemente, ZIEGLER, Leopold. *Überlieferung*. Leipzig: Hegner, 1936, p. 32, está certo quando crê que o período mágico da história da humanidade foi um período "pré-causal". A magia do homem primitivo não é sintoma de uma mentalidade "pré-lógica", como Lévy-Bruhl afirma, mas de um pensamento pré-causal, i. e., pré-científico. Vernon Brelsford, *Primitive Philosophy* (1935), p. 23, escreve: "A realidade no mundo ocidental seguiu pelo caminho de tentar dominar as coisas; a realidade para o africano é encontrada na região da alma – não no domínio de si mesmo ou das coisas exteriores, mas na aceitação de uma vida de aquiescência com os seres e essências em uma escala espiritual. – Só nesse sentido o nativo é um místico. Não por causa de qualquer função pré-lógica da mente, mas simplesmente porque ele é o possuidor de um tipo de conhecimento que ensina que a realidade consiste na relação não de homens com coisas, mas de homens com outros homens, e de todos os homens com espíritos". P. 48: "O selvagem tem um motivo para sua conduta, ele tem uma teoria da vida, ele tem um conjunto de princípios de vida. Eles podem ser os princípios de uma era pré-científica, mas o selvagem pelo menos progrediu tanto no caminho da cultura que desenvolveu um modo de vida controlado e regulado por uma teoria da vida".

Portanto, é falso falar de uma causalidade "mágica" ou "mística" do homem primitivo, como faz BLONDEL, Charles. *La Mentalité primitive*. Paris: Stock, 1926. Nas pp. 82 e ss. ele diz: "Nossa causalidade é uma causalidade natural... Por outro lado, para os homens primitivos, a causalidade natural tem importância secundária. Eles a negligenciam. Eles não a apercebem, ou se o fazem, veem nela uma expressão exterior e acidental da causalidade que conta para eles – aquela que diz respeito às ações dos espíritos místicos". Essa "causalidade mística" é a razão pela qual o acidente (*casus*) é desconhecido para o homem primitivo. Na p. 94 é dito: "Em sua mente não há lugar para acidentes. Um nativo de Rio Tully (Austrália), um 'médico', arremessa uma lança de uma árvore, mas ela ricocheteia e mata um velho. Os parentes da vítima creem que a morte se deve à feitiçaria do médico. Nada pode dissuadi-los. A briga começa e não termina até que o médico seja ferido. Se uma árvore cai na Nova Guiné, independentemente de quão podre esteja e quão violento possa ter sido o vento, é sempre um feiticeiro que a fez cair. Na África Ocidental, um chefe estava caçando e foi horrivelmente ferido por um

o estranho fato de que alguns aborígenes distinguem claramente entre perda voluntária e involuntária de sangue. Eles consideram a primeira, mesmo que seja considerável, como não perigosa; eles mesmos a realizam para vários propósitos. Da perda involuntária de sangue, mesmo que insignificante, eles têm medo. Isso seria absolutamente inconcebível se eles imaginassem no sangue um poder objetivo e impessoal.[197] O ponto de vista deles é: se meu

---

elefante; antes de morrer, ele acusou doze de suas esposas e escravos de terem enfeitiçado sua pederneira". Esses exemplos provam que o homem primitivo não investiga a causa, mas a responsabilidade, que ele não procura a causa, mas a pessoa a quem imputar o caso em questão; isso lhe permite aplicar o princípio da retribuição. O homem primitivo não encontra no procedimento mágico a "causa" do evento que lhe interessa; o decisivo é que nele descobre o delito pelo qual se deve retribuir.

Blondel observa, p. 97, que a "causa mística" nem sempre é determinada com exatidão, exceto "quando há violação de um tabu ou interdição religiosa. Quando um tabu é violado, um infortúnio é causado; e quando ocorre um infortúnio, é porque um tabu foi violado. Em Uganda, as mulheres grávidas não devem comer sal; a saúde e a vida da criança estão em jogo. Se o recém-nascido adoece, o marido acusa a esposa de ter comido sal. Em outros casos, embora reconheçam que a causa do evento é mística, eles não sabem exatamente qual é. O mau tempo persiste, a estiagem é prolongada, as epidemias eclodem, a caça ou a pesca não dão certo – talvez um tabu tenha sido violado, mas também é possível que os ancestrais estejam insatisfeitos ou que um feiticeiro tenha feito uma das suas. Tal é o problema que deve ser resolvido no interesse da comunidade e de seus membros... Contudo, para resolver o problema não se trata de descobrir uma "causa", mas um culpado; não é uma questão de causalidade, mas de retribuição. Blondel aponta ainda, p. 95, que aquele homem primitivo "preocupado com causas místicas e invisíveis e cheio de preconceitos sobre sua existência, não vê o que de outra forma seria óbvio". Seria mais correto dizer que, preocupado com a ideia de retribuição que domina sua consciência, o homem primitivo não percebe o nexo causal mesmo que este seja óbvio para o homem civilizado.

197 Apontando esses fatos, LÉVY-BRUHL, L. *Primitives and the Supernatural.* Trad. autorizada de Lilian A. Clare. Nova York: E.P. Dutton & Co., 1935, p. 274, pergunta corretamente: "Como podemos explicar essa mudança de atitude?" E acrescenta: "Para ele a quantidade maior ou menor de sangue perdido não é o que importa... ele não tem nenhuma noção das funções fisiológicas do sangue". Mas Lévy-Bruhl deixa passar o fato essencial quando diz: "Mas ele tem uma concepção muito vívida e, às vezes, muito dolorosa de seus poderes mágicos". Pois por que o próprio sangue deveria ser esse poder?

sangue flui sem que eu deseje, outra pessoa, um espírito maligno, deve desejá-lo. Essa maneira personalista de pensar explica por que o homem primitivo teme uma perda de sangue involuntária enquanto está preparado, sem a menor preocupação, para abrir mão voluntariamente de grandes quantidades do precioso líquido. Nada é mais característico dessa atitude mental do que a crença mencionada anteriormente de que a morte natural não existe, de que toda morte é "artificial", provocada por um ser pessoal, como uma alma da morte, um mago ou uma divindade. De natureza semelhante é a noção generalizada de que a doença é um espírito maligno ou foi infligida por um espírito maligno e só pode ser afugentada por outro espírito mais poderoso.[198] A doença não é para o homem primitivo uma situação objetiva que pode ser eliminada ou alterada por outra força objetiva, impessoal, mas é representada como um conflito entre duas pessoas. O conceito de espírito ou alma é novamente um exemplo específico do uso de categorias pessoais.

15 "Imputação" à pessoa e pensamento normativo

O homem primitivo não investiga além da pessoa real ou imaginária a quem se atribui o evento a ser explicado; sua fraca

---

Nesse caso, o poder também seria eficaz em uma perda voluntária de sangue. E por que o poder deveria ter um caráter "mágico"? O elemento místico do evento aparentemente consiste no fato de que o homem primitivo teme um ser sobre-humano que, com intenções hostis, o faz perder seu sangue.

198 Cf. KINGSLEY, Mary. *West African Studies*. 2ª ed. Londres: MacMillan, 1901, p. 153 e CODRINGTON, R. H. *The Melanesians*. Oxford: The Clarendon Press, 1891, p. 196. Entre certas tribos da África Ocidental prevalece a ideia de que o "espírito" do remédio combate o "espírito" da doença. Assim, a doença, criada por um feiticeiro com a ajuda de um espírito maligno deve ser combatida por outro feiticeiro mais forte com a ajuda de um espírito que está à sua disposição. Para a ideia de doença como substância ver pp. 13 e ss.

necessidade de explicação é assim satisfeita.[199] Ele imputa a esses seres pessoais, aos quais refere todos os eventos agradáveis e desagradáveis da natureza, os mesmos motivos que determinam seu próprio comportamento; ele frequentemente atribui a eles, no entanto, poderes sobre-humanos adicionais. Consequentemente,

---

199 Se os etnólogos orientados ideologicamente, como Wilhelm Schmidt em seu conhecido livro, *Der Ursprung der Gottesidee*, vol. I (1912) e vol. VI (1935), admitem o pensamento causal entre os homens primitivos, eles seguem a autoridade de Tomás de Aquino, que ensinou que todo ser humano tem um desejo "natural" de descobrir as causas dos eventos. Essa pressuposição não se baseia em observação empírica, mas em um dogma de que o Deus da Bíblia se revelou ao primeiro homem como o Criador do universo, como *prima causa*, ou seja, como causa pessoal do mundo.

As afirmações de W. Schmidt são características dessa crença. Ele diz (SCHMIDT, Wilhelm. *Der Ursprung der Gottesidee*. vol. I. Münster: Aschendorffsche Verlagsbuchhandlung, 1912, p. 427) que o homem primitivo tem uma "tendência à causalidade", mas que ela se confunde com seu desejo de personificação. Nos primeiros estágios de desenvolvimento, o pensamento causal é fortemente influenciado pela tendência à personificação. A sequência de causa e efeito parece ter o mesmo caráter que a relação entre ações exteriores do homem e seus atos de vontade e cognição. Como o conceito de causalidade é extraído dessa fonte, há uma tendência a presumir efeitos aparentemente homogêneos, a saber, movimentos que não parecem ser causados de fora, e também uma causa homogênea, a saber, vontade e cognição; e isso é personificação. Segundo W. Schmidt, é preciso localizar a tendência ao pensamento causal nos estágios iniciais do desenvolvimento humano; mas o desejo de personificação, que está, de acordo com o autor, inseparavelmente conectado com a tendência à causalidade, também deve ser localizado no mesmo período. O desejo de personificação é de fato um elemento característico da mentalidade primitiva; mas não está, como pensa W. Schmidt, "inseparavelmente conectado" com a tendência ao pensamento causal. Em primeiro lugar, não é verdade que o conceito de causalidade seja proveniente de uma observação da sequência entre o ato psíquico e o movimento corporal. Isso não pode ser assim, pois a distinção entre esses dois elementos pressupõe um alto grau de desenvolvimento mental, ou, em todo caso, uma intensidade de auto-observação e, portanto, uma consciência do eu que falta em absoluto ao homem primitivo. A personificação do homem primitivo não é, de forma alguma, uma analogia do eu. Acima de tudo, o pensamento causal tende a se libertar do desejo de personificação originado no período pré-causal do pensamento humano; ou seja, tende a perceber a causa como um fato objetivo impessoal semelhante ao efeito e não como uma pessoa.

ele os considera autoridades em relação às quais deve se comportar respeitosamente, como faz com os indivíduos nos quais reside a autoridade de seu grupo. Esse comportamento é determinado pelo fato de que as autoridades sobre-humanas instituem sanções; essas sanções garantem a ordem social e assim estabelecem os deveres sociais dos indivíduos. Assim, os seres pessoais imaginados nos eventos da natureza representam de fato a autoridade social. A ordem natural e a ordem social são, portanto, idênticas. Se esta é violada, a primeira também sofre abalo.[200]

A relação do homem primitivo com a natureza não se baseia na ideia de uma conexão objetiva entre fatos, i. e., na suposição de um nexo causal provocado por forças impessoais, mas na ideia

---

200 LÉVY-BRUHL, L. *Primitives and the Supernatural*. Trad. autorizada de Lilian A. Clare. Nova York: E.P. Dutton & Co., 1935, p. 24, discorre sobre a ideia que os esquimós têm da natureza (com base em um relatório de Rasmussen): "Como que por uma espécie de acordo tácito, os poderes invisíveis manterão um estado de coisas favorável ao homem, desde que ele siga fielmente esses preceitos positivos bem como negativos. [Lévy-Bruhl refere-se às normas sociais estabelecidas pelos ancestrais] Nessa medida, a ordem natural – débil, sem nenhum princípio orientador próprio, de acordo com os esquimós – de fato repousa sobre a observância de regras que chamaríamos de morais e sociais. Se forem violadas, a ordem natural é perturbada, a própria natureza cambaleia e a vida humana torna-se impossível... Quem quer que viole essas leis, voluntária ou involuntariamente, rompe o pacto com os poderes invisíveis e, consequentemente, põe em perigo a própria existência do grupo social...".

Uma história grega relata que o crime de Tiestes – o roubo do cordeiro de ouro – resultou em uma perturbação do curso da natureza. Eurípides retrata essa catástrofe em seu *Electra* (Loeb Classical Library, pp. 727 e ss.). [ed. bras.: SACCONI, Karen Amaral. *Electra de Eurípides*: estudos e tradução. Faculdade de Filosofia, Letras e Ciências Humanas da Universidade de São Paulo, 2012, p. 111 (Dissertação de mestrado)]: "E então, e então, os caminhos luminosos/dos astros Zeus alterou,/e a luz do sol/e a branca face da aurora/mas o reconduz para o poente/com o calor da chama divina/e as nuvens d'água em direção à Ursa,/e as terras áridas, moradas de Amon,/ ressecadas, perecem/privadas das mais belas chuvas de Zeus/É o que se diz, mas para mim/tem pouco crédito/que o sol da face dourada tenha feito voltar/ sua quente estação/tornando desventurada a fortuna humana/por causa da punição dos mortais".

de uma conexão entre duas pessoas, i. e., na presunção de uma relação social.[201] Ela tem um caráter normativo marcado. Como as leis da natureza são normas sociais, elas podem ser violadas. Essa é a razão para a concepção, mencionada em várias mitologias, de guardiões que são instituídos para zelar pela natureza e fazer com que as coisas aconteçam de acordo com as regras prescritas. Típico é um mito dos maoris que narra, de acordo com Elsdon Best, "a nomeação de certos seres sobrenaturais como guardiões dos diferentes reinos do universo... Seus deveres eram regular todas as coisas, forças, atividades, reinos e seres".[202] Sobre Tane e dois outros seres sobre-humanos que foram instituídos como inspetores sobre todos os outros guardiões da natureza, diz-se que seu dever era "preservar a paz e a harmonia entre eles e entre todas as outras coisas em todos os reinos. Assim foi preservada a harmonia, não somente entre os seres vivos, mas também entre todas as coisas consideradas inanimadas por nós, como os corpos celestes, as árvores, as pedras".

Por essas razões, a "natureza", no sentido de uma conexão objetiva entre fatos, determinada pela lei da causalidade, é desconhecida do homem primitivo. A "natureza" para ele não é, como para o homem civilizado, uma esfera diferente da sociedade. Tal

---

201 LÉVY-BRUHL, L. *How Natives Think*. Trad. autorizada de Lilian A. Clare. Londres: Allen & Unwin, 1926, pp. 129 e ss. tenta determinar a interpretação da natureza pelo homem primitivo com o conceito de "participação". A "mente pré-lógica" – é assim que ele caracteriza a mentalidade primitiva – "não objetifica a natureza. Ao contrário, ela a vive, sentindo-se parte dela, e sente essa participação em todos os lugares; e interpreta essa complexidade de participação com formas sociais". As "formas sociais", não a "participação", são decisivas. Consequentemente, Lévy-Bruhl está certo quando diz, p. 45: "Mas para a mentalidade dos povos subdesenvolvidos, não há fenômenos naturais tal como entendemos esse termo". O raciocínio de que não se pode falar de natureza em nosso sentido, uma vez que os povos primitivos presumem uma conexão mística entre as coisas, é insustentável. A verdadeira razão para isso é que os povos primitivos consideram a natureza uma parte de sua sociedade. A conexão não é mística, mas social.

202 BEST, Elsdon, *The Maori*. vol. I. Wellington: H.H. Tombs, 1924, p. 104.

dualismo não existe para o homem primitivo. Muito menos ele concebe a sociedade, como os sociólogos modernos, como parte da natureza; antes, a natureza é para ele uma parte da sociedade.

16 A "natureza" como parte da sociedade

O homem primitivo vê ocorrências e relações sociais em situações e eventos cósmicos. Que o céu como homem repousa sobre a terra como mulher, que o universo é um único ato de cópula, que Urano e Gaia são os pais, estão entre as primeiras ideias da humanidade.[203] Le Roy escreve sobre os fans do Gabão que

---

203 Um mito dos toraia (Celebes) conta: "No início o céu disse à terra: 'Espalhe-se e eu me espalharei sobre você'. 'Não', disse a terra, 'não nos deixe fazer isso, pois se eu me espalhar primeiro, você não será capaz de me abraçar'. O céu, contudo, não compreendeu isso e então a terra concordou em se espalhar. Mas quando o céu queria se estender sobre ela, ficou evidente que ele era pequeno demais; então ele pediu para que a terra encolhesse. Assim, as montanhas e vales foram criados. Esse casamento gerou o sol e a lua; eles, por sua vez, se casaram e geraram as estrelas" (FISCHER, H. T. "Indonesische Paradiesmythen". *Zeitschrift für Ethnologie,* ano 64, 1932, p. 209).

Segundo MELLAND, Frank H. *In Witch-bound Africa*: an Account of the Primitive Kaonde Tribe & Their Beliefs. Londres: Seeley, Service & Co., 1923, p. 155, Lesa, o Ser Supremo do Kaonde, vive no céu. Ele é casado com Chandashi, que vive na terra. Lesa manifesta-se em relâmpagos e trovões, enquanto Chandashi manifesta-se em terremotos.

Entre os antigos egípcios, o céu, *pet*, era fêmea e a terra, *to*, macho. O céu era imaginado como uma grande vaca cujas pernas repousam sobre a terra ou como uma mulher que se inclina com os pés e mãos sobre a terra. É típica a representação, reproduzida por ERMAN, Adolf. *Die Religion der Aegypter*. Berlim: De Gruyter, 1934, p. 62, de Nut apoiando-se sobre seu marido Keb. Uma personificação mais antiga da Mãe Céu é talvez a deusa Isis e do Pai Terra o deus Osíris. Cf. Erman, pp. 32 e 40. Originalmente, Osíris parece ter sido "o deus a quem o ciclo anual das estações era atribuído. Se a inundação vinha, Osíris era a 'água nova' que fazia os campos verdejar. Se as plantas secassem e morressem, dizia-se que Osíris também morrera. Mas ele não estava completamente morto, pois no próximo ano as ervas nasceriam novamente de seu corpo e mostrariam que ele estava vivo. Todo ano Osíris renasce e faz todas as ervas crescerem e fertiliza a terra. A ideia de que Osíris guardava tais características é proveniente de um dos festivais

eles acreditam que "o sol e a lua se casaram e as estrelas são seus filhos".[204] Os andamaneses também consideram o sol a esposa da lua e as estrelas seus filhos. Eles acreditam que o homem lua fica furioso quando há um incêndio ou qualquer luz brilhante após o pôr do sol.[205] Os nativos do Peru consideram o sol e a lua irmão e irmã e ao mesmo tempo marido e mulher; assim justificam o

---

de Osíris, no qual o renascimento do deus era representado por plantas germinando". Existe também uma representação de Osíris que mostra o deus deitado de costas com plantas brotando de seu corpo (Erman, p. 40). Ela tem um óbvio caráter fálico, assim como o símbolo de Osíris, um pilar com uma representação quatripartite na ponta. De maneira similar, o símbolo de Isis pode ser facilmente interpretado como feminino. No conhecido mito, Isis, na forma de um gavião, pousa sobre o cadáver de seu marido, Osíris, e nessa posição é fecundada por ele. Uma inscrição em uma pirâmide (SETHE, Kurt. *Die altaegyptischen Pyramidentexte*. Leipzig: J.C. Hinrichs, 1908, par. 632) contém um discurso de Isis a seu marido-irmão, Osíris, que diz o seguinte: "Sua irmã Isis está vindo até você, feliz em seu amor. Você a pôs em seu falo e seu esperma penetrou em seu corpo..." (segundo KEES, Hermann. "Aegypten". *In*: BERTHOLET, Alfred (Coord.). *Religionsgschichtliches Lesebuch*. nº 10. Tubingen: Mohr, 1928, p. 29).

O sexo masculino e feminino do céu e da terra no pensamento mítico é relacionado a diferentes sistemas de economia, caça e agricultura, bem como à organização da família segundo o direito do pai e o direito da mãe. Não se pode afirmar com certeza se a ideia da terra como homem é a concepção mais antiga. Tampouco é possível provar a precedência temporal da organização patriarcal sobre a organização matriarcal. A sequência dos diferentes tipos de economia não é, por si só, decisiva. Para a ideia da relação entre céu e terra como o casal de pais entre os povos africanos, ver BAUMANN, Hermann. *Schöpfung und Urzeit des Menschen im Mythos der afrikanischen Völker*. Berlim: Dietrich Reimer (Andrews & Steiner), 1936, pp. 167e ss. e 174 e ss. Em um conto dos nativos de Nanumanga (Ilha de Hudson, no sul do Pacífico) a terra aparece como um macho que casa com uma serpente marinha fêmea e com ela procria os ancestrais do homem (em TURNER, G. *Samoa, a Hundred Year Ago and Long Before*. Londres: MacMillan, 1884, p. 288).

204 LE ROY, Alexander. *The Religion of the Primitives*. Trad. Newton Thompson. Nova York: MacMillan, 1922, p. 51.

205 BROWN, A. R. *The Andaman Islanders*. Cambridge: The University Press, 1922, p. 141.

casamento irmão-irmã, costumeiro entre os incas.[206] Também segundo os pelauanos, o sol e a lua são irmão e irmã

> destinados a vagar juntos. A lua, no entanto, não obedeceu imediatamente, mas se distraiu com divertimentos e, consequentemente, chegou tarde demais, de modo que o sol brilhante empreende sua jornada diária sozinho; a lua em busca de prazeres, contudo, o persegue a noite. Portanto, o trabalho é feito durante o dia. As noites de lua, por outro lado, são dedicadas ao prazer e à diversão inútil.[207]

Os astecas interpretam o renascimento do sol após o solstício de inverno como uma luta dramática na qual o sol derrota as estrelas e arranca a cabeça da lua.[208] Entre os nativos do sul da Austrália prevalece a ideia de que o sol é a esposa má do bom sol; a cada lua nova a esposa má mata o bom marido.[209] Os ngarrindjeri interpretam o minguante da lua, tida como mulher, com a explicação de que ela emagrece por causa do excesso de relações sexuais.[210] Entre os yamana (índios da Tierra del Fuego), as fases da lua são explicadas como as diferentes fases da gravidez da mulher lua, chamada Hanuxa.

---

206 TYLOR, E. B. *Primitive Culture*. 6ª ed. vol. I. Londres: Murray, 1920, p. 289. Cf., também, WUNDT, Wilhelm. *Völkerpsychologie*: Mythus und Religion. parte II. Leipzig: Engelmann, 1906, pp. 335 e ss.

207 KUBARY, J. "Die Religion der Pelauer". *In*: BASTIAN, A. *Allerlei aus Volks- und Menschenkunde*. vol. I. Berlim: Ernst Siegfried Mittler und Sohn, 1888, p. 56.

208 PREUSS, K. T. "Der religiöse Gehalt der Mythen". *Sammlung gemeinverstaendlicher Vortraege und Schriften aus dem Gebiete der Theologie und Religionsgeschichte*, nº 162, 1933, p. 15.

209 SCHULTZE, Fritz. *Psychologie der Naturvölker*. Leipzig: Veit & comp., 1900, p. 321.

210 VAN GENNEP, Arnold. *Mythes et legendes d'Australie*. Paris: E. Guilmoto, 1905, p. 43.

> Primeiro, quando Hanuxa está muito magra e esguia (lua crescente) ela concebe uma filha. Essa criança cresce lentamente em seu ventre e ela finalmente se torna grande (lua cheia). Então a criança nasce. Depois, a mulher lua emagrece novamente e fica doente e fraca (lua minguante). Finalmente, ela morre e não pode ser vista novamente. Enquanto isso, a filha recém-nascida cresce. Ela, por sua vez, concebe, e todo o procedimento se repete.[211]

Para os groenlandeses, Anninga, o lua, é o irmão da sol, Malina, e apaixonado por ela; ele a persegue sem nunca poder pegá-la e, por causa do desejo persistente, emagrece.[212] Ehrenreich[213] observa que entre muitos povos a primeira menstruação é considerada uma defloração pela lua, que, como ancestral e antepassado da raça humana, é considerada o primeiro homem morto. O fato de a lua estar rodeada de estrelas e o sol não é interpretado pelos nativos do Daomé como a abundância e a falta de filhos desses dois, tidos como irmão e irmã. Originalmente, dizem esses nativos, ambos tiveram filhos, e então ambos fizeram um pacto para afogar as crianças. A lua, no entanto, traiu o sol jogando um saco de pedrinhas na água, enquanto o sol cumpriu o acordo. Daí a inimizade entre os dois.[214] Os bosquímanos do noroeste acreditam que o eclipse da lua é causado por leões, para que possam rondar facilmente as cabanas dos

---

211 GUSINDE, Martin. *Die Feuerland-Indianer*: Die Yamana. vol. I. Sankt Augu stin: Anthropos, 1931, p. 1153.

212 SCHULTZE, Fritz. *Psychologie der Naturvölker*. Leipzig, Veit & comp., 1900, p. 322, de acordo com FRIEDREICH, J. B. *Die Weltkoerper in ihrer mythischsymbolischen Bedeutung*. Wurtzburgo: Stahel, 1864, p. 264.

213 EHRENREICH, Paul. *Die allgemeine Mythologie und ihre ethnologische Grundlage*. Leipzig: J.C. Hinrichs, 1910, p. 125.

214 PREUSS, K. T. "Der religiöse Gehalt der Mythen". *Sammlung gemeinverstaendlicher Vortraege und Schriften aus dem Gebiete der Theologie und Religionsgeschichte*, nº 162, 1933, pp. 44 e ss.

homens.[215] Os batak de Sumatra consideram o sol e a lua pessoas vivas que lutam entre si.[216] Na opinião dos Aranda (Arunta), o sol é uma mulher alta, dotada de poderes divinos; seus raios são seus pelos pubianos.[217] Sempre que os safwa veem uma auréola ao redor

---

215 SCHMIDT, Wilhelm. *Der Ursprung der Gottesidee*. vol. IV. Münster: Aschendorffsche Verlagsbuchhandlung, 1935, p. 591.

216 WARNECK, J. *Die Religion der Batak*: ein paradigma fur Animistischen Religionen des Indischen Archipels. Série: Quellen der Religionsgeschichte. Gotinga: Vandenhoeck & Ruprecht, 1909, p. 6.

217 STREHLOW, C. *Die Aranda- und Loritja-Staemme in Zentralaustralien*. vol. I. Frankfurt am Main: J. Baer & Co., 1907-20, pp. 16 e ss. Se os povos primitivos percebem as estrelas como seres pessoais ou como a morada dos espíritos, eles o fazem porque consideram a relação daqueles seres uns com os outros e com os homens como de caráter essencialmente social. Isso é especialmente óbvio onde esses espíritos são vistos como as almas dos ancestrais mortos. KARSTEN, Rafael. *The Origins of Religion*. Londres: K. Paul, Trench, Trübner & Company, 1935, p. 137, escreve: "O sol não era adorado pelos incas enquanto tal, i. e., como um corpo celeste, mas porque era visto como a morada dos espíritos. Sobre esse ponto, uma das mais conhecidas autoridades sobre a cultura aimará afirma: 'Não era às orbes (sol e lua) que a adoração se direcionava, mas aos seres espirituais que moravam nelas; eles criam que os Achachilas ou Pacarinas residiam tanto no sol quanto na lua' (BANDELIER, Adolph F. *The Islands of Titicaca and Koati*. Nova York: Hispanic Society of America, 1910, p. 150). 'Achachila' e 'Pacarina' eram palavras usadas pelos antigos quíchua e aimará para denotar seus ancestrais, adorados nos lugares sagrados chamados *huaca*".

Como já mencionado em outra conexão, Karsten, p. 142, remonta à personificação da natureza ao fato de que o homem primitivo projeta sua vida íntima no mundo exterior. "Em seu sentido mais amplo, portanto, a adoração da natureza prova ser simplesmente uma parte da adoração ao próprio homem". Essa autoadoração é, contudo, psicologicamente incompatível com a falta de consciência do eu do homem primitivo. Mas é correto ver nessa veneração da natureza uma adoração à sociedade. A autoridade que o homem primitivo percebe nos fenômenos naturais é, na verdade, a autoridade de sua própria sociedade baseada no medo das almas mortas dos ancestrais. A relação social entre fenômenos naturais e os homens manifesta-se também na crença muito difundida em presságios e que tais; a natureza alerta os homens ou prediz eventos a eles a fim de protegê-los. Assim, entre os cafres, por exemplo, um eclipse da lua significa que um grande chefe de tribo morreu; os namaquas acreditam "que uma estrela cadente é um sinal de que o gado adoecerá" (KIDD, Dudley. *The Essential Kafir*. Edimburgo: A & C Black, 1904, pp. 108 e ss.).

da lua, eles dizem: "Um chefe tem todo o seu povo reunido ao seu redor para discutir uma guerra contra outro povo".[218] Os bahau de Bornéu acreditam que o fogo e a água lutam entre si como seres vivos e que o vento e a chuva vêm em socorro da água.[219] Em uma fábula do Mar do Sul, diz-se que uma vez não havia noite, até que ela foi comprada por um homem.[220] Uma história dos maori diz que seu ancestral, o herói Maui, tentou laçar o sol que vagava rapidamente, a fim de desacelerar seu curso.

> Por fim, o sol saiu de seu lugar, como um fogo se espalhando por toda parte sobre as montanhas e florestas; ele se levantou, sua cabeça passou pelo laço, e absorveu cada vez mais seu corpo, até que suas patas dianteiras passassem; em seguida, foram puxadas as cordas, e o monstro começou a se debater e rolar, enquanto a armadilha balançava para trás e para frente com sua luta. Ah, quão firme estava preso nas cordas de seus inimigos! – Então avançou aquele herói ousado, Maui-tiki-tiki-o-Taranga, com sua arma encantada. Ai de mim! O sol grita alto; ruge; Maui o golpeia ferozmente com muitas pancadas; eles o seguram por um longo tempo e finalmente deixam-no ir, e então fraco e ferido o sol rasteja lentamente ao longo de seu curso. Assim foi aprendido pelos homens o segundo nome do sol, pois em sua agonia ele gritou: "Por que estou ferido dessa maneira por vós? Oh, homem! Vocês sabem o que estão fazendo? Por que desejam matar Tama-nui-te-Ra?" Dessa maneira aprendeu-se seu segundo nome. Por fim, eles o soltaram. Oh, então, Tama-nui-te-Ra seguiu muito lenta e fracamente seu curso.[221]

---

218 KOOTZ-KRETSCHMER, Elise. *Die Safwa*: ein ostafrikanischer Volksstamm in seinem Leben und Denken. vol. I. Berlim: Reimer, 1926-1929, p. 231.

219 NIEUWENHUIS, A. W. *Quer durch Borneo*. vol I. Leiden: Buchhandlung und druckerei vormals E. J. Brill, 1904, p. 54.

220 DANZEL, Theodor Wilhelm. *Kultur und Religion des primitiven Menschen*. Stuttgart: Strecker u. Schröder, 1924, p. 52.

221 GREY, George. *Polynesian Mythology and Ancient Traditional History of the New Zealanders*. Londres: John Murray, 1855, pp. 37 e ss.

Na criação do fogo pela fricção de gravetos, os marind-anim veem um ato sexual.[222] A mesma ideia existe entre os povos africanos, especialmente em Loango, onde, por ocasião da feitura de fogueiras, são de fato praticados atos de coito. Baumann relata que entre os tschodwe que ele visitou, a fornalha é considera uma mulher e seios são moldados nela. "A criação do fogo na ferraria é, pelo menos na cultura rodesiana, considerada como coito". Em Maxonalândia, o fole é considerado o homem e a fundição a cópula.[223] Em suma, sempre que se afirma que o pensamento do homem primitivo é um pensamento sexual,[224] isso significa que o homem primitivo interpreta os acontecimentos da natureza segundo a analogia de uma relação social, a relação entre os sexos.

A interpretação social da natureza torna-se especialmente óbvia em sociedades nas quais reina o totemismo;[225] ali a organização

222 WIRZ, P. *Die Marind-anim von Hollaendisch-Sued-Neu-Guinea* (Hamburgische Universitaet, "Abh. aus dem Gebiet der Auslandskunde). Hamburgo: Friederichsen & Co. vol. X, nº I, parte II, 1922, p. 83.

223 BAUMANN, Hermann. *Schöpfung und Urzeit des Menschen im Mythos der afrikanischen Völker*. Berlim: Dietrich Reimer (Andrews & Steiner), 1936, p. 358.

224 WINTHUIS, J. "Das Zweigeschlechterwesen". *In*: THURNWALD, R. (Coord.). *Forschungen zur Völkerpsychologie und Soziologie*. vol. V. Leipzig: Hirschfeld, 1928, p. 14; KARSTEN, Rafael. *The Civilization of the South American Indians*. Londres: K. Paul, Trench, Trübner & Company, 1926, pp. 272 e 306 relata que os índios frequentemente atribuem o sexo masculino ou feminino a animais, plantas e objetos inanimados, independentemente do sexo que eles de fato têm; assim o corço é fêmea, mesmo que seja um macho. E para os índios cavina do norte da Bolívia a seringueira (*Siphonia elástica*) é uma fêmea. Há um conto de um homem que teve intercurso sexual com tal árvore e morreu logo em seguida. A atribuição de sexo à natureza origina-se do fato de que se percebe em animais, plantas e objetos inanimados encarnações de almas de humanos mortos. Se o objeto em questão é macho ou fêmea depende de se é um homem ou mulher que encarnou nele. Aqui, a conexão entre a crença na alma do morto e o animismo como interpretação social da natureza está diretamente ilustrada.

225 LÉVY-BRUHL, L. *How Natives Think*. Trad. autorizada de Lilian A. Clare. Londres: Allen & Unwin, 1926, pp. 38 e ss., 128 e 363 e ss.; REINACH,

social é transferida para a natureza. Ao representar uma organização social, o sistema totêmico inclui não apenas homens e animais,

S. *Cultes, mythts, et religions*. vol. I Paris: E. Leroux, 1905, pp. 17 e ss. estabelece os seguintes princípios como o "código do totemismo": (1) certos animais não são nem mortos nem comidos, mas são criados e recebem cuidados especiais; (2) animais que morrem acidentalmente são velados e enterrados com os mesmos ritos que os membros do grupo; (3) às vezes somente certas partes de um animal não podem ser comidas; (4) quando animais que normalmente não podem ser mortos o são devido à necessidade, desculpas são endereçadas ao animal, ou são feitas tentativas por meio de vários truques para atenuar a violação do tabu...; (5) vela-se o animal tabu mesmo depois de sua morte ritual; (6) os homens se vestem com as peles de certos animais, em especial nas cerimônias religiosas; onde existe o totemismo, esses animais são os totens; (7) o clã e os indivíduos recebem o nome do animal; onde o totemismo existe, esses animais são os totens; (8) muitos grupos têm imagens de animais pintadas em suas insígnias ou armas; muitos homens pintam ou tatuam tais figuras em seus corpos; (9) animais totêmicos perigosos devem poupar os membros que pertencem ao grupo totêmico por nascimento; (10) os animais totêmicos ajudam e protegem os membros do grupo totêmico; (11) os animais totêmicos preveem o futuro para os membros fiéis e lhes servem como guias; (12) membros do grupo totêmico frequentemente se consideram ligados aos animais totêmicos por laços de descendência comum. Reinach afirma de maneira consequente (p. 10): "O caráter fundamental do totemismo animal depende da existência de um pacto, mal definido, mas de caráter religioso, entre certos grupos de homens e certos grupos de animais". Esse pacto significa "a extensão do tabu primitivo e universal: não matarás". Além disso, Reinach acredita que a ideia de um contrato entre os dois grupos foi posteriormente substituída pela ideia de uma afinidade entre eles. A hipótese de um contrato social não é uma formulação muito boa para a relação existente entre homem e animal nos sistemas totêmicos. Sem dúvida, o núcleo correto da relação é que o povo primitivo organizado de maneira totêmica interpreta sua relação com o animal totêmico segundo o princípio da reciprocidade: nós não o matamos, a fim de que ele não nos mate; ou, mais exatamente, nós o respeitamos, a fim de que você adapte seu comportamento aos nossos interesses. Esse é o sentido da atitude que o homem primitivo adota em relação à natureza, que ele interpreta de maneira pessoal; é esse também o significado de sua atitude em relação à autoridade sobre-humana, seus deuses. O princípio da retribuição domina o sistema totêmico, especialmente na ideia de uma afinidade entre homem e animal. Por meio dessa afinidade, o princípio da retribuição, originalmente aplicado somente às relações entre homens, é estendido para a relação entre homem e animal. Portanto, é improvável que essa ideia de afinidade tenha substituído a ideia de contrato.

mas também plantas, estrelas – em suma, todo o universo. Tudo na natureza animada ou inanimada pertence a um determinado totem, ou seja, a um determinado grupo social. Segundo o muito citado tratado de Cushing,[226] a tribo dos índios zuñi (Novo México), bem como a aldeia por eles habitada, é dividida em sete partes. Assim, os zuñi distinguem sete direções: norte, sul, leste, oeste, acima, abaixo e centro. De fato, tudo o que existe ou acontece é classificado em uma dessas sete categorias. Essa organização social septapartite é o esquema de interpretação para todo o cosmos. Da mesma forma, entre os índios miwok toda a natureza é dividida nas duas partes em que a tribo é dividida segundo sua organização totêmica. "A natureza é dividida", diz Kroeber,[227] "entre uma metade úmida e uma metade terrena ou seca, que pensam corresponder às metades *Kikua* e *Tunuka* do povo... O conceito nativo é que tudo no mundo pertence a um lado ou ao outro". Relatos correspondentes vêm de várias tribos australianas. W. Lloyd Warner escreve sobre os murngin:

> Descobrimos que existe uma ideia geral que encerra os fenômenos naturais, e que a natureza é vista como uma unidade, como uma alternância entre estação seca e estação chuvosa... Os fenômenos naturais estão todos organizados nessa dicotomia. Vimos que as variações sazonais recebem categorias sociais pela identificação da estação chuvosa com o princípio masculino e o período seco com o princípio feminino. Essa classificação é realizada mecanicamente no pensamento dos murngin ao darem às estações e à dicotomia dos graus de idade o mesmo símbolo... A atividade geral da natureza, isto é, a alternância das estações, é o efeito da impureza do homem no passado mitológico e

---

226 CUSHING, Frank Hamilton. "Outlines of Zuñi Creation Myths". *In*: POWELL, J. W. (Coord.). *13th annual report of the bureau of ethnology*. Washington: Government Printing Office, 1896, pp. 367 e ss. Cushing fala de "organização mitossociológica".

227 KROEBER, A. L. "Handbook of the Indians of California". *Bureau of American Ethnology Bull.*, nº 78, 1925, p. 453.

> no presente... a identificação, no conceito totêmico, dos princípios masculino e feminino com os ciclos sazonais dá ao grupo de homens adultos o poder necessário para aplicar suas sanções; o mundo provedor da natureza não funcionária se as regras da sociedade forem desrespeitadas e a impureza do homem contaminar a natureza. Portanto, todos devem obedecer.[228]

Da mesma maneira, pode-se lembrar da ideia, difundida entre os povos primitivos, de que o lado direito é considerado bom e o esquerdo mau. Essa é uma organização inteiramente subjetiva do universo porque varia de acordo com a posição e a visão do sujeito; no entanto, é uma organização completa do universo baseada em um conceito de valor que pressupõe a ordem moral e, portanto, a ordem social. Só essa ordem torna possível uma diferenciação entre o bem e o mal.

Por isso, a caracterização habitual do homem primitivo como um "homem em estado de natureza" ou um "homem natural" é inepta. Nada lhe parece "natural" porque tudo, assim que ele procura explicá-lo, é "artificial" ou "construído", não necessariamente por ele mesmo, mas por seus semelhantes ou mesmo por seres sobre-humanos;[229] um exemplo típico disso é a já mencionada interpretação da morte como assassinato ou punição. O homem primitivo não é um "homem natural" porque é um "homem social" no sentido mais estrito da palavra. Portanto, não se deve chamar os seres pessoais, aos quais ele atribui os eventos da natureza, de sobrenaturais, mas de sobre-humanos. Como não conhece o natural, ele não pode imaginar um sobrenatural. O dualismo entre um reino "natural" e um "sobrenatural", um reino

---

228 WARNER, W. Lloyd. *A Black Civilization*. Nova York: Harper & Brothers, 1937, p. 395.

229 A criança, também, imagina a natureza como "feita" por alguém. Consequentemente, PIAGET, Jean. *La Représentation du monde chez l'enfant*. Paris: F. Alcan, 1938, pp. 232 e 255 e ss., fala de "artificialismo infantil".

"físico" e um "metafísico", não é possível enquanto não existir o dualismo responsável por constituir o conceito de "natureza", e daí o dualismo entre natureza e sociedade.

CAPÍTULO III

A INTERPRETAÇÃO DA NATUREZA DE ACORDO COM O PRINCÍPIO DA RETRIBUIÇÃO

17 Princípio da retribuição e vingança

O princípio fundamental que determina o comportamento do homem primitivo em relação à natureza é o mesmo que decide sua conduta em relação aos membros de seu próprio grupo e de outros – o princípio social da retribuição.

Há uma tendência a considerar a reação chamada de "retribuição" uma emoção primária do homem e remontá-la a um instinto natural de vingança que pode ser observado não apenas entre os primitivos, mas também entre crianças e mesmo animais. Essa visão, contudo, baseia-se no fato de que o comportamento interpretado como retribuição não é claramente distinguível de uma mera reação defensiva proveniente de um desejo de autopreservação ou, ao menos entre os seres superiores, como uma contratendência ao que causa dor.[230] É apropriado falar de "vingança" somente se a reação em questão é realizada com a intenção não apenas de esquivar-se de um mal, mas também de infligir um mal como resposta, seja contra o "autor" do mal seja contra alguém associado a ele e considerado coletivamente responsável.

18 Vingança "direcionada" e "não direcionada"

Em seu conhecido livro sobre a origem da punição, Steinmetz[231] distingue entre atos de vingança "direcionada" ou "não direcionada", i. e., direcionada ou não direcionada contra o "culpado". Na opinião dele, a vingança não tem de ser necessariamente "direcionada". "Psicologicamente, a vingança consiste em primeiro lugar no fato de que sentimentos desagradáveis de ter sido ferido são neutralizados

---

230 O instinto de vingança está ligado, em certo sentido, à tendência original do homem à agressão. Herbert SPENCER, Herbert. *The Principles of Sociology*. vol. I. Nova York: D. Appleton and Company, 1898, pp. 361 e ss. escreve: "A agressão leva à contra-agressão. Quando ambas as criaturas têm poderes ofensivos, é provável que ambas os usem; especialmente quando seus poderes ofensivos são aproximadamente iguais, isto é, quando são criaturas da mesma espécie; tais criaturas são também aquelas comumente levadas a competir. Que resultados desse tipo sejam inevitáveis, estará manifesto ao lembrarmos que, entre os membros da mesma espécie, aqueles indivíduos que não retribuíram agressões significativas tendem sempre a desaparecer, deixando para trás aqueles que realizaram contra-agressões. As brigas, portanto, não apenas de animais predadores contra presas, mas de animais da mesma espécie entre si, foram inevitáveis desde o início e continuaram até o fim. Cada briga é uma sucessão de retaliações – mordida por mordida, golpe por golpe. Normalmente, elas se seguem uma à outra em rápida sucessão, mas nem sempre. Há a retaliação adiada; e uma retaliação adiada é o que chamamos de vingança. Ela pode ser adiada por um período tão curto a ponto de ser um recomeço da luta, ou por dias ou até anos. Daí que a retaliação que constitui o que chamamos de vingança diverge insensivelmente das retaliações que caracterizam um conflito. Mas a prática, tanto da vingança imediata quanto da vingança adiada, estabelece-se, em certa medida, como um freio à agressão; pois o motivo da agressão é freado pela consciência de que uma contra-agressão virá; se não de imediato, depois de um tempo".

231 STEINMETZ, S. R. *Ethnologische Studien zur ersten Entwicklung der Strafe*. 2ª ed. vol. I. Groninga: P. Noordhoff, 1928, p. 100.

por sentimentos agradáveis de ferir". O "direcionamento" só é acrescentado depois. Sem o "direcionamento contra o culpado", contudo, não é correto falar em "vingança". Esse "direcionamento contra o culpado" não é uma coisa natural, mesmo que se entenda por "culpado" somente o autor do mal que desperta a reação "instintiva" e não se atribua à palavra "culpado" qualquer julgamento de valor, o que não é possível a menos que se suponha uma ordem social. Não é fácil explicar com base no mero instinto animal por que um ser vivo tenta neutralizar um sentimento de dor, infligido por outros, com um sentimento de prazer relacionado a infligir dor a outros, especialmente àquele que causou a dor. Por que a neutralização da dor de alguém, provocada por uma causa exterior, não se realiza de maneira diferente? Mesmo que se possa pressupor um desejo natural de agressão, cuja satisfação causa prazer, não existe relação necessária entre um sentimento de dor, causado por uma força externa, e sua neutralização por um ato de agressão. Tal relação parece ser efetivada somente se a agressão for dirigida contra o autor do mal em questão ou a outros indivíduos identificados com ele. Uma reação "direcionada" desse tipo pressupõe uma situação social.

Que o indivíduo ofendido tente infligir ao ofensor o que ele mesmo sofreu deste último só pode ser explicado *subjetivamente* pelo sentimento de inferioridade em relação ao ofensor que o mal sofrido desperta no ofendido; esse sentimento de inferioridade pode muito bem ser neutralizado ao se colocar o ofensor na situação do ofendido. Assim, o ofensor é humilhado; o ofendido, elevado e satisfeito. Esse sentimento de satisfação é significativo para o instinto de vingança. Tal situação, contudo, é possível somente se uma relação envolvendo um senso de valor existir entre as duas partes, pelo menos na consciência do indivíduo em quem a reação de "vingança" se origina; isso, por sua vez, somente é possível em uma sociedade.

A "vingança", i. e., mais do que um ato instintivo de defesa, contra o autor de um mal pode ser explicada *objetivamente* por seu efeito preventivo, possível somente no relacionamento entre indivíduos que vivem juntos socialmente. Ser meramente a causa de um sentimento de dor não é suficiente para estimular a reação da parte ofendida. Além do fato de que uma ideia de causalidade não pode ser presumida entre os animais, as "causas" de um fato são sempre inumeráveis. A reação de vingança é dirigida contra um elo na cadeia de causas, contra um elo especial que, se atingido pela reação, torna-se uma causa menos provável para a repetição do mal. O indivíduo em nome de quem a vingança é exercida não precisa necessariamente almejar tal efeito. Mas deve existir alguma experiência que direcione o instinto para aquele ponto adequado, e esta só pode ser a experiência de um ser que vive em sociedade. A vingança e, portanto, a retribuição – no sentido mais estrito da palavra, indicando uma reação qualificada – somente são possíveis em sociedade, e não na natureza.

A ideia de retribuição pressupõe que o mal que desperta a reação foi infligido injustamente. Não é possível realizar uma distinção nítida entre a reação denominada "vingança" e aquela denominada "retribuição"; pois o direcionamento contra o autor do mal, que é uma flexão dada pela sociedade ao instinto original de defesa, implica a tendência a considerar o mal realizado uma violação das normas, uma violação da ordem social que existe na consciência dos indivíduos entre os quais a retribuição é exercida.

19 A vingança entre os animais

Os casos frequentemente relatados de vingança animal devem ser tratados com toda a cautela possível. Eles devem ser levados em consideração somente em relação aos animais que vivem em sociedade. Em sua obra de sociologia dos animais, Alverdes afirma que entre os gorilas "o pai de família manda seus filhotes colher frutas e trazê-las a ele e soca suas orelhas se não cumprirem suas exigências com rapidez e abundância".[232] Em outro caso, um velho

---

232 ALVERDES, Friedrich. "Tiersoziologie". *In*: THURNWALD, R. *Forschungen zur Völkerpsychologie und Soziologie*, vol. I, 1925, p. 32.

babuíno ferido estava apoiado em macacos mais jovens e socava suas orelhas "sempre que um detalhe de seu voo não era realizado de acordo com seus desejos".[233] Em outra sociedade de macacos, uma fêmea "culpada de infidelidade foi esbofeteada e maltratada pelo paxá".[234] É imprudente interpretar o comportamento animal segundo uma analogia não comprovada e improvável com a conduta humana. Isso é especialmente verdadeiro no caso de um babuíno vingativo mencionado por Darwin, de acordo com um relatório do zoólogo Sir Andrew Smith:

> No Cabo da Boa Esperança um oficial muitas vezes atormentou certo babuíno e o animal, vendo-o aproximar-se para um desfile no domingo, derramou água em um buraco e, às pressas, fez uma lama grossa que ele jogou habilmente sobre o oficial enquanto ele passava, para a diversão de muitos espectadores. Por muito tempo, o babuíno se regozijou e triunfou sempre que viu sua vítima.[235]

Quase inacreditável é um caso que Westermarck oferece como prova de "vingança animal". Ele cita de um relatório de Palgrave de uma jornada pela Arábia central e oriental:

> Ele [o camelo] possui uma única paixão, a saber, a vingança, da qual ele fornece muitos exemplos hediondos, já que ao realizá-la ele mostra um grau inesperado de malícia premeditada, exercida, entretanto, com toda a fria estupidez de seu caráter habitual. Me lembro bem de um exemplo. Ele ocorreu em uma pequena cidade na planície de Ba'albec, onde eu morava na época. Um rapaz de cerca de quatorze

---

233 ALVERDES, Friedrich. "Tiersoziologie". *In*: THURNWALD, R. *Forschungen zur Völkerpsychologie und Soziologie*, vol. I, 1925, p. 76.

234 ALVERDES, Friedrich. "Tiersoziologie". *In*: THURNWALD, R. *Forschungen zur Völkerpsychologie und Soziologie*, vol. I, 1925, p. 38.

235 DARWIN, Charles. *The Descent of Man, and Selection in Relation to Sex*. 2ª ed., revisada e aumentada. vol. I. Boston: D. Appleton, 1888, p. 105.

> anos havia conduzido um camelo grande, carregado de lenha, daquela mesma aldeia para outra a meia hora de distância. Quando o animal vadiava ou saía do caminho, seu condutor o golpeava repetidamente, e com mais força do que ele parecia ter o direito de fazer. Mas não encontrando a ocasião propícia para desistir imediatamente, o animal "tomou seu tempo"; mas esse tempo não demorou a chegar. Alguns dias depois, o mesmo rapaz teve que reconduzir a besta, mas sem carga, até sua própria aldeia. Quando estavam a meio caminho da estrada e a alguma distância de qualquer moradia, o camelo parou de repente, olhou deliberadamente em todas as direções para se certificar de que não havia ninguém à vista e, encontrando a estrada vazia de transeuntes, deu um passo a frente, agarrou a cabeça do azarado menino com sua boca monstruosa e, levantando-o no ar, atirou-o novamente no chão com a parte superior do crânio completamente arrancada e os miolos espalhados. Tendo assim satisfeito sua vingança, o bruto retomou calmamente seu passo em direção à aldeia como se nada tivesse acontecido, até que alguns homens que haviam observado tudo, embora infelizmente a uma distância grande demais para poder oferecer a ajuda oportuna, apareceram e o mataram.[236]

Difícil saber por onde começar: se pelo senso de justiça do camelo ou por sua esperta cautela, apesar de sua estupidez, de cometer um crime sem testemunhas oculares; ou se pelo fato de que os homens que mataram o camelo – para puni-lo? – estavam tão longe que não puderam socorrer o menino, mas mesmo assim puderam assistir ao estranho comportamento do animal e, principalmente, observar exatamente seus motivos e intenções.

---

236 PALGRAVE, William Gifford *Narrative of a Year's Journey through Central and Eastern Arabia* (1862-63). vol. I. Londres/Cambridge: MacMillan, 1866, p. 40; WESTERMARCK, Edward. *The Origin and Development of the Moral Ideas*. 2ª ed. vol. I. Londres: MacMillan, 1912, pp. 37 e ss.

20 Vingança contra objetos inanimados

No desejo de vingança – observado não apenas entre os homens, mas talvez até entre os animais gregários – pode estar envolvido um reflexo elementar de defesa despertado por um sentimento de dor. Para que esse reflexo se torne uma ação mais ou menos consciente, como a vingança direcionada contra o "autor", o instinto original deve sofrer uma modificação possível somente por meio da vida social.[237] No desejo de vingança não é o puro instinto original de autopreservação que se manifesta; a vingança é um comportamento socialmente determinado.[238] Sabe-se que as crianças, como os homens

---

237 Determinado pela mesma hipótese evolucionária que influenciou Darwin, SPENCER, Herbert. *Principles of Ethics*. Parte IV – Justice. Nova York: Harper & Brothers, 1892, pp. 3 e ss. e 8 e ss., chega a falar de "ética animal". Ele admite uma justiça "sub-humana" e (pp. 277 e ss.) observa entre os animais o fenômeno da consciência, e, especialmente entre os cães, forte sentimento de "dever". Ele pensa que "nos animais inferiores a consciência do dever pode ser produzida pela disciplina da vida". LETOURNEAU, C. *La Psychologie ethnique*. Paris: Schleicher Frères, 1901, pp. 12 e 22, crê que os cães podem ter remorso e um senso de dever. BOAS, Franz. *The Mind of Primitive Man*. Nova York: The MacMillan Company, 1938, p. 161, diz: "Entre os animais superiores os deveres sociais pertencem ao líder do bando, macho ou fêmea, aos batedores ou vigias". Mas concluir do comportamento exterior dos animais – o único que está aberto à observação – o conteúdo de sua consciência é problemático. A afirmação de Haeckel de que já podemos perceber o começo da moralidade entre os protistas (HAECKEL, Ernst. *Die Lebenswunder*. Stuttgart: Kröner, 1904, p. 501) não precisa ser discutida aqui (cf. WALLIS, Wilson D. *Religion in Primitive Society*. Nova York: F. S. Crofts & Co., 1939, p. 11, parece ir muito mais longe nesta afirmação: "Muitas espécies de bestas distinguem o natural do sobrenatural"; que ele prova pelo fato de que "um cavalo foge de um guarda-chuva ou de um papel se movendo no chão".

238 STEINMETZ, S. R. *Ethnologische Studien zur ersten Entwicklung der Strafe*. 2ª ed. vol. I. Groninga: P. Noordhoff, 1928, p. 361, crê que a vingança primitiva "apenas fracamente tende a intimidar e prevenir que culpados causem danos, mas é um esforço para obter satisfação e elevar o espírito". Isso não é exatamente verdade, pois o direcionamento da emoção contra o "culpado" não pode ser explicada pela mera tendência de autopreservação e autoafirmação. A vingança de sangue, a forma mais importante de vingança na sociedade primitiva, é mais uma ação consciente, determinada por normas sociais, do que um movimento reflexo causado por fortes sentimentos de dor.

Pois a vingança de sangue procede de indivíduos que não são diretamente afetados pelo assassinato, o ato a ser vingando. É mais o medo da alma vingativa dos mortos do que a sede de vingança que impele os parentes à vingança. Steinmetz superestima essa sede de vingança quando escreve, p. 318: "Se a própria sede de vingança do homem é fraca, a crença na vingança dos mortos não pode torná-la forte. Pois o homem necessariamente atribui às almas dos falecidos as mesmas qualidades que existem em sua própria alma!" Steinmetz, no entanto, acrescenta restritivamente que a ideia do homem primitivo sobre as almas dos mortos é influenciada pela "opinião pública" de sua sociedade. A opinião pública, fato social específico, cria a crença na existência de uma alma da morte vingativa que incita os parentes de um homem assassinado à vingança. Não a sede de vingança do indivíduo obrigado pela opinião pública a exercer a retribuição, mas o fato de conviverem, cria a ideia de retribuição obrigatória. Frequentemente se atesta que a sede de vingança do homem primitivo não é tão forte, e que o "selvagem" não é tão selvagem como se poderia supor. Dos dayak de Bornéu, que são assassinos "cruéis", NIEUWENHUIS, A. W. *Quer durch Borneo*. vol II. Leiden: Buchhandlung und druckerei vormals E. J. Brill, 1904, p. 454 diz que não são de forma alguma vingativos e sanguinários, como "poderia parecer, mas que apenas sua profunda convicção religiosa e amor pelo falecido os impele a matar homens". A. B. Ellis diz o mesmo das tribos de língua tshi da Costa do Ouro da África Ocidental (ELLIS, A. B. *The Tshi-speaking Peoples of the Gold Coast of West Africa*. Londres: Chapman and Hall, 1887, p. 159). E o próprio Steinmetz tem de admitir (STEINMETZ, S. R. *Ethnologische Studien zur ersten Entwicklung der Strafe*. 2ª ed. vol. I. Groninga: P. Noordhoff, 1928, p. 321) que a vingança do homem primitivo é impulsiva, facilmente satisfeita e desaparece rapidamente. Assim, a sujeição ao princípio da retribuição, e particularmente instituição da vingança de sangue, procede menos do instinto natural do que das exigências sociais que criam a ideologia de uma alma da morte "vingativa". Em sua descrição da vida do povo kai, Keysser (KEYSSER, C. "Aus dem Leben der Kai-Leute". *In*: NEUHAUSS, R. *Deutsch Neu-Guinea*. vol. I. Berlim: D. Reimer, 1911, p. 61) escreve: "Por mera sede de sangue, nenhum papua jamais matará um homem adulto, seja ele negro ou branco". E assinala (p. 63) que os caciques não resolvem com facilidade empreender uma ação de retribuição. "Se seu medo da vingança de espíritos horríveis não fosse realmente maior do que seu medo de homens e seu amor por objetos de valor, especialmente por porcos, então o papua, e certamente o kai, nunca empreenderia uma expedição de guerra". E as guerras são normalmente ações de retribuição para vingar uma morte atribuída à feitiçaria. O fato de o motivo decisivo da vingança de sangue não ser tanto um desejo inato de vingança, mas um dever imposto pela ordem social, explica os casos de vingança simulada frequentemente observados. Aqui, o homem primitivo, por vários meios, finge para a autoridade sobre-humana que o impeliu a se vingar contra suas inclinações e interesses que cumpriu suas obrigações. O próprio Steinmetz cita vários exemplos (STEINMETZ, S. R. *Ethnologische Studien zur ersten Entwicklung der Strafe*. 2ª ed. vol. I. Groninga: P. Noordhoff, 1928, p. 308).

Há certa semelhança entre a vingança simulada e a vingança substitutiva; a segunda consiste numa ação direcionada contra outra pessoa que não o culpado, porque o malfeitor é desconhecido ou não pode ser alcançado pelo vingador. Nesse caso, ao que parece, o desejo de vingança, despertado por uma grave violação de interesses, é satisfeito por algum ato de agressão. Na página 339, Steinmetz dá um exemplo tirado de GREY, George. *Journals of Two Expeditions of Discovery in North-West and Western Australia during the years 1837,38, and 39*. vol. II. Londres: T and W. Boone, 1841, p. 241. Entre os nativos da Austrália, um assassino é perseguido pelos parentes da vítima. Mas "se ele [o criminoso] conseguir fugir de seus perseguidores, eles se vingam de qualquer nativo que encontrem". Steinmetz tende a qualificar todos esses casos como vingança "cega", vingança contra o "inocente" ou vingança "não direcionada", que considera a forma mais antiga e original de vingança. Mas no exemplo citado, a vingança é dirigida primeiramente contra o "culpado" e só é desviada para alguém inocente porque não pode ser executada contra aquele. A "vingança contra o inocente" é obviamente um fenômeno secundário, e não primário. Se a ação não for dirigida contra um "culpado", não podemos falar de "vingança". Os outros exemplos que Steinmetz lista como casos de "vingança contra inocentes" também devem ser interpretados como casos de vingança substitutiva, o que muitas vezes pode ser explicado pelo fato de se temer a contravingança.

A ação que parece ser uma "vingança contra o inocente" é muitas vezes simplesmente o sacrifício humano oferecido como substituto do assassino ou da punição temida por aqueles que fazem o sacrifício porque se consideram culpados ou temem ser considerados culpados pela alma da morte. Assim se explica a ação dos apayaos das Filipinas por ocasião da morte de um cacique ou de algum nobre: eles vagam pelas florestas para emboscar e matar andarilhos, cortar suas cabeças e colocá-las em torno do corpo do chefe no enterro (STEINMETZ, S. R. *Ethnologische Studien zur ersten Entwicklung der Strafe*. 2ª ed. vol. I. Groninga: P. Noordhoff, 1928, p. 347, de acordo com BLUMENTRITT, F. "Der Ahnenkultus und die religiösen Anschauungen der Malayen des Philippinen-Archipels". *In*: CHAVANNE, Josef (Coord.). *Mitteilungen der Kais. Und Kön. Geographischen Gesellschaft in Wien*. [s.l.]: [s.n.], 1882, pp. 155 e ss.). Enquadra-se na mesma categoria um caso citado por Steinmetz (STEINMETZ, S. R. *Ethnologische Studien zur ersten Entwicklung der Strafe*. 2ª ed. vol. I. Groninga: P. Noordhoff, 1928, p. 337) a partir de JAGOR, F. *Travels in the Philippines*. Londres: Chapman and Hall, 1875, p. 212: "Se um homem morre, seus parentes mais próximos saem para

primitivos, vingam-se dos objetos inanimados batendo neles e destruindo-os, na medida em que os consideram a causa de sua dor. Esse comportamento não pode ser considerado "natural", pois as crianças provavelmente copiam o que observam nos adultos. E entre os homens primitivos esse comportamento notável é resultado de uma concepção animista, que pode, em certa medida, ser pressuposta

---

retribuir sua morte com a morte de algum outro indivíduo escolhido ao acaso. A regra é rigorosamente aplicada. Para um homem morto, um homem deve ser morto, para uma mulher, uma mulher, para uma criança, uma criança. A menos que encontrem um amigo, a primeira vítima que aparecer será morta". Homens mortos em conexão com uma morte nem sempre são vítimas de vingança de sangue; assim, os negritos do norte de Luzon atiram com flechas em todos aqueles que pisam no túmulo de um parente (BLUMENTRITT, F. *Vershuch riner Ethnographic der Phillippinen*. Gotha: Justus Perthes, 1882, p. 8). O "verdadeiro motivo" por trás do assassinato de estranhos em nome do falecido não é, como afirma STEINMETZ, S. R. *Ethnologische Studien zur ersten Entwicklung der Strafe*. 2ª ed. vol. I. Groninga: P. Noordhoff, 1928, p. 345, o fato de que a vingança desejada pela alma do morto é imaginada como "não direcionada". Pois a ameaça de vingança pela alma da morte é temida apenas pelos parentes, porque, por várias razões, eles acreditam que ela está direcionada contra eles mesmos. Assim, eles se atormentam ou matam outros como substituto da punição que os ameaça. Ou podem acreditar que o morto, por algum motivo, deseja se vingar de outra pessoa, caso em que temem despertar a ira do morto violando seu dever de vingança. Portanto, eles matam qualquer um como substituto se não conseguirem localizar o culpado.

SPEISER, Felix. *Ethnographische Materialien aus den Neuen Hebriden und den Banks-Inseln*. Berlim: C.W. Kreidel, 1923, p. 341 diz que o senso de justiça dos nativos das Novas Hébridas e das Ilhas Banks é "baseado na lei natural de que todo mal deve ser compensado por um mal semelhante. Todo porco roubado deve ser substituído por um porco semelhante. O assassinato deve ser expiado por um assassinato ou multa. As guerras só podem terminar quando ambos os lados sofreram a mesma quantidade de baixas". Assim, prevalece um estrito princípio de retribuição. "Pode-se também encontrar sintomas desse estranho fenômeno de que se um homem ofendido por outro que não pode encontrar o malfeitor ou se considera fraco demais para se vingar, inflige o mesmo mal a uma terceira pessoa. Eles acreditam que dessa maneira ou a atenção do público será despertada ou o terceiro encontrará o culpado ou infligirá a mesma ofensa a um quarto; este, então, se vingaria do culpado ou de um quinto; em qualquer caso, ao cabo, o culpado será punido". Se essa interpretação da "retribuição contra inocentes" é verdadeira, i. e., se Speiser reproduziu sua própria opinião ou a dos nativos, não temos como decidir aqui.

também entre as crianças.[239] A esse respeito, Tylor[240] relata alguns exemplos impressionantes: um selvagem pisa com força sobre a pedra na qual tropeça ou quebra a flecha que o feriu; os parentes de um selvagem que caiu de uma árvore são obrigados a se vingar da árvore derrubando-a e cortando-a; um chefe de tribo agrilhoa um barco que não navegou bem, como faria com um criminoso. Recorda-se que Xerxes mandou espancar o Helesponto e que ainda naquele tempo histórico havia um tribunal em Atenas no qual se julgava formalmente punidos objetos inanimados, como lanças e machados, que causavam a morte de um homem. A retribuição é exercida pelo homem primitivo (como será mostrado mais adiante) especialmente contra animais e plantas. Esse comportamento, também, só pode ser explicado com base em suas ideias animistas. O animismo, contudo, é aquele tipo de interpretação da natureza que pressupõe uma situação social, pois é essencialmente social e caracterizado pelo fato de que o homem primitivo interpreta todos os eventos que lhe interessam de forma pessoal e segundo os princípios que determinam seu relacionamento social – e em primeiro lugar, de acordo com o princípio da retribuição.

21 A importância da ideia de retribuição para a vida social do homem primitivo

Em todos os relatos da vida social primitiva, o poder preeminente e pervasivo desse princípio de retribuição aparece repetidamente. A importância da socialização para o homem primitivo, a função objetiva da sociedade, consiste aparentemente na maior proteção que ela proporciona a certos interesses – sobretudo, à

239 Sobre o animismo da criança, cf. PIAGET, Jean. *La Représentation du monde chez l'enfant*. Paris: F. Alcan, 1938, pp. 159 e ss. [ed. bras.: PIAGET, Jean. *A representação do mundo na criança*. Aparecida: Ideias e Letras, 2008, pp. 143 e ss.].

240 TYLOR, E. B. *Primitive Culture*. 6ª ed. vol. I. Londres: Murray, 1920, pp. 286 e ss.

vida, que para o homem primitivo é o bem mais precioso, se não o único. Deve-se admitir que, às vezes, são relatados casos de selvagens que não consideram a vida o mais precioso de todos os bens e parecem não temer a morte;[241] sob certas circunstâncias, eles até mesmo abrem mão voluntariamente de suas vidas. Essas, no entanto, são exceções que, se observadas corretamente, podem ser explicadas por condições especiais.

Os primeiros missionários que trabalharam entre os índios americanos relataram que os selvagens temiam muito a morte; mas eles a enfrentavam com sangue frio. Isso parece uma contradição. Mas pode ser explicado pelo fato de que o indivíduo deseja parecer corajoso. Os costumes das tribos exigem tal comportamento,[242] e a ordem social é suficientemente eficaz para impedir que o indivíduo demonstre seu medo instintivo.

---

241 E. g., os habitantes das Ilhas Fiji, segundo FRAZER, J. G. *The Belief in Immortality and the Worship of the Dead*. vol. I. Londres: MacMillan, 1913, pp. 419 e ss. Mas seu desafio à morte pode ser em parte devido à sua ideologia guerreira. Não há nada de peculiar no fato de eles morrerem voluntariamente, uma vez que estão velhos e fracos. A ideia do destino da alma após a morte é tão desagradável que a suposição de Frazer de que sua prontidão para morrer é resultado de sua crença na imortalidade é dificilmente plausível. Os nativos das Ilhas Marquesas também não devem demonstrar medo da morte. FRAZER, J. G. *The Golden Bough*. Londres: MacMillan, 1922, pp. 352 e ss. relata que outrora um indígena, ao sentir a proximidade da morte, encomendou um caixão e o colocou em sua casa. Mas de acordo com as ideias dessas pessoas sobre a vida após a morte, esse caixão é de extrema importância como veículo para o outro mundo. A preocupação com o destino após a morte é compatível com o amor pela vida. Os cristãos também, enquanto ainda vivos, se preocupam com túmulos bem cuidados e funerais dignos; mas não se pode sustentar, com isso, que a morte lhes seja indiferente. A afirmação de que os nativos das Ilhas Marquesas não temem a morte não está de acordo com outros detalhes de seus costumes relatados por Frazer, como seus costumes de luto, que comprovam seu medo da alma da morte.

242 CONARD, E. Laetitia Moon. "Les Idées des Indiens Algonquins relatives à la vie d'outre-tombe". *Revue de l'histoire des religions*, vol. XLII, 1900, pp. 272/273.

Sem dúvida, a crença na alma como crença na sobrevivência após a morte também desempenha um papel importante aqui. Assim, entre os nativos das Novas Hébridas, segundo relato de Turner,[243] os idosos são enterrados vivos por vontade própria. A ideia de uma alma que continua a vida após a morte tem o efeito de aliviar o medo da morte e de criar um medo dos mortos, que se acredita serem capazes de se vingar de seus assassinos. A função de tal crença é evidentemente assegurar a vida. Portanto, deve-se considerar um excesso se a crença na existência das almas da morte induz um ser humano a desistir do próprio bem que essa crença deveria proteger. Se seu efeito normal fosse tornar os seres humanos indiferentes à vida terrena, a raça humana já teria sido exterminada há muito tempo.[244] A ordem social do homem primitivo normalmente garante com todos os meios à sua disposição a preservação da vida humana dentro da comunidade. Isso é verdade mesmo para a comunidade mais primitiva. Tylor observou que "nenhum iribe, por mais baixo e feroz que seja, jamais admitiu

243 TURNER, G. *Samoa, a Hundred Year Ago and Long Before*. Londres: MacMillan, 1884, pp. 335 e ss.: "Os idosos eram enterrados vivos a seu próprio pedido. Era até considerado uma vergonha para a família um chefe idoso não ser enterrado vivo. Quando um velho se sentia doente e enfermo, e pensava estar morrendo, ele deliberadamente dizia a seus filhos e amigos para prepará-lo e enterrá-lo".

244 WESTERMARCK, Edward. *The Origin and Development of the Moral Ideas*. 2ª ed. vol. II. Londres: MacMillan, 1917, p. 535, contradiz os relatos daqueles observadores que se referem à indiferença de certos povos primitivos em relação à morte: "Mas é um fato muitas vezes notado entre nós que uma pessoa à beira da morte pode resignar-se ao seu destino com a maior calma, embora tenha tido medo de morrer durante toda a vida. Além disso, o medo da morte pode estar disfarçado como descuido, refreado pela excitação ou mitigado pela morte em companhia. Há pessoas que se destacam por sua bravura, e ainda assim têm um grande pavor da morte. Ninguém está inteiramente livre desse sentimento, embora ele varie muito em força entre as diferenças raças e em diferentes indivíduos. Em muitos selvagens, é tão fortemente desenvolvido, que eles não suportam ouvir falar da morte. E inseparavelmente misturado com esse medo da morte está o medo dos mortos".

que os homens podem matar uns aos outros indiscriminadamente".[245] Apoiado por rico material etnográfico, Westermarck diz referindo-se a essa afirmação:

> É comumente sustentado que o dever mais sagrado que temos para com nossos semelhantes é respeitar suas vidas. Atrevo-me a acreditar que isso vale não apenas entre as nações civilizadas, mas também entre as raças inferiores; e que, se um selvagem reconhecer que ele tem quaisquer obrigações morais para com seus vizinhos, ele considera que tirar sua vida é um mal maior do que qualquer outro tipo de dano que possa lhes infligir.[246]

A facilidade com que o comportamento do homem primitivo pode ser mal interpretado por observadores que estão sob a influência de concepções civilizadas de Direito e moral é demonstrada por um relato sobre uma tribo bechuana citada por Westermarck como um caso de suposta pouca estima pela vida de parte de homens primitivos. Entre esses nativos, assim é relatado, o assassinato "excita pouca sensação, exceto na família da pessoa que foi assassinada; e não traz, diz-se, nenhuma desgraça para aquele que o cometeu; nem inquietação, exceto o medo da vingança".[247] Mas esse fato corresponde àquela fase do desenvolvimento social em que a vendeta ainda existe. Que o assassinato desperte excitação somente na família do homem assassinado é natural, pois somente a família é obrigada a se vingar. E pode, obviamente, despertar

---

245 TYLOR, E. B. "Primitive Society". *Contemporary Review*, vol. XXI, 1873, p. 714; WESTERMARCK, Edward. *The Origin and Development of the Moral Ideas*. 2ª ed. vol. I. Londres: MacMillan, 1912, p. 331.

246 WESTERMARCK, Edward. *The Origin and Development of the Moral Ideas*. 2ª ed. vol. I. Londres: MacMillan, 1912, p. 328.

247 BURCHELL, William J. *Travels in the Interior of Southern Africa*. vol. II. Londres: Longman, Hurst, Rees, Orme, and Brown, 1824, p. 554; WESTERMARCK, Edward. *The Origin and Development of the Moral Ideas*. 2ª ed. vol. I. Londres: MacMillan, 1912, p. 329.

apenas o medo da vingança, já que ainda não existem tribunais que processam e punem o assassino. A instituição da vingança de sangue, que remonta aos primórdios do desenvolvimento social, indica claramente que a morte não é somente o crime mais antigo, mas também a mais antiga punição socialmente organizada. Para Marett,[248] as três condições básicas da relação de sangue primitiva são: proibição do incesto, proibição do derramamento de sangue internamente, mas vingança de sangue nas relações com os outros. A vingança de sangue implica a norma social mais antiga; quem mata deve ser morto. É a manifestação mais óbvia do princípio da retribuição. Ela determina fundamentalmente o comportamento mútuo dos membros da sociedade, na medida em que esse comportamento é regulado pelo sistema social, que desde o início tem o caráter de uma ordem jurídica e ao mesmo tempo moral.

22 O princípio da retribuição e a moral

Seria completamente incorreto caracterizar a perspectiva mental do homem primitivo, orientada pelo princípio da retribuição e perfeitamente social porque determinada pela ordem social, como amoral ou mesmo imoral. Tal avaliação do comportamento primitivo baseia-se na visão de que a consciência moral só passa a existir por meio de ideias individualistas. Isso significaria a identificação de uma moralidade independente da – e possivelmente em oposição à – ordem jurídica vigente com a própria moral. O desenvolvimento de uma moral individual, mais corretamente de uma moral especial de grupos dentro da sociedade, é o resultado de diferenciações sociais de longo alcance, particularmente a formação de classes; e qualquer sistema moral oposto à ordem jurídica sempre contradiz aquele outro sistema moral que se expressa na própria ordem jurídica. Nenhuma ordem jurídica apresenta a si

---

248 MARETT, R. R. *Faith, Hope, and Charity in Primitive Religion*. Nova York: MacMillan, 1932, p. 169.

mesma como moralmente indiferente ou imoral, mesmo que apenas realize a moral de um determinado grupo no interior da comunidade jurídica ou de uma determinada época, que pode entrar em conflito mais ou menos com a moral de outros grupos ou de uma época mais recente.

Em uma sociedade primitiva e relativamente homogênea, Direito e moral coincidem. Em uma sociedade civilizada ocorre uma diferenciação entre Direito e moral como resultado da diferenciação da sociedade. O Direito da sociedade civilizada está mais ou menos em conformidade com a convicção ética de um ou outro grupo no interior da sociedade. Mas toda ordem social é virtualmente uma ordem moral[249] – "moral" do ponto de vista de um ou outro grupo, i. e., relativamente – não absolutamente – moral.

Uma vez que a retribuição só é possível em sociedade, ela sempre representa em algum grau um princípio moral. É, portanto, mais do que problemático distinguir, como Westermarck faz,[250] entre uma retribuição "não moral" e uma retribuição "moral" (pois Westermarck usa o termo "ressentimento") e qualificar apenas a primeira como "vingança". Pois no "direcionamento" que é essencial à vingança, o direcionamento contra o autor do mal, está envolvido um elemento social e, portanto, moral. A reação a ser interpretada como mera vingança está sempre mais ou menos acompanhada pelo sentimento de que ela é aprovada ou mesmo exigida pelos membros do grupo e que a própria ofensa é indiretamente uma ofensa aos demais membros do grupo. Nunca é somente um interesse individual, mas sempre um interesse coletivo

249 GRAEBNER, Fritz. *Das Weltbild der Primitiven*: Eine Untersuchung der Urformen weltanschaulichen Denkens bei Naturvölkern. Munique: Ernst Reinhardt, 1924, p. 27 assinala: "Deus garante não somente a existência física do homem, mas, sobretudo, a social…". A existência social do homem primitivo é idêntica à sua existência moral.

250 WESTERMARCK, Edward. *The Origin and Development of the Moral Ideas*. 2ª ed. vol. I. Londres: MacMillan, 1912, pp. 38 e ss.

que é satisfeito pela vingança em uma sociedade primitiva. Esse é justamente o ponto em que o reflexo instintivo e natural de defesa, despertado por uma causa externa de dor, distingue-se da vingança social: na primeira não há senão um motivo subjetivo, na segunda – em virtude do direcionamento contra o ofensor – há uma função objetiva, a prevenção. É certo que o homem só toma consciência dessa função depois de adquirir conhecimento crítico das conexões sociais. Onde existe o costume de vingar-se por uma ofensa praticada, i. e., de reagir contra o comportamento desaprovado pela consciência social, já se evidenciam os primórdios da moralidade. Portanto, é contraditório relatar que as tribos primitivas não têm qualquer moralidade, que lhes falta todo senso de diferenciação entre o bem e o mal, e ao mesmo tempo afirmar que entre elas prevalece o princípio da vingança.

Mesmo que se aceite a opinião de Westermarck e se considere a vingança um comportamento moralmente indiferente ou mesmo imoral, uma vez que um motivo egoísta e meramente pessoal é decisivo, o caso mais antigo de retribuição socialmente organizada e o mais importante na sociedade primitiva, a vingança de sangue, ainda não poderia ser compreendido como uma retribuição "extramoral". Pois, no caso de assassinato, a reação pessoal por parte do lesado está fora de questão, já que é impossível depois que o mal foi infligido. Nesse caso, a retribuição não é exercida pela pessoa imediatamente interessada, a única que poderia ser o sujeito dessa reação instintiva, que também pode ser observada entre os animais. É a família do indivíduo assassinado, i. e., a própria sociedade mais antiga, que exerce a retribuição. Onde quer que a morte seja vingada e isso satisfaça necessidades sociais e acalme emoções, elas são, se não criadas, ao menos consideravelmente modificadas pela vida social. A vingança de sangue só pode ser uma função social e, como tal, deve ser uma reação especificamente "moral".

William Ridley diz: "os aborígenes australianos cumprem o princípio da retaliação não apenas como um ditado da paixão, mas como uma lei antiga e fixa".[251] Richard F. Burton escreve sobre os nativos da África Central:

> A vingança é uma paixão dominante, como provam as muitas guerras fratricidas rancorosas que prevaleceram por gerações entre clãs afins. A retaliação e a vingança são, de fato, seus grandes agentes de controle moral.[252]

Dudley Kidd fala da "justiça intrínseca da retaliação"[253] na qual os cafres acreditam. E. F. im Thurn comenta em sua obra sobre os índios da Guiana:

> Em todas as sociedades primitivas onde não há nem leis escritas nem autoridade suprema para impor a justiça, tal vingança é considerada um dever sagrado; pois, na ausência de leis impostas pela sociedade, o medo dessa vingança infligida pelo indivíduo ofendido, ou por seus parentes mais próximos, por si só, dissuade os indivíduos do crime. Fora da América, em vários momentos da história do mundo, prevaleceu um costume em todos os sentidos semelhante ao sistema indígena do *kenaima*. Os exemplos mais conhecidos são a vendeta, a lei israelita de retaliação que deu origem às "cidades de refúgio", e o sistema saxão que resultou na lei do preço de sangue ou veregildo, que era o dinheiro pago para quitar a vingança. Esse costume da retaliação reconhecida ainda existe entre as tribos indígenas da Guiana, e deve

---

251 RIDLEY, William. *Kamilaroi, and Other Australian Languages*. 2ª ed. Sidney: Thomas Richards, 1875, p. 159.

252 BURTON, Richard Francis. *The Lake Regions of Central Africa*. vol. II. Londres: Longman, Green, Longman, and Roberts, 1860, p. 329.

253 KIDD, Dudley. *Kafir Socialism*. Londres: Adam and Charles Black, 1908, p. 84.

> continuar a existir até que algum sistema de administração da justiça seja estabelecido nos distritos por eles habitados.[254]

Entre os antigos hebreus era dever do *goel*, o parente mais próximo de um homem assassinado, perseguir e matar o assassino. O *goel*, escreve H. Clay Trumbull, é "a pessoa autorizada a obter sangue por sangue como um ato de justiça no Oriente".[255] Trumbull fala "do erro predominante na mente Ocidental" de "confundir justiça com punição". Ele enfatiza que o significado do termo *goel* não é – como se presume erroneamente – "vingador" ou "retaliador". "Sua missão não era a vingança, mas a equidade. Ele não era um vingador, mas um redentor, um restaurador, um equilibrador". Em outros termos, a vingança de sangue era uma instituição jurídica e moral.

O grau de progresso da vingança primitiva para a técnica social superior da punição retributiva é de fato grande. Consiste no fato de que a reação contra o delito já não tem somente o caráter de autotutela; não deve mais ser exercida por quem foi direta ou indiretamente ofendido, mas por uma autoridade imparcial. No entanto, a diferença entre a reação essencialmente social da vingança primitiva e a punição retributiva é puramente quantitativa, enquanto a diferença entre a vingança e o reflexo instintivo de defesa é qualitativa. Não se deve ignorar o fato de que ainda hoje um ramo muito importante do Direito, a saber, o Direito Internacional, ainda permanece, em grande parte, no estado tecnicamente primitivo da autotutela.[256]

---

254 IM THURN, Everard Ferdinand. *Among the Indians of Guiana*. Londres: K. Paul, Trench & Company, 1883, p. 330.

255 TRUMBULL, H. Clay. *The Blood Covenant*. 2ª ed. Mineapólis: James Family Christian Publishers, 1893, pp. 259 e ss.

256 WUNDT, Wilhelm. *Völkerpsychologie*: Mythus und Religion. Parte III. Leipzig: Alfred Kröner: 1915, pp. 320 e ss., distingue com bastante clareza entre vingança e retribuição como formas de justiça.

A falta de percepção do caráter completamente "moral" da retribuição levou à visão, compartilhada por Tylor,[257] de que as religiões primitivas são moralmente indiferentes. Isso não pode ser verdade, pela simples razão de que o princípio da retribuição desempenha um papel decisivo nessas religiões. O que Elsdon Best diz sobre os polinésios é igualmente verdadeiro para todos os povos primitivos:

> Entre os polinésios, incluindo nosso povo maori da Nova Zelândia, o medo do castigo divino era a força de dissuasão mais forte e a chave da disciplina social. Era o poder que mantinha a sociedade unida e refreava um povo naturalmente obstinado e um tanto turbulento.[258]

A instituição do tabu, tão importante para a sociedade primitiva, tem um caráter especificamente religioso e baseia-se essencialmente no princípio da retribuição. Novamente, o que Elsdon Best diz do tabu dos maori é igualmente aplicável ao tabu de todos os povos primitivos:

> Pode-se dizer que *tapu* significa proibição, uma multiplicação de "Não farás". Essas podem ser chamadas de leis dos deuses, e não podem ser infringidas. A penalidade pela negligência desses comandos tácitos é a retirada do poder protetor dos deuses... Busquemos agora a causa ou origem desse medo dos deuses e desse temido *tapu* salvaguardado pelos deuses. A causa pode ser descrita brevemente: é o fato de que ofensas contra os deuses são punidas neste mundo, não no mundo espiritual vindouro.[259]

---

257 TYLOR, E. B. *Primitive Culture*. 6ª ed. Londres: Murray, 1920, vol. I, p. 427; vol. II, p. 361.

258 BEST, Elsdon, *The Maori*. vol. I. Wellington: H.H. Tombs, 1924, p. 358.

259 BEST, Elsdon, *The Maori*. vol. I. Wellington: H.H. Tombs, 1924, p. 251.

Numa formulação mais geral, pode-se dizer que as normas da ordem social denominadas "tabu" são eficazes porque se acredita que sua violação implica a imposição de sanções na forma de retribuição, emanada de um poder divino sobre-humano e executada neste mundo.

23 Retribuição e "talião", troca, reciprocidade

O princípio da retribuição aparece primeiro ao homem primitivo em sua forma mais drástica, o *talião*: olho por olho, dente por dente, morte por morte. É típico o que Thomson diz dos maori: "O grande princípio de justiça de acordo com o qual os neozelandeses agiam era olho por olho e dente por dente, o objetivo de todas as suas punições era obter compensação por ofensas, não prevenir crimes".[260]

Em um relatório de 1709 sobre os hindus do distrito de Madura (Índia), um missionário jesuíta escreve:

> Esses índios observam muito estritamente a Lei da Retaliação. Se por acaso houver uma Briga, e uma das Partes arrancar o próprio olho, ou for culpada de Suicídio; a outra Parte deve infligir a mesma punição a si mesma ou a algum de seus Parentes. As Mulheres levam esse costume bárbaro ainda

260 THOMSON, A. S. *The Story of New Zealand*. vol. I. Londres: J. Murray, 1859, p. 98. Cf. KOOTZ-KRETSCHMER, Elise. *Die Safwa*: Ein ostafrikanischer Volksstamm in seinem Leben und Denken. vol. I. Berlim: Reimer, 1926-1929, p. 203, que faz o seguinte relato de um safwa: "Se alguém ofendeu outrem durante uma batalha ao ferir seu olho, arrancar um dente, quebrar um braço ou perna, então o indivíduo ofendido diz a si mesmo: 'Eu também quero ofendê-lo como ele me ofendeu; desejamos ser um como o outro; seu corpo deve ser ofendido como o meu; ele arrancou meu olho, venha rapidamente, vou arrancar o dele'. SPENCER, Herbert. *The Principles of Sociology*. vol. I. Nova York: D. Appleton and Company, 1898, § 533, p. 528, escreve: "O princípio de exigir 'olho por olho e dente por dente', incorpora a ideia primitiva de justiça em todos os lugares".

mais longe: Quando qualquer Afronta é direcionada a elas, ou uma Palavra de reprovação é usada, elas vão e quebram a Cabeça contra a Porta da Pessoa que perpetrou a ofensa; que é obrigada a infligir exatamente a mesma Punição a si mesma. Se uma Mulher se envenena, bebendo o Suco de uma Erva ou Planta venenosa, a outra Mulher, que deu Causa a isso, é obrigada a fazer o mesmo; e se não o fizer, o restante ateará Fogo a sua Casa; levará embora seu Gado; e a atormentará perpetuamente até o Momento em que ela Satisfaça completamente sua obrigação. – Essa crueldade estende-se a seus próprios Filhos: Não faz muito tempo, a uma pequena distância da Igreja de onde escrevo, dois desses Bárbaros brigaram e um deles correu até sua própria Casa, pegou um de seus Filhos, de aproximadamente quatro Anos; e chegando à vista de seu inimigo, esmagou o Cérebro da Criança com duas Pedras. O outro, sem demonstrar nenhuma Emoção, pegou uma de suas Filhas, que não tinha mais que Nove anos de idade, e enfiou uma Adaga em seu Peito; Sua Filha, diz ele em seguida, tinha apenas quatro Anos, e a minha Filha tinha nove; dê-me, portanto, uma Vítima igual à minha. Eu darei, respondeu o outro; ao ver, a seu Lado, seu Filho mais velho, a quem estava prestes a Casar, deu-lhe quatro ou cinco Punhaladas com uma Adaga; e não contente em ter derramado o Sangue de seus dois Filhos, ele matou também sua Esposa, para que seu Inimigo fosse forçado a matar a sua. Essa Cena trágica terminou com o Assassinato de uma Menina e de uma criança que ainda mamava no Peito; de modo que, em um Dia, sete Pessoas foram sacrificadas para Vingar dois Homens que corriam atrás de Sangue Humano e foram mais cruéis que as Bestas mais ferozes.[261]

Em *History of the American Indians* [*História dos índios americanos*], de Adair, lemos:

261 LOCKMAN, John. *Travels of the Jesuits into Various Parts of the World*: Compiled from Their Letters. vol. II. Londres: John Noon, 1743, pp. 410 e ss.

> Nunca houve um grupo de pessoas que perseguisse a lei mosaica de *retaliação* com uma ânsia tão decidida quanto esses americanos. Eles são tão determinados neste ponto, que outrora um garotinho atirando em pássaros nos altos e densos campos de milho, teve o infeliz acaso de ferir o outro com sua flecha infantil; a jovem raposa vingativa estava excitada pelo costume de vigiar seus caminhos com a maior seriedade, até que o ferimento retornasse de maneira tão igual quanto se podia esperar. Então "tudo estava certo", de acordo com a frase deles. Seus corações estavam em paz, por terem executado aquela forte lei da natureza, e eles voltaram a se divertir juntos.[262]

Dos índios jivaro, Karsten[263] escreve:

> O índio jivaro está totalmente penetrado pela ideia de retaliação; seu desejo de vingança é uma expressão de seu senso de justiça, cujo princípio é olho por olho, dente por dente, vida por vida. Se alguém repreende um jivaro porque ele matou um inimigo, sua resposta geralmente é: "Ele se matou".
>
> Quando um assassinato cometido por um membro da própria tribo deve ser vingado, a moral social dos jivaro exige que a punição seja aplicada com justiça, na medida em que para uma vida que foi tirada apenas uma vida deve ser tirada em retaliação. Então a culpa de sangue é expiada (*tumashi*

---

262 ADAIR, James. *History of the American Indians*. Editado por S. C. Williams. Tennessee: National Society of the Colonial Dames of America, 1930, p. 157.

263 KARSTEN, Rafael. "Blood Revenge, War, and Victory Feasts among the jibaro Indians of Eastern Ecuador". *Bureau of American Ethnology Bull.*, nº 79. Washington: Government Printing Office, 1923, pp. 10 e 13. Da vingança de sangue entre esses índios ele diz (p. 11): "Mas a vingança de sangue entre esses índios não se deve apenas a razões morais ou éticas, mas também religiosas. A alma do índio assassinado exige que seus parentes vinguem sua morte. O espírito errante, que não descansa, visita seus filhos, seus irmãos, seu pai em sonho, e, chorando, os conjura a não deixar o assassino escapar, mas a vingar-se dele pela vida que ele tirou. Se eles se omitem desse dever, a ira do espírito vingativo pode se voltar contra eles próprios".

> *akerkama*) e a família ofendida fica satisfeita. Consequentemente, se um índio jivaro deseja vingar o assassinato de seu irmão, pode acontecer que, caso o próprio matador não possa ser capturado e punido, ele assassine o irmão ou o pai do algoz em vez dele, mas não tirará a vida de mais de um membro da família, mesmo que tenha a oportunidade de matar mais.

A tendência à substancialização do pensamento primitivo faz com que o homem – mesmo o homem civilizado – acredite que o mal que se suporta e o mal que se deve infligir de acordo com o princípio da retribuição podem e devem ser "iguais" – iguais tanto no sentido quantitativo quanto no qualitativo.[264] Observou-se entre várias tribos que uma expedição de vingança

---

264 LÉVY-BRUHL, L. *Primitives and the Supernatural*. Trad. autorizada de Lilian A. Clare. Nova York: E.P. Dutton & Co., 1935, pp. 390 e ss., acredita que o princípio do talião deve ser remontado à ideia primitiva de que uma má influência pode ser detida ou neutralizada pela oposição de uma influência análoga: "a um dado ato, o mesmo ato, invertido, deve ser oposto; o que foi feito deve ser feito novamente, mas no sentido contrário. A reação, ou melhor, a contra-ação, deve ser igual e contrária à ação", como o princípio da homeopatia: *similia similibus curantur*. "Essa necessidade de uma contrapartida semelhante à ação está intimamente ligada à lei da compensação (*la loi du talion*) aplicada em muitos casos nas comunidades mais primitivas. Não é apenas a expressão de um desejo áspero de vingança, que busca satisfação a todo custo, infligindo ao autor de alguma ofensa exatamente a mesma ofensa ou sofrimento". A natureza do *talio* consiste em uma "contra-ação que é exatamente proporcional à ação, e que a 'cancela'" (p. 392). Mas nos casos em que o *talio* é exercido, a questão não é "cancelar" uma ação por uma contra-ação; tal cancelamento é *a priori* impossível. O significado da contra-ação não é paralisar uma má influência ou prevenir um efeito maléfico, mas reagir a uma violação da lei já ocorrida, que não pode ser desfeita com um mal; esse é o caráter da retribuição. A importância desse princípio na vida do homem primitivo não é suficientemente reconhecida por Lévy-Bruhl. Assim, ele afirma (p. 233) que a doença que se abate sobre o homem após a violação de um tabu não é interpretada como punição. "Ela não ataca o homem porque ele infringiu a lei, mas ocorre automaticamente. A partir da circunstância de que o tabu foi violado, o homem encontra-se indefeso contra a influência maligna que o ameaçava em caso de contato". Mas a reação "automática" do tabu violado é simplesmente função do princípio da retribuição.

não se encerra até que o inimigo tenha sofrido o mesmo número de mortos que o lado vingador.

Os quianganes de Luzon, escreve F. Blumentritt,

> são cuidadosos para não ferir os sentimentos dos outros, e exigem que os outros façam o mesmo em relação a eles. A vingança de sangue é uma lei sagrada para os quianganes. Se um plebeu é morto por outro, a questão é resolvida de maneira simples, matando o assassino ou alguém de sua família que também seja plebeu. Mas se um homem nobre proeminente é morto por um plebeu, a vingança contra o assassino, um mero plebeu, não é suficiente; a vítima da oferta pelo pecado deve ser equivalente em posição. Outro nobre deve tombar pelo nobre assassinado, pois sua doutrina é: que tipo de equivalente é matar alguém que não é melhor do que um cachorro? Assim, a família do nobre morto faz uma busca para ver se encontra um parente do assassino que também seja nobre para se vingar; enquanto o próprio assassino é ignorado. Se nenhum nobre puder ser encontrado entre seus parentes, a família do homem assassinado espera pacientemente até que um deles entre

---

Lévy-Bruhl ignora o fato de que o *talio* é somente uma aplicação desse princípio de retribuição. Ele admite, no entanto, que podem ocorrer casos em que ação não pode ser cancelada. Ele acredita (p. 392) que, se um arrancou o olho do outro, "o ato não pode ser desfeito e, como neste caso é impossível revertê-lo, eles devem providenciar isso de outra maneira, a mais próxima possível. O homem que praticou a ação deve submeter-se a ela por sua vez, e um de seus olhos será arrancado em conformidade com isso... Em outras palavras, quando é impossível anular a ação repetindo-a em sentido contrário, os nativos recorrem à reciprocidade". Mas "reciprocidade" é essencialmente diferente de "reversão". A fim de paralisar a má influência que se exerce sobre um homem, a fim de afastar um mal que o atormenta ou que já lhe foi infligido, é necessário administrar a esse mesmo homem uma contrainfluência, para neutralizar o veneno inerente com um contraveneno. No caso do *talio*, essa contra-ação é dirigida a outra pessoa. Seu objetivo não é remover o mal do indivíduo ofendido, mas prejudicar o ofensor. Que o malfeito suportado seja "reparado" ou "curado" pela punição retributiva é uma expressão figurativa bastante questionável da terminologia jurídica moderna.

> na casta dos nobres; então a vingança é realizada, embora muitos anos possam ter decorrido.[265]

Leenhardt relata, sobre os nativos da Nova Caledônia, que a paz celebrada após uma batalha

> só se consolida e se completa quando se restabelece o antigo equilíbrio da vida entre vencedor e vencido. Cada vida perdida na batalha é substituída por dinheiro caledoniano representando o morto. É a indenização paga pelo inimigo. As duas partes contam seus mortos e então procedem com a troca da quantia em dinheiro.[266]

Sobre os nativos da Nova Guiné britânica, C. G. Seligman escreve:

> ... que os prisioneiros capturados na guerra eram trazidos vivos para o grupo da aldeia, onde seriam torturados antes de serem mortos e comidos. Isso aparentemente ocorria apenas quando um prisioneiro deveria ser morto em pagamento pela morte de um membro da comunidade captora, e apesar do prazer que derivava de um banquete canibal, era claro que normalmente os prisioneiros só seriam torturados e mortos em números que suas mortes perfizessem uma quantia igual entre sua comunidade e a de seus captores.[267]

---

265 BLUMENTRITT, F. "The Quinganes of Luzon". *Popular Science Monthly*, vol. XXXIX, Nova York, 1891, p. 390.

266 LEENHARDT, Maurice. *Notes d'ethnologie Neo-Caledonienne*. (Série: Travaux et Memoires de l'Institut d'Ethnologie). vol. VIII. Paris: Institut D'Ethnologie, 1930, p. 46.

267 SELIGMAN, C. G. *The Melanesians of British New Guinea*. Cambridge: The University Press, 1910, pp. 569 e ss.

A ideia de uma equivalência entre o mal sofrido e o mal a ser infligido é característica do princípio da retribuição.[268] Isso faz com que a retribuição pareça uma espécie de troca, embora seja mais correto considerar a troca um tipo especial de retribuição.[269]

---

268 WESTERMARCK, Edward. *Early Beliefs and Their Social Influence*. Londres: MacMillan, 1932, p. 95, fala de "jus talionis, ou regra de equivalência entre ofensa e retaliação, que é característica da justiça selvagem".

269 Cf. LÉVY-BRUHL, Lucien. *The Soul of the Primitive*. Trad. autorizada de Lilian A. Clare. Londres: George Allen & Unwin Ltd., 1928, pp. 226 e ss. Ele vê a natureza da vingança, particularmente a vingança de sangue, como "compensação mística". O grupo sofreu uma perda que deve ser compensada. O que importa é o valor do coletivo, e não o valor do indivíduo. A morte de um indivíduo significa para o homem primitivo não tanto uma perda pessoal, mas um dano sofrido pelo grupo. "Pois o verdadeiro ser vivo é o grupo: os indivíduos só existem por meio dele. Assim, o grupo sente-se diretamente afetado, pois essa morte significa a perda de parte de sua substância" (p. 227). Isso explica, segundo Lévy-Bruhl, a contradição entre a falta de importância dada ao indivíduo e a excitação que sua morte desperta entre os sobreviventes, que devem cumprir costumes de luto extraordinariamente onerosos. Quando a morte de um membro do grupo deve ser vingada, a razão real e verdadeira não é tanto o medo da alma do falecido que exige vingança, mas o desejo de restaurar o equilíbrio perturbado do grupo; e isso também pode resultar de um mero rito. Esse é frequentemente o caso quando a vingança real é substituída por uma vingança simulada, como, por exemplo, entre certas tribos australianas. Embora considerem a vingança de sangue um dever obrigatório, é frequente que, depois de algum tempo fora, a expedição de vingança volte ao acampamento sem deixar claro se os membros da outra tribo responsável pela morte foram mortos. Ninguém pergunta, e o assunto fica sem decisão. "O caso acabou, o ato foi suficiente. Eles não parecem pensar que os mortos podem se ofender com isso. O que é absolutamente indispensável não é, portanto, a satisfação proporcionada aos mortos (que será obtida em qualquer caso, se não houver muito risco envolvido); é um rito que restabelecerá o equilíbrio do grupo social, a compensação mística pelo mal sofrido. Em certo sentido, a própria vingança pode ser vista como uma compensação". É pouco provável que os povos primitivos tenham alguma ideia de um "estado de equilíbrio", ou que suponham que ele existe dentro do grupo. Tal ideia, é verdade, corresponde a uma visão coletivista da vida social. Mas isso é mais uma construção da metafísica social moderna do que a expressão do sentimento coletivista do homem primitivo. O caráter social da consciência primitiva se expressa no fato de que ela é inteiramente dominada pela ideia de retribuição. Lévy-Bruhl certamente se equivoca quando contrasta a existência do grupo e sua suposta tendência a

Entre os orokaiva, a vingança de sangue é descrita por uma palavra que significa "troca de almas da morte".[270]

A ideia do princípio de retribuição tem um duplo caráter. Significa não apenas que uma desvantagem suportada por outra pessoa deve ser retribuída com a mesma desvantagem, mas também que uma vantagem recebida deve ser retribuída com a mesma vantagem. Retribuição não significa apenas punição, mas também recompensa. Mas no primeiro plano da consciência primitiva encontramos a reação contra o mal. O que Junod diz dos tonga é típico de todos os povos primitivos:

> Há mais palavras aplicáveis ao lado negativo da ideia significando *mal*, do que ao lado positivo, significando *bem*; um fenômeno que pode ser observado na maioria das línguas primitivas, mesmo em nosso patoá francês.[271]

Onde as pessoas acreditam na existência de espíritos bons e maus, os últimos desempenham um papel muito maior do que os

---

restaurar o equilíbrio perturbado pela morte de um membro com o princípio da retribuição tal como existe na consciência do homem primitivo. Acima de tudo, o fato de às vezes apenas uma vingança simulada ser exercida não deve ser citado como evidência de que a vingança de sangue não se origina principalmente da crença na alma da morte. A vingança simulada é uma das muitas maneiras pelas quais o homem primitivo tenta enganar a autoridade sobre-humana; e ele acredita-se capaz de enganar essa autoridade, embora ao mesmo tempo a tema por causa de seus poderes sobre-humanos. Dessa forma, ele procura aliviar o fardo que uma ideologia social, criada por ele mesmo, lhe impõe.

270 WILLIAMS, F. E. *Orokaiva Society*. Anthropology Series, relatório nº 10. Londres: Oxford University Press/Humphrey Milford, 1930, p. 170: "A expressão para a própria vingança é interessante, viz. *diroga-mine*, ou uma 'troca de *diroga*', significando o espírito de um homem morto em combate, em contraste com o espírito de alguém que morreu de outro modo".

271 JUNOD, H. A. *The Life of a South African Tribe*. 2ª ed. vol. II. Londres: MacMillan, 1927, p. 580.

primeiros. J. L. Wilson escreve sobre os nativos do norte da Guiné (África Ocidental):

> Eles são mais específicos sobre o culto religioso que oferecem aos espíritos malignos do que aos outros, o que deve ser explicado pelo fato de que seu sentimento de culpa e medo da punição é um sentimento muito mais forte em suas mentes do que qualquer outra emoção de amor ou gratidão por favores recebidos.[272]

Isso, também, é típico.

Parece que das duas funções do princípio da retribuição – punição e recompensa – o último se torna gradualmente mais importante. De qualquer forma, o princípio em questão confere seu caráter peculiar não apenas ao Direito Penal, mas também a outros aspectos da vida social. Obtém-se uma esposa cedendo à família da moça algum bem econômico em troca dela; ou troca-se a irmã pela moça que se deseja tomar por esposa. Quando uma criança morre entre os nativos da Nova Pomerânia, onde a organização social apresenta elementos de direito materno, seu pai deve dar um presente ao tio materno para reparar a perda sofrida pela família. Entre os cafres, se um membro do grupo morre, os parentes devem pagar uma indenização ao cacique.[273] Segundo Malinowski, a relação entre homem, mulher e filho dos trobiandes é a seguinte: "Ele (o homem) coabita com ela (a mulher), ele a possui, ela faz por ele tudo o que uma mulher deve fazer por um homem. Tudo o que ele faz por um filho é um pagamento (*mapula*) pelo que recebeu dela".[274] Para esses nativos, a ligação fisiológica

---

272 WILSON, J. Leighton. *Western Africa*. Nova York: Harper & brothers, 1856, p. 217.

273 LÉVY-BRUHL, Lucien. *The Soul of the Primitive*. Trad. autorizada de Lilian A. Clare. Londres: George Allen & Unwin Ltd., 1928, pp. 228 e ss.

274 MALINOWSKI, Bronislaw. "Baloma, the Spirits of the Dead in the Trobriand Islands". *Journal of the Royal Anthropological Institute of Great Britain and*

entre pai e filho é desconhecida: os únicos vínculos existentes entre eles são os direitos e deveres estabelecidos pelo princípio da retribuição. A grande importância desse princípio na vida sexual do homem primitivo foi apontada por Thurnwald.[275] É natural que seja igualmente decisivo em sua vida econômica. É esse princípio de retribuição que certos etnólogos têm em mente quando enfatizam que o funcionamento da sociedade primitiva é caracterizado por um elemento de "reciprocidade". Assim, Malinowski refere-se à "natureza recíproca de toda cooperação social", e vê nisso com razão uma das garantias mais eficazes para a observância dos deveres sociais.[276] Ela consiste no fato de que o homem primitivo

---

Ireland, vol. XLVI, 1916, p. 410.

275 THURNWALD, Richard. "Die Gemeinde der Banaro". *Zeitschrift f. vergleichende Rechtswissenschaft*, vol. XXXVIII, 1920, pp. 378 e ss. O mesmo autor assinala em seu estudo "Psychologie des primitiven Menschen". *In*: VON KAFKA, Gustav. *Handbuch der vergl. Psychologie*. vol. I. Munique: Reinhardt, 1922, p. 299, que "a retribuição é a base do comportamento amigável ou hostil". LE ROY, Alexander. *The Religion of the Primitives*. Trad. Newton Thompson. Nova York: MacMillan, 1922, p. 165, afirma que "na mente do primitivo, toda ofensa exige reparação ou pagamento para que a justiça seja satisfeita e que os dois lados da balança, momentaneamente perturbados, possam retomar seu equilíbrio".

WARNER, W. Lloyd. *A Black Civilization*. Nova York: Harper & Brothers, 1937, p. 159, escreve sobre murngin, uma tribo australiana: "A ideia subjacente à maioria da atividade de guerra dos murngin é que a mesma ofensa sofrida pelo grupo deve ser infligida ao grupo inimigo. Cumprido isso, o clã fica satisfeito; caso contrário, há uma constante compulsão à vingança...". Página 162: "O princípio fundamental subjacente a todas as causas da atividade de guerra dos murngin é o da reciprocidade: se um dano foi causado a um indivíduo ou a um grupo, os ofendidos sentem que devem retribuir àqueles que os prejudicaram com um dano que seja ao menos igual ao sofrido. Quando a situação cultural total dos murngin é examinada com mais detalhes, essa reciprocidade negativa se encaixa em uma reciprocidade maior. Nos capítulos sobre o parentesco e a organização local dos murngin, vimos que os fundamentos dessas estruturas são baseados inteiramente na reciprocidade, e que toda a civilização pode ser descrita como em equilíbrio dinâmico".

276 MALINOWSKI, B. *Crime and Custom in Savage Society*. Nova York: Harcourt Brace and Company, 1932, pp. 22 e ss. Cf. também HOGBIN,

considera toda ação que ele espera de outro indivíduo ou do grupo como dependente de uma contraprestação dada por ele; acima de tudo, ele imagina cada omissão de uma ação que lhe é imposta pela sociedade como ligada a uma desvantagem social para si. Nesse sentido geral, todo o sistema social tem um caráter retributivo.

Dos orokaiva, Williams escreve:

> Por sua liberalidade, um homem recebe uma recompensa de honra, mas além disso – e isso não deve ser pensado para desqualificá-la inteiramente como uma virtude – ele constantemente procura uma retribuição igual em espécie. Essa é uma das características marcantes da economia primitiva – a retribuição de dádiva por dádiva, a manutenção de um equilíbrio. A devolução pode ser feita muito tempo depois, mas pode ser considerado uma questão de honra

---

H. Ian. *Law and Order in Polynesia*. Londres: Christophers, 1934, pp. xxiii ss. e 83, com uma introdução de B. Malinowski. BRINTON, D. G. *The Myths of the New World*. Nova York: Leypoldt & Holt, 1868, p. 65, assinala: "Nenhum homem comum, muito menos um selvagem, é bondoso e benevolente diante da negligência e da ofensa, bem como nenhum homem é maldoso sem causa e o tempo todo. As organizações pessoais, familiares ou nacionais tornam alguns mais hostis que outros, mas sempre por um desejo de defender seus próprios interesses, nunca por deleite do mal em si mesmo. Assim, os deuses cruéis da morte, da doença e do perigo, nunca foram de natureza satânica, ao passo que as divindades mais bondosas estavam dispostas a punir, e severamente, qualquer negligência em suas cerimônias". Mas Brinton não está certo quando acrescenta: "O dualismo moral só pode surgir em mentes nas quais as ideias de bem e mal não são sinônimos de prazer e dor, pois a concepção de uma natureza totalmente boa ou totalmente má requer o uso desses termos em seu sentido ético mais elevado". O dualismo ético de bem e mal surge do dualismo do agradável e do desagradável, do útil e do prejudicial. Na consciência do homem primitivo, as esferas do moral e do útil ainda não se distinguem. O útil é o bem e o inútil é o mal. Cf. MOSBACHER, Ernst. "Untersuchungen zum Suendenbegriff der Naturvölker". *Baessler Archiv*, vol. XVII, nº 1, 1934, pp. 1 e ss.

> igualar ou exceder o presente original; assim como deixar de fazê-lo é causa de vergonha e de baixa autoestima.[277]

Brown relata sobre os habitantes das ilhas Andaman:

> A entrega de presentes é um método comum de expressar amizade entre eles. Assim, quando dois amigos se encontram após a separação, a primeira coisa que fazem depois de se abraçar e chorar juntos é dar presentes um ao outro. Na maioria dos casos, a doação é recíproca e, portanto, trata-se de uma troca. Se um presente for um sinal de boa vontade, o doador espera receber um presente de valor aproximadamente igual em troca. A razão para isso é óbvia; um expressou sua boa vontade para com o outro e, se o sentimento for recíproco, deve-se dar um presente em troca para expressá-lo. Assim, também seria um insulto recusar um presente oferecido, pois fazê-lo equivaleria a rejeitar a boa vontade que ele representa.[278]

W. Koppers relata dos yamana:

> É costume que para cada presente desse tipo [alimentos, artigos de uso diário, bugigangas] seja dado em troca um presente equivalente. Dar presentes um ao outro dessa maneira é costume, especialmente quando duas pessoas se reencontram após uma longa separação. No entanto, um presente de valor um pouco mais alto nem sempre é bem-vindo, pois às vezes é muito difícil retribuir um presente equivalente.[279]

---

277 WILLIAMS, F. E. *Orokaiva Society*. Anthropology Series, relatório nº 10. Londres: Oxford University Press/Humphrey Milford, 1930, p. 317.

278 BROWN, A. R. *The Andaman Islanders*. Cambridge: The University Press, 1922, p. 237.

279 KOPPERS, W. "Die Eigentumsverhaeltnisse bei den Yamana auf Feuerland". *In*: XXII CONGRESSO DEGLI AMERICANISTI. *Anais*. vol. II. Roma, 1928, p. 192; P. J. Hamilton Grierson. *The Silent Trade*, 1903, pp. 39 e ss., escreve: "A prática de dar um presente na expectativa de receber uma

Krause diz dos índios tlingit:

> Sempre que um tlinkit dá um presente, ele espera alguma compensação. Portanto, ele fica desconfiado quando recebe um presente. Ou ele acredita que tem direito ao presente ou vê nele uma intenção por parte do doador de obter algo. Assim, Belcher diz dos jakutat, que eles recebem presentes como dívidas e não como dádivas e que aderem ao princípio de "nada por nada".[280]

---

retribuição adequada parece quase universal; e há muitos casos em que existe entre o doador e donatário um claro entendimento de que um equivalente será dado. É verdade que se diz que algumas das tribos a que nos referimos não têm a ideia de comércio; mas pode ser que a recusa em negociar se deva, não à ignorância do comércio, mas ao medo, suspeita ou mal-entendido".

SOMLÓ, Felix. *Der Gueterverkehr in der Urgesellschajt*, 1909, pp. 156 e ss., diz: "Uma vez que a forma jurídica do escambo como a conhecemos não foi encontrada entre esses povos, concluiu-se que o fato da troca de bens não existia. A doação, é verdade, foi encontrada, mas como em nossa vida econômica ela não tem grande importância, supôs-se, da mesma forma, que também não tivesse importância como ideia para os povos primitivos. Aliás, pode-se observar que não é correto denominar essas transações primitivas como doações. Tal transação não assume a forma da doação nem a forma do escambo praticadas por nós, mas fica numa posição intermediária entre elas. É um negócio jurídico rigidamente circunscrito por regras definidas e constitui a forma primitiva da doação e do escambo em sentido moderno. Ambos evoluíram a partir dessa instituição indiferenciada original. É um erro, portanto, chamar essas transações primitivas de doações. Elas assemelham-se a doações porque, a princípio, há uma doação unilateral correspondente a uma recepção unilateral, e que a quantidade da doação, bem como a própria doação, depende de ato unilateral do doador. Assemelham-se ao escambo, contudo, na medida em que a doação é feita com a expectativa de uma doação em troca, sendo esta um dos deveres consuetudinários mais rigorosos. O costume regula o valor da doação e da doação de retorno com regras estritas. É, portanto, adequado chamar esse negócio jurídico de doação-escambo. Mais importante do que a forma, é o fato de que esse negócio jurídico é amplamente difundido entre os povos primitivos, e tem grande importância econômica como meio de intercâmbio de bens".

280 KRAUSE, Aurel. *Die Tlinkit-Indianer*. Jena: Hermann Costenoble, 1885, p. 168.

No "Hávamál", um poema da *Edda*, a ideia de que todo presente exige necessariamente um presente em troca aparece em múltiplas expressões.

> 41) Com armas e roupas
> os amigos devem agradar uns aos outros,
> as quais sejam mais adequadas para eles mesmos.
> Aqueles que dão e os que recebem
> são amigos por muito tempo
> se continuar correndo tudo bem.
>
> 42) Para seu amigo
> um homem deve ser um amigo
> e retribuir um presente com um presente.
> Um riso com um riso
> os homens devem se valer
> e falsidade por uma mentira.
>
> 44) Saiba, se você possui um amigo
> no qual você realmente confia,
> e que você deseja ter algo de bom dele:
> com ele você deve seus pensamentos
> compartilhar e trocar presentes,
> ir visitá-lo com frequência.
>
> 45) Se você tem outro
> no qual você não confia,
> mas você quer algo de bom dele,
> você deve falar de forma gentil com ele,
> mas pense de forma enganosa
> e conceda falsidade em troca de mentira.
>
> 46) Há mais sobre aquele em quem
> você não confia
> e de cujo temperamento você suspeita:
> você deve rir com ele
> e falar ao contrário de seu pensamento.
> Deve retribuir tais presentes.
>
> 145) Melhor não pedir
> do que sacrificar em demasia,

> a dádiva sempre busca pelo pagamento;
> melhor não enviar
> do que desperdiçar em demasia.
> Assim Thundr gravou
> antes da história dos povos.[281]

O antigo poema nórdico expressa uma ideia difundida entre as sociedades primitivas. Quando Marcel Mauss,[282] que fez algumas investigações interessantes sobre esse problema levanta a questão: "Qual é a regra de direito e de interesse que, nas sociedades de tipo atrasado ou arcaico, faz que o presente recebido seja obrigatoriamente retribuído?" A resposta é esta: a ideia de retribuição, que domina a consciência primitiva. É essa ideia que, por causa das condições econômicas da sociedade primitiva, impede o surgimento da instituição jurídica da doação no sentido moderno de transferência de propriedade sem consideração. O princípio da retribuição manifesta-se não apenas na regra de que todo presente deve ser retribuído, mas também na ideia de que a violação dessa regra causa problemas. Onde existem ideias animistas, a punição pela falta de compensação de uma atitude com uma contra-atitude pode surgir do próprio objeto da ação não retribuída, ou seja, do espírito que vive no objeto. Elsdon Best relata um exemplo característico observado entre os maori. Seu informante lhe disse:

> Suponha que você possua um determinado artigo e me dê esse artigo, sem preço. Não fazemos nenhuma negociação

---

281 BELLOWS, Henry Adams (Coord.). *The Poetic Edda*. Nova York: The American-Scandinavian Foundation, 1923, pp. 37 e ss. e 63. [ed. bras.: MEDEIROS, Elton Oliveira Souza de (Coord.). *Hávamál e os poemas rúnicos*. Edição bilíngue. São Paulo: Wyrd, 2021].

282 MAUSS, Marcel. "Essai sur le don: forme et raison de l'échange dans les sociétés archaiques'. *L'Annee sociologique*, N.S., vol. I, 1923/1924, pp. 30 e ss. [ed. bras.: MAUSS, Marcel. *Ensaio sobre a dádiva*: forma e razão da troca nas sociedades arcaicas. Trad. Paulo Neves. *Sociologia e antropologia*. São Paulo: Ubu, 2017, pp. 194 e ss.].

> sobre isso. Agora, eu entrego esse artigo a uma terceira pessoa, que, passado algum tempo, decide fazer alguma retribuição (*utu*) por ele [a palavra *utu* significa também retribuição, exercida pelo vingador de sangue];[283] e assim ele me presenteia com algum artigo. Agora, aquele artigo que ele me dá é o *hau* do artigo que recebi inicialmente de você e depois dei a ele. Devo entregar os bens que recebi por esse item a você. Não seria correto que eu mantivesse esses bens para mim, sejam eles desejáveis ou não. Devo entregá-los a você, porque são uma parte do artigo que você me deu. Se eu mantivesse tal equivalente para mim, então algum mal sério aconteceria a mim, até mesmo a morte. Tal é o *hau*, o *hau* da propriedade pessoal ou o *hau* da floresta.[284]

Os esquimós usam amuletos cujo efeito mágico consiste no fato de que a alma do animal de cujo corpo o amuleto é feito produz um resultado desejado. O amuleto pode ser dado pelo proprietário original a outras pessoas, mas, como escreve Rasmussen,

> o poder mágico só pode ser transmitido ao novo proprietário se ele der algo em troca. A menos que isso seja feito, o poder do amuleto não é transferido ao novo proprietário, mesmo que ele o carregue consigo. Portanto, é bem possível perder um amuleto e ainda manter sua virtude.[285]

A partir da onipresença desse princípio de retribuição pode ser explicado o fato – muitas vezes observado com espanto – de

---

283 Cf. MAUSS, Marcel. "Essai sur le don: forme et raison'e l'échange dans les sociétés archaiques'. *L'Annee sociologique*, N.S., vol. I, 1923/1924, p. 46. [MAUSS, Marcel. *Ensaio sobre a dádiva*: forma e razão da troca nas sociedades arcaicas. Trad. Paulo Neves. nº 27. São Paulo: Ubu, 2017, p. 198].

284 BEST, Elsdon. "Maori Forest Lore". *Transactions of the New Zealand Institute*, vol. XLII, parte III, 1909, p. 439.

285 RASMUSSEN, Knud. *Intellectual Culture of the Iglulik Eskimo*. vol. VII, nº 1 do Report of the Fifth Thule Expedition, 1921-1924. Copenhagen: Gyldendalske Boghandel, 1929, p. 150.

que o homem primitivo carece de sentimentos de gratidão. Dos maori, por exemplo, relata-se:

> A gratidão é desconhecida, e nenhuma palavra que expresse esse sentimento é encontrada em sua língua... A vingança é sua paixão mais forte, e esse sentimento é mantido vivo por gerações... Eles são liberais ao dar presentes, mas presentes são meros modos de comércio, pois os retornos são sempre esperados.[286]

Dos marind-anim da Nova Guiné é dito: "A gratidão em nosso sentido é desconhecida. Não há expressão para agradecer. Aceita-se um presente sem dizer uma palavra". E o observador acrescenta esta observação: "Algo é sempre dado em troca de um presente, seja mais cedo ou mais tarde, mesmo que seja apenas algumas nozes de bétele".[287]

David Boyle[288] escreve sobre os civilizados iroqueses de Ontário:

> De acordo com a ideia totêmica, a gratidão está fora de questão, ou melhor, não existe em nenhuma das condições da vida. Para o homem primitivo em suas relações tribais, o individualismo tem apenas um significado nebuloso, se é que tem algum.

Mas acrescenta:

---

286 THOMSON, A. S. *The Story of New Zealand*. vol. I. Londres: J. Murray, 1859, p. 86.

287 WIRZ, P. *Die Marind-anim von Hollaendisch-Sued-Neu-Guinea* (Hamburgische Universitaet, Abh. aus dem Gebiet der Auslandskunde). vol. XVI, nº II, parte IV. Hamburgo: Friederichsen & Co., 1925, p. 104.

288 BOYLE, David. "On the Paganism of the Civilized Iroquois of Ontario". *Journal of the Anthropological Institute of Great Britain and Ireland*, vol. XXX, nº 3, 1900, p. 269.

> Ele dá tão livremente quanto recebe, sem esperar nem pronunciar agradecimentos, mas suas associações conosco o ensinaram a obedecer pelo menos a forma e, assim, em certa medida, tirar de si a censura do homem branco pela 'ingratidão' indígena.

Certos autores[289] relatam que os esquimós não conhecem o sentimento de gratidão. Mas Rasmussen menciona o seguinte ditado de um esquimó: "Um presente sempre abre a porta de um coração esquimó... Tu deste; veja, eu dou também".[290] Somente quando uma ação não precisa ser retribuída por uma ação equivalente surge a obrigação de ter um sentimento de gratidão e expressá-lo por palavras e gestos, e então como substituto da contraprestação real.

24 O senso de justiça do homem primitivo

O domínio que essa ideia de retribuição exerce sobre a consciência do homem primitivo está intimamente ligado ao caráter social de sua mentalidade. A esse respeito, deve-se observar que o vínculo social se torna mais forte quanto menor for o grupo ao qual se pertence. Já foi mencionado anteriormente que muitos observadores ficaram impressionados com o senso de justiça altamente desenvolvido entre os selvagens;[291] e foi dito que isso só pode

---

289 GILBERTSON, Albert Nicolay. "Some Ethical Phases of Eskimo Culture". *Journal of Religious Psychology*, vol. VI, 1913, p. 360.

290 RASMUSSEN, Knud. *The People of the Polar North*. Londres: K. Paul, Trench, Trübner & Company, Limited, 1908, p. 51.

291 Cf. RASMUSSEN, Knud. *The People of the Polar North*. Londres: K. Paul, Trench, Trübner & Company, Limited, 1908, p. 21. É significativa a seguinte observação de THOMSON, A. S. *The Story of New Zealand*. vol. I. Londres: J. Murray, 1859, p. 123, sobre as batalhas entre os maori: "Toda guerra tinha uma causa visivelmente justa. O motivo podia parecer fútil, mas havia uma legalidade se olharmos para a questão do ponto de vista dos neozelandeses". Cf. também WESTERMARCK, Edward. *The Origin and Development of the Moral Ideas*. 2ª ed. vol. II. Londres: MacMillan, 1917, pp. 2 e ss.

significar que a ordem social se impõe ao homem primitivo muito mais intensamente do que ao homem civilizado. A consequência é que o homem primitivo, inabalável por qualquer dúvida crítica, está firmemente convencido da inviolabilidade do princípio básico de sua ordem social; esse princípio básico é o princípio da retribuição. Portanto, ele nunca esquece uma ofensa e considera a vingança justificável em todas as circunstâncias. W. McCulloch escreve que entre os koupouees (Índia), "a pior conduta possível é o perdão de uma ofensa, a primeira virtude, a vingança".[292] Sobre os maori, Elsdon Best diz: "Vingar insultos, malfeitos etc. era considerado um dos mais importantes deveres do homem".[293] Isso é verdade para a maioria dos povos primitivos. Do ponto de vista da moral cristã, que ordena amar o inimigo e perdoar o ofensor, o homem primitivo aparece – erroneamente – como imoral. Adair escreve:

> Descobri que os índios andam mil milhas, com o propósito de vingança, por bosques sem trilhas; sobre colinas e montanhas; por grandes pântanos de junco, cheios de espinheiras e urzes; atravessando grandes lagos, rios com correnteza e riachos profundos; e todo o caminho sob o perigo de cobras venenosas, quando não de encontrar um inimigo à espreita; expostos ao frio e ao calor extremo e às vicissitudes das estações; à fome e à sede, tanto por conta do acaso, quanto pela penúria de seu método de vida religioso durante a guerra, além da fadiga e outras dificuldades. Tal é o seu temperamento vingativo e fervoroso que eles desprezam totalmente todas essas coisas como ninharias imaginárias quando estão a ponto de obter o escalpo do assassino ou inimigo para satisfazer os supostos fantasmas de seus ansiosos parentes falecidos. Embora imaginem que o

292 MCCULLOCH, W. *Account of the Valley of Munipore and of the Hill Tribes*: With a Comparative Vocabulary of the Munnipore and Other Languages. Calcutá: Bengal Printing Company, 1859, p. 75. Cf. LUBBOCK, Sir John. *Prehistoric Times*. 7ª ed. Londres: Williams and Norgate, 1913, p. 558.

293 BEST, Elsdon. *The Maori*. vol. II. Wellington: H.H. Tombs, 1924, p. 232.

> barulho das armas enviarão os fantasmas de seus parentes que morreram em casa para longe, para um lugar tranquilo, ainda acreditam firmemente que os espíritos daqueles que são mortos pelo inimigo, sem igual vingança de sangue, não encontram descanso e à noite assombram as casas da tribo à qual pertenciam: mas, quando esse dever de retaliação é executado com justiça, eles imediatamente obtêm facilidades e poder para fugir: essa opinião e seu método de enterrar e velar os mortos... ocasiona que eles retaliem de maneira tão séria e feroz.[294]

25 Retribuição em relação à divindade

O homem primitivo age de acordo com o princípio da retribuição em todos os casos em que experimenta o bem ou o mal ou inflige tal coisa a outros, e não faz diferença se seu comportamento se refere a um membro de seu próprio grupo ou de um grupo estrangeiro, a um ser humano ou animal, planta, objeto inanimado ou divindade. A relação do homem primitivo com a divindade – apesar de todo o seu medo – é essencialmente caracterizada pelo princípio *do ut des* ["dou para que dês"].[295] Brinton escreve:

> O índio deposita tabaco nas rochas de uma corredeira, para que o espírito das águas velozes não engula sua canoa; em uma tempestade ele joga ao mar um cachorro para apaziguar a sereia das ondas furiosas. Ele costumava arrancar os corações de seus cativos para obter o favor do deus da guerra.[296]

---

294 ADAIR, James. *History of the American Indians*. Editado por S. C. Williams. Tennessee: National Society of the Colonial Dames of America, 1930, p. 158.

295 KARSTEN, R. *The Origin of Worship*. Vasa: F. W. Unggren, 1905, p. 4. Na página 89 ele escreve: "... o culto dos selvagens é sobretudo, como podemos ver, uma espécie de escambo".

296 BRINTON, D. G. *The Myths of the New World*. Nova York: Leypoldt & Holt, 1868, p. 294.

O missionário padre Brebeuf uma vez ouviu entre os hurões a seguinte oração, dirigida a um deus local:

> Oki, você que vive neste lugar, eu lhe ofereço tabaco. Ajude-nos, salve-nos do naufrágio, defenda-nos de nossos inimigos, nos dê um bom comércio e nos traga de volta sãos e salvos para nossas aldeias.[297]

Outro missionário, o padre Allouez, em 1670 foi o primeiro homem branco a chegar a certo assentamento alonquino. Os nativos, aterrorizados com sua pele clara e seu longo manto preto, o tomaram por um deus. Eles o convidaram para a cabana do conselho, aproximaram-se dele com um punhado de tabaco dirigiram-se a ele com a seguinte oração:

> É bom, Manto Preto, que nos visites. Tem piedade de nós. Tu és um Manito. Nós te damos de fumar. Os naudowesses e iroquenses estão nos devorando. Tem piedade de nós. Muitas vezes estamos doentes; nossos filhos morrem; estamos famintos. Tem piedade de nós. Ouve, Manito, eu te dou de fumar. Que a terra nos dê milho; os rios nos deem peixes; a doença não nos mate; nem a fome nos atormente. Ouve, Manito, nós te damos de fumar.[298]

Radin registrou o seguinte discurso que um curandeiro de Winnebago dirigiu a seus espíritos auxiliares ao tratar de uma pessoa doente:

> Espíritos, uma pessoa está doente e me oferece tabaco. Estou na terra para aceitá-lo e curá-lo... Haho! Aqui está o

---

297 BRINTON, D. G. *The Myths of the New World*. Nova York: Leypoldt & Holt, 1868, p. 297.

298 BRINTON, D. G. *The Myths of the New World*. Nova York: Leypoldt & Holt, 1868, p. 298.

> tabaco, Fago. Você prometeu a mim que, se eu lhe oferecesse tabaco, você me concederia qualquer pedido que eu fizesse. Agora estou pondo tabaco em sua cabeça como você me disse quando jejuei por quatro dias e você me abençoou. Estou enviando a você o apelo de um ser humano que está doente. Ele deseja viver. Este tabaco é para você e eu rezo para que aquele que está doente seja restabelecido à saúde dentro de quatro dias.[299]

Schebesta descreve assim a cerimônia de sacrifício dos babali, uma tribo negra do Ituri (Congo Belga):

> As nozes de cola são socadas em água quente e o purê é derramado em um círculo sobre o local previamente limpo. Uma ave preta ou branca é posta no meio do círculo; então sai-se do local dizendo: Kunshi [divindade], aqui está o que é seu, por favor, dê-me o que é meu![300]

A atitude expressa por essas petições a uma autoridade sobre-humana não é amoral – como se poderia supor do ponto de vista da ética cristã – mas inteiramente moral, pois repousa sobre o princípio da retribuição, a norma básica da sociedade primitiva. Portanto, não deve ser interpretada como uma degradação do sentimento religioso se em uma fórmula sacrificial védica o sacrificador diz à divindade: "Dê a mim e eu dou a ti. Ponha-o lá para mim; eu ponho lá para ti. Faça uma oblação para mim; eu faço

---

299 RADIN, Paul. "The Winnebago Tribe". *In*: HODGE, F. W. (Coord.). *37th Annual Report of the Bureau of American Ethnology*. Washington: Government Printing Office, 1923, pp. 270 e ss.

300 SCHEBESTA, Paul. *Vollblutneger und Halbzwerge, Forschungen unter Waldnegern und Halbpygmaeen am Ituri in Belgisch Kongo*. Salzburgo: A. Pustet, 1934, p. 36 (seguindo R. Kawaters).

uma oblação para ti".[301] Essa tem sido desde tempos imemoriais a ideia básica do sacrifício.[302]

A ideia de retribuição é tão evidente para o homem primitivo que quando seus sacrifícios falham, ele ocasionalmente se volta contra as autoridades sobre-humanas que são os administradores e guardiões supremos dos princípios. Weidemann escreve sobre os antigos egípcios:

> O egípcio certamente não era tão conscientemente reverente a ponto de subordinar seus desejos à vontade de seus deuses – ao contrário, ele procurava forçar seus próprios pontos de vista sobre eles. Se as bestas sagradas [que eram consideradas encarnações de uma divindade] não podiam ou não ajudavam em caso de emergência, eram espancadas; e se essa medida não se mostrasse eficaz, as criaturas eram punidas com a morte. Práticas supersticiosas semelhantes

301 OLDENBERG, Hermann. *Die Religion des Veda*. Berlim: Verlag von Wilhelm Hertz, 1894, p. 310. Quanto ao significado do sacrifício, Oldenberg diz que é verdade que "a expectativa de uma doação feita em retribuição não se estende realmente à ideia de que Deus se tornou devedor dos homens ou de que uma ordem jurídica acima dele exige o pagamento de tal dívida". Mas ele acrescenta que "a despeito disso, considerando a natureza da relação entre o homem e Deus, acredita-se que este não poderia deixar de retribuir uma bondade recebida".

302 CASSIRER, Ernst. *Das Mythische Denken*: Philosophie der symbolischen For–en. Parte II. Berlim: Cassirer, 1925, p. 273 [ed. bras.: CASSIRER, Ernst. *A filosofia das formas simbólicas*: o pensamento mítico. vol. 2. Trad. Cláudia Cavalcanti. São Paulo: Martins Fontes, 2004, p. 371, trad. modif.] observa que: "Cada sacrifício, em seu sentido originário, encerra em si um momento negativo: ele significa uma limitação do desejo sensível, uma renúncia a que se impõe o eu". Mas por que o eu impõe uma renúncia a si mesmo? Obviamente, para receber da autoridade à qual sacrifica mais do que renuncia. As autotorturas a que muitos povos primitivos se submetem antes de caçar ou lutar ou depois da morte de alguém se baseiam na mesma ideia, que, de fato, é a base espiritual de todo asceticismo. É autopunição antecipatória para evitar um mal maior do que aquele voluntariamente assumido, ou para receber uma recompensa que neutralizará a perda. Esse é o sentido de toda troca.

> podem ser encontradas entre as classes mais baixas de raças amplamente estranhas. Quando o Céu não satisfaz os desejos do povo, a ofensa recairá sobre ídolos ou estátuas de santos, de acordo com a nacionalidade. Mas no vale do Nilo tais ideias não eram acarinhadas apenas pelo povo; era particularmente entre as classes altas que essas concepções baixas de divindade prevaleciam, e eram os próprios sacerdotes que condenavam e executavam o animal sagrado. Posteriormente, de fato, eles procuravam garantir a imortalidade do animal pelo embalsamamento do corpo, esperando assim aplacar a ira do deus, para que ele não vingasse a morte da criatura na qual havia encarnado.[303]

M. Friedrich relata:

> Quando o chefe morre no distrito de Ibouzo, no Níger, sem deixar um filho, seu *Ikengua*, ou ídolo doméstico de madeira do deus das riquezas, é cortado em dois e jogado no mato, porque não obteve descendente masculino para adorá-lo.[304]

---

303 WIEDEMANN, Alfred. *The Religion of the Ancient Egyptians*. Londres: H. Grevel, 1897, p. 178.

304 FRIEDRICH, M. "Description de l'enterrement d'un chef à Ibouzo (Niger)". *Anthropos*, vol. II, 1907, p. 101. Cf. HARTLAND, Edwin Sidney. *Ritual and Belief*. Nova York: C. Scribner's sons, 1914, pp. 184 e ss.

Que o homem exerça retribuição a seus deuses não apenas recompensando-os pelos benefícios recebidos ou a serem recebidos, mas também punindo-os por não concederem tais benefícios, também ocorre entre os povos de religiões mais avançadas. Em *Heródoto*, VII. 35, lemos: "Então, quando Xerxes soube disso [que a ponte havia sido destruída], ficou cheio de ira, e imediatamente deu ordem para que Helesponto recebesse trezentas chicotadas e que um par de grilhões fosse lançado sobre ele. E até ouvi dizer que ele ordenou que os marcadores pegassem seus ferros e com eles marcassem Helesponto. É certo que ele ordenou àqueles que açoitavam as águas que pronunciassem, enquanto as açoitavam, estas palavras bárbaras e perversas: 'Água amarga, teu senhor te impõe este castigo porque o prejudicaste sem causa, não tendo sofrido mal nenhum em suas mãos. Em verdade, o rei Xerxes irá cruzar-te, quer queiras ou não. Bem, tu mereces que nenhum homem te honre com sacrifício; pois tu és na verdade um rio traiçoeiro e repugnante".

Augusto puniu Netuno pela perda de sua frota, ordenando que, nas peças circenses, a imagem deste último não fosse representada como as dos outros deuses. Enfurecidos com a morte de Germânico, os romanos apedrejaram os templos dos deuses, destruíram seus altares e removeram suas imagens. Eventos semelhantes ocorreram após o assassinato de Calígula, para punir os deuses por terem admitido tal monstro no trono. Tais reações às autoridades sobre-humanas podem ser observadas até mesmo entre os cristãos. Na Idade Média acontecia com frequência de as imagens dos santos serem destruídas ou jogadas nos rios como punição por não terem concedido a ajuda solicitada. "Na primeira metade do século XVI, ainda era costume em várias cidades do reino de Navarra em tempos de secas extraordinárias levar a imagem de São Pedro em procissão solene e cantar: 'São Pedro, nos ajude', três vezes. Se São Pedro não respondesse, os homens e mulheres gritavam: 'Jogue São Pedro no rio!' O clero procurava acalmar o povo e consolá-lo dizendo que o socorro chegaria em breve, mas o povo não aquiescia até que o clero garantisse a ajuda de São Pedro". ROSKOFF, Gustav. *Das Religionswesen der rohesten Naturvölker*. Leipzig: F. A. Brockhaus, 1880, pp. 139 e ss.; MEINERS, C. *Allgemeine kritische Geschichte der Religionen*. vol. I. Hannover: Helwing, 1806/1807, pp. 177 e ss.

BRINTON, Daniel G. *Nagualism*. Filadéfia: MacCalla &Company, 1894, p. 13, escreve: "A crença em um espírito guardião pessoal era uma das doutrinas fundamentais do nagualismo... No México de hoje, além de seu guardião pessoal, o nativo muitas vezes escolhe outro por um tempo limitado ou para um propósito específico, e isso é bastante condizente com a forma de cristianismo que lhes foi ensinada. Por exemplo, como nos informa um viajante observador, no Ano Novo ou na época da plantação do milho, o chefe da família vai à igreja da paróquia e entre os vários santos ali expostos escolhe um como seu guardião para o ano. Ele lhe dirige orações por chuva e sol, por uma colheita abundante, saúde e prosperidade, e não deixa de apoiar essas súplicas com presentes pródigos. Se os tempos são bons e as colheitas amplas, o santo é recompensado com ainda mais presentes, e sua ajuda é procurada por mais um período; mas, se a sorte for ruim, o índio se dirige à igreja no fim do ano, amaldiçoa seu santo padroeiro, xinga-o de todos os palavrões que consegue pensar e não tem mais nada a ver com ele".

WESTERMARCK, Edward. *Early Beliefs and Their Social lnfluence*. Londres: MacMillan, 1932, p. 28, nota: "Quando pressionado, o samoieda, depois de invocar suas próprias divindades em vão, dirige-se ao deus russo, prometendo tornar-se seu adorador se ele o aliviar da angústia; e na maioria dos casos é fiel a sua promessa, embora possa ainda tentar manter boas relações com seus antigos deuses, oferecendo-lhes ocasionalmente um sacrifício em segredo". A compensação ao deus cristão consiste em alguém tornar-se seu adepto; o primitivo samoieda acredita que a divindade cristã está interessada em obter novos adeptos.

A relação do homem primitivo com seu "fetiche" é descrita por Schultze da seguinte forma:

> O fetiche fornece proteção. O serviço, no entanto, exige contrasserviço e, portanto, a proteção é concedida ao suplicante apena se ele oferecer escrupulosamente um serviço em troca... Se o selvagem prestou toda a reverência necessária ao seu fetiche, ele pede obstinadamente aos deuses uma compensação correspondente; se essa compensação não for concedida, então o selvagem trata o fetiche como em circunstâncias similares lidaria com seus semelhantes: ele tenta compelir o fetiche por meio de castigo e punição... Se o Ostjak não tiver sucesso na caça, ele espanca seu fetiche... Os habitantes de Kakongo jogaram todos os seus fetiches no fogo quando os fetiches, apesar das súplicas, não os resgataram de uma epidemia.[305]

L. M. Turner relata sobre os esquimós do Distrito de Ungava (Território de Hudson Bay):

> Quando um indivíduo não consegue superar os obstáculos em seu caminho, o infortúnio é atribuído ao mal feito por seu espírito assistente, cuja boa vontade deve ser invocada. Se o espírito se mostra obstinado e relutante em conceder a assistência necessária, a pessoa às vezes se zanga com ele e lhe inflige um sério castigo, priva-o de comida ou despoja-o de suas vestes, até que depois de um tempo se mostre menos refratário e obedeça a seu mestre.[306]

---

305 SCHULTZE, Fritz. *Psychologie der Naturvölker*. Leipzig: Veit & comp., 1900, pp. 233 e 238.

306 TURNER, Lucien M. "Ethnology of the Ungava District, Hudson Bay Territory". *In*: POWELL, J.W. (Coord.). *11th Annual Report of the Bureau of Ethnology*. Washington: Government Printing Office, 1894, p. 194.

Durante uma tempestade, que é considerada a manifestação de um poderoso demônio, os sakai (Malásia) atiram flechas envenenadas para o céu, enquanto as mulheres jogam brasas no ar, batem na terra com varas de bambu e gritam para a tempestade: "Vá embora e nos deixe em paz! Nós não lhe fizemos nenhum mal, portanto, não nos prejudique".[307] Kidd relata ações semelhantes dos bosquímanos, que acreditam que o relâmpago é causado por um espírito hostil: "Assim, os bosquímanos atirarão pedras ou flechas envenenadas no relâmpago, esperando afastá-lo".[308] "Em tempo de seca, doença, ou grandes problemas", escreve Kidd[309] sobre os cafres, eles sacrificam aos ancestrais raivosos.

> Se o problema não desaparece após essa cerimônia, as pessoas ficam com raiva e dizem aos espíritos: "Quando deixamos de matar gado para vocês, e quando alguma vez nos recusamos a louvá-los por seus nomes de louvor? Por que, então, vocês nos tratam tão mal? Se não se comportarem melhor, esqueceremos completamente seus nomes, e então o que vocês farão quando não houver ninguém para louvá-los? Vocês terão de ir e viver de gafanhotos. Se vocês não consertarem seus caminhos, vamos esquecê-los. De que adianta matarmos bois para vocês e os louvarmos? Vocês não nos dão chuvas nem colheitas, nem fazem com que nosso gado tenha um bom crescimento; vocês não mostram gratidão em troca de tudo o que fazemos por vocês. Nós os rejeitaremos totalmente. Diremos ao povo que, quanto a nós, não temos espíritos ancestrais, e isso será a sua vergonha. Estamos indignados com vocês".

---

307 SCHEBESTA, Paul. *Orango-Utan*: Bei den Urwaldmenschen Malayas und Sumatras. Leipzig: White Lotus Press, 1928, p. 138.

308 KIDD, Dudley. *The Essential Kafir*. Edimburgo: A & C Black, 1904, p. 120.

309 KIDD, Dudley. *The Essential Kafir*. Edimburgo: A & C Black, 1904, pp. 89 e ss.

E Kidd acrescenta: "O Prometeu de Shelley não poderia falar com mais desdém a Zeus".

Junod observou entre os tonga sul-africanos que as orações dirigidas aos deuses no caso de um grande infortúnio continham comentários ofensivos. "Há duas palavras usadas para designar essa parte curiosa da oração: *holobela* ou *holobisa*, para repreender os deuses, ou *rukatela*, a palavra para 'insultar'".[310] Como exemplo, ele menciona uma oração feita quando uma criança está doente:

> Vocês, nossos deuses, e você, Fulano de Tal, aqui está nossa *mhamba* (oferenda)! Abençoem esta criança e faça-a viver e crescer; enriqueça-a, para que quando os visitemos, ele possa matar um boi para nós...Vocês são inúteis, deuses; vocês só nos trazem problemas! Pois embora lhe façamos oferendas, vocês não nos ouvem! Estamos privados de tudo! Você, Fulano de Tal (nomeando o deus, a quem a oferenda deve ser dirigida de acordo com o decreto pronunciado pelos ossos, i. e., o deus que estava com raiva, e que induziu os outros deuses a fazer mal à aldeia, deixando a criança doente), você está cheio de ódio! Você não nos enriquece! Todos aqueles que têm sucesso, o fazem com a ajuda de seus deuses! Agora nós lhe damos este presente! Chame seus ancestrais tal e tal; chame também os deuses do pai deste menino doente, porque o povo de seu pai não roubou a mãe dele; essas pessoas, de tal clã, vieram à luz do dia (o *lobola* à mãe). Então venham aqui para o altar! Comam e distribuam entre vocês o nosso boi (a galinha!) de acordo com sua sabedoria.[311]

A doença da criança é considerada uma violação do princípio da retribuição, pois o infortúnio ocorreu embora os sacrifícios

---

310 JUNOD, H. A. *The Life of a South African Tribe*. 2ª ed. vol. II. Londres: MacMillan, 1927, p. 423.

311 JUNOD, H. A. *The Life of a South African Tribe*. 2ª ed. vol. II. Londres: MacMillan, 1927, p. 396.

prescritos tenham sido oferecidos aos deuses. O "insulto" aos deuses consiste simplesmente em lembrá-los de seu dever de observar o princípio da retribuição.

Um xamã dos chukchee disse a W. Bogoras, referindo-se aos espíritos malignos:

> Estamos cercados de inimigos. "Espíritos" sempre andam invisíveis com bocas escancaradas. Estamos sempre encolhendo, e distribuindo presentes por todos os lados, pedindo a proteção de um, dando resgate a outro, incapazes de obter qualquer coisa gratuitamente.[312]

Segundo C. K. Meek,[313] os hona, uma tribo da província de Adamawa, no norte da Nigéria, veneram certas pedras que são símbolos dos antepassados mortos. Eles se dirigem a esses símbolos. Entre outras coisas, eles dizem: "Pois nós cuidamos de vocês; vocês também cuidam de nós". Se eles têm uma má colheita ou não têm sorte na caça, nenhum culto é realizado, e eles dizem ao símbolo: "Este ano não lhe darei nada, pois você ergueu obstáculos a nós. Nós lhe fizemos o bem, mas você nos fez o mal". Meek escreve sobre os jukun da Nigéria:

> As relações entre o jukun e os deuses são baseadas na ideia de reciprocidade, e se os primeiros cumprirem sua parte do contrato, espera-se que os últimos ajam da mesma forma.

---

312 BOGORAS, Valdemar (Coord.). *Memoirs of the American Museum of Natural History*. vol. XI, Parte II - The Chukchee. Reimpressão do vol. VII, parte I de The Jesup North Pacific Expedition. Leida: E. J. Brill Ltd., 1907, p. 295.

313 MEEK, C. K. *Tribal Studies in Northern Nigeria*. vol. II. Londres: Kegan Paul, 1931, p. 403.

> Um jukun desistirá de um culto do qual não obteve nenhuma vantagem palpável.[314]

Particularmente significativas são as declarações de R. F. Fortune[315] sobre a religião dos manus. Os manus esperam de seu deus, o Sr. Espírito, que ele os proteja contra a morte. Mas, se alguém morre na casa de um nativo, este responsabiliza o Sr. Espírito pela morte:

> Então o guardião pessoal falhou em guardar. Os pecados foram todos confessados e expiados, o governo moral foi honrado e observado, mas a morte ocorreu mesmo assim. Então fora com Sr. Espírito! Seu crânio pode ser reduzido a pó, e o pó lançado nas chamas, ou pode simplesmente ser arremessado ao mar. Sr. Espírito torna-se um vago perigo à espreita nos mares médios, não muito seriamente considerado – depois uma lesma do mar. Mas o sistema continua. Um novo crânio é retirado do cadáver dos mortos recentes. É instalado na frente da casa com as mulheres lamentando a lembrança da morte. Viva Sr. Espírito – mas não mais que seu filho e herdeiro a quem ele protege.

Esse fenômeno pode ser explicado a partir do fato de que os manus consideram a relação com seu Sr. Espírito um contrato. Fortune caracteriza-o da seguinte maneira:

> Uma maneira melhor de descrever a relação de jugo entre um mortal individual e seu próprio Sr. Espírito individual é afirmar que os dois são parentes próximos que preservam

---

314 MEEK, C. K. *A Sudanese Kingdom*: an Ethnographical Study the Jukun-speaking Peoples of Nigeria. Londres: Kegan Paul, Trench, Trübner & Co, 1931, p. 131.

315 FORTUNE, R. F. *Manus Religion*. (Série: Memoirs of the American Philosophical Society). vol. III. Filadélfia: American Philosophical Society, 1935, pp. 8 e ss.

> um pacto para sua vantagem mútua. Nesse sentido, eles têm um ao outro e, ao quebrar os termos do pacto, um deles pode fazer com que o outro o renegue... Os termos do pacto entre o protegido e o Sr. Espírito incluem primeiro que o protegido participe dos ritos sobre os restos mortais que o Sr. Espírito deixou para trás. Pode parecer à primeira vista que essa ação é motivada por sentimentos naturais de piedade e tristeza familiares. Assim é, mas tais sentimentos não impedem que isso seja racionalizado posteriormente como parte de um pacto. É uma percepção comum na Melanésia que um enlutado merece pagamento.

Um dos deveres do Sr. Espírito é a observância de todas as prescrições da ordem social. Como compensação, o Sr. Espírito é obrigado a preservar seu protegido contra infortúnios, principalmente a morte. Fortune acrescenta a isso o seguinte detalhe:

> Ocasionalmente, o protegido fala com o Sr. Espírito, apontando que ele está dando ao Sr. Espírito abrigo e espaço em casa contra os males do clima, comida e calor, um lugar de honra na frente da casa e seu profundo respeito. Em troca, o Sr. Espírito dará a ele e à sua família boa saúde, ou boa sorte na pesca, ou um vento favorável para uma viagem de canoa; a solicitação varia de acordo com a necessidade mais urgente do momento. Se a qualquer momento o Sr. Espírito parecer não estar dando o que lhe foi pedido, seu protegido será facilmente tomado de raiva. Ele então ameaçará o Sr. Espírito com uma quebra final de seu pacto. Será que o Sr. Espírito deseja ser jogado para fora de casa no relento, "ser lavado por todas as chuvas, queimado por todos os sóis", não ter seu nome invocado por ninguém, ser sem-teto e esquecido? Se o Sr. Espírito continuar a reter sua boa sorte, então terá de ir embora...

Por outro lado, o respeito que o homem primitivo tem pela retribuição emanada da autoridade sobre-humana é tão grande que ele não ousa socorrer um homem ferido em um acidente se considerar o acidente uma punição imposta pela divindade. Um raio é essencialmente interpretado como tal punição. Quando um raio atingiu a cabana de Bassuto na qual várias crianças estavam presas, ninguém, nem mesmo seus pais, ousou ir em seu auxílio. A lei da retribuição divina deve seguir seu curso.[316]

---

316 LÉVY-BRUHL, Lucien. *Primitive Mentality*. Trad. autorizada de Lilian A. Clare. Nova York: MacMillan; Londres: George Allen & Unwin Ltd., 1923, p. 278.

Em A PAKEHA MAORI. *Old New Zealand*. Londres: R. Bentley, 1884, p. 105, lemos: "Houve nos tempos antigos duas grandes instituições que reinaram ferreamente na terra maori – o *Tapu* e o *Muru* (o *Muru*, de uma maneira grosseira, se assemelhava a danos a serem pagos)... As ofensas pelas quais as pessoas eram saqueadas às vezes eram de uma natureza... que pareceria curiosa. O filho de um homem caiu no fogo e foi queimado quase até a morte. O pai foi imediatamente saqueado a tal ponto que quase o deixou sem meios de subsistência: redes de pesca, canoas, porcos, provisões – tudo se foi. Sua canoa virou, e ele e sua família escaparam por pouco do afogamento – alguns, talvez, se afogaram. Ele foi imediatamente roubado e espancado com um porrete, e se salvou por ser bom na ciência da autodefesa – a parte da cerimônia com o porrete é sempre administrada de maneira justa, um contra um, e depois de um aviso claro para se defender".

POLACK, J. S. *Manners and Customs of the New Zealanders*. vol. II. Londres: James Madden & Co., 1840, pp. 64 e ss., escreve: "Se um homem estourar sua munição enquanto a descarrega em homenagem à chegada de um visitante, a arma é imediatamente arrancada dele e torna-se propriedade de quem a tomou, pela afronta acidental oferecida ao visitante. Se o homem sofreu um ferimento em consequência disso, seu crime é considerado da maior magnitude; ele deve se contentar com a perda de sua arma, e pode se considerar afortunado se escapar de uma surra. Quando um homem contrai matrimônio, a cerimônia não será observada com a devida honra a menos que deixe que o despojem de todos os objetos que ele e a noiva possuem; todos os itens de provisão são levados, e se sobrar um cobertor para cobrir sua nudez, ele pode agradecer a seu *Atua* [espírito guardião]. Alguns chefes de alto escalão, em tais ocasiões, vestem-se com os melhores trajes que possuem, e tal conduta acrescenta muito a sua honra, como indicativa de ausência de parcimônia, e é relatada a tribos distantes como um exemplo notável de ausência de mesquinhez. As partes que empreendem essas incursões de saque devem ter algum grau de parentesco, mas um primo de sétimo grau, se puder demonstrar o fato de ser uma fibra da árvore genealógica, é admitido como parte do grupo. A vigilância dos nativos é particularmente exibida em tais ocasiões, pois surge muita competição sobre quem deve realizar a

---

primeira visita. Uma cena similar ocorre na morte de uma esposa, como se a aflição não fosse suficientemente avassaladora. A perda de um filho favorito é acompanhada de um velório semelhante. Essas visitas não se limitam apenas ao saque, pois os enlutados obtêm, além disso, uma punição severa, na qual os golpes são frequentemente dados sem defesa. A alegria de um pai no nascimento de seu filho contrabalançada por um castigo semelhante, que não poupa nem a felicidade excessiva nem a aflição mais avassaladora. Essa lei tampouco se limita a ocorrências domésticas. Se um ou mais nativos têm sua canoa virada, por estresse do tempo ou má condução, os nativos mais próximos do local nadam instantaneamente até os marinheiros e, em vez de ajudá-los, apropriam-se de todos os artigos que podem encontrar, seja remos ou roupas, depois rebocam a canoa para a praia e imediatamente a apresam, e ainda despojam os infelizes sofredores de todos os artigos de vestuário, e muitas vezes com o estímulo adicional de uma boa surra. Se um chefe ou liberto é morto em batalha, seus amigos imediatamente correm para suas plantações e desenterram todos os artigos de provisões, reduzindo suas esposas e famílias à miséria. Um chefe influente provavelmente se apropriará das esposas de seu amigo falecido, como melhor lhe pareça, e de uma boa proporção de seus escravos, e ser escrupuloso em tais assuntos seria considerado totalmente supérfluo, pois a lei funcionaria da mesma maneira no caso de sua própria morte".

WAITZ, T. *Anthropologie der Naturvölker*. vol. VI. Leipzig: F. Fleischer, 1872, p. 224, escreve que nas Marquesas e na Nova Zelândia costumava-se saquear os desafortunados "porque se considerava o infortúnio um castigo divino e aqueles por ele atingidos criminosos".

LÉVY-BRUHL, Lucien. *Primitive Mentality*. Trad. autorizada de Lilian A. Clare. Nova York: MacMillan; Londres: George Allen & Unwin Ltd., 1923, p. 290, assinala: "... o infortúnio é uma desqualificação, e aquele que foi afligido por ele sofreu ao mesmo tempo uma degeneração moral. Como objeto da ira dos poderes invisíveis, ele se torna um perigo para seus amigos e para o grupo social, e eles evitam sua presença".

ROSCOE, John. *The Baganda*. Londres: MacMillan, 1911, p. 319, diz dos baganda, uma tribo na África Equatorial oriental, que ninguém ousa salvar um homem que esteja se afogando: "Eles pensam que o espírito guardião do homem o deixou à mercê do espírito do rio, e explicam sua morte desse modo".

Segundo STELLER, George W. *Beschreibung von dem Lande Kamtschatka*. Frankfurt: J.G. Fleischer, 1774, p. 295, os nativos de Kamchatka adotavam uma atitude ainda mais hostil em relação a um homem se afogando. Se conseguisse se salvar, era banido por seus semelhantes.

26 A ideia de retribuição e a magia

O princípio da retribuição desempenha um papel importante não apenas na religião, mas também na magia, até onde se pode separar os dois. O caráter social da magia em geral foi mencionado em conexão com outro tema. A relação do homem primitivo com a autoridade sobre-humana – cuja ajuda ele solicita em suas operações mágicas – é determinada por regras sociais. Existem dois métodos sociologicamente diferentes pelos quais um semelhante pode ser induzido a um determinado comportamento: a influência direta ou indireta sobre sua vontade. A primeira consiste na expressão de um desejo de um indivíduo a outro; se ambos forem iguais, trata-se de um pedido; se um é superior ao outro, trata-se de um comando. O segundo método é fazer uma promessa ou conceder uma vantagem, no caso de o comportamento desejado ocorrer, ou ameaçar um mal, no caso do comportamento oposto. É o princípio da retribuição que funciona aqui. Essas são também as duas maneiras pelas quais os procedimentos mágicos são realizados. Todas essas expressões de desejos dirigidas a uma autoridade sobre-humana são, na verdade, orações faladas, cantadas ou executadas mimicamente. Qualquer esforço para distingui-las das orações religiosas é em vão. Onde quer que tenham o caráter de comandos que o mago dirige à autoridade sobre-humana, ou onde quer que ele pareça ou pretenda exercer coerção sobre os poderes transcendentais com suas operações mágicas, as circunstâncias são especiais e certamente atípicas. Tais solicitações são caracterizadas pelo fato de que o mago se identifica com a autoridade sobre-humana, fenômeno que geralmente é observado apenas entre magos profissionais, i. e., em uma organização social em que existe uma classe ou casta especial de magos. A identificação com a autoridade sobre-humana, porém, ocorre também naquela esfera em que se fala de religião e sacerdotes e não mais em magia e magos.[317]

---

317 A tentativa de explicar a magia pelo "egocentrismo" do homem primitivo, por sua suposta crença no poder ilimitado de sua vontade pessoal sobre a

natureza, a onipotência de seus desejos, é contrariada por tudo o que sabemos sobre a mentalidade do homem primitivo – acima de tudo, por sua notória falta de consciência do eu. Na magia, o homem recorre a um poder sobre-humano – pessoal ou impessoal – para a realização de seus desejos, e o faz porque não se considera capaz de produzir o efeito desejado. SKINNER, Alanson. "Social Life and Ceremonial Bundles of the Menomini Indians". *Anthropological Papers of the American Museum of Natural History*, vol. XIII, parte 1, 1913, p. 132, diz dos índios menomini: "Os menomini acreditam que os animais de todos os tipos são dotados de inteligência quase igual à dos seres humanos, e que os homens só são capazes de capturá-los porque são mais afortunados do que eles... Os menomini esforçavam-se ao máximo para manter os poderes sobrenaturais apaziguados para que eles pudessem continuar a ajudá-los amigavelmente. A habilidade real do caçador não valia nada se ele não recebesse a assistência de cima. Sem essa ajuda, sua mera habilidade de caça, seu conhecimento das presas e sua precisão com armas eram inúteis... Devido a essas ideias, os menomini recorrem a todo tipo de métodos mágicos para capturar suas caças".

A explicação da magia como emanação da megalomania do homem primitivo está, em certo grau, ligada à tendência de separar a magia da religião. A religião caracteriza-se pela humilde submissão do homem à divindade, imaginada como um poder avassalador; a magia, no entanto, repousa na crença arrogante do homem de que pode exercer coerção sobre os poderes que guiam a natureza, forçá-los por meio de procedimentos específicos, i. e., mágicos, a se comportarem de acordo com a vontade do mago. Essa teoria é desenvolvida extensamente no livro de RADIN, Paul. *Primitive Religion*: Its Nature and Origin. Nova York: Viking Press, 1937. Aqui, também, a contradição entre tal interpretação da magia e a mentalidade do homem primitivo, corretamente retratada pelo autor, torna-se claramente aparente. A vida do homem primitivo caracteriza-se, como destaca Radin na p. 6, pela inadequação de seus meios na luta contra a natureza; essa situação necessariamente criou nele "o sentimento de impotência e de insignificância". Página 7: "Com medo nasceu o homem". Radin descreve esse medo inerente ao homem primitivo desde os primórdios como "Medo inspirado por uma situação econômica específica"; e na p. 23 ele escreve: "É um medo muito literal da batalha pela existência sob as difíceis condições econômicas que prevalecem nas sociedades simples. Quanto mais incerto for o abastecimento de alimentos, quanto menos o homem estiver tecnologicamente preparado, maior será, naturalmente, o sentimento de insegurança e mais intenso, consequentemente, será o medo". Radin afirma, p. 22, "esse medo é a emoção primordial com a qual o homem começou". Esse medo primordial do homem primitivo é apenas o reverso do que Radin chama de "o sentimento de impotência e de insignificância". Isso leva Radin à seguinte conclusão de natureza psicológica geral: "Tudo isso naturalmente levou a uma desorientação e desintegração do eu. O correlato mental de tal condição é o subjetivismo, e subjetivismo significa domínio da magia e das formas mais elementares de ritos coercitivos. Se os psicanalistas quiserem chamar isso de narcisismo, não pode haver objeção legítima". Como esse argumento se baseia na psicologia, deve ser julgado do mesmo ponto de vista. Isso significa que é incorreto falar de uma "desorientação e desintegração do eu" do homem primitivo, pois tal afirmação pressupõe que o homem primitivo já possui uma experiência do eu, uma consciência do eu e uma autoconfiança correspondente. Só então o eu poderia ser destruído ou dissolvido. Mas tal consciência do eu e tal autoconfiança não poderiam, de acordo com Radin, surgir no homem primitivo. Esse é um ponto importante, uma vez que sua argumentação posterior está essencialmente baseada nessa mudança de posição. Ele pode estar certo quando afirma que o subjetivismo é o correlato de uma desintegração do eu; tal é presumivelmente o caso do narcisismo entre os homens modernos. Pois aqui existe, de fato, uma consciência do eu altamente refinada – parcialmente herdada, parcialmente desenvolvida pela educação – que pode ser desintegrada por várias circunstâncias. Aqui, então, poderia começar o processo que leva àquela hipertrofia da consciência do eu que a psicanálise chama de "narcisismo" e que pode ser explicada ou como uma tentativa de compensação ou como uma supercompensação por alguma rejeição sofrida. É assim que Radin interpreta a passagem da desintegração do eu ao seu excesso (p. 8): "É natural que a psique, em tais circunstâncias, refugie-se em fantasias de compensação". Mas a transferência desse mecanismo psíquico, aplicável a certos neuróticos, ao homem primitivo é absolutamente impossível, porque este carece do fator essencial, a consciência do eu primária e a autoconfiança que esse processo de compensação busca restabelecer. Esse exemplo mostra o cuidado que se deve ter ao se estabelecer paralelos entre a mentalidade primitiva e a condição psíquica dos neuróticos.

Um dos méritos da obra de Radin é apontar a importância que certos indivíduos têm na formação das ideias religiosas entre os homens primitivos; ele os chama de "formuladores religiosos". Na página 15 ele escreve: "Para uma compreensão adequada da religião primitiva, é necessário saber não apenas por que o homem postulou o sobrenatural e que propósito ele cumpria, mas também quais indivíduos de uma dada sociedade o formularam e até que ponto essa formulação diferia de homem para homem. É patente que em qualquer grupo somente um número muito pequeno de indivíduos está interessado em fazer uma análise dos fenômenos religiosos e que um número ainda menor está qualificado para fazê-lo. Isso é verdade em nossas próprias culturas e em grau muito maior entre os povos primitivos. Embora o número de pensadores e coordenadores religiosos seja relativamente menor nas sociedades primitivas do que entre nós, eles, no entanto, desempenham um papel infinitamente mais importante". Mas essa afirmação parece ter valor apenas se – um aspecto que Radin não avalia – a existência desse grupo especial de "formuladores religiosos" estiver relacionada com a prática da divisão do trabalho no decurso da qual se desenvolveram as diferentes profissões. E admite-se que isso só é possível em um estágio relativamente avançado de desenvolvimento social. Sem dúvida, a influência dos magos e sacerdotes profissionais sobre as ideias religiosas não deve ser subestimada, e Radin certamente está certo quando enfatiza que se obtém uma imagem diferente das ideias religiosas de um povo conforme se confia nas declarações de profissionais ou nas avaliações correspondentes de um leigo comum. Mas Radin não é convincente quando afirma, com base em considerações psicológicas gerais, que "a tarefa do formulador fica assim clara. Ele deve – isso não pode ser suficientemente enfatizado – libertar o ato mágico de seu caráter compulsivo" (p. 26); ou quando diz que "a função primária do pensador religioso" é "mitigar o rigor da coerção exercida pelo eu sobre o objeto e conceder ao objeto tanto a independência quanto uma medida de libre arbítrio" (p. 30). De um ponto de vista psicológico geral – e este é o único possível, uma vez que não se pode fundamentar o processo em questão com material empírico de todos os povos – o oposto é mais provável. O mago profissional preocupa-se de modo vital que os leigos que se voltam para ele acreditem em sua influência decisiva sobre a autoridade sobre-humana. Assim, o profissional é justamente aquele que mais tem interesse em difundir a crença de que se pode forçar os poderes que controlam a natureza a se comportarem de acordo com certos desejos; pois ele mesmo tem essa capacidade porque a adquiriu de uma maneira específica. Radin destaca com razão a grande influência dos interesses pessoais e profissionais desses "formuladores religiosos" sobre o estabelecimento real das ideias religiosas. No que se refere à relação com a autoridade sobre-humana, esses interesses apontam para numa direção diametralmente oposta àquela assumida por Radin para sustentar sua ideia da relação entre magia e religião. A intenção do mago profissional é comprovada por sua tendência frequentemente observada de se identificar com a autoridade sobre-humana, de fazer seu poder parecer de alguma forma como dele e, assim, produzir a impressão de que ele mesmo é capaz de produzir o resultado desejado. Portanto, é típica a ideia de que o "espírito" com cuja ajuda o mago realiza sua arte tem sua morada nele mesmo.

Além disso, deve-se observar que a relação com a autoridade sobre-humana, tanto na magia como em outras práticas, é essencialmente ambivalente. Embora seja verdade que o interesse imediato do mago profissional visa fazer o leigo acreditar que a autoridade sobre-humana está à sua disposição, ele também está muito preocupado em fazer a autoridade parecer extremamente poderosa aos olhos de todos os crentes. Nesses e em outros aspectos, a magia como sistema profissional é caracterizada por duas tendências inconscientes. E justamente nesse ponto não existe distinção entre magia e religião. Certamente o desenvolvimento da religião é caracterizado pelo fato

---

de que a distância entre o homem e Deus é gradualmente aumentada. Essa distância, expressa em termos do poder da autoridade sobre-humana, atinge finalmente o estágio do infinito, de modo que qualquer possibilidade de influenciar a vontade divina deve parecer incompatível com a transcendência absoluta. Esse extremo ainda não foi alcançado pelo cristianismo comum. A conquista de tal posição significaria para a religião a perda de seu sentido social e, portanto, de sua possibilidade de existência. Mas essa tendência de desenvolvimento religioso é contrariada por uma tendência oposta, baseada na ideia de justiça divina. Uma vez que Deus governa o mundo com justiça, o pecado necessariamente acarreta punição, assim como o mérito acarreta recompensa. É uma ideia essencialmente religiosa que o homem, por meio de certo comportamento agradável à Divindade, obtém um direito incondicional a um tratamento correspondente da Divindade. A crença na justiça de Deus exerce, portanto, não menos coerção sobre a Divindade do que o mago exerce sobre um de seus "espíritos". Quanto mais moral é a ideia da Divindade, mais ela se torna sujeita à lei da retribuição. Mas mesmo que permaneçamos distantes tanto da esfera da teologia – que racionaliza mais ou menos seu objeto – quanto da especulação teológica sobre a justiça divina e apenas busquemos a religião onde sua experiência subjetiva é intensificada ao máximo, a saber, nos místicos, encontra-se constantemente uma situação espiritual notavelmente semelhante àquela considerada característica da magia, e que na realidade é a situação espiritual do mago profissional. A experiência mística também se caracteriza pela tendência do crente de se identificar com a Divindade, de deixar sua própria vontade coincidir com a vontade da Divindade e, assim, forçá-la a se tornar um com o ser humano. Essa é a essência da religião de um dos maiores místicos de todos os tempos, Mestre Eckehardt. Nesse sentido, Angelus Silesius, um dos místicos mais representativos, diz (SILESIUS, Angelus. *Angelus Silesius*: a Selection from the Rhymes of a German Mystic. Trad. para o inglês de Paul Carns. Chicago: Open Court Publishing Company, 1909, pp. 15 e 17): "Sei que, privado de mim, Deus não poderia viver por um piscar/Ele deve perder o espírito se no nada eu afundar/Deus é meu fim último; Ele de mim floresce/Então Ele cresce de mim enquanto meu eu nele evanesce".

E (SILESIUS, Angelus. *Angelus Silesius*: Selections from the Cherubinic Wanderer. Trad. para o inglês e introdução de J. E. Crawford Flitch. Londres: G. Allen & Unwin Limited, 1932, p. 119): "Deus deve fazer minha Vontade, se a Vontade em mim está acabada/Escrevo a partir dele Seu paradigma e sua mirada".

Se apenas a coerção exercida sobre a autoridade sobre-humana distingue a magia da religião, então as contínuas tentativas de separar claramente essas duas esferas são em vão. Cf. HARTLAND, Edwin Sidney. *Ritual and Belief*. Nova York: C. Scribner's sons, 1914, pp. 26 e ss. e 129 e ss.

Algumas operações mágicas têm o caráter de atos de retribuição. Elas não servem apenas para mostrar à autoridade sobre-humana o que se espera dela, mas também lhe dão um retorno análogo. A dança das serpentes dos hopi, que tem o caráter de magia da chuva, pode ser citada como exemplo.[318] Um dos elementos essenciais das cerimônias de nove dias em agosto, que supostamente trazem chuva, é a captura de algumas cascavéis, bem como de cobras de outros tipos. Imediatamente antes da caça às cobras, a seguinte oração é pronunciada:

> Agora, surjam! Apareçam as nuvens bem dispostas. E tendo saído e assim deixando sua água da chuva serpentear por nossas plantações, elas brotarão e nossos filhos irão (ter algo para) comer. Assim nos mandaram nossos pais. Portanto, saiam rápido.[319]

O mais significativo é que no nono dia, no qual a dança acontece, as cobras são mergulhadas em uma tigela de água medicinal e jogadas no campo de areia. "As cobras eram agora passadas aos punhados para o Kalehtaka [sacerdote da cobra] que as mergulhava na água e as jogava no campo de areia". Depois é realizada a cerimônia principal, uma dança, na qual as cobras são mantidas na boca do dançarino – às vezes até duas cobras na boca de um único dançarino.[320] As cobras são chamadas de "nossos

---

318 DORSEY, George A.; VOTH, H. R. *The Mishongnovi Ceremonies of the Snake and Antelope Fraternities*. Field Columbian Museum Pub. 66. Anthropological Series, vol. III, nº 3. Chicago: Field Columbian Museum, 1902, pp. 165-261.

319 DORSEY, George A.; VOTH, H. R. *The Mishongnovi Ceremonies of the Snake and Antelope Fraternities*. Field Columbian Museum Pub. 66. Anthropological Series, vol. III, nº 3. Chicago: Field Columbian Museum, 1902, pp. 182 e ss.

320 DORSEY, George A.; VOTH, H. R. *The Mishongnovi Ceremonies of the Snake and Antelope Fraternities*. Field Columbian Museum Pub. 66.

pais".[321] Possivelmente, acredita-se que as almas dos ancestrais residam nas cobras.[322] Não só por todo o objetivo claramente expresso na festa, mas também pelo discurso aos caçadores das cobras, torna-se evidente que as cobras são consideradas capazes de trazer chuva: "Você deve rezar para que as nuvens dos quatro cantos do mundo tenham piedade de nós e chovam para nós. E se você encontrar uma cascavel, deve rezar para ela e choverá".[323] Outra característica muito marcante da cerimônia é a aspersão repetida de farinha de milho. Água e farinha são mostradas e dadas à autoridade sobre-humana para que a chuva volte e, portanto, haja uma boa colheita.

Quando a seca dura demais no interior de Celebes, os toradja recorrem ao túmulo de um famoso cacique, a quem pedem chuva. Lá eles penduram uma vara de bambu, cheia de água, sobre a sepultura. De um buraco no fundo da vara, a água pinga constantemente na sepultura. O recipiente é reabastecido periodicamente até que chova.[324] Dos nativos da Nova Caledônia, Turner relata:

> Havia uma classe de sacerdotes que faziam chover. Eles se enegreciam completamente, exumavam um cadáver, levavam

---

Anthropological Series, vol. III, nº 3. Chicago: Field Columbian Museum, 1902, pp. 247 e 251.

321 DORSEY, George A.; VOTH, H. R. *The Mishongnovi Ceremonies of the Snake and Antelope Fraternities*. Field Columbian Museum Pub. 66. Anthropological Series, vol. III, nº 3. Chicago: Field Columbian Museum, 1902, p. 209.

322 Cf. BOURKE, John G. *The Snake-Dance of the Moquis of Arizona*. Nova York: Scribner's Sons, 1884, pp. 179/180.

323 DORSEY, George A.; VOTH, H. R. *The Mishongnovi Ceremonies of the Snake and Antelope Fraternities*. Field Columbian Museum Pub. 66. Anthropological Series, vol. III, nº 3. Chicago: Field Columbian Museum, 1902, p. 196.

324 KRUIJT, A. C. "Regen lokken en Regenverdijven bij de Toradjas van Midden Celebes". *Tijdschrift voor Indische Taal- Land- en Volkenkunde*, vol. XLIV, 1901, pp. 3 e ss.

> os ossos para uma caverna, os uniam e suspendiam o esqueleto sobre algumas folhas de taro. Derramava-se água sobre o esqueleto para correr sobre as folhas. Eles supunham que a alma do falecido pegava a água, fazia chuva com ela, e a derramava novamente... Se chovesse demais e eles quisessem tempo bom, eles realizavam um processo semelhante, só que acendiam um fogo sob o esqueleto e o queimavam.[325]

Quando os moqui mergulham na água cobras que encarnam as almas da morte de seus ancestrais, quando os toradja têm água pingando no túmulo de seu cacique, quando os nativos da Nova Caledônia borrifam um esqueleto com água, isso significa que eles dão água à autoridade sobre-humana para receber chuva em troca. Pode-se observar muitos procedimentos semelhantes da chamada "magia da chuva" nos quais o objeto que representa o poder sobre-humano, como um fetiche em forma humana ou um galho de uma árvore na qual reside uma divindade, é posto em conexão com a água. Todas essas práticas de empregar a própria substância que se espera obter em troca ilustram o princípio da retribuição em funcionamento.[326]

---

325 TURNER, G. *Samoa, a Hundred Year Ago and Long Before*. Londres: MacMillan, 1884, pp. 345 e ss.; SAMTER, Ernst. "Altroemischer Regenzauber". *Archiv für Religionswissenschaft*, vol. XXI, 1922 citam muitos exemplos de magia da chuva que consistem em manipulações com água, especialmente aquelas em que se pretende obter chuva dos mortos e, portanto, põe-se o cadáver em alguma conexão com a água.

326 WIDE, Sam; NILSSON, Martin P. "Griechische und römische Religion". *In*: GERCKE, Alfred; NORDEN, Eduard. *Einleitung in die Altertumswissenschaft*. vol. II, tomo 2. Leipzig/Berlim: B. G. Teubner, 1933, p. 16, escreve: "Quando o calor do sol e a secura duraram por muito tempo, o sacerdote de Zeus Lycaeus quebrou um raminho de carvalho no santuário deste último e o mergulhou em um poço. Logo se podia perceber como a água do poço borbulhava e o vapor subia e engrossava as nuvens para depois se derramar sobre a paisagem árcade como chuva refrescante". A árvore da qual o sacerdote quebrou o raminho era originalmente uma árvore fetiche e a morada do demônio a quem a água era oferecida dessa maneira para receber chuva dele.

Na magia, sempre que a expressão do desejo é combinada com o princípio da retribuição, o ato mágico torna-se um sacrifício.

Particularmente informativo da importância da ideia de retribuição na magia da chuva é o mito grego das peneiras das Danaides. Cf. Gruppe (GRUPPE, O. *Griechische Mythologie und Religionsgeschichte.* (Série Handbuch der klassischen Altertumswissenschaft). vol. V, nº 2. Munique: C. H. Beck, 1906, parte II, pp. 831 e ss.) refere-se ao ritual de magia da chuva que consistia em meninas derramarem água por peneiras. A água era originalmente considerada um presente para almas da morte, como meio de aplacar os demônios enfurecidos que retêm a chuva. Havia uma crença generalizada de que a estiagem era causada pelas almas da morte sedentas que sugavam tanto as nuvens de chuva quanto os poços. Os mortos eram imaginados como sedentos e por isso chamados ἀλίβαντες, "os secos", ou δαναοί, "os áridos", palavra que preservou seu significado nas Danaides do mito. Que as meninas estivessem conectadas com a magia da chuva, que é a origem do mito, "provavelmente se explica pelo fato de que as almas dos ἄωροι e ἄγαμοι eram consideradas, sobretudo, autoras da aridez; portanto, um λουτροφόρος, um vaso sem fundo, era posto sobre seus túmulos. A lenda amalgamou as meninas que tiram água com aquelas cuja ira deveriam acalmar; a versão mais antiga é provavelmente a de que as Danaides", que haviam matado seus noivos "quando, como resultado desses assassinatos, a secura se abateu sobre a terra, criaram chuva por meio do ritual com as peneiras e outras cerimônias. Mais tarde, de acordo com o que parece ser uma versão alterada da lenda, as meninas foram levadas a julgamento, mas absolvidas por meio de uma provação. Porém, essas são interpretações mais recentes; originalmente, o mito se referia à cerimônia de derramar água. A água ofertada, como é costume nos sacrifícios da chuva, é derramada em uma fenda pela qual, de acordo com a crença da época, as almas da morte sedentas chegam ao mundo superior". Gruppe, que, como a maioria dos historiadores da religião, está longe de reconhecer o elemento ético-jurídico dos procedimentos ditos "mágicos", confirma por sua interpretação do mito das Danaides que a intenção original por trás dessa magia da chuva era aplacar a vingança das almas da morte que, infligindo a seca, exercem retribuição por um crime cometido contra elas; a água usada na magia da chuva é um presente para os demônios de quem se espera a chuva como um contrapresente. GRUPPE, O. *Griechische Mythologie und Religionsgeschichte.* (Série Handbuch der klassischen Altertumswissenschaft). vol. V, nº 2. Munique: C. H. Beck, 1906, parte II, pp. 832 e ss., menciona um tipo particular de magia da chuva, realizada com flores que eram importantes para o culto dos mortos. A semelhança desse tipo de magia com os procedimentos pelos quais se deve aplacar as almas da morte enfurecidas e vingativas é tão impressionante que a ideia de retribuição como base dessas operações mágicas não pode ser ignorada.

O sacrifício da chuva e a magia da chuva são a mesma coisa. Na época védica na Índia, os sacrifícios tinham o caráter de imitação ou analogia mágica; eles consistiam em uma reprodução artificial (criada por sacerdotes) de fenômenos naturais.[327] Deve-se observar a esse respeito que o sacrifício, originalmente baseado no princípio *do ut des*, é ele mesmo expressão de um desejo e que nenhuma linha nítida de distinção pode ser traçada entre as duas funções do ato mágico, a saber, mostrar à autoridade sobre-humana o que se deseja obter dela e dar à autoridade sobre-humana o que se deseja recuperar – não exatamente na mesma substância, mas em uma análoga. Especialmente se o desejo é expresso em certos objetos, estes são muitas vezes considerados sacrifícios oferecidos a seres sobre-humanos. Um exemplo é o chamado *faditra* dos nativos de Madagascar. É um caso de imitação mágica, que um missionário certa vez descreveu como sacrifício expiatório, "piaculum":

> Para expulsar a morte, ofereça algo morto, como vítima: por exemplo, um quarto de carne de vaca preservará um doente. Para evitar aflições repentinas, ofereça alguma terra sobre a qual um raio tenha caído (pois o raio cai repentinamente). Da mesma forma, a doença é afastada ao se apresentar madeira de uma árvore doente. Para evitar um infortúnio inesperado (morte, escravização etc.), ofereça um gafanhoto do qual as asas e os pés foram removidos (porque para o inseto isso é uma calamidade repentina e completa). Para evitar ser rejeitado, deserdado ou desonrado (pelos pais etc.), sacrifique um pedaço de unha ou um pouco de dinheiro.[328]

---

327 BERGAIGNE, Abel. *La Religion védique*. vol. I. Paris: F. Vieweg, 1878, pp. 121 e ss.

328 ALLIER, Raoul. *Magie et religion*. Paris: Berger-Levrault, 1935, p. 18, seguindo COUSINS, W. E. *Malagasy Customs*. Antananarivo: L.M.S. Press, 1896. Fica claro que o caráter da oferenda de agradecimento é puramente retributivo. Uma fórmula védica reproduzida por BERGAIGNE, Abel. *La Religion védique*. vol. I. Paris: F. Vieweg, 1878, p. 141, diz: "Os deuses nos beneficiaram com um bom fogo; devemos honrá-los com um bom fogo".

27 Retribuição em relação aos animais

Especialmente em relação aos fenômenos da natureza que afetam sua vida cotidiana, a saber, animais e plantas, o homem primitivo se comporta de acordo com o princípio da retribuição. Isso é indicado pela crença de que os animais só podem ser mortos quando concordam. O missionário Le Jeune escreve em seu relatório sobre os índios norte-americanos:

> Enquanto eu ria deles e lhes dizia que os castores não sabem o que se faz com seus ossos, eles me responderam, "Você nem sabe como pegar castores e quer falar sobre isso". Antes que o castor estivesse totalmente morto, disseram-me, sua alma de castor faz a ronda na cabana daquele que o matou, e olha com muito cuidado para ver o que é feito com seus ossos; se eles forem dados aos cães, outros castores serão informados e, portanto, eles se tornarão difíceis de capturar. Mas eles ficam muito contentes de ter seus ossos jogados no fogo ou em um rio; especialmente a armadilha que os pegou fica muito feliz com isso![329]

Em um artigo sobre as "superstições" dos índios ten'a (Dene) na parte central do vale do Yukon (Alasca), o padre Julius Jette[330] relata: "Muitos animais têm uma *yega* (uma espécie de espírito guardião), mas nem todos". Parece que são particularmente os animais caçados e pescados que têm uma *yega*. Jette diz:

> Como a maioria desses animais [que têm uma *yega*] são mortos por sua carne ou por sua pele, não se pode esperar que a *yega* vingue sua morte... O que a *yega* persegue é o descarte irresponsável dos ossos ou carcaças, o roubo de

---

329 JESUÍTAS. *The Jesuit Relations and Allied Documents*. vol. VI. Cleveland: Burrows Bros. Co., 1634, p. 213.

330 JETTE, Julius. "On the Superstitions of the Ten Indians (Middle Part of the Yukon Valley, Alaska)". *Anthropos*, vol. VI, 1911, pp. 603 e ss.

> um animal preso na armadilha de outro homem ou ações prejudiciais semelhantes.

Tais "ações prejudiciais" são, em relação ao castor – e "a caça ao castor é uma atividade familiar de nossos ten'a" – que a esposa do caçador, no momento em que seu marido está caçando, não cumpra seu

> dever de manter-se trabalhando ativamente durante todo o dia. Não lhe são permitidos momentos de ócio, e deve preencher os intervalos entre suas ocupações habituais com algum trabalho extra. Cortar madeira e transportar água são especialmente recomendáveis. Isso porque o castor é um animal muito trabalhador.

Qual a punição?

> Consequentemente, os animais irão para as armadilhas daqueles que imitam essa indústria, e se manterão longe dos outros... A *yega* os mantém afastados dos preguiçosos... a *yega* pode fornecer ao caçador sua caça, bem como privá-lo dela.

Assim, a função da *yega* é determinada pelo princípio da retribuição. Mas a *yega* do castor não pune somente a preguiça das mulheres; pune também o adultério. Se, durante o tempo em que o marido está caçando,

> a mulher for infiel ao marido e tiver relações sexuais com outro homem, este será imediatamente acometido de orquite e o marido será informado do mau comportamento de sua esposa pelo fato de que o castor moribundo defecará, urinará ou moverá de alguma forma perceptível seus órgãos reprodutivos. Se notar um movimento desse tipo, o marido ofendido tem o poder de causar a morte da mulher culpada esmagando o castor com duas pedras até torná-lo

> uma pasta. Isso despertará a fúria da *yega* contra a mulher que é a causa desse tratamento vergonhoso e ela morrerá.

Outros animais, como a rena, o vison e a marta (*Mustela americana*) punem o caçador que rouba tal animal de outro caçador infligindo diferentes doenças a ele ou a seus filhos. O urso, o lobo e o carcaju são animais vistos com particular respeito. A cabeça do carcaju é um tabu para todos, exceto para o dono da armadilha em que foi pego. "A morte repentina é consequência inevitável da quebra desse tabu". O ladrão não pode escapar de seu destino. Não só os animais, mas também as armadilhas, laços, redes etc. têm sua *yega*; quer dizer que o castigo acarretado pelo ato de roubar de um laço ou armadilha, a doença do ladrão ou de seus filhos, é atribuído não apenas à *yega* do animal roubado, mas também à da armadilha. "Uma armadilha para peixes não deve ser abandonada. Quando um ten'a não tem mais uso para ela, ele a tira e a coloca de lado nos arbustos... porque teme o castigo da *yega* ligada a ela".

Como na vida do ten'a o tabaco desempenha um papel importante, o tabaco também tem sua *yega*, "que se encarrega de punir quem o rouba". Parece, também, que se considera que as cartas de baralho e o uísque tenham alguma ligação com uma *yega*, pois "os ten'a estão sempre dispostos a pagá-los em dinheiro sem pedir o crédito que parece ser uma condição necessária de todas as suas compras".

É óbvio que a crença na *yega* dos animais garante as normas mais importantes da ordem social desse povo caçador. O roubo e o adultério estão sob as sanções atribuídas à *yega*: doença incurável, morte e – o que Jette chama de – "afastamento" dos animais, o fato de os animais "manterem-se longe do caçador prevaricador e de suas armadilhas". O comportamento desses animais dotados de uma *yega* é interpretado de acordo com o princípio da retribuição.

Segundo P. E. Goddard, os índios hupa creem na existência de certas divindades

> que habitam algumas montanhas, perto de alguma rocha, ou no rio em alguma corredeira. As principais delas são os Tans, os deuses que cuidam dos servos. Cada um tem sua morada definida; um mora perto de Mud Springs, 8 milhas a leste do vale, outro tem seu lar em Bald Hill e outros nos cumes principais. Eles cuidam dos cervos em suas faixas especiais. Eles tendem a ser mesquinhos e hostis com estranhos. Quando desejam, eles confinam o cervo no interior dos montes. Quando um deles vê uma fogueira em seu território, ele envia mensageiros para ver quem pode ser e se são amigos ou estranhos. Uma aranha que desce em uma teia e depois volta é considerada o espião de um Tan. Pequenos pássaros circulando também são seus servos. Para ganhar seu favor, é costume passar a primeira noite de uma expedição de caça cantando canções e fazendo orações a ele. Se ele estiver satisfeito, enviará cervos que ficarão parados para ser mortos. Se ele não gostar de um homem, ele não apenas impedirá a caça, mas fará com que o caçador se perca ou até o destruirá. Ele observa cuidadosamente para ver se os cervos que ele permite que sejam mortos são tratados adequadamente. Acredita-se que o espírito do cervo diz ao seu mestre que em tal casa ele foi bem tratado e que gostaria de voltar. Esse bom tratamento consiste na observância de todas as muitas leis relativas ao enfeitar, servir e comer do cervo e também ao descarte dos ossos.[331]

Stefansson escreve sobre a crença dos esquimós:

> As focas e as baleias vivem na água salgada e, portanto, estão continuamente com sede. Elas não têm meios para obter água fresca, a não ser procurar pelos homens para obtê-la. Uma foca, portanto, se deixará matar pelo caçador que, em troca, lhe der um gole de água; é por isso que uma

---

331 GODDARD, Pliny Earle. *Life and Culture of the Hupa.* (Série: American Archaeology and Ethnology, da University of California Publications). vol. I, nº 1. Berkeley: The University Press, 1903, pp. 77/78.

> concha cheia de água é sempre despejada na boca de uma foca quando ela é trazida para a praia. Se um caçador deixar de fazer isso, todas as outras focas saberão disso, e nenhuma outra foca jamais se deixará matar por aquele caçador.[332]

Um explorador perguntou a um curandeiro esquimó por que não havia ursos para caçar. A resposta foi: "Nenhum urso veio porque não há gelo, e não há gelo porque há muito vento, e há muito vento porque nós, mortais, ofendemos os poderes".[333]

Nos mitos dos índios pawnee, o comportamento dos animais é interpretado como o cumprimento de um acordo tácito com os homens: os caçadores tornam a carne dos búfalos "sagrada", e em troca os animais permitem que os caçadores os matem. Há um conto de um menino que de maneira milagrosa – ao se casar com uma búfala – entrou em uma aldeia de búfalos, de onde trouxe vários búfalos para casa. Lá eles foram mortos, mas sua carne foi tornada "sagrada". Então as almas dos búfalos voltaram com a notícia para a aldeia dos búfalos.[334] Essa fábula é sempre contada nas cerimônias dos búfalos, para que os animais venham e se deixem matar. Que os caçadores tornem a carne dos búfalos "sagrada" significa que uma parte da carne do animal morto é oferecida em cerimônias de

---

332 STEFANSSON, Vilhjalmur. *My Life with the Eskimo*. Nova York: MacMillan, 1913, p. 57.

333 WEYER, Edward Moffat. *The Eskimos*. New Haven: Yale University Press, 1932, p. 241.

334 DORSEY, George A. *The Pawnee*: Mythology. Parte I. Washington: Carnegie Institution of Washington, 1906, pp. 202 e 502. Os búfalos dizem ao menino: "'Meu filho, queremos bom fumo'. O menino disse a eles que lhes daria tabaco e, para alguns deles, sopraria baforadas de fumaça. O búfalo então disse ao menino para levar alguns búfalos para a aldeia e matá-los. O menino levou o búfalo para o povo da aldeia e eles os mataram e os sacrificaram aos deuses. Quando os búfalos foram mortos, eles voltaram ao rebanho e disseram que sua carne havia sido bem aproveitada e que eles receberam fumo". Cf. também WUNDT, Wilhelm. *Völkerpsychologie*: Mythus und Religion. parte II. Leipzig: Engelmann, 1906, pp. 173 e ss.

sacrifício aos espíritos dos búfalos. Em outro conto pawnee, uma garota vai para a aldeia dos búfalos. Seus irmãos a procuram e a encontram brincando com os animais. Eles a levam para casa. Desde então, os búfalos permitem ser mortos. Mas todos os anos uma menina deve ser sacrificada a eles.[335] Por meio de seus sacrifícios, os homens recompensam o comportamento favorável dos animais.

A ideia de que os animais se submetem aos homens por meio de um contrato que obriga estes a um contrasserviço é difundida nos mitos[336] e é significativa pela maneira como o homem primitivo interpreta a natureza de acordo com o esquema normativo da retribuição. Mesmo na Idade Média, acontecia de magistrados concluírem tratados preventivos com animais perigosos, por exemplo, gafanhotos, e processos eram abertos e animais punidos por terem violado sua parte do acordo.[337]

335 DORSEY, George A. *The Pawnee*: Mythology. parte I. Washington: Carnegie Institution of Washington, 1906, pp. 228 ss. e 505 e ss. A história termina assim: Os búfalos dizem: "'Vamos agora nos espalhar por toda a terra, para que sejamos mortos pelo povo'. Então os búfalos se espalharam pela terra... A menina foi levada de volta ao tipi e lhe foi dito para ir até o seu povo. Ela foi a eles e lhes disse que deveriam selecionar uma menina todos os anos para ser sagrada e então o búfalo viria até eles". Cf. também WUNDT, Wilhelm. *Völkerpsychologie*: Mythus und Religion. parte II. Leipzig: Engelmann, 1906, p. 176.

336 Cf. WUNDT, Wilhelm. *Völkerpsychologie*: Mythus und Religion. parte II. Leipzig: Engelmann, 1906, p. 168.

337 Cf. WUNDT, Wilhelm. *Völkerpsychologie*: Mythus und Religion. parte II. Leipzig: Engelmann, 1906, p. 169. Ações judiciais movidas contra animais e sua punição por tribunais do Estado e da Igreja durante a Idade Média são objeto de um interessante estudo de AMIRA, Karl von. *Thierstrafen und Thierprocesse*. Innsbruck: Verlag der Wagnerschen Universitäts-Buchhandlung, 1891. Amira escreve (pp. 1 e ss.): "Os animais eram submetidos, por danos causados por eles, a punição pública ou pelo menos a um procedimento semelhante ao processo público. As autoridades estatais executavam em animais a punição de enforcamento, enterro vivo e queima, por um carrasco comum, e isso era feito com a observância das mesmas cerimônias solenes e complicadas prescritas para a execução da pena capital em humanos. As autoridades da igreja excomungavam animais. Esse anátema era declarado por uma sentença que tinha a mesma forma daquela pronunciada

---

contra os membros da igreja. Por outro lado, a pena capital era precedida pelo julgamento regular de um tribunal leigo contra o animal. Ambos os julgamentos eram a conclusão de procedimentos judiciais regulares. E neles vemos muitas vezes o animal ser tratado como réu-acusado, intimado para responder à acusação, defendido por um advogado nomeado... O procedimento secular só era aplicado a animais domésticos... Quase em toda parte, o procedimento ocorria apenas por matar ou ferir seres humanos, e em períodos mais antigos exclusivamente por matar. Onde a lei italiana era aplicada, podia ser aplicada também – ou mesmo principalmente – por dano a objetos". O procedimento eclesiástico nunca ocorreu contra animais domésticos. "Geralmente era aplicado contra espécies animais consideradas pragas na vida cotidiana, como: camundongos, ratos, toupeiras, insetos, lagartas, larvas peçonhentas, caramujos, sanguessugas, cobras, sapos. No Canadá era aplicável também contra pombos selvagens, no sul da França muito antes para cegonhas, na Alemanha contra pardais, nas margens do lago de Genebra contra enguias que se tornaram nocivas para a comunidade. Geralmente era uma quantidade inumerável que as pessoas pensavam poder condenar dessa maneira. E não era tanto um dano já causado que deveria ser punido, mas principalmente um dano temido a ser evitado. Portanto, o procedimento não era vingativo ou repressivo, mas proibitivo ou preventivo. As pessoas desejavam proteger seu solo fértil ou água útil contra os animais que apareciam em grande número, tentando afastá-los. Excepcionalmente, outras perturbações estavam em jogo. A *maledictio* ou *excommunicatio* eclesiástica na forma de *anathema* era considerada meio adequado... O procedimento que levava à *maledictio* ou *excommunicatio* dos animais é descrito na maioria dos relatos mais detalhados, por exemplo documentos legais, como processual. Sua peculiaridade mais notável consiste em os animais serem tratados como parte ré. A parte autora são os proprietários dos imóveis ameaçados, e na maioria dos casos é toda a comunidade que patrocina a ação. O caso geralmente consiste em duas partes principais, mas nem sempre elas podem ser distinguidas uma da outra. A primeira parte do procedimento representa um litígio sobre a admissibilidade da expulsão do réu. Se a demanda do autor for julgada procedente, os animais expulsos podem ser ameaçados de *maledictio* ou *excommunicatio*. A segunda parte do procedimento é uma disputa sobre a admissibilidade da *maledictio* ou *excommunicatio* por desobediência à condenação de expulsão.

Amira (p. 30) explica a punição secular dos animais pela influência do Antigo Testamento. "O Senhor prometeu a Noé e seus descendentes vingar seu sangue não apenas contra homens, mas também contra todos os animais. A isso correspondiam as Leis dadas no Monte Sinai, segundo as quais o boi que chifrar um homem até a morte será apedrejado e sua carne não será comida" (Gênesis, 9:5; Êxodo, 21-28-32). O procedimento eclesiástico contra animais é, segundo Amira (pp. 54 e ss.), um "julgamento de espíritos"

Um motivo difundido nos mitos é a gratidão que os animais prestam aos homens por favores concedidos. Plutarco relata essa história: "Coeranus, um pária por nascimento", uma vez comprou em Bizâncio

> uma série de golfinhos capturados em uma rede... e prontos para serem abatidos... e colocou-os de volta no mar. Aconteceu pouco depois que Coeranus fez uma viagem em um navio de cinquenta remos, levando, segundo a história, vários piratas. Mas entre Naxos e a baía de Paros ele naufragou, e enquanto todos os outros se afogavam, só ele foi pego por um golfinho que se apressou em seu socorro, e levado para Sicynthus, e desembarcou perto da caverna que até hoje leva o nome de Coeraneum... Alguns anos após a morte de Coeranus, seus parentes queimaram seu corpo perto do mar; momento em que apareceram vários golfinhos perto da margem, como se tivessem vindo a seu funeral; nenhum deles se moveu até que o funeral terminasse.[338]

Uma história esquimó conta:

> Há muitos meses, uma mulher obteve um filhote de urso polar com apenas dois ou três dias de idade. Como havia

---

(*Gespensterprocess*): "Os corpos de camundongos, ratos, toupeiras, sapos, cobras, caracóis, insetos em especial, eram considerados moradas de almas. Ainda durante a vida de um homem sua alma pode entrar em tal corpo. Após sua morte, ela pode continuar a errar sob essa forma. E nesses animais também podem residir almas de demônios, que, com certeza, originalmente não apresentam diferença essencial em relação às almas de pessoas mortas... A condenação nas ações judiciais contra os animais deve ser considerada não tanto uma condenação de um animal, mas um banimento mágico das almas de homens ou demônios, análogo ao exorcismo de espíritos demonstrado nos clássicos e eslavos, como também acontece com outros povos".

338 PLUTARCO. *Plutarch's Morals*. vol. V. Editado por W. W. Goodwin. Boston: Little, Brown, and Co., 1883, pp. 215 e ss. Cf. também WUNDT, Wilhelm. *Völkerpsychologie*: Mythus und Religion. parte II. Leipzig: Engelmann, 1906, pp. 167, 178 e ss., 194 e ss. e 293.

> muito desejava um animal de estimação, ela deu-lhe toda a atenção, como se fosse um filho, cuidando dele, fazendo para ele uma cama macia ao lado da sua, e falando com ele como uma mãe fala com seu filho. Ela não tinha nenhum parente vivo e ela e o urso ocupavam a casa sozinhos. Kunikdjuaq, ao crescer, provou que a mulher não o havia ensinado em vão, pois cedo começou a caçar focas e salmões e levava-os para sua mãe.

Isso, no entanto, despertou a inveja de seus vizinhos,

> e, após longos anos de serviço fiel, sua morte foi decidida... Sobre isso... a mulher teve uma longa conversa com seu filho... dizendo a ele... que a única maneira de salvar sua vida e a dela era ele ir embora e não voltar.

Então o urso disse: "'Boa mãe, Kunikdjuaq estará sempre à sua espera e lhe servirá o melhor que puder'. A mulher, depois disso, foi muitas vezes ao mar para encontrar o urso, e este "sempre a servia e recebia o mesmo amor inquebrável de sua juventude".[339]

Uma história sérvia diz o seguinte:

> Um jovem pobre libertou três vezes um peixe dourado que por três vezes havia pescado. Mais tarde, ele foi expulso da casa de seu pai e enviado ao mundo. Ele foi acompanhado por um homem, que jurou amizade a ele em uma espada, e o acompanhou a uma cidade onde muitos homens haviam sido mortos misteriosamente enquanto tentavam passar uma

---

339 BOAS, Franz. "The Central Eskimo". *In*: POWELL, J. W. (Coord.). *6th Annual Report of the Bureau of Ethnology*. Washington: Government Printing Office, 1888, pp. 638 e ss. Cf. também a fábula indígena relatada por BOAS, F. *Indianische Sagen von der nordpazifischen Kueste Amerikas*. Berlim: A. Asher & Co., 1895, p. 96. WUNDT, Wilhelm. *Völkerpsychologie*: Mythus und Religion. parte II. Leipzig: Engelmann, 1906, p. 167, chama ambos os mitos de "estórias muito primitivas".

> noite com a filha do rei. O herói empreendeu a aventura e foi salvo por seu companheiro, que decepou a cabeça de uma serpente que saiu da boca da princesa. De manhã o jovem casou-se com a moça e dividiu todos os seus bens com o ajudante. A caminho de casa, este último exigiu metade da noiva, e, enquanto ela era carregada por dois servos, brandiu a espada sobre ela. Com um grito, ela retirou dois terços, e finalmente a cauda de uma serpente de sua boca. Então o amigo pulou no mar, pois ele era o peixe dourado.[340]

Por outro lado, o homem também acredita ter obrigações para com os animais. Assim, os mitos da África Ocidental baseiam o respeito que os nativos têm por certos animais na gratidão por favores recebidos.

> Certo mito conta que em um momento de grande perigo, um animal veio em socorro do ancestral ou chefe do clã e o salvou. Ele estava fugindo, ao que parecia, perseguido por inimigos que tentavam pegá-lo, e foi detido por um rio, até que um crocodilo prestativo apareceu, o jogou nas costas e o carregou são e salvo para o outro lado. Daí o respeito e a atenção que os membros desse clã demonstram para com os crocodilos.[341]

28 O significado social da alma animal

Do ponto de vista do homem primitivo, a sociedade não se limita apenas aos seres humanos, pois ele atribui alma também aos animais. Ele considera os animais parte da sociedade e se considera associado a eles pela mesma norma – retribuição – que o liga a seus semelhantes. A ideia difundida entre vários povos de que

---

340 GEROULD, Gordon Hall. *The Grateful Dead*. Londres: Folk-Lore Society, 1908, p. 57.

341 LÉVY-BRUHL, L. *La Mythologie primitive*. Paris: Alcan, 1935, p. 182.

os animais – mais corretamente, certos animais – têm almas que sobrevivem após a morte é revelada pelo fato de que essas almas animais, como as almas da morte dos seres humanos, são temidas e respeitadas como poderes punitivos e recompensadores. Essa crença nas almas da morte dos animais é mais aparente no caso dos animais de caça. O sucesso e o fracasso na caça são sempre interpretados segundo o princípio da retribuição; e a ideologia da retribuição assume, aqui como alhures, a forma de crença na alma. De acordo com isso, o homem atribui almas da morte que executam retribuição não apenas aos animais dos quais depende sua alimentação, mas também aos animais mais perigosos, como cobras, leões, tigres, crocodilos.[342]

---

342 O material, no entanto, não permite supor que sejam atribuídas almas da morte a todos os animais sem exceção, embora não seja simples traçar uma linha entre animais com alma e sem. Cf. FRAZER, J. G. *The Golden Bough*. parte V, vol. II. Londres: MacMillan, 1920, pp. 204 e ss. Os exemplos a seguir talvez possam lançar alguma luz sobre esse ponto. Se, entre os dschagga, acontecer de um lagarto que brinca no telhado de palha de uma cabana cair no fogo, expiações extensas devem ser realizadas. Um desses procedimentos é o sacrifício de outro animal, uma ovelha (GUTMANN, Bruno. *Das Recht der Dschagga*. Munique: C. H. Beck, 1926, pp. 556 e ss.). Quando os dajak de Bornéu matam um crocodilo, eles oferecem como expiação um gato (GRABOWSKY, F. "Die Theogonie der Dajaken auf Borneo". *Internationales Archiv für Ethnographie*, vol. V, 1892, pp. 119 e ss.). Em ambos os casos, temem-se somente as consequências decorrentes da morte ou abate do primeiro animal – lagarto ou crocodilo –, mas não se tem escrúpulos em sacrificar o outro animal – ovelha ou gato – para evitar a retribuição que ameaça vir pelo lagarto ou crocodilo morto. E, de fato, os dschagga acreditam que a alma da morte de um ancestral vive no lagarto. Por isso chamam o animal de "vovó". Segundo a crença dos dajak, um espírito, Djata, vive no crocodilo; portanto, tal animal só é morto se ele próprio tiver matado um homem cujos parentes exercerão contra ele a retribuição jurídica. Nenhuma alma capaz de exercer retribuição é imaginada na ovelha ou no gato. Uma vez que os dajak usam a carne de porcos, cães, macacos e veados como isca para pegar o crocodilo sobre o qual a retribuição deve ser exercida, eles não parecem atribuir "almas" ou espíritos a esses animais.

Além disso, deve-se mencionar aqui o abate de animais como sacrifícios a homens falecidos. Os nativos das Ilhas Banks penduram porcos mortos sobre o túmulo de um falecido. Eles acreditam que, quando o falecido chegar ao

O que se teme da alma da morte de um animal é principalmente a vingança por tê-lo matado. Lichtenstein[343] escreve em seu *Travels in South Africa*:

> Se um elefante é morto após uma perseguição muito longa e cansativa, como geralmente é o caso, eles procuram desculpar-se com o animal morto, declarando-lhe solenemente que a coisa aconteceu inteiramente por acidente, não por plano. Para expiar a ofensa mais completamente, ou para

---

reino dos mortos, as almas da morte ali reunidas verão os porcos sacrificados e, portanto, estimarão o recém-chegado. Mas isso implicaria que os porcos também têm almas da morte que podem ser vistas no outro mundo, uma vez que seus corpos permanecem na sepultura que está neste mundo. No entanto, essa certamente não é a opinião dos nativos, pois eles negam a existência de almas da morte em porcos (CODRINGTON, R. H. *The Melanesians*. Oxford: The Clarendon Press, 1891, p. 260). Isso pode ser contraditório, mas não é a única contradição na ideologia da crença na alma dos mortos. Embora os animais – assim como as mulheres e os escravos que servem como sacrifícios para os mortos – sejam abatidos para servir aos mortos no outro mundo, não se pode falar de almas da morte das criaturas sacrificadas, pois sua sobrevivência após a morte não tem importância autônoma. A personalidade do falecido é estendida às criaturas sob sua posse. Visto que o homem sobrevive após a morte, seus bens, a saber, animais, escravos e esposas têm de compartilhar essa sobrevivência. O mesmo vale para a crença de certos povos primitivos de que os espíritos dos animais mortos estão no outro mundo à disposição da alma da morte de quem os abateu (TYLOR, E. B. *Primitive Culture*. 6ª ed. vol. I. Londres: Murray, 1920, p. 470). Essas criaturas certamente não exercem as funções características das almas da morte para prejudicar ou ajudar os sobreviventes. De modo algum são almas ativas, como as dos homens mortos, a quem se destina o sacrifício, ou as dos animais mortos, que são temidos e venerados. Mas ocasionalmente ocorre que os mesmos animais nos quais as almas da morte humanas são imaginadas sejam sacrificados. Assim, os peruanos costumavam oferecer lhamas a seus deuses, embora as considerassem animais "sagrados" porque imaginavam que as almas dos mortos reencarnavam nelas. KARSTEN, Rafael. *The Civilization of the South American Indians*. Londres: K. Paul, Trench, Trübner & Company, 1926, p. 393). Isso pressupõe uma ideologia religiosa altamente desenvolvida e complicada.

343 LICHTENSTEIN, Henry. *Travels in Southern Africa*. vol. I. Trad. para o inglês por Anne Plumptre. Londres: H. Colburn, 1812, p. 254.

> tornar seu poder inútil, a tromba é cortada e solenemente enterrada, com eles pronunciando repetidamente: "O elefante é um grande senhor, e a tromba é a sua mão".

Em caso de homicídio culposo realiza-se um rito de purificação.

> Quem mata um homem é considerado impuro. Deve então assar sua carne em um fogo feito com um tipo particular de madeira, que lhe dá um sabor amargo, e depois de comê-la, deve esfregar o rosto com as brasas frias até que fique bem preto. Depois de certo tempo, ele pode se lavar, enxaguar a boca com leite e tingir-se de pardo novamente. A partir desse momento estará limpo.

Mas um rito de purificação análogo é necessário no caso de um homem ter matado um leão.

> Se um leão chega às proximidades de um curral, as pessoas saem em número considerável, armadas com azagaias, clavas e escudos. O leão é cercado e fechado em um círculo estreito. Eles então o provocam com suas lanças até que ele salte do mato e ataque um dos caçadores; este cai no chão, cobrindo-se com seu escudo, enquanto os demais atacam o animal com suas lanças e o despacham: às vezes, porém, alguns deles são feridos, ou mesmo perdem a vida no conflito. O primeiro que recebe um ferimento é considerado um herói, embora fique impuro por um tempo. Quando o grupo de caça retorna ao curral, o herói é erguido por seus companheiros em seus escudos e mantido à vista do povo. Um deles avança com gestos estranhos e faz um discurso de louvor ao guerreiro; o resto continua um pouco para trás, cantando uma espécie de hino e batendo as clavas nos escudos. Alguns outros, entretanto, constroem às pressas uma pequena cabana a pouco distância da morada geral, e ali o herói é isolado de todo o resto por quatro dias completos; ele é então purificado e trazido de forma solene por um guarda-costas do chefe de volta ao curral. Para concluir,

> um bezerro é morto e todos compartilham a carne com ele, como prova de que está limpo novamente.

Além disso, os povos falantes da língua ila, da Rodésia do Norte, observam certas cerimônias quando matam um elefante. Smith e Dale fazem o seguinte relato:

> O motivo subjacente aos ritos é impedir que o espírito do elefante morto se vingue dos caçadores e induzi-lo a ajudá-los a trazer o mesmo destino a outros elefantes. Quando o elefante está morto, o caçador foge e é perseguido com ressentimento simulado por seus companheiros. Então ele volta e sobe na carcaça, trazendo "remédio" que, depois de mastigar, ele aplica nas feridas e no ânus do animal; enquanto faz isso, ele rasteja sobre o corpo. Ele então se levanta e executa uma dança sobre a carcaça, seus companheiros cercam o elefante e batem palmas em saudação e congratulação. Eles então começam a cortar a carcaça. Começa-se cortando a gordura nas cavidades das têmporas: por sua quantidade e qualidade, eles julgam a condição do animal. Eles então abrem o abdômen e removem os intestinos. Os órgãos do interior da cavidade são cuidadosamente separados e estendidos para secar; são chamados de *ingubo* ("cobertores"), e destinam-se à apresentação às *bodi*, as mulheres da comunidade. Eles então cortam o diafragma: o caçador coloca a cabeça pela abertura, pega o coração com a boca e o arrasta para fora. Ele não o come, mas a mordida serve para lhe dar força na caça futura. Tendo removido o conteúdo do tórax, eles atacam a cabeça. Há algum significado especial ligado aos nervos da presa, chamado *kamwale* ("a donzela"). Eles são cuidadosamente extraídos e enterrados sob o local da fogueira do acampamento. Não se deve olhar para eles durante a caça – eles são chamados de *bana* ("crianças"); durante todo o manejo, deve-se virar a cabeça, pois, quem os vir, encontrará infortúnio. Tendo completado seu trabalho, eles voltam para a aldeia, batendo juntos seus machados e cantando. As pessoas, ao ouvirem o barulho, acorrem ao

> seu encontro, e é feito um grande banquete, com muita cerveja. Mas primeiro é feita uma oferenda a Leza ("O Ser Supremo"), aos *mizhimo* ("os espíritos ancestrais"), e a alma (*muzhimo*) do elefante falecido que os acompanhou até a aldeia. Dirigindo-se a este último, eles dizem: "Ó espírito, você não tem irmãos e pais que virão para ser mortos? Vá buscá-los!" O espírito do elefante então retorna e junta-se ao rebanho como o guardião do elefante que "comeu seu nome". Observe que eles consideram que os elefantes agem do mesmo modo que os homens: um morre e outro herda sua posição, "come seu nome", como dizem.[344]
>
> Descrevemos as cerimônias que sucedem à morte de um elefante. Quando um homem mata um antílope, ele também deve passar por certos ritos para evitar a retaliação do animal. Depois de matar um antílope, o caçador mastiga folhas de um arbusto Mukono ou Munto, junto com um pedaço de *kaumbuswa* (formigueiro), segurando um pedaço deste último sob o pé. Ele esfrega algumas das folhas mastigadas na testa e outras na testa do animal. Feito isso, ele joga na cabeça do antílope o pedaço de formigueiro que estava sob seu pé. Ele também apanha e parte uma vara e salta pela fenda, como o assassino de um homem faz. Ele então vai para a aldeia para conseguir que as pessoas o ajudem a levar a carne para casa. Ao chegarem ao antílope, ele se senta à parte enquanto os outros abrem a carcaça. Ele não deve juntar-se a eles no início, mas uma vez que o animal esteja aberto, ele pode ajudá-los a esfolá-lo e cortá-lo. Se esses ritos fossem omitidos, o antílope lhes causaria problemas – viria à noite e os chifraria, ou de algum modo causaria sua morte.[345]

Dos junkun (Sudão), Meek escreve:

---

344 SMITH, Edwin W.; DALE, Andrew Murray. *The Ila-speaking Peoples of Northern Rhodesia*. vol. I. Londres: MacMillan, 1920, pp. 167 e ss.

345 SMITH, Edwin W.; DALE, Andrew Murray. *The Ila-speaking Peoples of Northern Rhodesia*. vol. II. Londres: MacMillan, 1920, p. 87.

> Certos animais são considerados possuidores de uma poderosa substância de alma ou *bwi*, e se um caçador matar qualquer desses animais, deve se proteger por ritos especiais. Se os ritos para acalmar o fantasma perseguidor não forem realizados, o caçador será perseguido e morto por ele.[346]

Entre os safwa (África Oriental) o caçador que matou um elefante tem de tomar um remédio que o protege da vingança do animal. Raízes escavadas no local onde o elefante caiu são usadas para tapar seu nariz e seu ânus, pois são locais por onde a alma do animal escapa. Então os nativos dançam em volta do elefante morto e cantam em coro: "Quero tapar bem, eu, o comedor de elefantes, quero tapar bem". Segue-se um ritual típico de identificação: a lança com a qual o caçador matou o elefante é lavada em água e o caçador bebe a água. "Se o caçador engoliu a água, a alma do elefante não pode matá-lo".[347]

Os lango, uma tribo nilótica, acreditam, segundo Driberg,[348] que os animais possuem um *winyo*, um tipo de espírito guardião. Se o caçador não realizar certos procedimentos no animal morto, "o espírito guardião morre com o animal e o matador não pode mais matar um animal daquela espécie; mas se for libertado dessa maneira, o cerimonial subsequente o atrai ao matador". Driberg diz: "Assim, no caso de um animal morto, seu espírito guardião é invertido pelo procedimento acima, isto é, a direção de sua influência é alterada". Certos animais, embora não todos, têm um *tipo*, uma espécie de alma. Se tal animal for morto, o *tipo* deve ser aplacado por diferentes cerimônias, caso contrário o *tipo* se vingaria

---

346 MEEK, C. K. *A Sudanese Kingdom*: an Ethnographical Study the Jukun-speaking Peoples of Nigeria. Londres: Kegan Paul, Trench, Trübner & Co, 1931, p. 418.

347 KOOTZ-KRETSCHMER, Elise. *Die Safwa*: Ein ostafrikanischer Volksstamm in seinem Leben und Denken. vol. I. Berlim: Reimer, 1926-1929, pp. 145 e ss.

348 DRIBERG, J. H. *The Lango, a Nilotic Tribe of Uganda*. Londres: T. Fisher Unwin Ltd., 1923, pp. 225 e ss.

do assassino. Sobre isso, Driberg diz: "Como no caso das almas dos humanos, seus *tipos*... são muito vingativos e perigosos".[349]

Um esquimó disse a Rasmussen:

> Todas as criaturas que temos para matar e comer, todas aquelas que temos para abater e destruir para fazer nossas roupas, têm almas como nós, almas que não perecem com o corpo e, portanto, deve-se garantir que não queiram se vingar de nós por tomarmos seus corpos.[350]

O homem primitivo frequentemente vê o abate de um animal da mesma forma que o assassinato de um homem. Como as exigências da vida o obrigam a matar animais, ele tenta o melhor que pode evitar a retribuição ameaçadora. Nas obras de Tylor,[351] Frazer[352] e Lévy-Bruhl[353] pode-se encontrar muitos exemplos que mostram caçadores pedindo perdão ao animal ou tentando de todas as maneiras aplacá-lo. Após uma expedição de caça, bem como após uma guerra contra outra tribo, os participantes passam por cerimônias de purificação e expiação. As partes dos animais mortos que não foram comidas são enterradas como um corpo humano, e segue-se o mesmo luto observado no falecimento de um parente.

Um mito dos índios cherokee mostra com clareza quão fortemente o princípio da retribuição domina a relação entre homem

---

349 DRIBERG, J. H. *The Lango, a Nilotic Tribe of Uganda*. Londres: T. Fisher Unwin Ltd., 1923, p. 230.

350 RASMUSSEN, Knud. *Intellectual Culture of the Iglulik Eskimo*. vol. VII, nº 1 do Report of the Fifth Thule Expedition, 1921-24. Copenhagen: Gyldendalske Boghandel, 1929, p. 56.

351 TYLOR, E. B. *Primitive Culture*. 6ª ed. vol. I. Londres: Murray, 1920, pp. 467 e ss.

352 FRAZER, J. G. *The Golden Bough*. parte II. Londres: MacMillan, 1920, pp. 190 e ss.; parte V, vol. II, pp. 204 e ss.

353 LÉVY-BRUHL, L. *Primitives and the Supernatural*. Trad. autorizada de Lilian A. Clare. Nova York: E.P. Dutton & Co., 1935, pp. 99 e ss.

e animal. A parte da fábula que trata desse aspecto em particular relata como nos tempos antigos animais, pássaros, peixes, insetos e plantas eram todos capazes de falar e conviver com o homem em paz e amizade. A população humana, no entanto, aumentou tão rapidamente que os animais se sentiram constrangidos. Finalmente, os homens começaram a matar os animais maiores por causa de sua carne e pele, e até mesmo a esmagar os seres menores, como sapos e vermes, apenas por descuido ou amor à travessura. Então, os cervos

> realizaram um conselho presidido por seu chefe, o Pequeno Cervo, e depois de alguma conversa decidiram enviar reumatismo a todos os caçadores que matassem um deles, a menos que pedissem perdão pela ofensa. Eles enviaram uma notificação de sua decisão para o assentamento de índios mais próximo e disseram-lhes ao mesmo tempo o que fazer quando a necessidade os obrigasse a matar alguém da tribo dos Cervos. Agora, sempre que um caçador atira em um Cervo, o Pequeno Cervo, que é veloz como o vento e não pode ser ferido, corre rapidamente até o local e, curvando-se sobre as manchas de sangue, pergunta ao espírito do Cervo se ele ouviu o caçador orando por perdão. Se a resposta for "Sim", tudo está bem, e o Pequeno Cervo segue seu caminho; mas se a resposta for "Não", ele segue o rastro do caçador, guiado pelas gotas de sangue no chão, até chegar à sua cabana, onde o Pequeno Cervo entra invisível e atinge o caçador com reumatismo, de modo que ele se torna imediatamente um aleijado indefeso. Nenhum caçador que preze por sua saúde deixa de pedir perdão a um cervo por matá-lo, embora alguns caçadores que não tenham aprendido a oração possam tentar evitar que o Pequeno Cervo os persiga acendendo uma fogueira atrás de si na trilha... Em seguida vieram os Peixes e Répteis, que tinham suas próprias queixas contra o Homem. Eles reuniram seu conselho e decidiram fazer suas vítimas sonhar com cobras se enrolando em volta de si em dobras viscosas e soprando mau hálito em seus rostos, ou fazê-los sonhar que comem peixe cru ou em decomposição, para que

perdessem o apetite, adoecessem e morressem. É por isso que as pessoas sonham com cobras e peixes... Finalmente, os Pássaros, Insetos e animais menores se reuniram com o mesmo propósito, e a Larva do Escaravelho era o chefe do conselho. Foi decidido que cada um, por sua vez, deveria dar uma opinião, e então eles votariam se o Homem era ou não culpado. Sete votos seriam suficientes para condená-lo. Um após o outro, todos denunciaram a crueldade e a injustiça do Homem para com os outros animais e votaram a favor de sua morte. O Sapo falou primeiro, dizendo: "Devemos fazer algo para conter o aumento da raça, ou as pessoas se tornarão tão numerosas que seremos expulsos da terra. Veja como eles me chutaram porque sou feio, como dizem, até minhas costas ficaram cheias de feridas"; e mostrou as manchas em sua pele. Em seguida veio o Pássaro – ninguém se lembra de que tipo era – que condenou o Homem "porque queima meus pés", referindo-se à maneira como o caçador assa os pássaros empalando-os em uma vara colocada sobre o fogo, de modo que as pernas e os pés macios são chamuscados. Outros seguiram na mesma linha. Só o Esquilo Terrestre ousou dizer uma boa palavra sobre o Homem, que raramente o machucava porque ele era tão pequeno, mas isso deixou os outros animais tão furiosos que eles atacaram o Esquilo e o rasgaram com suas garras, e as marcas estão em suas costas até hoje... Eles então começaram a conceber e nomear tantas novas doenças, uma após a outra, que se sua invenção não tivesse falhado ao final, ninguém da raça humana teria sido capaz de sobreviver. A Larva do Escaravelho ficava cada vez mais satisfeita à medida que o nome de cada doença era chamado, até que finalmente chegaram ao fim da lista, quando alguém propôs tornar a menstruação às vezes fatal para as mulheres. Nisso ela se levantou de seu lugar e gritou "Wadan! (Obrigado!). Estou feliz que mais alguns deles morrerão, pois estão ficando tão grosseiros que pisam em mim". O pensamento a fez tremer de alegria, de modo que ela caiu para trás e não conseguiu ficar em pé novamente, contorcendo-se de costas, como a Larva tem feito desde então... Quando as Plantas, que eram

> amigas do Homem, ouviram o que tinha sido feito pelos animais, resolveram derrotar os desígnios malignos destes últimos. Cada Árvore, Arbusto e Erva, até as Gramas e Musgos, concordou em fornecer uma cura para algumas das doenças mencionadas, e a terra disse: "Aparecerei para ajudar o Homem quando ele me chamar em sua necessidade". Assim surgiu a medicina; e as Plantas, cada uma das quais tem seu uso se o conhecermos, fornecem o remédio para neutralizar o mal causado pelos animais vingativos. Até as ervas daninhas foram feitas para algum bom propósito que devemos descobrir por nós mesmos.[354]

Uma vez que matar um animal é considerado pelos nativos do Congo igual a assassinar um homem, matar um elefante implica a simulação de uma perseguição contra o caçador bem-sucedido.[355] A fim de proteger o assassino da vingança da besta morta, observam-se os mesmos rituais de identificação que são costume em relação aos inimigos assassinados. Se um bergdama matar um leão, ele deixa cair um pouco de sangue do coração do animal em seu braço, com uma incisão que corta para esse propósito.[356] E, assim como entre certas tribos de Papua o inimigo morto não deve ser comido pelo assassino, também é costume entre alguns nativos da Nova Guiné que o caçador que despachou um canguru não o carregue nem o coma. Ele, portanto, o troca por um canguru morto por outra

354 MOONEY, James. "Myths of the Cherokee". *In*: POWELL, J. W. (Coord.). *19th Annual Report of the Bureau of American Ethnology*. Washington: Government Printing Office, 1900, pp. 250 e ss.

355 TYLOR, E. B. *Primitive Culture*. 6ª ed. vol. I. Londres: Murray, 1920, p. 468.

356 VEDDER, H. *Die Bergdama*. Hamburgische Universitaet: (Série Abhandlungen aus dem Gebiet der Auslandskunde). vol. XI, tomo I. Hamburgo: L. Friederichsen, 1923, p. 121: "Matar um leão é de fato um feito feliz e corajoso por parte de um homem cuja lança é a arma mais eficaz. Mas à alegria da vitória está ligado um medo de vingança pelo 'assassinato'. Portanto, infligem-se alguns cortes no braço do herói; então ele pinga um pouco do sangue do coração do leão na ferida. Assim, a ameaça de infortúnio é evitada".

pessoa.[357] Assim, como se deve antecipar a vingança de sangue por parte dos parentes de um ser humano assassinado, acredita-se que a morte de um animal desperte a vingança de seus semelhantes. L. W. Benedict escreve sobre Bagobo (Ilhas Filipinas):

> Embora talvez não haja uma proibição direta, matar uma cobra é considerado imprudente, em vista da atitude que a comunidade das cobras pode assumir em relação ao ofensor. Meu guia de montanha, Ayoba, ao avistar uma víbora negra venenosa na trilha, soltou uma exclamação assustada, depois cortou uma vara, pegou o réptil com cuidado e o jogo na selva. Eles me disseram que na casa de Bungoyan que se a cobra tivesse sido morta todos os seus parentes e amigos poderiam ter vindo nos picar.[358]

Em uma história de amor hindu, uma linda garota mata uma cobra para tomar posse de uma pedra preciosa. Mas Wasuki, o rei das cobras, "ouviu falar do assassinato de seu súdito, ficou furioso e decidiu punir o criminoso. Então ele assumiu a forma de um

---

357 LÉVY-BRUHL, L. *Primitives and the Supernatural.* Trad. autorizada de Lilian A. Clare. Nova York: E.P. Dutton & Co., 1935, p. 288.

358 BENEDICT, L. W. "A Study of Bagobo Ceremonial, Magic and Myth". *Annals of the New York Academy of Sciences*, vol. XXV, 1916, pp. 238 e ss.; CASTREN, M. A. *Reisen im Norden* (tradução alemã do livro de H. Helms). Leipzig: Avenarius u. Mendelssohn, 1853, pp. 76 e ss., descobriram em uma expedição pela Lapônia que os nativos de Sodankyla acreditavam que as cobras vivem em sociedade e se reúnem todos os anos para uma sessão judicial. "O chefe das cobras não apenas julga as cobras, mas seu poder vai além da sua sociedade. Entre outras coisas, ele inflige punições a homens, bem como a outros animais que mataram ou feriram qualquer um de seus súditos". FRAZER, J. G. *The Golden Bough.* parte V, vol. II. Londres: MacMillan, 1920, p. 208, observa: "Assim, pelos princípio de sua rude filosofia, o caçador primitivo que mata um animal acredita estar exposto à vingança de seu espírito desencarnado ou de todos os outros animais da mesma espécie, que ele considera ligados, como os homens, por laços de parentesco e obrigações de sangue, e, portanto, obrigados a se ressentir pelo dano causado a um dos seus".

homem" e se casou com a garota. No dia seguinte ao casamento, ela foi encontrada morta em sua cama. Em seu peito havia duas pequenas marcas. Nenhum noivo podia ser visto. Mas uma mamba negra saiu da cama e desapareceu por um buraco na parede.[359]

E. F. Im Thurn relata sobre os índios da Guiana:

> Antes de deixar o acampamento temporário na floresta, onde mataram uma anta e secaram a carne em um barbaquá, os índios invariavelmente destroem esse barbaquá, dizendo que se uma anta, passando por ali, encontrasse os vestígios do abate de um de sua espécie, ela viria à noite na próxima ocasião em que os índios dormissem naquele lugar e, pegando um homem, o assaria no barbaquá como vingança.[360]

Heckewelder escreve:

> Descobri também que os índios, por uma razão semelhante, respeitavam muito a cascavel, a quem chamavam de seu *avô*, e de modo algum a destruiriam. Um dia, enquanto caminhava com um índio idoso nas margens do Muskingum, vi uma grande cascavel atravessando o caminho. Eu pretendia matá-la. O índio imediatamente me proibiu de fazê-lo; pois, disse ele, a cascavel é o avô dos índios e foi colocada aqui com o propósito de nos proteger e nos avisar do perigo iminente com seu chocalho, como se nos dissesse "olhe!". Ele acrescentou que se matássemos uma dessas, as outras logo saberiam, e toda a raça se levantaria contra nós e nos morderia. Disse a ele que os brancos não tinham medo disso; pois matavam todas as cascavéis que encontravam. Sobre isso, ele perguntou se algum homem

---

359 BAIN, F. W. *A Digit of the Moon and Other Love Stories from the Hindoo*. Trad. a partir dos manuscritos originais. Nova York: G.P. Putnam's sons, 1910, pp. 104-108.

360 IM THURN, Everard Ferdinand. *Among the Indians of Guiana*. Londres: K. Paul, Trench & Company, 1883, p. 352.

> branco havia sido mordido por esse animal, e é claro que respondi afirmativamente. "Então não é à toa", respondeu ele, "vocês devem se culpar por isso! Vocês declararam guerra contra elas, e vocês as encontrarão em seu país, onde elas não deixarão de fazer incursões frequentes. Elas são um inimigo muito perigoso; tome cuidado para não as irritar em *nosso* país; elas e seus netos estão em bons termos, e não vamos machucar uns aos outros".[361]

Como se acredita que o animal morto pode se vingar, o comportamento do animal vivo também é às vezes interpretado de acordo com o princípio da retribuição. Portanto, a morte de um ser humano causada por elefantes, leões, tigres ou ursos é muitas vezes considerada um ato de vingança do animal ou de sua espécie. De fato, é uma tendência primitiva generalizada interpretar uma morte humana infligida por um animal como um ato de vingança por algum mal cometido. Em Tonga (Polinésia) acredita-se, segundo W. Mariner, que os tubarões não comem pessoas inocentes.

> Se um homem for culpado de roubo ou de qualquer crime, diz-se que ele quebrou o tabu; e como todas essas pessoas são particularmente suscetíveis de ser mordidas por tubarões, um modo estranho de descobrir um ladrão que se baseia nessa noção é fazer com que todas as pessoas suspeitas entrem na água frequentada pelos tubarões e aquela que for mordida ou devorada é vista como culpada.[362]

---

361 HECKEWELDER, John. "An Account of the History, Manners, and Customs of the Indian Nations Who Once Inhabited Pennsylvania and the Neighbouring States". *In*: AMERICAN PHILOSOPHICAL SOCIETY COMMITTEE. *Transactions of the Historical and Litterary Committee of the American Philosophical Society*, vol. I. Filadélfia: Abraham Small, 1819, p. 245.

362 MARINER, William. *An Account of the Natives of the Tonga Islands, in the South Pacific Ocean.* Compilado e organizado por John Martin. vol. II. Londres: [s.n.], 1818, p. 221.

Por outro lado, matar certos animais é permitido apenas a título de retribuição por um mal cometido pelo animal ou seus parentes. Charles Hose e W. McDougall relatam:

> Como todas as outras raças de Sarawak, os kenyah consideram os crocodilos que infestam seus rios criaturas mais ou menos amigáveis. Eles temem o crocodilo e não gostam de mencioná-lo pelo nome, especialmente se algum estiver à vista, e referem-se a ele como "o velho avô". Mas é mais um medo supersticioso do que o medo de ser capturado pela besta. Eles consideram aqueles que vivem em sua própria vizinhança mais especialmente amigáveis, apesar de os membros de sua família serem ocasionalmente levados por crocodilos, seja parando imprudentemente na margem do rio ou flutuando tranquilamente à noite em uma pequena canoa. Quando isso acontece, acredita-se que a pessoa capturada de alguma maneira ofendeu ou feriu um ou todos os crocodilos, ou que foi capturada por um crocodilo estranho que veio de uma parte distante do rio e, portanto, não estava ciente do entendimento amigável existente entre as pessoas e os crocodilos locais. Mas, de qualquer forma, considera-se que os crocodilos cometeram uma agressão injustificável e estabeleceram uma rixa de sangue que só pode ser abolida com o assassinato de um ou mais dos agressores. É hábito do crocodilo segurar o corpo de sua vítima por vários dias antes de devorá-lo, e arrastá-lo para esse propósito para algum lago lamacento que deságua no rio principal. Assim, organiza-se uma festa para revistar todos os riachos vizinhos, e a primeira medida tomada é evitar que o crocodilo culpado escape para alguma outra parte do rio. Para isso, pegam varas compridas, esgarçadas com muitos cortes, e as colocam na margem do rio a alguma distância acima e abaixo do local do crime e na foz de todos os riachos e corredeiras vizinhos; em seguida, matam aves e rezam para que o crocodilo culpado seja impedido de passar pelos pontos assim marcados. Eles então vasculham os riachos e, se encontrarem o criminoso com o corpo de sua vítima, o matam, e a briga está terminada. Mas, se não o

> encontrarem assim, saem pela parte do rio compreendida entre suas varas encantadas e, com suas lanças amarradas a longas varas, cutucam todo o leito dessa parte do rio, e assim geralmente conseguem matar um ou mais crocodilos. Eles então geralmente procuram em suas entranhas os ossos e cabelos da vítima para ter certeza de que pegaram a fera agressora. Mas, mesmo que não obtenham provas conclusivas desse tipo, parecem sentir que a justiça está satisfeita e que a besta morta é provavelmente culpada. Exceto na tentativa de vingar-se dessa maneira, nenhum kenyah matará um crocodilo, e eles não comerão sua carne sob nenhuma circunstância. Mas não há nenhuma evidência de que eles se consideram relacionados por sangue ou descendência aos crocodilos ou de que seus ancestrais já o fizeram.[363]
>
> (...)
>
> A atitude dos kayan em relação ao crocodilo é praticamente a mesma dos kenyah. Juntamos as seguintes notas de uma conversa com um jovem chefe kayan, Usong, e seu primo Wan: "Há muito poucos kayans que matarão um crocodilo, exceto por vingança. Mas se um de seu povo for levado por um crocodilo, eles saem juntos para matar o criminoso e começam dizendo: 'Não fuja, você tem que ser morto, por que você não vem à superfície? Você não vai sair para a terra porque você fez algo errado e está com medo'. Depois disso ele talvez venha para a terra, e se não o fizer, pelo menos flutuará até a superfície da água e será morto com lanças".[364]

Os dayak de Bornéo matam um jacaré somente se ele tiver matado um homem. Sobre essa relação, J. Perham relata:

---

363 HOSE, C; MCDOUGALL, W. "The Relations between Men and Animals in Sarawak". *Journal of the Anthropological Institute of Great Britain and Ireland*, vol. XXXI, 1901, p. 186.

364 HOSE, C; MCDOUGALL, W. "The Relations between Men and Animals in Sarawak". *Journal of the Anthropological Institute of Great Britain and Ireland*, vol. XXXI, 1901, p. 190.

> Por que, dizem eles, deveriam cometer um ato de agressão quando ele e seus parentes podem retribuir tão facilmente? Mas se o jacaré tirar uma vida humana, a vingança torna-se um dever sagrado dos parentes vivos, que emboscarão o comedor de homens com o espírito de um policial que persegue um criminoso. Mesmo assim, outros ficam para trás, relutantes em se envolver em uma briga que não lhes diz respeito. O jacaré devorador de homens deve ser perseguido por um justo Nêmesis; e sempre que algum é pego, eles têm uma profunda convicção de que deve ser o culpado ou seu cúmplice.[365]

Existe uma relação semelhante entre os nativos de Madagascar e os crocodilos. Eles nunca matam tal animal

> exceto em retaliação por um de seus companheiros ter sido destruído por um crocodilo. Eles acreditam que a destruição arbitrária de um desses répteis será seguida pela perda de vidas humanas, de acordo com o princípio da *lex talionis*.[366]

Aqui, o assassinato de um animal culpado de assassinato de um ser humano é realizado na forma de um processo criminal.[367]

> Os cingaleses estão convencidos de que as almas dos homens passam para os búfalos domésticos, e não para outros animais. Assim, eles não matarão essas criaturas para que elas não matem ou machuquem seus parentes e amigos.[368]

---

365 PERHAM, J. "Sea Dyak Religion". *Journal of the Straits Branch of the Royal Asiatic Society* (Singapura), nº 10, 1883, p. 221.

366 FRAZER, J. G. *The Golden Bough*. parte V, vol. II. Londres: MacMillan, 1920, p. 214.

367 FRAZER, J. G. *The Golden Bough*. parte V, vol. II. Londres: MacMillan, 1920, p. 214.

368 HARTLAND, E. S. *Primitive Paternity*. vol. I. Londres: D. Nutt, 1909/1910, p. 182.

Os batak da Sumatra regulam seu comportamento em relação aos tigres de acordo com o princípio da retribuição, que eles formulam assim: "Quem deve ouro deve pagar em ouro; quem deve respiração (isto é, vida) deve pagar com respiração".[369] John Macrae escreve sobre os kookies:

> Os kookies são uma raça de pessoas que vivem entre as montanhas ao nordeste da província de Chittagong... Os kookies, como todos os povos selvagens, são de uma disposição mais vingativa; sangue deve sempre ser derramado por sangue; se um tigre chega a matar um deles, perto de um *Parah*, toda a tribo se levanta em armas e vai em busca do animal; quando o animal é morto, a família do falecido dá um banquete de sua carne, em vingança pela morte de seu parente. E se a tribo não conseguir destruir o tigre nessa primeira perseguição geral a ele, a família do falecido deve continuar a busca; pois até que matem este ou algum outro tigre e deem um banquete de sua carne, eles estão em desgraça no *Parah*, e perdem sua associação com o resto dos habitantes. Da mesma maneira, se um tigre destruir um grupo de caçadores ou um grupo de guerreiros em uma excursão hostil, eles não poderão (independentemente do sucesso) retornar ao Parah sem serem desonrados a menos que matem o tigre.[370]

29 Garantia da ordem social pela função retributiva da alma animal

É de grande importância o fato de os homens primitivos acreditarem que a retribuição pode ser exercida não só pelos animais quando são mortos, mas também quando a ordem social,

---

369 FRAZER, J. G. *The Golden Bough*. parte V, vol. II. Londres: MacMillan, 1920, p. 216.

370 MACRAE, John. "Account of the Kookies or Lunctas". *Asiatic Researchs*, vol. VII, 1801, pp. 183 e 189.

ou pelo menos algumas normas, especialmente certas regulamentações sexuais, são violadas. Tais violações estão sob a sanção de punições, cujos autores e executores são animais, ou suas almas da morte, ou algumas outras divindades que governam os animais e obviamente apresentam-se como personificações desses animais. Em seu relatório sobre os índios selk'nam, Gusinde escreve:

> Se um caçador teve a sorte especial de matar vários guanacos, mas deixou para trás um animal inteiro ou parte de sua carne para apodrecer e assim se tornar inutilizável, o restante dos guanacos ficam furiosos com o caçador e gritam: "Vamos pregar uma peça nele da qual se lembrará por muito tempo". Mesmo sendo um excelente atirador, ele não poderá trazer nada para casa por meses. Assim, os guanacos restantes se vingam dele por permitir que tanta carne se estragasse.[371]

A observância do mandamento de não desperdiçar a carne dos animais de caça é garantida pelos próprios animais.

Essa extensão da função de retribuição aos animais, almas animais ou divindades animais parece ter alguma conexão com a ideia frequentemente mencionada de que os animais não podem ser mortos contra sua vontade, mas se entregam e se deixam matar por escolha própria e em troca de certos contrasserviços para servir de comida ao homem. Consequentemente, o assassinato de um animal deixa de ser considerado um delito que exige retribuição; a ameaça de punição vinda do animal deve, então, referir-se a outro erro. Às vezes, mesmo a ideia de que o animal foi morto com seu próprio consentimento não torna supérflua a reconciliação do

371 GUSINDE, Martin. *Die Feuerland-Indianer*: Die Selknam. vol. I. Sankt Augustin: Anthropos, 1931, p. 706. Quando um índio selk'nam esfola uma raposa, ele mantém "uma discussão peculiar com o animal. Com palavras suaves, ele tenta aplacar toda a comunidade das raposas; assim ele pode esperar matar outro animal mais tarde" (p. 707).

caçador com ele. Se os giljaks matam um urso, eles acreditam que isso aconteceu somente porque o urso permitiu; no entanto, após o abate, eles observam uma cerimônia que visa aplacar o animal morto.[372] Tal ato, no entanto, pode ser apenas uma expressão do respeito que sentem pelo poder cuja preocupação é a manutenção da ordem social. O missionário Petitot relata sobre os dene, vizinhos dos esquimós:

> Por muito tempo nosso caçador Le Noir veio à missão somente para suspirar e reclamar que, desde que ele foi batizado, os animais estavam zombando dele. "Há vários alces por perto", disse ele, "eu os vejo e os acompanho, mas eles não se deixam matar... Eles riem de mim".[373]

O infortúnio na caça é interpretado como punição por algum mal cometido.

A punição, no entanto, consiste não somente em falta de fortuna na caça, mas também em outros males que atingem o caçador ou sua família, como doença ou morte. Isso é bastante óbvio em um relato feito por Boas a respeito dos esquimós de Baffinland e da Baía de Hudson. Eles adoram a deusa Sedna.

---

372 STERNBERG, Leo. "Die Religion der Giljaken". *Archiv für Religionswissenschaften*, vol. VIII, 1905, pp. 249, 260 e 272. Sobre os índios sul-americanos, KARSTEN, Rafael. *The Civilization of the South American Indians*. Londres: K. Paul, Trench, Trübner & Company, 1926, p. 65, escreve: "É comum entre os indígenas a ideia de que as almas dos mortos encarnam preferencialmente em certos animais grandes e pássaros que normalmente são os mais usados como alimento". RAY, Verne F. *The Sanpoil and Nespelem*. (Série: University of Washington Publications in Anthropology). vol. V. Seattle: University of Washington Press, 1932, p. 188, diz: "Não havia tabu contra o abate do animal guardião de alguém. Ao contrário, o animal esperava ser morto. Um homem com o poder do servo era sempre um bom caçador, pois o cervo viria até ele para ser morto".

373 PETITOT, Émile. *Autour du grand lac des esclaves*. 2ª ed. Paris: A. Savine, 1891, p. 32.

> Essa mulher, a mãe dos mamíferos marinhos, pode ser considerada a principal divindade dos esquimós que habitam a região central. Ela tem domínio supremo sobre os destinos da humanidade, e quase todas as observâncias dessas tribos são para reter sua boa vontade ou para agradá-la se ela foi ofendida. Acredita-se que ela viva em um mundo inferior, em uma casa construída de pedra e costelas de baleia... Ela não pode andar, mas desliza, uma perna dobrada para baixo, a outra estendida para frente... Acredita-se que as almas de focas e baleias procedem de sua casa. Depois que um desses animais é morto, sua alma fica com o corpo por três dias. Em seguida, volta para a residência de Sedna, para ser enviada novamente por ela. Se, durante os três dias nos quais a alma permanece com o corpo, qualquer tabu ou costume proscrito for violado, a violação (*pitsse'te*) prende-se à alma do animal e lhe causa dor. A alma se esforça em vão para se libertar desse peso, mas é compelida a levá-lo para Sedna. De alguma maneira não explicada, isso faz suas mãos doerem, e ela pune as pessoas que deram causa a suas dores enviando-lhes doenças, mau tempo e fome. Se, por outro lado, todos os tabus forem observados, os animais marinhos se deixarão apanhar: eles até virão ao encontro do caçador.[374]

Os animais são dotados de poderes sobre-humanos. Eles têm a capacidade de perceber se um homem violou um tabu.[375] Essa crença aparentemente tem alguma conexão com a ideia de que as violações do tabu devem ser confessadas para evitar consequências más.

> O transgressor de um costume é desprezível para Sedna e para os animais, e aqueles que permanecem com ele

374 BOAS, F. "The Eskimo of Baffin Land and Hudson Bay". *Bulletin of the American Museum of Natural History*, vol. XV, 1907, pp. 119 e ss.

375 BOAS, F. "The Eskimo of Baffin Land and Hudson Bay". *Bulletin of the American Museum of Natural History*, vol. XV, 1907, p. 120.

> tornam-se igualmente desprezíveis pelo contato com ele. Por essa razão, os costumes e a moral exigem a confissão de toda e qualquer transgressão de um tabu, a fim de proteger a comunidade da má influência do contato com o malfeitor. As descrições da vida esquimó realizadas por muitos observadores contêm registros de fome que, segundo a crença dos nativos, foi provocada por alguém que transgrediu uma lei e não anunciou o que havia feito.[376]

Os esquimós acreditam que um pecado pode ser expiado por tal confissão. Os deuses que punem por meio do infortúnio na caça, doença, fome e morte e que recompensam com prosperidade são as almas da morte dos animais marinhos que atuam como agentes da deusa Sedna, que personifica todo o mundo desses animais. Sua função essencial é garantir a ordem social dos esquimós.

> O objetivo mais importante das cerimônias religiosas dos esquimós é aplacar a ira de Sedna, das almas dos animais ou das almas dos mortos que foram ofendidos pelas transgressões dos tabus. Isso é realizado com a ajuda dos espíritos guardiões do *angakut*.

O significado das cerimônias é que as almas dos *angakut* ("magos") vão a Sedna.

> Eles lhe perguntam se terão bastante comida e boa saúde. Então Sedna os repreende por todas as transgressões cometidas anteriormente, mas promete a eles que, se cumprirem suas leis, ela lhes enviará bastante comida e boa saúde. Finalmente, as almas dos *angakut* retornam e relatam as instruções e promessas de Sedna.[377]

---

376 BOAS, F. "The Eskimo of Baffin Land and Hudson Bay". *Bulletin of the American Museum of Natural History*, vol. XV, 1907, p. 121.

377 BOAS, F. "The Eskimo of Baffin Land and Hudson Bay". *Bulletin of the American Museum of Natural History*, vol. XV, 1907, p. 138; WEYER,

Os nativos de Bengala, segundo muitos relatos, acreditam que as violações dos tabus sexuais são punidas pelos animais. Quando uma aldeia é afligida por epidemias ou devastada por feras selvagens, eles explicam as calamidades como punição por certos delitos sexuais. Da mesma forma, os orang glai, uma tribo das montanhas de Aonam, pensam que, como punição por relações sexuais proibidas, o culpado será devorado por tigres.[378] Relata-se que os groenlandeses interpretam as migrações de baleias, bois almiscarados e renas como penalidades por adultério; pela mesma razão, supõe-se que um canal aberto tenha permanecido congelado.[379] Frequentemente, a retribuição exercida pelos animais garante a fidelidade conjugal das mulheres enquanto seus maridos estão caçando. Assim, os caçadores de elefantes na África Oriental acreditam que o adultério cometido por suas esposas durante sua ausência implica que sejam feridos ou mesmo mortos por animais. Da mesma forma, os índios mochos do leste da Bolívia consideram que um caçador cuja esposa é infiel durante sua ausência será atacado por uma cobra ou onça.[380]

Edward Moffat. *The Eskimos*. New Haven: Yale University Press, 1932, p. 333, escreve referindo-se à crença dos esquimós de que os animais têm alma: "As almas que retornam são capazes de manter o outro mundo dos animais bem informado da conduta dos homens na terra. Como consequência, as pessoas estão constantemente se esforçando para evitar antagonismos com a fonte de alimentos. O esquimó... não considera que o abastecimento de caça na natureza é diminuído pelo abate irrestrito. Regras religiosas, e não leis econômicas, o governam nesse sentido. Os espíritos dos animais não podem ser destruídos simplesmente matando-os; suas formas terrenas representam apenas uma fase transitória das criaturas. Mas a falta de observância dos ritos tradicionais certamente causará escassez de caça. Um animal morto deve ser tratado adequadamente, para que sua alma não retorne ao outro mundo ressentida". E página 334: "O esquimó sente que sempre lhe compete agradar as almas dos animais e evitar sua retaliação".

378 FRAZER, J. G. *Psyche's Task*. Londres: MacMillan, 1913, p. 45.

379 NANSEN, Fridtjof. *The First Crossing of Greenland*. vol. II. Londres: Longmans, Green and Co., 1890, p. 329.

380 FRAZER, J. G. *The Golden Bough*. parte I, vol. I. Londres: MacMillan, 1920, p. 123.

30 Significado de ritos de preparação para a caça

Em consonância com a importância preeminente que o princípio da retribuição tem para a relação do homem primitivo com os animais, especialmente os animais de caça, e em estreita conexão com o fato de que sua conduta durante e após o abate de um animal é determinada pelo desejo de evitar as consequências ameaçadoras da retribuição do animal, existem certas cerimônias observadas entre vários povos relativas à boa sorte na caça. Pode-se interpretar assim alguns ritos específicos de expiação e purificação, dentre os quais a castidade temporária, o jejum e outras autotorturas desempenham um papel decisivo.

Especialmente difundido é o costume de abster-se de relações sexuais, considerado uma condição essencial para o sucesso na caça. "Essa prática de estrita castidade como condição de sucesso na caça e na pesca é muito comum entre as raças rudes", escreve Frazer,[381] que menciona diversos exemplos do costume. E sem dúvida ele tem razão quando nega que a prática tenha razões higiênicas, como a intenção do caçador de não se enfraquecer diante do empreendimento exigente, pois outros costumes que também se referem à preparação para a caça, com o jejum de vários dias, têm, de fato, exatamente o efeito que se supõe erroneamente ser evitado pela castidade. Mas, por outro lado, não se pode concordar com Frazer em sua declaração de que o costume é meramente "superstição". "Superstição" não é uma explicação adequada. Mas ele nos dá uma:

> Em geral, parece haver a suposição de que o efeito maléfico da incontinência não é tanto o enfraquecimento, mas o fato de que, por algum motivo, isso ofende os animais, que em consequência não se deixarão ser pegos.

---

381 FRAZER, J. G. *The Golden Bough*. parte II. Londres: MacMillan, 1920, p. 196.

No entanto, parece não haver nenhuma razão para que os animais se ofendam com a relação sexual do caçador. Tal crença, além disso, dificilmente é compatível com as opiniões que os povos primitivos têm sobre a vida sexual e com a extraordinária importância que atribuem à sexualidade como um de seus principais prazeres. Seria imputar ao homem primitivo ideias cristãs de moralidade lhe atribuir a convicção de que a relação sexual, especialmente a relação legal entre marido e mulher, seria pecado e ofenderia a autoridade que inflige retribuição. Uma explicação mais plausível é que a abstinência da relação sexual – uma vez que é essencialmente abstinência do prazer, uma autotortura semelhante ao jejum e outros ritos de expiação – é uma autopunição antecipatória. Essa ideia é muito familiar ao homem primitivo. Ela pode ser explicada pela preponderância que o princípio da retribuição tem entre os homens primitivos. Eles infligem males a si mesmos para punir os males cometidos. A tendência à substancialização que domina seu pensamento o faz acreditar que desse modo o mal é fisicamente paralisado, ou melhor, expulso pela pena autoimposta.[382] Absolvido do pecado, ele poderá escapar daquele castigo

---

382 Como a tendência à substancialização não admite uma distinção clara entre qualidades morais e físico-psíquicas, a ideia de retribuição, que originalmente estava em primeiro plano, retrocede ou mesmo desaparece completamente da consciência do homem primitivo. Então certos procedimentos, em particular a extração de sangue, se realizada antes de empreendimentos tão importantes como a guerra e as expedições de caça, parecem ter um caráter puramente higiênico. É assim que Karsten interpreta certos costumes dos índios sul-americanos: "Muito difundido por toda a América do Sul é o costume de tirar sangue do corpo para aliviar a doença ou, como se costuma dizer, para aumentar a força muscular de certos membros, por exemplo, dos braços e das pernas. Que a sangria, praticada em casos de doença, se deve a ideias mágicas, já se pode inferir do fato de que, segundo a crença indígena, todas as doenças são causadas diretamente por espíritos malignos. Supõe-se que os espíritos... penetram no sistema e, sobretudo, misturam-se no sangue, dando origem a doenças de diversos tipos e a um estado de fraqueza na parte específica do organismo a que se ligaram. O índio pensa que sangrando essa parte ele se livrará do perigoso intruso, assim como às vezes pensa que ele deixará seu corpo com a mera transpiração – essa crença é naturalmente apoiada pelo fato de que em certos casos tais purgações podem realmente

muito pior – a saber, que os animais não se deixarão apanhar – que o espera caso vá caçar carregado de pecados. Isso significaria a fome não só dele, mas de toda a tribo. Se a má sorte na caça é vista como punição por males cometidos, então nada é mais natural do que a tentativa de evitar pela autotortura a pena ameaçadora infligida pelos animais.

Nenhum outro significado pode explicar satisfatoriamente os preparativos dos índios americanos para uma caça ao urso, como longos jejuns e cerimônias de purificação. Eles até oferecem novos sacrifícios às almas da morte de animais abatidos em caçadas anteriores e imploram para que favoreçam novamente

---

produzir algum alívio. Eu mesmo pude observar o predomínio dessa ideia entre as tribos do Chaco. Entre esses índios – por exemplo, os chorotis – é comum que os homens se sangrem com um espinho ou uma lasca afiada de madeira antes de certos empreendimentos importantes. Assim, dizem que, tirando sangue do braço, o membro ganhará mais força para puxar o arco; a prática é, portanto, especialmente utilizada antes da partida para uma expedição de caça. Se o braço falha ou treme ao puxar o arco, sua fraqueza é, segundo a crença dos Chorotis, devido à presença de um *mohsek* no sangue, e eles pensam que o demônio maligno deixará o corpo com o sangue retirado" (Cf. KARSTEN, Rafael. *The Civilization of the South American Indians*. Londres: K. Paul, Trench, Trübner & Company, 1926, pp. 156 e ss.). De fato, não parece haver aqui qualquer conexão com o princípio da retribuição. Mas é questionável se tal conexão não se tornaria aparente após uma investigação mais detalhada dos fatos.

Entre os pigmeus do Equador ocidental, se a caça não for bem-sucedida, o caçador inflige cortes em seus braços e pernas, coleta o sangue em uma casca de berbigão e mancha sua lança e corpo com ele. Se o insucesso continuar por um tempo, especialmente se o caçador continuar perdendo um elefante, o chefe inflige os cortes no caçador, borrifa o sangue em direção aos quatro cantos do mundo e mancha a lança e o corpo do caçador. Se sua incapacidade de matar um elefante ainda se prolongar, o caçador pronuncia certas palavras que indicam que ele fez sacrifícios ao animal. Em outros casos, ele sacrifica aos "espíritos guardiões da raça, do clã e do próprio chefe, i. e., aos diferentes totens" (SCHMIDT, Wilhelm. *Der Ursprung der Gottesidee*. vol. IV. Münster: Aschendorffsche Verlagsbuchhandlung, 1935, p. 77). Isso mostra claramente que a extração de sangue tem, em relação à caça, o caráter de expiação, especialmente se tivermos em mente que o sacrifício de sangue ocorre apenas quando a captura de um animal foi malsucedida.

os caçadores.[383] Sem dúvida, o jejum tem o mesmo significado que o sacrifício e as orações. Mas por que o jejum dos caçadores deve ser agradável aos mortos e especialmente ao urso ainda vivo, quando se acredita que os animais concordam em serem mortos para fornecer comida aos homens? Ao vermos nisso uma conexão "mística" ou "mágica", nada é esclarecido; na verdade, isso é evitar uma explicação. No entanto, pode-se encontrar uma explicação no princípio da retribuição que determina a relação do homem primitivo com os animais de caça. Jejuar, também, é uma tentativa de fugir por autopunição de um mal muito pior, cuja ameaça provém da autoridade sobre-humana para certos delitos.

31 Alma animal e alma humana como autoridade retributiva

Assim, a alma de um animal tem a mesma função que a alma da morte de um homem, ou seja, retribuição. Deve-se, portanto, supor a priori que há certa conexão entre a ideia das almas da morte dos homens e as almas dos animais. E, de fato, é assim. O homem primitivo, como já apontado, não percebe, como o homem civilizado, uma diferença essencial entre ele e um animal. Os selvagens veem os animais como iguais; frequentemente como superiores aos homens em poderes físicos e psíquicos; às vezes até como seres divinos. Justamente nessa relação com os animais torna-se aparente a falta de consciência do eu tão característica do homem primitivo. Frazer está certo ao dizer:

> O selvagem não é tão orgulhoso; ele geralmente acredita que os animais são dotados de sentimentos e inteligência como os dos homens, e que, como os homens, possuem almas

383 FRAZER, J. G. *The Golden Bough*. parte V, vol. II. Londres: MacMillan, 1920, p. 224.

que sobrevivem à morte de seus corpos para vagar como espíritos desencarnados ou renascer na forma animal.[384]

Mas o homem primitivo não apenas acredita – talvez nem acredite tanto – que as almas dos animais reencarnam em corpos animais; ele também acredita – e isso mostra de maneira convincente a falta de sentimento de diferença entre ele e o animal – que as almas da morte dos seres humanos podem reencarnar em corpos de animais.

Nessa ideia de que os mortos, e especialmente os ancestrais mortos, sobrevivem em corpos animais, de onde, como almas animais, penetram nos corpos das mulheres para renascer como seres humanos – ideia que pertence aos elementos mais antigos da crença na alma dos mortos – pode-se presumir a origem do totemismo.[385] Na medida em que o animal é visto como encarnação

---

384 FRAZER, J. G. *The Golden Bough*. parte V, vol. II. Londres: MacMillan, 1920, p. 204.

385 Que o totemismo está ligado à ideia peculiar que o homem primitivo tem da concepção já foi reconhecido por Frazer. Mas, segundo sua teoria, as almas dos animais, plantas e outras coisas, os "espíritos" que penetram no corpo da mulher para renascer por ela, não são almas humanas. O passo decisivo para a compreensão do totemismo é dado por KARSTEN, Rafael. *The Origins of Religion*. Londres: K. Paul, Trench, Trübner & Company, 1935, p. 153, quando coloca a questão: "O que induz esses espíritos a penetrar no corpo de uma fêmea humana para renascer como seres humanos?" A resposta é que esses espíritos são almas humanas que aceitaram a forma de animais e plantas. Karsten explica isso enfatizando que, de acordo com a visão primitiva, a alma da morte geralmente assume a forma de animais e plantas. Combinando esse fato com a noção de concepção do homem primitivo, com sua ignorância da paternidade fisiológica, Karsten oferece a teoria mais plausível do totemismo já apresentada até hoje. Em KARSTEN, Rafael. *The Civilization of the South American Indians*. Londres: K. Paul, Trench, Trübner & Company, 1926, p. 435, Karsten escreve: "Se os selvagens realmente acreditam que a alma, depois de ter deixado um corpo humano na morte, e antes de voltar a residir em outro por meio de um novo nascimento, passa nesse meio-tempo por alguma outra forma de existência, reencarnando, por exemplo, como um animal ou pl'anta, não é difícil entender por que certos grupos de pessoas reconhecem parentesco com tais objetos naturais... O totemismo, em outras

da alma da morte humana, a diferença entre homens e animais, evidente para o homem civilizado, não tem significado algum para o homem primitivo. De fato, o animal vivo é considerado um homem reencarnado. Com isso em mente, é errôneo afirmar que os homens primitivos atribuem aos animais uma alma que sobrevive após a morte. Pelo contrário, as almas da morte dos animais são almas da morte de homens. É a alma da morte humana que desempenha aquela função decisiva que faz com que o animal ou sua alma sejam temidos e respeitados como autoridade capaz de retribuição. Os casos que ilustram esse fato são mais numerosos do que se estaria inclinado a acreditar a princípio. Koch-Grünberg diz sobre os índios sul-americanos:

> Enquanto entre os bororo as almas dos seres humanos comuns penetram nas araras vermelhas, os curandeiros, em uma extensão facilmente compreensível, ao morrer tornam-se outros animais que não pássaros... Se tais animais, nos quais os curandeiros encarnam, forem mortos por infortúnio ou tolice, então eles se vingarão levando os vivos. Certa vez, um bororo matou um enorme dourado e morreu logo depois. Então seus parentes disseram: Você vê, o dourado era um curandeiro e o matou. A morte de um

---

palavras, só pode surgir onde a doutrina da transmigração das almas torna-se um sistema regular, estabelecendo-se uma relação definida entre todo um grupo de pessoas aparentadas e uma espécie particular de animal ou planta. Além disso, todo o sistema parece fundar-se naquela teoria primitiva da concepção que foi discutida no presente capítulo".

Que a alma da vida que funciona como um espírito guardião e também aparece fora de seu protegido na forma de animais ou plantas é um totem é presumido por ZIEGLER, Leopold. *Überlieferung*. Leipzig: Hegner, 1936, p. 157: "O totem é a morada externa da vida e da alma do homem primitivo". Se o totem também é reconhecido como a alma externa do homem, então é correto supor que a alma da vida existente dentro do corpo do homem é a alma da morte de um ancestral.

> dos membros de sua tribo, portanto, é considerada um ato de vingança por parte de um homem morto.[386]

Um conto dos esquimós de Cumberland Sound narra que uma mulher, após sua morte, entrou no corpo de um urso polar para se vingar das injustiças que sofreu durante sua vida.[387]

Que a alma de um animal morto é uma alma da morte humana, cuja vingança se teme e, portanto, com quem se tenta a reconciliação, fica evidente nas cerimônias que os pigmeus do Equador ocidental realizam ao matar um elefante. Se um elefante macho é morto, eles cortam seu pênis e o chefe envolve o pescoço, assim como as presas do elefante, com flores de Hana, com as quais uma noiva é vestida antes de seu casamento. Acredita-se que o elefante seja enganado pelos ritos que representam sua morte e emasculação como casamento. O chefe canta uma canção em que o animal é chamado de "Pai Elefante" e garante que ninguém queria matá-lo. "O guerreiro não tirou sua vida; sua hora havia chegado". Pede-se ao elefante, como a alma de um ser humano falecido, que não volte e não fique com raiva. "Sua vida será melhor de agora em diante, sua vida no reino dos espíritos. Nossos pais renovarão o vínculo com você".[388] É decisivo que o elefante seja chamado de

---

386 KOCH-GRÜNBERG, Theodor. "Zum Animismus der suedamerikanischen Indianer". *Internationales Archiv für Ethnographie*, Suppl., vol. XIII, 1900, p. 14. Cf. também STEINEN, Karl von den. *Unter den Naturvölkern Zentral-Brasiliens*. Berlim: D. Reimer (Hoefer & Vohsen), 1894, p. 511.

387 BOAS, F. "The Eskimo of Baffin Land and Hudson Bay". *Bulletin of the American Museum of Natural History*, vol. XV, 1907, p. 132; RASMUSSEN, Knud. *Intellectual Culture of the Iglulik Eskimos*. vol. VII, nº 1 do Report of the Fifth Thule Expedition, 1921-1924. Copenhagen: Gyldendalske Boghandel, 1929, p. 107 relata uma história esquimó segundo a qual um homem renasceu em forma de urso a fim de se vingar de seu inimigo.

388 TRILLES, R. P. *Les Pygmées de la Forêt équatoriale*. (Série Bibliotheque Anthropos). vol. III. Paris: Librairie Bloud & Gay, 1932, p. 460. Cf. também SCHMIDT, Wilhelm. *Der Ursprung der Gottesidee*. vol. IV. Münster: Aschendorffsche Verlagsbuchhandlung, 1935, p. 89.

"pai". Certamente não é uma mera manifestação de respeito, mas a expressão de uma convicção de que na fera vive a alma da morte de um poderoso ancestral. Que os chefes falecidos sobrevivam como elefantes é uma ideia familiar a esses povos primitivos.[389]

Os kai da Nova Guiné acreditam que as almas da morte dos seres humanos assumem a forma de certo animal, o cuscuz, que vive naquelas regiões assombradas pelas almas dos mortos. Não é proibido matar e comer esses animais; isso é permitido sob certas restrições, a mais importante das quais é o dever de reconciliação com o animal morto. O caçador não deve abater o animal imediatamente

> mas deve deixá-lo repousar por algum tempo, talvez por uma noite inteira, e deve espalhar sobre seu corpo os sacrifícios que ele oferece para pacificar o espírito ofendido. Se ele aceitar a substância espiritual desses bens, o animal pode ser comido. O sacrifício é acompanhado por estas palavras: "Pegue os presentes e deixe-nos o que se tornou um animal selvagem para que possamos comê-lo".

Essa cerimônia de reconciliação é obviamente destinada a evitar a retribuição do animal morto. De fato, certa vez, quando

---

389 TRILLES, R. P. *Les Pygmées de la Forêt équatoriale*. (Série Bibliotheque Anthropos). vol. III. Paris: Librairie Bloud & Gay, 1932, p. 430. A esse respeito, o seguinte costume, descrito por TRILLES, R. P. *Les Pygmées de la Forêt équatoriale*. (Série Bibliotheque Anthropos). vol. III. Paris: Librairie Bloud & Gay, 1932, pp. 493 e ss., é de interesse; seu objetivo é garantir a vitória em uma luta esperada. Depois de ter sido preparado pelo jejum, o chefe vê um elefante em seus sonhos – não um elefante comum, mas aquele elefante no qual a alma de um chefe está encarnada. Esse elefante é procurado e, se encontrado, morto; ele é reconhecido pelas características que o chefe viu em seu sonho. Na canção que se segue, os homens se dirigem ao animal como "pai" ou "ancestral do clã" etc. Todos os guerreiros mergulham os braços no sangue do animal, mas nenhuma cerimônia de expiação ocorre. Trilles explica que o elefante "não pode se vingar de seus assassinos pois se expôs a seus tiros e pela efusão de sangue renovou o espírito da raça".

uma casa com todos os seus habitantes foi soterrada por um deslizamento de terra, a tragédia foi interpretada como um castigo "pela morte impiedosa de uma serpente que vive em um lugar habitado por espíritos".[390] A vingança, que o homem primitivo teme despertar quando mata um animal, é frequentemente a vingança dos ancestrais que sobrevivem nos animais. J. O. Dorsey relata sobre os índios teton:

> Os teton rezam para aranhas cinzentas e para as de pata amarela. Quando uma pessoa sai em viagem e uma aranha passa, não se deve matá-la em silêncio. Pois se alguém a deixa ir ou a mata sem fazer uma oração, haverá consequências ruins. Neste caso, outra aranha vingaria a morte de seu parente. Quando a aranha é encontrada a pessoa deve dizer a ela: "Ikto'mi... Ó Vovô Aranha, os Trovejantes matam você!". A aranha é esmagada imediatamente e seu espírito acredita no que lhe foi dito. Seu espírito provavelmente contará isso para as outras aranhas, mas elas não podem prejudicar os Trovejantes. Se alguém orar assim para uma aranha enquanto a mata, jamais será picado por outras aranhas.[391]

A temida aranha à qual o teton dirige suas orações é considerada seu "avô".

Especialmente nos casos em que certos animais garantem a manutenção da ordem social, essas criaturas aparecem como moradas das almas da morte humanas, particularmente dos espíritos ancestrais. Os batak chamam o tigre de *ompu*, ou seja, "avô". Eles não gostam de matá-lo, pois a alma de um ancestral pode residir

---

390 KEYSSER, C. "Aus dem Leben der Kai-Leute". *In*: NEUHAUSS, R. *Deutsch Neu-Guinea*. vol. I. Berlim: D. Reimer, 1911, pp. 150 e ss. Cf. também FRAZER, J. G. *The Golden Bough*. parte V, vol. II. Londres: MacMillan, 1920, p. 296.

391 DORSEY, J. Owen. "Teton Folklore Notes". *Journal of American Folklore*, vol. II, 1889, p. 134.

nele. No entanto, caso o abate seja inevitável, a fera morta deve ser reconciliada por meio de sacrifícios. "O sacerdote dirige-se ao espírito do 'Sr. Avô', implora seu perdão e explica por que o assassinato foi necessário".[392] Warneck relata que

> alguns tigres são considerados a sede temporária de um *sombaon* [alma ancestral de alta hierarquia]. Se um tigre é morto, ele é trazido para a aldeia e cada um traz sua medida de arroz para mostrar que não burlou a balança, pois o tigre é considerado o executor da punição infligida pelos ancestrais e divindades. Quem é morto por um tigre deve ter cometido uma grave violação dos costumes.[393]

Os kenias e outras tribos de Bornéu presumem que os crocodilos têm almas da morte. Eles chamam esses animais de "velhos avôs". As almas

> vigiam os seres humanos e vingam todas as violações graves das tradições. Se um aldeão é atacado e morto por um crocodilo, isso é uma punição pela violação de uma prática antiga, por exemplo, o casamento com uma garota kayan que transgrida a lei da endogamia tribal.[394]
>
> Nas Ilhas Key [Indonésia] diz-se que em épocas anteriores os espíritos dos mortos entravam nos corpos de crocodilos, cobras, baleias e outros animais; consequentemente, ainda hoje imagens dessas criaturas são colocadas em campos para manter os ladrões afastados. Cada família, de acordo com o que conhece de sua linhagem, escolhe o animal

392 BERKUSKY, H. "Totengeister und Ahnenkultus in Indonesien". *Archiv für Religionswissenschaft,* vol. XVIII, 1915, p. 306.

393 WARNECK, J. *Die Religion der Batak*: ein paradigma fur Animistischen Religionen des Indischen Archipels. (Série: Quellen der Religionsgeschichte). Gotinga: Vandenhoeck & Ruprecht, 1909, p. 11.

394 BERKUSKY, H. "Totengeister und Ahnenkultus in Indonesien". *Archiv für Religionswissenschaft,* vol. XVIII, 1915, pp. 308 e ss.

> correspondente como seu *matakau* [isto é, "olho vermelho"]. Se um campo que está sob a proteção de tal *matakau* for roubado, o ladrão não é responsabilizado por seus semelhantes, mas sua punição é deixada para o *matakau*.[395]

Os indonésios em geral, diz Kruijt, consideram tigres, crocodilos e elefantes reencarnações de seus ancestrais e, portanto, veem na morte de um ser humano por tal animal uma punição pela violação de uma disposição *adat*. Caso contrário, o homem primitivo, que tem um vívido senso de justiça, não poderia explicar por que tal animal mataria um homem sem provocação.[396] Se um mal é cometido por um animal cujo corpo pode estar habitado pela alma de um ancestral, pode-se reagir contra o animal, mas apenas para puni-lo. Esse é o caso em Java e Sumatra, onde o crocodilo é considerado um "avô".[397]

Os índios canelos do Equador acreditam que homens falecidos renascem em onças. Isso não os impede de matar esses animais; eles o fazem, no entanto, apenas para exercer uma retribuição jurídica pelas injustiças cometidas pelas onças.[398]

Exercer retribuição a um animal pressupõe que ele seja considerado um ser humano, ou seja, um membro da própria sociedade. Sociologicamente, esse é o sentido da ideia de que um homem morto reencarna em forma de animal. Os nativos de Cham (Indochina) atribuem suas doenças a desagradar os esquilos. Esses roedores,

---

395 BERKUSKY, H. "Totengeister und Ahnenkultus in Indonesien". *Archiv für Religionswissenschaft,* vol. XVIII, 1915, p. 309.

396 KRUIJT, A. C. *Het Animisme in den Indischen Archipel.* Haia: M. Nijhoff, 1906, p. 170.

397 KRUIJT, A. C. *Het Animisme in den Indischen Archipel.* Haia: M. Nijhoff, 1906, pp. 189 e ss.

398 FRAZER, J. G. *The Golden Bough.* part V, vol. II. Londres: MacMillan, 1920, p. 285.

segundo sua crença, encarnam as almas de crianças mortas[399]. Os fangues (África Ocidental), diz Tessmann, são da opinião de que existem tanto almas "boas" quanto "más". Parece, no entanto, que estas últimas não são tão "más" em si quanto são perigosas para os homens maus. Pois, "iradas com a maldade de seus semelhantes, podem se transformar em animais, especialmente feras matadoras de homens como leopardos, elefantes, búfalos etc.".[400] Como tal, podem se vingar dos aldeões que provocarem sua indignação.

Existe também uma estreita ligação entre a proibição de comer a carne de certos animais, um tabu cuja violação acarreta doença ou morte, e a função retributiva das almas da morte humanas. Isso vale para os índios sul-americanos, sobre os quais Karsten escreve:

> Uma vez que as almas dos índios mortos – especialmente as almas dos *baris* [curandeiros] – reencarnam em pássaros, peixes e animais, estes são tabu e não podem ser comidos. A morte ou doença da pessoa que come sua carne é interpretada como um ato de vingança por parte do animal morto, ou melhor, do espírito nele encarnado. Esse é de fato o tipo de tabu mais comum em toda a América do Sul.[401]

Entre esses povos primitivos, a crença na reencarnação das almas da morte humanas em animais é tão predominante que Karsten observa: "Assim, dificilmente existe um ser animal, por mais insignificante que seja, que não sirva como morada temporária de uma alma humana".[402] A ideia de que todos os seres animais

---

399 FRAZER, J. G. *The Golden Bough*. part V, vol. II. Londres: MacMillan, 1920, pp. 291 e ss.

400 TESSMANN, Guenther. "Religionsformen der Pangwe". *Zeitschrift für Ethnologie*, 1909, vol. XLI, p. 880.

401 KARSTEN, Rafael. *The Civilization of the South American Indians*. Londres: K. Paul, Trench, Trübner & Company, 1926, p. 278.

402 KARSTEN, Rafael. *The Civilization of the South American Indians*. Londres: K. Paul, Trench, Trübner & Company, 1926, p. 280.

já foram seres humanos, ou vice-versa,[403] é provavelmente uma consequência dessa crença na reencarnação. Onde quer que exista tal crença, pode-se presumir que as almas atribuídas aos animais são almas humanas, ou seja, as almas dos falecidos que continuam sua existência em animais; isso é especialmente verdadeiro se a retribuição for vista como exercida por animais vivos ou mortos.[404]

32 Retribuição em relação às plantas

Assim como a relação do homem primitivo com os animais, sua relação com as plantas – especialmente com as árvores, pelo menos com aquelas árvores importantes para ele – é determinada pelo princípio da retribuição. Se alguém "matá-las", isso é, cortá-las, porque são necessárias para a satisfação de necessidades,

---

403 KARSTEN, Rafael. *The Civilization of the South American Indians*. Londres: K. Paul, Trench, Trübner & Company, 1926, pp. 276 e 294.

404 Karsten observa, com um pouco mais de cuidado (p. 294): "De acordo com a teoria indígena, todos os animais – quadrúpedes, pássaros, répteis, peixes, insetos – possuem um espírito ou alma, que em essência é do mesmo tipo da que anima o homem, e que sobrevive à destruição do corpo. Todos os animais já foram homens, ou todos os homens animais. Esse parece ser um princípio explícita ou implicitamente defendido por todas as tribos. Daí a visão primitiva que os índios compartilham com a maioria dos outros povos não civilizados, e que intelectual e moralmente coloca os animais em pé de igualdade com o homem. Na religião prática ou superstição dos índios, porém, somente esses animais desempenham um papel que, por razões especiais – sobretudo devido aos danos que causam ao homem – atraíram particularmente sua atenção. Tais animais, em geral, são vistos como reencarnações permanentes ou temporárias de almas humanas, ou acredita-se que eles carregam a flecha mágica dos feiticeiros e, assim, servem como seus agentes para fazer o mal. Uma vez que a 'flecha' mágica é considerada um veículo ou a própria alma do feiticeiro, ela permite que não haja diferença essencial entre esses dois conjuntos de ideias". Karsten não chega ao ponto de concluir a partir da crença na reencarnação que a alma do animal se identifica com a alma da morte do ser humano nele reencarnado, mas em sua obra *The Origins of Religion*, p. 90, ele diz que "a alma, adorada nos animais, revela-se uma alma humana que de uma forma ou de outra fixou sua morada no animal em questão".

então deve-se esperar retribuição. Portanto, é preciso conciliá-las. Os kayan de Bornéu consideram as plantas animadas; daí elas se vingarem se não forem bem tratadas. Depois de construir uma casa, esses nativos fazem penitência durante um ano inteiro por terem maltratado várias árvores; isto é, segue-se um período em que muitas coisas são proibidas (*lali*).[405] Quando os kattourie (Índia) derrubam certas árvores, eles observam ritos semelhantes aos utilizados pelos caçadores em relação aos animais que desejam matar. A intenção dessas cerimônias é aplacar a raiva da alma que eles presumem habitar a árvore.[406]

As mesmas precauções são tomadas pelos dschagga[407] (África Oriental) quando cortam as árvores que fornecem madeira para suas colmeias ou nas quais as colmeias estão localizadas. O líder dos lenhadores dirige-se à árvore, antes que ela seja derrubada, da seguinte forma: "*Msedi*, você é tão grande, trago para você o *longori* (machado), o misturador. A pobreza me faz vir até você, uma necessidade de filhos, cabras e gado".[408] Especialmente significativo é o comportamento em relação a uma árvore chamada *mringa*, que os dschagga também derrubam por causa da apicultura. "O proprietário não deve participar da derrubada. Todas as medidas para fazer uso da árvore são apresentadas a ele como preparativos para um casamento". A árvore é referida como uma menina que está para se casar e, portanto, será liberada da casa de seu pai ou irmão, ou seja, o proprietário. Na véspera do corte, o proprietário aproxima-se da árvore e oferece vários sacrifícios, como leite, cerveja, mel, feijão etc.

---

405 NIEUWENHUIS, A. W. *Quer durch Borneo*. vol I. Leiden: Buchhandlung und druckerei vormals E. J. Brill, 1904, p. 107.

406 LÉVY-BRUHL, L. *Primitives and the Supernatural*. Trad. autorizada de Lilian A. Clare. Nova York: E.P. Dutton & Co., 1935, pp. 103 e ss.

407 GUTMANN, Bruno. "Die Imkerei bei den Dschagga". *Archiv für Anthropologie*, N. F., vol. XIX, 1922, pp. 8 e ss.

408 GUTMANN, Bruno. "Die Imkerei bei den Dschagga". *Archiv für Anthropologie*, N. F., vol. XIX, 1922, pp. 10 e ss.

> Primeiro ele põe alguns grãos na boca, mastiga e cospe no tronco da árvore com as palavras: "*Mana mfu*", isto é, criança que vai embora, minha irmã, "eu lhe dou um marido. Ele se casará com você, minha filha. Você deve ir agora para o seu marido... Não pense que eu a obrigo a ir, mas você está crescida e atingiu a maturidade como outras crianças...". No dia seguinte, o dono sai de casa antes que os adquirentes venham, para não testemunhar a derrubada. Seu lugar é ocupado por um assistente de rito, o *mngari*, que é instruído pelo proprietário a entregar a árvore aos adquirentes assim como uma menina é entregue quando se casa. Entre as cerimônias habituais, os adquirentes presenteiam o *mngari* com uma cabaça cheia de cerveja e lhe pedem sua irmã. Depois de beber, o *mngari* derrama o resto na árvore e diz: "Minha filha que parte, bebi a cerveja de despedida e aceitei meu presente de entrega – Entrego você ao seu marido hoje, como seu pai lhe disse ontem... Boa sorte, minha filha! Seu rosto deve estar radiante; deve ser cobiçado por todas as abelhas; elas devem vir e perguntar por você". Então o *mngari* parte e os homens começam a trabalhar. Enquanto eles deitam o *longori* (machado), o chefe do rito diz: "Filha de um ser humano, que está de partida, nós não a derrubamos, mas a casamos. E não a casamos à força, mas com gentileza e bondade".

Depois que a árvore é derrubada e os lenhadores estão ocupados com ela,

> o proprietário se aproxima como que por acaso. Ele desmaia ao ver a árvore derrubada e lamenta como faria por um ultraje que não pôde evitar porque chegou tarde demais. "Você roubou minha irmã, você levou minha filha!". Com essas e muitas outras palavras, ele demonstra à árvore sua raiva. Os outros se esforçam ao máximo para acalmá-lo e fazê-lo acreditar que tudo vai melhorar muito para sua irmã; eles tentam convencê-lo de que tornarão a vida mais agradável para ela, para que ele também tenha mais alegria

> com ela do que antes. Ao mesmo tempo, eles estendem as mãos cruzadas até que ele finalmente as agarre, confortado, e concorde com um acordo amigável.[409]

Esse é um exemplo característico do fato de que o homem primitivo, mesmo temendo a autoridade sobre-humana por causa da retribuição que dela emana, ainda assim tenta enganá-la.

Quando um nativo constrói uma colmeia, ele não unge seu corpo com manteiga, como de costume.

> Pois Deus pode imaginar que ele é rico e lhe negar as abelhas. Uma prática semelhante é praticada por um escavador enquanto está cavando um buraco. Ele não se lava, mas vai para a cama coberto de sujeira, porque deseja aparecer a Deus e a seus ancestrais como um homem muito pobre que tem de se ungir com terra.[410]

Que as almas imaginadas nas árvores são almas ancestrais ou pelo menos estão ligadas a elas é expressamente atestado pelo baobá, que oferece a entrecasca necessária para a apicultura. Os dschagga chamam essa árvore de "pai". Antes de separar a fibra da árvore, eles oferecem sacrifícios de bebida. Da fibra eles fabricam corda. Essa corda também recebe uma oferenda e "é assim legalmente introduzida na comunidade da família e do clã".[411] O *mrie* da árvore, ao qual as colmeias estão presas, deve ser entalhado. Eles se dirigem à árvore da seguinte forma: "*Mrie,* chefe, dê-nos boa sorte... *Mrie*, eu te arranco, mas você que é um chefe não pense que o faço porque me considero poderoso. É a pobreza que

---

409 GUTMANN, Bruno. "Die Imkerei bei den Dschagga". *Archiv für Anthropologie*, N. F., vol. XIX, 1922, pp. 11 e ss.

410 GUTMANN, Bruno. "Die Imkerei bei den Dschagga". *Archiv für Anthropologie*, N. F., vol. XIX, 1922, pp. 14 e ss.

411 GUTMANN, Bruno. "Die Imkerei bei den Dschagga". *Archiv für Anthropologie*, N. F., vol. XIX, 1922, p. 16.

me faz vir até você etc.". Os nativos temem que a árvore possa se vingar da ofensa; por isso pedem:

> Quando um homem subir em você não o deixa cair... Não deixe o enxame de abelhas cair por causa de um galho quebrado, *mrie*, fortaleça os galhos. E quando a deixarmos, depois de lhe ter pedido o privilégio de fixar colmeias em você, por favor trate-nos com boa vontade para que nenhum espinho nos pique, que nenhum rinoceronte nos atinja, que não precisemos dizer: é uma árvore que destrói.[412]

Rattray relata que os Ashanti, antes de derrubar uma árvore, oferecem um sacrifício a ela e fazem a seguinte oração: "Estou vindo para cortá-la e esculpi-la, receba este ovo e coma... não deixe que o ferro me corte, não me deixe minha saúde sofrer".[413] A. e G. Grandidier escrevem sobre os nativos de Madagascar:

> Quase toda árvore, toda pedra, todo poço, todo campo tem, de acordo com a ideia dos betsimisaraka, que são essencialmente animistas, sua alma, seu espírito que pune os males infligidos a eles, exercendo seu poder de fazer o mal em vez do bem.[414]

Os ilokanes (Luzon) acreditam que os *anitos*, as almas da morte, residem em grandes árvores. "Portanto, os nativos pedem

---

412 GUTMANN, Bruno. "Die Imkerei bei den Dschagga". *Archiv für Anthropologie*, N. F., vol. XIX, 1922, pp. 20 e ss.

413 RATTRAY, R. S. *Religion and Art in Ashanti*. Oxford: Clarendon Press, 1927, p. 6. Sobre costumes análogos entre os kukuyusee: HOBLEY, C. W. *Bantu Beliefs and Magic*. Londres: H. F. & G. Witherby, 1922, pp. 31 e ss.; entre os baganda (Uganda): ROSCOE, John. *The Baganda*. Londres: MacMillan, 1911, p. 317.

414 GRANDIDIER, A.; GRANDIDIER, Guillaume. *Ethnographie de* Madagascar: Histoire physique, naturelle et politique de Madagascar. tomo III, vol. IV. Paris: Imprimerie nationale, 1917, p. 308.

perdão à árvore antes de derrubá-la".[415] Supõe-se "na ilha de Seram (Indonésia) que os *nitu*, as almas dos mortos, habitam todos os lugares, especialmente as árvores maiores. Quem cortar tal árvore será punido com doença pelo *nitu* ultrajado".[416]

No norte de Eslévico ninguém se atreve a derrubar os galhos de um ancião sem primeiro dobrar os joelhos e, com a cabeça descoberta, fazer a seguinte oração: "Sra. Anciã, dê-me um pouco de sua madeira e eu lhe darei um pouco da minha quando ela crescer na floresta". Mannhardt,[417] que relata isso, coletou muito material para ilustrar a crença de que as almas dos mortos vivem em árvores. Brinton escreve: "Quando os mandans", uma tribo indígena de Dakota, "cortam um tronco para suas tendas, eles o envolvem em bandagens para que sua dor possa ser aliviada".[418] Dos índios sul-americanos, Karsten[419] relata:

> Os jivaro falam com as plantas como se fossem dotadas de pensamentos e sentimentos humanos, e quando intoxicado pelas bebidas narcóticas preparadas a partir de certas ervas, o índio jivaro professa ver os espíritos dessas plantas em uma forma humana definida, ou seja, como ancestrais remotos dele. Atribui-se até mesmo um sexo a cada tipo de árvore ou planta: algumas devem ser homens, ou seja, ter *wakani* ou alma de homem; outras, por sua vez, são tidas como mulheres, isto é, têm alma de mulher.

---

415 BERKUSKY, H. "Totengeister und Ahnenkultus in Indonesien". *Archiv für Religionswissenschaft*, vol. XVIII, 1915, p. 325.

416 BERKUSKY, H. "Totengeister und Ahnenkultus in Indonesien". *Archiv für Religionswissenschaft*, vol. XVIII, 1915, p. 325.

417 MANNHARDT, Wilhelm. *Wald- und Feldkulte*. 2ª ed. vol. I. Stuttgart: Gebrüder Borntraeger, 1904, pp. 10 e 35.

418 BRINTON, Daniel G. *Religions of Primitive Peoples*. Nova York/Londres: G.P. Putnam's Sons, 1897, p. 150.

419 KARSTEN, Rafael. *The Civilization of the South American Indians*. Londres: K. Paul, Trench, Trübner & Company, 1926, pp. 304 e 307.

> Que se atribua às árvores não apenas um espírito humano, mas até mesmo um sexo, também aparece na crença dos cavinas do norte da Bolívia. Para eles, o demônio da árvore kautschuk é uma mulher. Um mito dos cavinas conta a história de um homem que, em sonho, teve relações sexuais com esse demônio e morreu pouco depois. Se alguém bater na árvore com um pau o espírito se zangará e se vingará. Mas quando os índios batem na seringueira, o espírito não lhes faz mal, pois os brancos os obrigaram a fazê-lo.

Em sua obra sobre a origem da religião, o mesmo autor comenta: "Quando os tagalogs das Filipinas... têm de cortar uma árvore eles imploram perdão do gênio da árvore e se desculpam dizendo que foi o padre que lhes ordenou que a derrubassem".[420] Outra passagem do mesmo livro nos conta como

> os wanika da África Oriental honram especialmente os espíritos dos coqueiros em troca dos muitos benefícios que tais árvores lhes conferem. Cortar um coqueiro é uma ofensa inexpiável, equivalente ao matricídio. Sacrifícios às árvores são feitos em muitas ocasiões.[421]

Sobre os semang do Leste (Pangan) na Península Malaia, Skeat e Blagden[422] relatam: "Sempre que o semang do Leste (Pangan) morre, sua árvore do nascimento morre logo depois". A ideia é difundida entre vários povos. Uma "árvore do nascimento" é aquela ligada por laços de empatia à vida de um homem. A ideia é difundida entre vários povos.

---

420 KARSTEN, Rafael. *The Origins of Religion*. Londres: K. Paul, Trench, Trübner & Company, 1935, p. 98.

421 KARSTEN, Rafael. *The Origins of Religion*. Londres: K. Paul, Trench, Trübner & Company, 1935, p. 97.

422 SKEAT, Walter William; BLAGDEN, Charles Otto. *Pagan Races in the Malay Peninsula*. vol. II. Londres: MacMillan, 1906, pp. 5 e ss.

> Se a árvore morrer primeiro, é um sinal de que a morte do dono se seguirá. Portanto, árvores grandes e fortes são selecionadas como árvores do nascimento. E quando um semang mata outro, exceto na guerra, ele evita a árvore do nascimento do outro, por medo de que ela caia sobre ele.

A árvore é evidentemente considerada a morada da alma vingativa do homem assassinado.[423] Às plantas e almas das plantas que exercem retribuição aplica-se a mesma suposição que aquela direcionada aos animais e almas animais, que cumprem funções idênticas: a autoridade que retribui é a alma da morte humana que reencarnou na planta.

Assim como o animal, a planta, segundo a ideia de homem primitivo, não é apenas sujeito, mas também objeto de retribuição; uma árvore pode não apenas se vingar, mas também ser vítima de vingança se cometer um mal.

Dos kookies que matam tigres para vingar a morte de um parente por esse animal, Macrae relata:

> Um exemplo ainda mais impressionante desse espírito vingativo de retaliação é que, se um homem for morto pela queda acidental de uma árvore, todos os seus parentes se reúnem e a cortam; e por maior que seja, reduzem-na a lascas, que espalham ao vento, por ter, como dizem, sido a causa da morte de seu irmão.[424]

Spieth relata que os ewe tratam de maneira especial o cadáver de qualquer um que tenha sofrido um acidente fatal.

---

423 A árvore da vida ou do nascimento é uma das formas nas quais aparece a crença difundida de que a alma da vida do homem, como seu espírito guardião, existe fora do indivíduo protegido.

424 MACRAE, John. "Account of the Kookies or Lunctas". *Asiatic Researchs*, vol. VII, 1801, p. 189.

Depois de banhar o corpo, eles o carregam para a estrada onde o colocam em um esquife e espalham ocre branco sobre ele. Eles destroem a sua casa. Em seu nome, toda a aldeia é aspergida com água benta. É proibido atirar e bater tambores. Mas deve-se vingar sua morte. Portanto, os homens vão para o lugar onde ele sofreu o acidente: onde uma cobra o picou ou uma árvore caiu sobre ele. Ao chegarem ao local, um dos homens grita o nome do falecido e diz: "Viemos nos vingar por você e levá-lo de volta para casa". Se o morto foi picado por uma cobra, os homens matam tantas cobras quanto possível no mato; se sua morte foi causada por uma pederneira, eles cavam o solo onde ocorreu o acidente, enchem um pote com a terra, amarram-no com um pano branco e o levam para casa; se um galho tivesse matado o falecido, eles derrubariam a árvore e colocariam um galho em seu túmulo.[425]

33 A interpretação da doença e da morte de acordo com o princípio da retribuição

O homem primitivo também interpreta de acordo com o princípio da retribuição os acontecimentos que o afetam diretamente, como doenças, acidentes e morte. Além disso, fenômenos cósmicos impressionantes e aterrorizantes, como trovões, relâmpagos, erupções vulcânicas, tempestades – acima de tudo, a esperada chuva – e finalmente o sol, a lua e as estrelas. Esses são fenômenos que o induzem a pensar – isto é, conectar os fenômenos mentalmente. Rasmussen[426] escreve sobre os esquimós:

> Eles conhecem apenas poderes ou personificações de forças naturais, agindo sobre a vida humana de várias maneiras e

---

425 SPIETH, J. *Die Religion der Eweer in Süd-Togo*: Quellen der Religions-Geschichte. vol. III. Gotinga: Vandenhoeck & Ruprecht, 1911, p. 238.

426 RASMUSSEN, Knud. *Intellectual Culture of the Iglulik Eskimos*. vol. VII, nº 1 do Report of the Fifth Thule Expedition, 1921-1924. Copenhagen: Gyldendalske Boghandel, 1929, pp. 62 e ss.

> afetando tudo o que vive por meio do tempo bom ou ruim, doenças e perigos de todos os tipos. Esses poderes não são maus em si mesmos, não causam danos por más intenções, mas são perigosos devido à sua severidade impiedosa para com os homens que não vivem de acordo com as sábias regras de vida estabelecidas por seus antepassados.

A própria natureza pune qualquer violação da ordem social transmitida pelos ancestrais.

> Quando ocorre alguma transgressão dessas [regras do sistema de tabus] que são expressamente estabelecidas como essenciais para o sucesso na caça, o espírito do mar intervém. O espírito da lua o ajuda a ver se as regras da vida são devidamente observadas, e vem correndo para a terra para punir qualquer caso de negligência. E tanto o espírito do mar quanto o espírito da lua empregam Sila para executar todas as punições de qualquer forma relacionadas ao clima.

O pensamento primitivo conecta de maneira característica os elementos: os fenômenos naturais estão relacionados a eventos sociais, especialmente a violações da ordem social, e são interpretados como punição pelo não cumprimento ou, menos frequentemente, como recompensa pelo cumprimento de certas normas importantes. A ideia de retribuição também opera se o fenômeno natural a ser explicado for qualificado como pecado e, portanto, conectado a algum fato futuro como sua penalidade.[427] "Na crença nativa", escreve Elsdon Best,[428]

---

427 A ideia de que a doença e a morte são consequências de malfeitos, é claro, é favorecida pela influência dos curandeiros e sacerdotes. Mas é improvável que essa interpretação remonte, como Radin afirma (RADIN, Paul. *Primitive Religion*: Its Nature and Origin. Nova York: Viking Press, 1937, p. 71), exclusivamente à função do "intérprete religioso".

428 BEST, Elsdon, *The Maori*. vol. II. Wellington: H.H. Tombs, 1924, p. 32. O mesmo autor, no vol. I, p. 231, escreve: "Sempre que o maori sofre com tais

> a doença é uma condição provocada por tais poderes sobrenaturais como punição por erros cometidos, como a transgressão de um *tapu*, ou por um mago que desejava afligi-los ou destruí-los, e por isso empregou tais seres como agentes.

A doença pode ser um castigo, ou pode ser um mal cometido por meio de magia. Aos exemplos já dados, podem ser adicionados os seguintes, particularmente característicos.

Os bakairi no Brasil central atribuem todo mal, especialmente doença e morte, à influência mágica dos membros de outras tribos. O contraste entre o bem e o mal coincide para eles, bem como para outros povos primitivos, com a pertença a um grupo próprio ou estrangeiro. Na língua deles "*kura* significa: nós, todos nós, nosso e, ao mesmo tempo, bom (nosso povo); *kurapa*, por outro lado, significa: não nós, não nosso, e também mau, sórdido, não saudável".[429] Uma vez que esses selvagens, diferentemente do homem civilizado, não percebem a doença e a morte cientificamente como processos fisiológicos, mas do ponto de vista moral-social, eles veem nessas ocorrências algo de mal e, portanto, atos de estrangeiros, ou seja, inimigos. Entre os índios do Brasil central, os bororo interpretam a doença e a morte como retribuição exercida pelos animais abatidos contra os caçadores.[430] Martius relata que os macusis, índios das regiões altas do Rio Branco (Brasil), relacionam a doença e a morte a atos

---

fenômenos, como uma epidemia ou uma má colheita, ele procura sua causa. Ele deve ter cometido a ofensa pela qual está sendo punido. É impossível abalar sua fé nessa visão". A isso ele acrescenta: "... e, de fato, nós mesmos mantivemos crenças semelhantes; nossos ensinamentos da Igreja durante séculos foram profundamente afetados por tais superstições".

429 STEINEN, Karl von den. *Unter den Naturvölkern Zentral-Brasiliens*. Berlim: D. Reimer (Hoefer & Vohsen), 1894, p. 332.

430 KOCH-GRÜNBERG, Theodor. "Zum Animismus der suedamerikanischen Indianer". *Internationales Archiv für Ethnographie*, Suppl., vol. XIII, 1900, p. 90.

de vingança de um inimigo; ele diz a esse respeito: "Essa superstição conecta assim o destino de cada homem com a hostilidade perversa de outro homem".[431] Essa "superstição" nada mais é do que a interpretação social dos fatos em questão.

W. C. Farabee escreve dos waspisianas da Guiné Britânica:

> Todas as doenças, enfermidades e mortes são devidas à influência maligna de um curandeiro de outra tribo em outra aldeia. Os homens devem viver para sempre e o fariam se não fossem os espíritos malignos sob a influência de curandeiros hostis. Por isso é necessário ter um curandeiro para neutralizar o mal feito por outro.[432]
>
> O homem nunca morre de morte natural e viveria para sempre se não fosse pelos *kenaima*, ou espíritos malignos que o matam.[433]

Os índios, indica Koch-Grünberg, chegaram gradualmente ao ponto

> em que atribuem todo infortúnio ocorrido sem razão aparente, bem como a doença e a morte, a uma causa que eles chamam por um termo geral, *kanaima*. Consequentemente, aqueles espíritos malignos que vagam pela noite e que matam os homens de maneiras terríveis e misteriosas são *kanaimas*, isto é, vingadores das ofensas infligidas a vivos ou mortos;

---

431 Cf. MARTIUS, P. von. *Beitraege zur Ethnographie und Sprachenkunde Amerikas, zumal Brasiliens*. vol. I. Leipzig: Friedrich Fleischer, 1867, p. 651.

432 FARABEE, William Curtis. *The Central Arawaks*. (Série The University Museum Anthropological Publications, University of Pennsylvania). vol. IX. Filadélfia: University Museum, 1918, p. 87.

433 FARABEE, William Curtis. *The Central Arawaks*. (Série The University Museum Anthropological Publications, University of Pennsylvania). vol. IX. Filadélfia: University Museum, 1918, p. 100.

> pois os nativos sempre entendem esses espíritos malignos como as almas dos mortos.[434]

As almas da morte às quais a doença ou a morte são direta ou indiretamente (por meio da magia) atribuídas são os espíritos da vingança; eles exercem retribuição. Isso explica – pelo menos em parte – o medo que os índios sul-americanos têm dos doentes e por que os tratam tão mal.[435]

Bolinder[436] diz dos índios ijca que as doenças, por se acreditar que provêm dos espíritos, são curadas pelo curandeiro por meio da descoberta de por que os espíritos estão descontentes com o doente. Para tanto, o praticante nativo pede ao doente que confesse o mal que possa ter cometido. Essa confissão é essencial para a cura.

---

434 KOCH-GRÜNBERG, Theodor. "Zum Animismus der suedamerikanischen Indianer". *Internationales Archiv für Ethnographie*, Suppl., vol. XIII, 1900, p. 39. GRUBB, W. B. *An Unknown People in an Unknown Land*. Londres: Seeley, Service & Co., 1911, p. 161, relata sobre índios lenguanos: "Todo tipo de doença ou morte que ocorra em seu próprio distrito é considerada ou um ato direto do *kilyikhama* [demônio da morte] ou de algum mago hostil distante". Sobre o fato de os índios fueguinos, muito primitivos, considerarem a doença e a morte uma punição infligida por uma autoridade sobre-humana, cf. SCHMIDT, Wilhelm. *Der Ursprung der Gottesidee*. vol. II. Münster: Aschendorffsche Verlagsbuchhandlung, 1929, p. 970.

435 KOCH-GRÜNBERG, Theodor. "Zum Animismus der suedamerikanischen Indianer". *Internationales Archiv für Ethnographie*, Suppl., vol. XIII, 1900, pp. 45 e ss. Um fenômeno análogo é o fato já mencionado de que alguns povos primitivos não ajudam aqueles que se acidentaram porque interpretam acidentes como punições pelo mal cometido. Ver página 70. Pode-se encontrar evidências para o fato de que pessoas doentes são tratadas mal porque a doença é considerada uma punição pela violação de um tabu em ELLIS, William. *Polynesian Researches*. Londres: Fisher, Son & Jackson, 1831, vol. I, p. 395; vol. III, pp. 46-48.

436 BOLINDER, Gustaf. *Die Indianer der tropischen Schneegebirge*. Stuttgart: Strecker und Schröder, 1925, p. 137.

Em setembro, quando começava a estação chuvosa e surgiam epidemias, os antigos peruanos costumavam celebrar suas cerimônias de purificação. Sobre elas, escreve Karsten:

> Antes de começar a festa, todos os forasteiros, todos aqueles com as orelhas quebradas, todos os deformados, eram mandados para duas léguas fora da cidade. Dizia-se que estavam em estado de punição por alguma falta e, portanto, não podiam participar. Pessoas desafortunadas não devem estar presentes porque sua má sorte pode afastar a boa fortuna.[437]

Karsten prossegue:

> De acordo com uma ideia primitiva, que na América do Sul é bastante comum, doenças e deformidades de qualquer tipo em crianças recém-nascidas são o resultado de uma má influência sobrenatural. As pessoas que sofrem de qualquer doença congênita são consequentemente consideradas "marcadas" por espíritos malignos. No dogma religioso mais avançado dos incas, essa ideia se desenvolveu na crença de que tal estado de azar não era puramente acidental, mas devido à transgressão de certos preceitos morais. Mas a maneira como, entre os antigos peruanos, antigos tabus selvagens foram transformados em regras éticas sujeitas a sanções religiosas pode ser estudado com maior detalhe em uma instituição inca de interesse singular, o rito de confissão, do qual tratarei mais adiante.[438]

---

437 KARSTEN, Rafael. *The Origins of Religion*. Londres: K. Paul, Trench, Trübner & Company, 1935, p. 241.

438 KARSTEN, Rafael. *The Origins of Religion*. Londres: K. Paul, Trench, Trübner & Company, 1935, p. 242. Sobre a importância da confissão, Cf. KARSTEN, Rafael. *The Origins of Religion*. Londres: K. Paul, Trench, Trübner & Company, 1935, pp. 246 e ss., e acima, pp. 15, 87, 99, 101 e 108.

Na medida em que a ideia de retribuição aparece como um dos elementos mais antigos no desenvolvimento da mente humana, não é correto supor que apenas na religião avançada se desenvolve a crença de que as doenças e outros danos corporais não são meras coincidências, mas punições por uma violação de normas. Não é correto falar de uma transformação dos tabus primitivos em normas éticas, pois o tabu mais primitivo já é uma norma social, isto é, uma proibição que tem caráter social e, portanto, moral ou jurídico. Essas duas qualidades não podem ser separadas no início do desenvolvimento social. Tudo o que acarreta consequências más é considerado proibido pelo homem primitivo. E é significativo para sua atitude normativa em relação à natureza que ele interprete de acordo com o princípio da retribuição tudo o que experimenta como mal como consequência de uma violação da norma. Essa interpretação normativa corresponde à predominância do elemento emocional em sua consciência. Não é, como pensa Karsten, que o homem primitivo a princípio acredite que certos males são ações de uma autoridade sobre-humana e só depois comece a perceber que é proibido fazer aquelas coisas que acarretam essas más consequências. Em vez disso, existe uma correlação lógica e temporal entre essas duas ideias.

Os índios norte-americanos frequentemente interpretam a doença e a morte como punição por uma autoridade sobre-humana, ou como vingança realizada por meios mágicos, ou como um crime que deve ser vingado.[439] Philander Prescott escreve sobre os índios Dacota:

---

439 Cf. STEINMETZ, S. R. *Ethnologische Studien zur ersten Entwicklung der Strafe*. 2ª ed. vol. I. Groninga: P. Noordhoff, 1928, pp. 358 e ss.; PREUSS, K. T. "Menschenopfer und Selbstverstuemmelung bei der Totentrauer in Amerika". *In*: BASTIAN, Adolf (Coord.). *Festschrift für Adolf Bastian zu seinem 70*. Geburtstag. Berlim: D. Reimer, 1896, p. 208; SCHMIDT, Wilhelm. *Der Ursprung der Gottesidee*. vol. II. Münster: Aschendorffsche Verlagsbuchhandlung, 1929, p. 794.

> Se um índio tem azar na caça, ele diz que é causado pela má conduta de alguém de sua família, ou por algum inimigo; isto é, ou sua família não aderiu apropriadamente às leis de honrar os espíritos dos mortos ou alguém que lhe tem despeito causou, por poderes sobrenaturais, seu insucesso e miséria, pelos quais ele se vingará da pessoa de quem suspeita na primeira oportunidade que aparecer.[440]

Aginsky relata sobre os índios pomo:

> Os índios pomo do norte da Califórnia não podem compreender o suicídio como o conhecemos. Para eles, toda morte e infortúnio resulta de retaliação indireta ou direta, seja (1) dos "sobrenaturais" ou (2) de algum indivíduo.[441]
>
> Os sobrenaturais retaliavam pela violação de um tabu ou quem lhes invocasse pedindo muito poder... A retaliação de um "sobrenatural" pela quebra de um tabu resultava em doença seguida de morte, a menos que fossem tomadas medidas para remediar a situação.[442]

No que diz respeito à morte devido à retaliação por um indivíduo,

> todo indivíduo pomo estava constantemente apreensivo de que estava sendo objeto de feitiçaria por parte dos inimigos tradicionais dos membros de sua família e dos inimigos que fizera durante sua própria vida. A retaliação, e muitas

---

440 PRESCOTT, Philander. "Contributions to the History, Customs, and Opinions of the Dacota Tribe" apud SCHOOLCRAFT, Henry R. *Informations respecting the History, Conditions, and Prospects of the Indian Tribes of the United States*. parte II. Filadélfia: Lippincott, Grambo, 1852, p. 195.

441 AGINSKY, B. W. "The Socio-psychological Significance of Death among the Pomo Indians". *American Imago*, vol. I, nº 3, 1940, p. 1.

442 AGINSKY, B. W. "The Socio-psychological Significance of Death among the Pomo Indians". *American Imago*, vol. I, nº 3, 1940, p. 2.

> vezes se tratava apenas de um mal imaginário, era muito drástica. A morte, com apenas algumas pequenas exceções, era sempre o objetivo, e o objetivo sempre era alcançado a menos que os parentes do homem lesado chamassem um "médico" para curar o doente.[443]

Particularmente característico é o fato de os pomo não conhecerem nenhum "acidente". "O que chamamos de acidente eles chamam de retribuição dos 'sobrenaturais'. Eles explicam muitos acidentes como sendo devidos ao descumprimento de alguma regra de dever por eles mesmos ou por algum parente". Aginsky escreve:

> Durante minhas viagens de campo me esforcei continuamente para encontrar um caso de "puro acidente" ocorrido com um pomo. Algumas vezes pensei ter encontrado um caso, mas acabei descobrindo que o indivíduo havia quebrado algum tabu ou acumulado muito poder. Assim, o que consideramos acidente é explicado por eles como retaliação por descumprimento de preceitos religiosos.[444]

Krause relata sobre os tlingits:

> Todo desvio dos costumes tradicionais, toda singularidade é chamada de *chlakass* e considerada a causa mais comum de todos os infortúnios, tempestades, doenças, má sorte na caça e na guerra. Assim, os tschilkat acreditavam que o mau tempo duradouro nos primeiros meses de 1881 se originou do fato de que no outono anterior, por persuasão de um missionário, duas crianças foram enterradas em vez de cremadas. Logo

---

443 AGINSKY, B. W. "The Socio-psychological Significance of Death among the Pomo Indians". *American Imago*, vol. I, nº 3, 1940, p. 8.

444 AGINSKY, B. W. "The Socio-psychological Significance of Death among the Pomo Indians". *American Imago*, vol. I, nº 3, 1940, p. 3.

> buscaram a causa em terem deixado de isolar uma menina durante seu primeiro período de puberdade.[445]

O fato de os kenay do Alasca serem afligidos por um grande aumento da mortalidade foi interpretado pelos anciãos da tribo como resultado de não terem observado rigorosamente a regra totêmica da exogamia.[446]

Se uma criança fica doente entre os esquimós centrais, o curandeiro, sobretudo, questiona a mãe se ela violou algum regulamento tabu. Assim que a mãe confessar o erro, a saúde da criança será restaurada.[447] Rasmussen[448] retratou o tratamento de uma mulher esquimó doente por um curandeiro. No início do procedimento, o curandeiro dirige uma pergunta aos seus espíritos auxiliares sobre qual violação de tabu causou a doença. Então, mediante perguntas do curandeiro, a paciente faz as seguintes confissões: "A doença deve-se à minha própria culpa. Eu cumpri mal meus deveres. Meus pensamentos foram ruins e minhas ações más". Então: "Oh, eu penteei meu cabelo uma vez, depois de dar à luz uma criança. Eu não deveria ter penteado meu cabelo; e escondi o cabelo penteado para que ninguém pudesse ver". Finalmente: "Ah, sim, e eu peguei emprestada a lâmpada de um morto. Usei a

---

445 KRAUSE, Aurel. *Die Tlinkit-Indianer*. Jena: Hermann Costenoble, 1885, p. 300.

446 WRANGELL, Ferdinand Petrovich. "Statistische und ethnographische Nachrichten über die russischen Besitzungen an der Nordwestkueste von Amerika". *In*: BAER, K. E. v.; HELMERSEN, G. v. *Beitraege zur Kenntnis des russischen Reiches*, 1839, I, p. 104.

447 FRAZER, J. G. *The Golden Bough*. parte II. Londres: MacMillan, 1920, p. 212.

448 Rasmussen, pp. 133 e ss. Best relata sobre os maori que as doenças, por serem consideradas punições ou crimes causados pela magia, são curadas por um *tohunga* (sacerdote), que tenta descobrir a causa da doença, ou seja, a violação do tabu ou o mago. Consequentemente, também aqui, a confissão é considerada um remédio (Cf. BEST, Elsdon. *The Maori*. vol. II. Wellington: H.H. Tombs, 1924, pp. 40 e 45).

lâmpada que havia pertencido a uma pessoa falecida". O relatório conclui que os indígenas que assistiram aos tratamentos saíram da casa convencidos "de que todos os pecados e ofensas agora confessados haviam tirado o aguilhão de sua doença, de modo que ela logo ficaria boa novamente".[449]

W. Schmidt[450] diz da religião de toda a região cultural ártica que a autoridade sobre-humana – "o ser mais elevado" na opinião desse etnólogo – inflige inconveniência e dor aos homens apenas como punição por malfeitos. "Essas punições consistem principalmente na privação de alimentos, na doença e na morte". Os chukchee acreditam que uma morte natural é causada por espíritos malignos e, portanto, consideram vergonhoso permitir que seus pais tenham tal morte. A morte violenta, no entanto, é considerada

---

449 Esse método do curandeiro esquimó pode ser comparado com o encantamento dirigido por um sacerdote babilônico, em nome de uma pessoa doente, à divindade que aparentemente enviou a doença como punição por um delito. Cf. UNGNAD, Arthur. *Die Religion der Babylonier und Assyrier*. (Série: Religiöse Stimmen der Völker). Jena: E. Diederich, 1921, p. 259. O sacerdote enumera vários pecados e pergunta à divindade se o doente cometeu algum deles. "Ele insultou seu Deus?... ele subornou um juiz?... ele atacou seus pais?... ele traçou uma divisa errado?... etc.". Após essa enumeração, o sacerdote pergunta: "Ele pode ser redimido de tudo o que o prende?" Esse pedido de redenção, i. e., de extermínio do mal, varia; mas o sentido é essencialmente que, por meio da abolição do malfeito, a condição para a punição desaparece e assim a doença chega ao fim. É significativo que em outra canção o pecado seja comparado a um cordão que prende o culpado. O sacerdote canta: "Que os deuses rompam o cordão, rasguem a fita e destruam o nó do mal... Que o doente viva, que o seduzido se levante novamente... Que seu crime seja perdoado e o registro de seus pecados, crimes e maldições seja lançado na água. Que seus pecados sejam redimidos, seus crimes removidos, seus empréstimos quitados, suas dores curadas".

450 SCHMIDT, Wilhelm. *Der Ursprung der Gottesidee*. vol. III. Münster: Aschendorffsche Verlagsbuchhandlung, 1931, p. 546.

uma honra.[451] Essa ideia pode ser reminiscência da crença de que a morte “natural” é uma punição por um delito cometido.[452]

Às vezes, mesmo a morte de um inimigo não é justificada como vingança por parte do assassino, mas como punição por algum mal cometido pela vítima. Kruijt[453] relata dos toradja (Celebes) que, para se protegerem da vingança do inimigo morto, dizem ao crânio que cortaram do corpo da vítima: “Nós o matamos, mas não fique com raiva. Você morreu porque cometeu um pecado. Caso contrário, não poderíamos tê-lo matado”. Em outro lugar, o mesmo autor escreve: “Entre as tribos do arquipélago indonésio com as quais entrei em contato, diz-se que qualquer pessoa morta violentamente era culpada”.[454] Se uma mulher em Timorlao e Tamembar morre no parto, supõe-se que ela cometeu incesto ou adultério e está sendo punida por isso.[455] Os batak da Sumatra atribuem todas as doenças ao fato de que um *begu*, ou alma da morte, captura o *tondi*, ou alma da vida de um ser humano, que o deixa; “enquanto o *tondi* está ausente do corpo o homem fica

---

451 KOTY, J. “Die Behandlung der Alten und Kranken bei den Naturvölkern”. *Forschungen zur Völkerpsychologie und Soziologie*, vol. XIII, 1934, p. 328.

452 A morte mediante violência, como já mencionado, é um evento social que não exige a pressuposição de um ato de uma autoridade sobre-humana. Mas por causa de sua fraca consciência do eu, o homem primitivo às vezes até atribui a algum “espírito” resultados causados por ele mesmo, e crê assim na magia, quando o efeito pernicioso é causado por alguma parte hostil; pode acontecer que mesmo a morte em batalha, como, por exemplo, entre os abipones, seja atribuída à feitiçaria. Cf. PREUSS, K. T. *Tod und Unsterblichkeit im Glauben der Naturvölker*. Sammlung gemeinverstaendlicher Vortraege. vol. 146. Tubingen: Mohr, 1930, p. 4.

453 KRUIJT, A. C. *Het Animisme in den Indischen Archipel*. Haia: M. Nijhoff, 1906, p. 256.

454 KRUIJT, A. C. *Het Animisme in den Indischen Archipel*. Haia: M. Nijhoff, 1906, p. 366.

455 MOSBACHER, Ernst. “Untersuchungen zum Suendenbegriff der Naturvölker”. *Baessler Archiv*, vol. XVII, nº 1, 1934, p. 10. Aqui, pode-se encontrar muito material sobre a ideia primitiva de que a doença e a morte são punições por pecados.

doente, e deve morrer se o *tondi* não retornar".[456] É o *begu* que inflige a doença e outros males aos homens se eles não prestarem a devida homenagem ao *begu* ou se forem culpados de outras violações à ordem vigente.[457] A cura consiste em induzir o *begu* a libertar o *tondi* do doente. Aqui, novamente, aplica-se o princípio da retribuição: em troca da libertação do *tondi*, o *begu* deve ser compensado. O que se oferece é apenas um *parsili*, uma imagem humana, que é artificialmente suprida com um *tondi*.[458] Assim, os batak substituem o ser humano real como objeto de punição por uma mera imagem. Eles pensam enganar assim a autoridade sobre-humana; fraudes desse tipo são frequentemente utilizadas por povos primitivos.[459]

O princípio da retribuição como ideia subjacente à cura de doenças interpretadas como punição torna-se ainda mais evidente quando parentes próximos infligem males a si mesmos para salvar o doente; essas lesões parecem ter o caráter de uma pena substitutiva. Nas Ilhas Fiji, os filhos sacrificam uma articulação do dedo se um

---

456 WARNECK, J. *Die Religion der Batak*: ein paradigma fur Animistischen Religionen des Indischen Archipels. (Série: Quellen der Religionsgeschichte). Gotinga: Vandenhoeck & Ruprecht, 1909, p. 14.

457 WARNECK, J. *Die Religion der Batak*: ein paradigma fur Animistischen Religionen des Indischen Archipels. (Série: Quellen der Religionsgeschichte). Gotinga: Vandenhoeck & Ruprecht, 1909, pp. 12 e 16.

458 WARNECK, J. *Die Religion der Batak*: ein paradigma fur Animistischen Religionen des Indischen Archipels. (Série: Quellen der Religionsgeschichte). Gotinga: Vandenhoeck & Ruprecht, 1909, pp. 13 e 20.

459 Warneck afirma: "Os batak não têm medo de enganar seus deuses; por exemplo, eles sacrificam um ovo e declaram ser um búfalo branco..." (WARNECK, J. *Die Religion der Batak*: ein paradigma fur Animistischen Religionen des Indischen Archipels. (Série: Quellen der Religionsgeschichte). Gotinga: Vandenhoeck & Ruprecht, 1909, p. 7). Na página 20: Nas colheitas, eles os enganam [os *begu*] ao não manifestar nenhum sinal de alegria para que os *begu* acreditem que a colheita foi ruim... Eles ofertam um ovo de galinha e o chamam de porco". Mas: "Em relação aos homens vivos, no entanto, a polidez exige o contrário. Quando eles matam um porco para um convidado, chamam-no de galinha".

de seus pais está doente, convencidos de que satisfizeram o desejo de retribuição da autoridade sobre-humana que enviou a doença como punição.[460] Se um mal foi cometido, a expiação deve ocorrer. Mas, segundo a ideia do homem primitivo, não é necessário que o próprio "culpado" sofra o castigo. A inviolabilidade do princípio da retribuição é mantida se alguém sofrer uma pena ou dor. Essa é a razão da crença na possibilidade do sofrimento vicário.[461]

---

460 ANNALES de la propagation de la foi: Recueil Périodique Des Lettres Des Évéques Et Des Missionnaires Des Missi. vol. XIV. Lyon: Editeur des Annales, 1842, p. 192 (P. Joseph Chevron).

461 PARKINSON, Richard. *Dreissig Jahre in der Suedsee*. Stuttgart: Strecker & Schröder, 1907, p. 189, relata: "A fim de proporcionar alívio a uma mulher quando ela está em trabalho de parto, um homem que tem pena dela finge doença, vai à sede e se contorce sempre que ouve um grito da mulher. Os homens vêm e agem como se quisessem aliviar suas supostas dores". Obviamente, a tentativa é de libertar a mulher da dor apresentando outra vítima em seu lugar. Somos inclinados a presumir essa ideia de substituição, difundida entre os povos primitivos, também no costume da "Couvade".

Entre os dieyerie, se uma criança sofre um acidente, seus parentes batem nas próprias cabeças com paus e bumerangues até que escorra sangue por seus rostos. Por meio desse procedimento, eles esperam libertar a criança de suas dores (GASON, S. "The Dieyerie Tribe of Australian Aborigines". *In*: CURR, E. M. *The Australian Race*. vol. II. Melbourne: J. Ferres, 1886-1887, p. 69). É difícil de compreender esse costume quando não se tem em mente que, entre os povos primitivos, o acidente e a doença são amplamente considerados castigos infligidos por uma autoridade sobre-humana. É um castigo substitutivo que os parentes da criança executam sobre si mesmos para tornar supérfluo aquele castigo que aparece na criança na forma de dor. Em outros casos, autotorturas e automutilações semelhantes significam a tentativa de evitar uma punição mais dura que se teme que será infligida pela autoridade sobre-humana. ANDREE, Richard. *Ethnographische Parallelen und Vergleiche*. Leipzig: Veit & Comp., 1878, p. 149, explica como sacrifício substitutivo a ação de uma mãe que, após ter perdido um filho, corta um dedo do segundo filho. Sobre esses sacrifícios substitutivos, cf. TYLOR, E. B. *Primitive Culture*. 6ª ed. vol. II. Londres: Murray, 1920, p. 400. No caso do dedo sacrificado, o sacrifício substitutivo tem o caráter de retribuição substitutiva.

O mesmo vale para o método de cura por meio da transferência da doença. ANDREE, Richard. *Ethnographische Parallelen und Vergleiche*. Leipzig: Veit & Comp., 1878, p. 30, menciona os seguintes casos: "No distrito de Bohemina Forest, quando alguém tem febre, a pessoa vai para a floresta

Mallat conta que os negritos das Filipinas culpam a magia maligna dos malaios, seus inimigos jurados, por toda morte ocorrida entre eles.

Quando um membro de seu grupo morre, um de seus guerreiros se apresenta aos amigos e parentes enlutados com uma

---

antes de o sol nascer, procura um ninho de narcejas, tira uma jovem narceja e a mantém consigo por três dias. Depois desse tempo, ela solta a narceja na floresta. Em Bonny, na foz do Níger, um doente prende uma galinha viva ao peito, sobre o coração; se ela grita e bate as asas, isso é considerado um sintoma favorável, porque significa que a ave atraiu a essência da doença e, portanto, sofrerá suas dores. O camponês inglês realiza um procedimento semelhante. Ele costura um saco de linho com um besouro vivo dentro e o prende em uma criança que sofre de coqueluche para que o inseto atraia a doença. Em Voigtland, as pessoas criam bicos-cruzados (pintassilgos) porque eles atraem as doenças. Em vários países presenteia-se alguém com flores do quarto de um doente com a vil intenção de que o receptor atraia a doença". A ideia da transmissão da doença torna-se possível por meio da tendência à substancialização do homem primitivo, já mencionada diversas vezes nesta obra. Mas essa ideia é apenas uma suposição técnica. Portanto, Kaplan está certo quando diz (KAPLAN, Leo. *Das Problem der Magie und die Psychoanalyse*: Die magische Bibliothek. vol. II. Berlim: Merlin, 1927, p. 41): "A substância patogênica (a 'doença'), inerente a um indivíduo, deve fazer outra pessoa adoecer; só então ele poderá voltar a estar saudável. Essa é a ideia de substituição. Por contágio (direto ou indireto) do homem doente, o outro torna-se idêntico a ele e assim o substitui. Esse é o verdadeiro significado da emanação da doença". Certamente, a ideia da emanação como tal não basta para explicar os eventos mencionados, pois a mera transferência da substância acarretaria a doença de ambos os participantes. O decisivo é que o homem infectado substitui o homem que estava originalmente doente. Essa ideia pressupõe que a doença é vista como punição por um malfeito. Kaplan não vê o ponto decisivo. Ele acredita que a ideia de emanação é "apenas outra expressão para a ideia de magia". Mas não há razão para falar de magia aqui. A ideia de que qualidades, forças e condições são substâncias de maneira alguma é "mágica". A suposição de uma conexão "mágica" só seria justificada na medida em que a interpretação do homem primitivo da doença como punição envolve a relação com uma autoridade sobre-humana. Que a transferência da doença para outra pessoa não é compreendida como "contágio" substancial, mas está essencialmente ligada à ideia de retribuição, é confirmado pelo exemplo do homem no Taiti que estava com lepra. Cf. nº 246.

> aljava nas costas e arco e flecha na mão; então ele declara que pretende partir e jura não voltar a menos que mate um ou mais índios [malaios] como vingança pela morte de seu amigo, que ele atribui à influência maligna de seus rivais.[462]

Sobre os negritos de Zambales, Reed escreve:

> A doença é geralmente considerada uma punição por um malfeito, as doenças mais graves são provenientes do *anito* [espírito] supremo e as menos graves dos *anitos* menores. Se a varíola visita uma *rancheria* é porque alguém derrubou uma árvore ou matou um animal pertencente a um espírito, que invocou a ajuda do espírito supremo para infligir uma punição mais severa do que ele poderia fazer sozinho.[463]

De acordo com Percival, os nativos do Ceilão acreditam que

> toda doença ou problema que os assalta é produzido pela ação imediata dos demônios enviados para puni-los; enquanto, por outro lado, toda bênção ou sucesso vem diretamente das mãos do Deus beneficente e supremo.[464]

Kubary[465] relata que os palauenses acreditam que a causa da doença seja a ira de uma divindade; portanto, a cura só é possível se houver reconciliação com a divindade por meio de sacrifícios. "Em caso de doença, há sempre a presunção de que algum espírito foi ofendido", escreve Codrington sobre a crença

---

462 MALLAT, J. *Les Philippines*. vol. II. Paris: A. Bertrand, 1846, p. 94.

463 REED, William Allan. *Negritos of Zambales*. Washington: Bureau of Public Printing, 1904, p. 65.

464 PERCIVAL, Robert. *An Account of the Island of Ceylon*. Londres: C. and R. Baldwin, 1803, p. 195.

465 KUBARY, J. "Die Religion der Pelauer". *In*: BASTIAN, A. *Allerlei aus Volks- und Menschenkunde*. Berlim: Ernst Siegfried Mittler und Sohn, 1888, p. 43.

nativa das Ilhas Banks.[466] "Em toda a Polinésia, acreditava-se que ninguém morria de morte natural; sempre havia alguma ofensa especial contra os deuses".[467]

No Taiti, segundo Ellis,

> toda doença deveria ser efeito de ação sobrenatural direta e infligida pelos deuses por algum crime contra o tabu, do qual os sofredores eram culpados, ou em consequência de alguma oferta feita por um inimigo para obter sua destruição. É provável que resulte daí, em grande medida, o descaso e o modo cruel com que tratam os enfermos. As mesmas ideias prevaleciam em relação à morte, cujas causas eram sempre atribuídas à influência direta dos deuses.[468]

De acordo com Malinowski,[469] entre os habitantes das Ilhas Trobriand,

> a crença na feitiçaria está profundamente arraigada e qualquer doença séria e a morte são atribuídas à magia negra... Um desfecho interessante, que serve para ilustrar o aspecto legal da feitiçaria, é o costume de procurar os motivos pelos quais um homem foi morto por bruxaria. A investigação é feita com a interpretação correta de certas marcas ou sintomas visíveis no cadáver exumado.

---

466 CODRINGTON, R. H. *The Melanesians*. Oxford: Clarendon Press, 1891, p. 142.

467 GILL, William W. *Life in the Southern Isles*. Londres: Religious Tract Society, 1876, p. 183.

468 ELLIS, William. *Polynesian Researches*. vol. I. Londres: Fisher, Son & Jackson, 1831, p. 395.

469 MALINOWSKI, B. *Crime and Custom in Savage Society*. Nova York: Harcourt Brace and Company, 1932, pp. 87 e ss. e 91. [ed. bras.: MALINOWSKI, B. *Crime e costume na sociedade selvagem*. Trad. Maria Clara Corrêa Dias. Brasília/São Paulo: UnB/Imprensa Oficial, 2015, pp. 69-71].

Certos delitos têm marcas típicas; por exemplo,

> se o corpo apresenta arranhões, especialmente nos ombros, parecido com os *kimali*, arranhões eróticos feitos durante as carícias sexuais, significa que o falecido seria culpado de adultério... inchaços parecidos com as vigas de uma farta casa de inhame, significam que o morto fosse dado a uma decoração muito ambiciosa de sua casa ou depósito e com isso houvesse despertado o ressentimento do chefe.

Assim, se a morte aparece como retribuição legal a um infrator da lei, "os sobreviventes ficam isentos do pesado dever de vendeta".

Fortune escreve sobre os manus (Ilhas do Almirantado):

> Os manus não estão cientes de que o cristianismo moderno desafia seu postulado mais fundamental – de que o pecado não expiado causa a morte. Eles não estão cientes de qualquer atitude secular em relação à saúde ou doença do corpo. Eles sofrem muito de malária e têm quinino fornecido pelo governo. No entanto, em casos de malária, eles sempre recorrem aos oráculos para se livrar de seus pecados, nunca ao quinino. O suprimento de quinino do governo é despejado no mar, e a aplicação é feita de vez em quando para agradar o governo... não há atitude secular em relação à vida e a morte do corpo ou em relação aos males do corpo. A morte é considerada punição do pecado. Não é aceita como impessoal. Desse fato decorre o pragmatismo da crença dos manus.[470]

Turner relata sobre os nativos de Fakaofo (Ilhas Bentwich):

---

470 FORTUNE, R. F. *Manus Religion*. (Série: Memoirs of the American Philosophical Society). vol. III. Filadélfia: American Philosophical Society, 1935, p. 8.

> Após a morte, os amigos do falecido estavam ansiosos para saber sua causa. Eles foram com um presente ao sacerdote e imploraram a ele que fizesse o morto falar e confessar os pecados que causaram sua morte. O sacerdote podia estar distante do cadáver, mas fingia invocar o espírito e tê-lo dentro de si. Ele falou em seu tom habitual, e disse-lhe para falar diante deles tudo o que fez para causar a própria morte. Então ele (o sacerdote) gemeu, em voz fraca e vacilante, uma resposta, como se fosse a voz do espírito falecido, confessando que havia roubado cocos de um lugar, ou que pescara em algum local proibido pelo rei, ou que comera o peixe que era a encarnação do deus de sua família. Enquanto o sacerdote gemia algo desse tipo, ele conseguiu espremer algumas lágrimas, soluçar e chorar. Os amigos do falecido sentiram-se aliviados por saber a causa, levantaram-se e foram para casa.[471]

Entre os habitantes da costa da Península Gazelle (Nova Pomerânia) existe, segundo Josef Meier,[472] uma história de que a insolação é uma punição por um delito contra o sol. Certa vez um homem odiou o sol [presumivelmente porque queimava muito quente]. Ele então colocou um laço no local onde o sol costumava nascer.

> Assim que o viu subir, apertou o laço em volta dos pés do sol e o puxou para baixo. Em vão foram as súplicas do sol: "Irmão! Por que você prendeu meus pés no laço? Devo ser morto?" Então o homem respondeu: "Sim, você deve morrer!" Então o sol retrucou: "Se você me matar agora, outro sol me vingará. Onde você se refugiará?"

---

471 TURNER, G. *Samoa, a Hundred Year Ago and Long Before*. Londres: MacMillan, 1884, p. 272.

472 MEIER, P. Josef. *Mythen und Erzählungen der Küstenbewohner der Gazelle-Halbinsel (Neupommern)*. (Série Anthropos-Bibliothek). 1ª ed. vol. I. Münster: Aschendorff, 1909, pp. 133 e ss.

O homem, no entanto, não foi dissuadido e matou o sol. "Outro sol apareceu e, procurando o culpado, incendiou todas as árvores. O solo também queimou". Finalmente, o novo sol brilhou tão ferozmente na cabeça do assassino que seu crânio foi queimado e ele morreu.

Se uma pessoa adoece entre os habitantes das Ilhas Cook, eles consultam um sacerdote para descobrir a natureza do pecado que despertou a ira da divindade ou a inimizade do mago.[473] São relatadas práticas semelhantes de nativos da Sociedade[474] e das ilhas havaianas.[475] Além disso, nas ilhas Tonga toda doença é considerada punição por algum delito. William Wilson relata:

> Além dessas [divindades], eles imaginam que cada indivíduo está sob o poder e controle de um espírito especificamente seu, que eles chamam de *odooa*, que se interessa por todas as suas preocupações, mas, como Calla Filatonga [uma divindade do vento], é pouco considerado até ficar com raiva, momento em que pensam que ele inflige a eles todos os distúrbios mortais a que estão sujeitos; e então, para apaziguá-lo, os parentes e outros relacionados à pessoa afligida, especialmente se se tratar de um chefe, engajam-se em todo tipo de práticas desumanas como cortar seus dedinhos, bater no rosto e se abster de certos tipos de alimento que são tabu.[476]

Um relato sobre o Taiti é de especial interesse a esse respeito. Um homem branco passou uma noite em uma caverna onde vivia

---

473 FRAZER, J. G. *The Belief in Immortality and the Worship of the Dead*. vol. II. Londres: MacMillan, 1913, p. 229.

474 FRAZER, J. G. *The Belief in Immortality and the Worship of the Dead*. vol. II. Londres: MacMillan, 1913, p. 299.

475 FRAZER, J. G. *The Belief in Immortality and the Worship of the Dead*. vol. II. Londres: MacMillan, 1913, p. 417.

476 WILSON, William. *A Missionary Voyage to the Southern Pacific Ocean*. Londres: T. Chapman, 1799, p. 278.

um velho eremita. Como seu hóspede sentiu frio, o eremita lhe deu um casaco que ele mesmo havia recebido de presente de outro nativo. Quando o branco soube o nome deste último, assustou-se, pois sabia que o homem estava com lepra. O eremita, no entanto, tentou acalmar o homem branco ridicularizando a ideia de contágio, ensinada pela ciência moderna, como superstição estúpida. Ele ofereceu, em vez disso, a crença nativa de que os leprosos comunicam sua doença apenas àqueles que os prejudicaram. Quem se comporta bem com um leproso não precisa temer a doença. Ele mesmo, que era amigo do doente, usara durante muito tempo o casaco junto à pele sem adoecer. Claro, teria sido diferente se ele não fosse amigável com o homem doente. Como prova de sua teoria, ele relatou a história de dois outros pacientes leprosos. Um foi tratado com todo o cuidado possível por sua família. Ele morreu sem ter infectado seus parentes, embora estivessem constantemente em contato muito próximo com ele. O outro paciente, porém, foi deixado sozinho por seus familiares quando os primeiros sintomas da doença começaram a aparecer. Todos eles adoeceram de lepra.[477] Se, de acordo com essa visão, a vontade do homem doente ou a vontade de uma autoridade sobre-humana dirige e doença, em ambos os casos a vontade é exercida de acordo com o princípio da retribuição.

Elsdon Best[478] diz sobre os maori:

> O tratamento nativo das doenças era empírico ao extremo. Mesmo os remédios de ervas não eram usados pelo prático maori, pois ele era o sacerdote da aldeia, o xamã, e assim ensinava que todas as formas de adoecimento e enfermidade emanavam dos deuses. Tais aflições eram consideradas

---

477 REKLAW, Monsord. "Afaiau the Hermit". *Bulletin de la Société des Etudes océaniennes*, nº 9, 1924, pp. 34/35, de acordo com LÉVY-BRUHL, L. *Primitives and the Supernatural.* Trad. autorizada de Lilian A. Clare. Nova York: E.P. Dutton & Co., 1935, pp. 80 e ss.

478 BEST, Elsdon. *Maori Religion and Mythology*. New Zealand Dominion Museum Bull. 10. Wellington: W.A.G. Skinner, 1924, pp. 183 e 236.

> punições infligidas pelos deuses por ofensas contra as leis do *tapu*, ou eram resultado de magia negra. Mesmo neste caso, os poderes da magia que causou a aflição eram provenientes dos deuses.

Se a morte não é consequência de um mal, mas um mal em si, então a retribuição deve acontecer.

> Caso se pensasse que uma pessoa foi morta por artes mágicas, então se obteria um talo de samambaia (estipe de samambaia) e golpearia o corpo com ele, dizendo: "Aqui está sua arma para vingar sua morte". Isso visa incitar o *wairua* [espírito ou alma] a vingar a destruição de sua base física.

Também na Austrália pode-se encontrar a ideia de que a morte é um delito causado por magia ou uma punição infligida por uma autoridade sobre-humana pela violação de uma norma.[479] Sobre os aborígenes da Austrália ocidental, George Gray relata:

> Os nativos não admitem que exista uma morte por causas naturais; eles acreditam que, se não fosse pelos assassinos ou pela maldade dos feiticeiros, poderiam viver para sempre; portanto, quando um nativo morre por efeito de um acidente ou de alguma causa natural, eles usam uma variedade de cerimônias supersticiosas para verificar em qual direção vive o feiticeiro cujas práticas malignas provocaram a morte de seu parente; uma vez que esse ponto esteja satisfatoriamente resolvido por feiticeiros amigos, eles então atribuem o crime a algum indivíduo, e mal terminam as exéquias fúnebres, começam a vingar os supostos malfeitos.[480]

---

479 VAN GENNEP, Arnold. *Mythes et legendes d'Australie*. Paris: E. Guilmoto, 1905, p. li.

480 GREY, George. *Journals of Two Expeditions of Discovery in North-West and Western Australia during the years 1837,38, and 39*. vol. II. Londres: T and W. Boone, 1841, p. 238.

Segundo Robert Brough Smyth,

> os nativos do distrito de Melbourne dizem que Myndie é uma grande cobra – muito longa, muito grossa e muito poderosa. Ele está sob o domínio de PUND-JEL [uma divindade]. Quando PUND-JEL mandar, ele destruirá os negros – jovens ou velhos. Ele não pode fazer nada por contra própria. PUND-JEL deve primeiro ordenar. Ele é conhecido por todas as tribos, e todas as tribos são conhecidas por ele; e quando qualquer tribo é muito perversa, ou quando qualquer tribo não consegue capturar e matar os negros selvagens, PUND-JEL faz Myndie lhes mandar doenças ou matá-los, conforme achar adequado... Myndie tem várias pequenas criaturas de sua própria espécie, que ele envia de tempos em tempos para levar doenças e aflições.[481]

Strehlow relata sobre os aranta que todo homem morto é vingado, pois todas as mortes são atribuídas a uma tribo estrangeira e, portanto, exigem retribuição. Após a cerimônia fúnebre, o irmão do falecido dirige-se aos homens reunidos: "Esta noite cada um de vocês trará para a reunião um *gururkna* [um colar ou cinto feito com os cabelos do morto], porque amanhã sairemos para vingar sua morte".[482] Em seguida, eles empreendem uma expedição de vingança contra algum assentamento distante.

---

481 SMYTH, Robert B. *The Aborigines of Victoria*. vol. I. Melbourne: J. Ferres, 1878, pp. 444/445.

482 STREHLOW, C. *Die Aranda- und Loritja-Staemme in Zentralaustralien*. vol. IV. Frankfurt am Main: J. Baer & Co., 1907-1920, p. 20. Strehlow acredita que a expedição de vingança não ocorre para punir o suposto assassino. Em vez disso, os participantes têm apenas o desejo de "acalmar sua dor pela morte de seu semelhante com o sangue de um indivíduo de outro grupo e dar aos membros deste último motivo para uma luta semelhante". Se isso fosse verdade, seria um caso de responsabilidade objetiva, no qual a esfera dos responsáveis coincide com os "estrangeiros" ou "inimigos". Outras passagens na obra de Strehlow, no entanto, admitem algumas dúvidas quanto à exatidão dessa interpretação. Em primeiro lugar, a expedição de vingança parece ser desejada pelo próprio morto. Sintomas claros da função

Em sua obra sobre os nativos da Austrália, Curr pergunta por que os negros obedecem tão estritamente às regras que regulam sua vida; e ele descobre:

> Minha resposta é... que o negro é educado desde a infância na crença de que o afastamento dos costumes de sua tribo é inevitavelmente seguido por pelo menos um de muitos males, como tornar-se grisalho precocemente, oftalmia, erupções cutâneas ou doenças; mas sobretudo, que expõe o ofensor ao perigo de morte por feitiçaria.[483]

---

retributiva da alma da morte são mostrados nos costumes dos nativos, que obviamente temem a alma da morte. Os parentes infligem feridas sangrentas em si mesmos, a cabana do falecido é incendiada etc. (pp. 15 e ss.). Dos loritja que habitam a parte noroeste da Austrália, relata-se o seguinte costume (pp. 25 e ss.): o moribundo é deixado sozinho, nenhum luto é observado e o cadáver não é enterrado. Como razão desse comportamento, afirma-se que um cadáver insepulto em estado de putrefação traz chuva. Mas o verdadeiro motivo parece ser: "Como os parentes mais próximos do falecido não foram testemunhas da morte, nenhuma expedição precisa ser enviada para vingá-la". Presumivelmente, então, o moribundo é deixado sozinho para evitar a arriscada expedição de vingança. A ideia de que um cadáver em putrefação traz chuva é uma noção que justifica apenas parcialmente o comportamento dos sobreviventes. O procedimento mostra claramente que o próprio morto deseja ser vingado; provavelmente, ele deseja a morte de seu assassino. Entre certas tribos que vivem ao norte e a ao oeste dos loritja é costumeiro um procedimento para estabelecer a identidade do suposto assassino, e nesse rito o morto desempenha um papel essencial. Mas deve-se observar em especial que os aranda, após a expedição de vingança, realizam cerimônias de purificação para não "serem mortos pelos amigos dos mortos" (p. 23). Se eles assumem que a alma da morte do inimigo abatido quer se vingar de seus assassinos, então há ainda mais razões para acreditar nas almas da morte de seus próprios parentes. Mas talvez o dever de vingança direta contra um determinado grupo seja muito problemático. A vingança é executada com um mínimo de risco. O relato de Strehlow provavelmente representa um ponto de vista dos aranda que se deve a um enfraquecimento da ideia original de retribuição.

483 CURR, E. M. *The Australian Race*. vol. I. Melbourne: J. Ferres, 1886/1887, p. 54.

Spencer e Gillen relatam um caso interessante em que a morte de um homem é interpretada entre os warramunga (Austrália central) tanto como punição por um delito cometido pelo falecido quanto como um crime cometido contra ele. Eles escrevem:

> Deve-se lembrar que, embora o homem tivesse sido declarado morto pelos antigos médicos por ter violado o costume tribal, ao mesmo tempo ele foi morto por alguém, embora ainda não pudessem determinar exatamente por quem.[484]

Com base em suas experiências na África, Le Roy ilustra a atitude dos selvagens em relação à natureza com o seguinte exemplo:

> Aqui, por exemplo, está uma árvore coberta de frutos. Ele experimenta um, acha bom, come, e, encorajado pela experiência, apanha outros; trata-se de uma fruta permitida. No dia seguinte, ele percebe outra árvore; confiante pela refeição do dia anterior, ele apanha algumas; mas esta fruta não tem o mesmo sabor e o deixa muito doente; era evidentemente um fruto proibido. Ele lembrará e, para salvar seus filhos da mesma experiência, talvez do mesmo infortúnio relacionado ao Mestre oculto da criação, interditará a eles aquela árvore: "Meus filhos, este fruto é um fruto proibido para nós; não toquem nele!"[485]

Esse exemplo ilustra claramente a atitude completamente normativa do homem primitivo em relação à natureza. O efeito prejudicial da fruta significa simplesmente que ela é proibida e que o dano que ela inflige é a punição pela norma violada. A esse respeito, Le Roy relata um incidente que viveu pessoalmente. Um

---

484 SPENCER, Baldwin; GILLEN, F. J. *The Northern Tribes of Central Australia*. Londres: MacMillan, 1904, p. 519.

485 LE ROY, Alexander. *The Religion of the Primitives*. Trad. Newton Thompson. Nova York: MacMillan, 1922, pp. 147 e ss.

explorador que o acompanhava em suas viagens certa vez matou um javali. Os carregadores nativos se recusaram a comer a carne do javali porque era proibido. Como protesto contra essa superstição, o homem branco comeu a carne com satisfação. Quando ele adoeceu durante a noite, os negros estavam, é claro, convencidos de que esse era o castigo pela violação do tabu. E cantavam em coro: "É o porco, é o porco, é o porco que se revolta!". Então vinha o solo: "Oh, porco! Saia se quiser. Mas não faça mal ao nosso homem branco, pois ele lhe comeu por engano".

Entre os fan o sacerdote do fetiche pede que uma pessoa doente confesse seus pecados publicamente na presença de todos os aldeões para que sua doença seja curada.

> A sanção da moralidade é... assegurada pela ação do mundo superior invisível, do qual nada escapa. Se alguém tiver um infortúnio, uma doença ou um problema, seus vizinhos e os de sua própria casa considerarão isso um castigo justo pelas falhas cometidas por ele. Ele tentará uma expiação fazendo uma oferenda ou sacrifício aos espíritos ou aos manes.[486]

Comentando sobre a religião dos bantu, E. W. Smith diz que, em geral, toda doença é considerada uma penalidade infligida por uma divindade por algum desrespeito por parte do homem. Nesse contexto, a organização social desempenha um papel importante.

> Os filhos pertencem ao pai; as divindades da mãe, embora possam ajudar as do pai na guarda dos filhos, não têm o direito de adoecê-los. É direito delas adoecer a esposa, pois as divindades do pai têm o direito de adoecer ele e seus filhos; mas elas não devem invadir as prerrogativas umas das outras.[487]

486 LE ROY, Alexander. *The Religion of the Primitives*. Trad. Newton Thompson. Nova York: MacMillan, 1922, p. 167.

487 SMITH, Edwin W. *The Religion of Lower Races, as Illustrated by the African Bantu*. Nova York: MacMillan, 1923, pp. 38-40.

Gottschling descreve a crença dos bavenda, uma tribo bantu, da seguinte forma: "Qualquer fortuna que chega aos bavenda é enviada como recompensa de Ralowimba, e qualquer infortúnio que lhes acontece é um castigo enviado por ele".[488] Entre os cafres, segundo o relato de Kidd,[489] prevalece a ideia de que a doença, assim como a seca e a fome, deve-se à ira ou descontentamento das almas da morte, acostumadas a vingar assim a negligência. No entanto, as doenças também podem ser provocadas por magia. Se nenhuma dessas causas puder ser presumida, então uma explicação natural é aceita.

> A doença devida à interferência de espíritos ancestrais... é tratada com um cerimonial muito marcante... Um sacerdote ou médico seleciona um boi que é morto no curral do gado... A teoria é que os espíritos mandam doenças para mostrar seu descontentamento com o povo do curral. Essa é uma de suas maneiras de chamar a atenção para o fato de que o povo tem negligenciado oferecer sacrifícios suficientes ultimamente; ou pode ser uma maneira de informar às pessoas que alguns dos antigos costumes foram negligenciados ou abandonados. É um ditado comum que, se os costumes antigos não forem mantidos, as pessoas encontrarão seus dentes caindo. Nesse caso, nem mesmo um dentista americano poderia ajudá-los. Um adivinho seria chamado para descobrir o culpado, e alguém seria acusado de feitiçaria, pois a hipótese é que ninguém poderia querer violar antigos costumes tribais a menos que tivesse o objetivo de ganhar poder sobre os outros por meio da magia. Assim, o costume é o mais tenaz da vida; ele conseguiu colocar os adivinhos a seu lado. Essa concepção da causa da doença

488 GOTTSCHLING, E. "The Bavenda: A Sketch of Their History and Customs". *Journal of the Anthropological Institute of Great Britain and Ireland*, vol. XXXV, 1905, p. 378.

489 KIDD, Dudley. *The Essential Kafir*. Edimburgo: A & C Black, 1904, pp. 133 e ss. e 137 e ss.

> é muito antiga e existe desde os primeiros vislumbres do registro histórico. Nos dias de Chaka, os zulus diziam que a maioria das doenças era causada por *Vagino*, ou espíritos malignos, que deixavam as pessoas doentes por vingança, ou porque alguns inimigos haviam comprado esses *Vagino* com oferendas e sacrifícios. Esses espíritos viriam habitar os corpos dos doentes e causar todos os seus sofrimentos e dores. Reminiscências dessa teoria ainda existem na Suazilândia, onde as pessoas consideram que certas formas de epilepsia são causadas por espíritos ancestrais enfurecidos, que apunhalam as pessoas por dentro, causando convulsões. Acontece também de os cafres às vezes pensarem que as doenças são devidas aos espíritos dos ancestrais de monstros fabulosos que existem nos rios. Nesses casos, busca-se a cura jogando bois no rio para apaziguar os espíritos.[490]

Cayzac escreve sobre os kikuyu, uma tribo bantu da África oriental: "A punição e o efeito do 'pecado' é a doença, a morte e todas as dificuldades possíveis; e a causa comum da doença, da morte e de todas as dificuldades possíveis é o 'pecado'".[491]

Os akposso de Togo têm um mito que diz:

> Deus criou o fogo, que era a doença, e o frio, o alívio. Ele ordenou a um homem: se estiver com frio, não se aproxime do fogo! Como o homem transgrediu esse mandamento, Deus deixou um pássaro cor de bronze subir do fogo. Esse pássaro atingiu o culpado com suas asas e lhe causou lepra. Essa é a origem da doença.[492]

---

490 KIDD, Dudley. *The Essential Kafir*. Edimburgo: A & C Black, 1904, pp. 133 e 137. Chaka viveu no fim do século XVIII.

491 CAYZAC, P. P. "La Religion des Kikuyu (Afrique orientale)". *Anthropos*, vol. V, 1910, pp. 310 e ss.

492 BAUMANN, Hermann. *Schöpfung und Urzeit des Menschen im Mythos der afrikanischen Völker*. Berlim: Dietrich Reimer (Andrews & Steiner), 1936, p. 296.

Relata-se que os nativos de Serra Leoa

> concebem que nenhuma morte é natural ou acidental, mas que a doença ou o acidente pelo qual é imediatamente causada é efeito de ação sobrenatural. Em alguns casos, imagina-se que a morte é provocada pela ação maligna de algum indivíduo, que emprega feitiçaria para esse fim; em outros casos, supõe-se que a morte seja infligida pelo demônio tutelar de alguém contra quem o falecido, quando descoberto e punido pela mão vingadora do griffee [espírito guardião], praticava encantamentos. É mais comum atribuir a primeira causa à doença e morte de chefes e outras pessoas importantes e pessoas ligadas e eles; e a última a qualquer um de uma classe mais baixa.[493]

Entre os nativos de Loango, doenças, acidentes e mortes aparentemente não naturais são atribuídas, segundo Pechuel-Loesche,[494] a atos hostis de seres humanos poderosos, realizados por meio de magia, ou à influência de autoridades sobre-humanas, como consequência de transgressões de normas. Portanto, eles são interpretados ou como delitos ou como punições. O exemplo a seguir mostra a confusão peculiar de ambos os elementos: um método dos magos para prejudicar um homem, e até matá-lo, consiste em "fazê-lo violar sua *Tschina* (uma proibição tabu). Como resultado disso, ele certamente morrerá, mesmo que não esteja consciente de ter violado um tabu".[495] Aqui o "mago" só põe em operação o mecanismo comumente eficaz do delito e da punição.

---

493 WINTERBOTTOM, T. *An Account of the Native Africans in the Neighbourhood of Sierra Leone*. vol. I. Londres: C. Whittingham, 1803, pp. 235 e ss.

494 PECHUEL-LOESCHE, E. *Die Loango-Expedition*. Dritte Abtheilung, Zweite Haelfte. Stuttgart: Strecker & Schröder, 1907, p. 334.

495 PECHUEL-LOESCHE, E. *Die Loango-expedition ausgesandt von der deutschen Gesellschaft zur Erforschung Aequatorial-Africas. 1873-1876*. seção III, parte II. Stuttgart: Strecker & Schröder, 1907, pp. 336 e ss. O autor afirma,

na p. 338, que a magia não é realizada com o auxílio de almas ou espíritos. "Os bruxos... ou prejudicam por sua própria natureza e, consequentemente, sem conhecimento ou intenção, ou então praticam a bruxaria intencionalmente. Mas nunca o fazem com a ajuda de almas ou espíritos, apenas com substâncias cujo efeito nocivo eles conhecem, principalmente os venenos... Cuidadosamente preparados, esses venenos produzem efeito até mesmo em objetos distantes. Eles destroem o corpo e a alma". Mas o exemplo dado no texto contradiz essa afirmação. A autoridade da qual procede a punição pela violação da *Tschina* só pode ser imaginada como um ser pessoal. Pois o homem primitivo que acredita nisso pressupõe que a punição emana de um ser que percebe a violação de uma norma e reage contra o ofensor.

Na página 336, Pechuel-Loesche diz sobre os ndodschi, que são os piores de todos os bruxos e que infligem todo tipo de mal aos homens: "Acusa-se menos o homem mau do que o mal que nele opera continuamente sem sua interferência". O próprio Pechuel-Loesche chama esse "mal no homem" de "ser horrível" que opera metodicamente a partir do indivíduo e que o possui como se fosse dotado de uma razão e de uma vontade próprias. Assim, deve ser um ser pessoal. Aparentemente, é apenas uma peculiaridade terminológica que impede Pechuel-Loesche de falar de um espírito mau.

Outro exemplo citado pelo mesmo autor como evidência da atividade dos feiticeiros é: "Eles esculpem... uma imagem tosca que supostamente representa uma pessoa... e a jogam, com maldições familiares, no rio... ou a seguram perto do fogo... Assim como a imagem apodrece, desintegra-se, fica carbonizada ou murcha, a pessoa definha e morre irremediavelmente". Trata-se de um caso típico de expressão de desejo por língua de sinais, procedimento que tem o caráter de uma ação destinada a ser percebida pela autoridade a quem se dirige e que deve compreender o significado do procedimento e cumprir o desejo nela expresso. Como de costume, o procedimento "mágico" é acompanhado por encantamentos; isso significa que o desejo também é expresso em linguagem comum. O uso dos encantamentos não faria sentido se não fossem, como as orações, dirigidos a um ser sobre-humano que deveria entender tais expressões e cumpri-las. De acordo com o próprio Pechuel-Loesche, os nativos da costa de Loango acreditam estar constantemente cercados por almas da morte e espíritos. Assim, eles provavelmente acreditam, embora não o digam expressamente, que esses seres ouvem e entendem a linguagem de sinais de seus procedimentos mágicos e encantamentos.

Em outro exemplo, Pechuel-Loesche aponta (p. 339) que certos objetos são descartados como se tivessem sido perdidos, objetos que ele diz estarem "carregados de desastre". Pessoas suscetíveis "pegam" esse mal se roçarem nesses objetos com suas sombras, olharem para eles ou tocarem neles. Mas se a substância mágica, o "veneno", é, como em um exemplo mencionado anteriormente, perigosa apenas para aquela pessoa a quem o mago deseja

---

prejudicar, então aqueles que estão envolvidos nessa magia devem supor que a substância mágica possui poderes de percepção e de ação deliberada. Ou eles atribuem à substância qualidades que só os seres pessoais podem ter ou supõem que existe um ser pessoal dentro da substância, ou então acreditam que a substância é manuseada por um ser invisível, um espírito, que causa o mal desejado. É irrelevante se os nativos estão plenamente conscientes dessas suposições; eles continuam a usar as substâncias mágicas como se seres pessoais, invisíveis, mas poderosos, e dotados de razão e vontade, operassem nelas ou por meio delas. Pechuel-Loesche acredita (p. 347) que a magia do homem primitivo consiste no fato de que "os objetos têm qualidades que tornam invisíveis as coisas visíveis, por conta das forças que habitam essas substâncias". Mas essas ideias também são possíveis no interior de uma visão científica do mundo, pois o conceito básico é o de uma força objetiva e impessoal. É altamente improvável que o homem primitivo opere sob tal conceito. Se Pechuel-Loesche pretende explicar a magia, e especialmente o fetichismo dos nativos de Loango, pela crença desses primitivos nas forças inerentes aos objetos, ele se esquece que, ao fazê-lo, atribui ao homem primitivo uma atitude que não é muito diferente dos métodos científicos racionalistas. No entanto, apenas tais diferenças justificam os conceitos de magia e fetichismo.

Quanto ao fetichismo particular dos Loango, Pechuel-Loesche salienta, p. 356: "Nada em todas as suas ações aponta para espíritos que podem ter escolhido um objeto mágico como morada ou que foram ordenados a fazê-lo, e que obedecem aos homens". Ele rejeita expressamente a teoria animista como explicação do fetichismo. Mas, de acordo com o seu próprio relato, a maneira como os nativos se comportam em relação a seus fetiches mostra claramente que eles os tratam como seres pessoais, dotados de razão e vontade, aos quais atribuem, por algum motivo, poderes sobre-humanos. Isso é especialmente verdadeiro para os chamados "fetiches da justiça", que, se acredita, são capazes de descobrir o culpado e, portanto, inspiram medo nos indivíduos conscientes de sua culpa. Na p. 377, Pechuel-Loesche escreve: "Eles servem para prevenir, bem como para descobrir e punir crimes cujos autores não puderam ser detectados pelo próprio engenho do homem: como protetores da segurança pública, da moral e da ordem social, como vingadores dos crimes, eles são, por assim dizer, promotores, autoridades policiais e carrascos automáticos, tudo em um, que começam a trabalhar assim que o pagamento e o incentivo os despertam". Na p. 359 ele declara que "os nativos têm [em relação aos fetiches] o mesmo sentimento que temos quando confrontados com um aparelho elétrico, o medo de levar um choque. Os fetiches, porém, não são considerados deuses e essas pessoas não imaginam um espírito neles, assim como mesmo pessoas fracamente civilizadas não imaginam um espírito em uma garrafa de Leiden". Mas a garrafa de Leiden não é um fetiche para nós, pois sabemos que todos os que tocarem nela receberão um choque elétrico e porque não acreditamos que a garrafa de Leiden saiba quem cometeu roubo e, consequentemente, só dará choque em ladrões. Quando questionados, os nativos podem negar que um "espírito" viva no fetiche, mas sua atitude efetiva mostra que eles presumem uma espécie de conhecimento e vontade sobre-humanos no fetiche, que age de tal maneira que o malfeitor não pode escapar da punição. Portanto, Pechuel-Loesche se equivoca ao considerar (p. 360) sem importância a forma humana que os nativos dão aos seus fetiches. Ela corresponde essencialmente ao seu comportamento de espalhar nozes de cola sobre seus fetiches, pois comer tais nozes "aumenta muito o prazer, a força e a resistência do homem".

Certos fetiches, como assinala Pechuel-Loesche, servem à comunidade "como curandeiros ou descobridores e vingadores de crimes". Como isso seria possível se os fetiches não tivessem as mesmas qualidades morais e intelectuais atribuídas às divindades que exercem retribuição? "Na verdade, todos os fetiches têm a função de complementar a atividade de *Nsambi*, que parece insuficiente ao indivíduo no que diz respeito à segurança pública". Se os fetiches "complementam" as atividades de *Nsambi*, que é uma divindade e, como tal, é indubitavelmente um ser espiritual pessoal; se exercem as mesmas funções que ele, então, como poderia a "força" do fetiche ter outro caráter que não o pessoal?

Além dos fetiches da justiça, existem também os fetiches-oráculos. O comportamento em relação a tal fetiche é descrito por Pechuel-Loesche da seguinte forma (p. 380): "Aqueles que buscam informações nele devem se aproximar sóbrios, com roupas novas, com os braços estendidos na horizontal e os dedos abertos. Eles também devem se encolher e só podem esperar uma atenção favorável do fetiche caso se mantenham afastados de suas esposas e do gin por três dias. Aos visitantes apropriados, ele manifesta sua opinião por meio de seu *Nganga* [sacerdote do fetiche]". Tal comportamento de forma alguma diverge do comportamento em relação a uma divindade. Um fetiche que percebe se os seres humanos que se aproximam dele observam escrupulosamente todos os regulamentos e que manifesta sua opinião por meio de seu sacerdote é, de fato, algo bem diferente de uma garrafa de Leiden ou de uma "máquina artificial", imagens com as quais Pechuel-Loesche tenta caracterizar os fetiches (p. 390). Há fetiches que odeiam as mulheres (p. 374); outros que não suportam homens, cabelos de mulheres, fumaça de tabaco, gim e água (p. 386). Quem precisar deles deve se comportar de acordo com seus gostos. Os fetiches podem ser insultados e se vingar. Um fetiche foi "grosseiramente insultado" por uma garota; foi dito que ela "obstruiu intencionalmente o caminho" de um fetiche rolante que tinha a forma de um globo, que o fez rolar sobre suas costas; na verdade, ela fez com ele algo inacreditável, a saber, aquilo que exige a troca de fraldas das crianças". Como resultado, o fetiche reagiu com inconvenientes equivalentes para a comunidade (p. 374). Isso ainda é uma garrafa de Ledein? A interpretação

Os bubi de Fernando Poo atribuem a doença e a morte às almas "más". Essas almas, explica Tessmann, são as almas da morte daqueles homens que se comportaram mal na terra e, portanto, não têm permissão, como têm as almas dos homens bons, para prosseguir para o reino de Deus. Elas estão condenadas a retornar à terra e perpetuar seu mal. Tessmann diz sobre essa alma "má":

> Como essa alma é má e está furiosa por não ter permissão para seguir até Deus, seu único objetivo é prejudicar seus antigos semelhantes. Sobre eles lança a verdadeira culpa por seus atos perversos na terra, pois eles lhe causaram inveja e raiva e, assim, a levaram ao mal. Acima de tudo, essa alma persegue seu antigo companheiro; por um lado, supõe que seu companheiro pode tê-la envenenado, por outro lado, fica particularmente aborrecida que seu companheiro ainda esteja vivo enquanto teve que morrer. Todo ser humano cujo companheiro – desejo evitar o termo "amigo", pois um negro não conhece a verdadeira amizade e fidelidade – ou cujo parente da mesma idade morreu acredita na existência de uma alma especial que o persegue e aborrece e que é chamada de *elopa*. Traduzo *elopa* como encosto. Toda indisposição, toda doença é atribuída à *elopa*. A *elopa* finalmente trará a morte, pois sua inveja e desejo de vingança são maiores do que o amor e o cuidado da alma guardiã.[496]

Essa "alma guardiã" é a alma da morte de um bom ser humano que tem permissão para entrar no reino de Deus e que "compra" ali uma alma não nascida, leva-a à terra, e a coloca, sem ser vista, no embrião de uma mulher grávida. Essa alma da morte passa a funcionar como guardiã do ser humano que

---

do fetichismo de Loango por Pechuel-Loesche é extremamente distorcida. Ele parece desejar a todo custo se opor à teoria animista.

496 TESSMANN, Guenther. *Die Bubi auf Fernando Poo*. (Série Kulturen der Erde). vol. XIX. Hagen: Folkwang-Verlag, 1923, pp. 107 e ss.

ela "comprou".[497] Esse dualismo em que há uma alma da morte funcionando como guardiã e outra alma, "comprada" por ela, funcionando como alma da vida é obviamente o resultado de uma desintegração da alma da morte.

Originalmente, a alma da morte, reencarnada no embrião, desempenhava os dois papeis simultaneamente, pois era tanto a alma da vida quanto o espírito guardião do ser humano recém-nascido. A modificação da crença na alma entre os bubi aparentemente ocorreu por influência externa. Essas influências são evidentes na descrição da atividade da alma da morte que Tessmann chama de "má". Originalmente, não era a alma da morte, a *elopa*, que punha a culpa em seus semelhantes por seus "feitos na terra". Provavelmente esses semelhantes ou intérpretes cristãos de sua crença qualificaram a alma da morte como "má", porque persegue os vivos. No princípio, a alma da morte atormentava os vivos porque eles infligiam algum mal a ela. A partir das frases "A alma da morte supõe que pode ter sido envenenada por um ser humano vivo" e "Sua vingança é maior que o amor da alma guardiã", a crença original pode ser restaurada. Esse conceito foi mal interpretado ou identificado sob a influência de ideias cristãs sobre retribuição no outro mundo. Os próprios nativos, como outros povos primitivos, concebem, ou o fizeram originalmente, a doença e a morte como punição por seus pecados em geral; sentem-se responsáveis pela morte de um semelhante e imaginam, portanto, sua alma da morte como um espírito vingativo. Pois toda morte, se não for resultado de uma punição, é assassinato e, portanto, motivo de retribuição por parte do falecido. Tessmann refere-se a essas almas "más" como "almas infernais" e assim releva onde se originou o esquema de interpretação segundo o qual ele ou algum nativo

497 TESSMANN, Guenther. *Die Bubi auf Fernando Poo.* (Série Kulturen der Erde). vol. XIX. Hagen: Folkwang-Verlag, 1923, pp. 98 e 101.

influenciado pela religião cristã representa a crença na alma desses povos primitivos.[498]

Dos ekoi em Camarões e no sul da Nigéria, Lowie escreve:

> Quando vários homens famosos morreram sucessivamente em uma aldeia ekoi, levantou-se naturalmente a suspeita de que eles teriam sido de vítimas de feitiçaria, e alguma mulher solitária pode ser considerada a provável culpada. A doença, quando não remontável à ira de espíritos ofendidos, é também derivada das práticas de bruxas ou feiticeiros.[499]

Entre os bambala do sul no Congo, a morte dos filhos é considerada uma punição por adultério. A mulher que engravida deve confessar ao marido todos os seus antigos casos amorosos;[500] se ela ocultar algum, seu filho morrerá.

Como muitas outras tribos, os bergdama, segundo relato de Vedder, não acreditam na morte natural. Para eles, toda morte é provocada por Gamab, uma divindade, ou pelos *gamagu*, as almas da morte de seus ancestrais. Avaliando-se a fórmula de uma oração para uma pessoa gravemente doente, fica claro que a doença é considerada um castigo:

> Ouçam-me, pais! Acalmem sua raiva! Pensem com calma, vocês aí em cima! Não são estes os seus filhos que vocês deixaram na terra quando partiram? Portanto: o que eles

---

498 Tessmann nega tais influências. Ele menciona em outra obra uma história da queda do homem que, para ele, é original dos nativos, embora reproduza quase as mesmas palavras do Gênesis; cf., acima, TESSMANN, Guenther. *Die Bubi auf Fernando Poo.* (Série Kulturen der Erde). vol. XIX. Hagen: Folkwang-Verlag, 1923, p. 33.

499 LOWIE, Robert H. *Primitive Religion.* Londres: George Routledge and Sons Limited, 1925, p. 33.

500 MOSBACHER, Ernst. “Untersuchungen zum Suendenbegriff der Naturvölker”. *Baessler Archiv,* vol. XVII, nº 1, 1934, p. 35.

> fizeram ou negaram para que vocês os deixassem doentes? Vocês deixaram de abençoá-los. A morte os levará embora. Vocês consumirão os bens de seus filhos. Por que vocês os punem? Acalmem sua raiva! Pensem com calma, vocês aí em cima![501]

Os negros agui da Costa do Marfim estão certos de que os perjuros são mortos pelas almas da morte dos antepassados ou pelos espíritos por quem juraram. Os nativos do Togo acreditam que o deus Uwoluwu pune os perjuros com a morte. Somente uma sanção transcendental existe para tal delito.[502] Godfrey Wilson escreve sobre os nyakyusa do distrito de Rungiol, no sul de Tanganyika:

> Sempre que um homem ou sua esposa, filho ou animal adoece ou morre, quando suas colheitas vão mal ou o leite de suas vacas seca, ele vai imediatamente ao adivinho (*ondagosi*) para confessar todos os seus pecados lembrados e descobrir se algum deles é responsável pelo infortúnio ou não.[503]

> ... essas crenças interpretam a infelicidade e o infortúnio de sua vida [do nativo] em uma conexão necessária com seu pecado; essa infelicidade e os infortúnios que seu melhor esforço e habilidade são incapazes de evitar, e que sua mente não pode ver como efeitos das ações ordinárias da natureza ou de seus semelhantes, eles explicam como efeito de causas sobrenaturais agindo moralmente. A religião dos nyakyusa usa a doença, a morte, a fome e o infortúnio como instrumentos para sua educação no comportamento correto, dentro da sociedade a que pertence; e nisso também

501 VEDDER, H. *Die Bergdama*. Hamburgische Universitaet: (Série Abhandlungen aus dem Gebiet der Auslandskunde). vol. XI, tomo I, pp. 110 e ss. e 127; tomo II, p. 5. Hamburgo: L. Friederichsen, 1923.

502 LASCH, Richard. *Der Eid, seine Entstehung und Beziehung zu Glaube und Brauch der Naturvölker*. Stuttgart: Strecker & Schröder, 1908, p. 95.

503 WILSON, Godfrey. “An African Morality”. *Africa*, vol. IX, 1936, p. 80.

> se compara exatamente às outras fés, que da mesma maneira conectam sobrenaturalmente o infortúnio com o pecado.[504]

Entre os jukun (Nigéria), diferentes ritos são observados após a morte de um homem. Um deles é descrito por Meek[505] da seguinte maneira: uma pessoa representando o morto (ou sua alma da morte) dirige-se às mulheres sobreviventes;

> ela começa a chamar com voz abafada o nome de uma parente imediata do falecido, dizendo: "Sou Fulano de Tal (dando o nome do falecido), e vim para lhe dizer por que a deixei"... A mulher responde: "Eu não sei por que você nos deixou. E é para ouvir a razão que eu e todas as outras mulheres estamos aqui reunidas". O fantasma pode então informá-las de que o motivo de sua morte foi (a) que ele havia separado milho ou uma galinha para sacrifício, mas usou o objeto para seu consumo privado e, portanto, foi morto por Akwa; ou (b) que vendeu uma propriedade pertencente a algum culto; ou (c) que cometeu algum erro ao oferecer ritos, como deixar de varrer o chão ao redor dos símbolos antes de depositar os alimentos sacrificiais. Ou (d) que entrou em contato com uma mulher menstruada e não conseguiu se purificar; ou (e) que foi uma punição por mostrar desrespeito a homens mais velhos; ou (f) que certo homem ou mulher (um bruxo ou bruxa) o encontrou e capturou sua alma. Se ele morreu de picada de cobra, pode dizer que uma mulher se transformou em cobra e o picou. Deve-se notar que imediatamente após a morte de um homem a razão de sua morte é descoberta pelo aparelho de adivinhação, e que a razão dada pelo aparelho de adivinhação é aquela que é anunciada publicamente mais tarde pelo homem que personifica o fantasma do falecido.

---

504 WILSON, Godfrey. "An African Morality". *Africa*, vol. IX, 1936, p. 98.

505 MEEK, C. K. *A Sudanese Kingdom*: an Ethnographical Study the Jukun-speaking Peoples of Nigeria. Londres: Kegan Paul, Trench, Trübner & Co, 1931, p. 246.

Assim, a morte é interpretada ou como punição ou como crime.

> Depois disso, qualquer mulher que tenha um pedido a fazer entrega um pano ao intérprete (o Kuku) e pode dizer: "Não estou bem e gostaria de saber o motivo". O fantasma pode responder que é porque ela não foi muito fiel ao marido... Outra mulher pode dizer que está sofrendo de uma doença. O marido dela, presente no recinto, pode então sussurrar ao homem que personifica o fantasma que sua esposa havia poluído o complexo durante algum período de menstruação e não conseguiu que sua ofensa fosse expurgada pelo sacrifício. O fantasma então informa a mulher que Akwa lhe trouxe doença porque ela poluiu o complexo e não fez a expiação.

Meek observa:

> À primeira vista, pode parecer que, em algumas de suas características, os ritos Aku-ahwâ não são mais do que uma impostura contra as mulheres, que são disciplinadas e extorquidas por meios fraudulentos. Deve-se lembrar, no entanto, que os próprios membros masculinos da comunidade vivem sob a disciplina perpétua de seus cultos, e são constantemente obrigados a incorrer em despesas pesadas.[506]

Quando um homem morre entre as tribos do norte da Nigéria, às vezes é feita uma investigação para determinar a causa de sua morte.

> Entre os angas, a investigação é adiada até o quarto dia após o enterro, e o veredicto do adivinho é geralmente que a morte foi devida à sua própria negligência – ele não

506 MEEK, C. K. *A Sudanese Kingdom*: an Ethnographical Study the Jukun-speaking Peoples of Nigeria. Londres: Kegan Paul, Trench, Trübner & Co, 1931, pp. 247 e ss.

> conseguiu apaziguar com libações e sacrifícios os espíritos de seus antepassados mortos.[507]

Meek escreve sobre os povos de língua ibo do sudeste da Nigéria:

> Em algumas comunidades [e. g., em Ache], a mulher em trabalho de parto pode ser convidada a fazer uma confissão de qualquer ato de infidelidade ao marido, com a advertência de que a falta de confissão pode causar sua morte. Ela pode então mencionar o nome de um amante ou dizer: "Se eu já tive relações sexuais com qualquer outro homem que não meu marido, posso morrer ao dar à luz". Em Ache, o amante mencionado tem que pagar uma multa de duas galinhas à família do marido.[508]

São relatados costumes similares entre os nativos de Ashanti[509] e de Lobi.[510]

A ideia de que as doenças podem ser provocadas por causas naturais torna-se apenas gradualmente conhecida. Um exemplo para o fato de que as doenças são parcialmente atribuídas a causas naturais e parcialmente interpretadas como punição ou crime pode ser encontrado na monografia de Smith e Dale sobre os povos de língua ila.[511] Eles escrevem:

---

507 MEEK, C. K. *The Northern Tribes of Nigeria*. Londres: OUP, 1925, p. 109.

508 MEEK, C. K. *Law and Authority in a Nigerian Tribe*. Oxford: Oxford University Press, 1937, p. 290.

509 RATTRAY, R. S. *Religion and Art in Ashanti*. Oxford: Clarendon Press, 1927, p. 55.

510 LABOURET, Henri. *Les Tribus du Rameau Lobi*. (Série: Travaux et mémoires de l'Institut d'Ethnologie). vol. XV. Paris: Institut d'ethnologie, 1931, p. 304.

511 SMITH, Edwin W.; DALE, Andrew Murray. *The Ila-speaking Peoples of Northern Rhodesia*. vol. I. Londres: MacMillan, 1920, pp. 244 e ss.

> Notar-se-á que a doença é considerada algo quase material, que pode ser passada de uma pessoa para outra e eliminada por lavagem e outros meios. Algumas doenças surgem pelo contato, mais ou menos íntimo, com certas coisas perigosas: coisas perigosas por causa de alguma qualidade maléfica inerente a elas. Em alguns casos, não há contato real, mas *action in distans*. Tais coisas são: (a) animais, e. g., o chinao e o chikambwe; (b) sujeira; (c) mulheres menstruadas; (d) um fato. A doença também é causada por feitiçaria. Não precisa haver nenhum contato direto: o feiticeiro pode ferir sua vítima à distância. Outras doenças são causadas pela quebra de um tabu. É como se o ato, e. g., de comer algo proibido, liberasse alguma energia maléfica que aflige o culpado. Isso se aplica não apenas a ações que são especificamente *tonda* ("tabu"), mas também a coisas como ciúmes, falsos juramentos, transgressões e descontentamento. A má ação tem consequências materiais. Outras doenças são atribuídas a causas naturais como a exposição ao sol.

De particular importância são as doenças e mortes atribuídas à influência das almas da morte: "... muitas doenças e mortes são atribuídas à ação direta dos espíritos ancestrais ofendidos pela negligência".

34 A interpretação de todos os tipos de infortúnio de acordo com o princípio da retribuição

A partir de outro ponto de vista, foram dados vários exemplos que mostram que os homens primitivos geralmente consideram a morte causada por animais como um ato de vingança. Aqui estão mais alguns. Os jakuns da Península Malaia acreditam que o tigre que ataca um ser humano é ele mesmo um ser humano que se transformou em tigre para melhor exercer a retribuição.[512] Em Madagascar prevalece a ideia de que certa divindade usa cobras como instrumentos para se vingar de qualquer ofensa.[513] Os indonésios também acreditam, segundo Kruijt,[514] que a autoridade sobre-humana emprega animais para advertir e punir os homens. É sua firme convicção que nenhum mal pode acontecer a um homem, exceto como retribuição por um mal cometido por ele. A produção insuficiente de plantas ou a estiagem, segundo o mesmo autor, estão ligadas a um crime especial, o incesto.[515] Esse delito, na opinião dos indonésios, também pode ser cometido por animais, principalmente por cães e porcos. Portanto, esses animais devem ser punidos[516] para que a comunidade não seja afligida por um mal pretendido como retribuição.

Já nos referimos à ideia difundida de que a má sorte na caça e na pesca costuma ser considerada uma punição por alguma violação

---

512 TYLOR, E. B. *Primitive Culture*. 6ª ed. vol. I. Londres: Murray, 1920, p. 309.

513 FROBENIUS, L. *Die Weltanschauung der Naturvölker*. Weimar: E. Felber, 1898, p. 59.

514 KRUIJT, A. C. *Het Animisme in den Indischen Archipel*. Haia: M. Nijhoff, 1906, p. 482.

515 KRUIJT, A. C. "Measa, parte II". *Bijdragen tot de Taal- Land- en Vollcenkunde uan Nederlandsch-Indie*, vol. LXXV, 1919, pp. 76 e ss.; ADRIANI, N.; KRUIJT, A. C. *De Bare'e-sprekende Toradja's van Midden-Celebes*. vol. II. Batavia: Landsdrukkerij, 1912, p. 247, citado por LÉVY-BRUHL, L. *Primitives and the Supernatural*. Trad. autorizada de Lilian A. Clare. Nova York: E.P. Dutton & Co., 1935, pp. 202/203.

516 KRUIJT, A. C. "Measa, parte III". *Bijdragen tot de Taal- Land- en Vollcenkunde uan Nederlandsch-Indie*, vol. LXXVI, 1920, p. 45; SMITH, Edwin W.; DALE, Andrew Murray. *The Ila-speaking Peoples of Northern Rhodesia*. vol. I. Londres: MacMillan, 1920, p. 360 falam de um caso em que uma reclamação foi "apresentada por um homem contra outro cujo galo havia cometido adultério com sua galinha; ele exigiu enfaticamente indenização no valor de uma vaca. No caso, eles foram persuadidos de que os fins da justiça seriam alcançados matando e comendo o galo".

da ordem social. Aqui estão mais alguns exemplos. Rasmussen[517] relata o seguinte incidente entre os esquimós polares. Certa vez, quando a caçada não teve sucesso, o xamã se comprometeu a determinar a causa pela necromancia. Com base em suas descobertas, ele estabeleceu que sua nora havia sofrido um aborto espontâneo, mas o havia ocultado para evitar a punição. Então a mulher foi castigada sendo congelada até a morte em uma cabana de neve. Já foi mencionado que os índios tlingit, segundo Krause, atribuíram uma forte tempestade que impossibilitou a caça e a pesca ao fato de que, pouco antes, o cadáver de uma criança havia sido enterrado em vez de cremado.[518] Castren relata que os samojedes acreditam em uma divindade chamada Num.

> Num conhece e vê todos os acontecimentos na terra. Se ele vê os homens fazendo boas ações, ele os recompensa com bons meios de vida, dá-lhes renas e uma boa pesca, e concede-lhes longa vida etc. No entanto, se os homens cometem pecados, Num os mergulha na ruína e na miséria e os faz morrer em breve. Sem uma percepção clara da vida futura, os samojedes acreditam que a retribuição ocorre neste mundo. Essa convicção os mantém continuamente em horror ao pecado (*habea*) e a atos perversos, particularmente assassinato, roubo, perjúrio e adultério... No que diz respeito às penas especiais com que Num persegue os pecadores, foi-me dito que assassinato e perjúrio são punidos com a morte, roubo com pobreza, falta de castidade com aborto espontâneo etc.[519]

---

517 RASMUSSEN, Knud. *Neue Menschen*. Berna: Verlag A. Franke, 1907, p. 36.

518 Cf. acima, p. 101, e KRAUSE, Aurel. *Die Tlinkit-Indianer*. Jena: Hermann Costenoble, 1885, p. 231.

519 CASTREN, M. A. *Reisen im* Norden. Trad. alemã do livro de H. Helms. Leipzig: Avenarius u. Mendelssohn, 1853, pp. 232 e ss.

Nas obras de Lévy-Bruhl[520] são citados muitos exemplos em que as violações de tabus acarretam algum infortúnio, especialmente a má sorte na caça. Em todos esses casos, o homem primitivo percebe a conexão entre o evento tido como mau e o fato social qualificado como violação das normas. Esse modo de conectar os elementos – tão diferente da causalidade – apresenta-se como retribuição. A questão é que o homem primitivo relaciona o infortúnio a uma violação da norma; isto é, ele interpreta o fato normativamente[521] e não considera o infortúnio – como às vezes é

520 Cf., e.g., LÉVY-BRUHL, Lucien. *Primitive Mentality*. Trad. autorizada de Lilian A. Clare. Nova York: MacMillan; Londres: George Allen & Unwin Ltd., 1923, pp. 185 e ss. e 261 e ss.

521 Às vezes o princípio da retribuição segundo o qual o mal é infligido como consequência do mal não se torna claramente aparente. A principal razão disso é que o observador está satisfeito em estabelecer a origem transcendental do mal sem investigar por que o mal, i. e., a doença, a morte, a colheita ruim etc., foi enviado pela autoridade sobre-humana – acima de tudo, pela alma da morte. Esse é, no entanto, justamente o ponto em que os povos primitivos, sempre reticentes em questões religiosas, não proclamam prontamente sua verdadeira opinião. Como o explorador foi incapaz de apreender a verdadeira razão pela qual a autoridade sobre-humana inflige infortúnios aos homens, ele concorda com a afirmação de que os espíritos ou almas da morte são "maus" e hostis aos homens. Assim, F.E. Williams afirma que os nativos atribuem todos os infortúnios, especialmente os relativos à agricultura e à caça, aos *sovai*, as almas da morte; mas ele não investiga se a ideia de retribuição desempenha ou não algum papel aqui (Cf. WILLIAMS, F. E. *Orokaiva Society*. Anthropology Series, relatório nº 10. Londres: Oxford University Press/Humphrey Milford, 1930, pp. 282 e ss.). Sobre o efeito das almas da morte, ele escreve, p. 284: "Mesmo calamidades gerais podem ser atribuídas à sua malignidade: um terremoto, por exemplo, é causado por um *sovai* viajando no subsolo e pressagia uma doença geral. Pode-se citar o caso particular de Unina. Essa aldeia costumava ficar no topo de uma colina plana, mas há muitos anos seus habitantes observavam o chão desmoronar, até o ponto em que o próprio local de sua construção ficou ameaçado. Eles atribuem esse processo infeliz à maldade ou vingança dos *sovai*, com os quais foram imprudentes o suficiente para lutar na vizinhança. Diz-se que o fato de o processo de desgaste aparente ter parado no momento se deve à intercessão de um *sovai* determinado que teve pena de sua antiga aldeia". Uma vez que encontramos no livro de Williams muitos sintomas da função retributiva das almas da morte, é mais do que provável que no caso em questão os nativos

sugerido – como um efeito automático ou causal de uma violação do tabu. A ideia de um efeito "automático" é totalmente moderna e científica, mesmo que a reação supostamente automática seja qualificada como "mágica".

35 A interpretação do tempo de acordo com o princípio da retribuição

Entre vários povos predomina a ideia de que a chuva só cai na estação chuvosa se o cacique se comportar adequadamente. Caso a chuva não venha, considera-se uma punição pela conduta imprópria do cacique e, consequentemente, ele com frequência é responsabilizado. Isso ocorre não apenas com a ausência de chuva, mas também, por exemplo, em toda a Polinésia, com outras calamidades, como tempestades, más colheitas, doenças e coisas desse tipo.[522] De acordo com A. R. Brown,[523] os habitantes das Ilhas Andaman acreditam que Biliku ou Puluga, uma divindade superior, pune com mau tempo a violação de regras como queimar ou derreter cera de abelha, matar um gafanhoto, fazer barulho

---

também interpretem o infortúnio como "vingança", e não como "maldade", de uma alma da morte aborrecida. Williams enfatiza (pp. 308 e ss.) tanto o senso moral quanto o senso de justiça dos nativos, bem como sua estrita obediência à ordem social. Sobre seus "padrões de moralidade" ele diz que "esses padrões, embora não haja uma autoridade central para aplicá-los, são observados com grande fidelidade; pois o indivíduo está tão imerso na unidade social que obedece às suas leis quase sempre automaticamente". Que o princípio básico dessa ordem social seja a retribuição é corroborado pelas próprias palavras de Williams, mencionadas anteriormente. Considerando a atitude mental desses nativos, parece justificável supor que eles também interpretam os atos de seus *sovai* de acordo com o princípio da retribuição.

522 THURNWALD, R. "Neue Forschungen zum Mana-Begriff". *Archiv für Religionswissenschaft*, vol. XXVII, 1929, p. 104.

523 BROWN, A. R. *The Andaman Islanders*. Cambridge: The University Press, 1922, pp. 152 e 160.

enquanto a cigarra gorjeia ou comer certos alimentos. E. H. Man[524] sustenta que a ira dessa divindade é despertada não apenas pela transgressão das normas rituais, mas também pelo assassinato, roubo, adultério etc. Isso é negado por Brown. Entre os bavili de Loango predominam certas proibições totêmicas de casamento, uma das quais é que um homem não pode se casar com uma mulher que pertença ao mesmo grupo totêmico da família de sua mãe. Sobre essas normas, Dennett diz: "Como no caso dos hebreus, também os bavili acreditam que a violação dessas leis é punida por Deus, que retém as chuvas na estação devida".[525] Segundo Kidd,[526] entre os cafres a confissão dos pecados é considerada um meio de fazer chover. Os yahgans (Tierra del Fuego) acreditam que são punidos por um espírito maligno com vento, granizo e neve por terem cometido pecados.[527] Entre os esquimós da Groenlândia costuma-se dizer: "O ar está irritado, o ar está incomodado". Com isso eles querem dizer que o ar, ou sua personificação (o "espírito do ar"), está descontente com certos delitos dos seres humanos e pretende puni-los por sua conduta.[528] Parkinson[529] relata que os sulka (Nova Pomerânia) viram na destruição da aldeia Pahalum por um deslizamento de terra o ato de vingança de um espírito, ou, mais especificamente, a punição por terem matado uma cobra que era a morada desse espírito.

---

524 MAN, E. H. "On the Aboriginal Inhabitants of the Andaman Islands". *Journal of the Royal Anthropological Institute of Great Britain and Ireland*, vol. XII, 1883, p. 112.

525 DENNETT, R. E. *At the Back of the Black Man's Mind*. Londres: MacMillan, 1906, p. 52.

526 KIDD, Dudley. *The Essential Kafir*. Edimburgo: A & C Black, 1904, p. 116.

527 KARSTEN, Rafael. *The Origins of Religion*. Londres: K. Paul, Trench, Trübner & Company, 1935, p. 36, seguindo Giacomo Bove, *Patagonia, Terra del Fuoco, Mari Australi* (1883), parte I, p. 139.

528 SCHMIDT, Wilhelm. *Der Ursprung der Gottesidee*. vol. III. Münster: Aschendorffsche Verlagsbuchhandlung, 1931, p. 503.

529 PARKINSON, Richard. *Dreissig Jahre in der Suedsee*. Stuttgart: Strecker & Schröder, 1907, p. 188.

Frequentemente, o evento indesejado da natureza não é um castigo, mas um delito que será seguido de um castigo. Se, entre os durru (terras montanhosas de Camarões), a chuva não chegar por um período extraordinariamente longo e, assim, um grave perigo ameaçar a colheita, as pessoas vão ao adivinho e lhe perguntam sobre as causas. Ele procura o oráculo e descobre que algum homem perverso está segurando a chuva. Então as pessoas correm para o ferreiro, a quem atribuem poderes mágicos e que, portanto, é capaz de descobrir o culpado. Isso é feito da seguinte forma: todos vão para um poço de água próximo. Então o ferreiro pede a cada um que pegue um pouco de água na mão, beba e diga: "Se eu segurasse a chuva, a água deveria me matar". Quem se recusa a agir desse modo deve, assim eles acreditam, ter uma morte terrível, pois é reconhecido como o culpado. Eles o matam decepando sua cabeça.[530]

36 A interpretação de trovões, relâmpagos etc. de acordo com o princípio da retribuição

A crença de que trovões e relâmpagos são instrumentos a serviço da retribuição é amplamente difundida. Kidd escreve sobre os cafres:

> Os nativos às vezes dizem que os trovões são causados por ladrões, que comem os raios (ou os atraem). Quando os trovões começam, eles dizem: "Nós não comemos a riqueza dos outros". Eles cospem no chão e asseguram uns aos outros: "Nós não comemos a riqueza dos outros". Supostamente, o pecado do ladrão atrai os trovões.[531]

---

530 FROBENIUS, L. *Unter den unstraeflichen Aethiopen.* (Série Und Afrika sprach). vol. III. Berlim: Vita, 1913, p. 229.

531 KIDD, Dudley. *The Essential Kafir*. Edimburgo: A & C Black, 1904, p. 118.

De maneira mais ou menos clara persiste a ideia de que raios e trovões estão ligados de alguma forma com as almas dos ancestrais. Os waniaturu, uma tribo bantu, interpretam o raio que mata um homem como punição por ele ter sido um feiticeiro.[532] A mesma ideia prevalece entre os safwa (África Oriental).[533] Se um raio atingir o chefe de um de seus clãs, os pigmeus da África equatorial consideram isso um sinal infalível da ira da divindade.[534] De acordo com a visão dos pigmoides bacwa, a divindade exerce retribuição neste mundo, deixando os malfeitores doentes ou matando-os por meios de raios, queda de árvores ou animais selvagens.[535] Os pigmeus efe explicam por que os homens não precisam ter medo de relâmpagos com a seguinte história. O relâmpago é um homem poderoso a quem os pigmeus uma vez prestaram um bom serviço ao matar um elefante que havia devastado suas plantações. O relâmpago ficou muito satisfeito e encheu os pigmeus de presentes. Ele os escoltou para a terra até os seus acampamentos. Dessa circunstância originou-se a amizade entre os efe e o relâmpago. Eles não têm medo dele. Ele não os prejudica. Ele é seu amigo.[536]

Os semang da Malásia interpretam o trovão como reação a um "pecado" cometido por alguém. Pode-se escapar da punição ameaçadora de Karei, uma divindade, apenas oferecendo um sacrifício de sangue. O culpado arranha a perna, derrama um pouco de sangue na terra e joga o resto em direção ao céu. A negligência dessa oferta de sangue causaria uma catástrofe natural. Se um

---

532 SICK, Eberhard von. "Die Waniaturu (Walimi)". *Baessler Archiv*, vol. V, 1915, p. 55.

533 LÉVY-BRUHL, L. *Primitives and the Supernatural.* Trad. autorizada de Lilian A. Clare. Nova York: E.P. Dutton & Co., 1935, p. 245.

534 SCHMIDT, Wilhelm. *Der Ursprung der Gottesidee*. vol. IV. Münster: Aschendorffsche Verlagsbuchhandlung, 1935, p. 79.

535 SCHMIDT, Wilhelm. *Der Ursprung der Gottesidee*. vol. IV. Münster: Aschendorffsche Verlagsbuchhandlung, 1935, p. 314.

536 SCHEBESTA, Paul. *Bambuti*: Die Zwerge vom Kongo. Leipzig: F.A. Brockhaus, 1932, p. 222.

assassinato foi perpetrado e um trovão é ouvido, todos os habitantes do assentamento devem oferecer sacrifícios de sangue. "Se Kaiei (Karei) não desistir, e continuar trovejando, então o assassino tem que ser morto. Eles abrem seu corpo e jogam seu sangue para o céu. Com isso Kaiei certamente deixará de trovejar". Certos delitos, porém, não podem ser expiados com sangue. Nesses casos, Karei inflige punição na forma de doença ou mesmo da morte. Quando um tigre mata um ser humano, isso também é considerado uma punição pela divindade.[537] Entre os bahau de Bornéu, os espíritos do trovão (*to belare*) funcionam como autoridades de retribuição. Eles punem quem "ri de animais", o que é considerado crime, torcendo o pescoço do culpado.[538] De acordo com Parkinson, os membros das tribos da Nova Pomerânia central consideram o raio "o vingador infalível de vários crimes".[539] Os lapões já acreditaram que o trovão era um ser humano que morava nas nuvens. Se alguém falasse mal dele ou o insultasse de alguma forma, esse ser do trovão poderia punir o caluniador com um raio.[540]

O fogo também é, como o raio, frequentemente considerado uma autoridade de retribuição. Entre os bergdama (sudoeste da África), "o fogo sagrado" é o centro de todas as crenças religiosas. Ele é chamado de *socha-ais*. Vedder[541] escreve sobre isso:

537 SCHEBESTA, P. "Religiöse Anschauungen der Semang über die Orang Kidop (die Unsterblichen)". *Archiv für Religionswissenschaft*, 1927, vol. XXIV, pp. 216 e ss. e 224; vol. XXV, p. 31.

538 NIEUWENHUIS, A. W. *Quer durch Borneo*. vol I. Leiden: Buchhandlung und druckerei vormals E. J. Brill, 1904, p. 97.

539 PARKINSON, Richard. *Dreissig Jahre in der Suedsee*. Stuttgart: Strecker & Schröder, 1907, p. 187.

540 KARSTEN, R. *The Origin of Worship*. Vasa: F. W. Unggren, 1905, p. 19.

541 VEDDER, H. *Die Bergdama*. Hamburgische Universitaet: (Série Abhandlungen aus dem Gebiet der Auslandskunde). vol. XI, tomo I. Hamburgo: L. Friederichsen, 1923, pp. 23, 27, 30 e 38. Tendo em vista a clara função retributiva do fogo divino, é incompreensível que Vedder (p. 176) diga que a religião dos bergdama "nunca é a origem de uma norma moral". Religião e moralidade para os bergdama são "duas esferas absolutamente separadas".

> *Socha* é para os bergdama todo objeto retirado do uso diário pelo costume religioso. Ele possui o poder inexplicável de trazer boa sorte ao obediente observador dos costumes, mas mergulha no desastre o transgressor voluntário ou involuntário.

O fogo é feito a partir do galho de um arbusto que tem o sugestivo nome de *gous*; *gous* significa "bom comportamento". Vedder pensa que "por meio desse costume pode-se expressar uma saudação gentil. Não sem segundas intenções, cumprimenta-se o novo fogo e jura-se tratá-lo bem de acordo com o bom e velho costume dos antepassados". Há também certas regras que regem a conduta das pessoas reunidas ao redor de uma fogueira. Especialmente quando a comida é distribuída, a pessoa não deve expressar qualquer insatisfação com a porção que lhe foi designada.

> O murmúrio do insaciável é prejudicial ao fogo e será vingado por ele. Na distribuição da carne não se pode evitar que um obtenha uma fatia maior do que o outro – tanto mais porque os olhos vesgos nunca enxergam bem. Deve-se tomar cuidado, porém, para não reclamar de forma audível; mas mesmo a inveja e a raiva ocultas são observadas pelo fogo. Como consequência, ele pode privar toda a assembleia da bênção de lhe conceder carne... Para os bergdama, o fogo sagrado é um ser animado capaz de ouvir, ver, sentir e desejar, e que possui o poder de abençoar ou punir atitudes.

Se os habitantes das ilhas Aleutas acreditam que a lua joga pedras sobre uma pessoa que a insulta,[542] isso significa que eles interpretam a queda de pedras meteóricas como punição. E se o índio apache, apontando para o céu, diz: "Você não acredita que Deus, este sol, vê o que fazemos e nos pune quando isso é mau?",[543] isso prova que ele percebe na luz celestial não tanto uma função

542 TYLOR, E. B. *Primitive Culture*. 6ª ed. vol. I. Londres: Murray, 1920, p. 289.

543 TYLOR, E. B. *Primitive Culture*. 6ª ed. vol. I. Londres: Murray, 1920, p. 290.

natural, mas uma função social essencial ao homem, a saber, a função de retribuição. Os índios do Peru, relata Dobrizhoffer, acreditavam que "quando o sol está encoberto, ele está com raiva e desvia o rosto deles, por causa de certos crimes que cometeram".[544] Os euahlayi (Austrália) interpretam o eclipse da seguinte maneira: a sol é uma mulher voluptuosa cujos avanços o lua, um homem, recusa. A sol deseja vingar-se e ataca o lua, com a intenção de matá-lo. Contudo, seu desejo é finalmente frustrado pelos espíritos.[545]

37 A ideia de retribuição nos mitos dos povos primitivos

O papel decisivo desempenhado pelo princípio da retribuição na interpretação da natureza do homem primitivo aparece especialmente em seus mitos. Seria um erro considerar o mito como uma explicação causal da realidade.[546] No pensamento mítico, a primazia do emocional sobre o racional e, portanto, a precedência do normativo sobre o causal, emerge de maneira bastante característica. As perguntas que o pensamento mítico procura responder não são: o que de fato está acontecendo? Por que tem que acontecer dessa forma? Por que não pode acontecer de outra forma? Quais são as causas objetivas desse evento? Essas são questões da ciência natural. O mito tenta descobrir o que deveria acontecer e se as coisas

544 DOBRIZHOFRER, Martin. *An Account of the Abipones*. vol. II. Londres: John Murray, 1822, p. 85.

545 PARKER, K. Langloh. *The Euahlayi Tribe*. Londres: Constable, 1905, p. 98.

546 Assim como em NIEUWENHUIS, A. W. "Die Sintflutsagen als kausallogische Naturschoepfungsmythen". *In*: KOPPERS, Wilhelm (Coord.). *Festschrift Publication d'hommage offerte au P.W. Schmidt*. Viena: [s.n], 1928, pp. 515 e ss., Nieuwenhuis presume que o homem primitivo tem uma forte tendência a explicar os fenômenos naturais – uma afirmação que é altamente problemática. Mas, mesmo que se presuma tal tendência, não se deve identificá-la com a tendência ao pensamento causal como faz Nieuwenhuis (p. 526). O homem primitivo satisfaz sua tendência à explicação aplicando o princípio da retribuição e não a lei da causalidade.

acontecem como deveriam. Em outras palavras, o acontecimento real corresponde ou contradiz a ordem normativa que o homem primitivo supõe ser válida? O mito deve confirmar que tudo deve ser como é; além disso, o mito deve justificar e assim assegurar a realidade social que inclui toda a natureza.[547] Portanto, a mitologia gosta de voltar ao passado. Pois o passado é o período dos ancestrais, que, para os homens primitivos, são as autoridades por excelência.[548] Assim, o passado mítico oferece os padrões corretos para o presente, o modo de existência da autoridade e, portanto, uma esfera que – exatamente como a ideia platônica (essa transfiguração filosófica do mundo primitivo) – apresenta o protótipo e o ideal da realidade. O mito é tão pouco uma explicação causal da realidade que sua recitação tem frequentemente o caráter de uma ação mágica pela qual o estado atual do mundo social e, portanto, também do mundo natural, socialmente interpretado, deve ser preservado.[549]

---

547 LÉVY-BRUHL, L. *La Mythologie primitive*. Paris: Alcan, 1935, p. 179, fala de "mitos etiológicos". "Ao relacionar os seres e acontecimentos reais a 'precedentes', a modelos, a arquétipos do mundo sobrenatural, o mito faz mais do que meramente estabelecer um nexo causal. Ele fornece uma explicação que chamaríamos de transcendental ou metafísica", ou seja, justifica os seres e acontecimentos. Quando um mito procura justificar a realidade, ele não dá uma explicação causal, mas algo bem diferente. O mito etiológico não é o único tipo de mito que tem função justificadora.

548 CASSIRER, Ernst. *Das Mythische Denken*: Philosophie der symbolischen Formen. Parte II. Berlim: Cassirer, 1925, p. 134 [ed. bras.: CASSIRER, Ernst. *A filosofia das formas simbólicas*: o pensamento mítico. vol. 2. Trad. Cláudia Cavalcanti. São Paulo: Martins Fontes, 2004, p. 188] diz: "Aqui se alcançou um nível em que o pensamento não mais se satisfaz com o caráter meramente *dado,* seja de coisas, seja de usos e prescrições, com a sua simples existência e sua simples presença, ao passo que ele, por outro lado, logo se contenta assim que consegue, de algum modo, transpor esse presente para a forma do passado. O próprio passado não *tem* mais um 'porquê': ele *é* o 'porquê' das coisas". Mas isso é assim porque o passado é o tempo da vida dos ancestrais. O próprio Cassirer diz, sobre a adoração aos ancestrais dos chineses, que ela expressa uma concepção de tempo na qual a ênfase ético-religiosa não recai sobre o futuro ou o presente, mas sobre o passado.

549 FORTUNE, R. F. *Sorcerers of Dobu*: the Social Anthropology of the Dobu Islanders of the Western Pacific. Londres: G. Routledge & Sons, 1932, p. 262,

Consequentemente, o mito se apresenta como o oposto direto da

---

diz sobre os mitos dos nativos de Dobu: "Já vimos que a lenda valida a magia e que os personagens da lenda são frequentemente os agentes espirituais que a magia opera". PREUSS, K. T. "Der religiöse Gehalt der Mythen". *Sammlung gemeinverstaendlicher Vortraege und Schriften aus dem Gebiete der Theologie und Religionsgeschichte*, nº 162, 1933, pp. 34 e ss., destaca que entre os taulipang, para curar feridas e certas doenças, aliviar as dores do parto e proteger os homens de outras calamidades, eles contam uma história de que: "em tempos antigos, certos animais, plantas e coisas da natureza, que são personificadas no conto, ajudaram os seres humanos pela primeira vez". Depois que a história é contada, eles falam certa fórmula que expressa uma fé na benevolência dos seres sobre-humanos que os ajudarão novamente no futuro. Assim, para uma mulher no parto eles dizem: "A menina da savana tem que me chamar se sofrer ao dar à luz seu filho. Eu ajudarei a desalojá-lo. Ela deve me chamar. Eu sou o relâmpago. Eu sou o chuvisco, eu sou como a água. Eu também estou aqui! etc.". É difícil entender por que Preuss afirma que essa fórmula não é uma invocação dos poderes sobre-humanos. O fato de que na fórmula a divindade benevolente se apresente como a voz que fala não é incompatível com o fato de que recitar a fórmula implica uma invocação da divindade, um pedido de ajuda. A fórmula é uma oração genuína. A personificação de animais, plantas e objetos naturais na história também é importante. Obviamente, o ato "mágico" consiste em pedir ajuda ao ser sobre-humano. É inconcebível como tais dados poderiam ser usados como evidência de magia pré-animista. Em PREUSS, K. T. *Lehrbuch der Voelkerkunde*. Stuttgart: Ferdinand Enke Verlag, 1939, p. 93, Preuss diz que se entende corretamente o mito "ao considerar sua origem como resultado de um culto inconsciente. Os mitos não se originaram de nenhuma tendência racional a explicar a natureza, mas de uma experiência surgida de uma tremenda impressão que produziu a ideia de que as personalidades sobre-humanas dos tempos primitivos criaram e mantiveram a natureza. Assim, as histórias dessas personalidades tornaram-se os meios mágicos de conservar o mundo atual e suas condições, tanto na natureza quanto nas instituições da sociedade humana. Os mitos foram transformados em cultos religiosos e originalmente só podiam ser contados nas festas sagradas anuais, cuja finalidade era manter as condições e costumes tradicionais, particularmente aqueles instituídos no início dos tempos. Contudo, no mesmo volume, Thurnwald (THURNWALD, R. "Geistesverfassung der Naturvölker". *In*: PREUSS, K. T. *Lehrbuch der Voelkerkunde*. Stuttgart: Ferdinand Enke Verlag, 1939, p. 50) diz: "... muitos mitos e contos promovem a tendência ao pensamento causal, especialmente explicações relativas à origem dos homens, o surgimento do mundo". Certamente esses mitos promovem "explicações", mas isso não exige que eles promovam "a tendência ao pensamento causal". A tendência do homem primitivo à explicação – e isso deve ser enfatizado muitas vezes – é satisfeita por uma interpretação segundo categorias sociais – sobretudo, pela aplicação do princípio da retribuição.

cognição racional; é uma ideologia genuinamente conservadora, decorrente da consciência emocional.

A função justificadora do mito manifesta-se inequivocamente no motivo da retribuição, que aparece frequentemente. A pesquisa mitológica, no entanto, não reconheceu suficientemente a importância desse tema. Na obra fundamental de Wundt, por exemplo, que examina os mitos sob vários aspectos, o motivo da retribuição é raramente abordado. Esse motivo, é verdade, nem sempre pode ser encontrado na superfície e, portanto, pode facilmente passar despercebido, como, por exemplo, no seguinte conto australiano. A pega era uma velha malvada que colhia muita semente de capim. Era uma vez uma tribo vizinha que veio e acampou perto de onde ela estava. Um dia, quando os homens saíram para caçar, a pega foi ao acampamento e persuadiu as mulheres a saírem em busca de mel e frutos. Ela prometeu cuidar das crianças enquanto isso e lhes dar sementes de capim para comer. Enquanto as mulheres estavam fora, a pega reuniu as crianças em sua casa, construída em uma árvore oca, e as trancou lá. Ao voltar, as mulheres ouviram os gritos das crianças, mas nunca mais conseguiram encontrá-las.[550] A perda dos filhos na fábula parece ser uma punição por um cuidado negligente.

Muitos desses mitos cujo reexame revela o motivo da retribuição são apresentados por Wundt em perspectivas inteiramente diferentes. Assim, algumas histórias são retratadas meramente como contos de aventura, em que se supõe que a moral não desempenha nenhum papel. A seguinte história cafre é citada como exemplo. O herói, Sikulume, evita a perseguição de vários canibais ao untar uma pedra com gordura; os canibais sentem o cheiro da gordura e brigam pela pedra; um deles a engole, enquanto os outros comem seu companheiro. Isso é repetido várias vezes, até que os canibais quebram os dentes ao morder a pedra, o que consideram, em

550 PARKER, K. Langloh. *Australian Legendary Tales*. Londres: David Nutt, 1896, pp. 15 e ss.

virtude da magia, algo extraordinário, e desistem de sua busca por Sikulume. É óbvio que o canibalismo, já moralmente condenado, é punido aqui.

A continuação da história revela ainda mais claramente o motivo da retribuição. Sikulume chega a uma aldeia cujos habitantes foram engolidos por um monstro da água. O herói pula na água e se deixa engolir também; então ele faz um buraco por dentro, para que o monstro morra e toda a aldeia – homens e animais – reapareça. Finalmente, a filha de um feiticeiro malvado se apaixona pelo herói. Ele foge com ela e volta para sua aldeia, onde se torna um grande chefe.[551] Fica claro que o monstro maligno é punido com a morte, enquanto o nobre herói recebe sua merecida recompensa. Wundt, portanto, está errado quando afirma sobre esse dito "conto de aventura": "A única condição é que o herói saia vitorioso de todas as suas lutas".[552] Pois o herói normalmente luta contra o mal, e sua vitória é a vitória do bem – tudo isso é retribuição.[553] É o motivo da retribuição que produz o efeito satisfatório do conto. Consequentemente, fica difícil distinguir claramente, como faz Wundt, entre esses "contos de aventura genuínos" e os "contos de fortuna", nos quais o motivo da retribuição, da vingança pelos males sofridos ou da recompensa pelos favores recebidos está relacionado com as vicissitudes da própria fortuna.[554] A diferença

---

551 THEAL, George McCall. *Kaffir Folk-Lore*. 2ª ed. Londres: Swan Sonnenschien, 1886, pp. 78 e ss.; WUNDT, Wilhelm. *Völkerpsychologie*: Mythus und Religion. parte II. Leipzig: Engelmann, 1906, pp. 123 e ss.

552 WUNDT, Wilhelm. *Völkerpsychologie*: Mythus und Religion. parte II. Leipzig: Engelmann, 1906, p. 127.

553 Cf. também o conto dos índios ojibwa relatado por HOFFMAN, W. J. "The Menomini Indians". *In*: POWELL, J. W. *14th Annual Report of the Bureau of Ethnology*. Washington: Government Printing Office, 1896, pp. 223 e ss.

554 WUNDT, Wilhelm. *Völkerpsychologie*: Mythus und Religion. parte II. Leipzig: Engelmann, 1906, p. 133. Wundt admite que o motivo da vingança já prevalecia "nos contos mais antigos". Ele está certo quando aponta que o motivo da recompensa veio para o primeiro plano apenas mais tarde, e depois em um sentido negativo. "A punição vingativa infligida ao homem mau desvia

consiste, principalmente, em que o motivo da retribuição aparece mais claramente em um do que no outro.

Os mitos caracterizados como "mitos de enigma", nos quais aquele que não consegue resolver o enigma tem que morrer ou é punido de alguma outra forma, enquanto aquele que o resolve recebe um prêmio, são, na verdade, também mitos de retribuição, pois a prudência é considerada virtude que merece recompensa, assim como seu oposto merece punição. Isso é especialmente verdadeiro para os chamados "contos de aposta", dentre os quais os que narram corridas são de particular importância. São típicas as múltiplas variações em que a história da corrida entre a lebre e a tartaruga é contada entre os diferentes povos. A lebre zomba do passo lento e das patas da tartaruga, e esta a desafia para uma corrida. A lebre confia em sua velocidade e vai dormir durante a corrida. A tartaruga, por outro lado, consciente de sua própria lentidão, avança sem interrupção e alcança sua rival adormecida.[555] A vitória é a recompensa pela persistência. A derrota da lebre é um castigo por seu descuido, bem como por sua arrogância e escárnio em relação ao animal de aparência insignificante que foi tratado com crueldade pela natureza. O sentimento despertado por todas essas histórias – e isso é essencial – é que os vencidos merecem a derrota, de acordo o princípio da retribuição.

---

do homem bom que participa dos mesmos perigos. Mas, em alguns contos mais antigos, o fato de o homem bom ser poupado já havia sido convertido no duplo princípio da retribuição, segundo o qual recompensa e punição são distribuídas com justiça entre indivíduos bons e maus. Aqui, muitas vezes não é mais o herói que exerce punição e recompensa; um ser mágico, um demônio que ao mesmo tempo vinga e recompensa, vigia os homens e concede-lhes felicidade e ruína de acordo com seus atos (WUNDT, Wilhelm. *Völkerpsychologie*: Mythus und Religion. parte II. Leipzig: Engelmann, 1906, p. 138). Para contos de felicidade nos quais Wundt vê o motivo da retribuição, cf. pp. 134 e ss., em particular a história dos índios cowitchin, p. 139.

555 DAEHNHARDT, Oskar. *Natursagen*. vol. IV. Leipzig: Teubner, 1912, pp. 46 e ss.

Com que frequência circunstâncias relativamente subordinadas são consideradas os elementos característicos dos mitos, enquanto o motivo principal, a retribuição, permanece completamente despercebido, é mostrado pelas histórias que Wundt chama de "contos de devoramento", porque nelas os homens são engolidos por animais ou monstros.[556] Uma história melanésia pode ser citada como exemplo: era uma vez um canibal que era tão alto quanto uma árvore e que tinha uma boca grande o suficiente para engolir uma casa com seus habitantes. Finalmente, toda a aldeia fugiu dele, com exceção de uma mulher, que permaneceu escondida em uma caverna, onde deu à luz um filho. Quando o menino atingiu vinte anos de idade, ele decidiu matar o monstro. Ele construiu uma casa no topo de uma árvore enorme e esperou pela chegada do canibal. Quando o monstro veio, o rapaz jogou pedras nele e perfurou seu olho com uma lança. Em seguida ele jogou um tronco em chamas na boca do gigante. Então o canibal morreu. Quando o povo ouviu essa boa notícia, eles voltaram para a aldeia abandonada. O jovem casou-se com a filha do gigante e tornou-se um grande chefe.[557]

---

556 WUNDT, Wilhelm. *Völkerpsychologie*: Mythus und Religion. vol. IV, 2ª ed. parte I. Leipzig: Engelmann, 1910, pp. 272 e ss.

557 ROMILLY, Hugh Hastings. *From My Verandah in New Guinea*. Londres: D. Nutt, 1889, pp. 120 e ss. A punição por canibalismo também está aparente no motivo principal de um conto dos cafres relatado por THEAL, George McCall. *Kaffir Folk-Lore*. 2ª ed. Londres: Swan Sonnenschien, 1886, pp. 122 e ss., que WUNDT, Wilhelm. *Völkerpsychologie*: Mythus und Religion. parte II. Leipzig: Engelmann, 1906, p. 177, classifica no título "Animais benevolentes": "Certa vez, em um momento de fome, uma mulher saiu de casa e foi morar em uma aldeia distante, onde se tornou canibal. Ela teve um filho chamado Magoda. Ela comeu todas as pessoas daquela aldeia, exceto seu filho. Então ela foi obrigada a caçar animais, mas ainda capturava pessoas quando podia... Seu irmão, que havia ficado na aldeia de origem, tinha duas filhas que ele não tratava muito bem. Um dia ele as enviou ao rio para buscar água, que elas levariam em dois jarros... Uma das meninas tropeçou em uma pedra e quebrou o jarro que carregava... Elas rumaram para a direção oposta de sua casa... Então viram uma fogueira à distância e foram até lá, onde viram uma casa. Era a casa da tia... Elas entraram na

Que o evento mítico ocorra no céu, para onde o herói vai por meio de uma escada de flechas, é essencial para certos mitos representados como "contos do céu".[558] De um ponto de vista sociológico, o motivo da retribuição também parece decisivo neles. É assim na seguinte fábula indiana, cujo conteúdo é resumido da seguinte forma: era uma vez no céu um chefe cujo nome era Homem Sol. Ele tinha duas belas filhas, mas não queria que elas se casassem. Portanto, ele matou todos os seus pretendentes. Ao mesmo tempo, habitava a terra um chefe chamado Bom Tempo. Ele tinha dois filhos muito preguiçosos. Certa vez o pai se aborreceu e gritou: "Por que vocês passam o tempo na indolência?

---

casa e viram uma pessoa com apenas um braço, metade do tronco e uma perna... Quando ela [a canibal] viu as crianças, ficou muito contente, levou-as para sua casa e as mandou dormir... Elas ouviram a tia dizer: "Machado, afie, machado, afie... Quando a canibal adormeceu, elas saíram, depois de colocar dois blocos de madeira em seus lugares, e fugiram o mais rápido que puderam. Quando Nomagoda [a canibal] acordou, ela pegou o machado e foi matá-las, mas o machado encontrou apenas troncos. Assim que amanheceu, a canibal perseguiu as crianças... Elas conseguiram chegar a uma árvore alta, na qual se apressaram a subir para se esconder entre os galhos. Nomagoda foi até a árvore e começou a cortá-la. Mas assim que uma lasca foi cortada, um pássaro (*ntengu*) cantou e a lasca voltou ao lugar... Nomagoda, que estava muito irritada, capturou o pássaro e o devorou. Quando ela o pôs na boca, uma das penas caiu no chão. Então ela começou a cortar a árvore novamente, mas assim que uma lasca se soltou, a pena cantou... Então a lasca voltou ao seu lugar novamente... Mas a canibal continuou golpeando o tronco até que ela afundou no chão ao pé da árvore. As crianças viram três cães do tamanho de bezerros e sabiam que esses cães pertenciam ao pai que as procurava. Então elas os chamaram pelos nomes, e os cães vieram correndo para a árvore e comeram a canibal, que estava cansada demais para fugir. Assim, as crianças foram salvas e seu pai ficou tão feliz em recuperá-las que as perdoou por quebrarem o jarro e fugir". Não há dúvida de que animais benevolentes aparecem nessa história. Mas sua ajuda serviu ao propósito de executar a retribuição contra a malvada canibal. É interessante notar como o princípio do *talio* é realizado. O próprio canibal deve ser comido; mas, uma vez que comer homens é proibido aos homens – esse é o sentido da história – os cães precisam ser introduzidos para devorar o criminoso.

558 WUNDT, Wilhelm. *Völkerpsychologie*: Mythus und Religion. vol. IV, 2ª ed. parte I. Leipzig: Engelmann, 1910, pp. 248 e ss.

Vocês deveriam cortejar as filhas de Homem Sol!" Então os filhos começaram a atirar flechas no céu até que se formou uma escada que ia da terra até lá. Eles escalaram até o céu. Depois de várias aventuras, e especialmente depois de terem passado por difíceis testes impostos a eles pelo malvado Homem Sol, eles conseguiram matá-lo com a ajuda de animais obedientes a eles. De acordo com outra versão, apenas um dos irmãos alcançou o céu na escada de flechas, serviu lá como escravo de Homem Sol e cortejou secretamente sua filha mais nova. Como vingança pelos maus-tratos que teve de suportar do sogro, ele o matou.[559] Em ambas as variações desse mito, o motivo da retribuição é óbvio.

Os mitos com tendências precipuamente morais – que louvam as virtudes como a gratidão e condenam os vícios como a infidelidade – exibem traços decisivos da influência do princípio da retribuição. Mas mesmo esses mitos normalmente não são classificados desse ponto de vista. E assim, por exemplo, o seguinte conto indígena pawnee é listado por Wundt[560] na seção: "Casamento entre seres humanos e animais e seus descendentes". Esse conto narra a história de um menino que deixou sua aldeia por causa de uma decepção amorosa. "Enlutado, o menino sai... entra na cidade dos Cães da Pradaria, onde se casa com a jovem Cachorra da Pradaria..." A pedido de sua mãe, "o menino volta para casa, seguido por sua esposa Cachorra da Pradaria, que está grávida. Ela rola na poeira e torna-se mulher... Ele se torna um grande homem". Mas quando ele encontrou seu antigo amor, a esposa-cachorro e seu filho o deixaram. "A partir desse momento, o menino tem azar e morre de coração partido".[561] Wundt observa

---

559 BOAS, F. *Indianische Sagen von der nordpazifischen Kueste Amerikas*. Berlim: A. Asher & Co., 1895, pp. 65 e ss. e 68 e ss.

560 WUNDT, Wilhelm. *Völkerpsychologie*: Mythus und Religion. vol. IV, 2ª ed. parte I. Leipzig: Engelmann, 1910, p. 180.

561 DORSEY, George A. *The Pawnee*: Mythology. parte I. Washington: Carnegie Institution of Washington, 1906, p. 499 (resumo); a história completa está nas pp. 183 e ss.

que aqui o casamento entre seres humanos e animais aparece como o "motivo específico". Mas, uma vez que a cachorra se torna um ser humano no exato momento em que o homem aparece com ela na aldeia, a parte decisiva da história não trata do casamento entre seres humanos e animais. O importante é que o homem foi punido por sua infidelidade e ingratidão.

Em muitos dos chamados "contos de animais" é inteiramente irrelevante que os atores sejam animais – por exemplo, nas fábulas em que animais curiosos são punidos.[562] Se o mito fala de um malfeitor a quem finalmente é imposta a pena merecida, como no conhecido conto alemão do lobo e das sete crianças, então é pouco importante que o patife seja um lobo e que seu crime consista em ter devorado crianças pequenas. O "motivo do devoramento"[563] tem aqui menor importância se comparado ao tema principal da retribuição. Que a fábula se refere de fato a seres humanos, e não a animais, é confirmado pelo fato de que a criança mais nova que relata tudo para a mãe que voltava salvou-se apenas porque se escondeu na "caixa do relógio". De maneira similar, se em vários contos da inocência a modéstia e a verdadeira virtude são recompensadas, enquanto o despeito e a arrogância são punidos, pouco importa que surja o relacionamento entre irmãos e irmãs, que uma irmã boa enfrente uma irmã má, ou que dois irmãos hostis, dos quais um é bom e outro mau, estejam em conflito. Considerados apenas em relação a elementos mais ou menos subordinados, são "contos de irmãos";[564] mas, por sua própria natureza, são mitos de retribuição.

---

562 Cf. DAEHNHARDT, Oskar. *Natursagen*. vol. III. Leipzig: Teubner, 1910, pp. 284 e ss.

563 WUNDT, Wilhelm. *Völkerpsychologie*: Mythus und Religion. vol. IV, 2ª ed. parte I. Leipzig: Engelmann, 1910, p. 295.

564 Cf. WUNDT, Wilhelm. *Völkerpsychologie*: Mythus und Religion. vol. IV, 2ª ed. parte I. Leipzig: Engelmann, 1910, pp. 309, 322 e ss. e 328 e ss. Na página 332, ele diz: "Assim, a luta da malícia contra a inocência ou da arrogância presunçosa contra a modéstia e a verdadeira eficiência tornou-se

O fato de o princípio da retribuição servir não apenas para garantir a ordem social ao recompensar o bem e punir o mal, mas também para justificar as instituições do Direito Positivo nasce de uma história característica dos ashanti. Entre eles, a sucessão é regulada de acordo com os princípios do direito materno; o pai não é sucedido por sua própria prole, mas pelos filhos de sua irmã. A história que explica esse costume é a seguinte:

> Lá viveu em tempos antigos um rei de Adanse que tinha um "linguista" chamado Abu. Esse Abu incorreu na ira do rei e foi pesadamente multado. Naquela época os filhos herdavam do pai. Abu pediu a seus filhos que o ajudassem a pagar a multa imposta pelo rei, mas eles se recusaram e seguiram os parentes de sua mãe. Mas os filhos da irmã de Abu prestaram-lhe assistência para pagar suas dívidas e, portanto, quando morreu, Abu deixou todos os seus pertences para eles. Outras pessoas então o copiaram e legaram sua propriedade aos filhos da irmã.[565]

38 O motivo da retribuição nos mitos da cultura

O princípio da retribuição é intrínseco aos chamados "mitos da cultura". Um exemplo clássico é a lenda de Prometeu, que trouxe o fogo, mantido fora do alcance dos seres humanos pelos deuses,

---

o domínio real do tema dos irmãos e irmãs hostis". O que RASMUSSEN, Knud. *Intellectual Culture of the Iglulik Eskimos.* vol. VII, nº 1 do Report of the Fifth Thule Expedition, 1921-1924. Copenhagen: Gyldendalske Boghandel, 1929, p. 257 diz sobre os contos dos esquimós é típico: "Os contos populares, portanto, não apenas dão uma ideia do código moral dos esquimós, mas, vistos pelo prisma deles, também refletem seus sentimentos, o que eles admiram e o que desprezam ou condenam. Eles amam a força e o destemor, a ajuda e a bondade. Devemos ser gentis uns com os outros; a crueldade não fere só a pessoa maltratada, mas retorna sobre o executor. Nada é mais certo do que Nêmesis".

565 RATTRAY, R. Sutherland. *Ashanti Proverbs*. Oxford: The Clarendon Press: 1916, p. 4t.

do céu à terra e, como punição, foi acorrentado a um penhasco, onde a cada dia uma águia despedaçava seu fígado, que revivia a cada noite. Assim, a posse do fogo, evidentemente considerada um crime, mesmo sendo um bem cultural específico, repousa sobre uma violação da lei pela qual foi punido o portador da cultura, considerado o representante da humanidade.

Que esse pensamento não se limita aos gregos é demonstrado pela fábula indígena de Yelth, o corvo. Yelth nem sempre foi um pássaro negro; era em outros tempos um homem bonito que foi transformado em pássaro pela magia de seus inimigos. A filha de seu tio, a águia, estava apaixonada por ele. Esse tio, um chefe poderoso, inimigo dos homens, era o guardião do fogo, do sol, da lua, das estrelas e da água doce. Yelth roubou todas essas coisas de seu tio e escapou com elas pela chaminé da tenda. Ele colocou o sol, a lua e as estrelas em seus lugares e deixou a água cair na terra, para que então houvesse lagos e rios e os homens tivessem água para beber. Ele continuou sua jornada, no entanto, com o fogo. Mas logo a tocha inteira estava pegando fogo, e a fumaça escureceu seu corpo e seu bico; então ele teve que largar o fogo e caiu no chão.[566] Aqui, também, a posse do fogo repousa sobre o furto. E o ladrão, a quem a humanidade deve esse bem, é punido com a perda de sua beleza.

Um conto dos índios do rio Smith (Califórnia) fala de uma enchente na qual todos os índios se afogaram, exceto um casal. Desse abandono descendem todos os índios de hoje, assim como todos os animais. No entanto, não havia fogo na terra. Assim, os índios-aranha e os índios-cobra decidiram roubar o fogo da lua. De fato, os índios-aranha conseguiram enganar os índios da lua, de modo que os índios-cobra foram capazes de descer à terra com o fogo. Por vingança, a lua manteve os índios-aranha aprisionados

566 PHILLIPS, W. S. *Indian Fairy Tales*. Chicago: Star Publishing Co., 1902, pp. 60 e ss.

por muito tempo. Quando foram soltos e retornaram à terra, esperavam ser saudados como benfeitores. No entanto, os ingratos homens os mataram para evitar que os índios da lua quisessem prosseguir com sua vingança pela fraude sofrida.[567]

Em outro conto indígena, o princípio da retribuição aparece na forma da troca. A fábula diz que originalmente as almas dos mortos possuíam o fogo. K'ak'eiq, o vison, tenta roubá-lo. Quando se aproxima da casa dos espíritos, ouve uma criança chorar na casa do cacique. Ele a rouba e a leva com ele. Os espíritos que desejam recuperar a criança propõem-lhe uma troca. No entanto, ele recusa tudo o que lhe oferecem, como os panos em que os mortos são embrulhados ou os couros que lhes haviam sido dados. Quando eles sugerem a broca de fogo, ele aceita e devolve a criança roubada.[568]

Um mito dos ekoi, uma tribo africana, fala de seu herói mítico, o "Menino Coxo". Para beneficiar Etim'Ne, o primeiro ser humano, ele roubou o fogo de Obassi Osaw, o deus do céu, levando-o sob sua tanga da casa das esposas do deus, onde era um hóspede. Como consequência, o deus condenou-o a mancar.[569]

Um mito dos kwottos do distrito de Toto (norte da Nigéria) relata como o deus Hinegba

> deu a cada [animal] um pouco de lenha e ordenou que todos fossem acender uma fogueira para obter o calor necessário à sua existência. Eles assim o fizeram, mas todos, exceto o cão, depois de acenderem o fogo, o engoliram; isso explica o fato de que eles são capazes de viver no presente por meio do fogo que carregam dentro de si, sem recorrer ao fogo

567 POWERS, Stephen. *Tribes of California*. Washington: U.S. Government Printing Office, 1877, pp. 70 e ss.

568 BOAS, F. *Indianische Sagen von der nordpazifischen Kueste Amerikas*. Berlim: A. Asher & Co., 1895, pp. 54 e ss.

569 TALBOT, P. Amaury. *In the Shadow of the Bush*. Nova York: George H. Doran, 1912, pp. 370 e ss.

> artificial que o homem considera necessário usar. O cão, no entanto, trouxe sua madeira para o homem e se ofereceu para compartilhá-la com ele, dizendo que quando precisasse de calor, ele viria e compartilharia o fogo do homem. E foi assim que o homem obteve pela primeira vez a madeira, razão pela qual os kwottos têm o hábito de permitir que um cão compartilhe o fogo com eles. É por isso que os kwottos não comem cães... a quem consideram seus amigos; pelo mesmo motivo, se um cão morre, eles cuidam de seu enterro.[570]

Nesse exemplo, quem traz o fogo é recompensado, e não punido.

Uma inversão peculiar dos incidentes usuais ocorre em um mito dos azande. Também nesse conto os animais possuem o fogo originalmente, enquanto os primeiros seres humanos têm de comer sua comida crua. Um deles rouba o fogo dos animais. Em seguida, os animais enviam a galinha e a cadela para trazer o fogo de volta. As duas enviadas, no entanto, aceitam comida dos homens e assim são capturadas. Desse modo, tornam-se os primeiros animais domésticos.[571] Do ponto de vista dos animais selvagens, essa domesticação significa punição por deserção. O motivo da retribuição é obviamente deslocado aqui.

Ainda outro mito do fogo é contado pelos habitantes das ilhas Andaman. Os descendentes do primeiro ser humano despertaram a ira do criador, Puluga.

> Ele enviou um dilúvio que cobriu toda a terra e destruiu todos os seres vivos. Quatro pessoas (dois homens... e duas mulheres...), que por acaso estavam numa canoa quando

570 WILSON-HAFFENDEN, J. R. “Notes on the Kwottos of Tato”. *Journal of the African Society*, vol. XXVII, 1927-1928, pp. 144 e ss.

571 CZEKANOWSKI, Jan. *Forschungen im Nil-Kongo-Zwischengebiet*. vol. II. Leipzig: Klinkhardt, 1924, pp. 74 e ss.

> ocorreu a catástrofe, conseguiram escapar. Quando as águas baixaram, eles... descobriram que todos os seres vivos da terra haviam perecido; mas Puluga recriou os animais, pássaros etc. No entanto, apesar disso, eles sofreram severamente por causa de todos os seus fogos terem sido extintos... Nesse momento um de seus amigos recentemente falecidos [isto é, uma alma da morte] apareceu no meio deles na forma de um pássaro... vendo sua aflição, ele voou para... o céu... e tentou levar em seu bico um tronco em chamas, mas... o objeto incandescente caiu sobre Puluga, que, indignado e com dor, atirou-o no intruso; felizmente... o projétil errou o alvo e caiu perto do local onde os quatro sobreviventes lamentavam sua condição.[572]

Portanto, houve uma tentativa de punir o ladrão do fogo, mas ela foi malsucedida; e o mais notável é que tal tentativa foi feita pelo próprio criador.

O princípio da retribuição aparece de forma um tanto mais fraca em um conto australiano. No que diz respeito a esse assunto, a história é a seguinte:

> A tribo [kumai] estava toda pescando. Enquanto isso, Bulun, Baukan e seu filho Buluntut foram ao acampamento, pegaram o fogo e começaram a subir ao céu por meio de... uma corda... Wagulan, o Corvo, havia observado o furto... e foi às pressas contar ao Falcão Marrom... ele então se lançou sobre eles [os ladrões], e golpeando violentamente com suas asas, fez Baukan deixar cair o fogo. Essa queda foi vista por Bembrin (o Pisco), que o soprou cuidadosamente, formando uma chama; o fogo espalhou-se sobre o peito e

572 MAN, E. H. "On the Aboriginal Inhabitants of the Andaman Islands". *Journal of the Royal Anthropological Institute of Great Britain and Ireland*, vol. XII, 1883, pp. 166 e ss.

ele permaneceu assim marcado até hoje. Dessa maneira, os kumai recuperaram seu fogo.[573]

O motivo da retribuição aparece também nos mitos que tratam da origem de vários sistemas econômicos. Assim, em alguns contos africanos, a caça – aparentemente porque é mais enervante e perigosa do que a pecuária e a agricultura – é considerada "uma punição por certos delitos cometidos nos tempos antigos".[574] De acordo com um conto dos bassonge, os batua (pigmeus) tornaram-se caçadores pelas seguintes razões: a quatro homens que foram visitar o céu, Deus deu quatro cestos e ordenou que não fossem abertos antes que os homens chegassem à terra. Dois dos homens, no entanto, abriram seus cestos mais cedo, e feras selvagens saltaram deles. Os outros dois só abriram os seus quando chegaram à aldeia; cabras, ovelhas e galinhas surgiram. Os dois primeiros, como punição por sua desobediência, tiveram de caçar os animais selvagens com arcos dados por Deus.[575] Eles eram os batua.[576]

Os ba-kaonde aceitam a existência de animais selvagens como punição pela desobediência do pássaro do mel, Mayimba, a cujos cuidados Deus confiou três cabaças, abertas por ele em desafio à

---

573 HOWITT, A. W. "Further Notes on the Australian Class System". *Journal of the Anthropological Institute of Great Britain and Ireland*, vol. XVIII, 1889, p. 54.

574 BAUMANN, Hermann. *Schöpfung und Urzeit des Menschen im Mythos der afrikanischen Völker*. Berlim: Dietrich Reimer (Andrews & Steiner), 1936, p. 335.

575 FROBENIUS, Leo. *Atlantis, Volksmaerchen und Volksdichtungen Afrikas*: Dichtkunst der Kassaiden. vol. XII. Jena: Diederichs, 1928, p. 124.

576 BAUMANN, Hermann. *Schöpfung und Urzeit des Menschen im Mythos der afrikanischen Völker*. Berlim: Dietrich Reimer (Andrews & Steiner), 1936, p. 338.

ordem de Deus. A morte, as doenças e todos os tipos de carnívoros e répteis mortíferos surgiram da terceira cabaça.[577]

A agricultura, por ser mais penosa que a pecuária, é, em relação a ela, interpretada como punição. Os agricultores de Irangi contam a seguinte história:

> Certa vez Deus fez uma grande cova e nela colocou alguns bois. Perto dela ficavam Moassai (Massai), Mgogo e Mrangi, os ancestrais dos três povos com esses nomes. Deus prometeu a maior riqueza para aquele que ousasse pular na cova. Moassai saltou na cova. Então Deus disse: "Você é o mais corajoso; você será um grande guerreiro" e lhe deu dois bois. Então Mgogo pulou na cova e Deus disse: "Você não é tão corajoso nem tão guerreiro, então você só terá um boi, e para que possa viver terá de cultivar os campos". Mrangi foi o último a saltar. Portanto, ele obteve o pior boi. E Deus lhe disse: "Você tem o mínimo de coragem e será o pior guerreiro. Seu boi é ruim e não tem valor; você terá de trabalhar arduamente em seu campo para obter comida".[578]

Muitos mitos da cultura dos yamana[579] justificam a labuta da vida afirmando que o homem deve merecer as vantagens da cultura por meio do trabalho. Em uma dessas histórias,

577 MELLAND, Frank H. *In Witch-bound Africa*: an Account of the Primitive Kaonde Tribe & Their Beliefs. Londres: Seeley, Service & Co., 1923, pp. 157 e ss.

578 Hauptmann Kannenberg, citado em DANCKELMAN, Freiherr von. *Mitteilungen von Forschungsreisenden und Gelehrten aus den deutschen Schutzgebieten*. Berlim: Ernst Siegfried Mittler und Sohn, vol. XIII, 1900, pp. 153 e ss.

579 GUSINDE, Martin. *Die Feuerland-Indianer*: Die Yamana. vol. II. Sankt Augustin: Anthropos, 1931, pp. 1162 e ss. A maioria das histórias dos yamana reunidas por Gusinde são mitos de retribuição, embora nem o autor nem os nativos expressem esse fato nos títulos das várias histórias. Assim, um conto cujo conteúdo essencial é o castigo de uma madrasta malvada

> o velho Yaolox [herói da cultura] uma vez obteve de sua irmã um arpão notável... Nunca essa arma errou o alvo e ele sempre recebia sua caça. A cada vez que ele jogava o arpão, ele voltava para sua mão.

Uma vez, no entanto, o arpão quebrou. Então o velho Yoalox disse a seu irmão:

> Quão agradável seria ter um arpão que não se extraviasse nem se quebrasse! Ele deveria ser assim: no primeiro lançamento, o leão-marinho deve ser morto e, imediatamente depois, o arpão deve retornar à mão do caçador. Isso pouparia muito trabalho e labuta para nós, bem como para outros homens. Então nem teríamos que fabricar os arpões. Toucinho e carne de leão-marinho estariam garantidos para todos. Hoje em dia é preciso trabalho e astúcia para matar um leão-marinho! Yoalox, ainda mais jovem, ouviu atentamente todas as suas palavras. Quando seu irmão mais velho terminou, ele o contradisse com raiva e energia: "Espero que o que você planeja nunca se realize. É bom para os homens trabalhar, e é socialmente útil que cada um faça seu próprio arpão. O homem perderia todas essas vantagens se lhe fosse dado um arpão como o que você propõe. Também é justo que um caçador desajeitado e descuidado quebre ou perca seu arpão. Se um homem desajeitado arremessa mal o arpão, é para que o animal possa escapar; pois todos devem se esforçar e trabalhar".

Um mito muito interessante dos waraus (Guiana), relatado por Brett, justifica sua inferioridade em relação aos caribs. O local onde os ancestrais dos waraus viviam era

> Abundantemente abastecido com caça, mas a água era escassa. O Grande Espírito, em resposta a suas súplicas,

---

aparece sob o título "O primeiro nascimento" (vol. II, pp. 1174 e ss.), que aponta apenas para um incidente menor na história.

criou o Essequibo e outros córregos. Além disso, ele formou para os waraus, seus queridos, embora errantes filhos, um pequeno lago de água deliciosa, cobrando-lhes "somente beber nele, e não se banhar, do contrário o mal se seguiria". Esse foi o teste de obediência, e todos os homens o observaram religiosamente. Perto daquele local agradável morava uma família notável entre os waraus, composta por quatro irmãos, chamados respectivamente Kororoma, Kororomāna, Kororomātu e Kororomatitu, com suas irmãs Korobōna e Korobonāko. Estas, duas belas, mas voluntariosas donzelas, desrespeitaram a interdição, e em uma hora maligna se aventuraram na água proibida. No centro do lago havia uma vara fincada, que, até não ser tocada, foi sua proteção. Isso despertou a curiosidade das garotas. A mais ousada das duas por fim aventurou-se a sacudi-la, quebrando assim o encanto que ligava o espírito ao lago... e ele imediatamente tomou posse da donzela como seu legítimo prêmio. Grande era a indignação de seus irmãos quando, depois de um tempo, sua irmã tornou-se mãe. Mas como o bebê era em todos os aspectos como um de seus próprios filhos, eles, após longa conversa, permitiram que ele vivesse e crescesse com eles, e a ofensa da mãe foi perdoada. No entanto, ela não conseguiu esquecer a agradável piscina e seu misterioso habitante, e depois de um tempo repetiu sua transgressão. Então veio o infortúnio prometido! A descendência da segunda ofensa apenas se assemelhava à raça humana na cabeça e nas partes superiores, que eram as de um belo menino... a outra extremidade lembrava uma píton variegada ou camudi dos rios e pântanos da Guiana. Embora aterrorizada com a aparência de sua prole, Korobōna ainda a acalentava secretamente nas profundezas da floresta onde a havia gerado. Seus irmãos finalmente descobriram seu segredo e atravessaram a criança-serpente com suas flechas, deixando-a para morrer. Mas sob os cuidados da mãe, ela reviveu e logo cresceu até um tamanho formidável. A suspeita de seus irmãos foi novamente despertada por suas visitas frequentes à floresta e eles a seguiram, e de longe viram a conversa entre os dois, permanecendo sem

> ser vistos. Temendo ser dominados por uma criatura tão terrível, que, depois do que aconteceu, naturalmente os consideraria inimigos, resolveram realizar um ataque com todo o poder sob seu comando. Assim, fizeram muitas flechas e colocaram suas outras armas em ordem. Ao perguntar sobre o propósito daqueles preparativos, a irmã recebeu uma resposta evasiva. Nisso, ela fugiu para avisar o filho, e eles a perseguiram. Atacando o ser misterioso, que buscou refúgio no abraço de sua mãe, eles o incapacitaram à distância com chuvas de flechas e, para garantir, cortaram-no em pedaços diante dos olhos da mãe. A infeliz Korobōna recolheu cuidadosamente os restos numa pilha, que manteve continuamente coberta com folhas frescas e guardada com terna assiduidade. Depois de longa observação, sua paciência foi recompensada. A cobertura vegetal começou a levantar e dar sinais de vida. Dela surgiu lentamente um índio guerreiro de aparência majestosa e terrível. Sua testa era de um vermelho brilhante, ele segurava arco e flechas na mão e estava equipado e pronto para a batalha. Aquele guerreiro foi o primeiro CARIB – o grande pai de uma raça poderosa. Ele imediatamente começou a tarefa de vingança pelos males sofridos em sua existência anterior. Nem seus tios, nem toda a raça warau por eles convocada, puderam resistir a ele. Ele os conduzia de um lado para o outro como um cervo – tomou posse de suas mulheres como lhe agradava, e por meio delas tornou-se pai de bravos e terríveis guerreiros como ele. Os infelizes waraus fugiram dele até chegarem às margens pantanosas do Atlântico, abandonando aqueles agradáveis campos de caça que haviam ocupado em sua primeira descida do céu.[580]

A superioridade da raça branca também é explicada segundo o princípio da retribuição. Isso é adequadamente retratado por Kidd em um mito cafre ouvido dos hotentontes.

580 BRETT, W. H. *The Indian Tribes of Guiana*. Londres: Bell and Daldy, 1868, pp. 390 e ss.

> Teco, ou Tixo, fez três tipos de homens, a saber, hotentotes, cafres e homens brancos. Foi fixado um dia para que esses homens se apresentassem diante de Tixo. Enquanto eles estavam se reunindo, um pássaro do mel, que leva as pessoas ao local onde o mel pode ser encontrado, veio voando em grande excitação. Para os hotentotes é quase uma religião deixar qualquer trabalho importante inacabado e seguir imediatamente o pássaro do mel. Então, os hotentotes imediatamente correram atrás dele. Tixo ficou muito zangado com essa ação dos hotentotes e declarou que eles deveriam ser uma raça errante, vivendo de mel, cerveja e raízes silvestres. Depois disso, grandes rebanhos de gado apareceram, e os cafres ficaram tão excitados que começaram a brigar, um reivindicando esta fera e outro aquela. Um queria esta vaca vermelha, outro queria aquele touro preto, e assim eles continuaram brigando. Tixo ficou muito zangado, e disse que deviam ser um povo inquieto, cujas principais posses deveriam consistir em gado. Os brancos esperaram pacientemente, e Tixo ficou tão contente que lhes deu gado, cavalos, ovelhas e muitas coisas úteis; e é por isso que o homem branco é tão superior ao cafre. Ele ganhou todo o seu útil conhecimento por ter esperado.[581]

É contundente que a superioridade da raça branca seja considerada uma recompensa julgada pelo padrão do princípio da retribuição.

39 O motivo da retribuição nos mitos da alma da divindade, do herói, do ancestral e da morte

A importância extraordinária do motivo da retribuição – seja na forma bárbara da vingança pessoal ou nas formas moralmente

581 KIDD, Dudley. *The Essential Kafir*. Edimburgo: A & C Black, 1904, p. 105. Kidd observa: “Há uma dúzia de variações dessa história, que é contada de maneira diferente por damaras, zulus, pondos, basutos e outras tribos”.

refinadas da vitória (e, portanto, recompensa) do bem ou da derrota (portanto punição) do mal – nos mitos de povos como os gregos e alemães, que atingiram estágios superiores de cultura, é tão óbvio que outras provas são desnecessárias.[582] No entanto, não é supérfluo assinalar que o mesmo tema aparece amiúde e de maneira importante nos mitos de povos ainda primitivos que tratam de ancestrais que aparecem como deuses ou heróis, com almas da morte dotadas de poderes sobre-humanos. Por exemplo, os esquimós de Baffin Land falam de um homem que matou seu genro, uma gaivota do gelo, para vingar as injustiças que ele havia infligido à sua filha, a gaivota Sedna. As gaivotas do gelo, porém, vingaram-se provocando uma terrível tempestade, que obrigou o pai a sacrificar a filha aos pássaros vingativos. Por sua vez, Sedna se vinga de seu pai incitando os cães a roer suas mãos e pés enquanto ele dorme.[583]

---

582 GRUPPE, O. *Griechische Mythologie und Religionsgeschichte*. (Série Handbuch der klassischen Altertumswissenschaft). vol. V, nº 2. Munique: C. H., Beck, 1906, parte II, p. 1012, diz sobre os mitos gregos: "Às vezes a dor tem a função de corrigir quem a sofre: a crença cristã de que Deus educa o homem por meio do infortúnio também era conhecida pelos gregos. Mas, com maior frequência, a causa da dor é uma violação da ordem divina. A maioria dos contos do período clássico contém essa ideia. Frequentemente é a manutenção da ordem física que faz os heróis sofrerem. De acordo com um relato, o número de seres humanos havia aumentado a tal ponto que a terra não era mais capaz de sustentá-los todos; então Zeus decidiu incitar uma grande guerra. Dessa maneira, os ciprianos explicaram a guerra de Troia. Normalmente, o herói deve sofrer por causa de uma violação da ordem ética. Laio estava condenado a não ter filhos porque violou as leis da deusa do casamento. E quando Édipo nasceu, ele foi consagrado à ruína. Ele não cometeu nenhum pecado; seu crime foi simplesmente ter vivido. A base dos contos gregos mais encantadores é a ideia de expiação por uma ofensa moral que, no entanto, não precisa necessariamente ter sido cometida por aquele que deve expiá-la. Como os grandes poetas não eram essencialmente moralistas, eles não formularam expressamente uma moral em cada um de seus poemas. Eles frequentemente indicavam o princípio moral apenas indiretamente, da mesma forma que a vida os oferece a nós".

583 PREUSS, K. T. "Der religiöse Gehalt der Mythen". *Sammlung gemeinverstaendlicher Vortraege und Schriften aus dem Gebiete der Theologie und*

O mito que os bakairi brasileiros narram de seus ancestrais é essencialmente um mito de retribuição. Keri e Kame, os dois ancestrais lendários, matam seu pai adotivo, Oka, um jaguar, e a mãe dele, Mero, uma cobra, para vingar a própria mãe, que tinha sido morta por Mero e comida por Oka.[584]

Durante o período inca, os peruanos veneravam o deus Ataguju, que, segundo eles, criou a terra e o céu e governava o firmamento. Sua lenda relata, de acordo com Brinton, que

> dele procedeu o primeiro dos mortais, o homem Guamansuri, que desceu à terra e ali seduziu a irmã de certos Guachemines, os sem raios, ou Sombrios, que à época a possuíam. Eles o destruíram por esse crime, mas sua irmã ficou grávida e morreu no parto, dando à luz dois ovos. Deles surgiram os irmãos gêmeos Apocatequil e Piguerao. O primeiro era o mais poderoso. Ao tocar o cadáver de sua mãe, ele a trouxe à vida; ele expulsou e matou os Guachemines, e, guiado por Ataguju, libertou a raça dos índios do solo, revirando-o com uma pá de ouro. Por isso eles o adoravam como seu criador.[585]

Dois heróis, Hunahpu e Xbalanque, são os personagens principais de um mito dos índios quiche. Trata-se de dois irmãos gêmeos gerados de forma milagrosa: os deuses malignos do submundo mataram dois irmãos e esconderam a cabeça de um deles em um poste. O poste tornou-se uma árvore frutífera. Ao tentar colher uma fruta da árvore, uma menina engravidou e depois deu à luz os dois heróis, que obviamente são as reencarnações dos irmãos assassinados. Para vingar a morte de seus ancestrais, os

---

Religionsgeschichte, nº 162, 1933, p. 17.

584 STEINEN, Karl von den. *Unter den Naturvölkern Zentral-Brasiliens*. Berlim: D. Reimer (Hoefer & Vohsen), 1894, p. 372.

585 BRINTON, D. G. *The Myths of the New World*. Nova York: Leypoldt & Holt, 1868, p. 152.

dois heróis mataram os deuses do submundo e um se tornou o sol e o outro a lua.[586]

Um mito dos astecas conta assim o nascimento do deus do sol:

> Coatlichue foi engravidada por uma peteca que caiu sobre ela e que ela escondeu sob sua anágua. Seus outros filhos, a filha, Coyolxauh, e os quatrocentos filhos, os Uitznaua, ficaram furiosos com essa desgraça e queriam matá-la. A criança em seu ventre, no entanto, a confortou e encorajou, e nasceu no exato momento em que os agressores estavam próximos. Ela imediatamente decepou a cabeça da irmã e destruiu ou dispersou os quatrocentos Uitznaua.[587]

Na história da criação dos Apapocuva, um dos principais motivos é a vingança do herói pelo assassinato de sua mãe. Por outro lado, ele concede à gambá, em gratidão por ela ter amamentado seu irmão gêmeo após a morte de sua mãe, a capacidade de gerar seus filhotes sem dor.[588]

Nos mitos dos uitoto, recolhidos por Preuss,[589] mostra-se claramente a grande importância do princípio da retribuição. Ele aparece na forma de uma vendeta dos filhos contra os assassinos de seu pai, de um pai contra o assassino de seu filho, de uma tribo contra os assassinos de um de seus membros, de uma

---

586 XIMENEZ, R. P. F. Francisco. *Las Historias del origen de los Indios de esta provincia de Guatemala*. Trad. de la lengua Quiche al Castellano para mas comodidad de los ministros del S. Evangelio (1721). Edição de C. Scherzer. Viena: C. Gerold E Hijo, 1857, pp. 19 e ss., 24 e ss. e 47 e ss.

587 PREUSS, K. T. *Religion und Mythologie der Uitoto*. vol. I. Gotinga: Vandenhoeck & Ruprecht, 1921, p. 15.

588 NIMUENDAJU-UNKEL, Curt. "Die Sagen von der Erschaffung und Vernichtung der Welt als Grundlage der Religion der Apapocuva-Guarani". *Zeitschrift für Ethnologie*, ano 46, 1914, pp. 284 e ss.

589 PREUSS, K. T. *Religion und Mythologie der Uitoto*. vol. I. Gotinga: Vandenhoeck & Ruprecht, 1921, pp. 117 e ss.

mulher contra os assassinos de sua irmã. Além disso, o dono de um animal que o considera valioso vinga sua morte. E o animal vinga-se da morte de seu dono.

A retribuição não é exercida somente como vingança de sangue. Assim, um pretendente se vinga da garota que o recusa. E uma garota que recusa todos os seus pretendentes é punida. Um pai águia deseja comer suas filhas porque elas devoraram seus ovos. Um homem deseja matar outro homem com sua zarabatana porque ele cometeu adultério com sua esposa; por engano, porém, ele acerta sua esposa; ela é então vingada por seus irmãos, que enfeitiçam o marido com uma dor de cabeça; por sua vez, um terceiro homem resgata o marido dessa aflição e deve obter uma recompensa etc. Por meio de seus espíritos auxiliares, um homem mata um rival que cometeu adultério com sua esposa. Uma esposa deixa o marido por outro homem, para quem ela planta yuka; por vingança, o primeiro destrói o campo com seus espíritos auxiliares, que agem como ratos. Por queimar um instrumento mágico de seu marido, uma mulher é punida perdendo a sua capacidade de transformação. Uma mariposa fêmea chama os morcegos de "feios"; em retaliação, eles a comem junto com toda a sua família.[590] "Ainda antes de o sol existir, Hitiruni (o escuro) esmagou... uma mosca, uma Rigama, que o havia picado. Então amanheceu e outra Rigama conversou com os membros de sua tribo sobre a punição por esse assassinato".[591] Árvores também se vingam. E assim, a Rigama, com a ajuda de espíritos auxiliares agindo como escaravelhos, rói os galhos de uma árvore, mas depois teme a vingança da árvore. Nofuyetoma cria uma árvore cujas folhas fornecem um meio de encontrar animais de caça à noite. Por vingança contra seu criador,

---

590 PREUSS, K. T. *Religion und Mythologie der Uitoto*. vol. I. Gotinga: Vandenhoeck & Ruprecht, 1921, pp. 53, 62, 65, 66 e ss., 86 e ss., 110 e ss. e 114.

591 PREUSS, K. T. *Religion und Mythologie der Uitoto*. vol. I. Gotinga: Vandenhoeck & Ruprecht, 1921, p. 19.

a árvore produz espíritos malignos na forma de sapos, que então matam a esposa de Nofuyetoma.[592]

Os mitos muitas vezes tratam da vingança realizada pelas almas da morte. Preuss afirma expressamente que a alma "só aparece nos mitos depois de uma morte violenta a fim de se vingar". Podem-se citar muitos exemplos que comprovam essa afirmação. Por culpa de Sibunaforo, Hedo cai de uma árvore e morre: "Agora sua alma retornará, pois Hedo é um mago poderoso", diz Sibunaforo. A alma chega correndo e entra pelo telhado porque a porta está fechada, pede uma lança e a recebe de Sibunaforo. Com ela, a alma dá várias estocadas no cocho que Sibunaforo colocou na rede em seu lugar. Em seguida, a alma prossegue para o submundo, acreditando ter matado seu inimigo. A alma de Doboseiroke vive numa noz e todas as noites atormenta a esposa de seu adversário (que instigou uma cobra venenosa a mordê-lo), retirando sua *nymphae*. A noz é finalmente esmagada e a alma é morta. A alma do devorado Kudi-Buneima, chamada *matina*, aparece na perna ferida de um de seus inimigos como uma larva. Amenakuduma foi queimado até a morte durante o sono; depois sua alma se vinga jogando uma larva nos pigmentos com os quais o filho de Nofugireima, seu adversário, pinta-se. Quando este não conseguia dormir à noite e resfriava a ferida na corrente de ar de uma porta aberta, a alma apareceu como um gigante com uma perna na porta de uma cabana e a outra na porta de outra, de modo que seus joelhos ficavam acima do topo das cabanas. Balançando a cabeça, ele anuncia a morte aos habitantes. Os que dormem, sonham com tudo isso. Portanto, a alma é chamada Nikairama, de *nikai*, que significa "sonhar". Uma noite os habitantes amarraram uma longa corda em volta de cada uma das pernas do gigante, de modo que, quando ele se afastou pela manhã, puderam segui-lo a matá-lo depois de derrubar a palmeira oca Cumare em que se

592 PREUSS, K. T. *Religion und Mythologie der Uitoto*. vol. I. Gotinga: Vandenhoeck & Ruprecht, 1921, pp. 54 e 109.

refugiou. Então eles comeram sua alma. Mas a alma reaparece como uma interminável procissão de larvas, que os aldeões coletam e comem. Mas eles são obrigados a vomitá-las; chafurdando na poeira, eles finalmente se tornam javalis.[593]

> Higireima foi comido pelos himue, os homens de Himuege, e sua alma foi ao seu antigo local de pesca para comer peixes. Seu irmão Nubadyamui vigiou uma noite para descobrir quem roubava seus peixes, e ao amanhecer viu que alguém puxou a rede. Foi a alma de seu irmão devorado que ele capturou. A alma censurou amargamente o irmão vivo por não ter vingado sua morte, embora já estivessem concluídos os preparativos para a festa, *bai*.[594]

O crânio de uma mulher morta, por cuja morte o marido tem culpa, pousa em seu ombro e, para vingar-se, come toda a comida dele. Em seguida a matéria digerida escorre pelo seu corpo em uma substância preta. O crânio de um homem assassinado pede que seus filhos o vinguem.[595]

Casalis[596] relata uma lenda dos basuto que narra como um jovem assassinou seu irmão e depois foi perseguido pela alma da morte em forma de pássaro que gritava: “Eu sou o coração de Maciloniane. Macilo me matou. Meu cadáver está perto de um poço no deserto”. Casalis chama essa história de “uma das melhores que já ouvi. A existência da alma, sua imortalidade e a vingança que persegue o assassino onde quer que esteja estão claramente indicadas”.

---

593 PREUSS, K. T. *Religion und Mythologie der Uitoto*. vol. I. Gotinga: Vandenhoeck & Ruprecht, 1921, pp. 47 e ss.

594 PREUSS, K. T. *Religion und Mythologie der Uitoto*. vol. I. Gotinga: Vandenhoeck & Ruprecht, 1921, p. 100.

595 PREUSS, K. T. *Religion und Mythologie der Uitoto*. vol. I. Gotinga: Vandenhoeck & Ruprecht, 1921, pp. 109 e 72.

596 CASALIS, E. *Les Bassoutos*. Paris: Meyrueis, 1859, pp. 355 e ss.

Entre as lendas dos cafres relatadas por Kidd, várias contêm o tema da retribuição – por exemplo, a história de Unyengebule, que matou sua esposa, porque ela não lhe trouxe mel. A *Isala,* uma decoração de penas usada por sua esposa, transforma-se em um pássaro e canta: "Sou a pequena *Isala* da esposa de Unyengebule. Eu fui assassinada". Então Unyengebule mata também o pássaro, mas ele volta várias vezes para entoar sua acusação, até que finalmente as pessoas matam o assassino.[597] Um mito maori fala de dois irmãos, Tuteamoamo e Waihuka. O mais novo, Waihuka, tem uma bela esposa e por isso é invejado pelo mais velho. Quando ambos saem para pescar, Tuteamoamo deseja afogar o irmão mais novo. Este, porém, é resgatado por uma baleia, sua ancestral. Então Waihuka mata seu irmão mais velho.[598]

40 O motivo da retribuição nos mitos da criação

É de grande interesse para esta investigação a aplicação do princípio da retribuição nos chamados "mitos da natureza", que são na verdade mitos da sociedade, uma vez que interpretam, como foi mostrado, os fenômenos da natureza segundo um esquema essencialmente social. Isso aparece de forma impressionante nos "mitos da criação" nos quais, como no Gênesis, o universo não é percebido como produto de um processo objetivo dos elementos, mas é atribuído ao comando de um ser pessoal, a um ato especificamente social. Consequentemente, a origem das várias partes do mundo parece ser a realização de um imperativo dirigido aos objetos a serem criados. "Disse Deus: haja luz, e houve luz... Disse Deus: haja entre as águas um firmamento... Disse Deus: produza a terra erva, a erva que dá semente...". Entre o criador pessoal e as coisas ainda não existentes, supõe-se a mesma relação que há

---

597 KIDD, Dudley. *The Essential Kafir*. Edimburgo: A & C Black, 1904, p. 372.

598 WAITZ, T. *Anthropologie der Naturvölker*. vol. VI. Leipzig: F. Fleischer, 1872, pp. 94 e ss., seguindo DAVIS, C. O. B. *Maori Mementos*. Auckland: Williamson and Wilson, 1855, pp. 179 e ss.

entre o chefe e os membros da tribo obrigados à obediência. A natureza é assim criada em conformidade com uma norma emitida pela autoridade competente.

O motivo da retribuição torna-se notavelmente perceptível na cosmogênese babilônica na qual a história bíblica da criação provavelmente se baseia.[599] No início, como conta a lenda babilônica, não existia nem céu nem terra, mas apenas o Pai Apsu (Oceano) e a Mãe Tiamat. Então os deuses foram criados, tanto os do mundo inferior quanto os do mundo superior. O mito conta ainda como Tiamat, a "mãe dos deuses", revolta-se junto com os poderes do mundo inferior contra os "deuses superiores". Na luta que se seguiu, Tiamat e seus seguidores são confrontados pelos outros deuses sob a liderança de Marduk. Ele é expressamente chamado de "vingador" dos deuses. Ao pai, que o chama para a luta, diz: "Se eu, seu vingador/Amarrar Tiamat e mantiver você vivo/Convoque a assembleia...".[600]

Sua condição é que os deuses lhe transfiram o domínio. Os deuses ficam satisfeitos e dizem: "Tu, Marduk, és nosso vingador./Nós te demos a realeza do poder universal sobre a/ totalidade das coisas".[601]

Marduk então supera Tiamat e seus seguidores. Sua vitória é representada como punição pelas más ações de seus inimigos. Antes da batalha, diz-se de Tiamat:

> A Tiamat, que se enfureceu, ele assim se dirigiu:
> "Quanto a ti, te tornaste grande, foste elevada ao alto

599 Cf. GUNKEL, Hermann. *Schoepfung und Chaos in Urzeit und Endzeit*. Gotinga: Vandenhoeck und Ruprecht, 1895, pp. 16, 21 e ss.

600 LANGDON, S. (Coord.). *The Babylonian Epic of Creation*. Oxford: The Clarendon Press, 1923, tábua II, pp. 116 e ss.

601 LANGDON, S. (Coord.). *The Babylonian Epic of Creation*. Oxford: The Clarendon Press, 1923, tábua IV, pp. 13 e ss.

Teu coração te incitou a convocar ao conflito.

... os pais deles...

... os que tu amaldiçoaste...

Tu exaltaste Kingu ao casamento.

Tu fizeste o decreto dele maior do que o de Anu.

Más ações tu procuras e

Contra os deuses meus pais estabeleceste a tua maldade.

Que teu exército seja equipado e que tuas armas sejam cingidas.

Fiques de pé e deixe-nos, eu e tu, travarmos a batalha".[602]

Marduk captura Tiamat em uma rede e a mata. Seus seguidores também são capturados. Sobre eles o poema conta: "Em uma rede foram lançados e no laço se sentaram./Eles estavam em câmaras secretas, cheios de lamentação./Eles suportaram sua punição sendo postos na prisão".[603]

Os "Deuses, pais dele" recompensaram o vencedor com presentes por sua ação. Marduk fica apaziguado e começa a criar o mundo: "criar obras engenhosas". Ele corta o corpo de Tiamat em duas partes. De uma parte faz o firmamento; ele tranca e reforça suas portas; põe guardas para que a água não possa correr sobre ele. Então ele cria o sol, a lua e as estrelas. Obviamente, esse mito não pretende tanto, como diz Gunkel[604] em seu excelente livro, "descrever a causa de um dado fato", explicar causalmente a situação existente, mas justificar o mundo como ele é e representá-lo como resultado de uma luta justa entre o poder do bem

602 LANGDON, S. (Coord.). *The Babylonian Epic of Creation.* Oxford: The Clarendon Press, 1923, pp. 76 e ss.

603 LANGDON, S. (Coord.). *The Babylonian Epic of Creation.* Oxford: The Clarendon Press, 1923, pp. 112 e ss.

604 GUNKEL, Hermann. *Schoepfung und Chaos in Urzeit und Endzeit.* Gotinga: Vandenhoeck und Ruprecht, 1895, pp. 24 e ss.

e da ordem (Marduk) e os poderes do mal e do caos (Tiamat). "A função característica do mito" não é, como Gunkel[605] acredita, responder "com uma história" às perguntas que o homem faz quando percebe o mundo, mas interpretar a realidade de acordo com o princípio da retribuição, o que só pode ser realizado em um processo social. Que esse processo esteja representado em uma história é de menor importância.

A ideia de retribuição também é apresentada como uma luta entre os princípios do bem e do mal naqueles mitos em que a criação do mundo é atribuída à ação de duas personalidades que, como representantes dos dois princípios, lutam entre si. Uma cria coisas e seres bons, aqueles úteis aos homens; a outra, querendo destruir a obra da primeira, cria coisas más, aquelas prejudiciais aos homens. O mais genuíno desses mitos dualistas[606] pode ser encontrado na região do Irã, e em seu centro estão Ormuzd e Ahriman. Ambos existem desde o princípio. Ormuzd, que é onisciente, mostra a Ahriman o fim inevitável: a vitória do bem e a derrota do mal. Isso desperta em Ahriman tal consternação que Ormuzd é capaz, nos três mil anos seguintes, de criar sem obstrução as coisas do mundo: céu, água, terra, plantas, animais e, finalmente, seres humanos. Quando o primeiro período do mundo chega ao fim, Ahriman começa a luta contra Ormuzd – uma luta que dura nove mil anos. Ele cria espíritos malignos e também coisas nocivas como moscas e vermes que destroem árvores,[607] ou montanhas,[608] que causam problemas aos homens. De Ahriman, sobretudo, originam-se a doença e a morte.[609]

---

605 GUNKEL, Hermann. *Schoepfung und Chaos in Urzeit und Endzeit*. Gotinga: Vandenhoeck und Ruprecht, 1895, p. 25.

606 Cf. DAEHNHARDT, Oskar. *Natursagen*. vol. I. Leipzig: Teubner, 1907, pp. 7 e ss.

607 DAEHNHARDT, Oskar. *Natursagen*. vol. I. Leipzig: Teubner, 1907, p. 172.

608 DAEHNHARDT, Oskar. *Natursagen*. vol. I. Leipzig: Teubner, 1907, p. 8.

609 Cf. LEHMANN, E. "Die Perser". *In*: BERTHOLET, Alfred; LEHMANN, Edvard. *Lehrbuch der Religionsgeschichte*. vol. II. Tubingen: Mohr, 1925, p. 233.

Sua intenção é arruinar as coisas puras criadas por Ormuzd. Finalmente, porém, Ormuzd conquista e destrói todo o mal. Essa vitória de Ormuzd sobre Ahriman culmina em um último julgamento no fim dos tempos. Essa é a "grande decisão", realizada de acordo com aquelas mesmas leis que Ormuzd deu no início, a justa lei da retribuição. "Eu primeiro percebi você como santo, Mazda Ahura [Ormuzd], quando o vi criando coisas boas, e predeterminando a recompensa por palavra e ação: mau para o homem mau, bom para o homem bom, por seu poder no último dia".[610] Neste último dia, todas as montanhas derreterão e transbordarão a terra como um rio de metal líquido [no reino do puro bem e da justiça perfeita o mundo será plano]. Todos os seres humanos devem passar por esse rio. Para o justo ele será leite morno; para o injusto, porém, fogo destruidor. Finalmente, Ahriman e todos os seus espíritos malignos serão lançados nesse rio incandescente.[611] Esse será o seu castigo. Então o mundo será perfeitamente puro novamente; e então a criação do deus bom será completada.

O princípio da retribuição aparece de forma menos abstrata e muito mais ingênua nas histórias de criação de povos primitivos, como os índios. Uma lenda dos hurões conta[612] sobre irmãos gêmeos como criadores do mundo. Um é bom; o outro mau.

> O irmão mau fez criaturas ferozes e monstruosas para aterrorizar e destruir a humanidade – serpentes, panteras, lobos,

---

610 LEHMANN, E. "Die Perser". *In*: BERTHOLET, Alfred; LEHMANN, Edvard. *Lehrbuch der Religionsgeschichte*. vol. II. Tubingen: Mohr, 1925, p. 221. Ele observa: "A clemência e a piedade estão fora de questão; o juiz é forçado a se ater estritamente a sua própria lei. A constituição do mundo é moral, mas sua administração é essencialmente jurídica".

611 LEHMANN, E. "Die Perser". *In*: BERTHOLET, Alfred; LEHMANN, Edvard. *Lehrbuch der Religionsgeschichte*. vol. II. Tubingen: Mohr, 1925, pp. 254 e ss.

612 HALE, Horatio. "Huron Folk-Lore". *Journal of American Folk-Lore*, vol. I, 1888, pp. 181 e ss.

> ursos, todos de tamanho enorme, e mosquitos gigantescos... Enquanto isso o irmão bom, em sua província, estava criando os animais inocentes e úteis. Entre eles, criou a perdiz...

Então o irmão bom foi para a terra do irmão mau. Lá "ele não destruiu os animais maus... mas reduziu o seu tamanho, para que os homens pudessem dominá-los". Segue-se uma luta entre os irmãos, na qual o irmão bom mata o mau.

> Mas o combatente morto não foi totalmente destruído. Ele reapareceu após a morte para seu irmão e disse a ele que tinha ido para o extremo oeste, e que dali em diante todas as raças de homens iriam, como ele, para o oeste após a morte.

Em mito da criação dos índios sioux,[613] "Bexiga e o Monstro eram gêmeos e filhos da Tartaruga. Bexiga caçou seu irmão por todo o mundo para matá-lo, porque seu corpo [illegible]a de pedra e causou a morte de sua mãe".

Segundo um mito dos nativos de Lo[illegible]r Pechuel-Loesche, Nsambi, um Ser Suprem[illegible]ve o homem. Mas

> os homens não eram melhores do [illegible] hoje. Eles brigavam entre si e cometiam pecados. [illegible]sambi não gostou disso e proibiu muitas coisas. Havia homens bons e maus. Os homens maus não respeitavam as proibições. Então a seca veio sobre a terra; e junto com ela, a fome e as doenças foram ordenadas por Nsambi; e muitos morreram, os bons também, porque não vigiaram seus irmãos maus. Muitas vezes os homens clamaram para que Nsambi os ajudasse. E quando ele finalmente chegou, todos gritaram e acusaram uns aos outros. Eles disseram palavras más. Todos o queriam

613 MEEKER, Louis L. "Siouan Mythological Tales". *Journal of American Folk-Lore*, vol. XIV, 1901, p. 161.

> e gritavam seus pedidos e exigências, e houve um grande barulho. Isso continuou por um tempo, até que Nsambi ficou irritado: ele foi embora e nunca mais voltou.[614]

Desde então, Nsambi não se importa com os seres humanos.

> Como uma divindade, ele parece estar completamente além de sua conduta de vida. Eles temem o mal que os ameaça na terra, e não a ele. E porque ele não se importa que coisas más ocorram na terra, e os homens lidam com elas por outros meios, não precisam mais dele. Esse povo prático espera reciprocidade. Nsambi é muito grande e está muito longe; ele está pouco preocupado com o bem-estar de seus seres. Como ele não demonstra interesse por eles, eles não se importam com ele.[615]

Essa indiferença do Ser Supremo em relação aos homens é interpretada por eles como uma punição.

Nos mitos que representam a criação como o ato sexual do casal de pais, o princípio da retribuição também aparece. A forma clássica desse mito é a de Urano e Gaia. Na *Teogonia*,[616] de Hesíodo, a injustiça que o pai Urano inflige à mãe Gaia ao reter seus filhos em seu ventre e não permitir que vejam a luz do mundo é vingada por seu filho, Crono. Gaia chama seus filhos:

---

614 PECHUEL-LOESCHE, E. *Die Loango-expedition ausgesandt von der deutschen Gesellschaft zur Erforschung Aequatorial-Africas. 1873-1876.* seção III, parte II. Stuttgart: Strecker & Schröder, 1907, pp. 268 e ss.

615 PECHUEL-LOESCHE, E. *Die Loango-expedition ausgesandt von der deutschen Gesellschaft zur Erforschung Aequatorial-Africas. 1873-1876.* seção III, parte II. Stuttgart: Strecker & Schröder, 1907, p. 271.

616 HESÍODO. *Theogony*. Loeb Classical Library. Cambridge: Harvard University Press, [s.d.], pp. 164 e ss. [ed. bras.: HESÍODO. *Teogonia*: a origem dos deuses. Trad. Jaa Torrano. São Paulo: Iluminuras, 1991, p. 111].

> "Filhos meus e do pai estólido, se quiserdes ter-me fé, puniremos o maligno ultraje de vosso pai, pois ele tramou antes obras indignas". Assim falou e a todos reteve o terror, ninguém vozeou. Ousado o grande Crono de curvo pensar devolveu logo as palavras à mãe cuidadosa: "Mãe, isto eu prometo e cumprirei a obra, porque nefando não me importa o nosso pai, pois ele tramou antes obras indignas". Assim falou. Exultou nas entranhas Terra [Gaia] prodigiosa, colocou-o oculto em tocaia, pôs-lhe nas mãos a foice dentada e inculcou-lhe todo o ardil. Veio com a noite o grande Céu [Urano], ao redor da Terra desejando amor sobrepairou e estendeu-se a tudo. Da tocaia o filho alcançou com a mão esquerda, com a destra pegou a prodigiosa foice longa e dentada. E do pai o pênis ceifou com ímpeto...

Das gotas de sangue que caíram de Urano sobre Gaia, surgiram as Erínias, os espíritos vingativos da religião grega. E assim como Urano ultrajou Gaia e seus filhos, Crono afrontou sua esposa Reia, devorando seus filhos porque temia que um deles pudesse substituir seu domínio em algum momento. Isso havia sido profetizado para ele, aparentemente como retribuição pelo crime cometido contra o próprio pai. Quando Reia estava prestes a dar à luz Zeus, ela orou a seus pais, Gaia e Urano, "para elaborar algum plano com ela para que o nascimento de seu querido filho pudesse ser ocultado, e que a retribuição pudesse alcançar o grande e astuto Crono por seu próprio pai e também pelos filhos que engoliu".[617] Essa vingança é realizada. Crono é enganado por um truque: em vez do bebê Zeus, ele engole uma pedra embrulhada em um guardanapo. Mais tarde, ele é derrubado por seu filho Zeus. A retribuição é, portanto, o principal motivo da *Teogonia* de Hesíodo.

O motivo do ódio e da vingança na história de amor do Céu e da Terra também aparece na fábula dos maori sobre Rangi, Pai

---

617 HESÍODO. *Theogony*. Loeb Classical Library. Cambridge: Harvard University Press, [s.d.], pp. 471 e ss.

Céu, e Papa, Mãe Terra, muito conhecida por sua notável semelhança com o mito de Urano-Gaia.

> As trevas então repousaram sobre o céu e sobre a terra, e ambos estavam unidos, pois ainda não haviam sido separados; e os filhos que eles geraram estavam sempre pensando em qual poderia ser a diferença entre as trevas e a luz... Por fim, os seres que foram gerados pelo Céu e pela Terra, cansados da escuridão contínua, consultaram-se entre si, dizendo: "Vamos agora determinar o que devemos fazer com Rangi e Papa, se seria melhor matá-los ou separá-los..." Tane-mahuta, o pai das florestas, diz a seus cinco irmãos: "É melhor separá-los e deixar o céu ficar bem acima de nós, e a terra ficar sob nossos pés. Deixemos o céu se tornar um estranho para nós, mas a terra permanecerá perto de nós como uma mãe que amamenta".

E, de fato, Tane-mahuta consegue separar os pais, que se lamentavam. Mas "no peito de Tawhiri-ma-tea, o deus e pai dos ventos e tempestades" surgiu

> um desejo feroz de fazer guerra contra seus irmãos, porque eles haviam separado seus pais. Ele desde o início recusou-se a consentir que sua mãe fosse arrancada de seu senhor e filhos; eram somente seus irmãos que desejavam essa separação, e desejavam que Papa-tu-a-nuku, ou somente a Terra, fosse um pai para eles... Então ele se levanta, segue seu pai até o reino de cima [e faz guerra contra seus irmãos].

Depois de ter vencido e despedaçado Tane-mahuta e seus filhos e de Tangaroa e seus filhos fugirem para as profundezas do oceano ou para esconderijos na costa, ele

> apressou-se em atacar seus irmãos Rongo-ma-tane e Haumia-tikitiki, os deuses e progenitores dos alimentos cultivados e não cultivados; mas Papa, para guardá-los

para seus outros filhos, pegou-os e escondeu-os em um lugar seguro; e tão bem foram esses seus filhos escondidos por sua mãe Terra, que Tawhiri-ma-tea procurou por eles em vão. Tawhiri-ma-tea, tendo assim derrotado todos os seus outros irmãos, atacou Tu-matauenga, para provar seu poder contra ele; ele empregou toda a sua força, mas não conseguiu abalá-lo nem prevalecer... Tu-matauenga, ou o homem, ainda estava ereto e inabalável sobre o peito de sua mãe Terra... homem indomável... em seguida, pensou em como poderia voltar-se contra seus irmãos e matá-los, porque eles não o ajudaram nem lutaram bravamente quando Tawhiri-ma-tea os atacou para vingar a separação de seus pais, e porque eles o deixaram sozinho para mostrar sua destreza na luta... Assim, Tu-matauenga devorou todos os seus irmãos, e consumiu todos eles, em vingança por eles o terem abandonado e deixado que lutasse sozinho contra Tawhiri-ma-tea e Rangi... Quatro de seus irmãos foram inteiramente depostos por ele, e tornaram-se seu alimento; mas havia um deles, Tawhiri-ma-tea, que ele não podia vencer ou tornar comum, comendo-o como alimento; então ele, o último filho nascido do Céu e da Terra, restou como um inimigo do homem...[618]

---

618 GREY, George. *Polynesian Mythology and Ancient Traditional History of the New Zealanders*. Londres: John Murray, 1855, pp. 1 e ss.; Cf. TYLOR, E. B. *Primitive Culture*. 6ª ed. vol. I. Londres: Murray, 1920, pp. 322 e ss.; também, FISCHER, H. T. "Indonesische Paradiesmythen". *Zeitschrift für Ethnologie,* ano 64, 1932, pp. 320 e ss.; BEST, Elsdon. *The Maori*. vol. I. Wellington: H.H. Tombs, 1924, pp. 89 e ss. Best diz sobre o mito de Rangi-Papa: "Parece que o mal entrou no mundo quando a descendência de Rangi e Papa se rebelou contra os pais e Tane e Whiro iniciaram sua rivalidade eterna, que ainda continua". Os filhos de Rangi e Papa, insatisfeitos com sua posição entre os pais unidos, querem separá-los. "Foi Tane quem propôs separá-los, dizendo: 'Vamos separar nossos pais; vamos forçar Rangi a subir, suspendê-lo no alto e deixar Papa deitar no espaço'. A maioria dos filhos concordou com isso, mas Whiro e alguns outros se opuseram, e não queriam ter nada a ver com a trama. Essa separação forçada do céu e da terra é mencionada como um ato de rebelião dos filhos em relação aos pais, como o primeiro ato de desobediência, o primeiro pecado cometido. Já havia ocorrido uma ruptura entre Tane e Whiro, e isso era inevitável... Tane é a forma personificada da

Tal é o conteúdo essencial do mito maori. A ideia de retribuição é óbvia. Os elementos do direito materno, como na fábula grega, estão igualmente manifestos. Finalmente, há até a indicação de um contraste de valor entre céu e terra: o céu é o mal e a terra o bem. Pode ser que essa forma da lenda maori seja de data recente, mas o conteúdo essencial parece muito antigo. Isso é confirmado pela semelhança com o antigo relato grego, bem como com a antiga fábula egípcia de Nut, o céu (feminino), e Keb, a terra (masculina). De acordo com a versão que chegou até nós,[619] Nut e Keb também tiveram que ser separados. Sobretudo, é o princípio da retribuição que representa o elemento original no mito maori, pois pode ser encontrado em outros mitos da natureza, especialmente naqueles que remontam aos estágios mais primitivos.

41 O motivo da retribuição nos mitos da natureza

A relação entre o céu e a terra é posta em paralelo em muitos mitos pela suposta afinidade entre o sol e a lua. Ambas as situações são igualmente ilustrativas do princípio da retribuição. Os pigmeus equatoriais ocidentais contam uma história em que o sol, um homem, está zangado com sua esposa, a lua, porque ela foi infiel. Os pigmeus dizem:

> A Lua foi embora para a aldeia de sua mãe e o Sol nunca concordou em vê-la desde então. O Sol nunca é visto à noite. Mas a Lua queria voltar para o marido. Portanto, muitas vezes

---

luz, enquanto Whiro personifica a escuridão e o mal". A luz, o princípio do bem, é o autor do primeiro crime.

619 Cf. ERMAN, Adolf. *Die Religion der Aegypter*. Berlim: De Gruyter, 1934, p. 62, que escreve: "A terra e o céu ainda não estavam separados e Nut ainda estava deitada sobre seu marido Keb. Então seu pai, Shu, colocou-se entre eles e a ergueu; e junto com ela levantou todos os deuses que haviam sido criados até então... Nut tomou posse deles, contou-os e transformou-os em estrelas".

> é possível vê-la no céu do fim da tarde correndo atrás dele, quando o Sol ainda não foi dormir, ou de manhã, quando o Sol já está alto; mas ele nunca mais quer encontrá-la.[620]

Anteriormente, foi mencionado um mito do negro da África ocidental que explica a suposta inimizade entre o sol e a lua pelo fato de que ambos concordaram em afogar seus filhos; mas a lua enganou o sol e está cercada por seus filhos-estrelas, enquanto o sol não tem filhos. Uma história semelhante pode ser encontrada entre os mintira (Mantra) da Península Malaia; nesse caso, a ideia de retribuição é ainda mais aparente. Tylor[621] escreve:

> A Lua é uma mulher, e a Sol também: as Estrelas são filhos da Lua, e a Sol teve em outros tempos tantos filhos quanto ela. Temendo, no entanto, que a humanidade não pudesse suportar tanto brilho e calor, elas concordaram em devorar seus filhos; mas a Lua, em vez de devorar suas Estrelas, escondeu-as da vista da Sol, que, acreditando que todas haviam sido devoradas, comeu as suas; assim que ela fez isso, a Lua tirou sua família do esconderijo. Quando a Sol os viu, cheia de raiva, ela perseguiu a Lua para matá-la; a perseguição dura desde então, e às vezes a Sol chega perto o suficiente para morder a Lua, e isso é um eclipse; a Sol, como os homens ainda podem ver, devora suas Estrelas ao amanhecer, e a Lua esconde as suas o dia todo enquanto a Sol está perto, e só as traz à noite, quando sua perseguidora está longe.

Tylor acrescenta:

> Numa tribo do nordeste da Índia, os ho de Chota-Nagpore, o mito reaparece, obviamente da mesma fonte, mas com um

---

620 SCHMIDT, Wilhelm. *Der Ursprung der Gottesidee*. vol. IV. Münster: Aschendorffsche Verlagsbuchhandlung, 1935, p. 107.

621 TYLOR, E. B. *Primitive Culture*. 6ª ed. vol. I. Londres: Murray, 1920, p. 356.

> final variado; a Sol partiu a Lua ao meio por sua fraude, e assim ela permanece, dividida e crescendo novamente, e suas filhas, as Estrelas, com ela.

Assim como a forma da lua é interpretada de acordo com o princípio da retribuição, também o rosto humano é imaginado na lua; as manchas lunares também são vistas sob a mesma luz. Elsdon Best relata sobre os maori: "Rona é a mulher na lua, levada da terra para lá como punição por ter insultado aquele orbe útil, aplicando uma expressão ofensiva a ele".[622]

Uma fábula indígena norte-americana contém uma explicação interessante das manchas lunares. Após a morte de seus pais, um menino voa para o céu na pele de uma águia. Lá, ele chega primeiro à casa do sol, onde encontra seis meninas. Três são as filhas do sol, e são lindas; as outras três são filhas da lua, e são feias e corcundas. Ele se casa com uma das filhas do sol. Então a lua fica irritada e persegue o jovem de muitas maneiras. As avós do jovem fabricam a partir de alguns troncos de madeira e de seus pentes, que são transformados em guarras, dois ursos. Ele os lança contra a lua, cujo rosto os animais arranham. Depois a lua deixa o menino índio em paz.[623]

Nos mitos dos aborígenes sul-americanos, a relação entre sol e lua é imaginada como aquela entre marido e mulher, ou entre irmão e irmã, ou ambas ao mesmo tempo. Os ona têm uma lenda que explica as manchas lunares relatando que o sol, o marido, atingiu sua esposa, a lua, no rosto por ter divulgado certos ritos secretos. Segundo um mito dos guarayo, o sol persegue a lua porque ela cometeu incesto; com raiva, o sol arranha o rosto da lua. Uma

---

622 BEST, Elsdon. *The Maori*. vol. I. Wellington: H.H. Tombs, 1924, p. 134.

623 BOAS, F. *Indianische Sagen von der nordpazifischen Kueste Amerikas*. Berlim: A. Asher & Co., 1895, pp. 37 e ss.

ideia semelhante é incorporada em uma história esquimó.[624] "Os khasias do Himalaia dizem que a Lua se apaixona mensalmente por sua sogra, que lhe joga cinzas no rosto, daí suas manchas".[625] Os ndonga-ambo, tribo do território Bantu ocidental, têm o seguinte mito: um dia o sol deu à lua dois fígados para assar, um para ela e outro para os homens. A lua os colocou em duas panelas. Quando o fogo começou a se extinguir, ela trouxe novos troncos de madeira, e o fígado dos seres humanos começou a queimar; a panela da lua, no entanto, ainda estava cheia de água. Quando ela contou essas dificuldades ao sol enfurecido, ele disse: "Embora você estivesse presente, deixou queimar a panela em que estava o fígado para seus parentes! Você fez isso de propósito! Traga-me outro fígado". A lua respondeu: "Nada sobrou, tudo está queimado". Então o sol ficou ainda mais furioso. "Você falhou em seu dever", ele gritou, "Você parece desejar que seus parentes morram e nunca ressuscitem da morte. Bem, só você ressuscitará da morte". E com essas palavras, queimou o rosto da lua. Esses nativos explicam assim as manchas lunares.[626] Um antigo poema lituano contém o seguinte relato. "O lua abraçou sua esposa, a sol, e desse abraço surgiram as estrelas. Uma vez o lua apaixonou-se pela estrela da manhã; então o furioso deus Perkun cortou a face da lua com sua espada".[627]

Os yamana[628] consideram o sol, Lem, um homem, filho de um homem-sol mais velho chamado Taruwalem. Essa é aparentemente

---

624 EHRENREICH, Paul. "Die Mythen und Legenden der Südamerikanischen Urvölker". *Zeitschrift für Ethnologie*, Suppl., vol. XXXVII, 1905, pp. 35-37.

625 TYLOR, E. B. *Primitive Culture*. 6ª ed. vol. I. Londres: Murray, 1920, p. 354.

626 BAUMANN, Hermann. *Schöpfung und Urzeit des Menschen im Mythos der afrikanischen Völker*. Berlim: Dietrich Reimer (Andrews & Steiner), 1936, p. 296.

627 FRIEDREICH, B. *Die Weltkoerper in ihrer mythisch-symbolischen Bedeutung*. Wurtzburgo: Stahel, 1864, p. 264, citado por SCHULTZE, Fritz. *Psychologie der Naturvölker*. Leipzig: Veit & comp., 1900, p. 322.

628 GUSINDE, Martin. *Die Feuerland-Indianer*: Die Yamana. vol. II. Sankt Augustin: Anthropos, 1931, pp. 1145 e ss.

a sua explicação da origem do sol. Taruwalem é retratado como mau, enquanto Lem é bom e amigável com os seres humanos. O velho homem-sol

> era extremamente forte e exibia grande poder. Uma vez ele ficou com raiva e fez com que tudo ao seu alcance queimasse. À época ele estava muito mais perto da terra do que hoje. Ele fez toda a água do mar ferver num calor terrível. E todas as florestas foram queimadas; desde então, os cumes de todas as montanhas não têm árvores. Tudo isso aconteceu por causa do calor que ele produziu em sua grande ira. Desde o início ninguém gostou de Taruwalem. Mas depois todos o odiaram. Não só ele, mas também seus parentes eram desprezados. Toda a sua família era evitada por todos, pois cada membro dessa família se comportava de maneira maliciosa e tentava ferir os outros. Apenas Lem, filho do velho Taruwalem, era uma exceção notável. Ele era gentil com todos. Era um excelente caçador e esperto em tudo. Ele tratava a todos de maneira agradável e era sempre prestativo. As mulheres, que nesses tempos míticos tinham o domínio, meditaram secretamente por um longo tempo. Finalmente, elas concordaram em matar o maligno Taruwalem. Um dia todas o atacaram e tentaram estrangulá-lo. Mas, como ele era muito forte, conseguiu se libertar. Ele imediatamente correu para a abóboda celeste. Lá ele ainda permanece como uma estrela brilhante. Mas perdeu sua antiga força.

O sol de hoje é Lem. E seu filho é o planeta Vênus, chamado Yexalem; "esse filho segue infalivelmente o pai, mas não é tão forte quanto ele". A forma do arco-íris também é explicada pelos yamana de acordo com o princípio da retribuição na seguinte lenda: Akainix, o arco-íris, era um homem extremamente bonito. Ele se vingou de alguns homens que ousaram fazer amor com sua esposa e irmã, matando-os. Então os parentes desses homens desejaram retaliação contra Akainix. Eles

> o agarram com todas as suas forças, mas não conseguiram matá-lo. Por algum tempo eles tentaram estrangulá-lo. Como ele era um poderoso yekamus (mago), não tiveram sucesso, apesar de todos os seus esforços. Eles foram bem-sucedidos, no entanto, em dobrar seu pescoço e suas longas costas, de modo que desde então ele não consegue ficar em pé.[629]

Há uma tendência generalizada entre os povos primitivos de interpretar o eclipse do sol ou da lua como um ato de vingança ou uma punição imposta por uma divindade enfurecida por causa de um delito. "Nas ilhas do Mar do Sul", escreve Tylor, "alguns supunham que o Sol e a Lua haviam sido engolidos por uma divindade ofendida, a quem, portanto, induziram, por meio de oferendas generosas, a ejetar os luminares de seu estômago".[630] A razão para as contínuas peregrinações celestiais da lua é explicada em uma lenda australiana que "diz que Mityan, a Lua, era um gato nativo, que se apaixonou pela esposa de alguém e foi expulso para vagar desde então".[631]

Não só a punição, mas também a recompensa, embora mais raramente, aparece como justificativa e explicação de certos fenômenos naturais. Em um mito dos narrinyeri australianos, a cor do sol é explicada dessa forma. Eles retratam o sol como uma mulher que, depois de se pôr, caminha para a terra dos mortos. Por um serviço que presta a alguns dos mortos, ela recebe a pele de um canguru vermelho. É com essa túnica vermelha que se veste ao levantar-se de manhã".[632] Em um mito do sol dos marind-a-

---

629 GUSINDE, Martin. *Die Feuerland-Indianer*: Die Yamana. vol. II. Sankt Augustin: Anthropos, 1931, pp. 1148 e ss.

630 TYLOR, E. B. *Primitive Culture*. 6ª ed. vol. I. Londres: Murray, 1920, p. 330.

631 TYLOR, E. B. *Primitive Culture*. 6ª ed. vol. I. Londres: Murray, 1920, p. 354.

632 VAN GENNEP, Arnold. *Mythes et legendes d'Australie*. Paris: E. Guilmoto, 1905, pp. 29/30.

nim as meninas da tribo, em nome de todos, falam assim ao sol percebido antropomorficamente: "Sol, cuide de nós sempre; tenha misericórdia de nós, e nós também seremos bons para você".[633]

Um conto dos esquimós relata que o corvo uma vez colocou o sol em uma bolsa por causa da maldade dos homens. Movido pelos ricos presentes de comida e peles oferecidos a ele, "ele os deixou ter a luz por um curto período de tempo... Depois disso, muito tempo se passou e ele exigiu muitas oferendas para deixá-los ter luz novamente. Isso se repetiu muitas vezes". Finalmente, o irmão do corvo consegue, por meio de um truque, colocar

> o sol novamente em seu lugar... Ele lembrou-se de que seu pai lhe havia dito para não manter tudo sempre escuro, mas que deveria ser em parte escuro e em parte claro. Pensando nisso, ele fez o céu girar de modo que se movesse ao redor da terra, levando consigo o sol e as estrelas, fazendo assim o dia e a noite.[634]

Em outras fábulas do sol, especialmente aquelas que explicam como os homens obtiveram o sol e que lembram os mitos do roubo do fogo, também aparece o princípio da retribuição.

Um conto dos índios do Brasil central relata exatamente isso. Ewaki, a tia de Keri e Kame, solicita que eles busquem o sol, que está em posse do rei abutre vermelho, Urubu. Após várias experiências, Keri agarra o abutre com tanta violência que quase o mata.

---

633 WIRZ, P. *Die Marind-anim von Hollaendisch-Sued-Neu-Guinea* (Hamburgische Universitaet, "Abh. Aus dem Gebiet der Auslandskunde"). vol. II, parte IV. Hamburgo: Friederichsen & Co., 1922, p. 78.

634 NELSON, E. W. "The Eskimo about Bering Strait". *In*: POWELL, J. W. (Coord.). *Eighteenth Annual Report of the Bureau of American Ethnology to the Secretary of the Smithsonian Institution*. parte I. Washington: Government Printing Office, 1896/1897, pp. 460 e ss.

> Somente se ele entregar o sol poderá permanecer vivo. Em seguida, o rei abutre despacha seu irmão, o abutre branco, para buscar o sol. A princípio, porém, ele traz apenas a aurora. "Isso está certo?", Kame pergunta a Keri, que ainda segura o abutre real. "Não, não a aurora", responde Keri. Então o Urubu branco traz a lua. Novamente Kame pergunta "Isso está certo?" "Não", responde Keri. Só então o abutre branco traz o sol. E quando Kame pergunta: "Isso está certo?" Keri responde: "Agora, sim". Sem demora ele solta o Urubu vermelho, que está muito bravo.[635]

Aqui a retribuição aparece como troca: o abutre real entrega o sol e assim mantém sua vida.

Em um conto dos índios pomo, narra-se como aconteceu de o sol pairar no meio do firmamento. Vários pássaros tentaram prendê-lo lá, mas sem sucesso; finalmente os irmãos Corvo conseguiram.

> As pessoas da aldeia alegraram-se muito por terem o sol e o penduraram no lugar apropriado para que pudesse iluminá-los. Trouxeram todos os tipos de miçangas, cestas, cobertores e comida como presentes para os Corvos pelo serviço prestado.[636]

O corvo, em uma fábula dos chukchee, ganha o sol induzindo a jovem filha de Kele, seu possuidor,

> a provocar seus pais pela bola solar... mas seu pai lhe dá a bola das estrelas em vez disso. Ela brinca com ela e, quando a joga para o Corvo, ele consegue lançá-la para cima com

---

635 STEINEN, Karl von den. *Unter den Naturvölkern Zentral-Brasiliens*. Berlim: D. Reimer (Hoefer & Vohsen), 1894, p. 375.

636 BARRETT, S. A. "A Composite Myth of the Pomo Indians". *Journal of American Folk-Lore*, vol. XIX, 1906, pp. 46 e ss.

> tanta força que ela estoura, e as estrelas voam e grudam no céu. De maneira semelhante, ele consegue libertar a lua e, finalmente, o sol. Depois disso, o pai fica bravo com a filha e a enforca, de cabeça para baixo, em um penhasco. Finalmente a corda se rompe. Ela cai na água e se transforma em uma morsa, cujas presas são formadas pelo muco que escorreu de seu nariz quando estava chorando.[637]

Há um conto indígena da Colúmbia Britânica que é pertinente por sua semelhança com o mito grego de Faetonte, filho de Hélio e Clímene, que, para provar sua origem, pede permissão ao pai para dirigir a carruagem do sol por um dia, mas é incapaz de controlar os cavalos e incendeia tudo, após o que ele é morto por Zeus com um raio.

> Um menino de nome Gyalasta'kome morava sozinho com sua mãe. Certa vez, ele perguntou a ela se ele tinha um pai. Ela respondeu que seu pai estava longe. Com isso o menino começou a chorar muito: "Eu quero encontrar meu pai..." Ele conheceu Hantle'k (o atirador), que lhe deu um arco e algumas flechas. Gyalasta'kome disparou uma flecha em direção ao céu, onde ela permaneceu presa. Ele atirou outra que ficou presa no entalhe da primeira. E assim ele continuou até que se formou uma corrente entre o céu e a terra... ele subiu essa escada de flechas e chegou à porta do céu, onde sua madrasta estava sentada... quando o sol, seu pai, voltou para casa à noite, ficou feliz ao ver o filho e pediu que ele tomasse seu lugar e carregasse a luz do dia... Ele deu ao menino suas roupas e joias e o advertiu para não andar muito rápido... O filho, porém, deu pouca atenção às palavras do pai. Ele logo ficou impaciente e começou a correr cada vez mais rápido. A terra ficou tão quente que as rochas se partiram

637 BOGORAS, Waldemar. "The Folk-Lore of Northeastern Asia, as Compared with That of Northwestern America". *American Anthropologist*, N. S., vol. IV, 1902, p. 627.

> em pedaços, o mar começou a secar e os mexilhões foram queimados até ficar totalmente pretos. O pai ficou furioso com o comportamento do filho, agarrou o menino e o jogou no chão, dizendo: "Você não serve para nada; torne-se um vison para que os homens o cacem daqui em diante".[638]

Um mito dos índios Arekuna diz o seguinte (resumidamente): o jovem Akalapizeima, um ancestral, tentou pegar o sapo Waloma, mas foi impedido pelo pai do sapo, Waloma-podole, que puxou o jovem para o mar e o levou para uma ilha onde os milhafres o sujaram com seus excrementos. Akalapizeima pediu em vão que a estrela da manhã e a lua o ajudassem. Ambas se recusaram a ajudá-lo, com as palavras: "Você nunca me deu bolo de mandioca. Wei [o sol] vai ajudá-lo, já que você deu a ele". E, de fato, Wei salvou o jovem dos milhafres. Em troca, Wei exigiu que Akalapizeima se casasse com suas duas filhas. O jovem, no entanto, fez amor com as filhas dos milhafres, ao que Wei puniu Akalapizeima levando-o novamente para a ilha dos milhafres. Então o próprio Wei dormiu com suas filhas e transformou-as em estrelas para iluminar a Via Láctea, a estrada dos mortos.[639]

A escassez de água em uma região e a abundância em outra é interpretada em um mito relatado por Parkinson.

> Há muitos, muitos anos, a ilha de Lou (Ilha de São Jorge) era habitada por um grande bando de Tjaukas (*Philemon coquerelli*). Certo dia, quando o povo lou estava trabalhando, um homem tentou estuprar uma mulher; mas um Tjauka que viu isso gritou: um lou está cometendo o mal! E quando o homem percebeu que foi descoberto, ele desistiu de sua tentativa e foi para casa irritado. Para se vingar,

638 BOAS, F. *Indianische Sagen von der nordpazifischen Kueste Amerikas*. Berlim: A. Asher & Co., 1895, p. 234.

639 KOCH-GRÜNBERG, Theodor. "Zwei Mythen der Arekuna Indianer". *Archiv für Religionswissenschaft*, vol. XVIII, 1915, pp. 386 e ss.

> ofereceu nozes de bétele como recompensa pela extirpação de todos os Tjaukas. O povo lou capturou os Tjaukas em redes. Apenas um conseguiu se esconder. Ele sugou toda a água de Lou com seu bico e a levou para Lomondrol, a ilha principal. Desde então, a água é escassa em Lou, enquanto Lomondrol tem água em abundância.[640]

Um tema típico do mito é a transformação dos homens em rochas. Em uma história dos yamana,[641] duas pedras são consideradas assassinas metamorfoseadas como punição por seus crimes. Dois irmãos, os Wasenim, apaixonaram-se pela bela esposa do velho Ketela e a perseguiram com propostas imorais. Um dia, quando a jovem estava sozinha em sua cabana, os dois Wasenim começaram a rondar; quando a mulher se recusou a satisfazer seu desejo, eles ficaram furiosos. Um "agarrou a jovem, jogou-a no chão, forçou-a afastar as pernas e a segurou nessa posição". Enquanto isso, o outro Wasenim agarrou com tenazes uma pequena pedra comprida que havia sido aquecida no fogo "*et lapidem in vaginam eius introduxit, sicuti membrum virile fuisset*" ["e inseriu a pedra em sua vagina, como se fosse um membro masculino"]. Assim vingaram-se os Wasenim. A jovem morreu imediatamente. Além disso, zombaram dela com sarcasmo: "Já que não concordou com nossas propostas, você tampouco será a esposa de Ketela!" Os dois criminosos, no entanto, não escaparam da retribuição. Os parentes e amigos da mulher assassinada perseguiram furiosos os assassinos, pretendendo matá-los com pedras; mas não conseguiram atingi-los. Então chamaram o pequeno Omora, um excelente lançador de pedras. Eles lhe disseram

---

640 PARKINSON, Richard. *Dreissig Jahre in der Suedsee*. Stuttgart: Strecker & Schröder, 1907, p. 719.

641 GUSINDE, Martin. *Die Feuerland-Indianer*: Die Yamana. vol. II. Sankt Augustin: Anthropos, 1931, pp. 1216 e ss.

> que estavam de luto e furiosos ao mesmo tempo, pois os dois assassinos, os Wasenim, não podiam ser atingidos por nenhum deles. Ao ouvir isso, Omora também ficou furioso. Ele tinha apenas três pedras por perto. Ele colocou uma na funda e atirou; ela passou perto das cabeças dos Wasenim. Então Omora pegou a segunda pedra e atirou; ela bateu no peito de um dos irmãos e ele caiu e não se mexeu mais. Rapidamente, Omora atirou a terceira pedra; ela atingiu o segundo irmão, e ele caiu morto no chão. Todos ficaram surpresos com a força e a habilidade de Omora. E todos estavam felizes por os dois assassinos terem recebido sua merecida punição. Todos voltaram para casa, mas os dois assassinos foram transformados em pedra e permaneceram no local onde o pequeno Omora os matou. Lá eles podem ser vistos até hoje.

Segundo Ehrenreich, esse mesmo motivo aparece com frequência nos mitos dos aborígenes sul-americanos; por exemplo, "o herói sol transforma em pedra seus inimigos e aqueles que o desobedecem".[642] Falando dos nativos do Peru, Karsten afirma que ali "pessoas individuais, e até nações inteiras, teriam sido convertidas em pedras pelo criador, como geralmente se afirma, em 'punição' por algum pecado cometido".[643]

Smyth relata:

> Cerca de duas milhas a leste de Narneian ou Brushy Creek (um afluente do rio Yarra) [na Austrália], e adjacente a um pequeno maciço isolado de basalto negro e denso, ocorre nas rochas do Alto Siluriano um estrato de calcário rico em fósseis. Ele surge a meio caminho entre Brushy Creek e Running Creek. Recebendo as águas pluviais que caem

---

642 EHRENREICH, Paul. "Die Mythen und Legenden der Südamerikanischen Urvölker". *Zeitschrift für Ethnologie*, Suppl., vol. XXXVII, 1905, p. 42.

643 KARSTEN, Rafael. *The Civilization of the South American Indians*. Londres: K. Paul, Trench, Trübner & Company, 1926, p. 338.

na crista basáltica, sofreu decomposição, e as águas, percolando o calcário, levaram algumas partes da rocha, e formaram uma caverna ou abismo profundo com 120 pés ou mais de profundidade. A ocorrência de calcário nas rochas silurianas de Victoria não é comum, e ainda menos comuns são cavernas ou poços como esse perto de Narneian. Os aborígenes têm uma lenda relativa a essa abertura natural. Eles a chamam de Buk-ker-til-lible. Dizem que ela não tem fundo. Eles jogam pedras nela; as pedras emitem um som oco e surdo quando batem e ricocheteiam nas laterais do abismo, e os negros não conseguem captar o último baque surdo quando as pedras caem no fundo. Se você lhes disser que o fundo poder ser encontrado a uma grande profundidade, eles dizem que há um pequeno buraco difícil de encontrar que leva a maiores profundidades – profundidades sem fim. PUND-JEL, dizem eles, fez esse buraco profundo. Certa vez, ele ficou muito zangado com os negros yarra. Eles cometeram atos que o desagradaram, e ele fez uma estrela cair do céu e ferir muitos negros e matá-los; e a estrela caiu profundamente na terra, e fez o abismo que pode ser visto perto de Narneian.[644]

42 O motivo da retribuição nos mitos de animais

O motivo da retribuição é especialmente predominante em contos que tratam de forma, cor, individualidade e hábitos dos animais. Do material abundante, alguns exemplos podem ser citados.[645] Uma lenda bantu conta o seguinte:

---

644 SMYTH, Robert B. *The Aborigines of Victoria*. vol. I. Melbourne: J. Ferres, 1878, p. 456.

645 Os exemplos são citados da coletânea de Daehnhardt. É significativo que também nessa obra o motivo da retribuição seja pouco notado, embora seja frequentemente representado nos contos que interpretam a natureza. Vingança e gratidão, punição e recompensa, aparecem repetidamente.

> O crocodilo "não tem língua", nada além de mandíbulas e dentes; e é assim que o leviatã está condenado a viver; quando ele e a iguana, uma espécie de lagarto terrestre de três a quatro pés de comprimento na idade adulta, e com uma longa língua bifurcada, foram feitos, duas línguas foram feitas e colocadas a certa distância deles. Eles foram então instruídos a fazer uma corrida, e o primeiro a chegar teria as duas. A iguana venceu, e seu rival maior e mais selvagem teve que se contentar "com um toco na garganta".[646]

Em um conto dos fang, Nzame persegue Bingo. Bingo é auxiliado em seu voo pela aranha, Ndanabo, e pelo camaleão, mas é traído por Vière, a cobra. Após seu resgate, Bingo surge da caverna em que se refugiou.

> Camaleão, ele diz, você agiu com nobreza. Aqui está sua recompensa: a partir de agora você poderá mudar sua cor sempre que desejar. Assim você escapará de seus inimigos. Então Bingo virou-se para a aranha: Ndanabo, você também agiu com honra; o que posso fazer por você? Nada, respondeu Ndanabo, meu coração está satisfeito. Que sua presença traga boa sorte, disse Bingo, e foi embora. No caminho ele encontrou Vière e esmagou a cabeça da serpente.[647]

Uma fábula dos bornu explica o fato de que o piri, um melro do tamanho de um pombo, pode colocar seus ovos em buracos escondidos para que ninguém possa roubá-los; ele recebeu esse direito como recompensa por uma vez ter salvado a vida do sapo.[648]

---

646 MacDONALD, James. "Bantu Customs and Legends". *Folk-Lore*, vol. III, 1892, p. 355.

647 DAEHNHARDT, Oskar. *Natursagen*. vol. III. Leipzig: Teubner, 1910, pp. 502 e ss., seguindo *Bulletin de la Société Neuchâteloise de Géographie*, XVI, 138.

648 KOELLE, S. W. *African Native Literature*. Londres: Church Missionary House, 1854, pp. 173 e ss.

Os índios cherokee relatam que

> o urubu costumava ter um belo topete, do qual se orgulhava tanto que se recusava a comer carniça, e enquanto os outros pássaros bicavam o corpo de um veado ou outro animal que encontravam, ele se pavoneava e dizia: "Vocês podem comer tudo, isso não é bom o suficiente para mim". Eles resolveram puni-lo e, com a ajuda do búfalo, fizeram uma trama pela qual o urubu perdeu não só o topete, mas quase todas as outras penas da cabeça. Isso o fez perder também seu orgulho, de modo que agora está disposto a comer carniça para sobreviver.[649]

Outra ave, o bacurau norte-americano, segundo uma fábula dos índios pé-preto, obteve seu bico bonito e de aparência peculiar como recompensa por ter salvado a vida do velho Na'pi.[650] Um mito dos índios chane explica a forma especial da pulga, do carrapato e da formiga contando que eles foram pisoteados como punição por um roubo.[651]

Em um conto dos índios da região central do Brasil narra-se como o herói da cultura "Keri correu contra a Seriema" (uma ave sul-americana aparentada ao avestruz).

> A Seriema parou por um momento e Keri alcançou o pássaro. Então Keri desafiou a Seriema que logo assumiu a liderança. Keri ficou muito irritado. Ele trouxe folhas da palmeira Uakuma, agarrou o avestruz e o puniu para que

---

649 MOONEY, James. "Myths of the Cherokee". *In*: POWELL, J. W. (Coord.). *19th Annual Report of the Bureau of American Ethnology*. Washington: Government Printing Office, 1900, p. 293.

650 GRINNELL, George Bird. *Blackfoot Lodge Tales*. Nova York: Scribner, 1892, pp. 165 e ss.

651 NORDENSKIÖLD, Erland. *Indianerleben*. Leipzig: Albert Bonnier, 1912, pp. 260 e ss.

> o pássaro perdesse todas as suas belas penas; hoje ele tem uma plumagem pequena e feia.[652]

Os esquimós do Estreito de Bering têm uma história sobre renas que começa com um relato de como esses animais atacaram as cabanas dos nativos.

> Os moradores da aldeia cobriram a terceira casa com uma mistura de gordura de veado e bagas. Quando as renas tentaram destruir essa casa, elas encheram a boca com as bagas gordas e azedas, o que as fez fugir, balançando a cabeça com tanta violência que todos os seus dentes longos e afiados caíram. Depois, pequenos dentes, como os que as renas têm hoje, cresceram em seu lugar, e esses animais tornaram-se inofensivos.[653]

Uma fábula dos burjats narra: "O esquilo listrado (*tamias striatus*) sempre colheu nozes. Uma vez o urso pediu algumas nozes e o esquilo lhe deu. Em agradecimento, o urso acariciou o esquilo, tornando-o listrado".[654]

Os ainu relatam:

> A lontra do rio foi enviada pelo Criador para fazer roupas para as raposas. Foi-lhe dito para vesti-las de vermelho. Mas a lontra tinha uma memória tão ruim que, antes que pudesse cumprir sua tarefa, esqueceu completamente de que cor as

---

652 STEINEN, Karl von den. *Unter den Naturvölkern Zentral-Brasiliens*. Berlim: D. Reimer (Hoefer & Vohsen), 1894, p. 383.

653 NELSON, E. W. "The Eskimo about Bering Strait". *In*: POWELL, J. W. (Coord.). *Eighteenth Annual Report of the Bureau of American Ethnology to the Secretary of the Smithsonian Institution*. parte I. Washington: Government Printing Office, 1896/1897, p. 460.

654 DAEHNHARDT, Oskar. *Natursagen*. vol. III. Leipzig: Teubner, 1910, p. 56, seguindo POTANIN, G. N. *Očerki Severo-Zapadnoj Mongolii*. vol. IV, sec. 181a. São Petersburgo: V. Trudy, 1883.

> roupas deveriam ser, e assim fez suas peles brancas. Portanto, as raposas eram, quando descobertas pelos ainu, de cor branca, e não vermelha como agora se vê. A raposa ficou extremamente zangada com esse esquecimento e censurou a lontra por seu descuido e negligência do dever. O branco era uma cor imponente demais para se adequar ao gosto do animal. Portanto, para remediar o erro, a lontra foi até um riacho e, depois de pegar um salmão, tirou suas ovas. Ela então convidou a raposa a se deitar e, depois de triturar as ovas do peixe em um líquido, passou a esfregá-las sobre sua pele, e assim mudou sua cor de branco para vermelho. Por isso, as raposas agora são vermelhas, e não brancas, como antigamente. A raposa ficou muito satisfeita com a mudança e, para retribuir esse bom ato, conseguiu uma casca de Shikerebeni [*Phellodendron arnurense*], ferveu e tingiu a pele da lontra com licor, dando-lhe a bela cor marrom-escuro que hoje vemos.[655]

Um conto japonês explica por que a água-viva não tem concha. Era uma vez uma princesa do mar doente que só podia ser curada comendo o fígado de um macaco. Foi solicitado à astuta tartaruga que buscasse um macaco vivo. Mas a água-viva interveio e contou toda a história ao macaco capturado. Imediatamente o macaco fugiu, e os outros macacos puniram a tartaruga arrancando seu casco peitoral (concha).

> A princesa ficou brava com isso e como punição retirou a concha da água-viva. A partir dela, fez um novo casco peitoral para a tartaruga. Por isso a água-viva tem de carregar seu corpo macio na água sem qualquer proteção. Se não fosse presunçosa e tagarela assim, a água-viva teria mantido sua concha como todos os outros seres de sua espécie.[656]

---

655 BATCHELOR, John. "Items of Ainu Folk-Lore". *Journal of American Folk-Lore*, vol. VII, 1894, pp. 33 e ss.

656 BRAUNS, David. *Japanische Märchen und Sagen*. Leipzig: W. Friedrich, 1885, pp. 64 e ss. e 68.

Em Formosa se conta:

> Uma cobra bulong apaixonou-se por uma jovem, a quem apareceu como um pretendente belo e jovem... ela deu à luz uma criança, que, para espanto de todos, era humana apenas até a cintura, e abaixo tinha a forma de uma serpente. Sabendo que ela não tinha amante entre os jovens da aldeia, os pais naturalmente suspeitaram de algo sobrenatural, e seus pensamentos se voltaram para o fato de terem visto muitas vezes uma cobra rastejar pelo quintal... eles passaram a vigiar e, quando a cobra apareceu, mataram-na... o ato despertou tal espírito de vingança entre as serpentes que todas elas juraram uma eterna inimizade para com a humanidade... desde então... a mordida da bulong provou-se fatal, e a de muitas outras cobras causa grande sofrimento.[657]

Os maori têm uma fábula que narra uma aventura do herói Maui:

> Maui pediu a alguns pássaros para pegar água para ele. Ele ordenou ao *ti-eke* (*Creadion carunculatus*) que fosse buscar água; mas o pássaro não obedeceu: então ele o jogo na água. Em seguida, pediu ao *hihi* para buscar água, mas ele não obedeceu: então ele o jogou no fogo, e suas penas foram queimadas. Ele pediu ao *toto-ara* para buscar água: ele assim o fez, e ele o recompensou tornando brancas as penas da parte anterior de sua cabeça. Ele pediu ao *kokako*; e ele foi e encheu suas orelhas com água, e levou para Maui, que a bebeu, e ele alongou as pernas do pássaro em pagamento por seu ato de bondade.[658]

---

657 TAYLOR, G. "Folk-Lore of Aboriginal Formosa". *Folk-Lore Journal*, vol. V, 1887, pp. 152 e ss.

658 WHITE, John. *Ancient History of the Maori*: His Mythology and Traditions. vol. II. Wellington: Government Printer, 1887, p. 120.

Uma história dos woiworung (Austrália) diz o seguinte:

> O Morcego é o irmão de todos os homens. Há muito tempo, todo o país estava coberto de grama alta, de modo que as pessoas não conseguiam andar sobre ela. Bunjil diz ao Morcego: "Venha e fique conosco do nosso lado". Mas ele respondeu: "Não, o seu terreno é muito seco, você deveria vir até mim". Bunjil disse: "Muito bem! Então vamos deixá-lo sozinho".

E ele permitiu que a terra do Morcego queimasse. "O Morcego e todos os seus filhos foram queimados. É por isso que ele é tão preto e tem um rosto tão sorridente".[659]

Dois mitos dos aborígines de Victoria (Austrália) são assim:

> *Mirram* (o Canguru) e *Warreen* (o Vombate) já foram homens e moravam no mesmo lugar; *Warreen* tinha um bom acampamento (*willum*) feito de casca de árvore, mas *Mirram* não. *Mirram* vivia dia e noite ao ar livre. Isso era muito bom para *Mirram* quando o tempo estava bom, e muito bom também para *Warreen*, que muitas vezes dormia ao ar livre com *Mirram*. Eles eram muito amigos. Por fim, caiu uma grande chuva. *Warreen* foi até seu *willum*, fez uma boa fogueira e deitou-se confortavelmente diante dela, bem protegido por sua cobertura de casca de árvore. A chuva caiu tão forte que o fogo de *Mirram* foi apagado, e ele ficou molhado e com muito frio. Ele ficou sentado muito tempo, a chuva fria caindo sobre ele, pensando que *Warreen* o chamaria para entrar no *willum*, mas *Warreen* não fez isso. Por fim, já não suportando mais a umidade e o frio, foi até o *willum* e pediu a *Warreen* que o deixasse entrar e sentar-se em um canto vago. *Warreen* disse: "Preciso desse canto para minha cabeça"; virou-se e deitou a cabeça ali.

659 HOWITT, A. W. "Further Notes on the Australian Class System". *Journal of the Anthropological Institute of Great Britain and Ireland*, vol. XVIII, 1889, p. 59.

Mirram disse: "Não importa, este lugar (apontando para um lugar desocupado) serve". *Warreen* se moveu e colocou os pés sobre o local e disse: "Preciso desse lugar para os meus pés". *Mirram* falou novamente: "Este lugar serve", apontando para o local onde os pés de *Warreen* estavam antes. *Warreen* respondeu, "Não posso lhe dar esse lugar; quero deitar desse jeito", levantou-se e deitou-se em frente ao fogo. *Mirram* ficou muito zangado. Ele não suportou mais esse tratamento e foi embora; em seguida, pegou uma pedra e voltou silenciosamente; bateu na testa de *Warreen* com ela, deixando a testa bem achatada. Depois de ter feito isso, *Mirram* disse: "Agora, sua testa será para sempre plana e você permanecerá em um buraco escuro". Daí em diante, o pobre *Warreen* teve de viver em um buraco escuro no chão; e sua testa é plana até hoje, do mesmo jeito que ficou quando *Mirram* bateu nela com a pedra. Mas *Warreen* finalmente estava em posição de retaliar. Um dia ele pegou sua lança e jogou em *Mirram*. Acertou-o e ela ficou presa na extremidade inferior de sua coluna. "Agora", diz *Warreen*, "isso ficará aí para sempre, e será um rabo (*Moo-ee-bee*), e você terá que usá-lo quando correr, e nunca terá um *willum*". Foi assim que *Mirram* veio a ter um *Moo-ee-bee*, e é por isso que o usa quando pula e corre, e é também por isso que tem de dormir ao ar livre.[660]

Os negros murray dizem que o Corvo matou o filho da Águia. Esse ato deixou a Águia muito zangada; e, a fim de se vingar, ela cavou um grande buraco, fez uma armadilha e a cobriu cuidadosamente, para, se possível, pegar seu inimigo. Amarrando uma corda em sua armadilha, ela se afastou e esperou. Por fim, o Corvo aproximou-se da armadilha e entrou nela; a corda foi puxada e ele foi pego. A Águia matou o Corvo. Depois de um tempo, o Corvo voltou à vida e desapareceu. O povo de Gippsland diz que a Águia deixou seu filho aos cuidados da Coruja enquanto foi caçar cangurus com suas

660 SMYTH, Robert B. *The Aborigines of Victoria*. vol. I. Melbourne: J. Ferres, 1878, pp. 449 e ss.

esposas. A Coruja colocou o jovem em uma bolsa, costurou a bolsa e a deixou. Durante sua excursão de caça, a Águia ficou preocupada com seu filho e finalmente voltou para verificar como ele havia sido tratado. Quando soube do que tinha sido feito, ficou muito zangada. Imediatamente procurou a Coruja e a encontrou, depois de alguns problemas, sentada em uma árvore. A Águia, quando viu seu inimigo, usou de astúcia. Não demonstrou raiva. Falou gentilmente. Ela decidiu matá-la com sutileza. Ela maliciosamente pediu à Coruja para entrar em um buraco na árvore para procurar um gambá. A Coruja obedeceu, mas voltou sem nada. Foi-lhe dito para voltar e ela obedeceu; e assim que estava no buraco, a Águia fechou o buraco e aprisionou a Coruja. A Coruja gritou alto quando se viu presa e usou estas palavras: *Wun-no nat jel-lowen gnong-ona wok-kuk* (Quando eu abro um buraco Coruja), que significa, "Quando a Coruja abrirá um buraco?" Ela estava determinada a sair e, vendo que todos os meios falhavam, ela finalmente, com grande tristeza, quebrou a própria perna, arrancou um dos ossos, e muito pacientemente abriu um buraco grande o suficiente para se esgueirar. Ela ficou livre. A Águia a encontrou novamente e elas conversaram; a Águia e a Coruja fizeram um acordo solene e um tratado de paz... As condições eram as seguintes: a Águia teria o privilégio de subir nos galhos mais altos das árvores, para que de tão grande altura pudesse ver melhor onde os cangurus se alimentavam; e a Coruja teria o direito de ocupar os buracos das árvores. Assim terminaram as disputas entre a Águia e a Coruja.[661]

Os contos que tratam da origem dos insetos nocivos ilustram o princípio da retribuição em diferentes versões. Ocasionalmente, as pragas aparecem como criações do princípio do mal; em outros casos, são apresentadas como punição por atos perversos. Em uma fábula dos índios kootenay, mosquitos são retratados como originários do

---

661 SMYTH, Robert B. *The Aborigines of Victoria*. vol. I. Melbourne: J. Ferres, 1878, pp. 451e ss.

cadáver cremado de uma mulher má, que foi morta como punição por ter capturado e comido crianças pequenas.[662] De acordo com um conto dos dene, uma mulher foi infiel ao marido mantendo relações imorais com uma cobra. Seu marido a surpreendeu e a matou. Ele esmagou sua cabeça em pedaços, mas ela continuou a segui-lo. Com um golpe de machado o homem a transformou em pó, mas desse pó surgiram moscas e mosquitos. Eles zumbiram em torno do assassino durante toda a sua vida.[663] Aqui as pragas são aparentemente espíritos vingativos da alma da morte da esposa assassinada.

Muitos contos representam as várias características dos animais como resultado de uma distribuição pela qual o Criador puniu o descontentamento, a teimosia, a arrogância, a negligência e o esquecimento.[664] O princípio da retribuição também é expresso em fábulas que explicam que determinada característica distintiva de um animal foi obtida de outro animal mediante troca. Uma história dos cherokee fala disso:

> O Perdiz tinha uma bela voz... O Peru não tinha uma boa voz, então pediu ao Perdiz para lhe dar aulas. O Perdiz concordou em ensiná-lo, mas queria receber por seu trabalho, e o Peru prometeu dar-lhe algumas penas para fazer um colar. Foi assim que o Perdiz conseguiu seu colar de penas de peru.

A causa do gorgolejo do peru está no fato de que ele estava tão excitado na primeira aula "que não conseguia levantar a voz para gritar, mas apenas gorgolejava".[665]

---

662 Resumo do artigo "The Kootenay Indians", lido por E. F. Wilson. Cf. JOURNAL OF AMERICAN FOLK-LORE, vol. III, 1890, p. 12.

663 PETITOT, Émile. *Traditions indiennes du Canada Nord-Ouest*. Paris: Maisonneuve frères et C. Leclerc, 1886, p. 389.

664 Cf. DAEHNHARDT, Oskar. *Natursagen*. vol. III. Leipzig: Teubner, 1910, pp. 175 e ss.

665 MOONEY, James. "Myths of the Cherokee". *In*: POWELL, J. W. (Coord.). *19th Annual Report of the Bureau of American Ethnology*. Washington:

É o princípio da retribuição que determina a natureza dos contos que condenam a desonestidade em uma troca. Uma história como desse tipo é contada na Nova Pomerânia (Península Gazelle).

> Antigamente o Kau (*Philemon cockerelli Kl.*) tinha a plumagem de cores alegres do Mallip (*Lorius hypoenochrous H.RGr.*, um tipo de papagaio) e este tinha as penas cinzentas do primeiro. Um dia, o Kau foi tomar banho e depositou seu traje cuidadosamente na margem. O Mallip também foi tomar banho e tirou o traje cinza antes de entrar na água. Ele percebeu a plumagem de cores alegres do Kau e aproximou-se para admirar a maravilhosa decoração. Sem ser observado, vestiu-se com as penas iridescentes e, quando estava completamente vestido, gritou para o Kau: "Olhe como estou bonito!" O Kau ficou muito zangado e ordenou que tirasse a roupa. O Mallip, no entanto, voou para longe. Então o Kau ficou furioso e jogou um torrão de terra no Mallip. O torrão atingiu a cabeça do Mallip, e desde então ele tem uma grande mancha preta em sua linda cabeça ruiva. O Kau teve que usar o traje de aparência insignificante do Mallip. Até hoje ele não foi bem-sucedido em recuperar seu antigo traje.[666]

Segundo um conto mongol, o camelo tinha originalmente

> os chifres do cervo. Ele feriu os homens com seus chifres e os mordeu com os dentes. O camelo destruiu muitas nações, até que um cã, que era então Guigen (sumo sacerdote budista), colocou em seu nariz uma vara de madeira a prendeu a ela uma rédea... subjugando-o... então o camelo começou a carregar argal, e os homens começaram a levá-lo pelo nariz para beber. Certa vez, quando o camelo estava pastando, o

Government Printing Office, 1900, p. 288.

666 PARKINSON, Richard. *Dreissig Jahre in der Suedsee*. Stuttgart: Strecker & Schröder, 1907, p. 691.

> cervo (*Cervus elephas*) foi até ele... O cervo disse: "Dá-me teus chifres: hoje é o casamento do leão e do tigre. Amanhã, quando vieres ao local de beber, eu os devolverei a ti". O camelo deu seus chifres. No dia seguinte, foi ao local de beber, mas não havia cervos; então o camelo ficou sem chifres, pois o cervo o havia enganado. É por isso que o camelo agora, quando bebe água, olha para a direita e para a esquerda e levanta a cabeça – ele está tentando ver onde está o cervo. O cervo também perde seus chifres todos os anos, porque não lhe pertencem.[667]

A razão do habitat de um animal – se ele vive na terra ou na água, se vive gregariamente ou sozinho – é frequentemente exposta de acordo com o princípio da retribuição. Um conto indígena pode servir de exemplo: era uma vez um corvo que se casou com uma foca que já tinha um filho. Quando o menino acompanhava seu padrasto em uma expedição de caça, foi morto e devorado por ele. Em casa, o corvo contou à esposa que o filho dela havia caído na água e se afogado. Ela, no entanto, percebeu que ele mentia. Como punição, ela deixou o marido e pulou no mar. Desde então, as focas vivem na água.[668]

Dos mitos que se referem à alimentação variada dos animais, Daehnhardt diz:

> As fábulas explicam essa peculiaridade em parte por certos mandamentos que Deus deu aos animais, e em parte por acordos pelos quais os animais comprometeram-se uns com os outros. Era desejo de Deus que o lobo roubasse e que a

---

667 GARDNER, C. "Folk-Lore in Mongolia". *Folk-Lore Journal*, vol. IV, 1886, p. 28 e ss.

668 BOAS, F. *Indianische Sagen von der nordpazifischen Kueste Amerikas*. Berlim: A. Asher & Co., 1895, p. 77.

> abelha evitasse o trevo vermelho; e é um direito adquirido do moscardo sugar o sangue do boi.[669]

O caráter social da interpretação da natureza não poderia estar mais óbvio.

O princípio da retribuição também aparece nesses mitos, como, por exemplo, neste conto dos ainu:

> A cada vez que o sol nasce no fim do mundo (i. e., no leste), um demônio vem para engoli-lo. Mas alguém joga dois ou três corvos ou raposas na goela do demônio para que o sol possa se levantar enquanto isso... Como recompensa por esse serviço, corvos e raposas podem comer o que os homens comem.[670]

Uma fábula estoniana relata que nos primeiros tempos o lobo não comia ovelhas, mas as guardava como o mais fiel cão pastor. Em troca, todas as noites recebia pão quente de sua senhoria. Uma noite, no entanto, ela jogou uma pedra quente na garganta do lobo em vez do pão. O calor queimou a goela do animal até enegrecê-la, e ela permanece assim até hoje. Desde então o lobo despedaça as ovelhas para se vingar de todas as senhorias.[671]

Nos mitos que tentam explicar a amizade e a inimizade entre os animais, o princípio da retribuição também desempenha um papel importante. Uma fábula dos bogos (Abissínia do Norte) conta:

> Desde a época de sua criação, as vacas sempre pertenceram à hiena. A hiena, no entanto, contratou o homem como

---

669 DAEHNHARDT, Oskar. *Natursagen*. vol. III. Leipzig: Teubner, 1910, p. 295.

670 SEIDEL, A. *Anthologie aus der asiatischen Volkslitteratur*. Weimar: E. Felber, 1898, p. 8.

671 DAEHNHARDT, Oskar. *Natursagen*. vol. III. Leipzig: Teubner, 1910, p. 295.

> vaqueiro. O homem, depois de ficar de guarda o dia inteiro, voltava para casa todas as noites com um carregamento de lenha para fazer fogo. Mas a hiena sempre fugia. Pouco tempo depois, porém, ela voltava. O vaqueiro considerou isso e pensou consigo mesmo: "Vou expulsar a hiena e levar as vacas para mim". Ele carregou madeira e foi para casa. A hiena fugiu e o vaqueiro a perseguiu. Então a hiena disse a si mesma: "Minha vingança cairá sobre ti porque você me expulsaste; de agora em diante, comerei o úbere e as costas das vacas".[672]

Finalmente, o motivo da retribuição também aparece naqueles contos que tratam da transformação dos animais. De acordo com uma fábula indígena, a esposa infiel de Hoots, o urso, foi transformada em perdiz como punição por sua infidelidade. "Agora ela senta na floresta e chora o tempo todo por causa de suas más ações".[673] Em outra história indígena, Quaw-te-aht, o trocador, encontrou em uma jornada um homem afiando uma faca de pedra. Disse a ele:

> "Por que está tornando a faca afiada?" "Para cortar carne", respondeu o homem. "Isso é conversa fiada, você está afiando o fio de Opitsah, a faca, para poder me matar, pois conheço sua mente e posso ver seus pensamentos. Dê-me a faca", disse Quaw-te-aht, e foi em direção ao homem. Agora o homem sabia que Quaw-te-aht via seus pensamentos e por isso ficou muito assustado e começou a fugir. Em sua grande pressa, ele largou a faca e então Quaw-te-aht a pegou e jogou no homem, atingindo-o no calcanhar. Quando a faca entrou em seu calcanhar, o homem começou a pular e correu para dentro da floresta. Para puni-lo por seus maus pensamentos,

672 REINISCH, Leo. *Die Bilin-Sprache*. vol. I. Leipzig: Th. Grieben's Verlag, 1883, pp. 67 e ss.

673 PHILLIPS, W. S. *Indian Fairy Tales*. Chicago: Star Publishing Co., 1902, pp. 184 e ss. e 188.

> Quaw-te-aht disse: "Vá e seja Mowith, o veado, e salte sempre pelos bosques", e assim, pela grande magia de Quaw-te-aht, o trocador, esse homem mau tornou-se o primeiro veado, e ainda pula na floresta com a faca no calcanhar, pois se pode ver o cabo saindo logo acima de seu pé, onde ele tem outro dedo, e seus pés são partidos em dois porque a faca partiu o pé do homem mau.[674]

Uma fábula dos yamana[675] explica o canto da coruja da seguinte forma: um menino órfão que morava com sua mãe na casa do tio foi maltratado por ele, assim como por outros. Acima de tudo, ele recebia comida pouca e ruim, de modo que ficou fraco e miserável. Um dia sua mãe sugeriu que ele mesmo fosse caçar. E – que maravilha! – o menino fraco provou-se um excelente caçador e trouxe para casa os maiores guanacos. As pessoas não acreditaram que o menino frágil havia conseguido o que era impossível até mesmo para homens fortes. Então, o menino convidou-os a acompanhá-lo ao local de caça para verem com seus próprios olhos. Lá encontraram os guanacos alvejados no dia anterior.

> Esses animais de fato haviam sido mortos recentemente, e nem mesmo as entranhas tinham sido removidas. Consequentemente, os homens não podiam mais duvidar de que o garotinho tinha realmente atirado em todos aqueles animais. Então o menino colocou no ombro um grande guanaco e foi

674 PHILLIPS, W. S. *Indian Fairy Tales*. Chicago: Star Publishing Co., 1902, pp. 96 e ss. WUNDT, Wilhelm. *Völkerpsychologie*: Mythus und Religion. parte II. Leipzig: Engelmann, 1906, p. 165 e ss. observa corretamente que a interpretação da transformação do homem em animal como punição pertence a um período posterior, uma vez que o homem originalmente considerava o animal como um ser igual, até mesmo superior. O princípio da retribuição também determina aqueles contos em que a mudança aparece como um delito que exige punição. Por exemplo, cf. WUNDT, Wilhelm. *Völkerpsychologie*: Mythus und Religion. parte II. Leipzig: Engelmann, 1906, pp. 198 e ss.

675 GUSINDE, Martin. *Die Feuerland-Indianer*: Die Yamana. vol. II. Sankt Augustin: Anthropos, 1931, pp. 1190 e ss.

> para casa. Cada um dos homens também pegou um guanaco. Mas logo cada um sentiu seu fardo cada vez mais pesado. Eles tiveram que descansar repetidas vezes e só conseguiam andar devagar. O menino, porém, aparentemente não sentia o peso e logo estava muito à frente dos demais. Os homens ficaram furiosos porque o rapaz andava tão rápido e eles estavam cansados e precisavam descansar a cada momento. E toda vez que tentavam ultrapassar o menino, tinham de desistir e descansar. Eles se esforçaram tanto e ficaram tão cansados que se tornaram kuhurux (corujas). Somente o menino voltou para a aldeia pouco tempo depois. Quando as outras pessoas do acampamento o viram chegar em casa com um guanaco, imploraram por carne. Ele, no entanto, disse: "Não posso lhes dar nada do meu guanaco. Esperem um pouco até que voltem os outros homens, seus parentes, que saíram comigo esta manhã. Vocês nunca me deram nada para comer antes. Agora terão de esperar por seus parentes!" E assim eles esperaram por muito tempo. Só à noite as corujas chegaram. Mas não trouxeram nada. Elas aproximaram-se das cabanas em que haviam morado e que seus parentes ainda habitavam, mas não entraram nelas. Elas também foram à cabana onde o menino morava com a mãe. Elas podiam ver como os dois comiam. Mas as corujas não receberam nada. Elas apenas gritaram: kuhurux, kuhurux... e se retiraram para a floresta.

Em outros mitos dos yamana, a transformação de um ser humano em animal é representada como punição por incesto. É assim na história a seguir:

> O pequeno Detehurux era muito jovem, mas mesmo assim estava apaixonado pela própria mãe. Ela levava o filho pequeno para onde quer que fosse. Ela fez um saco especial de pedaços de couro no qual colocava Detehurux e sempre o carregava nas costas. Ela nunca o tirava do saco. Sempre que saía de sua cabana, ela carregava o saco nos ombros. Assim, o menino nunca estava longe de sua mãe. Muitas

vezes a mulher ia para a floresta. Aos outros, ela explicava: "Gosto tanto de *esef* que vou com frequência à floresta para colher muitos desses cogumelos". Regularmente ela saía sozinha com o saco nas costas. Assim que descobria um local escondido na floresta, parava. Imediatamente o menino deixava o saco em que descansava e se transformava num homem adulto. Sem demora subia nas árvores para colher *esef*. Ele os jogava no chão e a mulher os juntava. Depois de um tempo, dizia à mãe: "*Humi accumbe et distende crura quam maxime, malo jacere esef in vaginam tuam!*" *Mulier statim summa voluptate humi accubuit et cruribus distensis vaginam latissime aperuit. Filius ab arbore jactis esef vaginam matris attinguit, quod utrique maximo oblectamento fuit. Hisce ludis tempore sat longo protracto filius ab arbore descendit. Tunc matri incubuit eique commiscuit cum voluptate, quia membrum ejus pergrande fuit.* ["Deite-se no chão e estique as pernas o máximo possível, prefiro deitar na sua vagina!" A mulher imediatamente se agachou com grande prazer e, esticando as pernas, abriu a vagina o máximo possível. Da árvore de *esef*, o filho tocou o seio da mãe, para grande deleite de ambos. Depois dessas brincadeiras, o filho desceu da árvore por fim. Então, ele se deitou em sua mãe e se misturou com ela com prazer, porque seu membro era muito grande]. Depois de algum tempo, eles finalmente se levantavam. O filho engatinhava de volta para a bolsa e diminuía cada vez mais de tamanho, até finalmente se tornar um bebê novamente. Então a mãe corria de volta para sua cabana. Como de costume, trazia uma grande quantidade de *esef* com ela. Ela os distribuía entre as outras mulheres; todas comiam muito e ficavam muito satisfeitas. Mãe e filho, no entanto, iam muitas vezes à floresta e sempre repetiam a mesma peça maligna. Finalmente, seu comportamento criminoso foi descoberto pelas outras mulheres; e o marido foi informado. Ele pegou uma faca afiada e, quando sua esposa chegou em casa, cortou o saco de suas costas. A bolsa caiu com o menino e ele ficou de costas com as pernas abertas. *Tunc pater eius observare potuit membrum magnum filii sui, nam vestitus non erat.*

> [Então o pai pôde observar o membro grande de seu filho, pois ele não estava vestido]. Agora ele sabia o suficiente! Fora de si, pegou a faca afiada, *et aputavit membrum filii sui Magnum* [e cortou o grande membro de seu filho]. Muito sangue jorrou, mas o homem delirante não se importou. O garotinho, no entanto, foi transformado em um pássaro. Desde então ficou na floresta, nunca mais voltou para a cabana de seus pais. Esse é o pequeno Detehurux (pica-pau), que ainda hoje tem um bico forte do qual sai uma língua comprida e vermelha.[676]

Existem muitos outros mitos semelhantes que se referem ao pica-pau, como a "História da dupla de pica-paus".

> Um homem se apaixonou por sua irmã e tentou de todas as maneiras encontrá-la a sós para dormir com ela. Sua irmã percebeu cedo sua intenção, então sempre o evitava, pois não queria ter relações sexuais proibidas com ele. No entanto, ela estava hesitante. O irmão meditou com que pretexto poderia atrai-la para fora de casa. Um dia ele descobriu algumas bagas grandes em um local aberto na floresta. Uma ideia astuta veio à sua mente. Ele disse a si mesmo: "Vou contar à minha irmã as que vi. Certamente ela virá colher as bagas!" Então ele correu para a cabana e disse à irmã: "Descobri algumas bagas grandes em certo local da floresta. Você deveria ir buscar algumas". A menina pegou sua cesta e correu para a floresta. Sem ser observado, o irmão rapidamente a seguiu. Ele se escondeu em um local pelo qual ela teria que passar. Quando ela chegou perto o suficiente, ele a abraçou. Então eles se deitaram e se divertiram. Quando quiseram se levantar depois de suas más ações, viram que haviam se transformado em pássaros. Ambos eram totalmente negros. E o irmão tinha uma cabeça vermelho-claro,

676 GUSINDE, Martin. *Die Feuerland-Indianer*: Die Yamana. vol. II. Sankt Augustin: Anthropos, 1931, pp. 1197 e ss.

> o que veio das grandes bagas vermelhas sobre as quais ele contou à irmã para cometer incesto com ela.[677]

É bem conhecido que na mitologia grega os homens eram metamorfoseados pelos deuses em animais e plantas como punição por más ações. No âmbito da crença na metempsicose, a transformação dos homens em animais tem sempre o caráter de retribuição.

43 Os mitos sobre a origem da morte

Pode-se ver até que ponto o pensamento mítico do homem primitivo é dominado pelo princípio da retribuição pelo papel decisivo que esse conceito desempenha nos mitos mais importantes da humanidade; no mito da morte e no mito do paraíso perdido, a ėle conectado, bem como em mitos de catástrofes – especialmente fábulas de dilúvio.

Contos de vários povos que tratam da origem da morte são baseados na ideia primitiva comum de que o homem não morre por "natureza", mas poderia viver para sempre se a morte como um evento social específico, como delito ou punição, não interviesse. A necessidade da morte normalmente é justificada pelo mito como punição por um delito. Mas o que o homem perde com seu crime não é a possibilidade de uma vida individual eterna; tal ideia está além da experiência do homem primitivo. Em alguns mitos, é somente à capacidade de ressuscitar dos mortos que o homem é forçado renunciar como punição por algum malfeito; em tese, o homem originalmente já possuía essa capacidade, como seu ancestral, a lua. Mas a morte existiu desde o princípio; não era, contudo, definitiva, mas apenas uma fase transitória, de curta duração. Assim, os masai acreditam que

677 GUSINDE, Martin. *Die Feuerland-Indianer*: Die Yamana. vol. II. Sankt Augustin: Anthropos, 1931, p. 1201.

um dia, Naiteru-kop disse a Le-eyio que, se uma criança morresse, ele deveria dizer quando jogasse fora o corpo: "Homem, morra e volte a nascer; lua, morra e permaneça longe". Uma criança morreu logo depois, mas não era filha de Le-eyo, e quando lhe disseram para jogá-la fora, ele a pegou e disse para si mesmo: "Esta criança não é minha; quando a jogar fora, direi, 'Homem, morra e permaneça longe; lua, morra e volte'". Ele a jogou fora e disse essas palavras, e depois voltou para casa. Um de seus filhos morreu em seguida e, quando o jogou fora, disse: "homem, morra e volte; lua, morra e permaneça longe". Naiteru-kop disse a ele: "Agora já não adianta, pois você estragou as coisas com a outra criança". É por isso que quando um homem morre ele não volta, enquanto a lua, depois de se extinguir, retorna e está sempre visível para nós.[678]

Yīmantūwiñyai, a principal divindade dos índios hupa

tinha duas esposas que lhe deram um filho cada uma, um menino e uma menina. Depois de um tempo, ele foi para o fim do mundo em direção ao sul. Lá ele se apaixonou por uma bela donzela. Permaneceu com ela e tiveram um filho. Suas esposas em Leldiñ ficaram com ciúmes e enterraram seus filhos vivos. Eles saíram e foram novamente enterrados até que lá ficassem. Esse foi o primeiro caso de morte. Antes

---

678 HOLLIS, A. C. *The Masai*. Oxford: Clarendon Press, 1905, pp. 271 e ss. Outra versão diz o seguinte: a primeira morte ocorre, mas os mortos podem ser revividos. Mas, por causa da culpa dos sobreviventes, essa possibilidade se perde. Um mito dos kanioka (África) afirma que originalmente os homens não morriam. Certa vez, quando uma criança morreu, seu pai pediu aconselhamento ao deus Mauesse; o deus lhe disse como agir. Mas Mauesse também enviou um cão para relatar se os homens estavam realmente enlutados. Quando o cão viu que, após o luto, os homens riam a brincavam novamente, Mauesse infligiu a morte como punição aos homens. (FROBENIUS, Leo. *Atlantis, Volksmaerchen und Volksdichtungen Afrikas*: Dichtkunst der Kassaiden. vol. XII. Jena: Diederichs, 1928, pp. 174 e ss.). Um conto similar dos todas (sul da Índia) é relatado por RIVERS, W. H. R. *The Todas*. Londres/Nova York: MacMillan,1906, p. 400.

> dessa época, as pessoas envelheciam, mas rejuvenesciam ao dormir na tenda de suar. As pessoas ficaram assustadas e fugiram rio abaixo para evitar a contaminação. Yīmantū-wiñyai voltou com seu filho mais novo no bolso, puniu suas esposas ciumentas e seguiu seu povo.[679]

Em uma lenda das Ilhas Fiji é dito:

> Houve uma disputa entre dois deuses sobre como o homem deveria morrer: Ra Vula (a Lua) defendeu que o homem deveria ser como ela – desaparecer por algum tempo e depois viver novamente. Ra Kalavo (o Rato) não deu ouvidos a essa proposta bondosa, dizendo: 'Deixe o homem morrer como um rato morre'. E prevaleceu.[680]

O rato é um animal típico da alma da morte, e a ideia de que a morte vem dos mortos é um dos conceitos mais antigos da humanidade. A crença na reencarnação da alma da morte de um ancestral – que a princípio sobrevive na forma animal – em um membro recém-nascido da geração viva está relacionada em menor grau com essa mesma ideia de ressurreição.

Os índios pomo da Califórnia têm o seguinte mito:

> A lua e o coiote trabalharam juntos na criação de todas as coisas que existem. A lua era boa, mas o coiote era mau. Ao fazer homens e mulheres, a lua quis moldar suas almas para que, quando morressem, voltassem à terra depois de dois ou três dias, como ela própria faz quando morre. Mas o coiote tinha disposições malignas, e disse que não deveria ser assim, mas que quando os homens morressem seus

679 GODDARD, Pliny Earle. *Life and Culture of the Hupa*. (Série: American Archaeology and Ethnology, da University of California Publications). vol. I, nº 1. Berkeley: The University Press, 1903, p. 75.

680 TYLOR, E. B. *Primitive Culture*. 6ª ed. vol. I. Londres: Murray, 1920, p. 355.

> amigos deveriam queimar seus corpos e uma vez por ano fazer um grande luto por eles. E o coiote prevaleceu. Então, logo que um cervo morreu, eles queimaram seu corpo, como o coiote havia decretado, e depois de um ano fizeram um grande luto por ele. Mas a lua criou a cascavel, e fez com que ela mordesse o filho do coiote, que morreu. E embora o coiote estivesse disposto a queimar os parentes do cervo, ele se recusou a queimar seu próprio filho. Então a lua lhe disse: "Essa é a sua própria regra. Você quer assim, e agora seu próprio filho será queimado como os outros". Então ele foi queimado, e depois de um ano o coiote lamentou por ele. Assim, a lei foi estabelecida também sobre o coiote e, como ele tinha domínio sobre os homens, isso prevaleceu sobre os homens da mesma forma.[681]

A culpa que é a razão pela qual a morte é infligida à humanidade não tem necessariamente de ser a culpa dos homens que são assim punidos. Pois, do mesmo modo que é evidente para o senso de justiça primitivo que todo o grupo é responsável por um mal cometido por um único membro, e na medida em que o homem primitivo vê nessa responsabilidade coletiva o efeito limitado do princípio da retribuição, devemos também reconhecer a função justificadora desse princípio em qualquer mito que atribua a necessidade da morte dos seres humanos a um ato "maligno" de um ser sobre-humano. Esse é o caso do mito maori, no qual o motivo da obtenção do fogo está ligado à ideia da necessidade da morte. O herói Maui, não um portador do fogo, mas um destruidor do fogo, mata quatro dos cinco filhos de Mahuika, uma personificação feminina do fogo, que representa a humanidade. A irmã da deusa do fogo ofendida, Hine, que é uma personificação da morte, pune Maui com a morte. Assim a morte vem ao mundo.[682]

---

681 POWERS, Stephen. *Tribes of California*. Washington: U.S. Government Printing Office, 1877, p. 341.

682 BEST, Elsdon, *The Maori*. vol. I. Wellington: H.H. Tombs, 1924, pp. 144 e ss. Outra forma do mito da morte é a seguinte: Maui se casa com Rohe, uma

Frequentemente as más ações dos animais causam a morte como punição à humanidade. A extensão do círculo de sujeitos por cujo comportamento o indivíduo pode ser responsabilizado se deve à natureza do conceito primitivo de responsabilidade coletiva. E deve-se lembrar que o animal ou o ser sobre-humano por cujo delito a humanidade – i. e., o grupo social que se identifica com a humanidade – é punida na verdade representa algum ancestral e é, portanto, membro do grupo.[683]

O malfeito que ocasiona a punição geralmente é algum tipo de desobediência a um mandamento ou proibição, cuja origem sobre-humana nem sempre é clara e cuja importância nem sempre é discernível. Por exemplo, os nativos da Península Gazelle (Nova Pomerânia) contam esta história:

> Uma boa velhinha morreu e depois cavou sozinha para fora da cova. Ela pediu a uma criança: "Traga-me um pouco de fogo para que eu possa me aquecer!" A criança, porém, recusou-se a ir e não obedeceu à boa velhinha que em vão a admoestou. Consequentemente, a velha morreu novamente.

---

irmã do sol. Rohe não gosta do rosto feio do marido. Maui a força a trocar de rosto com ele e então a mata. Sua alma da morte vinga-se matando-o. É assim que a morte vem ao mundo. Rohe torna-se a deusa das trevas. Ao mesmo tempo, essa história é uma representação alegórica de uma das ideias originais da humanidade, a saber, que a morte, como retribuição, vem dos mortos.

683 BAUMANN, Hermann. *Schöpfung und Urzeit des Menschen im Mythos der afrikanischen Völker*. Berlim: Dietrich Reimer (Andrews & Steiner), 1936, p. 272 fala o seguinte sobre os mitos africanos que tratam da origem da morte: "Uma característica principal de todos os mitos desses grupos é o papel passivo do homem no suspeito dom da mortalidade. A culpa repousa unicamente na lentidão, elegância e delicadeza do animal que transmite a mensagem da eternidade, ou na velocidade e astúcia de seu parceiro que anuncia a mortalidade. Mas se tivermos em mente que todos os mitos ocorrem em tempos de outrora – às vezes até no período da criação – e que os mitos originários do sudeste apresentam animais como seres atuantes, frequentemente como os habitantes originais da terra, então todo o problema assume um aspecto completamente diferente". De acordo com Baumann, esses animais são os representantes dos primeiros homens.

> Se a criança tivesse atendido seus pedidos, os seres humanos nunca teriam que morrer. Seríamos enterrados, mas poderíamos nos desenterrar novamente e retornar à vida aquecendo-nos no fogo. Mas como a criança não obedeceu a velha, os seres humanos não podem voltar à vida, mas morrem de uma vez por todas.[684]

O que Parkinson relata da parte setentrional da Península Gazelle é provavelmente apenas outra versão desse mesmo: um dia o deus To Kabanana, que havia criado o mundo bem e lindamente, enviou um menino para

> buscar fogo para os trabalhadores. O menino não queria ir e então To Kabanana lhe perguntou: "por que você não quer ir?" Mas o menino não respondeu. Então a cobra [o animal da alma da morte por excelência] disse: "Tudo bem então, eu irei e trarei o fogo". E a cobra deslizou e trouxe para To Kabanana o fogo desejado. Então o deus falou com a serpente: "Cobra, você viverá para sempre; mas o povo da costa morrerá".[685]

A ideia difundida de que a cobra não precisa morrer vem da peculiaridade de ela trocar de pele de tempos em tempos. C. E. Fox encontrou o seguinte mito entre os nativos de San Cristóbal (Ilhas Salomão):

> Agunna [a serpente fantasma] criou os homens. Ele criou também uma mulher que, quando envelheceu, foi um dia trocar de pele no riacho, pois esse era o costume de época. Ela tinha uma filha, e deixou-a na aldeia. Quando a velha

684 MEIER, P. Josef. *Mythen und Erzählungen der Küstenbewohner der Gazelle-Halbinsel (Neupommern)*. (Série Anthropos-Bibliothek). 1ª ed. vol. I. Münster: Aschendorff, 1909, p. 107.

685 PARKINSON, Richard. *Dreissig Jahre in der Suedsee*. Stuttgart: Strecker & Schröder, 1907, p. 683.

> mudou de pele, voltou parecendo jovem e adorável mais uma vez, mas sua filha disse: "Esta não é minha mãe, esta é uma mulher estranha", e não quis ter nada a ver com ela. Então a velha voltou ao córrego... ela vestiu a pele antiga e voltou para a filha. "Agora eu conheço você", disse sua filha, "você é minha mãe". E assim a morte veio ao mundo, porque a filha chorou e não reconheceu a mãe. Caso contrário, os homens teriam para sempre mudado de pele quando ficassem velhos.[686]

A morte é um castigo pelo fato de a filha não reconhecer a mãe, ou melhor, não querer reconhecê-la por ciúmes. A geração mais jovem desejar a morte da mais velha é o motivo semiconsciente do mito. Todo mundo tem que morrer, já que os jovens invejam a vida dos idosos.

Kidd relata uma lenda dos bosquímanos em relação à origem da morte:

> Urezhwa criou os homens e depois tomou para si uma esposa. A esposa adoeceu, então Urezhwa a trancou em uma caverna e partiu em uma longa jornada para buscar remédios. Ele disse às pessoas que ficaram tomando conta dela para que não a enterrassem caso ela morresse durante sua ausência. Contudo, ela morreu logo depois que ele partiu, e as pessoas ficaram tão enojadas com o cadáver que o enterraram. Quando o criador voltou, descobriu o que eles haviam feito e, com raiva, disse que se eles tivessem obedecido, ele a teria ressuscitado e dado a eles o poder de reviver após a morte. Agora eles deviam sofrer por sua desobediência. Ele então subiu aos céus.[687]

---

686 FOX, C. E. *The Threshold of the Pacific*. Londres: Kegan Paul, Trench, Trübner & Co., 1924, p. 82.

687 KIDD, Dudley. *The Essential Kafir*. Edimburgo: A & C Black, 1904, p. 78.

De acordo com R. P. Colle, uma lenda dos baluba, uma tribo do vale do Congo, diz o seguinte: no princípio, a terra não tinha homens. Então Kabezya-Mpungu criou um homem, Kyomba, e duas mulheres. A esposa favorita deu à luz um menino; mais tarde, ambas as esposas tiveram mais filhos.

> Um dia a mãe do filho mais velho desmaia e cai em profunda letargia... Só o pai sabe o que isso significa. Ele leva a pobre mulher, sem avisar ninguém, e desaparece no mato. – Ali começa a construir uma cabana, uma casa espaçosa; no meio, um quarto bem protegido e quente; ao redor, paredes, não menos que dez. Quando tudo está pronto, ele deposita sua companheira no quarto central, fecha todas as portas, e vai para casa, como se nada tivesse acontecido. No entanto, Kyomba vigia sua esposa trancada. Todos os dias ele vai até ela, trazendo uma pequena refeição e um certo remédio (não se sabe em que consistia). O filho mais velho, tendo sido informado disso, acompanha o pai; mas ele foi estritamente proibido de contar o que sabia à sua segunda mãe, mediante ameaças do mais terrível castigo se o fizesse. Kyomba, aliás, teme que sua segunda esposa acredite que sua rival nunca mais vá voltar e aproveite para se mostrar arrogante. Os dias se sucedem sem que haja nenhuma mudança nessa ordem das coisas.
>
> Um dia Kyomba disse: "Estou partindo para uma viagem", e foi embora. Antes de começar, ele diz ao filho: "Se sua mãe for em direção à morada escondida, diga a ela que me oponho a isso; que é perigoso, que me desobedecer traria consequências desastrosas para todos nós". Dois dias se passam sem que Kyomba volte. Sua esposa então dá ao menino um pote perfurado em três lugares e lhe diz: "Vá, meu filho, vá buscar água no rio". A criança obedece. Ele saíra a pouco quando ela gritou: "Meu marido foi passear, então eu também irei". E saiu em direção ao bosque. De repente, ela vê um caminho pouco trilhado, segue-o e chega à moradia construída por Kyomba. Infelizmente, o filho não está com ela para proibi-la de entrar. Ela abre uma porta,

depois a segunda e a terceira. Quanto mais se aproxima, mais sua curiosidade é despertada. Finalmente, ela cruza a nona porta e está pronta para abrir a décima. Mas ouve uma voz vinda do interior: "Não entre! Não entre!" "E por que não? Eu quero". Por favor, não abra a porta, se você entrar, terei de morrer imediatamente, e você também morrerá". "Não acredito em uma palavra disso; é uma farsa, você está mentindo". E empurra a porta escancarando-a. Ela vê uma linda jovem, toda branca, toda fresca, aparentando ter acabado de nascer. Ela olha e cai, morta. A companheira curiosa cai ao seu lado.

Em seguida, Kyomba volta de sua viagem. Não vendo sua esposa, pergunta ao filho mais velho onde ela está. "Eu não sei", responde ele; "ela me mandou buscar água em um pote furado. Fiquei muito tempo no rio, tentando em vão enchê-lo. Finalmente, cansado e sem paciência, voltei e não encontrei nossa mãe. Fiquei esperando por ela durante um longo tempo". Kyomba vai fundo na floresta, chamando sua esposa em todas as direções; só o eco lhe responde. Por fim, temendo um infortúnio, dirige-se à morada secreta, encontra todas as portas abertas e no meio dois cadáveres. Ao ver isso, é dominado por uma grande dor. Ele volta para casa e diz: "Filhos, uma grande catástrofe nos atingiu. Sua primeira mãe caiu em um sono profundo. Levei-a bem para o meio da floresta; lá, ela deveria permanecer por algum tempo; então ela acordaria; e, nesse momento, passaria por uma transformação e se tornaria jovem e bonita novamente. Mas ninguém poderia olhar para ela antes que tudo estivesse completamente terminado. Só eu, seu pai, podia fazê-lo. Sua segunda mãe, movida por sua curiosidade, superou todos os obstáculos e a viu, e instantaneamente a morte atingiu ambas. Elas agora estão mortas, meus filhos, elas não falarão mais, nunca mais virão até nós. Nós também estamos condenados a morrer. Se sua primeira mãe tivesse conseguido sua transformação, ela teria obtido a imortalidade para todos nós, todos nós teríamos a vantagem de rejuvenescer eternamente, mas agora todos devemos morrer como ela".[688]

Os lambas da Rodésia do Norte têm a seguinte fábula:

> Há muito tempo, o chefe da terra costumava viajar de um lugar para outro, mas finalmente desejou se estabelecer; ele, portanto, enviou alguns de seu povo a Deus para buscar sementes, para que pudesse semeá-las e ter suas próprias hortas. Quando seus mensageiros chegaram a Deus, receberam alguns pequenos pacotes amarrados e foram instruídos a não abrir um deles, mas entregá-los a seu chefe... eles abriram o pacote proibido – o pacote da morte... eles foram ao chefe e confessaram que um deles havia aberto o pequeno pacote e deixado a morte escapar. E o chefe... disse: "vamos matá-lo"... E a morte entrou no mundo.[689]

Um mito dos ba-kaonde (Rodésia do Norte) diz o seguinte: Deus deu a "Mayimba", o pássaro do mel, três cabaças para trazer aos dois primeiros homens; e ordenou que apenas duas das cabaças fossem abertas, as quais continham sementes de várias plantas. A terceira cabaça não deveria ser aberta. Mas o pássaro curioso abriu também a terceira, da qual saem a morte, a doença, os animais perigosos e os répteis. Por essa desobediência do pássaro do mel, os homens têm de sofrer. Deus lhes diz:

> Mayimba é um grande pecador. Eu disse a ele que a terceira cabaça não deveria ser aberta até que eu chegasse: mas ele desobedeceu. Assim, ele lhes trouxe muitos problemas, doenças, morte; e os riscos de leões, leopardos, cobras e

688 COLLE, R. P. *Les Baluba.* (Collection de monographies ethnographiques, editadas por C. Van Overbergh). vol. XI, nº 2. Bruxelas: Dewit, 1913, pp. 519 e ss.

689 DOKE, Clement M. *The Lambas of Northern Rhodesia.* Londres: G. G. Harrap & Co., ltd., 1931, p. 228.

> outros animais e répteis malignos. Não tenho o que fazer quanto a isso, pois essas coisas escaparam e não podem ser capturadas. Portanto, vocês terão de construir cabanas e abrigos para se proteger delas.[690]

No relato de Le Jeune sobre os índios norte-americanos lemos que um selvagem contou

> ao padre Breboeuf que seu povo acreditava que certo Selvagem havia recebido de Messou o dom da imortalidade em um pequeno pacote, com a ordem estrita de não o abrir; enquanto o mantivesse fechado, seria imortal, mas sua esposa, curiosa e incrédula, quis ver o que havia dentro do pacote; tendo-o aberto, tudo voou, e desde então os Selvagens estão sujeitos à morte.[691]

Os índios pomo (Califórnia) têm o seguinte mito: Kó-do-ya-m-peh, o criador do mundo,

> enviou sobre a terra o homem que ele havia criado para colher alimento. Antes disso, toda a caça e todos os peixes, os gafanhotos, as aves do céu e os insetos da terra eram mansos, de modo que um homem só tinha que estender a mão entre eles para pegar o alimento que quisesse. Também o solo era prolífico, produzindo de tudo, bolotas, bagas de manzanita, pinhões e muitos tipos de sementes de capim rico para o sustento do homem. Então, quando Kodoyampeh enviou o homem que ele havia feito, disse-lhe para tomar livremente de tudo o que visse e desejasse – caça e peixes, pássaros e nozes, sementes e bagas – pois todas as coisas haviam sido criadas para ele. Havia uma única

690 MELLAND, Frank H. *In Witch-bound Africa*: an Account of the Primitive Kaonde Tribe & Their Beliefs. Londres: Seeley, Service & Co., 1923, p. 158.

691 JESUÍTAS. *The Jesuit Relations and Allied Documents*. vol. VI. Cleveland: Burrows Bros. Co., 1634, p. 159.

> determinação: ele teria de levar para casa o que quisesse cozinhar, estando proibido de acender uma fogueira na floresta. Então o homem saiu para caçar, mas o diabo o viu e lhe disse para cozinhar na mata o que quisesse. Ele assim o fez. Portanto, toda a caça e os peixes, todos os gafanhotos, os pássaros e os insetos, quando viram a fumaça na floresta, tornaram-se selvagens, como são hoje. Mais do que isso, o solo modificou-se, de modo que os carvalhos não deram mais bolotas, nem a mazanita bagas, e não sobrou nada na face da terra de que o homem pudesse se alimentar, exceto raízes, trevo e minhocas. Essas três coisas eram tudo o que os homens tinham para comer. Kodoyampeh também mudou o ar para que não fosse mais o mesmo durante todo o ano, havendo agora, além dos dias agradáveis, geada, chuva, neblina, vento, calor e seca. Como compensação, deu-lhes o fogo para se aquecerem, enquanto antes só tinham pedras para pressionar contra seus corpos. Ele estabeleceu as estações – Kum'-men-ni (a estação das chuvas); Yo'-ho-men-ni (a estação das folhas); I'-hi-lak-ki (a estação seca); Mat'-men-ni (a estação das folhas caindo). Ele também instituiu o *ku'-meh* sagrado, o salão de assembleias, e deu canções para os konkau cantarem, mas ainda não lhes deu nenhuma dança. Antes dessa época eles não tinham doenças nem mortes, mas depois que cozinharam e comeram na floresta ficaram sujeitos a febres e pestilências, e muitos morreram.[692]

A desobediência é também a razão decisiva para a morte infligida como punição nas lendas em que a necessidade de morrer ou a libertação da morte fornece o conteúdo da mensagem enviada aos homens pela autoridade sobre-humana. É assim na história frequentemente citada dos zulus (e em contos semelhantes de outras tribos bantu), segundo a qual Unkulunkulu envia

---

692 POWERS, Stephen. *Tribes of California*. Washington: U.S. Government Printing Office, 1877, p. 293.

primeiro um camaleão aos homens com a ordem de informá-los de que não precisam morrer. O camaleão preguiçoso, no entanto, não se apressa em entregar a mensagem e para no caminho. Em seguida, Unkulunkulu despacha o lagarto veloz (também um animal típico da alma da morte) com a mensagem contrária aos homens. O lagarto chega antes do camaleão, e, portanto, os homens precisam morrer.[693] Entre os namaqua (África do Sul), o mito da mensagem da morte formula ainda mais claramente o elemento da inadimplência: certa vez a lua enviou a lebre aos homens com a seguinte mensagem: "Assim como eu morro e ressuscito, vós também morrereis e ressuscitareis". Mas a lebre disse aos homens: "Assim como eu morro e não ressuscito, vós também morrereis e não ressuscitareis". Então a lebre voltou e contou à lua o que tinha dito. Em resposta, a lua atingiu a lebre com um machado e cortou seu lábio, razão pela qual as lebres ainda têm, como punição, um lábio partido. De acordo com uma versão diferente, a lebre fugiu e segue fugindo até hoje. De qualquer maneira, os namaqua nunca comem carne de lebre.[694]

Meek relata o seguinte mito dos margi da Nigéria:

---

693 CASALIS, E. *Les Bassoutos*. Paris: Meyrueis, 1859, p. 255; cf. também Carl Clemen, *Das Leben nach dem Tode im Glauben der Menschheit*, 1920, pp. 18 e ss.; além disso, BAUMANN, Hermann. *Schöpfung und Urzeit des Menschen im Mythos der afrikanischen Völker*. Berlim: Dietrich Reimer (Andrews & Steiner), 1936, pp. 268 e ss.

694 TYLOR, E. B. *Primitive Culture*. 6ª ed. vol. I. Londres: Murray, 1920, p. 355; Cf. também Baumann, p. 276. Os mitos em que a mensagem é entregue por dois animais, como o camaleão e o lagarto no conto dos zulu, a tartaruga e o lagarto, o camaleão e a cobra ou o camaleão e a lebre em outros contos, baseiam-se, segundo BAUMANN, Hermann. *Schöpfung und Urzeit des Menschen im Mythos der afrikanischen Völker*. Berlim: Dietrich Reimer (Andrews & Steiner), 1936, p. 276, em um "antagonismo entre os seres da lua e do sol, que substituiu o par original irmão-irmã". Esses mitos devem ter se originado em tempos de um "Kulturkreis" de caráter lunar, pois o ser lunar vence o solar.

> Quando a morte entrou no mundo pela primeira vez, os homens enviaram um camaleão a Deus para determinar a causa. Deus disse ao camaleão para informar aos homens que se jogassem mingau assado sobre um cadáver ele voltaria à vida. Mas como o camaleão demorava a voltar e a morte era desenfreada entre eles, os homens enviaram um segundo mensageiro – desta vez um lagarto. O lagarto chegou à morada de Deus logo depois que o camaleão partiu, e Deus, irritado com a segunda mensagem, disse ao lagarto que os homens deveriam cavar um buraco no chão e enterrar seus cadáveres lá. O lagarto chegou em casa antes do camaleão e quando o camaleão chegou, os cadáveres já estavam enterrados. E assim, devido à impaciência dos homens, ou à má-fé do lagarto, os fantasmas dos mortos são forçados a pairar em torno de seus túmulos até serem libertados pelos ritos fúnebres finais para um reino no qual possam renascer.[695]

Em outro grupo de mitos africanos, os homens perdem a imortalidade que lhes fora destinada por dormirem. O conteúdo essencial dessas lendas é: "Os homens dormem quando Deus deseja comunicar a palavra da vida imortal e, assim, incorrem no destino de ter que morrer para sempre".[696]

---

695 MEEK, C.K. *Law and Authority in a Nigerian Tribe.* Oxford: Oxford University Press, 1937, p. 53.

696 BAUMANN, Hermann. *Schöpfung und Urzeit des Menschen im Mythos der afrikanischen Völker.* Berlim: Dietrich Reimer (Andrews & Steiner), 1936, pp. 280 e ss. Um mito dos Lunda: Nzambi, o ser mais elevado, criou os primeiros homens. Ele proibiu somente uma coisa: dormir enquanto a lua passa pelos céus. Uma noite, porém, quando a lua estava escondida atrás das nuvens, o primeiro homem transgrediu essa proibição divina. Ele adormeceu e morreu. "Desde então, chega a hora de todos morrerem, pois ninguém consegue manter-se acordado enquanto a lua está alta" (MELLAND, Frank H. *In Witch-bound Africa*: na Account of the Primitive Kaonde Tribe & Their Beliefs. Londres: Seeley, Service & Co., 1923, p. 164).

Às vezes, o mal punido com a morte consiste apenas em um simples erro ou em uma falsa escolha. Os Poso-Todjo-Toradja das Celebes têm um mito que conta que nos tempos antigos o céu estava muito perto da terra. Na terra viviam um homem e uma mulher que foram os primeiros seres humanos criados por Lamoa. Um dia

> Lamoa baixou do céu uma pedra presa a uma corta. Mas o homem e a mulher não a aceitaram; eles disseram a Lamoa: "O que faremos com essa pedra? Dê-nos outra coisa!" Então a pedra foi puxada e solta da corda. E, em vez disso, Lamoa prendeu um cacho de *pisang* (bananas). Assim que ele as baixou para a terra, os *tau piamo* (os primeiros seres humanos) correram para elas e as levaram. Então Lamoa disse: "Ah, seres humanos! Porque vocês escolheram as bananas, sua vida será como a delas. Quando a bananeira produz descendentes, o troco dos pais morre; então vocês morrerão e seus filhos tomarão o seu lugar. Se vocês tivessem aceitado a pedra, sua vida inteira teria sido como a vida da pedra: imutável (imortal)".[697]

Schebesta encontrou o seguinte mito entre os pigmeus bakongo:

> No princípio, os homens não morriam. Muri-muri (Ser Supremo) deu um pote a um sapo e ordenou que ele ficasse atento para que o pote não quebrasse; pois a morte estava trancada nele. Se o pote se quebrasse, todos teriam que morrer. No caminho, o sapo encontrou uma rã saltitante que se ofereceu para carregar o pote. Mas o sapo teve dúvidas e hesitou. Por fim, porém, como o pote era muito pesado, deu-o à rã, mas exortou-a a ter cuidado. A rã pulou para longe e o pote se quebrou em pedaços. Assim, a morte saiu e abateu-se sobre a humanidade.[698]

---

697 FISCHER, H. T. "Indonesische Paradiesmythen". *Zeitschrift für Ethnologie*, ano 64, 1932, p. 207.

698 SCHEBESTA, Paul. *Bambuti*: Die Zwerge vom Kongo. Leipzig: F.A. Brockhaus, 1932, p. 219.

Entre os birhors (Índia), é dito que

> antigamente, a morte significava apenas uma separação temporária da alma, ou melhor, das almas em relação ao corpo. Foi somente por um truque de um *lindum* (uma espécie de centopeia) que a Morte passou a significar uma separação permanente entre alma e corpo. A história tradicional birhor sobre a origem da Morte é a seguinte: um birhor, que estava morto, reviveu como de costume, e, depois de ter se banhado em um riacho, estava voltando para casa, quando no caminho encontrou um *lindum*. O astuto *lindum* bloqueou seu caminho e lhe disse: "Conte minhas 'pernas' e o deixarei ir para casa". O homem concordou e começou a contar as pernas do *lindum* quando ele avançou alguns passos e o homem teve que recomeçar a contagem. E, novamente, antes que ele terminasse, o *lindum* deu alguns passos para trás, e o homem teve que recomeçar a contagem novamente. O *lindum* seguiu repetindo esse truque para que o homem nunca pudesse terminar sua tarefa e voltar para casa. Desde então, os mortos não voltam à vida.[699]

No mito da morte mais conhecido, a história da queda do homem no primeiro livro de Moisés, o mal consiste na violação de uma proibição alimentar.[700] Mas comer o fruto proibido im-

699 ROY, Sarat Chandra. *The Birhors*. Ranchi: [s.n.], 1925, pp. 252 e ss.

700 FRAZER, J. G. *Folk-Lore in the Old Testament*. vol. I. Londres: MacMillan and Company, 1919, p. 76, acredita que a lenda da queda do homem no Gênesis é uma versão de um mito muito antigo e difundido, cujo conteúdo essencial ele representa da seguinte forma: O homem primitivo acredita que "no início, uma renovação perpétua da juventude foi concedida por um ser benevolente à espécie humana, ou pelo menos era de fato desfrutada por ela, e que, se não fosse por um crime, um acidente ou um desatino, teria durado para sempre". Mas deve-se apontar aqui que para a mentalidade primitiva não existe uma distinção clara entre "crime", "acidente" e "desatino" e que as más consequências de todos esses fatos – que apenas nosso senso civilizado de moralidade diferencia – são interpretadas como retribuição. O fato de alguém ter que morrer é sempre, em certo sentido, uma punição, e a causa da morte um

plica claramente, embora o significado original seja ligeiramente obliterado no relato bíblico, um ato sexual proibido.[701] Esse é um elemento típico do simbolismo primitivo. P. Joseph Meier relata que, entre os nativos Gunantuna do Arquipélago de Bismarck, a proibição de comer o próprio totem significa simplesmente que não se pode ter relações sexuais dentro de seu grupo totêmico, "uma vez que a relação sexual é compreendida pela imagem de comer".[702] Em um mito fangue, relatado por Tessmann,[703] o signi-

---

"pecado". Não se deve, porém, aceitar esse termo no sentido da moral cristã. BAUMANN, Hermann. *Schöpfung und Urzeit des Menschen im Mythos der afrikanischen Völker*. Berlim: Dietrich Reimer (Andrews & Steiner), 1936, p. 267, caracteriza corretamente os mitos africanos que tratam da origem da morte da seguinte forma: "Tudo o que acontecia antigamente era, segundo a opinião dos nativos, de algum modo diferente de hoje. Os homens viviam para sempre e não morriam. Eles compreendiam a linguagem dos animais e viviam em paz com eles. Não trabalhavam, mas tinham comida farta ao seu alcance, o que lhes garantia uma vida sem problemas. Eles ainda não estavam cientes do sexo ou da procriação; em suma, todos os sentimentos e costumes fundamentais característicos dos homens modernos lhes eram desconhecidos. Mas um dia, por causa de alguma falha, alguma violação de alguma norma, ou por curiosidade ou alguma má atitude desse tipo, eles se voltaram contra Deus e Ele os puniu. Todos esses mitos formam o núcleo das mitologias africanas que tratam das condições originais dos homens. Eles são mais desenvolvidos no continente negro do que todos os outros tipos de mitos. Pode-se rotulá-los de 'lendas que tratam da queda ou pecado do homem', se o conceito de 'pecado' não for usado apenas no sentido cristão. O conceito de 'pecado' é familiar a todo nativo se 'pecado' significar um delito contra uma norma divina ou social. Como o delito sempre aparece ligado à sua punição, o conceito europeu de pecado não é tão diferente do conceito africano, embora não haja razão para supor a influência das ideias europeias de moralidade".

701 O pecado de Adão e Eva consiste no fato de terem comido a fruta da "árvore do conhecimento". "Saber" significa, em hebreu, ao mesmo tempo, "ter relação sexual". RANK, O. *Psychoanalytische Beitraege zur Mythenforschung*. Leipzig: Internationaler Psychoanalytischer Verlag, 1922, pp. 74 e ss., admite como núcleo original do mito bíblico da queda do homem o crime de incesto, que Adão, filho de Eva, comete com sua mãe, esposa de Jeová.

702 MEIER, Joseph. "Kritische Bemerkungen zu J. Winthuis' Buch, 'Das Zweigeschlechterwesen'". *Anthropos*, vol. XXV, 1930, p. 104.

703 TESSMANN, Guenther. *Die Pangwe*. vol. II. Tubingen: Ernst Wasmuth, 1913, p. 28.

ficado sexual da proibição alimentar é claramente compreensível: o deus Essamnyamaböge deixa seu filho Mode e a esposa deste sozinhos por um momento e diz ao ir embora: "Voltarei em breve, então não comam a fruta *ebon*". A palavra *ebon*, no entanto, também significa "órgão sexual feminino". Depois de partir, o deus lembra que se esqueceu de deixar ao filho as colheitas e o fogo. Ele, portanto, envia outro filho, Otöng, a cobra, de volta com essas coisas. Em vez de dá-las a Mode, a cobra diz a ele: "Você deve comer a fruta *ebon*". O caráter fálico e ao mesmo tempo mortífero da cobra obviamente desempenha um papel importante aqui. Então Deus abandona a cobra e volta a Mode e sua esposa. Quando eles o veem chegar, escondem-se. Ele pergunta a Mode: "Por que você transgrediu meu mandamento quando eu lhe disse expressamente que eu mesmo definiria o tempo". À esposa de Mode, ele diz: "Você dará à luz seres humanos. Metade deles morrerá, mas a outra metade viverá". Isso significa: morte e nascimento. Então ele fala novamente com Mode:

> Eu lhe digo isso para que saiba: não ficarei mais aqui. Se tentar me encontrar, será em vão, pois lembre-se de que eu terei atravessado os mares. Não me procure lá, pois terei ido para o céu. Seus filhos não saberão disso.

Podemos deixar de lado aqui se, e em que medida, essa história é influenciada pelo cristianismo, uma vez que o núcleo do mito não é especificamente judaico-cristão, mas uma ideia geral da humanidade que aparece em diferentes versões entre vários povos –por exemplo, entre os chagga (dschagga). Eles têm, de acordo com Charles Dundas,[704] o seguinte mito: Ruwa (o Ser Supremo) disse aos homens:

---

704 DUNDAS, Charles. *Kilimanjaro and Its People*. Londres: H F & G Whitherby, 1924, pp. 108 e ss.

"Eu lhe dou permissão para comer todas as frutas das bananas, e também todas as batatas do bananal. Coma todas as bananas e batatas, você e seu povo. Mas o inhame, que é chamado Ula ou Ukaho, você não deve comer. Nem você nem seu povo, e se alguém comê-lo, seus ossos se quebrarão e por fim ele morrerá". Então Ruwa deixou o povo e seguiu seu caminho. E todas as manhãs e noites ele vinha cumprimentar o ancião e seu povo. Certo dia um estranho veio e cumprimentou o ancião e implorou por comida. O ancião disse ao estranho: "Vá para o bananal e coma as bananas e batatas de lá, mas de modo algum como a batata Ula. Pois Ruwa orientou a mim e ao meu povo a não a comer, então não a coma". O estranho disse: "Agora é meio-dia, esta manhã Ruwa me pediu para lhe dizer que me desse uma panela para que eu pudesse cozinhar esse Ula, para comê-lo com você e seu povo e nos regozijar". Ao ouvir que Ruwa tinha mandado esse estranho, o ancião deu-lhe uma panela. E o estranho pegou uma pá e desenterrou o Ula e o colocou na panela. O ancião e o estranho cozinharam o inhame Ula e começaram a comê-lo.

Enquanto comiam, o ministro de Ruwa sentiu o cheiro da comida e achou parecido com o cheiro de Ula. Imediatamente ele veio correndo e perguntou: "O que vocês estão comendo? O que vocês estão comendo?" Então o ancião e o estranho ficaram surpresos e com muito medo, sem ter o que responder. O ministro pegou a panela com os inhames e levou-a para Ruwa. Quando Ruwa a viu, ficou muito zangado e enviou seu ministro pela segunda vez. Ele foi e falou com o ancião e seu povo: "Porque vocês foram enganados por um estranho e comeram meu Ula, quebrarei (seus ossos) e estourarei seus olhos, e finalmente vocês morrerão". Então o ministro voltou para Ruwa. Desde aquele dia eles não o viram novamente, e Ruwa não enviou nenhuma nova mensagem a eles; as pessoas começaram a ser quebradas, e seus olhos a ser fechados; depois morreram. Assim os anciãos de Wachagga contam e sabem.

Quando o ministro foi a Ruwa, imediatamente o povo e seu ancião começaram a adoecer nos ossos e nos olhos. Então o ancião orou a Ruwa pedindo mel e leite. E Ruwa o ouviu, e enviou seu auxiliar novamente para dizer ao ancião: "Agora terei misericórdia de você e de seu povo. Saiba que daqui em diante você chegará a uma grande idade, e quando morrer, trocará sua pele como uma cobra faz, e depois se tornará jovem novamente. Mas ninguém de seu povo poderá vê-lo enquanto você troca de pele, você deverá estar sozinho nesse momento. E se seu filho ou neto o vir, você morrerá na mesma hora e não será salvo novamente".

Assim eles viveram até que o ancião ficou muito velho. Seus filhos, vendo isso, deram-lhe sua neta para cuidar dele, para evitar que caísse na fogueira e se queimasse. O velho sabia que havia chegado o dia de trocar de pele, pois Ruwa tinha enviado uma mensagem a ele por seu ministro. E ele pensou em como se livrar da neta para ter oportunidade (de mudar de pele). Disse à neta: "Pegue uma cabaça e traga-me água". E a neta trouxe uma cabaça. O velho pegou uma agulha grande, fez pequenos furos no fundo da cabaça, deu-a para a menina e a instruiu a trazer água. O velho sabia que ela não voltaria logo, pois a cabaça estava cheia de buracos. A neta foi rapidamente buscar água. Mas quando a cabaça estava cheia ela viu que toda a água vazou, pois havia muitos furos. Ela fez um esforço para tapá-los. Quando terminou de tapar os buracos, encheu a cabaça. Ela colocou a cabaça em sua cabeça e correu para casa para encontrar o avô. Quando entrou em casa, assustou-se, pois o velho havia esfolado metade de sua pele. O velho olhou para ela com grande espanto e gritou: "Assim seja, eu morri, todos vocês morrerão, eu morri, todos vocês devem morrer. Porque você, minha neta, entrou enquanto eu trocava minha pele. Ai de mim, ai de você". Então, o velho envolveu-se lentamente em sua pele e morreu. E seus filhos vieram com seus netos e o enterraram. E levaram embora a neta má, que foi para a floresta. Ela tornou-se esposa e teve filhos, mas não filhos humanos; deu à luz apenas filhos com quatro patas e um rabo. São os babuínos, macacos, símios e colobus. Assim, os babuínos e os outros são filhos daquela que ofendeu seu

> avô. Por tal razão, os babuínos e seus semelhantes são chamados de "Povo da Floresta" ou "Filhos da Maldição".[705]

Os nativos do antigo Calabar, que, culturalmente, estão intimamente relacionados com os fangues, têm um mito que afirma que um casal de divindades, Abassi e Atai, enviou os primeiros seres humanos à terra.

> Como deus estava com medo dos numerosos descendentes do homem, ele ordenou que o homem e a mulher deitassem em esteiras diferentes e os advertiu que não coabitassem. Ele também os proibiu de trabalhar; em vez disso, eles tinham de buscar comida no céu. Mas um amigo sugeriu à mulher que cultivasse um campo para poupar a viagem até o céu. Mais tarde, o homem dormiu com a mulher apesar da proibição. Ela engravidou e então ele teve que ir sozinho a deus. Questionado sobre sua esposa, o homem confessou sua culpa. Deus então enviou a morte.[706]

Entre os aborígines australianos do rio Murray, esse mito assume a seguinte forma:

> O primeiro homem e a primeira mulher a ser criados foram instruídos a não se aproximarem de certa árvore na qual vivia um Morcego (*Bom-nel-ya*). O Morcego não devia ser perturbado. Um dia, porém, a mulher (*Nonga*) estava catando lenha e se aproximou da árvore em que morava o

---

705 Esse mito também lembra uma das histórias bíblicas sobre a queda do homem. Dundas considera improvável a influência cristã. FRAZER, James George. *The Worship of Nature*. vol. I. Nova York: MacMillan, 1926, p. 223, observa: "Não podemos excluir a possibilidade de que o mito se originou na África e depois foi derivado, por algum canal, pelos semitas".

706 BASTIAN, Adolf. *Geographische und ethnologische Bilder*. Jena: Hermann Costenoble, 1873, pp. 191 e ss.

> Morcego. O Morcego voou para longe, e depois disso veio a morte. Muitos aborígenes morreram depois disso.[707]

Preuss[708] defende que a ideia de uma conexão entre o ato sexual e a morte levou à crença difundida entre os povos primitivos de que "a procriação é um ato extremamente perigoso, durante o qual se pode morrer se não forem observadas todas as medidas de precaução possíveis". Tal conceito contribuiu em grande medida para a origem de certos ritos iniciáticos "que geralmente são realizados na idade da puberdade. Durante essas cerimônias, ritos fixos são administrados aos órgãos sexuais" (circuncisão etc.) e realizam-se outros ritos que portam o significado de morte e ressurreição. Ao antecipar a morte temida no ato sexual, ela é magicamente evitada. A esse respeito, Preuss menciona um mito dos selk'nam que afirma que o primeiro ancestral, Kenos, procriou os homens formando a partir da terra úmida órgãos sexuais masculinos e femininos e fazendo-os copular. Esses primeiros homens, os ancestrais, não morriam. Quando envelheciam e enfraqueciam, deitavam-se e embrulhavam-se em um manto, a fim de se levantar jovens e vivazes após um sono parecido com a morte. Kenos tinha apenas que lavar o cheiro cadavérico deles a cada vez.

> Mais tarde, quando os homens tiveram relações sexuais e perderam sua imortalidade, as festas das sociedades secretas foram instituídas para servir de iniciação e instrução para todos os jovens. Primeiro eles eram lavados assim como Kenos havia lavado os corpos após o rejuvenescimento: então, alega-se, eles eram familiarizados com a cópula pelo

---

707 SMYTH, Robert B. *The Aborigines of Victoria*. vol. I. Melbourne: J. Ferres, 1878, p. 428. O morcego, como um espírito da morte, também desempenha um papel decisivo em um mito dos euahlayi que trata da origem da morte. Cf. SCHMIDT, Wilhelm. *Der Ursprung der Gottesidee*. vol. III. Münster: Aschendorffsche Verlagsbuchhandlung, 1931, p. 899.

708 PREUSS, K. T. *Lehrbuch der Voelkerkunde*. Stuttgart: Ferdinand Enke Verlag, 1939, p. 97.

espírito feminino Chalpen, que dava à luz um filho deles. Nesse momento eles também eram mortos por espíritos e ressuscitados. Todos esses atos têm o significado óbvio de proteger os homens contra a morte durante as relações sexuais futuras.[709]

---

709 Preuss baseia sua afirmação em GUSINDE, Martin. *Die Feuerland-Indianer*: Die Selknam. vol. I. Sankt Augustin: Anthropos, 1931, pp. 574 e ss., 580 e 907 e ss. A representação de Gusinde, no entanto, não indica – ou pelo menos não diretamente – que os selk'nam supõem uma conexão entre o ato sexual e a morte. Mas seus mitos que tratam do fato de que o homem deve morrer mostram claramente a ideia de retribuição. A verdadeira morte veio a este mundo quando Kwányip, um ancestral mítico, não permitiu que seu irmão mais velho, Aukménk, se levantasse depois de um breve sono que substituía a morte naqueles tempos. "Um dia Aukménk se comportou como se fosse morrer. Então Kwányip pegou um casaco e envolveu seu irmão nele. Em seguida, o colocou na terra e o cobriu. Aukménk ficou lá nessa posição e não se mexeu. Depois de alguns dias, ele se moveu um pouco. O irmão mais novo percebeu isso. Mas ele não queria que seu irmão mais velho se levantasse. Então correu rapidamente para o local onde seu irmão estava. Kwányip usou todo o seu poder como *xon* [mago]; ele trabalhou muito para evitar que seu irmão mais velho se levantasse... Assim, ele permaneceu morto... Desde então, ninguém pode se levantar da sepultura; todos permanecem mortos para sempre... Čenuke, outro ancestral mítico, encarregado de lavar os mortos, ficou furioso com a ação de Kwányip e gritou: "O que você fez, seu malfeitor! Por que você não ajudou seu irmão? Ele teria vindo a mim; eu o teria lavado e então ele teria vivido alegremente e jovem! O que você fez?" (GUSINDE, Martin. *Die Feuerland-Indianer*: Die Selknam. vol. I. Sankt Augustin: Anthropos, 1931, pp. 588 e ss.) Portanto, aparentemente, a humanidade foi punida com a morte pelo crime de fratricídio.

Os maometanos do Marrocos têm uma lenda segundo a qual os homens não morriam originalmente, mas perdiam a consciência por um curto período de tempo, para serem revividos depois. Mas a filha do profeta pediu ao pai que não deixasse reviver o filho de sua rival. "Seu pedido foi atendido com a ajuda de Deus. Mas, quando seu próprio filho morreu, ela teve que perdê-lo para sempre, pois pela realização de seu desejo, morrer tornou-se uma necessidade pela vontade de Deus. De acordo com WALLIS, Wilson D. *Religion in Primitive Society*. EUA: F.S. Crofts & Co., 1939, p. 206, a morte é a punição pelo desejo de vingança, por sentimentos hostis em relação ao próximo. Os homens têm de morrer como punição pelo fato de desejarem a morte uns dos outros. A morte é uma punição por tal desejo.

Essa ideia da conexão entre o ato sexual e a morte – talvez apenas a generalização de uma proibição concreta do incesto, que traz consigo a ameaça de morte como punição – baseia-se na noção de retribuição, uma vez que esta visa à igualdade ou ao equilíbrio. O maior prazer encontra sua contrapartida na maior dor. Compara-se as desvantagens que o homem experimenta na natureza com as vantagens que a natureza lhe oferece e verifica-se que elas se igualam. Portanto, a natureza é justificada pelo princípio da retribuição; a natureza é justa. Rasmussen[710] relata que os esquimós acreditam que os primeiros seres humanos não morriam, mas também não tinham a luz do dia. "Vamos ficar sem o dia se pudermos ficar sem a morte", disse um grupo; mas outros gritaram: "Não, queremos luz e morte!" E assim aconteceu. "E com a morte vieram o sol, a lua e as estrelas". Assim como ocorre com a crença no gozo sexual de outros povos primitivos, na interpretação mítica da natureza dos esquimós a morte é recompensada pela luz.

O fato de os homens terem de morrer é a compensação por uma vantagem adquirida pela humanidade. Essa ideia aparece também no seguinte mito dos wakuluwe.

> Ngulwe [Ser Supremo] havia dito ao homem que ele não deveria procurar remédios entre as plantas, nem no chão, nem em qualquer outro lugar, pois se alguma doença os abatesse ele a curaria, e que o homem e sua prole nunca morreriam. Um dia uma das crianças estava doente, mas, lembrando-se das instruções de Ngulwe, o homem não procurou nenhum remédio. No dia seguinte, porém, vendo que a criança não estava melhor, saiu para a mata e apanhou algumas ervas, deu à criança e a curou; Ngulwe ficou zangado e disse ao homem que, como ele preferia encontrar remédios por si mesmo, poderia fazê-lo, mas sua

710 RASMUSSEN, Knud. *Neue Menschen*. Berna: Verlag A. Franke, 1907, pp. 121 e ss.

> imunidade a doenças mortais seria removida e ele e seus descendentes morreriam.[711]

O comportamento impróprio em relação a um ser superior é a causa de a morte ter sobrevindo à humanidade. Em um mito das tribos de língua roro da Nova Guiné britânica, Ao Rove Marai, "um ser espiritual de maior poder do que os outros", levou os homens a matar uns aos outros como punição por terem-no maltratado.

> Então Ao Rove reuniu todos os habitantes das aldeias roro e mekeo na planície do Rio São José, e disse-lhes que o povo arabure o havia tratado mal, mas que se o tivessem tratado bem, todos teriam ficado felizes e sempre teriam comida à vontade. Ele lhes deu lanças e clavas de palmeira negra e enviou batalhas, roubos e adultérios a eles, além de feiticeiros capazes de matar pessoas. Assim, a morte chegou a essas aldeias.[712]

Uma razão especial de retribuição pode ser encontrada no fato de que o homem dá ouvidos ao princípio do mal personificado – i. e., ao oponente de Deus como princípio do bem – e se deixa seduzir pelo "diabo", como ensina o mito cristão. Entre os índios wintun e maidu, o criador Olelbis é confrontado pelo malvado coiote. Olelbis deseja que os homens não morram e que as crianças nasçam sem procriação sexual. Deve-se construir para os idosos uma fonte da juventude, e as crianças sairão meio crescidas de algo que os pais colocam entre si durante a noite. Mas o coiote frustra os planos de Olelbis, dizendo aos homens que trabalham na fonte da juventude como a vida será monótona e insuportável em tais circunstâncias. Consequentemente, eles abandonam suas atividades

---

711 MELLAND, Frank H.; CHOLMELEY, Edward H. *Through the Heart of Africa*. Londres: Constable & Co Ltd., 1912, p. 22.

712 SELIGMAN, C. G. *The Melanesians of British New Guinea*. Cambridge: The University Press, 1910, p. 304.

de construção.[713] Aplica-se também aqui o princípio da retribuição, pois o mensageiro, geralmente o oponente de Deus, responsável direto pela perda da imortalidade, é punido individualmente. Tal é o destino da lebre no mito dos namaqua sul-africanos, e dos seres hostis ao criador nos contos dos algonquinos, shoshones e índios selish no noroeste.[714]

Em todos esses mitos da morte estão intercalados elementos mais ou menos pronunciados de uma especulação sobre o bem e o mal que tem sua origem no antagonismo entre vida e morte. Essas especulações ficam aparentes não apenas na inimizade entre uma autoridade sobre-humana que concede a vida e uma autoridade que traz a morte (que nos estágios iniciais da evolução religiosa se manifesta no dualismo da alma da vida e da alma da morte, e que finalmente é representada por figuras como Ormuzd e Ahriman, Deus e o diabo), mas também em outros detalhes; assim, por exemplo, nos mitos africanos, o mensageiro da vida é um animal do sol, enquanto o mensageiro da morte é um animal da lua.[715]

44 Os mitos do parto doloroso, da necessidade do trabalho e do paraíso perdido

Ademais, outras vantagens além da vida eterna foram perdidas pela culpa; ou, mais corretamente, outros infortúnios além da morte e da privação de outros bens que não a imortalidade são justificados nos mitos segundo o princípio da retribuição. Uma lenda dos caribs, por exemplo, trata da questão de "como a dor, a miséria e a morte vieram ao mundo". Antigamente, diz

713 SCHMIDT, Wilhelm. *Der Ursprung der Gottesidee*. vol. II. Münster: Aschendorffsche Verlagsbuchhandlung, 1929, pp. 88 e ss., 120 e ss. e 126 e ss.

714 SCHMIDT, Wilhelm. *Der Ursprung der Gottesidee*. vol. IV. Münster: Aschendorffsche Verlagsbuchhandlung, 1935, p. 81.

715 PREUSS, K. T. *Lehrbuch der Voelkerkunde*. Stuttgart: Ferdinand Enke Verlag, 1939, p. 95.

a história, não havia brigas, todos eram felizes e ninguém ficava doente ou morria. Tudo isso mudou de repente quando os caribs cometeram um grande mal. Eles mataram o filho de uma mulher yurokon (espírito da selva) que veio visitá-los. Quando descobriu o crime, a mulher disse:

> "Por que vocês me puniram dessa maneira? Nunca tive maus pensamentos contra nenhum de vocês, mas agora lhes farei pagar. No futuro, seus filhos morrerão todos, e isso os fará chorar como eu choro. E quando vierem filhos, vocês sofrerão dores e problemas durante o nascimento. Além disso, em relação a vocês homens... Eu lhes darei um grande problema quando saírem para pescar..." E assim ela fez, porque naqueles tempos, nós, caribs, só tínhamos que ir para a beira da água, mergulhar nossas cabaças e pegar os peixes que ficavam expostos no fundo do córrego; e ao devolver a água novos peixes eram criados. Yurokon alterou tudo isso e nos causou problemas, aborrecimentos e inconvenientes ao envenenar os lagos com várias raízes.[716]

Os yamana[717] consideram a menstruação uma punição pela concupiscência da mulher. Yoalox, seu herói da cultura, que é considerado o marido de toda mulher, causa o fluxo de sangue por um ato sexual. Um mito fala de uma mulher extremamente bonita, Makuxipa, que morava com os irmãos Yoalox. Ela preferia o mais novo. Um dia, acreditando que o irmão mais velho estava fora, ela se deitou na cama com o Yoalox mais jovem e sussurrou para ele:

> *Membrum tuum mihi summopere placet. Tantum est quantum repleat vaginam meam. Rubrum est sicut maku* (flor vermelha).

---

716 ROTH, Walter E. "An Inquiry into the Animism and Folk-Lore of the Guiana Indians". *In*: HOLMES, W. H. (Coord.). *30th Annual Report of the Bureau of American Ethnology*, 1915, p. 179. Ver também, p. 250.

717 GUSINDE, Martin. *Die Feuerland-Indianer*: Die Yamana. vol. II. Sankt Augustin: Anthropos, 1931, pp. 1171 e ss.

> *Frater tuus membrum minutum habet, quod me non ita irritat. Ecce, multo magis membrum magnum tuum mihi placet quam fratris tui. Tecum tempus diuturnum concumbere malo.* [Gosto muito de seu membro em mim. Ele preenche minha vagina. É vermelho como maku (flor vermelha). Seu irmão tem um membro pequeno, o que não me excita tanto. Eis que gosto muito mais do seu membro grande do que do membro de seu irmão. Prefiro me deitar com você].

O Yoalox mais jovem ficou satisfeito com suas palavras. Porém, seu irmão, que estava do lado de fora encostado na cabana, entendeu perfeitamente o que havia sido sussurrado.

> Ele então chamou Makuxipa: "Tudo bem, eu farei você sentir *tamen membrum meum magnum atque tumidum esse!*" [também meu membro grande e túmido!]. Ele se aproximou da cama onde ela estava e seu irmão se afastou. Ele começou a acariciar e abraçar Makuxipa. *Postea mulieri incubuit et immisit membrum suum in vaginam eius. Membrum suum ita intumuit, ut laceret mulieris vaginam. Statim copia sanguinis sat magna effiuxit. Yoalox eam interrogavit: "Desiderasne utrum membrum meum adhuc succrescat, necne? Satisfacta es?"* [Ele então se inclinou sobre a mulher e inseriu seu membro na vagina dela. Seu membro inchou tanto que rasgou a vagina da mulher. Imediatamente uma grande quantidade de sangue jorrou. Yoalox perguntou a ela: "Você se importa se meu membro ainda está crescendo ou não? Você está satisfeita?"]. Makuxipa não respondeu.

Essa foi a primeira menstruação. Desde então, toda mulher tem de suportá-la.

As dores que acompanham o parto, em especial, são vistas como males explicáveis, apenas como punição. Mitos que interpretam esses sofrimentos como consequência da queda do homem podem ser encontrados não apenas na Bíblia, mas também em outros lugares nos quais a influência bíblica não necessariamente está presente. Entre os ashanti existe a fábula de que a aranha, o Criador, proibiu a coabitação dos sexos. Como punição pela transgressão dessa proibição, a aranha ordenou que os homens trabalhassem e pagassem o dote para obter suas esposas, enquanto as mulheres deveriam suportar dores ao dar à luz uma criança.[718] Os luba contam que Deus puniu os homens com labuta e morte porque eles comeram bananas proibidas.[719] Os wakuluwe têm o seguinte mito:

> A primeira mulher costumava pegar um único grão de painço (mais ou menos do tamanho da cabeça de um alfinete comum) e colocá-lo em uma panela coberta por uma cesta plana, e ele era transformado em mingau suficiente para suas necessidades e as do marido. Quando sua filha cresceu, a mãe lhe disse para pegar um único grão e, depois de moê-lo, colocá-lo debaixo da cesta, mas a filha, sem saber que sua mãe fazia isso há muito tempo, pensou que ela devia estar louca ao imaginar que um grão poderia produzir a quantidade necessária de comida, então começou a trabalhar e moeu uma cesta inteira de painço. A mãe descobriu isso e a amaldiçoou, dizendo que no futuro eles sempre seriam obrigados a trabalhar duro e moer toda a sua farinha.[720]

Um mito dos kavirondo (Bantu, perto do Lago Victoria) diz o seguinte:

---

718 BAUMANN, Hermann. *Schöpfung und Urzeit des Menschen im Mythos der afrikanischen Völker*. Berlim: Dietrich Reimer (Andrews & Steiner), 1936, p. 328, seguindo PERREGAUX, E. "Chez les achanti". *Bulletin de la Société Neuchâteloise de Géographie*, tomo XVII, 1906, pp. 201 e ss.

719 BAUMANN, Hermann. *Schöpfung und Urzeit des Menschen im Mythos der afrikanischen Völker*. Berlim: Dietrich Reimer (Andrews & Steiner), 1936, p. 328, seguindo DE BRANDT, L. "Vertellingen van den Balubas". *Congo*, vol. II, 1922, pp. 50 e ss.

720 MELLAND, Frank H.; CHOLMELEY, Edward H. *Through the Heart of Africa*. Londres: Constable & Co Ltd., 1912, p. 21.

> O primeiro homem e a primeira mulher vieram do céu. Seus nomes, no entanto, são desconhecidos. Em algumas localidades, eles dão ao primogênito o nome de *Lwan'ga*, o pai de *Pondi*, cujo filho se chamava *Kwambo*. O primeiro homem, de quem todos na terra descendem, viveu em perfeita felicidade, assim como sua esposa. A terra produzia tudo o que eles queriam. Eles só tinham que colocar a enxada onde queriam que a comida crescesse. Tudo isso foi comunicado pelo marido à esposa. Tudo correu bem por um tempo. Mas um dia a mulher colocou sua enxada onde queria que o milho crescesse e nada aconteceu por dias. Por fim, a mulher duvidou do poder e da bondade de *Were* [deus] e começou a cultivar ela mesma. *Were* apareceu ao marido e disse: "Porque duvidaram da minha palavra, de agora em diante a terra não produzirá nenhum alimento a não ser que vocês a cultivem e plantem constantemente". Depois disso, o primeiro casal gerou filhos e os homens se multiplicaram na terra e foram submetidos a todo tipo de miséria, mas a morte ainda não tinha levado nenhum deles. Um dia um camaleão disse a um deles: "Traga-me um pote de cerveja". O camaleão subiu lentamente no pote e mergulhou na cerveja. Depois de tomar banho, ordenou ao homem que a bebesse. Sua aversão natural pelo camaleão, e o pensamento de que até mesmo tocar sua pele poderia ser tóxico, o fez recusar. Diante da recusa, o camaleão disse: "De agora em diante todos vocês morrerão". Enquanto ele dizia isso, uma cobra veio e o camaleão mandou que a cobra bebesse a cerveja. A cobra obedeceu à ordem e tomou um gole da cerveja. Por isso os homens morrem e a cobra não (já que eles pensam que a cobra renasce a cada vez que troca de pele).[721]

Um mito dos ba-kaonde diz o seguinte: Lesa criou os dois primeiros seres humanos, Mulonga e Mwinambuzhi. Eles não tinham órgãos genitais nem ânus. Para melhorar sua criação,

721 STARN, Father N. "Bantu Kavirondo of Mumias District (near Lake Victoria)". *Anthropos*, vol. XIV-XV, 1919-1920, p. 979.

Lesa deu dois pacotes a Mulonga, um para ele e outro para sua companheira. À noite Mulonga colocou um deles entre as pernas, como Lesa mandara, e de manhã acordou homem; mas por causa do mau cheiro, jogou fora o pacote destinado a Mwinambuzhi; Lesa deu-lhe um novo, e seu uso a tornou mulher. Como punição pela desobediência de Mulonga, ele, assim como todos os outros homens, teria de pagar um dote de casamento para sempre.[722]

A função de gestar filhos também é considerada uma punição em um mito dos caribs. Para entender essa lenda, deve-se primeiro explicar que entre certos índios sul-americanos, existe a ideia de que o ofício do macho na procriação é colocar o esperma, o "ovo", dentro da mulher durante o ato sexual. Ela então choca o ovo que foi posto dentro dela. W. E. Roth narra o mito da seguinte forma:

> Uraima [o herói da cultura] uma vez teve em sua posse um ovo de pássaro que ele mantinha em uma cabaça; cuidou muito bem dele, até que chegasse a hora de eclodir. Ele encontrou duas garotas na estrada: elas viram o ovo e pediram para comê-lo. "Não!", disse ele, "Não posso". Elas se incomodaram e até o seguiram, mas mesmo assim ele recusou. Em seguida elas pegaram o ovo e, no decorrer da escaramuça, o quebraram. Uraima então falou com as duas mulheres da seguinte maneira: "Como vocês fizeram isso, serão perseguidas por problemas daqui em diante. Até o presente, o ovo pertenceu ao homem. No futuro, pertencerá à mulher, e ela terá que criá-lo". É por isso que só a fêmea põe ovos hoje em dia.[723]

---

722 MELLAND, Frank H. *In Witch-bound Africa*: an Account of the Primitive Kaonde Tribe & Their Beliefs. Londres: Seeley, Service & Co., 1923, pp. 156 e ss.

723 ROTH, Walter E. "An Inquiry into the Animism and Folk-Lore of the Guiana Indians". *In*: HOLMES, W. H. (Coord.). *30th Annual Report of the Bureau of American Ethnology*, 1915, p. 323; cf. KARSTEN, Rafael. *The Civilization of the South American Indians*. Londres: K. Paul, Trench, Trübner & Company, 1926, p. 423.

Em uma história dos pigmeus do Equador ocidental, a cena da queda do homem é deslocada para o mundo animal (que, no entanto, na visão do homem primitivo não é diferente do mundo humano). A culpa consiste em comer os frutos de uma árvore proibida. A punição é a perda da fala humana, da qual os animais eram senhores até então.[724] Assim, a diferença mais marcante entre o homem e o animal é interpretada de acordo com o princípio da retribuição.

Segundo Frobenius, os watji (África) contam:

> Certa vez, quando seus ancestrais estavam em uma montanha, eles ouviram lindas melodias vindas do céu. Então uma corrente desceu do céu até o topo da montanha. Seres celestiais desceram e contaram coisas bonitas sobre o lugar agradável de onde vieram. Mas eles também falaram com os ancestrais sobre sua intenção de permanecer com eles se a paz e a unidade reinassem. Eles odiavam a guerra e a desunião, porque eram filhos da paz. Diante disso, os ancestrais disseram aos espíritos celestiais que eles não iriam gostar de estar aqui embaixo, pois a paz é rara entre os homens. Quando os seres celestiais ouviram isso, despediram-se dos ancestrais e voltaram ao céu pela corrente. Os ancestrais ficaram muito tristes ao vê-los partir. E desde então eles têm esperado em vão pelo seu retorno.[725]

Como punição por suas dissensões, os homens podem não alcançar o paraíso.

Um mito dos mian balantak diz que, sempre que o primeiro casal de humanos precisava de algo, o homem tinha que escalar uma palmeira até o céu, onde o Senhor supria todas as suas necessidades.

---

724 SCHMIDT, Wilhelm. *Der Ursprung der Gottesidee*. vol. IV. Münster: Aschendorffsche Verlagsbuchhandlung, 1935, p. 42.

725 FROBENIUS, L. *Die Weltanschauung der Naturvölker*. Weimar: E. Felber, 1898, p. 321.

Mas, com o passar do tempo, os homens começaram a plantar uma coisa ou outra; e, quando conseguiram se alimentar, essa conexão com o céu foi abandonada. Deus, o criador do mundo e dos homens, ficou furioso com esse comportamento arbitrário de seus filhos, por isso efetuou uma separação completa entre céu e terra, entre Deus e o homem.[726]

Os waraus, uma tribo indígena da Guiana, têm o seguinte mito:

> A morada original dos waraus não era de modo algum nesta terra inferior, mas em uma região agradável acima do céu. Naquela região eles eram felizes, e não havia nem homens maus nem animais perigosos para deixá-los com medo. Abundavam belos pássaros, que eram caça de jovens caçadores. Um deles, chamado Okono rote, depois de vagar muito atrás de um pássaro, disparou nele uma flecha, que errou o alvo e desapareceu. Enquanto procurava pela flecha, encontrou um buraco no qual ela havia caído, e ao olhar dentro dele viu este mundo inferior estendido abaixo, com rebanhos de porcos do mato, numerosos veados e outros animais alimentando-se e perambulando imperturbáveis por suas verdes florestas e savanas. Ao descobrir que era possível passar pela abertura, resolveu fazer uma corda ou escada de algodão (que aparentemente era abundante lá em cima) e descer. Ajudado por seus amigos, ele finalmente completou a corda, desceu por ela e, a muito custo, retornou

---

726 RESCHKE, Heinz. "Die Zauberstabmythen der Batak". *Zeitschrift für Ethnologie*, ano 67, 1935/1936, p. 178. Em geral, está dito o seguinte sobre os mitos dos indonésios sobre o paraíso: "A felicidade paradisíaca dos primeiros homens é retratada em inúmeras versões. Essa felicidade dura até que os homens, por sua culpa, despertam a ira dos deuses. Esse delito (ele varia nos diferentes relatos: incesto entre os batak, fedor de excremento infantil entre os toradja) separa os homens dos deuses, o céu da terra, e arruína para sempre a estreita relação entre os dois mundos. A queda do homem destrói a condição paradisíaca da vida; com o suor de seu rosto o homem pecador deve agora lutar por sua existência".

> às regiões superiores para relatar as coisas maravilhosas que havia visto (e comido) lá embaixo, e aconselhar uma migração para lá. A raça warau ouviu a história de carne ilimitada até que seus desejos e apetites não puderam mais ser controlados, e, ao que parece, sem maiores considerações sobre a vontade do Grande Espírito, decidiram por unanimidade uma descida aos campos de caça terrestres. Assim, desceram pelo mesmo meio, seguidos por seus filhos e esposas, todos exceto o último, um infeliz que, sendo corpulento demais para se espremer, permaneceu preso na abertura estreita, preenchendo-a completamente. Nenhuma assistência eficaz poderia ser dada de baixo: e como ninguém foi deixado em cima para prestar socorro, todas as comunicações com as regiões superiores foram fechadas por esse triste acidente, de modo que o retorno se tornou impossível. Com isso, os waraus estavam necessariamente confinados a esta terra, sem nem sequer um vislumbre de sua antiga morada.[727]

Karsten escreve:

> Um dos mais belos mitos dos jivaro nos conta como uma vez, nos tempos primitivos, a deusa [Nungii, a divindade da Terra] apareceu às mulheres jivaro e lhes ensinou o cultivo dos diferentes frutos que ainda são seu principal alimento vegetal. Naquela época, a própria deusa vivia entre seu povo. Mas como seus filhos se mostraram ingratos, ela um dia desapareceu repentinamente em uma densa fumaça no interior da terra.[728]

---

727 BRETT, W. H. *The Indian Tribes of Guiana*. Londres: Bell and Daldy, 1868, pp. 388 e ss.

728 KARSTEN, Rafael. *The Civilization of the South American Indians*. Londres: K. Paul, Trench, Trübner & Company, 1926, p. 300.

45 Os mitos de dilúvios e catástrofes

Mais do que quaisquer outros, os mitos de dilúvio ilustram claramente a semelhança entre os primórdios mentais de diferentes povos e mostram como, na infância de seu pensamento, mesmo os grupos mais civilizados revelam as mesmas características das sociedades mais primitivas. Entre os elementos comuns dos contos de dilúvios e catástrofes, o princípio da retribuição é tão manifesto que devemos considerá-lo, mesmo que apenas por isso, uma das ideias mais antigas da humanidade.

O fato de a retribuição ser o motivo principal no relato bíblico do Dilúvio, bem como na história da chuva de enxofre e fogo sobre Sodoma e Gomorra, não é prova disso, pois essas histórias podem ser versões elaboradas posteriormente. Mas também o registro babilônico de um grande dilúvio transmitido na *Epopeia de Gilgamesh*, ao qual a história bíblica pode ser remontada, contém a ideia de retribuição. Os deuses – sendo Bel o mais importante dentre eles – concordam em punir os homens por seus pecados; essa punição assumirá a forma de um imenso dilúvio que destruirá todos os seres humanos. O deus Ea, contudo, escolhe certo homem a quem deseja salvar, Utnapishtim (o significado desse nome é "ele encontrou a vida"), da cidade de Shurippak.[729] Ele tinha o apelido de Atrachasis, que significa "o muito inteligente".[730] Sua devoção é enfatizada no poema. Ea conta a Utnapishtim sobre a decisão dos deuses e ordena que ele construa um barco e ponha dentro dele seres vivos de todos os tipos. Assim, o piedoso Utnapishtim é salvo. Bel, o verdadeiro autor do dilúvio, fica furioso ao ver Utnapishtim e seu povo salvos. Mas, por sugestão de Ea de que no futuro ele poderia punir os pecados dos homens com fome, pestilências e animais

729 Cf. ZIMMERN, Heinrich. *Biblische und babylonische Urgeschichte*. (Série Der alte Orient). ano 2, 3ª ed. Leipzig: J.C. Hinrichs, 1903, p. 32.

730 GUNKEL, Hermann. *Schoepfung und Chaos in Urzeit und Endzeit*. Gotinga: Vandenhoeck und Ruprecht, 1895, p. 428.

selvagens, em vez de inundações que causam destruição geral, Bel finalmente aceitou o resgate de Utnapishtim. Ele até concedeu ao homem e à sua esposa a natureza divina e os removeu para longe, para a foz dos rios, para levar uma vida de imortalidade.[731] A piedade recebe sua maior recompensa. As palavras ditas por Ea a Bel para acalmar sua ira na salvação de Utnapishtim são importantes para o significado que os poemas dão ao dilúvio.

> Tu, sábio dentre os deuses, guerreiro
> Como é que não ponderaste e o dilúvio impuseste?
> Ao dono da falta imputa-lhe o erro,
> Ao dono da ofensa imputa-lhe a ofensa –
> Afrouxa, para que não se rompa, puxa, para que não se afrouxe
> Em vez de impor o dilúvio,
> Um leão surgisse e o povo reduzisse.[732]

A ideia de retribuição é óbvia.[733] A fábula do dilúvio babilônico é provavelmente de origem suméria. Mesmo em sua forma mais antiga, o motivo da retribuição é aparente: Ziugiddu, ou então Ziudsuddu, ao mesmo tempo rei e sacerdote do deus Enki, a divindade suméria equivalente ao semita Ea, é advertido por Enki,

---

731 Cf. ZIMMERN, Heinrich. *Biblische und babylonische Urgeschichte.* (Série Der alte Orient). ano 2, 3ª ed. Leipzig: J.C. Hinrichs, 1903, p. 33.

732 MUSS-ARNOLT, W. (Coord.). *The Chaldean account of the Deluge (Gilgamesh Epic). Biblical World.* vol. III, 1894, pp. 109 e ss. [ed. bras.: SIN-LÉQI-UNNÍNNI. *Epopeia de Gilgámesh*: ele que o abismo viu. Trad. Jacyntho Lins Brandão. (Coleção Clássica). Belo Horizonte: Autêntica, 2017, pp. 125/126].

733 De acordo com GRESSMANN, Hugo. *Das Gilgamesch Epos.* Gotinga: Vandenhoeck & Ruprecht, 1911, p. 202, a motivação ética apareceu muito cedo, "se é que não existiu desde o início". Ver também Friedrich Jeremias em BERTHOLET, Alfred; LEHMANN, Edvard. *Lehrbuch der Religionsgeschichte.* vol. I. Tubingen: Mohr, 1925, p. 598.

como recompensa por sua piedade, do dilúvio vindouro e assim escapa em um barco da morte certa.[734]

A destruição da humanidade pecadora executada por Rathor, a deusa da vingança, por ordem do deus supremo, Ra, é o conteúdo das inscrições que decoram o túmulo do Faraó Seti I (cerca de 1350 a. C.).[735] Zeus destruiu a raça de bronze, como punição por seus crimes, por meio de um dilúvio que inundou toda a Grécia. Somente os dois justos, Deucalião e Pirra, foram poupados. Como todos os seres humanos, exceto dois idosos, Filemon e Baucis, haviam negado hospitalidade a Zeus e Hermes, os deuses transformaram o país inóspito em um lago; somente o casal de idosos amigáveis puderam sobreviver em sua casinha.[736] Na *Maabárata*, o dilúvio

734 Cf. FRAZER, J. G. *Folk-Lore in the Old Testament*. vol. I. Londres: MacMillan, 1919, pp. 122 e ss.

735 BRUGSCH, Heinrich. *Die neue Weltordnung nach Vernichtung des sündigen Menschen-geschlechtes*. Berlim: S. Calvary & Co., 1881, pp. 35 e ss. Representa a lenda da seguinte forma: no primeiro período após a criação, os deuses viviam com os seres humanos no Egito como no paraíso; o deus Ra governou como seu primeiro rei. "Os homens já estavam divididos em seres bons e maus. Os primeiros moravam perto de seu deus e rei, Ra, e viajavam com ele pelo Nilo. Os outros, com medo da luz de seus olhos, fugiram para as partes montanhosas do deserto para tramar uma conspiração contra ele". Ra, consequentemente, decidiu destruir esses seres humanos. Ele "faz com que uma deusa, Hatter (a ordem cósmica), saia de seu olho e aceite o ofício de deusa da vingança. Ela matou os seres humanos, cujo sangue cobriu a terra. Mas como também havia homens bons, Deus mostrou misericórdia, aplicando uma maneira peculiar de parar a ira da deusa. Ela bebeu uma bebida preparada secretamente... ficou embriagada e, portanto, incapaz de reconhecer os homens. Apesar do julgamento que destruíra a parte pecaminosa da humanidade, o deus da luz não gostava mais de ficar na terra. Ele temia a raça humana como uma doença contagiosa e se cansou de viver com eles. Ele queria ir para um lugar onde ninguém pudesse alcançá-lo. Com a realização de seu desejo, uma nova ordem do mundo se iniciou... Os próprios homens bons se vingaram dos inimigos do deus da luz, recorrendo à guerra contra eles. Ra prometeu perdoá-los por seus pecados dizendo: 'Os sacrifícios (os inimigos do deus sol mortos por outros seres humanos) aboliram e tornaram supérflua a matança de homens maus pela intervenção divina'".

736 USENER, Hermann. *Die Sintflutsagen*. Bonn: F. Cohen, 1899, pp. 33 e 47.

aparece como a lavagem expiatória da terra.[737] O "Brahmana dos cem caminhos" (*Satapatha-Brahmana*) relata que certa vez, quando Manu, o primeiro ser humano, estava se lavando, encontrou repentinamente um peixinho que pediu para ser poupado e solicitou proteção contra grandes peixes que devoram os pequenos. Em troca, o peixe prometeu a Manu salvá-lo de um dilúvio iminente. E, de fato, os eventos ocorreram como o peixe havia previsto.[738] Aqui também o princípio da retribuição serve como justificativa não tanto da catástrofe, mas do resgate; o elemento da recompensa, e não o da punição, está em primeiro plano.

---

737 ANDREE, Richard. *Die Flutsagen*. Braunschweig: F. Vieweg und sohn, 1891, p. 19.

738 USENER, Hermann. *Die Sintflutsagen*. Bonn: F. Cohen, 1899, p. 25. Na *Satapatha-Brâhmana*, traduzida por Julius Eggeling (MÜLLER, Max (Coord.). *The Sacred Books of the East*. vol. XII. Oxford: The Clarendon Press, 1882, p. 216, I Kânda, 8 Adhyâya, I Brâhmana, 1-3) é dito: "(1) De manhã trouxeram a Manu água para lavar, assim como agora também eles (estão acostumados a) trazer (água) para lavar as mãos. Quando ele estava se lavando, um peixe apareceu em suas mãos. (2) Falou-lhe a palavra, 'Crie-me, eu te salvarei!' 'De que me salvarás?' 'Um dilúvio levará todas essas criaturas: disso te salvarei!' 'Como vou te criar?' (3) Ele disse, 'Enquanto somos pequenos, há grande destruição para nós: peixe devora peixe. Primeiro me manterás em um jarro. Quando ele ficar pequeno, cavarás uma cova e me manterás nela. Quando ela ficar pequena, tu me levarás para o mar, pois então estarei além da destruição'".

Em *The Mahabharata* o motivo da retribuição torna-se ainda mais aparente. Nele é dito (Livro III: *Vana Parva,* traduzido ao inglês por P. C. Roy. 2ª ed. Calcutá: Bharata Press, 1889, pp. 552 e ss.): "Ele [Manu] era filho de Vivaswan e era igual a Brahman em glória. E superava em muito seu pai e seu avô em força, poder, fortuna e também em austeridade religiosa. E de pé sobre uma perna só e com a mão erguida, aquele senhor dos homens fez penitência severa na floresta de jujubas chamada Visala. E lá, com a cabeça para baixo e olhar firme, ele praticou essa penitência rígida e severa por dez mil anos. Um dia, enquanto praticava austeridades com roupas molhadas e cabelos emaranhados na cabeça, um peixe que se aproximava das margens do Chirini dirigiu-se a ele assim: Venerável senhor, sou um peixinho indefeso, tenho medo dos grandes; portanto, tu, ó grande devoto, proteja-me deles; pois é costume entre nós que os peixes fortes sempre ataquem os fracos. Portanto, se achares adequado me salvar desse mar de terrores, eu te recompensarei por teus bons ofícios". Por gratidão, o peixe o salvou do dilúvio.

Nos *Bundahis* dos persas há uma história do anjo Tistar, que em sua luta contra o Espírito Maligno produziu chuva até que "todas as criaturas nocivas, a raça do Espírito Maligno, se afogassem". Essa é a razão pela qual o mar é salgado hoje em dia.[739] A catástrofe empregada como fator na disputa vitoriosa do princípio do bem contra o princípio do mal é apenas um tratamento mais abstrato do princípio da retribuição tal como aparece nas fábulas ordinárias do dilúvio. Na *Edda jovem*, os gigantes – representantes óbvios do mal – que são hostis aos deuses afogam-se em um mar de sangue que brota do gigante Ymir, assassinado pelos filhos do deus Bör.[740]

Os nativos australianos têm uma lenda que conta como Bahlu, a lua, deixou chover até que tudo fosse inundado pela água e Murego se afogou na enchente, como penalidade por não ter emprestado um de seus bumerangues e sacos de gambás a Bahlu.[741]

Os aborígines de Victoria têm o seguinte mito:

---

739 FRAZER, J. G. *Folk-Lore in the Old Testament,* vol. I. Londres: MacMillan and Company, 1919, p. 180. O *Zendavestá* contém a seguinte história: como não havia, nos primeiros tempos, nem doença nem morte, a humanidade e os animais aumentaram em um ritmo tão alarmante que, após certos intervalos, tinham de ser destruídos por invernos rigorosos. A fim de garantir as gerações futuras, Yima, o governante do mundo – por ordem de Ahura Mazda – enviou para um recinto quadrado os melhores espécimes de todos os seres vivos – homens, animais, plantas – para que apenas os melhores pudessem sobreviver. "Não haverá nenhum corcunda lá; nenhum impotente, nenhum lunático, nenhuma pobreza, nenhuma mentira, nenhuma maldade, nenhum crime, nenhum dente cariado, nenhum leproso a ser confinado, nem qualquer das marcas com que Angra Mainyu estampa os corpos dos mortais". *The Zend-Avesta*, parte I: *The Vendidad,* Fargard II, 29 (80), traduzido por J. Darmesteter (MÜLLER, Max (Coord.). *The Sacred Books of the East*, vol. IV, 1880, p. 17). Deficiências corporais e morais são postas em pé de igualdade. Somente o melhor deve ser preservado. Tal é o significado dessa seleção. E aqui, também, o princípio da retribuição está – embora não claramente – expresso.

740 ANDREE, Richard. *Die Flutsagen*. Braunschweig: F. Vieweg und sohn, 1891, p. 43.

741 VAN GENNEP, Arnold. *Mythes et legendes d'Australie*. Paris: E. Guilmoto, 1905, p. 45.

> Houve um tempo em que homens e mulheres eram numerosos. Em algumas partes da terra eles eram muito numerosos e iníquos; e PUND-JEL ficou com raiva. PUND-JEL ficou muito mal-humorado (*Nar-eit*) quando viu que homens e mulheres eram muitos e muito maus. Ele fez com que surgissem tempestades e ventos ferozes soprassem com frequência. Nas terras planas surgiram repentinamente redemoinhos de grande força, e nas montanhas as grandes árvores foram sacudidas por ventos fortes. PUND-JEL desceu para ver os homens e mulheres. Não falou com ninguém. Ele carregava consigo sua grande faca. Com ela entrou nos acampamentos e cortou. Cortou deste e daquele jeito; cortou em pedaços muito pequenos homens, mulheres e crianças. Mas os pedaços em que ele havia cortado os homens, mulheres e crianças não morreram. Cada pedaço se movia como se move o verme (*Turror*). *Bullito, bullito, koor-reen, pit-ker-reen* (grandes, grandes tempestades e redemoinhos) vieram e levaram os pedaços que se moviam como vermes, e os pedaços tornaram-se como flocos de neve (*Kabbing*). Eles foram levados para as nuvens. As nuvens levaram os pedaços para cá e para lá por toda a terra; e PUND-JEL fez com que os pedaços caíssem nos lugares que lhe agradavam. Assim se espalharam homens e mulheres sobre a terra. Dos bons homens e boas mulheres, PUND-JEL fez estrelas. As estrelas ainda estão no céu, e os feiticeiros podem dizer quais dentre elas já foram bons homens e boas mulheres.[742]

Outra versão conta como Bundjel ficou zangado com os negros, porque eles se comportaram mal. Ele os puniu urinando até que todos se afogassem na urina, exceto os bons, que ele pescou e colocou como estrelas no firmamento.[743]

---

742 SMYTH, Robert B. *The Aborigines of Victoria*. vol. I. Melbourne: J. Ferres, 1878, pp. 427 e ss.

743 VAN GENNEP, Arnold. *Mythes et legendes d'Australie*. Paris: E. Guilmoto, 1905, p. 88; cf. também SCHMIDT, Wilhelm. *Der Ursprung der Gottesidee*. vol. III. Münster: Aschendorffsche Verlagsbuchhandlung, 1931, p. 685.

O conto dos aranda relatado por Strehlow é uma espécie de mito do dilúvio.[744] Originalmente a terra estava coberta de água; apenas algumas montanhas estavam de fora. No céu reinava um ser divino, Altjira. Nas montanhas viviam outros seres divinos, os altjirangamitjina (ou inkara), que eram os deuses totêmicos dos homens. Como não conseguiam encontrar comida na terra, eles repetidamente recorriam ao céu, onde caçavam no reino de Altjira e retornavam com o botim. Mais tarde, Altjira proibiu os altjirangamitjina de caçar em seu reino. Um desses deuses totêmicos pegou uma vara e bateu na água, ordenando que ela fosse embora. Então o mar recuou para o norte, e o continente apareceu. Desobedecendo a ordem de Altjira, vários inkara, os wetoppetoppa (os esbeltos), subiram ao céu para caçar. Ao comando de Altjira, a alta montanha Eralera submergiu, impedindo a retirada dos wetoppetoppa. Eles foram forçados a permanecer no céu, onde agora vivem como estrelas.

Os narrinyeri (sul da Austrália) relatam que um homem cujas duas esposas o abandonaram provocou por magia uma grande inundação, na qual ambas as mulheres se afogaram.[745]

No distrito de Kabadi, na Nova Guiné, os nativos têm uma tradição que diz que

> uma vez certo Lohero e seu irmão mais novo estavam zangados com as pessoas ao redor deles, e puseram um osso humano em um pequeno riacho. Logo as grandes águas surgiram, formaram um mar, inundando toda a planície e levando o povo de volta às montanhas, até que, passo a passo, tiveram que escapar para os cumes dos picos mais altos. Ali viveram até que o mar recuou, quando alguns

---

744 STREHLOW, C. *Die Aranda- und Loritja-Staemme in Zentralaustralien*. vol. I. Frankfurt am Main: J. Baer & Co., 1907-1920, p. 3.

745 TAPLIN, George. "The Narrinyeri". *In*: WOODS, J. D. *The Native Tribes of South Australia*. Adelaide: E.S. Wigg & Son, 1879, p. 57.

> desceram às planícies, enquanto outros permaneceram nas serras e ali construíram casas e formaram plantações.[746]

Os valmans da costa norte da Nova Guiné têm um mito sobre uma inundação enviada como punição pelo fato de o povo, apesar dos avisos de um homem bom, ter matado e comido certo peixe grande. Todos se afogaram, exceto o bom homem e sua família.[747]

Os fijianos

> falam de um dilúvio que, de acordo com alguns relatos foi parcial, mas que outros afirmam ter sido universal. A causa dessa grande inundação foi a morte de Turukawa – um pássaro favorito pertencente a Ndengei – por dois rapazes travessos, os netos do deus. Em vez de se desculparem por sua ofensa, eles acrescentaram palavras insolentes ao ultraje e, fortificando, com a ajuda de seus amigos, a cidade em que moravam, desafiaram Ndengei a fazer-lhes todo o mal possível. Conta-se que, embora o deus irado tenha demorado três meses para reunir forças, não conseguiu subjugar os rebeldes, e, desmantelando seu exército, decidiu vingar-se de maneira mais eficiente. Ao seu comando, as nuvens escuras se juntaram e explodiram, derramando rios sobre a terra infeliz. Cidades, colinas e montanhas foram sucessivamente submersas; mas os rebeldes, seguros na altura superior de sua própria morada, olhavam sem preocupação. Contudo, quando finalmente as ondas terríveis invadiram sua fortaleza, eles clamaram por orientação a um deus, que, segundo um relato, os instruiu a formar uma boia com o fruto do pomelo; segundo outro, ele enviou duas canoas para seu uso; ou, diz um terceiro,

746 FRAZER, J. G. *Folk-Lore in the Old Testament*. vol. I. Londres: MacMillan, 1919, p. 237, seguindo CHALMERS, J.; GILL, W. Wyatt. *Work and Adventure in New Guinea*. Londres: The Religious tract Society, 1885, p. 154.

747 SCHLEIERMACHER, P. C. "Religiöse Anschauungen und Gebraeuche der Bewohner von Berlinhafen (Deutsch-Neuguinea)". *Globus*, vol. LXXVIII, 1900, p. 6.

> ensinou-os a construir uma canoa e, assim, garantir a própria segurança. Todos concordam que os lugares mais altos foram cobertos, e os remanescentes da raça humana foram salvos em algum tipo de embarcação, que ao cabo foi deixada em Mbengga pelas águas que baixaram: com base nisso os mbengganos reivindicam ser os primeiros na hierarquia de Fiji. O número salvo – oito – está exatamente de acordo com os "poucos" que as Escrituras registram. Diz-se que duas tribos da família humana foram extintas por esse dilúvio. Uma era composta inteiramente por mulheres e a outra se distinguia pela presença de uma cauda semelhante à de um cão.[748]

Um interessante mito da "natureza" das Ilhas Palau é relatado por Kubary.[749] A história refere-se a um deus, Obakad. O nome sugere uma relação com o homem; pois *oba* significa "possuir" e *kad* significa "Homem". Portanto, o nome da divindade em questão parece implicar um senhor ou criador do homem, o que é confirmado pelo conteúdo da fábula que Kubary chama de "a mais importante de todas as histórias que tratam de Obakad".

> Em tempos de outrora, antes da existência da atual raça de seres humanos, os habitantes das Ilhas Palau eram todos kaliths (divindades); eram fortes e realizavam maravilhas. Um desses kaliths, cujo nome era Athndokl, que era um dos Obakads [isso implica que havia vários Obakads, talvez uma família de deuses com esse nome], chegou a Ngarekobukl, que hoje fica em Eyrray, e foi morto pelos habitantes de lá. Sete deuses amigos saíram para procurá-lo e chegaram à mesma aldeia, cujos residentes eram conhecidos como

748 WILLIAMS, Thomas; CALVERT, James. *Fiji and the Fijians*. Nova York: D. Appleton, 1859, pp. 197 e ss.

749 KUBARY, J. "Die Religion der Pelauer". *In*: BASTIAN, A. *Allerlei aus Volks- und Menschenkunde*. Berlim: Ernst Siegfried Mittler und Sohn, 1888, pp. 53 e ss. Esse mito é interessante porque Kubary representa a religião dos pelauanos como se o princípio da retribuição não desempenhasse nenhum papel nela.

> maliciosos e presunçosos. Os deuses foram recebidos por todos de maneira rude, com exceção de uma mulher, Milathk, que os recebeu em sua casa e lhes contou sobre a morte de Athndokl. Enlutados e enfurecidos, os deuses decidiram se vingar. Porém, para retribuir a gentileza da mulher eles concordaram em poupá-la e sugeriram a ela que preparasse uma jangada e a prendesse a uma árvore com uma corda. Na época da lua cheia, uma terrível inundação caiu sobre Palau e cobriu toda a aldeia.

Milathk também morreu, mas foi trazida de volta à vida pelo Obakad mais velho, que até queria torná-la imortal. Isso, no entanto, foi impedido por outro deus, Tariit, que por sua vez foi punido pelo irado Obakad. Milathk tornou-se a mãe da humanidade. Quem lê esse mito da natureza sem preconceitos deve ficar impressionado com o fato de seu conteúdo essencial ser a ideia de retribuição, especialmente a punição pelo assassinato. Os kaliths, que aparentemente são os ancestrais elevados a deuses, são considerados os autores e garantes desse princípio fundamental da sociedade humana.

Sobre as fábulas do dilúvio da Polinésia, W. Ellis escreve:

> Tradições do dilúvio... foram encontradas entre os nativos das Ilhas do Mar do Sul desde os primeiros períodos de sua história... Os principais fatos são os mesmos nas tradições prevalecentes entre os habitantes dos diferentes grupos, embora difiram em vários detalhes menores. Em um grupo, os relatos afirmam que, nos tempos antigos, Taaroa, o principal deus (de acordo com sua mitologia, o criador do mundo) irritado com os homens por causa da desobediência à sua vontade, derrubou o mundo no mar, e a terra afundou nas águas, exceto alguns *aurus* ou pontos elevados.[750]

---

750 ELLIS, William. *Polynesian Researches*. vol. I. Londres: Fisher, Son & Jackson, 1831, pp. 386 e ss.

Os nativos das Ilhas de Sotavento contam o seguinte: um homem pescou em um local proibido; sua linha ficou presa no cabelo de uma divindade em repouso. O deus, enfurecido com a violação do tabu, quis destruir todo o país pecaminoso, mas foi aplacado pelos apelos do pescador penitente e deu-lhe a chance de se salvar da grande enchente que, não obstante, lançou sobre a terra.[751] Nas ilhas Hervey, há a seguinte lenda sobre um dilúvio:

> Um rio chamado Taoiau (portador da paz) ficou em uma ocasião muito enfurecido contra seu povo por não lhe trazerem a tartaruga sagrada. O chefe irado 'despertou' todos os poderosos deuses do mar... que... se levantaram zangados... e o oceano varreu toda a ilha.[752]

Em um conto dos maori da Nova Zelândia, o dilúvio caiu sobre os homens porque "o culto de Tane foi negligenciado e suas doutrinas abertamente negadas". Dois professores, amaldiçoados pelos homens, provocaram o dilúvio por meio de orações para "convencer os homes do poder de Tane".[753] Outra fábula maori narra que o herói Tawhaki, assassinado por seu cunhado, mas revivido por sua esposa, pediu aos deuses que o vingassem. Então eles enviaram um dilúvio, chamado "o irrefreável de Mataaho", no qual todos os seres humanos pereceram.[754]

Uma lenda dos batak de Sumatra conecta o grande dilúvio à luta do princípio do bem contra o princípio do mal. De acordo com a ideia desse povo, a terra repousa sobre a cabeça de uma

---

751 ANDREE, Richard. *Die Flutsagen*. Braunschweig: F. Vieweg und sohn, 1891 p. 64.

752 GILL, William W. *Life in the Southern Isles*. Londres: Religious Tract Society, 1876, pp. 83 e ss.

753 WHITE, John. *Ancient History of the Maori*. vol. I. Wellington: Government Printer, 1887, pp. 172 e ss.

754 GREY, George. *Polynesian Mythology and Ancient Traditional History of the New Zealanders*. Londres: John Murray, 1855, pp. 42 e ss.

cobra gigante, Naga-Padoha. Um dia o réptil se cansou de suportar seu fardo; então sacudiu a terra para dentro da água. Mas o deus, Batara-Guru, fez uma montanha cair na água para fornecer um local de residência para sua filha, Puti-orla-bulan. Ela teve três filhos e filhas, de quem a nova raça humana derivou. Mais tarde, a terra foi recolocada na cabeça da cobra. Desde então, tem havido uma luta contínua entre o réptil maligno que deseja se livrar do fardo e a divindade que deseja evitar esse desastre.[755]

Os nativos de Nias, uma ilha no oeste de Sumatra, dizem que

> antigamente havia uma disputa entre as montanhas de seu país sobre qual delas era a mais alta. A contenda irritou seu grande ancestral Baluga Luomewona, e em seu aborrecimento ele... disse: "Ó, montanhas, eu cobrirei todas vocês"... O oceano subiu cada vez mais alto até que apenas os topos de duas ou três montanhas em Nias ainda estavam acima das ondas agitadas... e a contenda é proverbial entre seus descendentes até os dias atuais.

Eles interpretam a catástrofe como punição pela arrogância e desunião.[756]

Um mito dos dayak de Bornéu sugere que o dilúvio foi enviado como punição pela morte de uma serpente.[757] Em uma história dos toradja das Celebes Centrais, o princípio da retribuição, como em outros mitos do dilúvio, torna-se aparente após

755 HUMBOLDT, Wilhelm von. *Über die Kawi-Sprache auf der Insel Java*. vol. I. Berlim: Druckerei der Königlichen akademie der wissenschaften, 1836, pp. 239 e ss.

756 FRAZER, J. G. *Folk-Lore in the Old Testament*. vol. I. Londres: MacMillan and Company, 1919, p. 219, seguindo CHATELIN, L. N. H. A. "Godsdienst en bijgeloof der Niassera". *Tijdschrift voor Indische Taal, Land- en Volkenkunde*, vol. XXVI, 1881, p. 115.

757 ANDREE, Richard. *Die Flutsagen*. Braunschweig: F. Vieweg und sohn, 1891, p. 32.

a catástrofe. "Ninguém escapou do dilúvio, exceto uma mulher grávida e uma rata grávida". A rata trouxe um pouco de arroz para a mulher. "Mas... a rata estipulou que, como recompensa por seus serviços, os ratos deveriam dali em diante ter o direito de comer parte da colheita".[758] O conto andamanésio de um dilúvio infligido aos homens por Puluga, o Criador, como punição por sua desobediência já foi mencionado.[759]

Os bahnars, uma tribo primitiva da Cochinchina, contam como

> uma vez o papagaio brigou com o caranguejo e bicou o crânio do caranguejo com tanta força que fez um buraco nele, que pode ser visto até hoje. Para vingar essa lesão em seu crânio, o caranguejo fez o mar e os rios incharem.[760]

Os lolos (das montanhas de Yunnan) têm uma lenda do dilúvio que diz

> que as pessoas eram más e Tse-gu-dzih, para testá-las, enviou um mensageiro à terra pedindo um pouco de sangue e carne de um mortal. Todos se recusaram, exceto Du-um.

---

758 FRAZER, J. G. *Folk-Lore in the Old Testament*. vol. I. Londres: MacMillan, 1919, p. 222, seguindo ADRIANI, N.; KRUIJT, A. C. *De Bare'e-sprekende Toradja's van Midden-Celebes*. vol. I. Batavia: Landsdrukkerij, 1912, p. 20.

759 Cf. acima, pp. 124/125; além disso, SCHMIDT, Wilhelm. *Der Ursprung der Gottesidee*. vol. III. Münster: Aschendorffsche Verlagsbuchhandlung, 1931, pp. 71 e ss., e NIEUWENHUIS, A. W. "Die Sintflutsagen als kausallogische Naturschoepfungsmythen". *In*: KOPPERS, Wilhelm (Coord.). *Festschrift Publication d'hommage offerte au P. W. Schmidt*. Viena: [s.n], 1928, p. 519.

760 FRAZER, J. G. *Folk-Lore in the Old Testament*. vol. I. Londres: MacMillan, 1919, p. 209, seguindo GUERLACH, J.-B. "Moeurs et superstitions des sauvages Bahnars". *Les Missions catholiques*, vol. XIX, 1887, p. 479.

> Tse-gu-dzih então fechou as comportas e as águas subiram ao céu. Du-um foi salvo com seus quatro filhos.[761]

Um conto dos hos ou lurka kolse no sudoeste de Bengala relata que deus uma vez destruiu a humanidade "porque as pessoas se tornaram incestuosas (alguns dizem que ele a destruiu com água, outros dizem que com fogo)".[762] O dilúvio que aparece nos contos dos singphos[763] e dos ahoms de Assam[764] é mencionado como punição pela omissão dos sacrifícios prescritos.

Na África, as fábulas de inundação são comparativamente escassas. Nas que existem, porém, o princípio da retribuição aparece com destaque. Assim, quando os nativos de Unyoro dizem que "Deus, enfurecido com a arrogância dos seres humanos, jogou o firmamento na terra e assim destruiu completamente a primeira raça humana",[765] eles têm em mente a ideia de retribuição – e de uma inundação. Os herero rotulam uma chuva extraordinária com as palavras "o céu caiu", porque acreditam que as nuvens de chuva (o céu como substância) caem na terra.[766] Portanto a expressão

---

761 HENRY, A. "The Lolos and Other Tribes of Western China". *Journal of the Anthropological Institute of Great Britain and Ireland*, vol. XXXIII, 1903, p. 105.

762 TICKELL, S. R. "Memoir on the Hodésum (improperly called Kolehan)". *Journal of the Asiatic Society of Bengal*, vol. IX, 1840, parte II, p. 798. Ver também o conto dos mundari, uma tribo de Koles, relatado por ANDREE, Richard. *Die Flutsagen*. Braunschweig: F. Vieweg und sohn, 1891, pp. 25 e ss.

763 FRAZER, J. G. *Folk-Lore in the Old Testament*. vol. I. Londres: MacMillan, 1919, p. 198.

764 FRAZER, J. G. *Folk-Lore in the Old Testament*. vol. I. Londres: MacMillan, 1919, pp. 199 e ss.

765 BAUMANN, Hermann. *Schöpfung und Urzeit des Menschen im Mythos der afrikanischen Völker*. Berlim: Dietrich Reimer (Andrews & Steiner), 1936, p. 307, seguindo PASCHA, Emin. *Sammlung von Reisebriefen*. Editado por Schweinfurth e Ratzel. Leipzig: F. A. Brockhaus, 1888, p. 469.

766 BAUMANN, Hermann. *Schöpfung und Urzeit des Menschen im Mythos der afrikanischen Völker*. Berlim: Dietrich Reimer (Andrews & Steiner), 1936, p. 307.

"Deus jogou o céu na terra" na fábula dos unyoros provavelmente também signifique chuva.

Nos mitos dos edo ou bini, há uma história segundo a qual o deus Ogiwu pretendia punir os homens pela morte de seu filho, deixando o céu cair sobre a terra. Mas os edo tinham um grande rei, o herói Eware, que frustrou a intenção de Ogiwu.[767]

Os yorubá contam sobre um deus Ifa, que

> cansou-se de viver no mundo, e assim foi morar no firmamento, com Obatala. Depois de sua partida, a humanidade, privada de seu auxiliador, foi incapaz de interpretar adequadamente os desejos dos deuses, de modo que a maioria deles ficou irritada. Olokun era o mais zangado e, num acesso de raiva, destruiu quase todos os habitantes do mundo em uma grande enchente.[768]

Um conto dos basonge relata como o leopardo, o búfalo, o elefante e a zebra cortejam Ngolle Kakesse, a neta de Deus. Somente a zebra, cujo nome também é Ngolle, é aceita como genro. Ela, no entanto, quebra sua promessa de não permitir que Ngolle Kakesse trabalhe. De suas pernas estendidas corre água que inunda toda a terra. E a própria Ngolle se afoga.[769]

Os mandingo e os mossi (interior da Costa do Marfim) contam a história de um homem caridoso que distribuiu todos os seus bens entre os animais. Como consequência, sua esposa e seus filhos o abandonaram. Mas mesmo assim ele deu a Ouende, um

---

767 TALBOT, P. Amaury. *The Peoples of Southern Nigeria*. vol. III. Londres: Humphrey Milford/Oxford University Press, 1926, pp. 961 e ss.

768 ELLIS, A. B. *The Yoruba-speaking Peoples of the Slave Coast of West Africa*. Londres: Chapman and Hall, 1894, p. 64.

769 FROBENIUS, Leo. *Atlantis, Volksmaerchen und Volksdichtungen Afrikas*: Dichtkunst der Kassaiden. vol. XII. Jena: Diederichs, 1928, pp. 88 e ss.

deus celestial que vagava pela terra sem ser reconhecido, a última refeição que tinha. Como não tinha mais grãos, Ouende deu-lhe três punhados de farinha num cesto. Quando ele semeou os três punhados de farinha, eles se renovaram perpetuamente no cesto; finalmente, tornaram-se abóboras, que Deus lhe pediu para cortar. Dos legumes fatiados surgiram grandes quantidades de búzios,[770] painço, ouro e até meninas etc. Então Ouende sugeriu ao homem que se retirasse daquele lugar com todos os seus bens, visto que o deus desejava castigar os parentes egoístas do homem. Ouende fez chover durante seis meses. Tudo pereceu. Mas os novos descendentes do homem rico se espalharam e formaram a raça humana atual.[771]

A formação do Lago Dilolo é tema do seguinte relato:

> Uma cacique, chamada Moene Monenga... pediu por suprimento de comida... e isso lhe foi recusado... Para demonstrar o que era capaz de fazer, ela começou uma canção; lentamente pronunciou seu próprio nome, Monenga-pede. Ao prolongar a última nota, a aldeia, pessoas, aves e cães afundaram no espaço hoje chamado Dilolo.[772]

Segundo Baumann,[773] mitos desse tipo são encontrados com frequência na África.

---

770 N.T. *Cowry* – as pequenas conchas eram usadas como moedas.

771 TAUXIER, L. *Le Noir du Yatenga*. Paris: Larose, 1917, pp. 498 e ss.

772 LIVINGSTONE, David. *Missionary Travels and Researches in South Africa*. Nova York: Harper & Brothers, 1858, p. 353.

773 BAUMANN, Hermann. *Schöpfung und Urzeit des Menschen im Mythos der afrikanischen Völker*. Berlim: Dietrich Reimer (Andrews & Steiner), 1936, pp. 316 e ss. Na página 322, Baumann diz: "Quanto à África, dois tipos de mitos devem ser distinguidos, aqueles que contêm o motivo do 'pecado' e da 'retribuição' e aqueles que não o contêm". Mas dos nove mitos que, em sua opinião, carecem do motivo da retribuição, pelo menos seis parecem contê-lo, mesmo segundo seus próprios relatos.

1. Entre os bosquímanos (p. 307, seguindo J. M. Orpen em "A Glimpse into the Mythology of the Maluti Bushmen", publicado originalmente na *Cape*

Monthly Magazine, vol. IX, 1874, reimpresso em *Folk-Lore*, vol. XXX, 1919, pp. 145 e ss.): A inundação é causada por cobras "por vingança".

2. Entre os vili de Loango (p. 309; cf. WEEKS, John H. *Among the Primitive Bakongo*. Londres: Seeley, Service & Company, limited, 1914, p. 286): "O sol e a lua certa vez se encontraram e o sol colocou um pouco de lama sobre uma parte da lua, e assim encobriu parte da sua luz, e é por isso que uma parte da lua está frequentemente na sombra. Quando esse encontro ocorreu, houve uma inundação". É altamente provável que o motivo por trás do comportamento hostil do sol tenha sido, como em muitos contos análogos, vingança.

3. Entre os ababua (p. 311, seguindo CALONNE-BEAUFAICT, A. de. *Le Mouvement sociologique international*. vol. X. Bruxelas: A. Dewit; Office international de bibliographie, 1909, p. 119): "Uma velha que acumulava água mata os homens que procuram pelo líquido. O herói Mba mata a velha. Então a água flui em tal quantidade que inunda tudo. Mba é levado pela água e cai no cume de uma árvore". O princípio da retribuição aparece aqui duas vezes. A mulher da água é morta pelo herói porque reteve a água e matou aqueles que a procuravam. A inundação é obviamente uma retribuição pela morte da mulher. Que o ato de vingança seja assim vingado, por sua vez, está de acordo com a ideia primitiva de retribuição. (Um mito de uma mulher má que acumula água – com o motivo da retribuição claramente pronunciado – também pode ser encontrado entre os índios fueguinos; ver GUSINDE, Martin. *Die Feuerland-Indianer*: Die Selknam. vol. I. Sankt Augustin: Anthropos, 1931, p. 613).

4. Entre os bena-lulua (p. 311; cf. FROBENIUS, Leo. *Atlantis, Volksmaerchen und Volksdichtungen Afrikas*: Dichtkunst der Kassaiden. vol. XII. Jena: Diederichs, 1928, p. 157): A velha da água só dá água a quem suga suas feridas. Um homem faz isso. "A água corre em torrentes tais que quase todos se afogam. Mas o homem continua com seu trabalho repugnante e a água para de fluir". Aqui, também, o motivo da retribuição aparece duas vezes; primeiro, quando a água necessária é concedida como presente em troca da realização de algo repugnante; segundo, quando a água deixa de fluir novamente como recompensa por uma boa ação. O mesmo motivo também aparece no seguinte conto dos fiote (p. 311; cf. DENNETT, R. E. *Notes on the Folklore of the Fjort*. Londres: Folk-Lore Society, 1898, p. 122): "Uma velha senhora (Nzambi), depois de alguns dias de viagem, chegou a uma cidade chamada Sinauzenzi, com os pés doloridos e cansados, e coberta com aquelas terríveis chagas que afligem grande número de negros no distrito do Congo. A velha pediu a hospitalidade de cada chefe de família ao passar pela cidade, mas todos se recusaram a recebê-la, dizendo que ela era impura. Quando finalmente chegou à última casa, as pessoas gentis de lá a acolheram, cuidaram dela e a curaram... Quando já estava bem e prestes a partir, ela disse aos seus amáveis amigos que embalassem as suas coisas

e deixassem a cidade com ela, pois certamente estava amaldiçoada e seria destruída por Nzambi. E uma noite após partirem, chuvas fortes caíram, a cidade foi submersa e todas as pessoas se afogaram".

5. Entre os komililo nandi (p. 312; cf. HOBLEY, C. W. "British East Africa: Anthropological Studies in Kavirondo and Nandi". *Journal of the Anthropological Institute of Great Britain and Ireland,* vol. XXXIII, 1903, p. 359): "Cerca de trinta milhas a leste de Kisumu, em Nandi, há um vulcão extinto coberto por floresta chamado Tinderet. Os kamililio nandi que habitam seus flancos sul e oeste narram uma lenda que diz que no alto da montanha há uma caverna na qual Ilet, o espírito do raio, que desceu até lá em forma de homem, fez sua morada. Depois de sua descida choveu incessantemente por muitos dias, e os caçadores oggiek e wandorobbo que viviam na floresta foram quase todos mortos pelo terrível aguaceiro. Alguns deles, enquanto tentavam descobrir a causa da chuva, encontraram Ilet na caverna e o feriram com suas flechas envenenadas. Ele então fugiu e morreu na terra dos kibosones árabes; assim que ele morreu, a chuva cessou". Aqui o motivo da retribuição é invertido: Deus não pune os homens com o mal, mas os homens punem Deus por causa do mal.

6. Entre os ndorobo (p. 313, seguindo Kannenberg, em *Zeitschrift für afrikanische und ozeanische sprachen*, vol. V. Berlim: Geographische Verlagshandlung D. Reimer, 1900, p. 161) conta-se que originalmente os homens viviam com Deus no céu; então desceram com ele em uma corda para a terra. Na terra deus deixou cair uma chuva forte para que os ndorobo não pudessem mais caçar e tivessem que passar fome. Mas um ndorobo cortou a corda e imediatamente parou de chover. Desde então, Deus vive no céu com os seres humanos que permaneceram com ele. Os homens pagam pela cessação da chuva sofrendo uma separação final de Deus. Isso também é retribuição.

7. Entre os ashanti (p. 313, seguindo PERREGAUX, Edmond. "Chez les Ashanti". *Bulletin de la Société Neuchâteloise de Géographie*, tomo XVII, [1906], 1906, p. 198): Quando os primeiros sete seres humanos criados por Deus desceram em uma corrente até a terra e trouxeram o fogo com eles, sua descida foi precedida por uma forte chuva que só cessou quando a corrente foi baixada. Quando seus descendentes aumentaram durante os anos seguintes, eles voltaram ao céu pela corrente em meio a fortes chuvas. A identidade original entre corrente e chuva aparece claramente, segundo a representação de Perregaux, especialmente quando os sete primeiros seres humanos retornaram ao céu. "Quando o número de homens continuou a aumentar, os primeiros sete homens disseram a seus filhos: 'Quanto a nós, voltaremos para o local de onde viemos (para Deus), mas vocês permanecerão na terra; vocês também terão filhos e se espalharão pela terra'. Assim que disseram isso, uma chuva forte caiu e a mesma corrente na qual desceram os levou...". A chuva significa a estrada do céu à terra e de volta. Mas o mito contém ainda outro detalhe

Como nos demais continentes, as Américas também produziram histórias de inundações nas quais o motivo da retribuição aparece mais ou menos decididamente. Um mito dos yamana conta[774] que

> uma vez, quando a primavera se aproximava, um homem olhou para cima e viu uma bandurria (íbis fêmea) voar sobre sua cabana. Ele ficou extremamente feliz com isso e gritou para seus vizinhos: "Uma Bandurria está voando sobre minha cabana. Olhem lá!" Quando os outros ouviram essa notícia, saíram de suas casas e gritaram: "A primavera chegou. Os íbis já estão voando!" Eles pularam de alegria e divertiram-se ruidosamente. Lexuwa [a íbis fêmea], no entanto, é muito sensível e precisa ser tratada com carinho. Quando esses homens, mulheres e crianças gritaram tão alto e por tanto tempo, ela ouviu o barulho e ficou agitada. Em seu aborrecimento e raiva, soltou uma espessa tempestade de neve acompanhada de frio e muito gelo.

(PERREGAUX, p. 198): "Um dia, desgraçadamente, enquanto batiam seu *foufou*, as mulheres sentiram-se constrangidas com a presença de Deus; elas mandaram-no embora e, quando ele não se retirou rápido o suficiente, golpearam-no com seus batedores. Então Deus, irado, retirou-se deste mundo e deixou sua direção aos espíritos (fetiches). O provérbio diz: "Sem a velha, seríamos felizes". O motivo da retribuição também aparece aqui; mas o mito não pertence aos contos sobre inundação.

A razão por que Baumann nem sempre descobre o motivo da retribuição reside no fato de que seu conceito de retribuição é muito estreito. Ele percebe a retribuição, como diz na p. 314, somente quando ocorrer uma "violação de normas". Mas a vingança também está incluída, assim como a recompensa por uma boa ação e a troca, especialmente na forma da renúncia a um bem como compensação pelo livramento de um mal. Baumann afirma com razão que é impossível separar os contos que interpretam o dilúvio como punição dos meros contos do dilúvio; "o ímpeto do pecado é tão indeterminado que em estágios primitivos ele pode se esconder sob maneiras discretas e aparecer como uma culpa sem importância". Mas a punição pelo pecado é apenas um dos casos típicos em que o princípio da retribuição é aplicado. Cf. BAUMANN, Hermann. *Schöpfung und Urzeit des Menschen im Mythos der afrikanischen Völker*. Berlim: Dietrich Reimer (Andrews & Steiner), 1936, p. 314.

774 GUSINDE, Martin. *Die Feuerland-Indianer*: Die Yamana. vol. II. Sankt Augustin: Anthropos, 1931, p. 1232.

Toda a terra foi coberta com neve e gelo; e muitas pessoas morreram. Quando a tempestade de neve cessou,

> o sol quente queimou tão ferozmente que toda a neve e gelo que cobriam a terra até o topo das montanhas derreteram. Grandes quantidades de água fluíram para os rios e para o mar. Na verdade, o sol brilhou tão forte que os cumes das montanhas queimaram e, em consequência disso, permanecem sem árvores até hoje. O gelo que cobria os córregos largos e estreitos também se dissolveu para que as pessoas pudessem chegar à costa e entrar em suas canoas para procurar comida. Nas encostas das montanhas e nos vales profundos o gelo espesso permanece até hoje... Desde então, os yamana tratam toda Bandurria com grande respeito. Quando o pássaro se aproxima de suas cabanas, as pessoas ficam em silêncio e acalmam as crianças para que não gritem.

Em um dos mitos dos uitoto, Nofuyeni causa um terremoto e uma inundação porque Meni roubou o papagaio em forma de machado.[775] Em outra história, Dyaere deixa chover incessantemente porque Nadyerekudu mutilou um papagaio vermelho.[776] Segundo uma lenda dos carayas (Brasil), o grande dilúvio foi causado por um ser demoníaco chamado Anatiua, que ficou furioso porque os homens não o entenderam e quiseram fugir.[777] Em um mito dos tupinambá, Monan, para punir os homens por sua ingratidão,

---

775 PREUSS, K. T. *Religion und Mythologie der Uitoto*. vol. I. Gotinga: Vandenhoeck & Ruprecht, 1921, p. 60.

776 PREUSS, K. T. *Religion und Mythologie der Uitoto*. vol. I. Gotinga: Vandenhoeck & Ruprecht, 1921, p. 61.

777 FRAZER, J. G. *Folk-Lore in the Old Testament*. vol. I. Londres: MacMillan and Company, 1919, p. 257, seguindo EHRENREICH, P. *Beitraege zur Voelkerkunde Brasiliens*. Berlim: Spemann, 1891, pp. 40 e ss.

realiza uma catástrofe natural.[778] Ehrenreich[779] aponta que geralmente os crimes dos homens contra o herói da cultura são causas de cataclismos nos mitos dos aborígenes sul-americanos.

Os ipurina (no rio Purus, um afluente do Alto Amazonas) consideram o bicho-preguiça seu ancestral. Eles têm um mito em que Mayuruberu, o chefe das cegonhas e criador de todos os pássaros, produziu uma grande enchente que fez transbordar uma chaleira de água fervente no sol.

> A humanidade sobreviveu, mas no mundo vegetal nada escapou a não ser a cássia... Em seguida, o bicho-preguiça implorou a Mayuruberu que lhe desse sementes de frutas úteis. Então Mayuruberu apareceu com uma grande cesta cheia de plantas, e os ipurina começaram a lavrar seus campos. Aquele que não trabalhava era comido por Mayuruberu. Todos os dias Mayuruberu recebia um homem para devorar.[780]

A punição para a preguiça é o tema principal dessa história. Mas a conexão entre esse motivo e a inundação não é clara.

Em um conto dos índios murata (um ramo dos jivaro do Equador) o dilúvio aparece como a vingança de um crocodilo – a mãe de todos os crocodilos – pelo assassinato de seu filho.[781]

---

778 METRAUX, A. *La Religion des Tupinamba et ses rapports avec celie des autres tribus Tupi-Guarani*. Paris: E. Leroux, 1928, p. 44.

779 EHRENREICH, Paul. "Die Mythen und Legenden der Südamerikanischen Urvölker". *Zeitschrift für Ethnologie*, Suppl., vol. XXXVII, 1905, p. 31.

780 FRAZER, J. G. *Folk-Lore in the Old Testament*. vol. I. Londres: MacMillan, 1919, pp. 259 e ss., seguindo EHRENREICH, P. *Beitraege zur Voelkerkunde Brasiliens*. Berlim: Spemann, 1891, pp. 71 e ss.

781 FRAZER, J. G. *Folk-Lore in the Old Testament*. vol. I. Londres: MacMillan, 1919, p. 261, seguindo RIVET, P. "Les Indiens Jibaros". *L'Anthropologie*. vol. XIX, 1908, p. 236.

De acordo com a fábula dos acawoios (Guiana Britânica), a enchente foi causada pelo macaco preguiçoso e travesso que abriu uma cesta na qual estava encerrada a "água inchada". Ele, "cujas propensões desonestas causaram a inundação, permaneceu incurável de sua ociosidade, amor ao mal e ao furto, e transmitiu essas qualidades intactas a seus filhos".[782]

Os arawaks da Guiana Britânica

> acreditam que desde a Criação o mundo foi duas vezes destruído: primeiro, por uma labareda de fogo enviada para varrê-lo, e depois por uma inundação. Cada uma dessas destruições foi causada por atos malignos dos homens e realizada por Aiomun Kondi, o grande "Morador do Alto".[783]

O motivo da retribuição varia de maneira peculiar em um mito dos muyscas, nativos do planalto de Cundinamarca (Colômbia).[784] Aqui o dilúvio não é um castigo, mas um mal que deve ser vingado; essa ideia é semelhante ao conceito primitivo de morte como punição ou crime causado pela magia:

> Antigamente, antes que a lua existisse, o planalto de Cundinamarca estava fechado e a passagem de Tequendama ainda não estava aberta. Os muyscas ainda viviam como selvagens sem governo nem agricultura quando lhes chegou um velho barbudo que tinha os seguintes nomes: Botschika, Nemquetheba, Zuhe. Ele ensinou-lhes a cultivar a terra,

---

782 BRETT, W. H. *The Indian Tribes of Guiana*. Londres: Bell and Daldy, 1868, pp. 378 e ss. e 384.

783 BRETT, W. H. *The Indian Tribes of Guiana*. Londres: Bell and Daldy, 1868, p. 398.

784 ANDREE, Richard. *Die Flutsagen*. Braunschweig: F. Vieweg und sohn, 1891, p. 114, seguindo PIEDRAHITA, L. F. *Historia general de las conquistas del Nuevo Reyno de Granada*. Colômbia: [s.n.], 1688, p. 17, e HUMBOLDT, A. V. *Siles des Cordillères et monuments des peuples indigènes de l'Amérique*. Paris: L. Guérin et Cie, 1869, pp. 42 e ss.

> fabricar roupas, venerar os deuses e formar estados. Sua esposa também tinha três nomes: Huythaca, Chia e Yubecayguya. Ela era bonita, mas maliciosa, e queria destruir todas as boas obras de seu marido. E, de fato, por meio de magia, fez o rio Funza, hoje rio Bogotá, inchar de modo que todo o planalto foi inundado. Apenas alguns dos habitantes puderam fugir para os cumes das árvores. Botschika ficou furioso e baniu a mulher má da terra, transformando-a na lua. Para reparar o desastre na terra, Botschika abriu uma passagem e a água desceu na majestosa cachoeira de Tequendama. A terra secou e foi cultivada pelos seres humanos que restaram.

De acordo com outro conto desses índios, o dilúvio foi enviado pelo deus Chibchachum como punição pelos insultos a seus ancestrais. Mas o grande deus Bochica salvou a humanidade e puniu Chibchachum, condenando-o a "carregar em seus ombros todo o peso da terra... Quando o gigante cansado tenta relaxar um pouco e mudar seu fardo de um ombro para o outro, ele causa um terremoto".[785]

Farabee relata o seguinte mito dos índios jivaran, uma tribo aruaque.

> Um grande banquete seria realizado, e dois meninos foram mandados para a floresta para buscar caça. Eles montaram acampamento debaixo de uma árvore e saíram para caçar. Eles garantiram muita caça, prepararam-na e penduraram-na no acampamento. No segundo dia, quando voltaram carregados de caça, ficaram surpresos ao descobrir que a captura do primeiro dia havia sido roubada. Quando voltaram no terceiro dia, descobriram novamente que a carne havia sido roubada. No dia seguinte, um permaneceu

785 FRAZER, J. G. *Folk-Lore in the Old Testament*. vol. I. Londres: MacMillan, 1919, p. 267, seguindo TERNAUX-COMPANS, H. *Essai sur l'ancien Cundinamarca*. Paris: Arthus Bertrand, 1842, pp. 7 e ss.

> escondido para descobrir o ladrão. Ele viu que era uma grande serpente que vivia no oco da árvore sob a qual eles haviam acampado. Para destruí-la, eles fizeram uma fogueira na árvore e a serpente caiu no fogo. Os garotos estavam com fome, e um deles comeu um pouco da carne do animal assada. Ele logo ficou com sede, bebeu toda a água que tinham no acampamento, depois foi para a fonte e de lá para o lago. Ele logo se transformou em um sapo, depois em um lagarto e, finalmente, em uma serpente, que começou a crescer muito rapidamente. Seu irmão assustou-se e tentou tirá-lo da água, mas o lago começou a transbordar. A serpente então disse a seu irmão que o lago continuaria a crescer até que o mundo inteiro fosse coberto, e que as pessoas pereceriam a menos que ele voltasse e lhes dissesse para fugir. Ele disse ao irmão para colocar uma cabaça no bolso, subir no topo da montanha mais alta e, quando a água chegasse, subir na palmeira mais alta. O irmão voltou e contou a seu povo o que havia acontecido, mas eles se recusaram a acreditar, acusando-o de matar o irmão; então ele fugiu para o topo da montanha, e quando a água veio, subiu na palmeira. Depois de muitos dias, a água começou a baixar e ele desceu ao chão. Do alto da montanha ele podia ver os abutres comendo os mortos no vale, então ele voltou para o lago onde encontrou seu irmão e o levou em sua cabaça.[786]

O motivo da retribuição aparece várias vezes aqui. Primeiro, a morte da cobra é uma vingança pelo roubo. A transformação de um dos irmãos em sapo, lagarto e cobra é a punição por terem matado o animal e sua carne ter sido comida. A inundação também é uma punição por esse delito. Finalmente, os homens se afogam como punição por não terem acreditado na advertência e por terem acusado falsamente o outro irmão.

---

786 FARABEE, William Curtis. *Indian Tribes of Eastern Peru* (Harvard University, Papers of the Peabody Museum of American Archeology and Ethnology). vol. X. Cambridge: Peabody Museum Press, 1922, p. 124.

Um conto dos índios quiche (Guatemala) registrado no *Popol Vuh* (livro popular) descoberto no início do século XVIII, justifica a catástrofe ao apontar a inadequação dos primeiros seres criados pelos deuses.[787] O fato de não serem culpados, de acordo com os conceitos modernos de justiça, não deve ser um empecilho para vermos aqui também uma aplicação do princípio da retribuição que, no sentido do pensamento primitivo, também comporta responsabilidade objetiva.

> De acordo com o Popol Vuh, os deuses, tendo criado os animais, estavam insatisfeitos com eles porque não podiam falar nem venerar as divindades. Por isso os deuses criaram os homens a partir do barro; mas estes também eram imperfeitos. Eles não conseguiam mover a cabeça e, embora pudessem falar, não conseguiam ouvir. Então os deuses destruíram essas criações defeituosas com uma enchente. Seguiu-se uma segunda criação de homens; desta vez o homem foi composto em madeira e a mulher em resina. Essa segunda raça de humanos era melhor que sua antecessora, mas as pessoas ainda tinham um comportamento animal. Elas só podiam falar indistintamente e não eram nada gratas aos deuses. Hurakan, o "Coração do Céu", deixou cair resina em chamas na terra e então enviou um terremoto no qual quase todos os seres humanos pereceram. Aqueles que sobreviveram, no entanto, tornaram-se macacos.[788] Por fim,

---

787 ANDREE, Richard. *Die Flutsagen*. Braunschweig: F. Vieweg und sohn, 1891, p. 109.

788 BRINTON, D. G. *The Myths of the New World*. Nova York: Leypoldt & Holt, 1868, p. 208 reproduz essa parte do conto da seguinte forma: "Como eles não pensaram em sua Mãe e em seu Pai, o Coração do Céu, cujo nome é Hurakan, escureceu a face da terra e uma chuva torrencial começou, com chuva dia e noite. Então todos os tipos de seres, pequenos e grandes, reuniram-se para maltratar os homens; e todos falaram, suas mós, seus pratos, seus copos, seus cães, suas galinhas. Disseram os cães e galinhas: 'Vocês nos trataram muito mal e nos morderam. Agora nós os morderemos também. Disseram as mós, 'Fomos muito atormentadas por vocês, e diariamente, noite e dia, era ranger, ranger, rilhar, rilhar, por sua causa. Agora vocês

> os deuses formaram os seres humanos com milho amarelo e branco. Eles eram tão perfeitos que os deuses ficaram assustados; portanto, tiraram algumas das suas qualidades. Assim eles se tornaram os homens de quem os quiche se consideram descendentes.

Uma mudança interessante do motivo da retribuição pode ser encontrada em um conto dos papagos:[789] o rei Montezuma salvou-se de uma inundação, cuja causa não é divulgada. Quando o mundo foi novamente repovoado, o cuidado e o governo da nova raça foram atribuídos a Montezuma;

> mas inflado de orgulho e presunção, ele negligenciou os deveres mais importantes de sua posição onerosa, e permitiu que a maldade mais vergonhosa passasse despercebida entre o povo. Em vão o Grande Espírito desceu à terra e protestou com seu regente, que apenas desprezou suas leis e conselhos, e acabou por irromper em rebelião aberta. Então o Grande Espírito ficou paralisado de raiva e voltou ao céu, empurrando o Sol para trás em seu caminho, para aquela parte remota do céu que ele agora ocupa. Mas Montezuma...

---

mesmos sentirão nossa força, e moeremos sua carne e faremos farinha de seus corpos'. E eis o que os cães disseram: 'Por que vocês não nos deram comida? Mal nos aproximávamos, vocês nos afastavam, e a vara estava sempre ao seu alcance enquanto comiam, porque não conseguíamos falar. Agora vamos usar nossos dentes e comê-los', e rasgaram seus rostos. E as xícaras e pratos disseram insultuosamente: 'Dor e miséria vocês nos deram, defumando nossas bordas e laterais, cozinhando-nos no fogo, queimando-nos e machucando-nos como se não tivéssemos sentimentos. Agora é a sua vez, vocês devem queimar'. Então os homens correram para lá e para cá em desespero. Subiram nos telhados das casas, mas as casas desmoronaram sob seus pés; tentaram subir até o topo das árvores, mas as árvores os arremessaram para longe delas; buscaram refúgio nas cavernas, mas as cavernas se fecharam diante deles. Assim foi realizada a ruína dessa raça, destinada a ser destruída e derrubada; assim foram entregues à destruição e ao desprezo. E diz-se que sua posteridade são aqueles macaquinhos que vivem na floresta".

789 BANCROFT, H. H. *The Native Races of the Pacific States of North America*. vol. III. Nova York: D. Appleton, 1875, pp. 76 e ss.

> começou a construir uma casa que deveria chegar até o céu. Ela já havia atingido grande altura... quando o Grande Espírito lançou seu trovão e arruinou sua glória. Mesmo assim, Montezuma endureceu... ele ordenou que os templos fossem profanados... Então o Grande Espírito preparou sua punição suprema. Ele enviou um inseto para o Leste, voando em direção a uma terra desconhecida, para trazer os espanhóis. Quando eles vieram, travaram uma guerra contra Montezuma e o destruíram, e acabaram totalmente com a ideia de sua divindade.

Presumivelmente, o motivo da retribuição foi transferido do conto da inundação para o destino do sobrevivente, já que sua queda tinha que ser explicada. A influência bíblico-cristã da torre de Montezuma é óbvia.

O tema da retribuição aparece entre os maias (Yucatán) na forma de uma profecia sobre o fim do mundo. Brinton[790] registra esse documento assim:

> No fim dos tempos, foi decretado
> Deve perecer e desaparecer cada deus fraco dos homens,
> E o mundo será expurgado por um fogo voraz.
> Feliz o homem, nesse dia terrível,
> Que lamente com contrição os pecados de sua vida,
> E atenda sem vacilar à provação de fogo.

Os caribs (Antilhas) relatam "que o Mestre dos Espíritos, zangado com seus antepassados por não apresentarem as oferendas que lhe eram devidas, fez cair uma chuva tão forte... que quase todas as

790 BRINTON, D. G. *The Myths of the New World*. Nova York: Leypoldt & Holt, 1868, p. 221.

pessoas se afogaram".[791] Em um conto dos tarahumares (México), o dilúvio é interpretado como punição por dissensão interna.[792]

Dos mitos de dilúvio dos índios norte-americanos, pode-se mencionar o seguinte: um conto dos wiyot (Califórnia central) fala de uma divindade que enviou uma inundação que destruiu tudo porque os homens eram maus.[793] A existência do motivo da retribuição pode ser deduzida indiretamente de um conto dos índios zuni (oeste do Novo México). Aqui se põe fim ao dilúvio com um sacrifício humano: "Um jovem e uma donzela, filhos de dois sacerdotes, foram lançados nesse oceano".[794] Pelo sacrifício pretende-se que a ira do deus da água seja aplacada. A ira da divindade, no entanto, geralmente significa que uma norma proclamada por ela, emitida em seu interesse ou garantida por ela, foi violada. A ideia de que em troca da oferenda a divindade leva embora a inundação é uma aplicação direta do princípio da retribuição. Esse conceito é claramente expresso pelos índios mandan em seu conto sobre uma grande inundação. Aqui a história do dilúvio é a base de certos ritos anuais que incluem sacrifícios ao espírito da água. Os mandan acreditam "que a omissão dessa cerimônia anual, com seus sacrifícios realizados às águas, traria sobre eles uma repetição

---

791 FRAZER, J. G. *Folk-Lore in the Old Testament*. vol. I. Londres: MacMillan, 1919, p. 281, seguindo LA BORDE, Sieur de. "Relation de l'origine, moeurs, coustumes, religion, guerres et voyages des Caraibes sauvages des Isles Antilles de l'Amérique". *In*: JUSTEL, Henri (Coord.). *Recueil de divers voyages faits en Afrique et en l'Amérique qui n'ont point esté encore publiez*. Paris: Chez Loüis Billaine, 1684, p. 7.

792 LUMHOLTZ, Carl. *Unknown Mexico*. vol. I. Nova York: Charles Scribner's Sons, 1902, pp. 298 e ss.

793 SCHMIDT, Wilhelm. *Der Ursprung der Gottesidee*. vol. II. Münster: Aschendorffsche Verlagsbuchhandlung, 1929, p. 40.

794 STEVENSON, Tilly E. "The Religious Life of the Zuñi Child". *In*: POWELL, J. W. (Coord.). 5th *Annual Report of the Bureau of Ethnology*. Washington: Government Printing Office, 1887, p. 539; STEVENSON, M. C. "The Zuñi Indians". *In*: POWELL, J. W. (Coord.). 23rd *Annual Report of the Bureau of American Ethnology*. Washington: Government Printing Office, 1904, p. 61.

da calamidade que suas tradições dizem uma vez ter ocorrido, destruindo toda a raça humana".[795] Em uma história dos índios acagchemem (Califórnia), o dilúvio é um ato de vingança.[796]

Um mito dos potawatomi é uma reminiscência do conto dos índios quiche.

> Kčemnito primeiro criou o mundo e o preencheu com uma raça de seres que não se pareciam com homens. Eram cães perversos, ingratos e maliciosos que nunca levantaram os olhos ao céu para implorar pela ajuda do grande espírito. Tal ingratidão despertou sua raiva e assim ele mergulhou o mundo inteiro em um grande lago.[797]

Os índios navajo têm o seguinte mito:

> O mundo em que vivemos agora é o quinto mundo. Nossos pais moraram em quatro mundos antes de chegar neste. No primeiro mundo moravam três indivíduos: o primeiro homem, a primeira mulher e o coiote. Era escuro lá e o mundo era pequeno, então eles ascenderam ao segundo mundo. No segundo mundo encontraram dois outros homens; o Sol e a Lua. Não havia então sol ou lua no firmamento; mas essas pessoas são assim chamadas porque depois se tornaram o sol e a lua (ou os deuses do sol e da lua). No entanto, havia luz no segundo mundo. No leste havia uma grande escuridão;

795 CATLIN, George. *O Kee-Pa*: a Religious Ceremony; and Other Customs of the Mandans. Filadélfia: J.B. Lippincott, 1867, pp. 1 e ss.

796 FRAZER, J. G. *Folk-Lore in the Old Testament*. vol. I. Londres: MacMillan and Company, 1919, p. 288, seguindo BOSCANA, Father Friar Geronimo. "Chinigchinich, a Historical Account of the Origin, Customs, and Traditions of the Indians at the Missionary Establishment of St. Juan Capistrano, Alta California Called the Acagchemem Nation". *In*: ROBINSON, A. *Life in California*. Nova York: Wiley & Putnam, 1846, pp. 300 e ss.

797 SCHMIDT, Wilhelm. *Der Ursprung der Gottesidee*. vol. II. Münster: Aschendorffsche Verlagsbuchhandlung, 1929, p. 510.

não era uma nuvem, mas se parecia com uma. No sul havia uma luz azul; no oeste uma luz amarela e no norte uma luz branca. Às vezes a escuridão se elevava no leste até cobrir todo o céu e fazer a noite. Então a escuridão baixava, a luz azul subia gradualmente no sul, a luz amarela no oeste e a branca no norte, até que se encontravam no zênite e faziam o dia...

Mas a terra para a qual eles foram não estava vazia; outra raça de pessoas habitava as montanhas, e eles chamaram o povo das montanhas em conselho e lhes disseram: "Nós viemos a esta terra para ficar muito tempo e desejamos viver em paz com vocês". E os montanheses disseram: "Está bem; a terra é ampla o bastante para todos nós, e não buscamos a guerra: mas vive nas grandes águas além das montanhas orientais um grande monstro chamado Tïèholtsòdi (aquele que te captura no mar), de quem vocês não devem se aproximar e a quem não devem ofender". Os navajos prometeram atender a esse alerta e o conselho se desfez. Mas o coiote não deu ouvidos a ninguém e foi para onde quis, ninguém o controlava. Assim, com o tempo, ele se desviou para as grandes águas além das montanhas orientais, roubou dois dos filhos do monstro oceânico, trouxe-os de volta ao acampamento sem ser percebido e os escondeu em seus cobertores. Quando Tïèholtsòdi sentiu falta de seus filhotes, saiu para procurá-los. Ele procurou nas grandes águas nos quatro cantos da terra, mas não os encontrou; por fim, chegou à conclusão de que deveriam estar em posse de estranhos que haviam chegado recentemente do mundo inferior. Ele fez com que as águas que estavam no leste, no sul, no oeste e no norte subissem e corressem sobre a terra; de modo que no fim do seguindo dia havia pouca terra seca para o povo pisar. Todos ficaram muito alarmados e reuniram-se em conselho. Eles sabiam que deviam ter feito algo errado; mas não conseguiram descobrir qual o crime nem quem era o culpado. Então eles pegaram o solo de todas as montanhas dos quatro cantos do mundo e o colocaram no topo da montanha que ficava no norte, e para lá foram todos, incluindo o povo das montanhas, a mulher do sal e os animais que então habitavam o terceiro mundo. Quando o solo foi posto na montanha, esta começou a crescer cada vez mais alto, mas as águas continuaram a subir e as pessoas escalavam para escapar da inundação. Por fim, a montanha parou de crescer e eles plantaram no cume um grande junco, em cuja cavidade todos entraram. O junco crescia todas as noites, mas não crescia durante o dia; e essa é a razão pela qual o junco cresce em juntas até hoje – os entrenós ocos mostram onde ele cresceu à noite, e os nós sólidos mostram onde ele descansou durante o dia. Assim, as águas chegaram a eles durante o dia. O peru foi o último a se refugiar no junco e, portanto, ficou no fundo. Quando as águas subiram o suficiente para molhar o peru, todos sabiam que o perigo estava próximo. Muitas vezes as ondas lavaram a ponta de sua cauda; e é por isso que as pontas das penas da cauda do peru são, até hoje, mais claras que o resto de sua plumagem. No fim da quarta noite depois de ter sido plantado, o junco cresceu até o chão do quarto mundo, e aqui eles encontraram uma passagem pela qual acessaram a superfície...

Mas durante todo esse tempo o coiote ainda mantinha escondidos os filhotes do monstro marinho, Tïèholtsòdi, e este, procurando em vão por todos os mares do quarto mundo, fez com que as águas subissem como antes. Novamente o conselho foi reunido e novamente foi retirado o solo das quatro montanhas... mais uma vez o junco abrigou os fugitivos e os levou para cima fora de perigo. Em suma, todas as circunstâncias que acompanharam sua fuga do terceiro mundo se repetiram até que chegassem ao chão do mundo atual, quando se observou uma diferença espantosa. Em vez de encontrar um buraco por onde pudessem passar, como na ocasião anterior, tudo acima deles, até onde podiam ver, era terra sólida, como o teto de uma grande caverna...

No quinto dia o sol nasceu, subiu como de costume até o zênite e parou. O dia ficou quente e todos ansiavam pela noite, mas o sol não se movia. Então o sábio coiote disse: "O sol parou porque não foi pago por seu trabalho; ele exige uma vida humana para cada dia que trabalha; ele não se moverá novamente até que alguém morra". Por fim, uma mulher, a esposa de um grande chefe, parou de respirar e

> ficou gelada, e enquanto todos se aproximavam maravilhados, viu-se que o sol se movia novamente, e ele desceu do céu e passou por trás das montanhas ocidentais. Como hoje não vemos mais o sol parar seu percurso, sabemos que todos os dias alguém deve morrer...
>
> Naquela noite a luta parou no zênite, como o sol havia feito durante o dia; e o coiote disse ao povo que a lua também exigia pagamento e não se moveria até que isso lhe fosse dado. Ele mal havia falado quando o homem que tinha visto a mulher falecida no mundo inferior morreu, e a lua, satisfeita, viajou para o oeste. Portanto, alguém deve morrer todas as noites, ou a lua não se moverá no céu.[798]

Na história bíblica da queda do homem, os primeiros seres humanos, com sua inadequação moral, são criados por uma autoridade onipotente que, irritada com suas próprias criaturas, as pune. Consequentemente, aquelas religiões primitivas em que a divindade que pune é ao mesmo tempo a autora do mal moral pelo qual os homens são punidos não estão tão distantes do mito judaico-cristão que considera a justiça de Deus compatível com sua onipotência, porque ainda mantém a ideia primitiva de responsabilidade objetiva. A esse respeito, um conto de inundação dos índios alonquinos é significativo. Uma serpente (faz sentido suspeitar nela uma alma ancestral) é o "inimigo" e o "grande mal" que traz o pecado aos homens e depois os pune cruelmente. Esta é a forma em que o mito nos foi transmitido:

> Há muito tempo veio a poderosa serpente (*Maskanako*), quando os homens se tornaram maus. A forte serpente era a inimiga dos seres, e eles foram dominados, odiando-se mutuamente. Então eles brigaram e saquearam uns aos outros, agindo sempre de maneira hostil. E os homens pequenos (*Mattapewi*) lutaram com

---

798 MATTHEWS, W. "A Part of the Navajo's Mythology". *American Antiquarian*, vol. V, nº 3, 1883, pp. 207-213.

> o guardião dos mortos (*Nihanlowit*). Então a Forte Serpente resolveu destruir imediatamente todos os homens e seres. A Serpente Negra, um monstro, fez a água subir rapidamente, até as colinas, espalhando-se por toda parte, destruindo tudo... Então as águas se foram, a montanha e a planície secaram, e o grande mal foi para outro lugar pelo caminho da caverna.[799]

A genuína lenda alonquina da inundação, que foi encontrada entre os índios chippeway,[800] parece, de acordo com Frazer,[801] ser a seguinte: enquanto caçava, o curandeiro Wis-kay-tchach perdeu um jovem lobo, seu "sobrinho", que foi morto por alguns linces aquáticos. Para vingar o lovo, Wis tenta matar uma dessas feras, mas só consegue feri-la. As criaturas correm para um rio, que transborda suas margens e inunda todo o local. Esse mesmo conto pode ser encontrado em várias versões entre outras tribos. Todas mostram os mesmos motivos: vingança pela morte do lobo e contravingança na forma de inundação.

Segundo uma fábula dos índios tinneh, a inundação foi prevista por um idoso que avisou, em vão, seus semelhantes. Todos se afogaram.[802] Em outra fábula da mesma tribo, a inundação vem como um ato de vingança.[803] Os índios loucheux explicam o dilúvio como

---

799 SQUIER, E. G. *Historical and Mythological Traditions of the Algonquins*. Nova York: [s.n.], 1849, pp. 12 e ss. (artigo lido diante da New York Historical Society).

800 HOOPER, W. H. *Ten Months among the Tents of the Tuski*. Londres: John Murray, 1853, pp. 286 e ss.; cf. também o conto dos ojibway, relatado por ANDREE, Richard. *Die Flutsagen*. Braunschweig: F. Vieweg und sohn, 1891, pp. 75 e ss.

801 FRAZER, J. G. *Folk-Lore in the Old Testament*. vol. I. Londres: MacMillan and Company, 1919, p. 297.

802 FRAZER, J. G. *Folk-Lore in the Old Testament*. vol. I. Londres: MacMillan and Company, 1919, p. 312, seguindo E. Petitot, *Monographie des Dènè-Dindjié* (1876), p. 74.

803 JETTE, J. "On Ten'a Folk-Lore". *Journal of the Royal Anthropological Institute of Great Britain and Ireland*, vol. XXXVIII, 1908, pp. 312 e ss.

punição pela morte de um corvo.[804] Um conto dos índios tlingit também descreve o dilúvio como punição pela tentativa de assassinato de Jelch, o corvo.[805] Em um conto dos índios tsimshian, diz-se que a inundação foi enviada pelo céu como punição pelo mau comportamento do homem.[806] De acordo com uma fábula dos índios kootenay,[807] a inundação foi produzida porque um pequeno pássaro cinza, apesar da proibição de seu marido, o gavião, banhou-se em determinado lago. "De repente a água subiu, e surge... um gigante, que agarra a mulher[808] e a violenta". Seu marido fica muito zangado ao saber disso e, indo até o lago, atira no monstro, que engole toda a água, de modo que não há mais água para os índios beberem. A mulher

> puxa a flecha do peito do gigante e a água passa a correr em torrentes, resultando numa inundação... Em uma variante dessa lenda o "gigante" é um "peixe grande"... é o sangue do peixe que causa o dilúvio... Em outra variante o "gigante" é um "animal do lago".

---

804 FRAZER, J. G. *Folk-Lore in the Old Testament*. vol. I. Londres: MacMillan, 1919, pp. 315 e ss., seguindo PETITOT, Émile. *Traditions indiennes du Canada Nord-Ouest*. Paris: Maisonneuve frères et C. Leclerc, 1886, pp. 22-26.

805 KRAUSE, Aurel. *Die Tlinkit-Indianer*. Jena: Hermann Costenoble, 1885, p. 257.

806 FRAZER, J. G. *Folk-Lore in the Old Testament*. vol. I. Londres: MacMillan, 1919, p. 319, seguindo F. Boas, em BRITISH ASSOCIATION FOR THE ADVANCEMENT OF SCIENCE. *Fourth Report of the Committee on the North-western Tribes of the Dominion of Canada*. Londres: British Association for the Advancement of Science, 1889, p. 239.

807 CHAMBERLAIN, A. F. "Report on the Kootenay Indians of South-Eastern British Columbia". *In*: BRITISH ASSOCIATION FOR THE ADVANCEMENT OF SCIENCE. *Eighth Report of the Committee on the North- Western Tribes of Canada*. Londres: British Association for the Advancement of Science, 1892, pp. 575 e ss.

808 FRAZER, J. G. *Folk-Lore in the Old Testament*. vol. I. Londres: MacMillan, 1919, p. 323, referindo-se ao fato de que pássaro e mulher são usados alternadamente, diz: "Nestes contos indígenas nenhuma linha nítida de distinção é traçada entre o animal e os personagens humanos".

Os twanas, uma tribo indígena do estado de Washington, têm em sua tradição uma enchente, da qual apenas bons índios foram salvos.[809] Em outra tribo, supõe-se que a inundação tenha sido causada pelo fato de um castor, cuja esposa o deixou para se casar com uma pantera, ter chorado por cinco dias até que toda a terra foi inundada por suas lágrimas.[810] Obviamente, isso deve ser interpretado não apenas como uma expressão de dor, mas também como um ato de vingança.

Não se pode negar que muitas histórias de dilúvios e enchentes não contêm nenhum traço do motivo da retribuição.[811] Tal

---

809 EELLS, M. "Traditions of the 'Deluge' among the Tribes of the North-West". *American Antiquarian*, vol. I, 1878/1879, p. 70.

810 BOAS, Franz. *Kathlamet Texts*. Bureau of American Ethnology Bull. 26. Washington: Government Printing Office, 1901, pp. 20 e ss.

811 ANDREE, Richard. *Die Flutsagen*. Braunschweig: F. Vieweg und sohn, 1891, p. 131, constata que dos oitenta e oito contos por ele recolhidos, apenas oito interpretam a inundação como um julgamento proveniente de um ser superior e infligido por causa dos pecados cometidos pelos homens. Mas o elemento decisivo é compreendido de maneira muito estreita. O que importa é se e até que ponto o princípio da retribuição desempenha um papel decisivo. Deste ponto de vista, um número muito maior dos contos relatados por Andree estão incluídos. Assim, por exemplo, a lenda dos dajak, o conto *Edda*, a lenda da criação dos dilolo-lake, a lenda de Montezuma dos papagos, o conto de Jelch dos tlingit, a lenda dos índios quiche, especialmente lenda dos mayscas e alguns outros itos, relatados por Andree, mas não contabilizados como mitos de retribuição, enquadram-se nessa classe.

RIEM, Johannes. *Die Sintflut in Sage und Wissenschaft*. Hamburgo: Agentur des Rauhen Hauses, 1925, também estabelece algumas estatísticas sobre os contos de inundação. Dos duzentos e sessenta e oito reportados, o motivo da retribuição só é rastreável, em sua opinião, em setenta e cinco casos. Mas ele compreende como tais somente aqueles em que a inundação se baseia "na culpa da humanidade ou de um indivíduo" ou "na vingança de um deus aborrecido". Porém, os casos em que o mal é cometido por um animal ou é um ato de vingança privada de um indivíduo também devem ser incluídos. Além disso, deve-se contabilizar os casos em que a recompensa e não a punição está envolvida, ou nos quais o delito parece ser insignificante, ou em que não a inundação como tal, mas a morte que ela traz aparece como punição e o resgate como recompensa. Que a enchente não seja um castigo, mas um crime, não significa que esteja ausente o princípio da retribuição, pois esse crime exige punição. Se examinarmos desse ponto de vista os relatos

fator pode ser parcialmente explicado, porque os textos que nos foram transmitidos não mencionam as razões para as inundações; isso, por sua vez, muitas vezes se deve ao fato de que o problema em questão diz respeito à violação de um tabu religioso. E o homem primitivo, que é contido nesse ponto, pode estar inclinado, quando questionado por um explorador, a omitir as partes da história que violam sua autoconsciência porque projetam descrédito sobre seus ancestrais. Outra razão para a incompletude do material pode ser o fato de que os exploradores não tenham dado muita atenção a descobrir as causas da inundação. Isso pode ser particularmente verdadeiro quando a causa possa ter sido algum ato que a moralidade moderna não consideraria um "pecado". Deve-se também ter em mente que um motivo de retribuição originalmente existente pode ter se tornado insignificante ou mesmo desaparecido completamente. Considerando a importância decisiva que o princípio da retribuição tem na interpretação da natureza mesmo nos povos menos civilizados, e considerando também que o homem primitivo está inclinado a interpretar os fatos que o afetam diretamente e que lhe despertam medo, como a doença, a morte, o raio, o terremoto, de acordo com o princípio da retribuição, pode-se supor que, pelo menos originalmente, esse princípio também apareceu em muitos daqueles contos de inundação nos quais hoje não está mais aparente.[812]

---

recolhidos por Riem, o princípio da retribuição se manifesta em mais de cem deles. No entanto, Riem assume que apenas oitenta relatos indicam alguma razão para a inundação. Em vários contos relatados por ele, o princípio da retribuição não está aparente, embora exista nas reproduções de outros autores. É assim na lenda do dilúvio babilônico, aqui (p. 21) Riem diz que os deuses decidiram realizar a inundação "obviamente por mero capricho".

812 WUNDT, Wilhelm. *Völkerpsychologie*: Mythus und Religion. parte III. Leipzig: Alfred Kröner: 1915, pp. 298 e ss., diz que a forma mais antiga de contos do dilúvio carece de motivos éticos, os elementos da vingança, da punição e da recompensa. Isso não pode ser verdade, ao menos quanto ao motivo da vingança, pois se trata de um dos elementos mais antigos do pensamento mítico.

PARTE II

RELIGIÃO GREGA E FILOSOFIA

CAPÍTULO IV

A IDEIA DE RETRIBUIÇÃO NA RELIGIÃO GREGA

46 A ideia de retribuição na crença na alma

A estreita relação entre a crença do homem primitivo na alma e a ideia de retribuição já foi demonstrada. Essa crença na alma, o núcleo de toda religião e de toda metafísica religiosa, é, na verdade, uma ideologia de retribuição. É óbvio que em religiões tão desenvolvidas como a egípcia e a cristã, o conceito de uma alma que sobrevive após a morte serve à ideia de retribuição na medida em que a alma é punida pelo mal e recompensada pelo bem que o homem fez neste mundo. Com menos frequência, porém, notou-se que a crença na alma, mesmo nas religiões mais primitivas, tem essencialmente a mesma função social – só que nelas a alma aparece não como objeto, mas como sujeito da retribuição. A alma não representa um ser humano que, embora morto, ainda assim sobrevive em forma transcendental e deve ser recompensado ou punido por uma divindade; em vez disso, nas religiões primitivas, a própria alma é uma autoridade sobre-humana que pune ou recompensa: ela própria é uma divindade. Originalmente, ela exerce retribuição aos sobreviventes apenas com base em seu comportamento em relação a si mesma. Mais tarde, porém, garante a ordem social por suas reações específicas à conduta lícita ou ilícita dos membros do grupo.

No entanto, não cabe no escopo do presente estudo descrever com mais detalhes essa ideia religiosa mais antiga ou provar que as duas formas básicas assumidas pelo princípio da retribuição na crença na alma – a alma como objeto e a alma como sujeito da retribuição – são apenas dois estágios típicos do desenvolvimento dessa crença entre muitos povos.[813] Somente a religião dos antigos gregos nos interessa aqui, não apenas porque os dois principais estágios da crença na alma se tornam especialmente aparentes e porque a ideia de retribuição desempenha entre eles um papel decisivo, mas, sobretudo, porque nas especulações religiosas dos gregos está a origem de sua filosofia da natureza, na qual se realizou a metamorfose do princípio da retribuição em lei da causalidade.

47 O suposto caráter amoral da religião grega

Quando falamos de religião grega, geralmente nos referimos à religião homérica dos deuses olímpicos, pois essa foi a religião dominante desde o momento em que foi plasmada nos dois épicos imortais até o declínio da cultura grega.[814] Essa fé relativamente racional e esteticamente orientada nos deuses olímpicos, sustentada pela consciência nacional, era a crença da classe dominante. Mas abaixo desse estrato religioso, nas classes baixas da população, sobreviveu outra religião que se originou nos tempos pré-homéricos, e mesmo pré-helênicos, mas que continuou suas tradições

---

813 Cf. meus ensaios: KELSEN, Hans. "L'Arne et le droit". *Annuaire de l'Institut Internationtd de Philosophie du Droit et de Sociologie Juridique*, vol. II, 1936, pp. 60 e ss. e KELSEN, Hans. "The Soul and the Law". *Review of Religion*, vol. I, 1937, pp. 337 e ss.

814 Cf. Max Wundt, que começa seu *Geschichte der griechischen Ethik*. vol. I. Leipzig: W. Engelmann, 1908, pp. 5 e ss. com Homero.

religiosas, incluindo o culto aos mortos e a crença em demônios.[815] É verdade que a religião do Zeus Olímpico, como credo da classe alta,[816] superou os espíritos, demônios e divindades ctônicas [ou telúricas] da religião mais antiga; mas nunca conseguiu suprimir totalmente tal crença.[817] Provavelmente foi essa crença que, surgida de uma camada religiosa inferior, influenciou fortemente as doutrinas místicas dos órficos e pitagóricos, que aparecem nos séculos VII e VII, bem como nos mistérios de Elêusis.[818]

---

815 Cf. WIDE, Sam; NILSSON, Martin P. "Griechische und römische Religion". *In*: GERCKE, Alfred; NORDEN, Eduard. *Einleitung in die Altertumswissenschaft*. 4ª ed. vol. II, tomo 2. Leipzig/Berlim: B. G. Teubner, 1933, pp. 8 e ss. "Percebemos na religião grega duas tendências principais: uma é muito antiga e popular, a outra foi criada pela cultura homérica e alcançou caráter oficial. A primeira contém adoração de pedras, árvores e animais, crença em espíritos e demônios, magia e orgias, sacrifício humano e outras ideias e costumes característicos do homem primitivo. A outra, contudo, representa interesses racionalistas, humanos e estéticos. Esta tendência foi aparentemente mais forte, pois foi sustentada pela consciência nacional e apareceu enfaticamente na literatura e na arte; mas a tendência anterior também era vigorosa e poderosa, muitas vezes influenciando a religião homérica. De fato, essa religião obteve seu poder da cultura helênica e o perdeu quando essa cultura se desintegrou". Cf. também PETERICH, Eckart. *Die Theologie der Hellenen*. Leipzig: Hegner, 1938, pp. 12, 61, 106, 210.

816 A religião homérica de Zeus, como nos foi transmitida nos dois grandes poemas épicos, não se formou na Grécia continental, mas na Ásia Menor, na Jônia; e a partir daí influenciou decisivamente a religião pátria. A questão da relação entre a religião homérica e a religião dos imigrantes helênicos no momento em que eles conquistaram os aborígenes, bem como a questão da relação entre a religião desses aborígenes e a religião dos vencedores não pode ser respondida aqui.

817 Cf. KERN, Otto. *Die Religion der Griechen*. vol. I. Leipzig: Weidmannsche Buchhandlung, 1926, pp. 28 e 180 e ss.

818 Cf. ROHDE, Erwin. *Psyche*: the Cult of Souls and Belief in Immortality among the Greeks. Trad. para o inglês de W. B. Hills. Londres: K. Paul, Trench, Trübner & Company, 1925, pp. 156 e ss. Da época que se seguiu à era de Homero, diz-se: "Novos elementos da população vieram à tona, os governos começaram a cair e o antigo domínio dos reis deu lugar à Aristocracia, à Tirania, à Democracia. Em relações amistosas e hostis (especialmente no Ocidente), os gregos entraram em contato mais do que antes com povos estrangeiros". Esse desenvolvimento foi acompanhado por um renascimento

Um exame da função sociológica da religião grega e da importância que ela tem como ideologia para a sociedade grega leva primeiro à análise da religião oficial do grupo dominante. Essa religião é tão contrastante com o cristianismo que muitas vezes se afirma que os gregos não tinham uma religião "verdadeira" ou "real". Tal julgamento é correto somente se considerarmos o cristianismo como *a* religião por excelência, uma visão que dificilmente pode ser sustentada. Apesar da diferença entre os conceitos grego e cristão de Deus – a divindade grega não é a causa nem o criador do mundo; ela não é onipotente e não pode, embora seja imortal, evitar a morte dos seres humanos – e, apesar de os gregos atribuírem muitas características humanas a seus deuses, em um ponto há uma semelhança impressionante: a divindade grega, como a cristã, é uma divindade justa. Aqueles que creem nunca duvidaram de sua justiça. A ideia de uma divindade injusta é, não apenas para o cristão piedoso, mas também para o grego piedoso, uma *contradictio in adjeto*.[819] Há uma convicção profundamente enraizada de que os deuses governam o mundo com justiça. A justiça é uma qualidade tão essencial dos deuses que "começaríamos a duvidar da própria existência dos deuses e, portanto, de

---

da religião. "É como se os gregos tivessem passado por um período como o que a maioria das nações civilizadas passa em um momento ou outro, e que se repetiria com os próprios gregos mais de uma vez nos séculos posteriores – um período em que a mente, depois de ter conseguido, ao menos em parte, libertar-se das crenças inquietantes e opressivas em poderes invisíveis, recua novamente. Sob a influência da adversidade, sente a necessidade de algumas ilusões reconfortantes nas quais possa se abrigar e aliviar em parte o fardo da responsabilidade".

819 NÄGELSBACH, K. F. *Homerische Theologie*. 2ª ed. Nuremberg: J. A. Stein, 1861, pp. 13 e ss., e *Die nachhomerische Theologie des griechische Volksglaubens*. Nuremberg: Verlag von Conrad Geiger, 1857, p. 40. Ele afirma que, entre todas as qualidades da divindade, somente a qualidade moral de punir com justiça atestada pela consciência do indivíduo é mantida. "A ideia de divindades que punem injustamente nunca aparece na religião grega".

todo culto, se ela não pudesse se manifestar".[820] Se os deuses não são justos, então eles não existem; mas tão certo como existem é que são justos. Na medida em que o espírito grego se baseia na religião, está repleto dessa convicção. E na opinião dos gregos, a justiça – como em todas as visões religiosas da vida – é o princípio da retribuição. Aos sibaritas, que em uma festa assassinaram um poeta diante do altar de Hera, o Oráculo de Delfos pronunciou estas palavras:

> Sai de meus tripés, pois tuas mãos profanas
> Destilando sangue mancham meus sagrados pavimentos:
> De mim não espere resposta, tu que mataste
> O filho das Musas; deves pagar por sua morte.
> Ninguém que transgride, pode se livrar da vingança

---

820 NÄGELSBACH, K. F. *Die nachhomerische Theologie des griechischen Volksglaubens*. Nuremberg: Verlag von Conrad Geiger, 1857, p. 30 e NÄGELSBACH, K. F. *Homerische Theologie*, 2ª ed. Nuremberg: J. A. Stein, 1861, pp. 31 e ss., que menciona referências para essa afirmação. Cf. também SCHMIDT, Leopold. *Die Ethik der alten Griechen*. vol. I. Berlim: W. Hertz, 1882, p. 47: "Uma das suposições mais firmes que os antigos gregos nunca abandonaram foi a crença de que uma justiça estrita que recompensa o bem e pune o mal governava os destinos dos homens. Independentemente da opinião que se tenha sobre a origem dos poemas homéricos, uma coisa é certa, seu conteúdo é dominado por essa ideia". Na p. 228, ele escreve: "Embora os gregos não tivessem a ideia de divindades moralmente perfeitas, eles estavam convencidos de que uma justiça divina que não tolerava nenhuma violação da ordem governava os destinos dos indivíduos, bem como dos povos". Cf. também ROHDE, Erwin. "Die Religion der Griechen". *Kleine Schriften*, vol. II, 1901, p. 327: "O homem pode confiar nos deuses; a justiça, uma justiça imperturbável, é o conteúdo puro de sua vontade e de seu governo". Além disso, GRUPPE, O. *Griechische Mythologie und Religionsgeschichte*. (Série Handbuch der klassischen Altertumswissenschaft). vol. V, nº 2. Munique: C. H. Beck, 1906, parte II, p. 1002, afirma: "Punir as violações das regras estabelecidas na ordem cósmica é o mais alto, quase o único, dever moral dos deuses homéricos". Entre os elementos que a cultura grega tomou da religião homérica, encontramos, além da ideia de deuses com sentimentos humanos, a "convicção da justiça e da beleza da ordem do mundo". (GRUPPE, p. 1047).

Mesmo que descenda da poderosa linhagem de Jove[821]
Ele e seus filhos, e os filhos deles, devem
Esperar a devida vingança por esse ato injusto.[822]

A crença na retribuição divina é expressa em Homero quando o velho Laerte, ouvindo que os pretendentes insolentes foram mortos, exclama: "Pai Zeus, na verdade vós, os deuses, estais no alto Olimpo, se na realidade os pretendentes pagaram o preço da insolência".[823] Ou quando se diz no *Oinomaos* de Eurípides: "Quando vejo os malfeitores perecerem, então acredito na existência dos deuses".[824] Esse poeta trágico toca as raízes mais profundas da religião nacional quando a justiça divina é posta em dúvida em suas tragédias.

48 A ideia de retribuição divina na religião homérica

É certo que a ideia de justiça divina não se expressa de forma tão contundente no sistema religioso representado nos épicos homéricos quanto em Hesíodo, que, por sua paixão pela justiça, tem sido frequentemente comparado aos antigos profetas judaicos.[825]

---

821 N.T. Jove, também conhecido como Júpiter ou Zeus.

822 AELIANUS, Claudius. *Varia historia*, livro III. Trad. Thomas Stanley. Londres: impresso a pedido de Thomas Dring, 1665, p. 43. Cf. também NILSSON, M. P. *Die Religion der Griechen*. (Série "Religionsgeschichtliches Lesebuch"), nº 4. Tubingen: Mohr, 1927, p. 46. Cf. também NESTLE, Wilhelm. *Griechische Religiosität von Homer bis Pindar und Äschylos* (Die griechische Religiosität in ihren Grundzuegen und Hauptvertretern von Homer bis Proklos I). Coleção Goschen. Berlim: De Gruyter, 1930, p. 85.

823 HOMERO. *The Odyssey*, livro XXIV. Loeb Classical Library. Cambridge: Harvard University Press, [s.d.], pp. 351 e ss. [ed. bras.: HOMERO. *Odisseia*. Trad. Frederico Lourenço. São Paulo: Companhia das Letras, 2020, p. 535].

824 EURIPIDES. "Oinomaos, frag. 577". *In*: NAUCK, J. A. (Coord.). *Tragicorum Fragmenta*. Leipzig: Teubner, 1889.

825 Cf. KERN, Otto. *Die Religion der Griechen*. vol. I. Leipzig: Weidmannsche Buchhandlung, 1926, p. 266.

Os deuses, sob cujo domínio o mundo é imaginado, devem estar não tanto na religião da aristocracia governante, cujo bardo era Homero, mas na crença dos camponeses governados, cujo bardo era Hesíodo. Mas também entre as classes superiores da sociedade homérica existiam relações de superioridade e inferioridade, direitos e deveres, propriedade e assuntos familiares; e, também a ordem positiva dessas relações deve ser concebida como justa. Portanto, aqui também o governo era considerado instituído por Deus. Em particular, existia a convicção de que o rei obtinha seu poder de Zeus. A *Ilíada*, bem como a *Odisseia*, enfatiza a teoria do direito divino dos reis e a origem divina da ordem promulgada por eles. O cetro de Agamenon, símbolo de seu poder real, foi fabricado pelo próprio Hefesto; Zeus o deu a Hermes, e este, por sua vez, a Pélope, de quem Agamenon o herdou.[826] Os reis são sempre referidos como διοτρεφής ("criados por Zeus");[827] sua τιμή, i. e., sua competência,[828] "vem de Zeus, que os honra; ama-os Zeus, o conselheiro".[829] Não apenas o cetro, mas também as leis (υέμιστες) que o rei está autorizado a promulgar e administrar vêm de Zeus. Nestor dirige-se a Agamenon da seguinte maneira: "Atrida gloriosíssimo, Agamenon soberano dos homens! Começo e acabo por me dirigir a ti, porque és rei de muitas hostes e foi Zeus que te concedeu o cetro e a justiça [melhor: leis], para que deliberes pelo povo".[830] Igualmente famosas são estas palavras: "Não é bom serem todos a mandar. É um que manda; um é o rei, a quem deu

826 HOMERO. *Iliad*, livro II. Loeb Classical Library. Cambridge: Harvard University Press, [s.d.], pp. 101 e ss. [ed. bras.: HOMERO, *Ilíada*. Trad. Frederico Lourenço. São Paulo: Companhia das Letras, 2020, p. 138].

827 HOMERO. *Iliad*, livro II. Loeb Classical Library. Cambridge: Harvard University Press, [s.d.], p. 98 [ed. bras.: p. 134]; p. 196 [ed. bras.: p. 138].

828 Cf. FANTA, Adolf. *Der Staat in der Ilias und Odyssee*. Innsbruck: Verlag der Wagnerschen Universitäts-Buchhandlung, 1882, p. 49.

829 HOMERO. *Iliad*, livro II. Loeb Classical Library. Cambridge: Harvard University Press, [s.d.], p. 197 [ed. bras.: p. 138, trad. modif.].

830 HOMERO. *Iliad*, livro IX. Loeb Classical Library. Cambridge: Harvard University Press, [s.d.], pp. 96 e ss. [ed. bras.: p. 292].

o Crônida de retorcidos conselhos o centro e o direito de legislar, para que decida por todos".[831]

O domínio sobre Ítaca também é representado na Odisseia como um direito concedido por Zeus.[832] Como o rei adquiriu seu poder de deus, está obrigado a exercê-lo com justiça. A *Ilíada* enfatiza sobre Sarpedon: "Lycia [o] protegia com sua força e sua justiça [δίκησι]";[833] e Ulisses diz a Agamenon, exortando-o a uma reconciliação com Aquiles: "Atrida, para com outro serás tu doravante mais justo [δικαιότερος]. Pois não é censurável um rei que procura aplacar outro homem, quando foi ele a iniciar a desavença".[834] Na *Odisseia* é dito: "Um rei com cetro deve levar a retidão em seu coração".[835]

Nestor é elogiado como aquele "que mais que qualquer outro sabe o que é justo e sensato... parece semelhante a um deus imortal".[836] De Ulisses é dito: "ele nada de mal fez, nem disse, a ninguém do povo, como é a prática dos soberanos divinos. Pois a

---

831 HOMERO. *Iliad*, livro II. Loeb Classical Library. Cambridge: Harvard University Press, [s.d.], pp. 204 e ss. [ed. bras.: p. 138].

832 HOMERO. *The Odyssey*, livro I. Loeb Classical Library. Cambridge: Harvard University Press, [s.d.], p. 386 [ed. bras.: p. 131].

833 HOMERO. *Iliad*, livro XVI. Loeb Classical Library. Cambridge: Harvard University Press, [s.d.], p. 542 (tradução modificada) [ed. bras.: p. 477].

834 HOMERO. *Iliad*, livro XIX. Loeb Classical Library. Cambridge: Harvard University Press, [s.d.], pp. 181 e ss. [ed. bras.: p. 547].

835 HOMERO. *The Odyssey*, livro II. Loeb Classical Library. Cambridge: Harvard University Press, [s.d.], pp. 230 e ss.

836 HOMERO. *The Odyssey*, livro II. Loeb Classical Library. Cambridge: Harvard University Press, [s.d.], pp. 244 e 246 [ed. bras.: p. 157]. O verso 245, "Três vezes, diz-se, regeu gerações de homens" [ed. bras.: p. 157], é considerado interpolado. Cf. BÉRARD, Victor. *Introduction'a l'Odyssée*: le poème représenté. Le poème édité. 2ª ed. tomo I. Paris: Société d'Édition "Les Belles Lettres", 1933, p. 64.

uns odeiam os reis, estimando embora outros. Porém Ulisses nunca tratou mal nenhum homem".[837] E o próprio Ulisses canta a glória

> à semelhança do rei irrepreensível que, temente aos deuses, reina sobre muitos homens valentes e promulga decisões que são justas: a terra escura dá trigo e cevada, as árvores ficam carregadas de fruta e os rebanhos estão sempre a parir crias; o mar proporciona muitos peixes em consequência do bom governo. Sob a sua alçada o povo prospera.[838]

Aparentemente, a fertilidade é a recompensa dos deuses pela justiça do rei que exerce domínio em seu nome.

Existem várias ilegalidades pelas quais os seres humanos devem esperar retribuição dos deuses; como expressamente declarado na *Ilíada*, elas incluem pecados como delitos contra os deuses, pais e suplicantes, ofensa ao anfitrião, quebra de contrato e, acima de tudo, perjúrio. Este é um crime especialmente grave porque no juramento se invoca a retribuição divina. Sem a ideia da retribuição, o juramento não tem sentido. Além disso, um julgamento desonesto é um delito a ser punido pelos deuses.[839] São muito citadas as palavras da *Ilíada* que retratam como Zeus pune com uma tempestade os crimes dos homens, que "pela força na assembleia proferem sentenças judiciais tortas, escorraçando assim a justiça".[840] Pois não só os reis, mas também os juízes carregam cetros; eles também, diz a *Ilíada*, "praticam a justiça por mando

---

837 HOMERO. *The Odyssey*, livro IV. Loeb Classical Library. Cambridge: Harvard University Press, [s.d.], pp. 690 e ss. [ed. bras.: p. 189].

838 HOMERO. *The Odyssey*, livro XIX. Loeb Classical Library. Cambridge: Harvard University Press, [s.d.], pp. 109 e ss. [ed. bras.: p. 446].

839 Cf. FINSLER, Georg. *Homer*. 3ª ed. parte I, seção 2. Leipzig: B.G. Teubner, 1924, pp. 178 e ss. e 182.

840 HOMERO. *Iliad*, livro XVI. Loeb Classical Library. Cambridge: Harvard University Press, [s.d.], pp. 387 e ss. [ed. bras.: p. 472].

de Zeus".[841] Não pode haver a menor dúvida de que Homero representou a ordem social dada como desejada pela vontade divina. Consequentemente, é compreensível que o princípio básico dessa ordem – a retribuição – proceda dos deuses e que essa seja sua função mais importante.

Essa retribuição divina é o principal motivo dos dois poemas épicos.

49 A *Ilíada*

A *Ilíada* representa a luta contra Troia e sua destruição como justa retribuição pelo crime que Paris, e, portanto, Troia, cometeu contra Menelau, logo, contra os gregos. Aos troianos, Menelau diz: "vós que me ultrajastes, ó grandes cadelas! Nem no espírito temestes a cólera terrível do tonitruante Zeus Hospitaleiro, que um dia destruirá a vossa íngreme cidade".[842]

Além disso, a queda da cidade de Troia é um ato de retribuição por um segundo crime – a violação do tratado solenemente celebrado pelo qual as partes em conflito juraram resolver a guerra por um duelo entre Paris e Menelau. Antes da luta, Homero relata como os aqueus e troianos rezavam:

> Zeus pai, que reges do Ida, gloriosíssimo, máximo! Àquele que trouxe tais trabalhos a ambos os povos, faz tu que entre

---

841 HOMERO. *Iliad*, livro I. Loeb Classical Library. Cambridge: Harvard University Press, [s.d.], p. 238 [ed. bras.: pp. 117/118].

842 HOMERO. *Iliad*, livro XIII. Loeb Classical Library. Cambridge: Harvard University Press, [s.d.], pp. 623 e ss. [ed. bras.: p. 404]. Cf. também HOMERO. *Iliad*, livro I. Loeb Classical Library. Cambridge: Harvard University Press, [s.d.], p. 159 [ed. bras.: p. 115].

> para a mansão de Hades; e que fiquemos pela nossa parte com a amizade e os leais juramentos.[843]

E antes do duelo, o próprio Menelau suplica:

> Zeus soberano, concede que me vingue de quem errou primeiro, o divino Alexandre; e subjuga-o às minhas mãos, para que de futuro estremeça quem dos homens vindouros pense causar danos ao anfitrião que o recebeu com amizade.[844]

Assim, a luta é apresentada como um julgamento de Deus, pelo qual o malfeitor pode ser punido. Quando o troiano Pândaro, filho de Licaão, quebrando o tratado juramentado, fere Menelau com uma flechada, Agamenon diz a seu irmão:

> os Troianos te atingiram, calcando os leais juramentos. Mas não é vão o juramento, nem o sangue dos carneiros, nem as libações e apertos de mão, em que nós confiamos. Mesmo que em seguida não outorgue cumprimento o Olímpio, mais tarde outorgá-lo-á, e grande será a expiação deles, com as próprias cabeças, com as das mulheres e dos filhos. Pois isto eu bem sei no espírito e no coração: virá o dia em que será destruída a sacra Ílion, assim como Príamo e o povo de Príamo da lança de freixo. E Zeus, o excelso filho de Crono, que no éter habita, agitará sobre eles todos a escura égide em retaliação por este dolo; não ficarão estas coisas sem cumprimento.[845]

---

843 HOMERO. *Iliad*, livro III. Loeb Classical Library. Cambridge: Harvard University Press, [s.d.], pp. 320 e ss. [ed. bras.: p. 173].

844 HOMERO. *Iliad*, livro III. Loeb Classical Library. Cambridge: Harvard University Press, [s.d.], pp. 351 e ss. [ed. bras.: p. 174].

845 HOMERO. *Iliad*, livro IV. Loeb Classical Library. Cambridge: Harvard University Press, [s.d.], pp. 157 e ss. [ed. bras.: p. 185].

Essa é a expressão de uma crença inabalável na justiça divina, que é retribuição; é uma lei inviolável que, se não for cumprida imediatamente, certamente será executada mais tarde. Portanto, é indubitável que, referindo-se à ideia de retribuição, Homero, na *Ilíada*, representa Zeus, o "sublime conselheiro",[846] com balanças de ouro na mão pesando os destinos dos dois povos em guerra:

> O pai ergueu a balança de ouro, e nela colocou os dois fados da morte irreversível para Troianos domadores de cavalos e Aqueus de brônzeas túnicas, segurando a balança pelo meio. Desceu o dia fatal dos Aqueus. Na terra provedora de dons ficaram sediados os destinos dos Aqueus, sendo os dos Troianos elevados até ao vasto céu.[847]

A balança é o símbolo específico da justiça retributiva. Como o destino dos aqueus é julgado muito pesadamente, é justo que, pelo menos por algum tempo, eles sejam abandonados pelas fortunas da guerra. É significativo que, para explicar a desgraça dos aqueus, o poeta use justamente esse símbolo e que veja na balança do destino um atributo essencial de Zeus. O senhor do céu consulta por meio de uma balança o destino que, já aqui, é considerado uma lei geral acima de sua influência. Essa lei geral é, sem dúvida, a lei da retribuição. Isso se manifesta claramente naquele episódio peculiar que retrata como as "Erínias privaram da fala" o cavalo Xanto, que repentinamente pudera falar e profetizara a Aquiles sua morte iminente. A lei da natureza, que nega aos animais a capacidade de falar e que impede os seres humanos de verem o futuro, está ameaçada de violação. Então as Erínias, deusas da

---

846 HOMERO. *Iliad*, livro VIII. Loeb Classical Library. Cambridge: Harvard University Press, [s.d.], p. 22 [ed. bras.: p. 269].

847 HOMERO. *Iliad*, livro VIII. Loeb Classical Library. Cambridge: Harvard University Press, [s.d.], pp. 69 e ss. [ed. bras.: p. 271].

vingança, intervêm. O fato de ser sua função garantir a ordem da natureza prova que Homero a considerava uma ordem jurídica.[848]

A afirmação de que a justiça é uma qualidade essencial dos deuses homéricos e especialmente de Zeus parece incompatível[849] com o fato de que injustiças óbvias também são atribuídas a eles. Assim, é o próprio Zeus quem induz os troianos a quebrar o tratado juramentado. Cedendo à insistência de Hera, ele diz a Atena: "Vai depressa para o meio do exército dos Troianos e dos Aqueus

848 HOMERO. *Iliad*, livro XIX. Loeb Classical Library. Cambridge: Harvard University Press, [s.d.], p. 418 [ed. bras.: p. 555]. Em Atenas, um homem que tivesse ressuscitado dos mortos (em caso de morte aparente) não tinha permissão para entrar no santuário das Erínias (Eumênides). Ressuscitar dos mortos era considerado uma espécie de delito, porque é uma violação da lei da natureza. Garantir essa lei, concebida como uma norma jurídica, era função das Erínias, deusas da vingança. Cf. PETERICH, Eckart. *Die Theologie der Hellenen*. Leipzig: Hegner, 1938, p. 224.

849 Que indivíduos inocentes sejam frequentemente levados a sofrer nos épicos de Homero é o resultado das ideias de responsabilidade coletiva e responsabilidade objetiva, especialmente a hereditária, que dominam a moral homérica, bem como outras primitivas. Que esses devem ser considerados princípios completamente morais já foi enfatizado em outra passagem. FINSLER, Georg. *Homer*. 3ª ed. parte I, seção 2. Leipzig: B.G. Teubner, 1924, p. 177, acredita que em Homero os homens "concluem a ira divina a partir do infortúnio. A culpa do próprio desafortunado não é necessária". Isso é verdadeiro. A culpa pode ser de um ancestral ou de outro membro da família, do rei ou mesmo de qualquer outra pessoa com quem o desafortunado tenha alguma relação e que o arraste para a punição. Se o homem homérico interpreta cada infortúnio que sofre como efeito da ira divina, então vê nela, mesmo que não tenha consciência nenhuma de culpa pessoal, uma retribuição justificada por certos fatos que podem até ser desconhecidos para ele. Finsler não está certo, portanto, quando afirma (p. 183) que os homens "percebem a ira divina em seus infortúnios, mas não a punição". A "ira" da divindade sempre tem alguma causa, mesmo que seja apenas uma ofensa pessoal, insulto ou violação de interesse. Tal fato inevitavelmente significa algum mal ou pecado, mesmo que cometido de maneira involuntária ou inconsciente. A "ira" da divindade, portanto, como em todas as religiões primitivas, assume a forma de punição, pois é uma reação retributiva contra alguma violação direta ou indireta da divindade.

e esforça-te para que os Aqueus exultantes na glória sejam os Troianos os primeiros a lesar, à revelia dos juramentos".[850]

A noção de que uma injustiça cometida por seres humanos é causada pelos deuses é a consequência inevitável da crença no poder da divindade que aqui, como em toda religião, entra em conflito com o conceito de justiça da própria divindade. Na *Ilíada*, em particular, enfatiza-se ideia de poder dos deuses e a convicção de que todos os eventos humanos são dirigidos por eles.[851] Por isso, a opinião de que o mal também pode ser atribuído aos deuses é expressa por um poeta, Ésquilo, cuja crença na justiça das divindades é inquestionável. Uma vez que ele, em sua profunda religiosidade, vê o homem apenas como um instrumento de uma divindade poderosa, deve atribuir não apenas as boas ações, mas também as más a uma vontade divina. Também o malfeitor é dirigido pela divindade: "...quando o homem se apressa para sua própria ruína, Deus também toma parte com ele";[852] "Deus planta nos homens mortais a causa do pecado sempre que deseja destruir totalmente uma casa".[853]

Nada é mais característico dessa imputação do mal à divindade em um sistema totalmente religioso-moral do que a figura do demônio da vingança Alastor, em Ésquilo. A função específica de Alastor é punir crimes – em outras palavras, executar retribuição.

---

850 HOMERO. *Iliad*, livro IV. Loeb Classical Library. Cambridge: Harvard University Press, [s.d.], pp. 70 e ss. [ed. bras.: p. 181].

851 FINSLER, Georg. *Homer*. 3ª ed. parte I, seção 2. Leipzig: B.G. Teubner, 1924, p. 206.

852 ÉSQUILO. *The Persians*. Loeb Classical Library. Cambridge: Harvard University Press, [s.d.], p. 742.

853 ÉSQUILO. *Niobe*. Loeb Classical Library. Cambridge: Harvard University Press, [s.d.], p. 156, frag. 77.

Mas ele sempre faz isso envolvendo o criminoso em novos crimes.[854] Além disso, o piedoso Sófocles escreve:

> Pois ninguém é prudente senão aquele a quem Deus honra;
> Mas aquele que olha para o céu, ainda que este lhe ordene
> Violar a justiça, deve obedecer;
> Pois nada é vergonhoso, quando prescrito pelo céu.[855]

O mal causado pela divindade é para o crente justo – justo em um sentido mais elevado, que ele pode não compreender, mas que aceita humildemente. A coerência e a consequente ausência de contradição não pertencem ao equipamento de uma ideologia religiosa.

Quão pouco a ideia de que as más ações dos homens são causadas pelos deuses perturba a crença de Homero na inviolabilidade do princípio da retribuição é ilustrado pelo fato de o próprio Zeus obviamente pressupor esse princípio no curso da discussão em que ordena a Atena que induza os troianos a quebrarem o juramento, pois ele repreende Hera por sua perseguição aos troianos, visto que eles não cometeram nenhum erro.

> Encolerizado lhe respondeu Zeus, que comanda as nuvens: "Deusa surpreendente! Será que Príamo e seus filhos te fizeram tantos males, que incessantemente planejas arrasar a cidadela bem construída de Ílion?[856]

---

854 Cf. NESTLE, Wilhelm. *Griechische Religiosität von Homer bis Pindar und Äschylos* (Die griechische Religiosität in ihren Grundzuegen und Hauptvertretern von Homer bis Proklos I). Coleção Goschen. Berlim: De Gruyter, 1930, pp. 125 e ss.

855 SÓFOCLES. *The Dramas of Sophocles Rendered in English Verse*. Trad. para o inglês de Sir George Young. Londres/Nova York: Everyman's Library - J. M. Dent & Sons Ltd. / E. P. Dutton & Co., Inc., 1916, p. 340, frag. 227 (Nauck).

856 HOMERO. *Iliad*, livro IV. Loeb Classical Library. Cambridge: Harvard University Press, [s.d.], pp. 30 e ss. [ed. bras.: p. 180].

Então Zeus diz a Hera que deseja destruir Troia:

> Faz como tu quiseres. Mas que no futuro este conflito não venha a ser causa de discórdia entre ti e mim. E outra coisa te direi: tu guarda-a no teu coração. Quando pela minha parte eu quiser destruir uma das tuas cidades, onde habitam homens que te são caros, não procures reter a minha cólera, mas deixa-me atuar.[857]

E Hera responde: "Não estou aqui em sua defesa, nem as quero enaltecer. Mesmo que esteja ressentida e recuse a sua destruição...".[858]

É essa mesma ideia de retribuição que Tétis aceita como natural quando pede a Zeus que vingue a injustiça infligida a seu filho Aquiles e, a esse respeito, refere-se às muitas boas ações que fez ao senhor do céu:

> Zeus pai, se entre os imortais alguma vez te auxiliei com palavras e atos, faz que se cumpra esta minha prece: honra o meu filho, aquele que acima de todos os outros está destinado a vida curta... ó conselheiro Zeus Olímpio.[859]

A retribuição é considerada – sempre e em toda parte – uma espécie de comércio em que o bem é trocado pelo bem e o mal pelo mal. Assim é dito no início da *Ilíada*: "Àquele que aos deuses obedece, ouvidos lhe dão eles também".[860]

---

857 HOMERO. *Iliad*, livro IV. Loeb Classical Library. Cambridge: Harvard University Press, [s.d.], pp. 37 e ss. [ed. bras.: p. 180].

858 HOMERO. *Iliad*, livro IV. Loeb Classical Library. Cambridge: Harvard University Press, [s.d.], pp. 54 e ss. [ed. bras.: p. 181].

859 HOMERO. *Iliad*, livro I. Loeb Classical Library. Cambridge: Harvard University Press, [s.d.], pp. 503 e ss. [ed. bras.: p. 127].

860 HOMERO. *Iliad*, livro I. Loeb Classical Library. Cambridge: Harvard University Press, [s.d.], p. 218 [ed. bras.: p. 117].

Para penetrar no mundo de Homero, deve-se considerar que o poeta representa as relações entre os deuses segundo a analogia das relações humanas – o que é quase inevitável em um sistema politeísta –, e que o elemento humano na relação entre deus e deus não deve afetar a visão que tem o homem primitivo da relação entre deus e homem. Em particular, a conversa entre Zeus e Hera não deve ser entendida como uma representação crítica de deuses cruéis e injustos que entregam um ao outro as cidades dos homens. Não havia no poeta a intenção de levar a ideologia religiosa *ad absurdum*, como havia em Eurípides; em *Hipólito*, a deusa Ártemis explica por que não defende seu protegido contra sua inimiga Afrodite: "...E este é o costume dos Deuses:/Ninguém pretende impedir o fixo desígnio/ Querido por outro deus: e separados nos manteremos".[861]

O mesmo pensamento que em Eurípides deve ser entendido como expressão de ceticismo irônico tem em Homero o significado de piedosa ingenuidade. Como pode um homem primitivo explicar que uma cidade, embora tenha um poderoso deus guardião, seja destruída? Por todos os meios possíveis, exceto questionando a autoridade desse deus guardião e, portanto, a justiça divina.

50 A *Odisseia*

Uma vez que, segundo a crença primitiva, os deuses governam o mundo como um autocrata sobre o povo, a questão de sua "moralidade" não tem, do ponto de vista do crente, maior importância do que a questão da "moralidade" do monarca. Assim como este, também a divindade – visto que em suas relações privadas não aparece como governante do mundo – não está obrigada a obedecer às normas que instituiu para a conduta humana. Como um monarca absoluto, a divindade está acima e além da lei. Tudo o que seria pecado ou crime se cometido por um homem não o é

861 EURÍPIDES. *Hippolytus*. Loeb Classical Library. Cambridge: Harvard University Press, [s.d.], pp. 1328 e ss.

e não pode sê-lo se cometido por uma divindade. A esse respeito, Zeus é um monarca absoluto, que, sem ter que ser pessoalmente moral, garante a moralidade da humanidade pela administração do princípio da retribuição. Muito do que nos parece ser a "imoralidade" dos deuses gregos se deve ao fato de que a teologia homérica ainda não havia resolvido o problema da teodiceia da mesma forma que as religiões dualistas, a saber, dividindo a divindade em dois seres – um deus e um contradeus, Ormuzd e Ahriman – e imputando ao primeiro o bem e ao segundo o mal.

O fato de a divindade grega também ter que desempenhar o papel do diabo é mais um defeito técnico do que moral desse sistema religioso. Além disso, pode-se encontrar em Homero uma tendência a fornecer uma teologia do diabo, uma tentativa de inserir, em relação ao mal cometido pelo homem, um ser intermediário entre o malfeitor e a divindade: Ate. Sua função é "obnubilar", i. e., retirar o cérebro de alguém; depois disso, o mal pode ser apresentado a essa pessoa como bem e o bem como mal.[862] Não obstante, o ser humano, ainda que desencaminhado pelo espírito maligno, permanece responsável por seu comportamento e passível de retribuição. Com efeito, a *Odisseia* rejeita expressamente a imputação do mal aos deuses e defende a tese moderna de que a imputação do mal não deve ir além do ser humano responsável. Referindo-se ao crime de Egisto, Zeus diz:

---

862 Cf. NESTLE, Wilhelm. *Griechische Religiosität von Homer bis Pindar und Äschylos* (Die griechische Religiosität in ihren Grundzuegen und Hauptvertretern von Homer bis Proklos I). Coleção Goschen. Berlim: De Gruyter, 1930, p. 32. Os versos da *Ilíada* (*Iliad*, livro XIX, pp. 126 e ss.) representam Ate antropomorficamente personificada como um demônio que Zeus expulsou do Olimpo: "... enraivecido no seu espíritos, e jurou um juramento grandioso, que nunca mais ao Olimpo e ao céu cheio de astros de novo regressaria Ate, que a todos obnubila. Assim dizendo, rodopiou com ela na mão e lançou-a do céu cheio de astros e depressa ela chegou aos campos dos homens" [ed. bras.: pp. 545/546, trad. modif.].

> Vede bem como os mortais acusam os deuses! De nós (dizem) provêm as desgraças, quando são eles, pela sua loucura, que sofrem mais do que deviam! Como agora Egisto, além do que lhe era permitido, do Atrida desposou a mulher, matando Agamenon à sua chegada, sabendo bem da íngreme desgraça – pois lhe havíamos prevenido.[863]

Quem comete um mal age "além do que lhe era permitido", i. e., age contra esse destino que é a retribuição divina.

A crença nesse princípio permeia o poema épico, que culmina na punição infligida por Zeus por meio de Ulisses aos pretendentes insolentes. Assim, Palas Atena fala a Telêmaco: "Não há dúvida de que tens necessidade do ausente Ulisses; ele que poria as mãos nos pretendentes desavergonhados";[864] e: "Mas tais coisas descansam sobre os joelhos dos deuses, se regressando se vingará – ou não – em sua casa".[865]

A ideia de um deus justo aparece de maneira ainda mais distinta e clara na *Odisseia* do que na *Ilíada*, que dá demasiada ênfase ao elemento heroico e, portanto, ao poder de Zeus. Consequentemente, na *Ilíada*, a ideia de justiça tem que ficar em seguindo plano. Na *Odisseia*, porém, são frequentes as referências à noção de justiça divina. E é sempre no princípio da retribuição que o poeta vê a ideia de justiça. No primeiro canto, Telêmaco diz aos pretendentes maliciosos: "Mas da minha parte invocarei os deuses imortais e queira Zeus que não falte a devida retribuição. Que então pereçais

863 HOMERO. *The Odyssey*, livro I. Loeb Classical Library. Cambridge: Harvard University Press, [s.d.], pp. 32 e ss. [ed. bras.: p. 120].

864 HOMERO. *The Odyssey*, livro I. Loeb Classical Library. Cambridge: Harvard University Press, [s.d.], pp. 253 e ss. [ed. bras.: p. 127].

865 HOMERO. *The Odyssey*, livro I. Loeb Classical Library. Cambridge: Harvard University Press, [s.d.], pp. 267 e ss. [ed. bras.: p. 127]. Cf. também livro XXII, p. 413.

todos sem que haja retaliação".[866] Essa ideia de retribuição divina – sempre um motivo principal da epopeia – reaparece assim que Ulisses volta à sua pátria. Como não reconhece imediatamente a terra, mas se julga traído pelos feácios que prometeram conduzi-lo a Ítaca, exclama: "Que Zeus, deus dos suplicantes, os castigue; ele que todos os homens observa e castiga quem transgride".[867] Referindo-se aos pretendentes maliciosos, Eumaeus diz a Ulisses:

> Os deuses bem-aventurados não gostam de atos injustos, mas apreciam a justiça e as boas ações dos homens. Homens hostis e ímpios, que vão para uma terra estrangeira, onde Zeus lhes concede despojos de piratas, e com as naus repletas regressam a suas casas – até esses sentem no espírito o medo da vingança divina.[868]

E sobre o rei dos egípcios que impediu seus soldados de matarem Ulisses, este diz: "mas o rei afastou-os, porque tinha em consideração à ira de Zeus Hospitaleiro, que muito se indigna com más ações".[869] Quando Menelau é retido no Egito, ele considera a sua demora a punição por um erro cometido.[870] Atena aparece em sonho a Penélope e a consola: Telêmaco voltará para casa, pois não cometeu nenhum pecado contra os deuses.[871] Como os deuses exercem retribuição, eles devem conhecer o bem e o mal

---

866 HOMERO. *The Odyssey*, livro I. Loeb Classical Library. Cambridge: Harvard University Press, [s.d.], pp. 378 e ss. [ed. bras.: p. 131, trad. modif.].

867 HOMERO. *The Odyssey*, livro XIII. Loeb Classical Library. Cambridge: Harvard University Press, [s.d.], pp. 213 e ss. [ed. bras.: p. 341].

868 HOMERO. *The Odyssey*, livro XIV. Loeb Classical Library. Cambridge: Harvard University Press, [s.d.], pp. 83 e ss. [ed. bras.: p. 352].

869 HOMERO. *The Odyssey*, livro XIV. Loeb Classical Library. Cambridge: Harvard University Press, [s.d.], pp. 283 e ss. [ed. bras.: p. 358].

870 HOMERO. *The Odyssey*, livro IV. Loeb Classical Library. Cambridge: Harvard University Press, [s.d.], pp. 377 e ss.

871 HOMERO. *The Odyssey*, livro IV. Loeb Classical Library. Cambridge: Harvard University Press, [s.d.], pp. 806 e ss.

dos homens. Por isso, a Antino, que tratou Ulisses disfarçado de mendigo de maneira cruel, dizem os pretendentes:

> Antino, fizeste mal em bater no infeliz viandante. Insensato! E se ele é na verdade um dos deuses do céu? Pois os deuses, assemelhando-se a estranhos de terras estrangeiras, sob todas as formas, visitam as cidades para verem a insolência e a justiça dos homens.[872]

E quando Ulisses diz ao suplicante Medon, que tratou bem e gentilmente Telêmaco, "Coragem, pois Telêmaco te protegeu e salvou, para que saibas no coração, e possas dizer a outros, que as boas ações são muito melhores que as más",[873] soa como se o poeta pretendesse que seu herói proferisse o princípio moral do poema. A *Odisseia* é também um épico da justiça divina.

Essa visão dos poemas homéricos, especialmente da *Ilíada*, está em desacordo com as interpretações mais recentes que, contrariamente ao ponto de vista mais antigo, negam qualquer conteúdo ético a tais poemas, especialmente à *Ilíada*.[874] Que a interpretação

---

872 HOMERO. *The Odyssey*, livro XVII. Loeb Classical Library. Cambridge: Harvard University Press, [s.d.], pp. 483 e ss. [ed. bras.: p. 420].

873 HOMERO. *The Odyssey*, livro XII. Loeb Classical Library. Cambridge: Harvard University Press, [s.d.], pp. 372 e ss. [ed. bras.: p. 506].

874 NÄGELSBACH, K. F. *Homerische Theologie*. 2ª ed. Nuremberg: J. A. Stein, 1861, pp. 31 e ss., 315 e ss. e 345 e ss., com base em cuidadosa seleção de referências que tratam dessa ideia, chega à conclusão de que a teologia homérica adere em princípio à ideia de justiça divina. SCHMIDT, Leopold. *Die Ethik der alten Griechen*. vol. I. Berlim: W. Hertz, 1882, p. 47, escreve: "Os troianos devem suportar a punição dos deuses porque um deles violou perversamente o direito de hospitalidade; além disso, eles aumentam sua culpa pela violação de um tratado solenemente concluído. Aquiles também deve expiar os excessos de sua vingança. A *Odisseia* mostra ainda mais claramente como o pecado não escapa ao seu castigo e como a virtude é finalmente recompensada".

Em NITZSCH, G. W. *Erklärende Anmerkungen zu H'mer's Odyssee*. vol. I. Hannover: Hahn, 1826, Nitzsch tenta esclarecer certas contradições. Ele

---

escreve, p. 11: "Se os deuses às vezes aparecem como justos, até como representantes da justiça eterna, às vezes apaixonados, frequentemente como executores de mo^{2}ra e às vezes como impotentes contra ela; se, por outro lado, os homens são eles mesmos ocasionalmente capazes de determinar seu destino e barrar seu poder, mas às vezes se resignam a forças hostis sem qualquer vontade própria, então essas contradições surgem em parte do conflito entre a liberdade humana e o poder do destino, e em parte da ideia antropomórfica dos deuses, e especialmente da maneira como o poeta usa esta ideia em particular. A ideia de justiça divina obviamente governa mais fortemente a *Odisseia* do que a *Ilíada*". Recentemente, no entanto, tem-se sugerido o abandono dessa visão. Assim, WILAMOWITZ-MOELLENDORFF, Ulrich. *Griechische Tragödien*. 9ª ed. vol. II. Berlim: Weidmannsche Buchhandlung, 1922, p. 15 compartilha da visão de que para Homero "o moral, o bom, o justo, mesmo que já tenham sido experimentados, não constituem características das divindades. Também na vida humana a justiça não é de forma alguma exigida". KERN, Otto. *Die Religion der Griechen*. vol. I. Leipzig: Weidmannsche Buchhandlung, 1926, p. 281, também é da opinião de que a ideia de justiça se tornou aparente apenas no tempo de Hesíodo, mas ele admite que "talvez mesmo antes de Hesíodo filósofos independentes chegaram às mesmas conclusões", ou seja, a crença na justiça divina.

Finsler diz que no material épico que o poeta da *Ilíada* usou, ou pelo menos em certas partes dele, uma firme crença na justiça dos deuses é expressa; mas assinala que o próprio poeta qualifica o domínio dos deuses como cruel e injusto (FINSLER, Georg. *Homer*. 3ª ed. parte I, seção 2. Leipzig: B.G. Teubner, 1924, pp. 182, 206 e 211 e ss.). Contudo, se examinarmos mais de perto as referências nas quais Finsler baseia sua teoria da crítica antirreligiosa de Homero, torna-se difícil sustentar sua tese. Como prova do fato de que Homero desejava representar Zeus como um deus injusto, Finsler cita o fato de Aquiles, em sua ira, ter executado apenas o conselho de Zeus e que o próprio Zeus, por meio de Atena, induziu os troianos a violar o tratado. Já foi observado que a crença honesta na justiça da divindade não é abalada pelo fato de todos os eventos humanos e, portanto, também os crimes cometidos pelos homens, serem atribuídos à vontade da divindade.

Finsler menciona ainda que Zeus restabeleceu a honra ofendida de Aquiles não para punir a insolência de Agamenon, mas para retribuir a Tétis pela ajuda que recebida; ele queria, no entanto, evitar que Hera soubesse disso, pois temia discórdia no céu. E quando ele tentou cumprir a promessa que havia feito a Tétis, não contou aos deuses sobre isso; ele evitou a oposição "por meio dessa exibição bombástica de seu poder". Finsler enfatiza que Hera, para obter o cinto de Afrodite, com o qual pretende fascinar Zeus, valeu-se de uma mentira, vestiu-se de forma coquete e "depois se fez de esposa tímida diante do desejo despertado de Zeus". Finsler fala aqui de "conotação

---

de desprezo" posta pelo poeta nos versos que descrevem "as núpcias divinas do casal de deuses". Além disso, Finsler aponta para o juramento vazio feito por Hera, assustada pelas ameaças do Zeus despertado; e ele atribui "inveja mesquinha" e "vaidade" a Poseidon.

Em todos esses casos, porém, estão envolvidas apenas fraquezas humanas que os deuses manifestam em suas relações uns com os outros e que, como indicado no texto, não atingem aquela esfera em que somente a justiça divina aparece, a saber, a relação entre deus e o homem. O fato de que na última cena do primeiro livro Hefesto considere terrível a disputa pelos seres mortais e acredite que não vale a pena perturbar a alegria da refeição (Finsler considera isso um sintoma de que o poeta da *Ilíada* acredita na maldade dos deuses) pode facilmente ser entendido assim: o homem homérico acreditava que os deuses falam desdenhosamente dos homens, assim como os nobres falam de seus servos; certamente o homem homérico nunca pensou em considerar seus deuses injustos simplesmente porque eles desprezavam os mortais. Finsler diz que o "tratamento dado por Zeus aos homens é mais chocante na medida em que ele reconhece expressamente uma obrigação imposta a ele por meio do sacrifício e da oração, uma ideia que não existia antes dos tempos de nosso poeta. Zeus diz: 'Nunca faltou em meu altar um sacrifício apropriado'. Ele sente a obrigação, mas abandona, contudo, o piedoso povo troiano e Heitor, que tanto lhe sacrificaram em Ida e na cidade". Se o poeta atribui ingenuamente ao deus o que o homem homérico, não menos que o homem piedoso de hoje, deseja, a saber, que o deus seja obrigado pelo sacrifício e pela oração, então Homero, como um cristão piedoso, não ousou interpretar como uma injustiça do deus o fato de um ser humano, apesar do sacrifício e da oração, ter sofrido um acidente. Quando Finsler considera Zeus "mau e repugnante", ele registra apenas seu próprio julgamento moral, e não o de Homero. Como Finsler baseia seu julgamento moral contra Zeus no fato de "que o herói confiante que conta com a ajuda de Zeus é finalmente enganado" e "a proteção concedida a ele pelo deus" torna-se uma "reluzente fraude", ele também deveria estar moralmente indignado com o Deus cristão, em cuja justiça muitos poetas devotos acreditaram, mas cujo herói inocente teve, no entanto, que cair.

Finsler diz: "Somente o poeta da *Ilíada* criou aquela religião que filósofos posteriores, sobretudo Xenófanes e Platão, consideraram tão mesquinha e para cuja apologia os cínicos e estoicos inventaram interpretações alegóricas". As "maldades" dos deuses homéricos são, contudo, apenas as consequências inevitáveis do antropomorfismo e são certamente tão produto da mente pública quanto o trabalho consciente de Homero.

Que a justiça originalmente não era essencial para os deuses de Homero é também afirmado por WIDE, Sam; NILSSON, Martin P. "Griechische und römische Religion". *In*: GERCKE, Alfred; NORDEN, Eduard. *Einleitung in die Altertumswissenschaft*. 4ª ed. vol. II, tomo 2. Leipzig/Berlim: B. G.

Teubner, 1933, pp. 24 e ss.: eles dizem que a justiça foi acrescentada mais tarde ao conceito de deus por poetas e filósofos, especialmente os órficos. Mas Wide e Nilsson também admitem que, em Homero, os deuses foram feitos "os portadores da ordem moral do mundo". NILSSON, M. P. "Die Griechen". *In*: BERTHOLET, A.; LEHMANN, E. *Lehrbuch der Religionsgeschichte*. vol. II. Tubingen: Mohr, 1925, p. 339 acredita que os deuses homéricos, como deuses da natureza, não tinham nada a ver com a moralidade – a chuva cai tanto sobre os seres justos quanto sobre os injustos. "Originalmente o ser humano busca dos deuses a realização de seus desejos e não a manutenção da moralidade". Entre esses desejos, no entanto, o desejo de retribuição, de justiça, desempenha um papel importante, prossegue Nilsson: "A manutenção da moralidade é imposta aos deuses pelo fato de os homens buscarem em seus deuses uma autoridade superior para a moral e os costumes da vida que, segundo a crença comum, obriga o indivíduo mesmo contra sua própria vontade". Disso decorre a ideia de uma justiça divina já existente nos primórdios da vida social. Não se pode duvidar de que uma forte tendência a uma ideologia justificadora da ordem social, conforme indicado por Nilsson, deve ter existido em um estágio social de desenvolvimento relativamente alto como o tempo de Homero. Assim, diz Nilsson: "Nesse caminho, o homem homérico avançou muito. Os laços nacionais eram fracos e frouxos, mas a santidade das leis não escritas era forte". Mas isso nada mais é do que justiça divina! Além disso, o próprio Nilsson afirma categoricamente: "Desde seu início, a religião grega foi uma religião da sociedade". Consequentemente, deve ser uma religião da justiça. Nilsson também diz que "a religião sempre foi conservadora" (p. 386). Mas isso é assim somente porque ela declara a ordem social predominante como justa porque é divinamente desejada.

De acordo com OTTO, W. F. *Die Gottler Griechenlands*. [s.l.]: [s.n.], 1929, pp. 331 e ss., a justiça não é essencial às divindades gregas. O autor admite, no entanto, que no mundo homérico se acredita "na justiça vitoriosa de Zeus". Sobre Hesíodo, ele tem que admitir: "O camponês Hesíodo, em sua difícil luta contra a deslealdade e a corrupção da lei, não pode conceber nada de maior valor para a divindade do que o que é mais sagrado para si mesmo em sua existência", ou seja, a justiça. No entanto, é característico do espírito grego não querer a felicidade, mas a grandeza: "Pois esse espírito humano que quer grandeza e não felicidade é o efeito de um governo divino diferente daquele que camponeses e cidadãos desejam para a sua própria existência, direcionada à posse e ao ganho". Como Otto identifica o desejo de felicidade com o desejo de justiça, ele chega à seguinte conclusão: "O apelo à justiça é um sintoma do fato de que a mente humana começa a privar o mundo de seu caráter divino. O direito à felicidade que o indivíduo acredita ter se eleva acima da consciência decrescente da presença divina". Não se deve considerar as doutrinas dos profetas judaicos e os sermões de Jesus, que se centram na ideia de justiça, a única religião. Mas também não se deve cometer o erro oposto de determinar a essência da religião de tal maneira que Jeová, cuja característica primária é a justiça e que, como rei, deseja que o reino vindouro da justiça seja governado por seu filho, não apareça mais como um verdadeiro deus; um conceito tão falso torna a crença judaico-cristã em um Deus totalmente justo um sinal que marca o início da privação do caráter divino do mundo.

A suposição fundamental de Otto de que o desejo de justiça, como desejo de felicidade, opõe-se ao ideal de grandeza é mais do que questionável. Presumir que os gregos eram homens que buscavam a grandeza em vez da felicidade e, portanto, não a justiça, não tem fundamento, mesmo que isso se refira somente aos heróis homéricos. Trata-se de uma especulação estetizante. Além disso, "grandeza" é um predicado que, sem qualquer especificação mais concreta do sujeito, simplesmente não tem sentido ou significado. A "grandeza" da divindade pode ser manifestada apenas por seu poder, sabedoria, bondade e, acima de tudo, por sua justiça. Para o fato de que a grandeza específica da divindade grega consiste na justiça, uma abundância de provas foi coletada por autores anteriores, de modo que a tese de Otto, na falta de contraprova, não pode ser aceita. O próprio Otto ressalta que o deus grego se assemelha à sua imagem, o ser humano. Então, por que a justiça, o bem mais importante para o homem em sua atitude para com seus semelhantes, não seria essencial para as mais humanas de todas as divindades, os deuses gregos?

Sob a influência de Otto, Peterich tenta defender a tese de que a justiça não é elemento essencial da religião homérica. Ele chega a dizer (PETERICH, Eckart. *Die Theologie der Hellenen*. Leipzig: Hegner, 1938, p. 273): "O mundo homérico é injusto, embora os deuses sejam frequentemente chamados de justos". Mas sua tentativa de fundamentar essa afirmação é bastante artificial e pouco consistente. "A justiça original é a justiça da natureza; vem do feminino e torna-se a ordem do mundo, a lei universal da personalidade da deusa Têmis. Essa lei atua no invisível e só pode ser compreendida no invisível. No mundo visível prevalece a injustiça: punição e recompensa são realizadas no outro mundo. O ser é injusto; o vir a ser é justo. O homem que pertence ao mundo visível é injusto, a mulher que pertence à injustiça invisível é justa. Como o mundo homérico é um mundo do ser e do visível, um mundo masculino, ele tem de ser injusto". O próprio Peterich mostra o importante papel desempenhado pela ideia de uma ordem universal em Homero. Ele diz expressamente, na p. 174: "Opis, deusa da punição, que persegue toda violação das leis, aparece na *Ilíada* e na *Odisseia* em passagens importantes". Não pode haver a menor dúvida da crença do homem homérico de que a justiça retributiva é executada neste mundo. E, se há crença em uma ordem universal do mundo, deve ser uma ordem do mundo visível, especialmente na religião homérica, que se caracteriza pela completa falta de crença na retribuição em outro mundo. A identificação do masculino, visível

mais antiga está correta é comprovado pelo que foi dito até agora. É geralmente aceito que obras gregas posteriores de poesia, história e filosofia mostram a crença na justiça divina. Assim, apenas as referências mais essenciais são mencionadas para ilustrar a importância decisiva da ideia de retribuição na literatura religiosa dos séculos posteriores a Homero.

51 A ideia de retribuição divina no período pós-homérico

Os poemas cantados pelo camponês Hesíodo, o pastor de Ascra, não vêm das alturas da humanidade, como os épicos de Homero, mas das camadas baixas da sociedade, embora não das mais baixas. Portanto, de modo mais apaixonado e mais forte do que na *Ilíada* e na *Odisseia*, *Os trabalhos e os dias* professa uma crença na justiça divina. Na medida em que a experiência de um

---

e injusto, por um lado, e do feminino, invisível e justo, por outro, não tem nenhum fundamento nem na religião homérica nem na pós-homérica.

A tese de que os deuses gregos eram seres amorais provavelmente está ligada à doutrina, tão predominante na etnologia recente, de que a religião primitiva nada tinha a ver com moralidade. Típica dessa visão é a afirmação de NESTLE, Wilhelm. *Griechische Religiosität von Homer bis Pindar und Äschylos* (Die griechische Religiosität in ihren Grundzuegen und Hauptvertretern von Homer bis Proklos I). Coleção Goschen. Berlim: De Gruyter, 1930, p. 12 de que "originalmente, religião e moralidade não tinham nada a ver uma com a outra. O comportamento religioso do homem primitivo era essencialmente amoral e egoísta". Mas Nestle (p. 5) também aponta que "a religião nunca é a preocupação de um indivíduo, mas sempre de uma comunidade menor ou maior de homens". Se a religião é um fenômeno social, então deve estar ligada à moralidade, pois a moral, em particular a do homem primitivo, é idêntica à ordem social. A esse respeito, WILAMOWITZ-MOELLENDORFF, Ulrich. *Der Glaube der Hellenen*. vol. I. Berlim: Weidmannsche buchhandlung, 1931, p. 13 é mais consistente, pois considera a moral, mais que a religião, um produto da vida social. A crença em deuses surge da experiência individual. "É um fato fundamental que nunca deve ser esquecido – embora isso ocorra com muita frequência – que a moralidade se origina da vida comunal, distinta da crença em deuses que só mais tarde são transformados em seres morais pelos homens".

direito violado constituiu a base desse poema, a convicção de sua sacralidade aparece ainda mais claramente. Porque os homens infringem a lei, Zeus deve protegê-la; esta lei é Diké, "nascida de Zeus".[875] Apesar de todas as derrotas, ela deve triunfar no fim. Hesíodo diz a seu irmão Perses, de quem perdeu uma disputa hereditária por causa da parcialidade dos juízes:

> Ó Perses, ouve a Justiça e não aumentes a desmedida. A desmedida é um mal para um mortal pobre, e nem o nobre pode carregá-la com facilidade, mas é abatido por seu peso... O outro caminho, para chegar ao justo, é melhor; a justiça sobrepuja a desmedida quando chega ao fim.[876]

A violação da lei deve acarretar desastre; o cumprimento da lei, no entanto, traz salvação.

> Ela [a Justiça] os acompanha deplorando a cidade e os costumes do povo, vestida de bruma, levando o mal aos humanos que a repelem e não a distribuem retamente. Os que para estrangeiros e conterrâneos dão sentenças retas, e em nada se desviam do justo, para esses a cidade prospera e nela o povo floresce; na terra vigora a Paz nutriz de jovens, e jamais para eles Zeus, que vê longe, reserva a penosa guerra; jamais aos homens de retas sentenças acompanham a Fome e o Desvario... Mas os que se ocupam da perversa desmedida e de cruéis ações, o filho de Crono, Zeus que vê longe, lhes reserva uma pena.[877]

---

875 HESÍODO. *Works and Days*. Loeb Classical Library. Cambridge: Harvard University Press, [s.d.], p. 256. [ed. bras.: HESÍODO. *Os trabalhos e os dias*. Trad. de Alessandro Rolim de Moura. Curitiba: Segesta, 2012, p. 89].

876 HESÍODO. *Works and Days*. Loeb Classical Library. Cambridge: Harvard University Press, [s.d.], pp. 213 e ss. [ed. bras.: p. 85].

877 HESÍODO. *Works and Days*. Loeb Classical Library. Cambridge: Harvard University Press, [s.d.], pp. 222 e ss. [ed. bras.: pp. 85 e 87].

Certamente há muita injustiça neste mundo – quase mais do que se pode suportar[878] – e muitas vezes os infratores são capazes de manter-se no poder. Mas, eventualmente, Zeus pune os malfeitores: "O filho de Crono lhes traz do céu grande desgraça, fome e ao mesmo tempo peste, e o povo perece; as mulheres não dão à luz e as casas minguam pela prudência de Zeus olímpio".[879] A retribuição divina é certa, especialmente porque nenhum mal pode permanecer oculto aos deuses: "...perto, entre os humanos, em verdade, estão os imortais, e observam quantos com sentenças distorcidas prejudicam uns aos outros, sem se importar com o olhar dos deuses".[880] Além disso: "O olho de Zeus, tudo vendo e tudo compreendendo, também agora isto, se quiser, observa, e não lhe escapa qual de fato é esta justiça que a cidade pratica internamente".[881]

Para garantir a condição mais importante da justiça divina, a saber, o conhecimento do mal cometido, Hesíodo introduz certos seres intermediários entre Zeus e os homens, cuja tarefa é zelar pelos atos dos seres humanos. Em seu relato das várias eras, ele conta que os homens da idade de ouro foram transformados por Zeus em anjos, que são "nobres, terrestres, guardiões dos humanos perecíveis; eles vigiam as sentenças e as cruéis ações, vestidos de bruma, vagando por toda a terra, distribuidores de riquezas: obtiveram esse privilégio de reis".[882] Mais tarde, como garantia de que esses imortais vigiam as "sentenças cruéis" para exercer a

878 HESÍODO. *Works and Days*. Loeb Classical Library. Cambridge: Harvard University Press, [s.d.], pp. 174 e ss.

879 HESÍODO. *Works and Days*. Loeb Classical Library. Cambridge: Harvard University Press, [s.d.], pp. 242 e ss. [ed. bras.: p. 87].

880 HESÍODO. *Works and Days*. Loeb Classical Library. Cambridge: Harvard University Press, [s.d.], pp. 249 e ss. [ed. bras.: pp. 87 e 89].

881 HESÍODO. *Works and Days*. Loeb Classical Library. Cambridge: Harvard University Press, [s.d.], pp. 267 e ss. [ed. bras.: p. 89].

882 HESÍODO. *Works and Days*. Loeb Classical Library. Cambridge: Harvard University Press, [s.d.], pp. 123 e ss. [ed. bras.: p. 75].

retribuição, é dito: "Pois sobre a terra que muitos nutre são trinta mil imortais a serviço de Zeus, guardiões dos humanos perecíveis. Eles vigiam as sentenças e as cruéis ações, vestidos de bruma, vagando por toda a terra".[883] Uma crença inabalável na justa retribuição preenche completamente a imaginação desse poeta.

Quando Hesíodo fala da lei, ele refere-se à lei que prevalece entre os homens – diríamos a "lei positiva" – que para ele é ao mesmo tempo justiça divina, representada como uma divindade vivendo no Olimpo. A lei é uma instituição especificamente humana, desconhecida aos animais. "Pois o filho de Crono fixou para os humanos esta lei: que peixes, feras e pássaros alados devorem-se uns aos outros, já que justiça não há entre eles; mas para os humanos deu a justiça, que é de longe o melhor".[884]

Bem tipicamente humano, a "Justiça [Δίκη] é virgem nascida de Zeus, nobre e venerável para os deuses que habitam o Olimpo".[885] Como vive entre os homens, ela pode também ser insultada por eles.

> E toda vez que alguém a fere, acusando tortamente, imediatamente ela senta-se ao lado de Zeus pai, filho de Crono, e canta os intentos injustos dos homens, para que pague o povo pela arrogância dos reis que, tramando ruínas, desviam a justiça de seu caminho, a falar tortamente.[886]

O povo, a massa dos impotentes, paga pelos erros de seus poderosos governantes. O ressentimento contra a classe dominante

883 HESÍODO. *Works and Days*. Loeb Classical Library. Cambridge: Harvard University Press, [s.d.], pp. 252 e ss. [ed. bras.: p. 89].

884 HESÍODO. *Works and Days*. Loeb Classical Library. Cambridge: Harvard University Press, [s.d.], pp. 276 e ss. [ed. bras.: p. 91].

885 HESÍODO. *Works and Days*. Loeb Classical Library. Cambridge: Harvard University Press, [s.d.], pp. 256 e ss. [ed. bras.: p. 89].

886 HESÍODO. *Works and Days*. Loeb Classical Library. Cambridge: Harvard University Press, [s.d.], pp. 258 e ss. [ed. bras.: p. 89].

está obviamente na base do conceito de justiça de Hesíodo. Portanto, encontra-se em sua obra uma fórmula de retribuição típica da indignação dos fracos contra os fortes, dos pobres contra os ricos – esse princípio segundo o qual a justiça é simplesmente uma inversão da situação existente, pois a situação existente é injusta. Assim, Jesus pregou que "o que é muito estimado entre os homens é abominação aos olhos de Deus"[887] e que "os primeiros serão os últimos; e os últimos serão os primeiros".[888] Enunciando uma doutrina semelhante, Hesíodo glorificou Zeus dizendo que

> através dele, os homens mortais ficam igualmente sem fama e famosos; deles se fala ou se silencia por meio de Zeus grande. Ele facilmente fortalece, facilmente os fortes esmaga; facilmente diminui o ilustre e exalta o obscuro, endireita o torto e o arrogante enfraquece.[889]

É particularmente interessante quando um legislador como Sólon aparece como poeta, pois o legislador é o ideólogo competente da justiça divina. Nos fragmentos preservados de seus poemas, está expressa repetidamente a convicção inflexível de que a justiça divina deve necessariamente se tornar realidade na vida, porque a retribuição existe nesta terra. Assim é dito no poema dirigido contra a avareza dos governantes do Estado:

---

887 Lucas 16:15. Tradução livre do versículo.

888 Marcos 10:31. Tradução livre do versículo.

889 HESÍODO. *Works and Days*. Loeb Classical Library. Cambridge: Harvard University Press, [s.d.], pp. 3 e ss. [ed. bras.: p. 61]. NESTLE, Wilhelm. *Griechische Religiosität von Homer bis Pindar und Äschylos* (Die griechische Religiosität in ihren Grundzuegen und Hauptvertretern von Homer bis Proklos I). Coleção Goschen. Berlim: De Gruyter, 1930, pp. 99 e ss. refere-se a Arquíloco de Paros (*ca.* 650 a.C.), de quem um ditado semelhante nos foi transmitido; "Deve-se submeter tudo aos deuses que podem elevar os humildes e humilhar os grandes". De Zeus, o mesmo poeta diz que ele não só tem domínio no céu, mas também percebe os atos justos e injustos dos homens e até controla o poder e o direito no mundo animal. Cf. DIEHL, E. *Anthologia Lyrica*. Leipzig: B. G. Teubner, 1936, frags. 58, 94.

"Tampouco [eles] atendem ao imponente fundamento da Justiça, que sabe tão bem em seu silêncio do que é e do que foi, e que cedo ou tarde vem sempre para vingar".[890] Da mesma forma em outro fragmento o poeta proclama:

> Pois as obras da violência desmedida do homem não duram muito, mas Zeus vigia o fim de cada assunto, e de repente, assim como as nuvens na Primavera são rapidamente dispersas por um vento que agita as profundezas do mar revolto e sem colheitas, devasta os belos campos da terra coberta de trigo, e chegando até o alto céu onde os Deuses se sentam, torna o firmamento claro novamente, até que a força do Sol brilhe formosa sobre a terra farta, e nenhuma nuvem possa mais ser vista – assim é a vingança de Zeus. Ele não fica irado rapidamente, como nós, por qualquer coisa, mas vigia sempre e incessantemente aquele que tem o coração perverso, e este não escapa ao fim. Sim, um paga hoje, outro amanhã; e àqueles que fogem e se salvam do destino perseguidor do Céu, para eles retorna sempre a vingança, pois o preço de seus atos é pago por seus filhos inocentes ou por sua descendência depois deles.[891]

Um bem injusto não traz nenhuma bênção. Essa lição também é ensinada por Teógnis. Tesouros adquiridos ilegalmente "à primeira vista parecem lhe trazer ganhos, mas ao cabo tornam-se maus, e o julgamento dos deuses o oprime".[892]

---

890 PAGE, T.E. (Coord.). *Elegy and Iambus*. vol. I. Loeb Classical Library. Cambridge: Harvard University Press, [s.d.], pp. 118/119, est. 4, lin. 14 e ss.).

891 PAGE, T.E. (Coord.). *Elegy and Iambus*. vol. I. Solon. Loeb Classical Library. Cambridge: Harvard University Press, [s.d.], pp. 126/127, est. 13, pp. 16 e ss.

892 PAGE, T.E. (Coord.). *Elegy and Iambus*. vol. I. Theognis. Loeb Classical Library. Cambridge: Harvard University Press, [s.d.], pp. 252/253, pp. 201 e ss.

> Pai Zeus, gostaria que fosse do agrado dos deuses que o desenfreado ultraje deleitasse os ímpios se assim o desejarem, mas que todo aquele que cometeu atos abomináveis intencionalmente, sem consideração pelos Deuses, depois pagasse a pena ele mesmo, e que o malfeito do pai não se transformasse em infortúnio para os filhos depois dele; e que os filhos de um pai injusto que agem com justa intenção, e temem a tua ira, ó Filho de Cronos, e que desde o início amaram o justo entre seus compatriotas, não paguem pela transgressão de um ancestral. E digo, quisera eu que isso fosse do agrado dos Deuses; mas, infelizmente, o executor escapa e outro sofre a desgraça depois.[893]

Apesar de sua piedade obviamente exibida, o poeta de vez em quando parece ter dúvidas sobre os sistemas da justiça divina. Ele pergunta: "Como, então, Filho de Cronos, Tua mente pode suportar manter os ímpios e os justos na mesma estima...?"[894] E assim, seguindo a passagem citada anteriormente, em que o poeta defendia a responsabilidade individual, e não a responsabilidade hereditária, diz-se:

> No entanto, como pode ser justo, ó Rei dos Imortais, que um homem que não tem parte em atos injustos, que não comete transgressão nem perjúrio, mas age com justiça, receba golpes da vida? Que outro homem vivo, ou que espírito, ao ver este homem, seguiria temendo os Imortais, quando um injusto e ímpio que não evita a ira de Deus ou do homem, entrega-se à impiedosa ilegalidade na plenitude

---

893 PAGE, T.E. (Coord.). *Elegy and Iambus*. vol. I. Theognis. Loeb Classical Library. Cambridge: Harvard University Press, [s.d.], pp. 316/317, pp. 731 e ss.

894 PAGE, T.E. (Coord.). *Elegy and Iambus*. vol. I. Theognis. Loeb Classical Library. Cambridge: Harvard University Press, [s.d.], pp. 274/275, pp. 377 e ss.

> de sua riqueza, enquanto os justos são usados e destruídos pela dolorosa Penúria?[895]

O poema, no entanto, termina com uma petição para que se evite o pecado. Ocasionalmente, duvida-se que a justiça se realize na terra; mas não há dúvida de que essa justiça consiste na retribuição. O desejo de completar a religião homérica para de alguma forma manter a ideia de que os acontecimentos do mundo correspondem ao conceito de justiça torna-se óbvio aqui.

52 A ideia de retribuição divina na tragédia grega

Os problemas da justiça e do direito desempenham um papel importante nas tragédias gregas.[896] Eles são o centro da maioria dos dramas de Ésquilo e Sófocles, cujo elemento trágico consiste principalmente em um conflito entre o indivíduo e a ordem social predominante. Os dramas glorificam a sacralidade da ordem social e o fato de ser desejada pelos deuses. Assim, o caráter religioso das tragédias de Ésquilo e Sófocles culmina na exigência de submissão humilde à autoridade que se apresenta como divina, mas que não pode ser separada da autoridade do Estado, investida em seres humanos.

É a autoridade da lei divina. No *Édipo rei* de Sófocles, o coro canta:

> Seja-me concedido pelos fados
> compartilhar da própria santidade

---

895 PAGE, T.E. (Coord.). *Elegy and Iambus*. vol. I. Theognis. Loeb Classical Library. Cambridge: Harvard University Press, [s.d.], pp. 318/319, pp. 741 e ss.

896 Cf. WUNDT, Max. *Geschichte der griechischen Ethik*. vol. I. Leipzig: W. Engelmann, 1908, pp. 189 e ss. e 221 e ss.

não só em todas as minhas palavras
como em minhas ações, sem exceção,
moldadas sempre nas sublimes leis
Somente o céu gerou as santas leis;
não poderia a condição dos homens,
simples mortais, falíveis, produzi-las.
Jamais o olvido as adormecerá;
há um poderoso deus latente nelas,
eterno, imune ao perpassar do tempo.[897]

Assim como Sófocles declara que as leis residem no céu, Ésquilo declara que a manutenção da lei é indispensável para um governo temente a Deus. Na tragédia *Os persas*, o coro fala do próspero governo de Dario, "um monarca como um Deus" (contrastado com o insolente Xerxes, que ousou desafiar os deuses): "Primeiro mostramos ao mundo nossos nobres anfitriões;/E leis com a força de torres/Dirigiram todas as coisas...".[898]

Os deuses guardam e zelam pela manutenção das leis. Assim, na tragédia *As suplicantes*, de Ésquilo, o coro de Danaides, que fugiram para Argos, reza:

> Mas agora, deuses meus antepassados, vós que sabeis discernir o que é justo, escutai-me. E se forçoso for que a minha juventude não se realize contra o destino, posto que tendes

897 SÓFOCLES. *Oedipus, the King*. Loeb Classical Library. Cambridge: Harvard University Press, [s.d.], pp. 863 e ss. [ed. bras.: SÓFOCLES. "Édipo rei". *In*: SÓFOCLES. *A trilogia tebana*. 8ª ed. Trad. de Mário da Gama Kur. Rio de Janeiro: Zahar, 1989, p. 63].

898 ÉSQUILO. "The Persians". *In*: PLUMPTRE, E. H. *Aeschylos*. Boston: D. C. Heath & Co., 1901, pp. 853 e ss.

> horror a toda a espécie de insolência, mostrai-vos ao menos justos quanto ao assunto das minhas bodas.[899]

E ao rei o coro suplicante diz: "Tomando como aliada a Justiça, decide-te pelo respeito para com os deuses".[900]

A lei que vem de Zeus é, em Ésquilo e Sófocles, como em Hesíodo, personificada como a deusa Justiça (Diké). Ela é a divindade mais mencionada na tragédia grega; sua importância para o drama mais antigo é tremenda. Nas *Coéferas* de Ésquilo, é dito dela, a deusa da punição: "Veio cuidosa de secreta batalha a astuciosa Punição, a verdadeira Jovem de Zeus na batalha tocou a mão, Justiça nós mortais a chamamos com acerto, ela respira rancor ruinoso aos inimigos".[901] E em *Agamenon*:

> Mas a justiça [Diké] brilha em habitações sujas de fumaça e tem estima pelo virtuoso. Das mansões adornadas de ouro, onde as mãos dos homens são contaminadas, ela sai com os olhos desviados e segue seu caminho para lares puros; ela não adora o poder da riqueza falseada pelo louvor dos homens, e guia todas as coisas para o seu devido fim.[902]

---

899 ÉSQUILO. *The Suppliant Maidens*. Loeb Classical Library. Cambridge: Harvard University Press, [s.d.], pp. 77 e ss. [ÉSQUILO. *Suplicantes*. Trad. Carlos A. Martins de Jesus. Coimbra: Festea, 2012, p. 39].

900 ÉSQUILO. *The Suppliant Maidens*. Loeb Classical Library. Cambridge: Harvard University Press, [s.d.], pp. 395 e ss. [ed. bras.: p. 52].

901 ÉSQUILO. *The Libation-bearers*. Loeb Classical Library. Cambridge: Harvard University Press, [s.d.], pp. 946 e ss. [ed. bras.: ÉSQUILO. *Oresteia II*: Coéforas. Trad. Jaa Torrano. São Paulo: Iluminuras, 2004, p. 137].

902 ÉSQUILO. *Agamemnon*. Loeb Classical Library. Cambridge: Harvard University Press, [s.d.], pp. 772 e ss.

A Diké dos poetas trágicos é uma deusa vingadora, que aparece em estreita conexão com as Erínias.[903] De acordo com a tragédia mais antiga, a essência do Direito e da justiça é o princípio da retribuição que surge da vingança de sangue. No *Agamenon* de Ésquilo, Clitemnestra justifica o assassinato de seu marido como um ato de retribuição pelo sacrifício de sua filha Ifigênia. Ela jura: "Ouves ainda esta lei de meus juramentos, pela perfectiva Justiça [Diké] de minha filha, Ate e Erínias, a quem o sacrifiquei...".[904] Depois do crime, Egisto diz:

> Ó luz benévola do dia da retribuição! Finalmente chegou a hora em que os deuses vingadores de mortais olham do alto para os crimes da terra – agora que, para minha alegria, vejo este homem jazer aqui com uma túnica tecida pelos Espíritos Vingadores, fazendo o pagamento integral pelas coisas arquitetadas por seu pai.[905]

Atreu, pai de Agamenon, matou os irmãos de Egisto quando eram crianças e os ofereceu a Tiestes, pai de Egisto, como alimento. "Mas na idade adulta, a Justiça trouxe-me de volta... Assim é belo para mim a morte mesma após ver este homem nas redes da Justiça".[906]

Assim como Egisto considera sua vingança contra Agamenon um ato de justiça, também o coro de *Coéferas* interpreta o assassinato de Egisto e Clitemnestra, desejado por Electra e cometido

---

903 Cf. WUNDT, Max. *Geschichte der griechischen Ethik*. vol. I. Leipzig: W. Engelmann, 1908, p. 194.

904 ÉSQUILO. *Agamemnon*. Loeb Classical Library. Cambridge: Harvard University Press, [s.d.], pp. 1431 e ss. [ÉSQUILO. *Oresteia I*: Agamêmnon. Trad. Jaa Torrano. São Paulo: Iluminuras, 2004, p. 205, trad. modif.].

905 ÉSQUILO. *Agamemnon*. Loeb Classical Library. Cambridge: Harvard University Press, [s.d.], pp. 1577 e ss.

906 ÉSQUILO. *Agamemnon*. Loeb Classical Library. Cambridge: Harvard University Press, [s.d.], pp. 1608 e ss.

por Orestes, como um ato de justiça. No diálogo introdutório entre Electra e o coro, realizado no túmulo de Agamenon, Electra pergunta como deve rezar e principalmente o que deve pedir para os assassinos de seu pai.

> Electra: Que dizer? Instrua minha inexperiência, diga-me a forma.
>
> Coro: Que venha contra eles um deus ou um mortal.
>
> Electra: Como juiz ou como vingador?
>
> Coro: Falando simples, "alguém que cobre vida por vida".
>
> Electra: E é algo justo para se pedir aos Deuses?
>
> Coro: Justo? Como não? Retribuir com o mal o mal do inimigo.[907]

Assim, Electra roga aos deuses que

> apareça alguém para te vingar, pai, e que teus assassinos sejam mortos em justa retribuição. (E assim interrompo minha oração para o bem, para proferir esta oração para o mal). Mas para nós sê portador de graças ao mundo superior pelo favor dos deuses à Terra, para que seja a Justiça [Diké] coroada com a vitória.[908]

Para Orestes ela pede ajuda em seu crime sangrento: "Que a Força e a Justiça, e Zeus em terceiro lugar,/Supremo sobre todos, empreste-te sua ajuda!"[909]

---

907 ÉSQUILO. *The Libation-bearers*. Loeb Classical Library. Cambridge: Harvard University Press, [s.d.], pp. 118 e ss.

908 ÉSQUILO. *The Libation-bearers*. Loeb Classical Library. Cambridge: Harvard University Press, [s.d.], pp. 143 e ss.

909 ÉSQUILO. *The Libation-bearers*. Loeb Classical Library. Cambridge: Harvard University Press, [s.d.], pp. 244 e ss.

Como Orestes comete o crime por ordem de Febo, ele o considera um ato de justiça. "Depois da injustiça, é a justiça que exijo como de meu direito./Ouve, ó Terra, e vós honrados poderes de baixo!".[910]

E ele ora a seu pai morto: "Ou envia a Justiça [Diké] para lutar por aqueles que te são queridos, ou concede-nos que os agarremos, se de fato, após a derrota, queres por ela obter a vitória.[911] O coro anuncia o crime de Orestes com estas palavras:

> Mas a espada afiada e amarga está perto do peito e dirige seu golpe sob o comando da Justiça. Pois em verdade a injustiça daquele que injustamente transgrediu a majestade soberana de Zeus jaz no chão pisoteado. A bigorna da Justiça está firmemente plantada. O Destino [Aisa] molda suas armas e forja sua espada rapidamente; e o renomado e profundo Espírito da Vingança traz o filho à casa, para finalmente retribuir a desonra do sangue derramado de outrora.[912]

Depois que o crime foi cometido, o coro canta:

> Tal como a Príamo e seus filhos a justiça finalmente veio em retribuição esmagadora, também à casa de Agamenon veio o leão de duas faces, a matança de duas faces. Até o fim cumpriu seu curso o exilado, o suplicante da deusa Píton, urgido com justiça por conselhos vindos do alto.[913]

---

910 ÉSQUILO. *The Libation-bearers*. Loeb Classical Library. Cambridge: Harvard University Press, [s.d.], pp. 398 e ss. É incerto se essas palavras foram ditas por Orestes ou Electra. A decisão é por Electra na trad. H. W. Smyth (Loeb).

911 ÉSQUILO. *The Libation-bearers*. Loeb Classical Library. Cambridge: Harvard University Press, [s.d.], pp. 497 e ss.

912 ÉSQUILO. *The Libation-bearers*. Loeb Classical Library. Cambridge: Harvard University Press, [s.d.], pp. 639 e ss.

913 ÉSQUILO. *The Libation-bearers*. Loeb Classical Library. Cambridge: Harvard University Press, [s.d.], pp. 935 e ss.

O próprio Orestes, depois que o assassinato foi cometido, chama Hélio para que ele "no dia do julgamento esteja presente como testemunha de que com justa causa persegui esta morte".[914]

Na *Electra* de Sófocles, que trata do mesmo assunto, o crime de Orestes também é interpretado como execução de uma ordem e do juízo divino. Orestes relata:

> Pois quando te deixei para consular
> O oráculo pítico, para saber da melhor maneira
> De executar justa vingança para meu pai
> Contra aqueles que o mataram, Febo assim respondeu:
> Não confie em escudos ou exércitos, mas aproveite
> Tu mesmo a chance de desferir o golpe vingador.[915]

Prenunciando a ação, o coro canta:

> Tenham-me por falso profeta
> Se a Justiça, que inspira minha profecia,
> Não vem, filho meu, para vindicar o direito
> Chegará ela, e o direito, velozmente.[916]

E quando a heroína da *Antígona* de Sófocles, para justificar ter enterrado o cadáver de seu irmão traidor, Polínices, contra a ordem do rei Creonte, invoca "normas divinas, não escritas, inevitáveis", ela está, é claro, pensando na lei da retribuição:

---

914 ÉSQUILO. *The Libation-bearers*. Loeb Classical Library. Cambridge: Harvard University Press, [s.d.], pp. 987 e ss.

915 SÓFOCLES. *Electra*. Loeb Classical Library. Cambridge: Harvard University Press, [s.d.], pp. 32 e ss.

916 SÓFOCLES. *Electra*. Loeb Classical Library. Cambridge: Harvard University Press, [s.d.], pp. 472 e ss.

Não é de hoje, não é de ontem
É desde os tempos mais remotos que elas vigem,
Sem que ninguém possa dizer quando surgiram.
E não seria por temer homem algum,
Nem o mais arrogante, que me arriscaria
A ser punida pelos deuses por violá-las.[917]

O princípio da retribuição, personificado pela deusa Diké, é formulado de várias maneiras. Assim, em Ésquilo: "O saqueador é saqueado, o matador cumpre expiação. No entanto, enquanto Zeus permanece em seu trono, rege que àquele que o faz deve ser feito – pois é uma ordenança".[918] Ou:

> Ó poderosas Parcas, pelo poder de Zeus, façam valer a justiça! "Pela palavra de ódio, que palavra de ódio seja dita", grita a Justiça enquanto cobra a dívida, "e que o golpe assassino com golpe assassino seja pago". "Àquele que faz, será feito", assim diz um preceito de tripla idade.[919]

E em Sófocles:

Mas o homem que nos atos e palavras
se deixa dominar por vão orgulho
sem recear a obra da Justiça
e não cultua propriamente os deuses

---

917 SÓFOCLES. *Antigone*. Loeb Classical Library. Cambridge: Harvard University Press, [s.d.], pp. 456 e ss. [SÓFOCLES. "Antígona". *In*: SÓFOCLES. *A trilogia tebana*. 8ª ed. Trad. de Mário da Gama Kur. Rio de Janeiro: Zahar, 1989, p. 214].

918 ÉSQUILO. *Agamemnon*. Loeb Classical Library. Cambridge: Harvard University Press, [s.d.], pp. 1562 e ss.

919 ÉSQUILO. *The Libation-bearers*. Loeb Classical Library. Cambridge: Harvard University Press, [s.d.], pp. 306 e ss.

está fadado a doloroso fim,
Vítima da arrogância criminosa
que o induziu a desmedidos ganhos,
a sacrilégios, à loucura máxima
de profanar até as coisas santas.[920]

Ou:

A Justiça celestial jamais puniu alguém
Por devolver o mal com mal.
E se o embuste com o embuste disputa
Calamidade, e não sucesso, é o que se obtém.[921]

53 Os dramas de retribuição de Ésquilo e Sófocles

Várias tragédias de Ésquilo e Sófocles são inteiramente dominadas pela ideia de uma identidade entre princípio de retribuição e justiça divina, especialmente a *Oresteia*. As passagens já citadas mostram que o assassinato de Agamenon, em sua volta, perpetrado por Clitemnestra e Egisto, é interpretado como retribuição. E o homicídio desses dois amantes culpados por Orestes é explicado da mesma maneira. O final da segunda tragédia trata da retribuição a Orestes. As Erínias aparecem para ele e começam sua perseguição. A terceira tragédia, *Eumênides*, traz a solução ao encerrar a cadeia da retribuição que, segundo a ideia mais antiga de justiça,

---

920 SÓFOCLES. *Oedipus, the King*. Loeb Classical Library. Cambridge: Harvard University Press, [s.d.], pp. 883 e ss. [SÓFOCLES. "Édipo rei". *In*: SÓFOCLES. *A trilogia tebana*. 8ª ed. Trad. Mário da Gama Kur. Rio de Janeiro: Zahar, 1989, p. 63].

921 SÓFOCLES. *Oedipus at Colonus*. Loeb Classical Library. Cambridge: Harvard University Press, [s.d.], pp. 229 e ss.

é interminável: Orestes é libertado por Apolo e Palas Atena da fúria das Erínias, que, acalmadas pelos dois deuses, tornaram-se adoradas em Atenas como Eumênides. A solução do nó dramático é tratada da seguinte maneira: para decidir se Orestes é culpado e se há necessidade de as Erínias se vingarem, Palas Atena, que foi chamada para realizar o julgamento, institui um tribunal. Assim, fica evidente neste drama como a ideia de retribuição, exercida por um tribunal como autoridade imparcial, se desvincula do princípio mais primitivo da vingança de sangue.

Em seu drama *Os persas*, Ésquilo representa a vitória grega como justa retribuição dos deuses. "O resultado da batalha mostrou que os deuses governam com justiça".[922] Na tragédia, o espírito de Dario diz que

> Pilhas de mortos, até a terceira geração, sem voz falarão aos olhos dos mortais que mortal não deve ter soberbo pensar. A soberbia, ao florescer, colhe a espiga de erronia, onde a safra será de lágrimas. Quando estes se veem assim punidos, lembrai-vos de Atenas e Grécia; ninguém, por desprezo à sua presente fortuna, por querer demais, verta grande opulência. Zeus punitivo vigia os demasiado soberbos pensamentos, severo juiz.[923]

Electra de Sófocles é também uma tragédia de retribuição; ela trata do mesmo assunto que *Coéferas* de Ésquilo, mas deve-se notar que, na tragédia de Sófocles, as Erínias não aparecem a Orestes no palco depois que ele assassinou a sua mãe. As tragédias

---

922 NESTLE, Wilhelm. *Griechische Religiosität von Homer bis Pindar und Äschylos* (Die griechische Religiosität in ihren Grundzuegen und Hauptvertretern von Homer bis Proklos I). Coleção Goschen. Berlim: De Gruyter, 1930, p. 123.

923 ÉSQUILO. *The Persians*. Loeb Classical Library. Cambridge: Harvard University Press, [s.d.], pp. 818 e ss. [ÉSQUILO. "Persas (tradução integral)". *Letras clássicas*, nº 6, 2002, pp. 197-228, trad. modif.].

Édipo *rei* e Édipo em Colono, ambas de Sófocles, também são dominadas pelo conceito de retribuição. Na segunda tragédia, porém, pode-se distinguir uma modificação importante desse princípio. Um senso de justiça mais refinado rejeita a noção de responsabilidade objetiva, segundo a qual o autor é responsável mesmo que o resultado de seu ato tenha sido obtido de maneira involuntária e imprevista. Como Édipo não sabia que o homem que ele havia matado era seu pai e que a mulher com quem se casou era sua mãe, a retribuição exercida sobre ele segundo o conto antigo não é mais aceitável. Surge uma nova ideia: somente por um resultado provocado intencionalmente é que o perpetrador deve ser responsabilizado. Nesse sentido, Édipo sofreu inocentemente. Sófocles expressa isso de uma maneira particularmente impressionante. Édipo se instala em um local proibido consagrado às Erínias, as deusas que, acima de tudo, vingam assassinatos cometidos contra parentes. Esse é um lugar que, segundo a noção tradicional de retribuição, ninguém deveria temer mais do que Édipo. Mas, assim como o Orestes de Ésquilo escapa à vingança das Erínias porque a vingança de sangue é substituída pela jurisdição dos tribunais, as Erínias permanecem bem dispostas em relação a Édipo porque a responsabilidade objetiva, a responsabilidade pelo resultado, é suplantada pela culpabilidade, a responsabilidade pela intenção. Apesar da advertência, Édipo permanece no lugar proibido e lá encontra um fim pacífico após uma vida sofrida. Ele não morre, como outros, sentindo as dores da morte. Os deuses – não se sabe se os do céu ou da terra – o levam embora.[924] Seu túmulo depois oferece proteção ao país. Os personagens de Orestes e Édipo, as tragédias de Ésquilo e Sófocles marcam dois estágios importantes, talvez até os mais importantes, do desenvolvimento da ideia de retribuição, que naquela época coincidia com a ideia de direito.

---

924 Cf. CHRIST, W. "Geschichte der griechischen Literatur". *In*: MÜLLER, Iwan von. *Handbuch der klassischen Alterlumswissenschaft*. 6ª ed. vol. VII, parte I. Munique: C. H. Beck, 1912, p. 342.

Todo o desenvolvimento realiza-se no dentro dos limites do princípio da retribuição. Esse princípio é e permanece para ambos os dramaturgos gregos sinônimo de justiça. Apesar do refinamento que o princípio da retribuição alcançou por meio de seu desatrelamento da vingança de sangue e do abandono da responsabilidade objetiva, a justiça ainda não tem, como para o homem moderno, a conotação serena de libertação do mal, o caráter de redenção. A justiça é representada antes como destino inexorável que paira sombriamente sobre o homem.[925] Em Édipo rei, de Sófocles, o herói anuncia solenemente no início da peça que pretende vingar o assassinato de Laio para livrar seu país do desastre. Ele termina seu discurso da seguinte maneira: "Mas, para vós, cadmeus que concordais comigo,/possa a Justiça [Diké], nossa aliada, sempre estar do vosso lado/e não vos falte nunca a proteção divina!"[926]

É da Justiça que se espera a salvação. Mas o que ela traz? Novo desastre para quem a procura. Somente a sabedoria e o conhecimento de Tirésias podem colocar Édipo no rastro do assassino. Mas o vidente que Édipo procura a princípio se recusa a revelar a verdade e, assim, permitir que a justiça siga seu curso. Repreendido pelo rei, ele suspira: "O que tiver de vir virá, embora eu cale".[927] O destino inexorável, previsto pelo adivinho, é a justiça buscada pelo rei.

---

925 Cf., por outro lado, WILAMOWITZ-MOELLENDORFF, Ulrich. *Griechische Tragödien*. 9ª ed. vol. II. Berlim: Weidmannsche Buchhandlung, 1922, pp. 15 e ss., que afirma que Sófocles nunca fala do "destino como uma causa, uma força efetiva", mas que para ele são "os deuses, amando e odiando, abençoando e arruinando, seres celestiais e infernais" que agem – deuses "que ele e seu povo veneravam, temiam e procuravam dispor favoravelmente por meio de sacrifícios e orações".

926 SÓFOCLES. *Oedipus, the King*. Loeb Classical Library. Cambridge: Harvard University Press, [s.d.], pp. 273 e ss. [ed. bras.: SÓFOCLES. "Édipo rei". *In*: SÓFOCLES. *A trilogia tebana*. 8ª ed. Trad. Mário da Gama Kur. Rio de Janeiro: Zahar, 1989, p. 32, trad. modif.].

927 SÓFOCLES. *Oedipus, the King*. Loeb Classical Library. Cambridge: Harvard University Press, [s.d.], p. 341 [ed. bras.: p. 35].

A Justiça é a deusa Diké portadora da espada do carrasco, forjada por Aisa, deusa do destino; assim Ésquilo a retrata em *Coéforas*. No Édipo de Sófocles, esse caráter da Justiça como destino torna-se claramente aparente. O poeta evidentemente pretende retratar o herói como inocente; no entanto, ele não considera injusto o destino decretado pelos deuses, já que está de acordo com a antiga ideia de retribuição. Portanto, mesmo nesse estágio relativamente avançado do desenvolvimento da moralidade, esses poetas dramáticos apegam-se a uma ideia que deve ser considerada o verdadeiro ganho da crença na justiça divina, a saber, a submissão incondicional à ordem natural e social estabelecida pelos deuses, que se manifesta mesmo em um destino misterioso.

E assim, ao lado dos dramas da retribuição, está o drama da obediência, o *Prometeu acorrentado* de Ésquilo. Ele prega a obediência à autoridade dominante, representada por Zeus; e, mais do que qualquer outro drama, mostra a Sina ou Destino como um poder que está acima até mesmo do rei dos deuses. Também nessa obra o motivo da retribuição desempenha um papel decisivo. Prometeu é punido porque desobedeceu a Zeus. Mas ele se consola com o pensamento de que o domínio de Zeus não será eterno. Ele constantemente se refere a essa esperança: "o novo rei dos imortais terá necessidade de minha ajuda, se quiser saber a sorte obscura que o despojará de suas honrarias e seu cetro".[928] Zeus não é em absoluto a autoridade suprema. O Destino é superior a ele. No início da tragédia, Prometeu diz: "Temos de suportar com o coração impávido a sorte que nos é imposta e admitir a impossibilidade de fazermos frente à força irresistível da Necessidade".[929] Que o

928 ÉSQUILO. *Prometheus Bound*. Loeb Classical Library. Cambridge: Harvard University Press, [s.d.], pp. 169 e ss. [ÉSQUILO. "Prometeu acorrentado". *In*: ÉSQUILO; SÓFOCLES; EURÍPIDES; ARISTÓFANES. *O melhor do teatro grego*: edição comentada. Trad. Mário da Gama Kury. Rio de Janeiro: Zahar, 2013, p. 38].

929 ÉSQUILO. *Prometheus Bound*. Loeb Classical Library. Cambridge: Harvard University Press, [s.d.], pp. 103 e ss. [ed. bras.: p. 35, trad. modif.].

Destino é superior a Zeus é particularmente destacado pelo poeta em um diálogo entre Prometeu e o líder do coro:

> Prometeu: Ainda não chegou a hora prefixada pelas Parcas para a reconciliação; somente após haver sofrido neste ermo milhares de dores pungentes e outras tantas calamidades, livro-me destas correntes. A Necessidade supera minhas aptidões.
>
> Corifeu: E por quem a Necessidade é governada? Dize!
>
> Prometeu: Pelas três Parcas e também pelas três Fúrias, cuja memória jamais esquece os erros.
>
> Corifeu: Os poderes de Zeus, então, cedem aos delas?
>
> Prometeu: Nem ele mesmo pode fugir ao Destino.
>
> Corifeu: O destino de Zeus não é ser sempre o rei?
>
> Prometeu: Não me interrogues quanto a isto; não insistas.
>
> Corifeu: Então encobres este segredo divino?
>
> Prometeu: Falemos de outro assunto; ainda não é tempo de divulgar segredos desta natureza.[930]

Zeus suplantou o domínio de seu pai Cronos; portanto, seu domínio também será suplantado. No entanto, não se deve recusar obedecer aos seus comandos; assim, é justo que Prometeu seja punido. O domínio de Zeus e todo o universo estão sob a mesma lei, segundo a qual o mundo dos homens é governado pelos deuses do Olimpo, sob a Necessidade, cujo leme é guiado pelas Erínias. Essa lei universal também é a da retribuição.

---

930 ÉSQUILO. *Prometheus Bound*. Loeb Classical Library. Cambridge: Harvard University Press, [s.d.], pp. 511 e ss. [ed. bras.: pp. 53/54, trad. modif.].

54 *Eurípides*

Com Eurípides, a tragédia grega passa de uma ideologia religiosa para uma ideologia nacional. Mas a lei não sofre perda de autoridade, embora seja despojada da glória da religião. A ideia de que a ordem social é divinamente desejada está um tanto abalada; contudo, isso não tem consequências para a validade da própria ordem social. Apesar da forte dúvida sobre os deuses – na verdade, apesar da negação indisfarçável de sua própria existência – as tragédias de Eurípides manifestam um profundo temor a Diké, e uma glorificação sem reserva do Nomos.[931] Em *As suplicantes,* Teseu faz essa afirmação mais do que cética:

> Ó tolos, aprendei os verdadeiros males dos homens:
> Nossa vida toda é conflito: dos mortais, alguns
> Obtém êxito logo, outros depois, outros imediatamente.
> A embora a fortuna sinta-se rainha: culto e honra
> Lhe rende o desaventurado e isso para ver dias melhores
> O próspero a enaltece, para que sua brisa
> Não lhe falte algum dia...[932]

---

931 DÜMMLER, Ferdinand. *Prolegomena zu Platons Staat und der Platonischen und Aristotelischen Staatslehre.* Basileia: L. Reinhardt, 1891, p. 14. Uma coletânea de todas as referências de Eurípides nas quais são expressas as ideias de que se deve submeter-se incondicionalmente às leis do Estado e que as leis devem ser obedecidas sob quaisquer circunstâncias pode ser encontrada em SCHENKL, K. "Die politischen Anschauungen des Euripides". *Zeitschrift für oesterreichische Gymnasien*, vol. XIII, 1862, pp. 373 e ss. e 489.

932 EURÍPIDES. *Suppliants.* Loeb Classical Library. Cambridge: Harvard University Press, [s.d.], pp. 549 e ss.

Mas o coro entra com as seguintes palavras: "Não temas; enquanto defenderes a luz da Justiça/Não temerás o que os homens possam dizer de ti".[933]

Em *O ciclope*, de Eurípides, Polifemo insulta os deuses como aqueles que supostamente teriam dado as leis humanas:

> Comei e bebei abundantemente a cada dia
> E nunca vos preocupai – este é, o digo
> O Zeus que corresponde a um homem discreto;
> Mas quanto àqueles que modelaram um plano artificioso
> De leis, para confundir com elas a vida dos homens sensíveis
> Eu zombo deles.[934]

No entanto, todo o drama é um escárnio da anarquia sem cultura e, portanto, sem lei, dos ciclopes. Em *Electra*, dúvidas céticas são expressas em relação ao mito do Cordeiro de Ouro:

> É o que se diz, mas para mim
> tem pouco crédito
> que o sol de face dourada tenha feito voltar
> sua quente estação
> tornando desventurada a fortuna humana
> por causa da punição dos mortais.
> Mas histórias aterradoras são proveitosas
> para os humanos com o fim do culto aos deuses.[935]

---

933 EURÍPIDES. *Suppliants*. Loeb Classical Library. Cambridge: Harvard University Press, [s.d.], pp. 564 e ss.

934 EURÍPIDES. *Cyclops*. Loeb Classical Library. Cambridge: Harvard University Press, [s.d.], pp. 336 e ss.

935 EURÍPIDES. *Electra*. Loeb Classical Library. Cambridge: Harvard University Press, [s.d.], pp. 737 e ss. [ed. bras.: SACCONI, Karen Amaral. *Electra de*

Mas Electra diz: "que não pense conquistar a Justiça antes de cruzar/o termo da linha e dobrar a curva do fim da vida".[936]

E o coro canta: "Pois a Justiça tem uma grande força".[937] A Justiça de Eurípides (Diké), como afirmou-se corretamente, é a divindade do poeta κατ' ἐξοχήν; é a retribuição.

Em *Helena* é dito: "Ninguém jamais prospera pela injustiça/ Na retidão se funda toda esperança de salvação".[938]

E em *Hécuba*: "Pois toda vez que ocorre de a justa demanda/ Da pretensão da justiça e as leis de Deus se juntarem/Cai em ruinosa calamidade o pecador, Ó, ruinosa calamidade!"[939]

E adiante na mesma peça o poeta escreve: "Violação cometes e pena atroz/Descarregou sobre ti um Deus com mão pesada".[940]

Um fragmento de *Arquelau* diz: "Crês que Diké vive longe dos mortais? Não, ela está muito perto e, sem ser vista, ela vê e conhece a todos que merecem punição. Ninguém jamais sabe quando ela destruirá rapidamente o malfeitor".[941] E de um fragmento de

---

Eurípides: estudos e tradução. Faculdade de Filosofia, Letras e Ciências Humanas da Universidade de São Paulo, 2012, p. 111 (Dissertação de mestrado).].

936 EURÍPIDES. *Electra*. Loeb Classical Library. Cambridge: Harvard University Press, [s.d.], pp. 954 e ss. [ed. bras.: p. 210].

937 EURÍPIDES. *Electra*. Loeb Classical Library. Cambridge: Harvard University Press, [s.d.], pp. 957 e ss. [ed. bras.: p. 210].

938 EURÍPIDES. *Helen*. Loeb Classical Library. Cambridge: Harvard University Press, [s.d.], pp. 1030 e ss.

939 EURÍPIDES. *Hecuba*. Loeb Classical Library. Cambridge: Harvard University Press, [s.d.], pp. 1029 e ss.

940 EURÍPIDES. *Hecuba*. Loeb Classical Library. Cambridge: Harvard University Press, [s.d.], pp. 1085 e ss.

941 EURIPIDES. "Archelaus", frag. 255. *In*: NAUCK, J. A (Coord.). *Tragicorum Fragmenta*. Leipzig: Teubner, 1889.

Antíope: "Embora a Justiça possa vir tarde/escondida pelas ordens do destino,/ela ameaça cada vilão".[942]

De maneira semelhante, pode-se ler em *Frixo*, outro trabalho do qual somente partes sobreviveram:

> Quem pensa, embora ofenda diariamente,
> Que escapará da vigilância dos Deuses,
> Julga errado, e se vê enredado
> Em seu próprio jogo; pois assim que a Justiça o encontrar
> Na hora da retribuição ele suportará
> A punição que seus malfeitos merecem.[943]

Que a Diké de Eurípides não é a deusa da justiça da religião de Zeus – caso contrário o poeta teria que ter aceitado todo o mundo olímpico e, portanto, a religião politeísta à qual ele se opunha tão violentamente – é confirmado pelo seguinte fragmento do drama *Arne*:

> O que pensas? Por acaso são coisas aladas separadas,
> Os pecados dos homens; a subir cada um em suas asas
> Até o trono, onde um livro
> Alguns anjos escrevem, para que Deus algum dia olhe
> E profira a sentença devida? Nem todo o céu de Deus
> Seria amplo o bastante para conter esse registro;
> Nem o próprio olho de Deus poderia ver tão claro para lidar com cada pecado

942 EURÍPIDES. "Antiope". *In*: WODHULL, Michael (Coord.). *The Nineteen Tragedies and Fragments of Euripides*. vol. III. Londres: J. Walker *et al.*, 1809, p. 335, frag. 233).

943 EURÍPIDES. "Phrixus". *In*: WODHULL, Michael (Coord.). *The Nineteen Tragedies and Fragments of Euripides*. vol. III. Londres: J. Walker *et al.*, 1809, p. 401, frag. 835.

Sua justiça distante. Ela está aqui, dentro,
Nem distante nem no futuro; com cada ação
Seu julgamento nasce, basta prestar atenção.[944]

Isso só pode significar que Diké não está, como comumente se acredita, com Zeus. Diké está entre nós; temos apenas que abrir os olhos. A justiça divina, é verdade, não existe, mas há uma justiça humana. A lei prevalece mesmo sem a ideologia religiosa. Deve-se ter um desejo sincero de ver os fatos e evitar nublar os pontos de vista com ideologias. A Diké de Eurípides não é uma deusa transcendental; ela é o princípio da justiça terrena, imanente aos eventos.[945]

Essa ideia de imanência da justiça é reforçada pelo fato de Eurípides muitas vezes retratar a justiça como uma função do tempo, de modo que justiça e tempo são quase idênticos.[946] Em um fragmento de *Antíope*, a Justiça é chamada de "Filha do Tempo".[947] E num trecho remanescente de *Belerofonte* é dito:

As fortunas prósperas, e a riqueza altiva
De um homem injusto, nunca devemos
Julgar estabelecida sobre uma base sólida
Ou pensar que os filhos dos injustos poderão prosperar:
Pois o Tempo, que de nenhum Pai brota, aplica

---

944 EURÍPIDES. "Melanippe". *In*: MURRAY, Gilbert (Coord.). *The Athenian Drama*. vol. III. Nova York: Longmans, Green and Co., 1912, p. 330, frag. 506.

945 NESTLE, W. *Euripides, der Dichter der griechischen Aufklaerung*. Stuttgart: W. Kohlhammer, 1901, p. 152.

946 Cf. DÜMMLER, Ferdinand. *Prolegomena zu Platons Staat und der Platonischen und Aristotelischen Staatslehre*. Basileia: L. Reinhardt, 1891, pp. 32 e ss.

947 EURÍPIDES. "Antiope". *In*: WODHULL, Michael (Coord.). *The Nineteen Tragedies and Fragments of Euripides*. vol. III. Londres: J. Walker *et al.*, 1809, p. 335, frag. 222.

Sua régua, e mostra as más ações dos homens.[948]

Em *A loucura de Héracles*, o coro canta: "Não se ousa ver a volta do tempo: por violar a lei e dar graça a ilícito o carro negro da opulência quebra".[949] Em um fragmento do primeiro *Hipólito* está escrito: "O tempo, em seu curso, revela tudo".[950]

Diké é identificada com Crono (Tempo), e a retribuição é reconhecida como uma função do tempo e, portanto, como uma lei do mundo imanente aos eventos. Essa ideia será reencontrada na filosofia da natureza mais antiga. Ali, assim como em Eurípides, que é o poeta do racionalismo grego, percebe-se uma tendência a substituir a vontade inviolável da divindade pela necessidade de um destino impessoal. Nas tragédias de Ésquilo e em particular nas de Sófocles, pode-se ver como a divindade coincide com o destino. Na verdade, para esses dois poetas dramáticos mais antigos, o próprio destino é ainda uma divindade, uma divindade misteriosa para o homem, mas, não obstante, justa e à qual é um dever moral obedecer. Porém, nas tragédias de Eurípides, Diké, identificada com o destino, torna-se quase um princípio impessoal, aproximando-se da lei da causalidade. Esse princípio recebe do poeta vários nomes, como como μοῖρα, τύχη, ἀνάγκη, δαίμων, às vezes φύσις, ou simplesmente υεός. Em *Ifigênia em Táurida*, Atena diz ao rei Thoas: "Louvo. Vence o destino a ti e aos Deuses".[951] Ninguém, homem ou

---

948 EURÍPIDES. "Bellerophontes". *In*: WODHULL, Michael (Coord.). *The Nineteen Tragedies and Fragments of Euripides*. vol. III. Londres: J. Walker *et al*., 1809, p. 344, frag. 303.

949 EURÍPIDES. "Hercules furens". *In*: BUCKLEY, Theodore Alois (Coord.). *The Tragedies of Euripides Literally Translated or Revised*. Nova York: Harper & Brothers, 1892, pp. 777 e ss. [EURÍPIDES. "Héracles". Trad. Jaa Torrano. *Codex – Revista de Estudos Clássicos*. Rio de Janeiro, vol. 6, nº 1, jan.-jun. 2018, p. 303].

950 EURÍPIDES. *Hippolytos Kalyptomenos*. [s.l.]: [s.n.], [s.d.], frag. 441.

951 EURÍPIDES. *Iphigeneia in Taurica*. Loeb Classical Library. Cambridge: Harvard University Press, [s.d.], p. 1486. [EURÍPIDES. "Ifigênia em

deus, pode evitá-lo. Essa ideia é frequentemente expressa pelo poeta. Assim, em *Alceste* é dito: "Busquei toda a verdade com meus olhos;/ Mas nada mais forte/Que o Destino [Necessidade] encontrei".[952]

E em *Belerofonte*: "Impotente é tudo contra a Necessidade".[953] Em *A loucura de Héracles*: "Quem com ardor se contorce para fugir/Da rede do Destino, é imprudente/Pois o decreto do destino nenhum homem anulará".[954]

Esse poder, que em vão se tenta obstruir, é concebido até mesmo como Natureza; assim um fragmento de Fênix diz: "Ainda mantém a Natureza sua preeminência:/Pois com a ajuda da virtuosa Educação/Nenhum homem pode jamais tornar o que é mau bom".[955]

E um fragmento de Crísipo: "Nenhum de teus conselhos me escapou,/Mas a força da natureza subjuga minha melhor razão".[956]

Que essa divindade, transformada em uma necessidade absoluta do destino ou da natureza, reside na mudança eterna e moralmente indiferente das coisas fica óbvio pelas palavras com as quais a divindade é caracterizada em *Helena*:

Ó filha, quão variáveis são os desígnios de Deus,

Táurida". *Organon*, Porto Alegre, vol. 31, nº 60, jan.-jun. 2016, p. 330].

952 EURÍPIDES. *Alcestis*. Loeb Classical Library. Cambridge: Harvard University Press, [s.d.], pp. 965 e ss.

953 EURÍPIDES. "Bellerophontes". *In*: NAUCK, J. A (Coord.). *Tragicorum Fragmenta*. Leipzig: Teubner, 1889, frag. 229.

954 EURÍPIDES. "Hercules furens". *In*: BUCKLEY, Theodore Alois (Coord.). *The Tragedies of Euripides Literally Translated or Revised*. Nova York: Harper & Brothers, 1892, pp. 309 e ss.

955 EURÍPIDES. "Phoenix". *In*: WODHULL, Michael (Coord.). *The Nineteen Tragedies and Fragments of Euripides*. vol. III. Londres: J. Walker *et al*., 1809, p. 401, frag. 810.

956 EURÍPIDES. "Chrysippos". *In*: WODHULL, Michael (Coord.). *The Nineteen Tragedies and Fragments of Euripides*. vol. III. Londres: J. Walker *et al*., 1809, p. 415, frag. 840.

E seus caminhos impossíveis de discernir! Move-se rapidamente
E nos lança daqui para lá; a dor é fatigante;
E quem sempre viveu sem penúria é miseravelmente destruído
Sem ter assegurada a sorte de cada dia.[957]

A identificação da divindade com o destino como natureza é também um meio de negar a existência da primeira e de rechaçar o significado específico que a religião lhe dá.

55 A teodiceia na teologia grega

A lei da retribuição divina é, segundo a crença popular dos gregos, um princípio eterno da ordem do mundo garantido pelo próprio Zeus.[958] Uma ideia de igualdade é expressa nesse princípio de justiça; o igual é compensado pelo igual, o mal pelo mal e o bem pelo bem. Assim, a justiça divina tem um caráter duplo: é tanto punição quanto recompensa. Mas a ênfase é posta sobre o aspecto punitivo; isso é comprovado pelo fato de que se considera o conceito de justiça mantido e não suspenso mesmo quando o homem bom tem de sofrer com o homem mau porque está ligado a ele por alguma relação,[959] ainda que não seja responsável por ela. É mais importante que o culpado seja punido do que que o inocente permaneça livre de punição; isso é sintomático do fato de que a ideia de justiça é uma ideologia do Estado, da ordem social positiva que é uma ordem coercitiva – uma ordem de punição e não de recompensa.[960]

---

957 EURÍPIDES. *Helen*. Loeb Classical Library. Cambridge: Harvard University Press, [s.d.], pp. 711 e ss.

958 NÄGELSBACH, K. F. *Die nachhomerische Theologie des griechischen Volksglaubens*. Nuremberg: Verlag von Conrad Geiger, 1857, p. 36.

959 NÄGELSBACH, K. F. *Die nachhomerische Theologie des griechischen Volksglaubens*. Nuremberg: Verlag von Conrad Geiger, 1857, p. 31.

960 Nos muitos testemunhos que possuímos da crença dos gregos na justiça dos deuses, a ideia de punição desempenha um papel muito mais importante do que a ideia de recompensa. No culto pré-homérico dos mortos, o medo da

alma vingadora que inflige o mal aos homens representa obviamente o elemento primário, enquanto a esperança de proteção, de benefícios a serem obtidos e, portanto, seu amor, representa um elemento meramente secundário. A alma é um demônio mau, e não um espírito guardião. Esse é um elemento típico da crença na alma de muitos povos primitivos. J. Carver escreve em seu *Travels through the Interior Parts of North America* (Londres, 1781), p. 388: "A mente humana em seu estado inculto está apta a atribuir as extraordinárias ocorrências da natureza, como terremotos, trovões ou furações, à interposição de seres invisíveis; os problemas e desastres que estão conectados à vida selvagem, as apreensões decorrentes de uma vida precária, e aqueles inúmeros inconvenientes que o homem em seu estado melhorado encontrou meios de remediar devem proceder da interposição de espíritos malignos; o selvagem, consequentemente, vive em apreensão contínua quanto a seus ataques cruéis, e para evitá-los recorre aos encantos, às cerimônias fantásticas de seu sacerdote ou à poderosa influência de seus Manitous. É claro que o medo tem uma participação maior em suas devoções do que a gratidão, e ele presta mais atenção em deprecar a ira do mal do que em garantir o favor dos seres bons". E. Bendann, em sua obra BENDANN, E. *Death customs*: an analytical study of burial rites. Londres: Kegan Paul, Trench, Trübner & Co, 1930. p. 182, comenta: "A malevolência dos espíritos parece ser ainda mais pronunciada do que sua função como espíritos guardiões". A justiça dos deuses olímpicos também se expressa na punição do mal e não na recompensa do bem. Dúvidas sobre a própria existência dos deuses podem ser suscitadas a partir do fato de o mal permanecer impune, mas não pelo fato de o bem permanecer sem recompensa. Consequentemente, o sistema ético que a teologia grega baseava no princípio da justiça era um sistema de punição, e não de recompensa. "Na esfera da justiça divina", escreve Nägelsbach em NÄGELSBACH, K. F. *Die nachhomerische Theologie des griechischen Volksglaubens*. Nuremberg: Verlag von Conrad Geiger, 1857, pp. 37 e 43: "a punição é predominante; sua lei é mais inviolável que a da recompensa; na consciência do povo, a certeza da punição era mais forte do que a esperança de recompensa". Da mesma forma, GRUPPE, O. *Griechische Mythologie und Religionsgeschichte*. (Série Handbuch der klassischen Altertumswissenschaft). vol. V, nº 2. Munique: C.H. Beck, 1906, parte II, pp. 1003 e ss., aponta que "antes da revolução religiosa do século VI [ele se refere ao aparecimento do misticismo órfico e pitagórico] raramente se ouvia falar em recompensa ao devoto, e mesmo que se ouvisse falar nisso, isso aparecia mais como a graça pessoal voluntária da divindade do que como um direito que os virtuosos podem reivindicar".

Enquanto a ideologia religiosa em relação ao malfeitor apressa-se para excluir a possibilidade de que ele permaneça impune, em relação ao homem bom ela tende a fazer sua recompensa parecer supérflua. Isso é expresso na doutrina de que a virtude assegura sua própria recompensa. E chega a aparecer

---

ocasionalmente a ideia de que "é uma fortuna ser virtuoso. Que haja alguma recompensa por essa boa fortuna parece tão desnecessário que, inversamente, a virtude precedente é considerada uma compensação pela ruína que se segue" (GRUPPE, O. *Griechische Mythologie und Religionsgeschichte*. (Série Handbuch der klassischen Altertumswissenschaft). vol. V, nº 2. Munique: C.H. Beck, 1906, parte II, p. 1004). Quando Heitor, vestido com as armas de Aquiles, foi para a batalha, Zeus decidiu que, como recompensa por sua morte iminente nas mãos de Aquiles, ele poderia ser vitorioso uma vez mais (HOMERO. *Iliad*, livro XVII. Loeb Classical Library. Cambridge: Harvard University Press, [s.d.], pp. 206 e ss.).

Mesmo na ideia da retribuição realizada no outro mundo, na qual a imaginação não precisa sentir nenhuma restrição em relação às alegrias que aguardam os bons, o elemento de punição predomina. Com base em rico material histórico, SCHMIDT, Leopold. *Die Ethik der alten Griechen*. vol. I. Berlim: W. Hertz, 1882, p. 101 afirma que "a fantasia do povo descrevia muito mais claramente as punições que as pessoas más deveriam esperar de Hades do que as recompensas que as pessoas boas poderiam receber". Em Homero, pode-se notar sinais de uma justiça punitiva, mas não recompensadora, no outro mundo. A "Planície Elísia" de que fala Homero e que se deve imaginar neste mundo e não no de Hades não é um paraíso ao qual os justos vão como recompensa após a morte, mas um lugar de bem-aventurança ao qual certos seres humanos especialmente favorecidos pelos deuses são conduzidos, onde vivem sem ter que morrer, como Menelau; mas eles estão lá mais por causa de sua relação com os deuses do que como resultado de seus méritos (ROHDE, Erwin. *Psyche*: the Cult of Souls and Belief in Immortality among the Greeks. Trad. para o inglês de W. B. Hills. Londres: K. Paul, Trench, Trübner & Company, 1925, p. 61). E, na verdade, um dos quadros que Polignoto de Taso pintou para o Lesche dos Cnidianos em Delfos, a saber, aquele que representa Ulisses em Hades, mostra exemplos de almas expiatórias sofrendo punição, mas nenhum indício de qualquer recompensa para os justos (PAUSÂNIAS. *Description of Greece*. Loeb Classical Library. Cambridge: Harvard University Press, [s.d.], livro X, nº 25 e ss.). De fato, a punição no submundo era um tema frequente da pintura. Segundo a crença órfica e pitagórica, os sofrimentos que ameaçam os injustos predominam sobre as alegrias que aguardam os justos (SCHMIDT, Leopold. *Die Ethik der alten Griechen*. vol. I. Berlim: W. Hertz, 1882, p. 101). Como a lei aplicada pelo juiz dos mortos, Radamanto, hRadam€qnuov dikaton, Aristóteles dá a seguinte fórmula em sua Ética a *Nicômaco* (ARISTÓTELES. *Nicomachean Ethics*. Trad. para o inglês por H. Rackham. Loeb Classical Library. Cambridge: Harvard University Press, 1926, p. 281; sec. 1132b: "Quando um homem sofre aquilo que fez/A reta justiça é feita".

E o princípio pitagórico da justiça é: tè €ntipeponqçv, i. e., retaliação. Cf. HERMANN, K. F. “Über Grundsätze und Anwendung des Strafrechts im griechischen Altertum”. *Abhandlungen der Kgi. Ges. der Wissensch. in Goettingen*, vol. VI, 1855, p. 8.

Especialmente na doutrina órfica e pitagórica da metempsicose o elemento da punição é superenfatizado, uma vez que toda a vida terrena é interpretada como punição. É verdade que depois da morte a alma do justo recebe melhor sorte no mundo subterrâneo do que a alma do injusto; fala-se também das alegrias das pessoas boas no outro mundo. Mas a alma não permanece no outro mundo; ela deve renascer para sofrer punições novamente. A verdadeira recompensa consiste na fuga da cadeia de nascimentos. Enquanto não houver documentos que representem essa condição como um bem-estar positivo, pode-se supor que a recompensa consiste apenas na cessação negativa da punição. ROHDE, Erwin. *Psyche*: the Cult of Souls and Belief in Immortality among the Greeks. Trad. para o inglês de W. B. Hills. Londres: K. Paul, Trench, Trübner & Company, 1925, pp. 345 e 359, que se inclina à visão oposta, admite que nenhum fragmento órfico mostra a prova de um aspecto positivo da fuga negativa do mundo do nascimento e da morte. Na tradição pitagórica mais antiga, nem mesmo “a retirada das almas dos kÀklov €n€gkjv e seu retorno a uma existência emancipada como um espírito sem corpo é prometida ao ‘Puro’” (ROHDE, Erwin. *Psyche*: the Cult of Souls and Belief in Immortality among the Greeks. Trad. para o inglês de W. B. Hills. Londres: K. Paul, Trench, Trübner & Company, 1925, p. 398).

Mas qual é o significado dessa óbvia predominância da retribuição como punição sobre a retribuição como recompensa no quadro da justiça divina? Fundamentalmente, ambas são equivalentes; uma é impossível sem a outra – na verdade, uma é apenas a consequência, apenas o inverso, da outra. Qual é a explicação para essa impressionante unilateralidade do sistema religioso? Sabemos que, de todas as qualidades divinas, a religião popular grega aderiu principalmente à justiça; que, apesar de tantas fraquezas dos deuses toleradas pelos gregos, “a ideia de deuses punindo injustamente não aparece” (NÄGELSBACH, K. F. *Die nachhomerische Theologie des griechischen Volksglaubens*. Nuremberg: Verlag von Conrad Geiger, 1857, p. 40). Por que, então, a punição pelo pecado, e não a recompensa pelo mérito, é um postulado indispensável da religião? A explicação de que a consciência humana, da qual surge a crença na justiça, é um poder mais consistente do que a imaginação pela qual são criadas as outras qualidades dos deuses, semelhantes aos humanos, da Grécia não é suficiente. Também insatisfatória é a referência ao fato de que o mal atrai mais atenção do que o bem, e a consequente necessidade de que o castigo esteja muito mais na consciência das pessoas do que o bem e sua recompensa (SCHMIDT, Leopold. *Die Ethik der alten Griechen*. vol. I. Berlim: W. Hertz, 1882, p. 62). Tal psicologia

A fim de manter a noção de que o governo divino do mundo é justo, de que a justiça divina é realizada na sociedade humana, a teologia grega antiga desenvolveu, como todas as teologias, um sistema específico de ideias para resolver o complicado problema da teodiceia. Essas ideias não servem tanto para provar que, na realidade, o bem é recompensado, mas que o mal é punido. Tal prova só é possível se admitirmos que a punição é infligida não

---

é mais do que questionável. A situação fica imediatamente esclarecida se a religião grega não é considerada um sistema isolado, mas pensada como intimamente relacionada com os seres humanos que vivem em sociedade e usam o sistema para sua autopreservação. Isso significa que a religião é compreendida como ideologia social. Somos forçados a aceitar essa suposição pelo papel que a justiça desempenha na doutrina grega dos deuses. A justiça é uma categoria essencialmente social. Para o indivíduo separado de seu meio social, não há justiça. E, se a religião nada mais é que a relação desse indivíduo com sua divindade pessoal, então esta não tem nada a ver com justiça. O fato de encontrarmos no centro da religião grega a ideia de justiça é uma evidência de seu caráter social. Uma religião cujo valor fundamental é a justiça só pode ser compreendida como a superestrutura espiritual de uma realidade social. Essa realidade é representada como uma ordem coercitiva da vida humana que tem – pelo menos em seus estágios primitivos – o caráter de uma ordem que pune e não que recompensa. Sua função consiste principalmente em reagir com atos coercitivos específicos contra comportamentos prejudiciais à sociedade. O Direito é originalmente Direito Penal. Mesmo Direito moderno é uma ordem social cuja técnica consiste em impor sanções; e as sanções jurídicas são a privação forçada de certos bens, como a vida, a saúde, a liberdade ou a propriedade; sua função é infligir um mal, não garantir um benefício. O chamado "Direito Privado" tem, desse ponto de vista geral, a mesma estrutura do Direito Penal. Como o grego vê a essência do Direito, que para ele é o Direito Penal, na retribuição, a justiça divina também deve aparecer para ele como retribuição. O fato de que na religião grega a justiça divina seja antes de tudo uma retribuição punitiva, e não essencialmente recompensadora, significa que a justiça divina espelha e justifica o Direito Positivo. A religião grega é uma ideologia do Estado grego que tem um caráter judicial, e não administrativo. Sua tarefa era punir os maus, não recompensar os bons. Do conceito de Estado como autoridade jurídica – e isso quer dizer como autoridade que pune, não que recompensa – procede a ideia, difundida como princípio moral, de que o bom cidadão não tem direito à gratidão de seu governo. Portanto, o homem não tem direito – ou somente um direito fraco e secundário – à gratidão de seus deuses, cuja justiça se manifesta mais no castigo do que na recompensa.

somente ao homem mau, mas também ao homem bom, às vezes somente ao último. O problema fundamental que constantemente ameaça abalar a crença na justiça divina e, portanto, na existência dos deuses, é que a experiência cotidiana mostra o criminoso impune – muitas vezes até abençoado com a fortuna. Nesse ponto surge a doutrina, difundida no mundo antigo, de que a retribuição divina se realiza lenta e hesitantemente, mas com toda a certeza.[961] Os moinhos dos deuses gregos moem devagar, mas certamente. Como em muitos casos essa noção não é suficiente, a teologia grega, como qualquer outra teologia, recorre à doutrina da retribuição vicária. Para que o equilíbrio seja mantido no sistema cósmico, é necessário que o mal de um crime seja contrabalançado pelo mal de uma punição subsequente. Essa punição, no entanto, não precisa necessariamente ser infligida ao indivíduo que cometeu o crime. A justiça é satisfeita se os filhos sofrem por seus pais[962] ou se toda uma comunidade, um povo, uma cidade, sofre por um de seus membros, em particular por um membro representativo como um rei.[963] É possível não só que todos sofram por um, mas também que um sofra por todos. A morte sacrificial de um herói

---

961 NÄGELSBACH, K. F. *Die nachhomerische Theologie des griechischen Volksglaubens*. Nuremberg: Verlag von Conrad Geiger, 1857, p. 32; SCHMIDT, Leopold. *Die Ethik der alten Griechen*. vol. I. Berlim: W. Hertz, 1882, p. 69; GRUPPE, O. *Griechische Mythologie und Religionsgeschichte*. (Série Handbuch der klassischen Altertumswissenschaft). vol. V, nº 2. Munique: C. H. Beck, 1906, parte II, pp. 1002 e ss. Este último diz: "Como se pressupõe que os postulados da moralidade predominante são cumpridos neste mundo, o resultado é que não apenas para os poetas jônicos, mas também para todos os gregos do período clássico, um delito é infalivelmente, embora às vezes lentamente punido... Esse princípio, como outros do mundo homérico, foi expressamente formulado somente por autores que vieram depois de Homero".

962 NÄGELSBACH, K. F. *Die nachhomerische Theologie des griechischen Volksglaubens*. Nuremberg: Verlag von Conrad Geiger, 1857, pp. 33 e 355; SCHMIDT, Leopold. *Die Ethik der alten Griechen*. vol. I. Berlim: W. Hertz, 1882, pp. 71 e ss.

963 Cf. SCHMIDT, Leopold. *Die Ethik der alten Griechen*. vol. I. Berlim: W. Hertz, 1882, p. 67.

ou heroína para evitar a ira dos deuses despertada por toda uma cidade é um motivo frequente na poesia trágica.[964]

56 A crença em uma retribuição no além

Finalmente, a retribuição que não se materializou neste mundo é deslocada para o outro mundo. É fácil entender por que as ideias de punição e recompensa que ocorrem após a morte de um homem originalmente estavam distantes da crença grega. De fato, nos poemas

---

964 Os intérpretes modernos constantemente compreendem mal os fatos da responsabilidade coletiva e da responsabilidade objetiva, evidentes para o homem primitivo; eles veem nesses fatos nada além de uma atitude chocantemente hostil dos deuses para com pessoas inocentes. Ao fazê-lo, no entanto, estão enganados, pois essas pessoas são "inocentes" apenas no sentido de nossa moralidade, que se baseia na responsabilidade por intenção e na responsabilidade individual. Isso é particularmente verdadeiro para a responsabilidade hereditária, que nos parece especialmente "injusta". Pode-se perguntar se a responsabilidade coletiva e a responsabilidade objetiva, pelas quais se determina tanto a justiça divina quanto a ordem social real do homem primitivo, são princípios tendentes a preservar a sociedade humana. A questão deve ser respondida afirmativamente no que diz respeito à função preventiva de uma ordem social que decreta sanções. No que diz respeito à responsabilidade objetiva – e mesmo o Direito Penal moderno não a exclui inteiramente –, a função preventiva pode ser facilmente reconhecida. Se alguém deve temer a punição, mesmo quando o resultado é provocado involuntariamente, deve ser particularmente cuidadoso para evitá-la. Quando DUNDAS, Charles. "Native Laws of Some Bantu Tribes of East Africa". *Journal of the Royal Anthropological Institute of Great Britain and Ireland*, 1921, vol. LI, p. 240, perguntou a um nativo por que eles não fazem distinção entre assassinato e morte acidental, ele respondeu: "Se perdoarmos um homem que mata por acidente, não haverá nada além de acidentes".

Quanto à responsabilidade coletiva, e especialmente a hereditária, deve-se ter em mente o fato de que o homem primitivo, em virtude da atitude totalmente coletivista de sua consciência, provavelmente verá um mal infligido a seu grupo ou descendentes como muito mais severo do que um que ele próprio deva sofrer. A responsabilidade coletiva, pela qual uma família inteira ou mesmo uma tribo é destruída pelo malfeito de um indivíduo, não é, do ponto de vista econômico, uma técnica social muito racional. Mas a maioria das técnicas primitivas são antieconômicas.

épicos homéricos, quase não se pode encontrar vestígios delas.[965] Se na *Ilíada*[966] encontramos duas referências à ideia de que os perjuros são punidos no submundo após a morte, podemos seguramente supor que esses são elementos de uma crença muito mais antiga em almas e demônios da morte, cujas reminiscências ainda sobreviviam no mundo de Homero. Os poderes punitivos que originalmente operavam contra os perjuros no mundo superior dos vivos são deslocados por Homero para o mundo inferior, o reino dos mortos, porque não há mais espaço para eles no mundo superior, a esfera da vida, que é governado pelos deuses do céu.[967] Na *Odisseia* encontramos uma referência semelhante no relato de Ulisses de sua viagem pelo submundo. A esse respeito, o herói conta como no reino de Hades ele viu Tício, Tântalo e Sísifo, que tiveram que ser punidos por crimes cometidos durante a vida.[968] Mas essa passagem é uma interpolação posterior, talvez de origem órfica.[969] A crença na retribuição exercida no outro

---

965 ROHDE, Erwin. *Psyche*: the Cult of Souls and Belief in Immortality among the Greeks. Trad. para o inglês de W. B. Hills. Londres: K. Paul, Trench, Trübner & Company, 1925, pp. 40 e ss. diz que "não temos razão ou desculpa para atribuir a esse poeta em particular [Homero] tal desejo de provar a existência de uma justiça compensatória no além". Cf. também FINSLER, Georg. *Homer*. 3ª ed. parte I, seção 2. Leipzig: Teubner, 1924, pp. 211 e ss.

966 HOMERO. *Iliad*, livro III. Loeb Classical Library. Cambridge: Harvard University Press, [s.d.], p. 279; livro XIX, p. 260.

967 Cf. DIETERICH, Albrecht. *Nekyia*. 2ª ed. Leipzig: Teubner, 1913, pp. 54 e 57; NILSSON, M. P. "Die Griechen". *In*: BERTHOLET, A.; LEHMANN, E. *Lehrbuch der Religionsgeschichte*. vol. II. Tubinga: Mohr, 1925, p. 333.

968 HOMERO. *The Odyssey*, livro XI. Loeb Classical Library. Cambridge: Harvard University Press, [s.d.], pp. 576 e ss.

969 ROHDE, Erwin. *Psyche*: the Cult of Souls and Belief in Immortality among the Greeks. Trad. para o inglês de W. B. Hills. Londres: K. Paul, Trench, Trübner & Company, 1925, pp. 32 e ss.; GRUPPE, O. *Griechische Mythologie und Religionsgeschichte*. (Série Handbuch der klassischen Altertumswissenschaft). vol. V, nº 2. Munique: C. H. Beck, 1906, parte II, p. 1023; Nilsson, p. 332. Rohde e Nilsson questionam a influência órfica. Na *Odisseia* (*Odyssey*, livro XI, p. 568), Ulisses diz que viu Minos distribuindo punições e recompensas aos mortos. Aqui, evidentemente, é pelas ações realizadas no Hades que os mortos são punidos e recompensados, não pelas ações realizadas durante a

mundo é desconhecida de Homero; de fato, tal crença é incompatível com a imagem do Hades de Homero, "onde moram os mortos sem entendimento, fantasmas de mortais estafados",[970] e com sua convicção da irrealidade e da insubstancialidade das almas dos mortos.[971] Essas sombras insensíveis e inconscientes não são objetos adequados de uma justiça retributiva. Tanto mais que a alma dos mortos, ψυχή, só começa a existir quando o indivíduo morre. Portanto, dificilmente ela pode ser responsabilizada pelas boas ou más ações que o homem realizou durante sua vida. A alma da vida existente em um homem vivo é chamada por Homero de θυμός; mas ela também aparece sob o nome de certos órgãos no quais se pensa que ela está localizada, como κραδίη, κῆρ, ἦτορ, φρένες.[972] O conceito homérico de alma,

---

vida. Cf. PETERICH, Eckart. *Die Theologie der Hellenen*. Leipzig: Hegner, 1938, p. 318.

970 HOMERO. *The Odyssey*, livro XI. Loeb Classical Library. Cambridge: Harvard University Press, [s.d.], pp. 475/476 [ed. bras.: p. 313]. São significativas as palavras que a sombra de Aquiles diz a Ulisses [pp. 488 e ss. (ed. bras.: p. 313)]: "Não tentes reconciliar-me com a morte, ó glorioso Ulisses. Eu preferiria estar na terra, como servo de outro, até de homem sem terra e sem grande sustento, do que reinar aqui sobre todos os mortos".

971 Cf. FINSLER, Georg. *Homer*. 3ª ed. parte I, seção 2. Leipzig: Teubner, 1924, pp. 223 e ss. e 227.

972 Cf. OTTO, W. F. *Die Manen Oder Von den Urformen des Totenglaubens*. Berlim: Springer, 1923, pp. 14 fr., 26, 33; também BÖHME, Joachim. *Die Seele und das Ich im homerischen Epos*. Londres: MacMillan, 1929, p. 86. Sinais claros da ideia acima mencionada relativa à alma da vida como o espírito guardião, não idêntica ao homem a quem pertence, podem ser encontrados entre os gregos em sua crença no demônio da vida do homem. Um fragmento de Menandro (frag. 550, Loeb Classic Library) diz o seguinte: "Ao lado de cada um de nós, ao nascer, está imediatamente um espírito, um guia espiritual, benigno, para nos guiar pelos mistérios da vida".

Comparar também NILSSON, M. P. *Die Religion der Griechen*. (Série "Religionsgeschichtliches Lesebuch). nº 4. Tubingen: Mohr, 1927, p. 82. Uma reminiscência ética altamente sublimada é o "Daimónion" de Sócrates, aquela voz interior que "sempre me desvia do que vou fazer, nunca me incita" (PLATÃO. "Apology". nº 31. *In*: JOWETT, B. (Coord.). *The Dialogues of Plato*. 3ª ed. vol. II. Londres: MacMillan, 1892) [PLATÃO. "Defesa de Sócrates". *In*: OS PENSADORES. *Sócrates*. Trad. Jaime Bruna. São Paulo: Nova Cultural, 1987, p. 17]. O espírito guardião como líder em Hades

como o da maioria dos povos primitivos, é intrinsecamente dualista ou mesmo pluralista. A ideia de uma retribuição exercida sobre a alma de um morto só se torna possível se a alma da morte estiver unida à alma da vida em uma entidade única e uniforme.

---

aparece no Fédon de Platão [PLATÃO. "Fédon". *In*: OS PENSADORES. *Platão*: Diálogos. Trad. José Cavalcante de Souza, Jorge Paleikat e João Cruz Costa. São Paulo: Nova Cultural, 1972]: "Assim, dizem que o mesmo gênio que acompanha cada um de nós durante sua vida é, também, quem conduz cada morto a um determinado lugar. Então, os que lá se encontram reunidos são submetidos a um julgamento e, imposta a sentença, são levados ao Hades, conduzidos por um guia a quem foi dada a ordem de levá-los para lá" (PLATÃO. "Phaedo". nº 107. *In*: JOWETT, B. (Coord.). *The Dialogues of Plato*. 3ª ed. vol. II. Londres: MacMillan, 1892).

A alma da vida como líder no Hades é uma ideia que pode ser encontrada entre vários povos primitivos. Assim, existe entre os sulka da Península Gazelle o costume de dois homens dormirem perto do corpo de um homem morto na noite após a sua morte. Eles fazem isso para que suas almas possam acompanhar a alma do morto até o outro mundo (MOSS, Rosalind. *The Life after Death in Oceania and the Malay Archipelago*. Oxford: Oxford University Press, 1925, p. 104). Dormir perto dos mortos é um costume muito difundido na Melanésia. Uma vez que apenas a alma da vida do homem vivo que dorme perto do morto pode guiar a alma do morto ao mundo espiritual, deve-se supor que a primeira, e não a segunda, conhece o caminho para lá. Que a alma da vida tem uma conexão especial com o outro mundo também é confirmado pelo fato de que, de acordo com uma ideia muito difundida, ela vai até lá durante os sonhos para obter das almas da morte mensagens importantes para o adormecido. Assim, LANDTMAN, G. "Wanderings of the Dead in the Folk-Lore of the Kiwai-speaking Papuans". *In*: CASTRÉN, Ola *et al*. *Festskrift Tillegnad Eduard Westermarck*. Helsinki: J. Simelii arvingars boktryckeri, 1912, p. 71, diz: "Um grande número de sonhos coletados por mim entre o povo kiwai fala de peregrinações para *Adiri* [i. e., a ilha do além] ou de encontros com espíritos de homens mortos, e acredita-se que os sonhos descrevam as coisas reais que a alma vê enquanto perambula fora do corpo; com isso, entendemos que eles devem influenciar muito a imaginação das pessoas". Essa relação específica da alma da vida como espírito guardião com o reino dos mortos é uma evidência muito importante do fato de que a alma da vida, antes de sua encarnação em um ser humano, era uma alma da morte. Assim, ela estava familiarizada com uma esfera na qual a alma da morte de alguém recém-falecido era recém-chegada. O outro mundo é o verdadeiro lar da alma, não apenas da alma individual e singular do cristão piedoso, mas também da alma da vida do homem primitivo.

Nos escritos de Sólon[973] e Teógnis[974] ainda encontramos, essencialmente, o conceito homérico de alma e, portanto, também a convicção da sociedade homérica de que a justiça divina é exercida neste mundo e não no outro mundo, e que a ordem social prevalente, a lei positiva, que vem direta ou indiretamente dos deuses, é a vontade de Zeus. Essa observação vale também para os oradores dos séculos V e IV e para os grandes poetas trágicos. A crença de Ésquilo e Sófocles é a mesma de Homero: toda culpa é vingada neste mundo.[975] Só lentamente a crítica, reconhecendo finalmente a origem humana da ordem social, e um senso de justiça mais refinado, não mais satisfeito com os conceitos de responsabilidade coletiva e hereditária, e de responsabilidade objetiva, pressionam a especulação metafísica à ilusão de uma retribuição póstuma. A função dessa nova ideia é consolar o crente sobre a realidade injusta e satisfazer tanto seu sentimento de responsabilidade individual quanto seu desejo de recompensa pessoal. A crença em uma retribuição póstuma está necessariamente ligada a uma mudança no conceito homérico de alma.[976] Pode-se supor que essa mudança

---

973 PAGE, T.E. (Coord.). *Elegy and Iambus*. vol. I. Solon. Loeb Classical Library. Cambridge: Harvard University Press, [s.d.], pp. 128/129, est. 13, pp. 29 e ss.

974 PAGE, T.E. (Coord.). *Elegy and Iambus*. vol. I. Theognis. Loeb Classical Library. Cambridge: Harvard University Press, [s.d.], pp. 314/315, pp. 704-710. Cf. também ROHDE, Erwin. *Psyche*: the Cult of Souls and Belief in Immortality among the Greeks. Trad. para o inglês de W. B. Hills. Londres: K. Paul, Trench, Trübner & Company, 1925, pp. 411 e ss.

975 ROHDE, Erwin. *Psyche*: the Cult of Souls and Belief in Immortality among the Greeks. Trad. para o inglês de W. B. Hills. Londres: K. Paul, Trench, Trübner & Company, 1925, pp. 412 e ss., 421 e ss. e 425.

976 NÄGELSBACH, K. F. *Die nachhomerische Theologie des griechischen Volksglaubens*. Nuremberg: Verlag von Conrad Geiger, 1857, pp. 413 e ss. escreve: "Embora apenas a morte ponha fim a todo sofrimento, ela não traz nem fortuna positiva nem felicidade, mas uma existência sem alegria. É verdade, porém, que as doutrinas eleusinas e órfico-pitagóricas contradizem essa perspectiva desesperançosa da religião homérica; fragmentos dessas doutrinas misturados com ideias populares (homéricas) são introduzidos na literatura por Píndaro, não pelos poetas trágicos. Embora esses poetas ampliem a ideia homérica do outro mundo, a tragédia silencia sobre o principal desejo do

é imposta por necessidades éticas e políticas. A alma dos mortos deve ser tal que seja capaz de ser recompensada e punida. Mesmo separada do corpo, a alma deve alcançar a vida real; tornar-se imortal. Este é exatamente o conceito de alma desenvolvido pelos órficos e pitagóricos.

57 A crença na alma na religião pré-homérica

A psique homérica dos mortos, no entanto, não é apenas diferente da ideia de uma alma imortal desenvolvida pelos órficos e pitagóricos, mas há também uma diferença essencial entre a psique homérica e o conceito pré-homérico de alma dos mortos. É especialmente digno de nota que o conceito pré-homérico de alma se assemelha mais ao conceito pós-homérico do que à ideia de Homero da alma dos mortos como uma sombra impotente e irreal. Pois as almas da morte dos tempos pré-homéricos são espíritos poderosos, que exibem todos os sintomas distintivos da vida real; assim, elas têm a única característica que distingue a alma imortal da vida do corpo morto, uma vida superempírica, transcendental. Enquanto as almas da morte homéricas não têm influência, útil ou prejudicial, sobre os vivos, e não podem de forma alguma interferir em seu destino, as almas da morte pré-homéricas são demônios poderosos. Esse conceito de alma se manifesta em um culto altamente desenvolvido dos mortos, do qual temos muitas provas dos tempos pré-homéricos;[977] até mesmo a *Ilíada* guarda

---

homem, o conforto de uma imortalidade abençoada. Em outras palavras, a religião homérica ainda prevalece". "A ideia de juízes dos mortos não pode se originar antes que uma doutrina das recompensas e punições no outro mundo seja desenvolvida, ou seja, antes que a ideia homérica seja misturada com elementos órficos e eleusinos". Cf. também SCHMIDT, Leopold. *Die Ethik der alten Griechen*. vol. I. Berlim: W. Hertz, 1882, p. 97.

977 Cf. WILAMOWITZ-MOELLENDORFF, Ulrich. *Der Glaube der Hellenen*. vol. I. Berlim: Weidmannsche buchhandlung, 1931, pp. 302 e ss.; NILSSON, M. P. "Die Griechen". *In*: BERTHOLET, A.; LEHMANN, E. *Lehrbuch der Religionsgeschichte*. vol. II. Tubingen: Mohr, 1925, pp. 296 e ss.; SAMTER,

alguns vestígios das cerimônias fúnebres que Aquiles organiza para Pátroclo.

Supostamente, a crença na alma como crença no poder de uma alma que sobrevive após a morte como um demônio desempenhou um papel decisivo na religião pré-homérica. Essa religião pré-homérica era uma religião das potências ctônicas. Essa provavelmente era a religião dos aborígenes que foi suprimida pela religião de Zeus das tribos que invadiram a península grega. A religião dos povos subjugados, que influenciou as crenças dos vitoriosos, pode ter se originado na ideia da alma da morte.[978] De qualquer forma, ela manteve a crença nas almas dos mortos juntamente com a crença em divindades superiores, poderes divinos da terra, especialmente a Mãe Terra. O culto pré-homérico dos mortos, confirmado por abundantes materiais, mostra todos os elementos essenciais da mesma crença que pode ser observada entre os povos primitivos contemporâneos; eles temiam as almas dos mortos, consideradas dotadas de poderes sobre-humanos, e tentavam acalmá-las com certos ritos; sacrifícios eram oferecidos às almas da morte, e presentes eram dados aos mortos nas sepulturas. Entre esses presentes, o óbolo de Caronte é especialmente característico; trata-se de uma moeda pressionada entre os dentes do morto. Que a moeda deveria ser a tarifa para Caronte, que remava a alma sobre o Estige até o Hades, é certamente uma interpretação posterior. Provavelmente, esse costume tinha originalmente o mesmo sentido

---

Ernst. *Die Religion der Griechen*. 2ª ed. Leipzig: B. G. Teubner, 1925, pp. 12 e ss.; KERN, Otto. *Die Religion der Griechen*. vol. I. Leipzig: Weidmannsche Buchhandlung, 1926, frag. 28; PETERICH, Eckart. *Die Theologie der Hellenen*. Leipzig: Hegner, 1938, pp. 60 e ss.

978 KERN, Otto. *Die Religion der Griechen*. vol. I. Leipzig: Weidmannsche Buchhandlung, 1926, p. 30, acredita que: "Se a ideia de que os poderes que determinam e guiam as vidas humanas habitam a terra procede da adoração dos mortos, nunca será explicado com certeza". É claro que não com certeza, mas ainda assim com grande probabilidade.

de usos semelhantes entre outros povos.[979] Assim, nas montanhas de Harz (Alemanha), o morto recebe uma moeda e é endereçado da seguinte maneira: "Estou lhe dando dinheiro para provisões, mas agora me deixe dinheiro para a comida". Na Boêmia, um ou dois kreutzers são colocados no caixão do morto pelo herdeiro, que diz: "Aqui tens o que é teu, deixa-me o que é meu". Na Masúria, coloca-se uma moeda na mão do morto e diz-se: "Aqui tens o teu ordenado, por isso não podes voltar". O sentido de todos esses ritos é que, segundo o princípio da retribuição, o morto é pago por alguma coisa, obviamente pelo direito à propriedade à qual sua alma sempre deseja retornar; é justamente esse retorno que se teme e, portanto, tenta-se impedir.

58 O medo da alma da morte e sua função retributiva

Mas por que uma pessoa viva teme uma morta; por que "a duplica", acrescentando ao cadáver uma alma viva à qual atribui vários males que já suportou ou teme sofrer, como a doença e a morte? E por que considera que essa "alma" está tão zangada com ele, desejando-lhe o mal e até mesmo ameaçando-o com a morte? A explicação sugere que o homem primitivo tem um medo elementar da morte e transfere esse medo para um objeto concreto, para os mortos. Assim, o medo da morte torna-se um medo dos mortos. Esse medo dos mortos, portanto, não é uma reação instintiva, mas o resultado de alguma reflexão. Isso é provado pelo fato de que os animais que demonstram medo, e especialmente o medo da morte, não têm medo dos mortos. Por que o homem deveria temer os mortos, quando toda a experiência lhe ensina que os mortos não lhe podem fazer mal; quando, confiando em sua experiência, ele mata o ser que teme, para que este não possa mais lhe infligir

---

979 SAMTER, Ernst. *Die Religion der Griechen*. 2ª ed. Leipzig: B. G. Teubner, 1925, pp. 14 e ss.

mal nenhum, sobretudo a morte? O medo dos mortos é particularmente estranho na medida em que o homem primitivo começa a temer apenas no momento em que ocorre aquela situação que ele mesmo provoca para privar o objeto temido de suas qualidades atemorizantes. Igualmente estranho é seu medo de seu pai, mãe, parentes mortos e, sob certas circunstâncias, de seus próprios filhos – pessoas que amou quando estavam vivas.

Na verdade, é justamente esse medo do ancestral morto que representa o núcleo da crença na alma dos mortos. Mas uma investigação mais cuidadosa do material revela que o homem primitivo não transfere seu medo da morte para todos os seres cuja morte ele observa. O homem primitivo nem sempre transfere seu medo da morte aos mortos da mesma maneira, e particularmente no mesmo grau, como seria o caso se o mecanismo de transferência funcionasse instintivamente, sem a influência de outros fatores. O processo no qual o medo da morte se transforma em medo dos mortos é diferente se envolve um homem morto ou um animal morto; além disso, é diferente em relação a diferentes grupos de homens. Estudos atentos nos mostram que os fatos sociais determinam essa diferenciação. Pode-se supor, portanto, que no medo dos mortos do homem primitivo, nessa reação sobre a qual sua religião e, assim, toda a sua cultura se baseia, nessa atitude que o distingue do animal com o qual ele se parece tanto, uma ideologia social muito importante está operando.

A resposta à pergunta de por que o homem primitivo teme os mortos é parcialmente dada pelo próprio homem primitivo. Ele costuma dizer que o morto está zangado porque foi ofendido por calúnias, por violação da antiga regra de que se pode falar apenas gentilmente dos mortos, ou pela não observância dos ritos mortuários habituais, como deixar o cadáver insepulto ou não oferecer os sacrifícios devidos. A ira dos mortos significa vingança, retribuição. O medo dos mortos é o medo de sua vingança. O morto pune a violação de normas que obrigam os vivos a certo comportamento em relação aos mortos. Mas qual é a origem dessas normas relativas ao culto dos mortos? Obviamente, é o medo dos mortos que cria essas normas. Portanto, sua violação não pode ser a única, e especialmente não a primeira, causa da ira dos mortos. Certamente o morto está zangado com os vivos por causa de um mal que os vivos infligiram a ele. Mas isso não precisa e não pode ser apenas um mal infligido aos já mortos; também deve ser um mal infligido enquanto o morto ainda estava vivo, um mal que não foi vingado durante sua vida. As almas mais temidas são em toda parte as de pessoas assassinadas, que se vingam do assassino ou fazem com que os parentes sobreviventes o façam. Mesmo nos épicos de Homero, nos quais as almas dos mortos se desvanecem em sombras irreais, ainda encontramos vestígios do medo da alma vingadora dos mortos. Um desses vestígios é a crença de que a alma da morte pode entrar no Hades e encontrar paz ali somente se o cadáver for devidamente enterrado. O dever de enterrar parentes, amigos e conterrâneos é considerado sagrado na sociedade homérica;[980] e o enterro dos mortos tem, aqui,

---

980 A alma do morto Pátroclo aparece a Aquiles em um sonho e diz a ele: "Enquanto era vivo não me descuraste; só agora que estou morto. Sepulta-me depressa, para que eu transponha os portões de Hades. À distância me mantêm afastado as almas, fantasmas dos mortos; não deixam que a elas eu me junte na outra margem do rio: em vão estou a vaguear pela mansão de amplos portões de Hades". [HOMERO. *Iliad*, livro XXIII. Loeb Classical Library. Cambridge: Harvard University Press, [s.d.], pp. 70 e ss. (ed. bras.: pp. 620/621)].

A *Ilíada* mostra sinais claros de uma forma mais antiga de crença na alma, originada em uma época em que se temia apenas as almas da morte de seu próprio grupo; para estranhos e inimigos, tal medo não existia e, portanto, eles não reconheciam o dever de enterrar seus cadáveres. Quando Agamenon concede um armistício aos troianos, ele diz [HOMERO. *Iliad*, livro VII. Loeb Classical Library. Cambridge: Harvard University Press, [s.d.], pp. 409 e ss. (ed. bras.: p. 265)]: "Quanto aos mortos, não ponho objeção a que os queimem: aos cadáveres dos mortos não se pode negar, visto que estão mortos, que rapidamente recebam o consolo do fogo". Assim, ele mostra claramente que não é da sua conta "consolar" os inimigos mortos. Depois de ter triunfado sobre Heitor, Aquiles fala [HOMERO. *Iliad*, livro XXI. Loeb Classical Library. Cambridge: Harvard University Press, [s.d.], pp. 331 e ss. (ed. bras.: p. 610)]: "Heitor, porventura pensaste quando despojavas Pátroclo que estarias a salvo e não pensaste em mim, que estava longe. Tolo! Longe dele um auxiliador muito mais forte nas côncavas naus ficara para trás: eu próprio, eu que agora te deslassei os joelhos. Os cães e as aves de rapina irão dilacerar-te vergonhosamente, mas a Pátroclo sepultarão os Aqueus". Quando Heitor diz [HOMERO. *Iliad*, livro XXI. Loeb Classical Library. Cambridge: Harvard University Press, [s.d.], pp. 338 e ss. (ed. bras.: p. 610)], "Suplico-te pela tua alma, pelos teus joelhos e pelos teus pais, que não me deixes ser devorado pelos cães nas naus dos Aqueus", isso mostra que ele considera tal tratamento possível. Mas quando ele finalmente ameaça (*Iliad*, livro XXI, p. 358), "Mas reflete bem agora, para que eu para ti não me torne maldição dos deuses", isso marca os primeiros sintomas de uma consciência social em expansão, cujo demiurgo não era mais a ira da alma da morte do inimigo assassinado, mas uma divindade superior à amizade e à inimizade. Segundo uma versão supostamente mais antiga (cf. FINSLER, Georg. *Homer*. 3ª ed. parte I, seção 1. Leipzig: B. G. Teubner, 1924, p. 162), Aquiles jogou o corpo de Heitor aos cães. O fato de na versão que nos foi transmitida ele permitir que o velho pai pegue o corpo de seu filho e o enterre com honras é produto de um senso de justiça mais refinado. Esse refinamento está ausente no caso de Heitor, que ordenou que a cabeça do vencido Pátroclo fosse cortada e colocada em uma pilha antes de ser jogada aos cães de Tróia (*Iliad*, livro XVII, p. 126; livro XVIII, pp. 176 e ss.). De fato, prevalece na *Ilíada* a ideia de que é direito natural do vencedor profanar o cadáver do inimigo e descarregar sua ira sobre ele; nem a alma dos mortos nem os deuses infligirão punição por tais atos. Assim, Diomedes diz do inimigo que ele vai matar em batalha [*Iliad*, livro XI, pp. 394 e ss. (ed. bras.: p. 349)]: "Torna vermelha a terra com seu sangue e à sua volta estão mais aves de rapina do que mulheres". E os troianos mortos por Agamenon são descritos [*Iliad*, livro XI, pp. 161 e ss. (ed. bras.: p. 340)] assim: "jaziam no chão, mais amados pelos abutres do que pelas suas mulheres".

O dever de enterrar os próprios companheiros também é abandonado, e nem a ira da alma da morte nem a divindade são operantes se estiverem envolvidos membros do grupo que se tornaram culpados de uma grave violação da ordem jurídica. O pior crime na guerra é evitar a batalha. Como consequência, Agamenon declara [*Iliad*, livro II, pp. 391 e ss. (ed. bras.: p. 141)]: "Àquele que eu discernir longe das naus do outro lado, de imediato lhe darei a morte, nem a ele darão na morte os homens da família e as mulheres a honra devida do fogo, mas os cães o despedaçarão à frente de nossa cidade". Tal é a lei da guerra, igualmente válida para os troianos [cf. *Iliad*, livro XV, pp. 348 e ss. (ed. bras.: p. 442)]; HOMERO. *The Odyssey*, livro III. Loeb Classical Library. Cambridge: Harvard University Press, [s.d.], pp. 258 e ss. [ed. bras.: p. 258]; livro XXII, p. 30 [ed. bras.: p. 494].

como em outros lugares, sua origem não em razões higiênicas, mas na intenção de impedir o temido retorno dos mortos. Na *Ilíada,*[981] depois que Aquiles mata Eécion, é dito: "porém não o despojou das armas, por respeito a seu espírito; mas cremou-o vestido com a rica armadura, e por cima fez um túmulo". E o herói da *Odisseia*[982] adverte Euricleia, que se regozija com a morte dos pretendentes: "No teu coração, ó anciã, te regozija, mas sem exultação em voz alta. É coisa ímpia o regozijo sobranceiro sobre os cadáveres dos mortos". Embora a crença na vingança da alma da morte já tivesse desaparecido da religião homérica, o medo de tal vingança obviamente impedia qualquer um de pegar as armas de um inimigo morto ou de alegrar-se com sua morte.[983]

---

981 HOMERO. *Iliad*, livro VI. Loeb Classical Library. Cambridge: Harvard University Press, [s.d.], pp. 417 e ss. [ed. bras.: p. 247].

982 HOMERO. *The Odyssey*, livro XXII. Loeb Classical Library. Cambridge: Harvard University Press, [s.d.], pp. 411 e ss. [ed. bras.: p. 507].

983 Mesmo na natureza dos deuses, como retratado pelo poeta, pode-se detectar os últimos efeitos de uma crença religiosa no centro da qual estava o evento da morte. O homem primitivo teme a morte e acredita que a pessoa morta ou a alma da morte a traz aos vivos. Assim, Circe sugere a Ulisses que ele vire a cabeça quando invocar os mortos. Cf. HOMERO. *The Odyssey*, livro X. Loeb Classical Library. Cambridge: Harvard University Press, [s.d.], p. 529 [ed. bras.: p. 294]. A visão da divindade também traz a morte. Essa é aparentemente a razão (embora o próprio poeta já não estivesse consciente disso) para a ordem de Leucoteia a Ulisses para jogar seu véu sagrado, depois que ele se salvou com sua ajuda, no mar "com o rosto virado"; obviamente, ela o avisa para que ele não veja a deusa, que depois sobe à superfície (NESTLE, Wilhelm. *Griechische Religiosität von Homer bis Pindar und Äschylos* (Die griechische Religiosität in ihren Grundzuegen und Hauptvertretern von Homer bis Proklos I). Coleção Goschen. Berlim: De Gruyter, 1930, p. 19). E pela mesma razão, quanto Tétis coloca diante de Aquiles as armas forjadas por mãos divinas, é dito [HOMERO. *Iliad*, livro XIX. Loeb Classical Library. Cambridge: Harvard University Press, [s.d.], pp. 13 e ss. (ed. bras.: p. 541)]: "A todos os Mirmidões tomou o medo, e nenhum ousava olhá-las de frente, mas ficaram a tremer"; e: "tremendos são os deuses quando aparecem às claras" [*Iliad*, livro XX, p. 131 (ed. bras.: p. 561)].

O medo é a emoção original do homem homérico em relação à divindade. Portanto, ele imediatamente pede misericórdia quando acredita percebê-la, por exemplo, em forma humana. Quando Atena concede a Ulisses, que

Para a ideia de uma alma da morte vingativa, as provas dos tempos pós-homéricos são muito mais convincentes. Em *Coéforas* de Ésquilo, o coro, incitando Orestes a vingar seu pai assassinado, canta assim:

> Filho, a maxila veemente do fogo não acalma a mente do morto, a cólera depois se mostra: deplora-se quem morre, revela-se quem fere. Por seus pais e genitores o lamento legítimo busca punição, amplo e turvo.[984]

E na *Electra* de Sófocles, o coro canta à morte de Clitemnestra: "As maldições funcionam; os enterrados vivem novamente,/E sangue por sangue, o sangue do assassino elas drenam,/Os espíritos das vítimas há muito assassinadas".[985]

Xenofonte[986] deixa Ciro em seu leito de morte falar assim a seus filhos:

> Certamente, uma coisa, assim me parece, vocês não sabem claramente, que não mais serei quando terminar esta vida terrena; pois nem mesmo nesta vida vocês viram minha alma, mas detectaram sua existência pelo que ela realizou.

---

apareceu como um mendigo, sua gloriosa figura novamente, Telêmaco diz (HOMERO. *The Odyssey*, livro XVI. Loeb Classical Library. Cambridge: Harvard University Press, [s.d.], pp. 181 e ss. [ed. bras.: p. 392]): "Muito diferente, ó estrangeiro, me pareces tu agora: as roupas que vestes são outras; e outra é a tua pele. Na verdade, és um dos deuses que o vasto céu detêm. Sê compassivo, para que te possamos oferecer sacrifícios e presentes de ouro bem cinzelado; rogo-te que nos poupes".

984 ÉSQUILO. *The Libation-bearers*. Loeb Classical Library. Cambridge: Harvard University Press, [s.d.], pp. 323 e ss. [ed. bras.: ÉSQUILO. *Oresteia II*: Coéforas. Trad. Jaa Torrano. São Paulo: Iluminuras, 2004, p. 95.

985 SÓFOCLES. *Electra*. Loeb Classical Library. Cambridge: Harvard University Press, [s.d.], pp. 1419 e ss.

986 XENOFONTE. *Cyropaedia*, livro VIII. seção VII, nº 17. Loeb Classical Library. Cambridge: Harvard University Press, [s.d.].

> Vocês nunca observaram com que terror as almas daqueles que foram maltratados atingem os corações daqueles que derramaram seu sangue, e que divindades vingativas eles enviam no rastro dos ímpios? E vocês acham que as honras pagas aos mortos continuariam se suas almas não participassem delas?

O relato de Heródoto[987] conta que os tirrenos, após uma batalha naval contra os foceus, violaram o Direito Internacional, apedrejando muitos prisioneiros de guerra perto da cidade de Care.

> Mas depois disso tudo em Care, os que passaram pelo lugar onde jaziam os foceus apedrejados, fossem ovelhas, bestas de carga ou homens, ficaram tortos, aleijados e paralisados. Os careus foram a Delfos, desejando expiar sua ofensa; e a sacerdotisa pítica ordenou-lhes que fizessem o que o povo de Care faz até hoje: pois eles prestam grandes honra aos foceus, com ritos religiosos e jogos, e corridas de cavalos.

Uma história semelhante pode ser encontrada em Pausânias:[988] em suas andanças após a queda de Troia, Ulisses desembarcou em Temesa, onde um de seus marinheiros foi apedrejado pelos nativos. Desconsiderando essa perda, Ulisses seguiu navegando.

> Mas o espírito do homem apedrejado nunca deixou de matar indistintamente o povo de Temesa, atacando velhos e jovens, até que, quando os habitantes resolveram fugir definitivamente da Itália para se salvar, a sacerdotisa pítica os proibiu de deixar Temesa e ordenou-lhes que aplacassem o Herói, definindo para ele um santuário e construindo um

---

987 HERÓDOTO. *The Persian Wars*, livro I. Loeb Classical Library. Cambridge: Harvard University Press, 1920, cap. 167.

988 PAUSÂNIAS. *Description of Greece*. Loeb Classical Library. Cambridge: Harvard University Press, [s.d.], livro VI, nº 6. Cf. COULANGES, Fustel de. *La Cité antique*. 26ª ed. Paris: Hachette, 1920, p. 20.

templo, e dando-lhe todos os anos como esposa a donzela mais bela de Temesa. Então eles cumpriram os comandos da deusa e não foram mais aterrorizados pelo espírito.

Aqui o demônio da alma da morte é chamado de "herói". E essa história é típica do culto aos heróis difundido nos tempos pós-homéricos. Tal prática de fazer da alma da morte um herói é muitas vezes o meio de acalmar sua raiva.[989] Sobre a estreita conexão entre essa forma de crença na alma da morte e a ideia de retribuição, há ainda outra história de Heródoto,[990] muito característica. Ela mostra que o herói pode ficar irritado não apenas por um mal infligido a ele, mas também por um mal infligido a outros. Ao mesmo tempo, o relato nos oferece provas importantes da existência de um Direito interestatal nos tempos antigos. O herói Taltíbio, o arauto homérico, era venerado como antepassado e espírito guardião de uma família espartana na qual o posto honorário de enviados de seu país era hereditário. Certa vez, quando os espartanos, violando

989 ROHDE, Erwin. *Psyche*: the Cult of Souls and Belief in Immortality among the Greeks. Trad. para o inglês de W. B. Hills. Londres: K. Paul, Trench, Trübner & Company, 1925, pp. 134 e ss. Na veneração dos heróis, Rohde percebe um "culto dos ancestrais", não um "culto das almas" (cf. p. 118). Mas o culto dos ancestrais é em si uma forma de culto das almas. De que outra forma senão a de uma "alma" poderia o ancestral morto sobreviver. Somente uma crença na eficácia da alma é a razão do culto dedicado a ela. A estreita conexão entre a veneração do herói e a adoração da alma do morto é confirmada pelo fato de que o herói frequentemente aparece na forma de uma serpente. Cf. HARRISON, J. E. *Themis*: a study of the social origins of greek religion. Cambridge: The University Press, 1912, cap. VIII; pp. 260 e ss. A senhora Harrison observa: "O herói sob exame não é um grande homem histórico que por acaso está morto, mas um ancestral morto desempenhando suas devidas funções como tal, que pode, em casos particulares, ter sido um grande homem histórico. Como herói, ele é um funcionário".

990 HERÓDOTO. *The Persian Wars*, livro VII. cap. 134 e ss. e 136 e ss. Loeb Classical Library. Cambridge: Harvard University Press, 1920. Cf. ROHDE, Erwin. *Psyche*: the Cult of Souls and Belief in Immortality among the Greeks. Trad. para o inglês de W. B. Hills. Londres: K. Paul, Trench, Trübner & Company, 1925, pp. 134 e ss. Outros exemplos de heróis se vingando e exercendo retribuição podem ser encontrados lá.

o Direito Internacional, mataram os enviados do rei dos persas, o herói Taltíbio ficou furioso com seu povo até que Espértias e Bulis, dois membros de uma família nobre, ofereceram suas vidas como retribuição ao rei persa. Eles então foram até Xerxes, mas ele não aceitou a oferta. Ele lhes disse que

> não imitaria os lacedemônios, "pois vocês", disse ele, "destruíram toda lei humana matando os arautos; mas não farei o que culpo em vós, nem, matando-vos, livrarei os lacedemônios dessa culpa". Assim, por esse ato dos espartanos, a ira de Taltíbio foi aplacada imediatamente, embora Espértias e Bulis tenham retornado a Esparta. Mas, muito tempo depois, ressuscitou na guerra entre os peloponesos e atenienses, como dizem os lacedemônios.

Pois eles mandaram o filho de Bulis, Nicolas, e o filho de Espértias, Aneristo, como enviados para a Ásia, onde foram traídos, capturados, mandados a Ática e mortos pelos atenienses. Heródoto interpreta isso como "o céu está fazendo isso por causa da raiva de Taltíbio".

Na religião pré-homérica, como em outras religiões primitivas, além do medo da alma que se vinga e pune, pode-se acrescentar o desejo de proteção e ajuda dela. Se a alma tem o poder de infligir dano, por que não deveria usar seu poder para a proteção dos sobreviventes? A atitude em relação à alma da morte é ambivalente por toda parte. Característica disso são os costumes de Atenas mesmo em tempos pós-homéricos nas festividades anuais, celebradas em homenagem aos mortos, a Antestéria. No último dia do festival, de acordo com a crença do povo, as almas dos mortos chegam ao mundo superior.

> Por isso os templos eram fechados, para que não fossem profanados pelos mortos; também em casa buscava-se proteção contra sua influência nociva; as portas eram cobertas de piche que, segundo a crença popular, mantinha os

> espíritos afastados, folhas de espinheiro eram mastigadas, pois essa planta também era considerada um impedimento para os demônios. Ao mesmo tempo, ofereciam-se sacrifícios às almas e seu guia, Hermes; todos entretinham as almas. Mas no fim das festividades elas eram expulsas das casas com estas palavras: Saiam, almas, acabou a Anestéria.[991]

O culto aos mortos na Grécia, como em outros lugares, está conectado com o culto à Mãe Terra, na qual os mortos são depositados. Na religião ctônica, não apenas o medo de uma colheita ruim, como punição pelos pecados, mas também a esperança de uma boa colheita, o desejo de fertilidade, desempenha um papel importante.[992] No entanto, o segundo elemento parece ter tido no culto grego aos mortos, assim como entre todos os outros povos primitivos, apenas um caráter secundário. De importância primordial era o apaziguamento do sentimento de culpa, o medo da punição, e não a expectativa de recompensa.

Por isso, todas as ideias que tratam da crença na alma e do culto aos mortos se manifestam mais claramente nas instituições da vingança de sangue e da expiação por assassinato. Os parentes de sangue devem à alma do homem assassinado vingar-se do perpetrador. A demanda da alma é satisfeita pela vingança.[993]

> Em Atenas, mesmo nos séculos IV e V, ainda sobrevivia com vigor inalterado a crença de que a alma de alguém morto violentamente, até que o mal feito a ele fosse vingado, vagaria sem encontrar descanso, cheio de raiva do ato violento, e

---

991 SAMTER, Ernst. *Die Religion der Griechen*. 2ª ed. Leipzig: B. G. Teubner, 1925, p. 16.

992 Cf. KERN, Otto. *Die Religion der Griechen*. vol. I. Leipzig: Weidmannsche Buchhandlung, 1926, pp. 30 e ss.

993 ROHDE, Erwin. *Psyche*: the Cult of Souls and Belief in Immortality among the Greeks. Trad. para o inglês de W. B. Hills. Londres: K. Paul, Trench, Trübner & Company, 1925, p. 176.

> irado, também, contra os parentes que deveriam vingá-lo e não cumpriram seu dever.[994]

A própria alma torna-se um espírito de vingança.

Quando a vingança de sangue foi mais tarde substituída pelo julgamento dos tribunais do Estado, o dever dos parentes para com a alma do homem assassinado foi confinado à acusação do assassino. Se este, no entanto, conseguisse fugir pela fronteira do Estado, ele estava seguro não apenas da punição pelo Estado, cujo poder jurídico terminava ali, mas também da alma do morto. Seu poder também cessa, como Rohde[995] assinalou, "nas fronteiras do país". Essa é a evidência mais clara da estreita relação entre

---

994 ROHDE, Erwin. *Psyche*: the Cult of Souls and Belief in Immortality among the Greeks. Trad. para o inglês de W. B. Hills. Londres: K. Paul, Trench, Trübner & Company, 1925, pp. 176 e ss.

995 ROHDE, Erwin. *Psyche*: the Cult of Souls and Belief in Immortality among the Greeks. Trad. para o inglês de W. B. Hills. Londres: K. Paul, Trench, Trübner & Company, 1925, pp. 177 e ss. Se, antes de sua morte, o homem assassinado perdoou o assassino, os parentes não têm o dever de processá-lo. Rohde, p. 177, interpreta esse fato afirmando que "o desejo de vingança da alma ofendida era o único ponto em questão, mesmo no processo jurídico de um Estado governado constitucionalmente, e não o ato ilegal em si do assassino". Isso é apenas consequência do princípio da tutela privada que prevalecia em ordens jurídicas mais antigas. A relação com a "alma" do assassinado é apenas a razão ideológica e não a real. Não é, portanto, como acredita Rohde (p. 178), uma reafirmação da "reivindicação original de vingança da vítima morta violentamente – uma reivindicação estreitamente vinculada ao culto dos mortos" quando o Estado mais tarde proíbe "o velho costume, comum nos tempos homéricos, de pagar pela culpa de sangue do assassino com uma compensação feita aos parentes do morto". É simplesmente o avanço técnico-jurídico em direção ao princípio da tutela pública no processo penal moderno, etapa típica da evolução da vingança de sangue para a jurisdição centralizada dos tribunais estatais. Esse desenvolvimento realiza-se independentemente de qualquer crença na alma. Quando Rohde diz, na página 179, "Todo o procedimento nos julgamentos de assassinato era dirigido mais à satisfação de poderes invisíveis... do que do Estado e seus membros vivos", ele aceita como realidade objetiva o que de fato é apenas uma ideologia subjetiva. Na verdade, a instituição em questão serve melhor ao Estado e seus cidadãos quanto mais parece servir a poderes invisíveis.

o conceito de alma e a ideia de direito. Os ritos de purificação realizados pelo assassino também mostram essa conexão. O sacerdote da purificação deixa o sangue de um animal, sacrificado no lugar do assassino, escorrer pelas mãos do homem maculado; isso significa "que pela mancha de sangue a mancha de sangue será purificada"[996] – em outras palavras, que "o assassinato é expulso pelo assassinato".[997] A mácula que é lavada pelo sangue do animal sacrificado é, segundo Rohde, a raiva da alma do homem assassinado. Segundo a ideia dos antigos gregos, é a alma que põe em movimento o princípio da retribuição.

59 As Erínias

A estreita conexão entre o conceito de alma e a ideia de retribuição é comprovada pelas Erínias, que são de grande importância na mitologia grega. Elas pertencem às mais antigas divindades do Direito; nos tempos pré-homéricos eram as executoras da vingança contra os assassinos. Como a comunidade jurídica mais antiga era a família, elas apareciam como Erínias da mãe assassinada, e com menor frequência como Erínias do pai assassinado. Não Clitemnestra, que matou o marido, mas Orestes, que assassinou sua mãe, é vítima das Erínias.[998] A conexão entre as Erínias e o Direito de família também é demonstrada pela relação entre esses demônios e a vingança do pai insultado ou da mãe ofendida nos poemas épicos de Homero. Particularmente significativo nesse contexto é o destino de Fênix. Incitado por sua mãe, ele dorme com a concubina de seu pai. O pai clama às Erínias por vingança,

---

996 EURÍPIDES. *Iphigeneia in Taurica*. Loeb Classical Library. Cambridge: Harvard University Press, [s.d.], pp. 1223 e ss.

997 ROHDE, Erwin. *Psyche*: the Cult of Souls and Belief in Immortality among the Greeks. Trad. para o inglês de W. B. Hills. Londres: K. Paul, Trench, Trübner & Company, 1925, p. 296.

998 ÉSQUILO. *The Libation-bearers*. Loeb Classical Library. Cambridge: Harvard University Press, [s.d.], pp. 1048 e ss.

que punem o criminoso, privando-o da capacidade de procriar.[999] Um *pendant* disso é a história peculiar de Alteia, que clamou pela vingança das Erínias contra seu próprio filho Meleagro, que havia matado seu irmão.[1000] Na *Ilíada*, a mensageira divina, Íris, afirma expressamente que as Erínias protegem o direito da geração mais velha contra a mais jovem.[1001]

As Erínias aparecem também como vingadoras do perjúrio. Quando Agamenon faz um juramento, ele invoca Zeus e Hélio, bem como a antiquíssima deusa da terra Ge e as Erínias, "que debaixo da terra se vingam dos homens que juram juramentos falsos".[1002] A função jurídica desses poderes ctônicos é manifestada com clareza. Mas é significativo que, embora as invoque, Agamenon não espera ser punido por elas caso cometa perjúrio, mas sim pelos deuses olímpicos. Ele termina seu juramento com estas palavras: "E se alguma parte deste juramento for falsa, que os deuses me deem muitos sofrimentos, dos que dão aos perjuros".[1003]

---

999 HOMERO. *Iliad*, livro IX. Loeb Classical Library. Cambridge: Harvard University Press, [s.d.], pp. 447 e ss. [ed. bras.: pp. 303/304]. As Erínias aparecem no mito de Crono e Urano ligadas ao complexo de castração.

1000 HOMERO. *Iliad*, livro IX. Loeb Classical Library. Cambridge: Harvard University Press, [s.d.], pp. 568 e ss. [ed. bras.: p. 307]. O fato de a mãe considerar a vida do irmão de maior valor do que a do filho indica uma organização de direito materno segundo a qual o irmão da mãe ocupa a posição de autoridade.

1001 HOMERO. *Iliad*, livro XV. Loeb Classical Library. Cambridge: Harvard University Press, [s.d.], p. 204 [ed. bras.: p. 437].

1002 HOMERO. *Iliad*, livro XIX. Loeb Classical Library. Cambridge: Harvard University Press, [s.d.], p. 259 [ed. bras.: p. 550] Ver também ROHDE, Erwin. *Psyche*: the Cult of Souls and Belief in Immortality among the Greeks. Trad. para o inglês de W. B. Hills. Londres: K. Paul, Trench, Trübner & Company, 1925, p. 212, onde essa passagem já foi discutida.

1003 HOMERO. *Iliad*, livro XIX. Loeb Classical Library. Cambridge: Harvard University Press, [s.d.], pp. 264 e ss. [ed. bras.: p. 550]. As Erínias como deusas que exercem retribuição por males infligidos às pessoas pobres: Cf. HOMERO. *The Odyssey*, livro XVII. Loeb Classical Library. Cambridge: Harvard University Press, [s.d.], p. 475 [ed. bras.: p. 420].

Como a função de retribuição é passada das antigas potências ctônicas, especialmente das Erínias, para os deuses olímpicos é magnificamente apresentado por Ésquilo na tragédia *Eumênides*. As Erínias que perseguem Orestes pelo assassinato de sua mãe aparecem aqui como divindades mais antigas e executoras da vingança de sangue do clã; assim, elas são fortemente contrastadas com os deuses mais jovens, Apolo e Palas Atena, que representam o princípio jurídico superior de Zeus, a jurisdição do tribunal estatal. Consequentemente, Orestes não está exposto à vingança das Erínias. Elas dizem: "Tais são os feitos dos deuses mais jovens, que governam totalmente além do direito...["].[1004] A inimizade entre a geração mais jovem de deuses, como Zeus, Apolo, Palas Atena, a cujo grupo Diké também pertence, e as antigas Erínias é enfatizada repetidamente. Assim, o coro das Erínias canta: "No nosso nascimento, este ofício foi ratificado por anos; mas os Imortais não podem colocar a mão sobre nós, nem nenhum deles compartilha nossas festas em comum conosco; e em vestes festivas de branco puro não tenho parte nem porção...";[1005] ou "Pois Zeus considerou indigno de sua conversa este nosso bando odioso e sangrento".[1006] Novamente: "... perseguindo o ofício a nós designado, desonrado, desprezado, separado dos deuses por uma luz que não é a do sol".[1007] A tentativa de Apolo e Palas Atena de salvar Orestes da vingança das Erínias por meio de um julgamento no tribunal as deixa irritadas: "É o fim de todas as coisas forjado por novas ordenanças, se a causa injusta desse assassino

---

1004 ÉSQUILO. *Eumenides*. Loeb Classical Library. Cambridge: Harvard University Press, [s.d.], pp. 162 e ss.

1005 ÉSQUILO. *Eumenides*. Loeb Classical Library. Cambridge: Harvard University Press, [s.d.], pp. 349 e ss.

1006 ÉSQUILO. *Eumenides*. Loeb Classical Library. Cambridge: Harvard University Press, [s.d.], pp. 365 e ss.

1007 ÉSQUILO. *Eumenides*. Loeb Classical Library. Cambridge: Harvard University Press, [s.d.], pp. 385 e ss.

de sua mãe deve triunfar".[1008] E elas dizem a Apolo: "Na verdade foste tu que enganaste com vinho aquelas antigas deusas e assim aboliste as obrigações dos velhos tempos".[1009] Após a absolvição de Orestes pelo tribunal elas lamentam: "Vergonha! Ó, deuses mais jovens, vocês destruíram as leis antigas e as arrancaram de minhas mãos",[1010] e reclamam:

> Me tratar assim, ó vergonha! Eu, sábia na sabedoria antiga, habitar sob a terra, coisa desonrada (ó vergonha!) e detestada! Meu espírito arfa de fúria e raiva absoluta. Ó, ó, que vergonha! Que angústia me invade o peito! O mãe Noite, dá ouvidos ao clamor de minha paixão! Os deuses, mantendo-me no nada, me privaram de minhas honras imemoriais por seu ofício irresistível.[1011]

Nos tempos pós-homéricos, as Erínias desempenham um papel importante como vingadoras do assassinato. Sob seus auspícios foram realizados julgamentos de assassinato nos tribunais estatais.[1012] No Areópago, a colina das Erínias "sobre o abismo sagrado em que elas próprias, 'As Veneráveis', têm sua morada", o tribunal criminal ateniense realizava suas sessões. "No início do processo, ambas as partes prestam juramento em nome das Erínias", de modo que, caso o tribunal puna a parte inocente, a culpada, como perjura, seja exposta aos espíritos da vingança. Era

---

1008 ÉSQUILO. *Eumenides*. Loeb Classical Library. Cambridge: Harvard University Press, [s.d.], pp. 490 e ss.

1009 ÉSQUILO. *Eumenides*. Loeb Classical Library. Cambridge: Harvard University Press, [s.d.], pp. 727 e ss.

1010 ÉSQUILO. *Eumenides*. Loeb Classical Library. Cambridge: Harvard University Press, [s.d.], pp. 808 e ss.

1011 ÉSQUILO. *Eumenides*. Loeb Classical Library. Cambridge: Harvard University Press, [s.d.], pp. 837 e ss.

1012 ROHDE, Erwin. *Psyche*: the Cult of Souls and Belief in Immortality among the Greeks. Trad. para o inglês de W. B. Hills. Londres: K. Paul, Trench, Trübner & Company, 1925, pp. 178 e ss.

mais importante que o criminoso fosse punido do que que o inocente fosse salvo. O lado sombrio da retribuição é, também aqui, posto em primeiro plano. Mais tarde, as Erínias tornaram-se as protetoras de toda a ordem jurídica, as "servas da Justiça [Diké]", como são chamadas em um fragmento de Heráclito.[1013]

As Erínias, que desempenham um papel tão decisivo na ideologia jurídica da religião grega, originam-se, com toda probabilidade, da crença na alma da morte. Isso é evidenciado pelo fato de que há uma pluralidade de Erínias. Como não há uma, mas muitas almas da morte, não há uma, mas muitas Erínias.[1014] A ambivalência tão característica do funcionamento da alma da morte é claramente manifestada pela dupla natureza das Erínias, que não só podem ser divindades más, mas, como Eumênides, também são divindades boas, protetoras e que abençoam. Que estejam ligadas de alguma forma aos mortos fica evidente pelo fato de que emitem um odor cadavérico.[1015] Sobretudo, deve-se notar que a cobra, um animal típico da alma da morte, está associada a elas.[1016] Elas mesmas frequentemente aparecem como cobras, ou

---

1013 Heráclito, frag. 29, em BURNET, John. *Early Greek Philosophy*. 4ª ed. Londres: A. & C. Black, 1930, p. 135.

1014 A Erínia individualizada, a Erínia Deméter (cf. KERN, Otto. *Die Religion der Griechen*. vol. I. Leipzig: Weidmannsche Buchhandlung, 1926, p. 60), mostra claramente certo processo de centralização pelo qual a alma da morte se torna uma divindade pessoal da terra; também mostra a origem de Deméter na crença na alma da morte.

1015 KERN, Otto. *Die Religion der Griechen*. vol. I. Leipzig: Weidmannsche Buchhandlung, 1926, p. 51.

1016 Cf. KÜSTER, Erich. *Die Schlange in der griechischen Kunst und Religion*. (Série Religionsgeschichtliche Versuche und Vorarbeiten, editada por Richard Wiinsch und Ludwig Deubner). vol. XIII, tomo 2. Giessen: A. Töpelmann, 1913. O autor comenta, p. 56, que os gregos devem ter reconhecido muito cedo a natureza demoníaca da cobra; ele explica a veneração e o medo inspirados por esse animal ali e em outros lugares por suas qualidades naturais. Mas essa explicação não basta, pois, por um lado, a cobra é, de fato, muito menos perigosa do que muitos outros animais – ela aparece nos tempos antigos como um animal doméstico que extermina ratos, as crianças brincam

carregam cobras em seus cabelos ou mãos. Um antigo vaso grego retrata o assassinato de Erifila por seu filho Alkmeon.[1017] Atrás da mulher fatalmente ferida, "uma grande cobra se levanta e silva para o assassino. Trata-se da alma da mãe e suas Erínias em um único ser". Rohde[1018] está certo, portanto, quando diz que

---

com ela, as senhoras refrescam seus pescoços e seios com ela; por outro lado, é venerada como espírito guardião. A atitude ambivalente em relação a esse animal é decisiva para a interpretação de sua função. E essa ambivalência só pode ser compreendida pela crença na alma do morto e não pela ciência natural. Küster, p. 57, ressalta o fato de que, embora a cobra tenha visão muito fraca, a crença e a superstição atribuem efeito mágico à sua visão. Para o homem primitivo, a cobra também tem um significado fálico. Cf. Küster, p. 49, para a mesma ideia na antiguidade. A natureza fálica da serpente está intimamente ligada à ideia da reencarnação de uma alma da morte que penetra no corpo da mulher para renascer por ela. A mitologia grega também fornece um rico material para essa visão (Cf. GRUPPE, O. *Griechische Mythologie und Religionsgeschichte*. (Série Handbuch der klassischen Altertumswissenschaft). vol. V, nº 2. Munique: C. H. Beck, 1906, parte II, pp. 866 e ss.; HARRISON, J. E. *Themis*: a study of the social origins of greek religion. Cambridge: The University Press, 1912, pp. 260 e ss.). Harrison observa, p. 266: "Provavelmente, no início a cobra foi o veículo totêmico da reencarnação e só mais tarde, quando se reconheceu a verdadeira natureza do parentesco, foi identificada com o φάλλος". Pode-se apontar aqui que a função sexual da alma da morte também foi transferida para as Erínias. Elas favorecem a fertilidade não só do solo, mas também dos seres humanos (cf. ROHDE, Erwin. *Psyche*: the Cult of Souls and Belief in Immortality among the Greeks. Trad. para o inglês de W. B. Hills. Londres: K. Paul, Trench, Trübner & Company, 1925, p. 171). Como os filhos dos homens da tribo de Aegidae não sobreviviam, segundo a história de Heródoto (livro IV, nº 149), eles "montaram..." um templo dos espíritos vingadores de Laio e Édipo, e depois disso as crianças viveram". Cf. WILAMOWITZ-MOELLENDORFF, Ulrich. *Der Glaube der Hellenen*. vol. I. Berlim: Weidmannsche buchhandlung, 1931, p. 405.

1017 RADERMACHER, L. *Das Jenseits im Mythos der Hellenen*. Bonn: A. Marcus und E. Weber, 1903, p. 127.

1018 ROHDE, Erwin. *Psyche*: the Cult of Souls and Belief in Immortality among the Greeks. Trad. para o inglês de W. B. Hills. Londres: K. Paul, Trench, Trübner & Company, 1925, p. 179. K. O. Müller afirmou em sua edição de Eumênides (ÉSQUILO. *Eumenides*. Editado e explicado por K. O. Müller. Gotinga: Dieterich, 1833) que "a raiva dos pais ofendidos e a deusa Erínia são originalmente uma única e mesma coisa" (p. 166). LEIST,

as Erínias não eram outra coisa senão a própria alma do homem assassinado, indignada com seu destino e vingando-se – até que tempos posteriores substituíram isso pela concepção do espírito do inferno tomando para si a mesma ira da alma do morto!

60 A transferência da função retributiva aos deuses olímpicos

O fato decisivo dessa metamorfose é que a função retributiva da alma da morte é transferida para divindades centrais correspondentes a um processo mais progressivo de integração social, originalmente à deusa da terra, a Mãe Terra, que na religião pré-homérica tinha certamente o caráter de uma deusa do Direito.[1019]

B. W. *Graeco-italische Rechtsgeschichte*. Jena: G. Fischer, 1884, pp. 320 e ss. assinala que a Erínia não é apenas o espírito da vingança que se vinga do malfeitor, mas também a autora do mau sentimento que confunde os sentidos do homem e lhe dá maus conselhos. Que o mal e a punição correspondem um ao outro é expresso pelo fato de "que o mesmo poder divino é representado como causando o mal e executando a vingança". A ira, a Erínia do "perpetrador", é a causa do mal (Ate, Hybris), a ira da pessoa morta é a causa da expiação. "O homem morto é o demônio cuja vingança não descansa até que o perpetrador, por meio da punição infligida a ele, expie seu malfeito". Tanto a ira do agressor quanto a do assassinado são consideradas graves infortúnios enviados pelos deuses. Para expressar essa ideia, a ira é personificada como Erínia, um ser divino (p. 322). LIPPERT, Julius. *Die Religion der europaeischen Kulturvoelker*. Berlim: Hofmann, 1881, p. 367, também interpreta a Erínia como alma da morte.

1019 O fato de que nos cultos das divindades ctônicas as cerimônias de purificação já estejam muito desenvolvidas indica a estreita ligação desses poderes com a expiação, particularmente com a libertação da culpa de sangue; além disso, as Erínias, os típicos demônios da retribuição, são os agentes executivos. Significativo para o caráter jurídico da divindade da terra é o fato de que a lapidação ritual de um homem, mencionada com frequência nas fontes, era um sacrifício primitivo que deve ser entendido como devoção às divindades do submundo (cf. KERN, Otto. *Die Religion der Griechen*. vol. I. Leipzig: Weidmannsche Buchhandlung, 1926, p. 31). O nome da divindade feminina da terra nos tempos pré-gregos é desconhecido. Em Homero, seu nome é Gaia.

Significativamente, ela é abordada, juntamente com as Erínias, na fórmula de juramento mencionada anteriormente. Aqui Zeus e Hélio a precedem; isso pode ser atribuído à influência dos deuses olímpicos mais jovens, que tentaram suprimir a crença na antiga divindade da terra; é provável que antes ela sozinha garantisse a sacralidade do juramento. Considerando a grande importância do juramento para o Direito, pode-se muito bem considerar a divindade que protege o juramento como uma divindade da justiça. Isso é confirmado pelo fato de Gaia ser a mais antiga divindade-oráculo. Assim como ela precedeu Apolo em Délfos, também precedeu Zeus no Olimpo (cf. WILAMOWITZ-MOELLENDORFF, Ulrich. *Der Glaube der Hellenen*. vol. I. Berlim: Weidmannsche buchhandlung, 1931, p. 205). Só porque ela era uma antiga divindade da justiça, Hesíodo pode (*Theogony*. p. 135) chamar Têmis, essa personificação mais pura do direito, de sua filha. Assim, Ésquilo identifica as duas em um discurso de Prometeu (ÉSQUILO. *Prometheus Bound*. Loeb Classical Library. Cambridge: Harvard University Press, [s.d.], pp. 211 e ss. [ed. bras.: ÉSQUILO. "Prometeu acorrentado". *In*: ÉSQUILO; SÓFOCLES; EURÍPIDES; ARISTÓFANES. *O melhor do teatro grego*: edição comentada. Trad. Mário da Gama Kury. Rio de Janeiro: Zahar, 2013]: "em várias oportunidades minha mãe venerável – sim, Têmis ou Gaia (a mesma deusa, mas com nomes diferentes) – me revelara em vaticínios o porvir". Antes de Apolo, ela era, como Gaia-Têmis, a possuidora do Oráculo de Delfos (cf. KERN, Otto. *Die Religion der Griechen*. vol. I. Leipzig: Weidmannsche Buchhandlung, 1926, p. 190). Considerando a identidade original de verdade e justiça, uma divindade-oráculo também deve ser uma divindade-justiça. No Olimpo, o altar de Têmis ficava no Gaio, perto do de Gaia (PAUSÂNIAS. *Description of Greece*. Loeb Classical Library. Cambridge: Harvard University Press, [s.d.]); cf. PRELLER, L.; ROBERT, C. *Griechische Mythologie*. 4ª ed. vol. I, revisado por Carl Robert. Leipzig: Weidmann, 1894, p. 476; HARRISON, J. E. *Themis*: a study of the social origins of greek religion. Cambridge: The University Press, 1912, pp. 480 e ss.). Portanto, ela deve comparecer como testemunha de Sólon quando este tem que defender sua ordenança de desembolso pela qual todas as dívidas foram canceladas. Ela havia retirado o ὅροι, as pedras da dívida, do corpo da negra Mãe Terra, Γῆ μέλαινα, para dentro da qual foram empurradas, aparentemente violando o Direito e a justiça (cf. DIETERICH, Albrecht. *Mutter Erde*. 3ª ed. Leipzig: B.G. Teubner, 1925, p. 37). Nos mistérios órficos, o neófito se gaba de ser filho de Gaia, o que significa que é filho do Direito (cf. DIETERICH, Albrecht. *Nekyia*. 2ª ed. Leipzig: Teubner, 1913, p. 100).

A Gaia mais jovem é chamada Deméter. Seu apelido é Erínia, a alma da morte que exerce retribuição. Ela é venerada como Deméter-Erínia. WILAMOWITZ-MOELLENDORFF, Ulrich. *Der Glaube der Hellenen*. vol. I. Berlim: Weidmannsche buchhandlung, 1931, p. 283, afirma: "Em Erínia, a furiosa, mais tarde chamada de Deméter, devemos ver a natureza que é aqui

---

[não uma mãe, mas] uma madrasta. Isso pode soar abstrato, no entanto, é a melhor explicação". Somente quem é tendencioso em sua opinião de que a religião mais antiga tinha o caráter de uma religião da natureza pode supor que Deméter-Erínia era a natureza furiosa. É a lei da retribuição que está expressa aqui. Como as Erínias, e antes delas a alma da morte, Deméter é também a guardiã da ordem familiar, a protetora da lei do casamento e, por extensão, uma divindade da fertilidade e do nascimento; como tal, ela é mais tarde uma deusa específica das mulheres. De certos cultos a Deméter, como as Tesmofórias, os homens estavam excluídos. Mas o epíteto mais frequente de Deméter é θεσμοφόρος, aquela que estabelece a lei (cf. PRELLER, L.; ROBERT, C. *Griechische Mythologie*. 4ª ed. vol. I, revisado por Carl Robert. Leipzig: Weidmann, 1894, pp. 747 e ss.). θεσμοι são normas jurídicas. Não é provável, como afirma WILAMOWITZ-MOELLENDORFF, Ulrich. *Der Glaube der Hellenen*. vol. I. Berlim: Weidmannsche buchhandlung, 1931, pp. 208 e ss., que Deméter seja assim chamada por ser uma deusa da agricultura, que em virtude da qualidade estática da vida requer uma ordem jurídica. Pois os caçadores e criadores de gado nômades também têm, na medida em que vivem socialmente, uma ordem jurídica que desempenha para eles o mesmo papel que para os povos agrícolas. Deméter é Tesmofóro pela mesma razão e no mesmo sentido que é Erínia, porque dela procede toda lei, especialmente a retribuição, que determinava toda lei mais antiga. Uma vez que ela é Erínia e Temosfóro, é – assim como sua variante mais antiga, Gaia – considerada a mãe de Têmis; isso enfatiza claramente que a lei é sua função. Correspondente ao desenvolvimento social avançado, é uma lei superior e mais refinada, que é mais do que mera vingança por assassinato. A sociedade também mudou de uma comunidade de sangue para um Estado. Pode-se encontrar essa ideia em um mito que relata como Deméter, uma égua, foi montada por Poseidon, um garanhão, e deu à luz dois filhos – um filho, o corcel amaldiçoado Erion, e uma filha, Têmis (cf. WILAMOWITZ-MOELLENDORFF, Ulrich. *Der Glaube der Hellenen*. vol. I. Berlim: Weidmannsche buchhandlung, 1931, p. 283; KERN, Otto. *Die Religion der Griechen*. vol. I. Leipzig: Weidmannsche Buchhandlung, 1926, p. 60). Os dois representam a vingança feroz, ainda preservada na deusa Deméter-Erínia, e a lei mais branda, Deméter-Têmis. Como esta última, ela não é apenas guardiã da ordem familiar, mas também a deusa do Estado (cf. KERN, Otto. *Die Religion der Griechen*. vol. I. Leipzig: Weidmannsche Buchhandlung, 1926, p. 226). Se os mistérios de Elêusis aplicam-se principalmente a Deméter, não é apenas porque ela é a deusa da fertilidade, mas também porque é a protetora da justiça.

Em Têmis, o Direito aparece como uma função independente separada da deusa terra. Em Homero, para quem Deméter é apenas a deusa da fertilidade (*Iliad* livro V, p. 500 [ed. bras.: p. 218]; livro XIII, p. 322 [ed. bras.: p. 393]; *The Odissey*, livro V, p. 125 [ed. bras.: p. 199]), uma vez que a função da justiça já havia sido transferida sobretudo para os deuses olímpicos,

Zeus-Têmis representam a ordem jurídico-moral (cf. PRELLER, L.; ROBERT, C. *Griechische Mythologie*. 4ª ed. vol. I, revisado por Carl Robert. Leipzig: Weidmann, 1894, p. 476). Mas, em vista da vitória dos deuses olímpicos sobre as divindades ctônicas, ela é uma figura subordinada. Ela tem um papel mais proeminente em Hesíodo (*Theogony*, pp. 901 e ss.), que a faz filha de Gaia, esposa de Zeus; ela dá à luz às Horas: Diké, Eunomia e Eirene. Assim, o poeta ilustra alegoricamente a transferência da função do direito da terra para o céu. Dessa Têmis, WILAMOWITZ-MOELLENDORFF, Ulrich. *Der Glaube der Hellenen*. vol. I. Berlim: Weidmannsche buchhandlung, 1931, p. 207, diz: "Seu poder consiste no fato de que os θμιστοπόλοι Βασιλῆες executam a lei em seus θέωστες. Ainda mais longe vai o termo frequentemente usado, θέωστες, que compreende tudo que aparece como direito natural, até mesmo o relacionamento entre marido e mulher". HARRISON, J. E. *Themis*: a study of the social origins of greek religion. Cambridge: The University Press, 1912, p. 483, observa: "Esses *temístes* são as ordenanças do que deve ser feito, o que a sociedade obriga; eles também são, porque o que deve ser será, as profecias do que será no futuro".

Também Hécate, cujo nome mais antigo era presumivelmente Enodia e que às vezes era identificada com Perséfone e às vezes com Ártemis (cf. WILAMOWITZ-MOELLENDORFF, Ulrich. *Der Glaube der Hellenen*. vol. I. Berlim: Weidmannsche buchhandlung, 1931, pp. 169 e ss.), aparece como uma divindade da terra e dos mortos; ela também deve ter tido uma relação próxima com o Direito. Isso é confirmado pelos versos dedicados a ela na *Teogonia* de Hesíodo (pp. 409-452); ali ela é representada como especialmente favorecida por Zeus, a mais alta divindade da justiça; afirma-se que era altamente respeitada mesmo pelos deuses imortais (pp. 416 e ss. [ed. bras.: HESÍODO. *Teogonia*: a origem dos deuses. Trad. Jaa Torrano, São Paulo, Iluminuras, 2007, p. 125]): "Hoje ainda, se algum homem sobre a terra com belos sacrifícios conforme os ritos propicia e invoca Hécate... no tribunal senta-se junto aos reis venerandos".

Uma referência em *As leis* de Platão (PLATÃO. *Laws*, livro XI. Trad. para o inglês de B. Jowett. Oxford: The University Press, 1871, p. 914; ed. bras.: PLATÃO. *As leis*: incluindo Epinomis. Trad. de Edson Bini. São Paulo: Edipro, 2010, p. 438) também aponta a função jurídica dessa deusa; lá é dito: "Se alguém, quer voluntária ou involuntariamente esquecer algum dos seus bens atrás de si, aquele que o encontrar não o tocará, deixando-o no mesmo lugar, confiante que a deusa protetora dos caminhos o protegerá como coisas dedicadas à sua divindade pela lei" (cf. WILAMOWITZ-MOELLENDORFF, Ulrich. *Der Glaube der Hellenen*. vol. I. Berlim: Weidmannsche buchhandlung, 1931, p. 176). Essa suposição deve estar baseada em uma ideia muito antiga, a saber, de que um demônio do qual mais tarde derivou a deusa Hécate garante a inibição do roubo de bens perdidos.

Apolo e Zeus, que nos tempos homéricos, bem como na religião de períodos posteriores, foram os mais ilustres representantes da ideia de justiça, estão, nessa sua função mais importante, também ligados aos poderes da terra. Assim, como um deus do oráculo e guardião da lei contra o assassinato, Apolo foi o sucessor de uma divindade terrestre. Vingador de toda culpa de sangue, ele matou Píton, um demônio em forma de serpente que guardava os oráculos, e assim tornou-se culpado de derramamento de sangue, pelo que, de acordo com o conto de Delfos, sofreu uma longa expiação (cf. PRELLER, L.; ROBERT, C. *Griechische Mythologie*. 4ª ed. vol. I, revisado por Carl Robert. Leipzig: Weidmann, 1894, pp. 238 e ss. e 287; HARRISON, J. E. *Themis*: a study of the social origins of greek religion. Cambridge: The University Press, 1912, pp. 385 e ss.). O deus que proibia e punia o assassinato foi ele próprio forçado a matar e teve de ser punido por isso; essa identificação do destinatário da norma e da autoridade da norma, do deus que pune e do homem a ser punido, é um meio muito antigo de assegurar a eficácia de uma norma. Como Apolo Lício, o deus estava intimamente ligado ao reino dos mortos, pois o lobo que lhe foi consagrado e que lhe deu seu apelido é um animal típico da alma da morte; originalmente, o próprio Apolo parece ter a forma de um lobo (cf. GRUPPE, O. *Griechische Mythologie und Religionsgeschichte*. (Série Handbuch der klassischen Altertumswissenschaft). vol. V, nº 2. Munique: C. H. Beck, 1906, parte II, p. 1236). Além disso, ele também aparece na forma de um lobo como guardião dos tribunais de justiça (cf. PRELLER, L.; ROBERT, C. *Griechische Mythologie*. 4ª ed. vol. I, revisado por Carl Robert. Leipzig: Weidmann, 1894, pp. 253 e ss.). Como filho de Zeus, o mais alto guardião da ordem social existente e representante divino da autoridade pública, Apolo era o deus do Direito Positivo e, como tal, um poder totalmente conservador. A norma especificamente apolínea ordena a obediência aos deuses e aos costumes ancestrais, bem como a adesão às leis do Estado (cf. NILSSON, M. P. "Die Griechen". *In*: BERTHOLET, A.; LEHMANN, E. *Lehrbuch der Religionsgeschichte*. vol. II. Tubingen: Mohr, 1925, pp. 363 e ss.). Outros cultos que não os do deus délfico serviam às exigências de uma justiça que superava o Direito Positivo; acima de tudo, os mistérios órficos centrados em Dionísio, que originalmente talvez fosse um deus tanto da terra quanto dos mortos. Dionísio, filho de Semele, que era uma deusa da terra (cf. HARRISON, J. E. *Themis*: a study of the social origins of greek religion. Cambridge: The University Press, 1912, pp. 418 e ss.), frequentemente aparecia na forma de uma cobra (cf. GRUPPE, O. *Griechische Mythologie und Religionsgeschichte*. (Série Handbuch der klassischen Altertumswissenschaft). vol. V, nº 2. Munique: C. H. Beck, 1906, parte II, p. 807; também ANRICH, Gustav. *Das antike Mysterienwesen in seinem Einfluss auf das Christentum*. Gotinga: Vandenhoeck u. Reuprecht, 1894, pp. 16 e 29). Compreende-se por que o sacerdócio do Apolo délfico tentou dominar o movimento religioso que se manifestava com força elementar nos cultos dionisíacos e que, levado às massas populares, poderia facilmente ter assumido um caráter revolucionário. Dionísio foi finalmente dominado por Apolo, e a lei apolínea subjugou a justiça dionisíaca. Na religião délfica os dois estavam unidos (cf. ROHDE, Erwin. *Psyche*: the Cult of Souls and Belief in Immortality among the Greeks. Trad. para o inglês de W. B. Hills. Londres: K. Paul, Trench, Trübner & Company, 1925, pp. 287 e ss.; NILSSON, M. P. "Die Griechen". *In*: BERTHOLET, A.; LEHMANN, E. *Lehrbuch der Religionsgeschichte*. vol. II. Tubingen: Mohr, 1925, pp. 367 e ss.).

É provável que Zeus, o poderoso rei dos deuses, cuja vontade Apolo conhecia, anunciava e executava, fosse originalmente um deus do clima. Trazido pelos imigrantes gregos, ele primeiro se estabeleceu no Olimpo (cf. KERN, Otto. *Die Religion der Griechen*. vol. I. Leipzig: Weidmannsche Buchhandlung, 1926, p. 180). Duas de suas características mais antigas parecem ter sido a verdade e a justiça. Sua tempestade pode ser interpretada como punição (cf. LEIST, B. W. *Graeco-italische Rechtsgeschichte*. Jena: G. Fischer, 1884, p. 179). Acreditava-se que seu relâmpago revelava o futuro (cf. GRUPPE, O. *Griechische Mythologie und Religionsgeschichte*. (Série Handbuch der klassischen Altertumswissenschaft). vol. V, nº 2. Munique: C. H. Beck, 1906, parte II, p. 1109) e matava os malfeitores. Asclépio é objeto de dois contos, cada um dos quais mostra uma dessas duas funções diferentes, mas substancialmente coerentes. De acordo com um deles, ele supostamente ressuscitou alguém dos mortos, um ato considerado crime contra a ordem dominante. Como punição, Zeus o mata com um raio. De acordo com a outra história, Zeus divide a terra para Asclépio, para que ele possa, das profundezas, dar oráculos que trazem saúde (GRUPPE, O. *Griechische Mythologie und Religionsgeschichte*. (Série Handbuch der klassischen Altertumswissenschaft). vol. V, nº 2. Munique: C. H. Beck, 1906, parte II, pp. 1453 e ss.). Em muitos contos, os raios enviados por Zeus parecem ser um instrumento de retribuição (cf. ROHDE, Erwin. *Psyche*: the Cult of Souls and Belief in Immortality among the Greeks. Trad. para o inglês de W. B. Hills. Londres: K. Paul, Trench, Trübner & Company, 1925, p. 582). O fato de o raio ser imaginado como uma cobra, ou seja, como a morada de um demônio, tem, portanto, um significado particular e não é uma mera figura poética (cf. GRUPPE, O. *Griechische Mythologie und Religionsgeschichte*. (Série Handbuch der klassischen Altertumswissenschaft). vol. V, nº 2. Munique: C. H. Beck, 1906, parte II, p. 807). Isso também explica o significado ambivalente da morte por meio de um raio. Tal morte era considerada não apenas punição e, portanto, vergonhosa, mas também o contrário, pois santificava a vítima (cf. ROHDE, Erwin. "Die Religion der Griechen". *Kleine Schriften*, vol. I. [s.l.]: [s.n.], 1901, pp. 98 e ss., 100 e ss., 166, 302, 418, 543 e 581 e ss., para exemplos interpretados dessa maneira). Embora Zeus, depois de sua entrada na Grécia, onde antes realizavam-se cultos nas colinas, tenha subjugado os deuses das montanhas, ele se

As Erínias funcionam como elos; elas se tornam as servas e executoras da retribuição que agora procede de uma divindade superior. Com a conquista dos aborígenes pelos gregos que emigraram do norte, e com a vitória de sua religião de Zeus sobre a crença da população subjugada nos poderes ctônicos,[1020] a função jurídica da retribuição passou para os deuses olímpicos – sobretudo para Zeus, o rei dos deuses. Esses novos deuses eram os correlatos religiosos de um forte poder estatal monárquico-aristocrático. Esse poder baseia-se, em grande medida, na crença na origem divina dos governantes e no Direito vigente. Consequentemente, essa lei é considerada a justiça divina realizada na terra. Já não é apenas a alma do morto que se vinga de um mal cometido contra si; agora é a divindade olímpica, Zeus, que pune todo mal e a quem as Erínias servem como deusas auxiliares e subordinadas.

Quando Ulisses chegou ao Hades, ele encontrou a alma de seu companheiro Elpenor, que havia sofrido um acidente fatal na casa de Circe e cujo cadáver fora deixado insepulto lá. Essa alma, porém, não se zanga e não ameaça se vingar do delito contra ela

---

associou a deuses da terra e aos poderes das profundezas que estavam mais firmemente enraizados na consciência dos homens. Zeus Trofônio, Zeus Ctônico e Zeus Meilíquio são sintomas desse processo. Em particular, o último, o deus da expiação em figura de cobra, é importante nesse contexto, pois mostra a transferência da função da lei da divindade da justiça mais velha para a mais jovem. Essa transferência também pode ser percebida na relação de Zeus com a deusa da terra como a mais antiga divindade da justiça. Como Reia, filha de Gaia, ela torna-se sua mãe; como Leto, Têmis ou Hera, que provavelmente também era uma velha deusa da terra, ela se torna sua esposa (cf. KERN, Otto. *Die Religion der Griechen*. vol. I. Leipzig: Weidmannsche Buchhandlung, 1926, pp. 195 e 261); ou, como no oráculo de Dodona, ele até toma o lugar dela. Um altar comum de Zeus e Deméter existia em Phlye (cf. NILSSON, M. P. "Die Griechen". *In*: BERTHOLET, A.; LEHMANN, E. *Lehrbuch der Religionsgeschichte*. vol. II. Tubingen: Mohr, 1925, p. 321; PRELLER, L.; ROBERT, C. *Griechische Mythologie*. 4ª ed. vol. I, revisado por Carl Robert. Leipzig: Weidmann, 1894, p. 147).

1020 Cf. KERN, Otto. *Die Religion der Griechen*. vol. I. Leipzig: Weidmannsche Buchhandlung, 1926, pp. 28, 40, 72 e 182.

cometido; ela apenas pede: "Não me deixes sem ser chorado e sepultado quando regressares para casa, para que não me torne contra ti uma maldição dos deuses".[1021] O demônio pré-homérico teria se vingado ele mesmo. A alma da morte homérica depende da vingança dos deuses. Essa atenuação da crença na alma dos mortos é a verdadeira razão para que nos poemas épicos de Homero, a vingança de sangue não apareça mais como um dever religioso, e os parentes obrigados a se vingar possam aceitar o veregildo em vez disso. Assim, Ajax diz ao zangado Aquiles:

> Pois há quem aceite recompensa pelo assassínio do irmão; há quem aceite também pelo filho morto: e o assassino permanece em sua terra, tendo pagado grande preço e o coração e ânimo orgulhoso do parente é refreado pelo fato de ter recebido a recompensa.[1022]

O fato de que na atmosfera marcial heroica do mundo homérico o veregildo possa aliviar a vingança de sangue prova que esta se baseia não tanto em instintos primitivos quanto em certa ideologia social, a saber, a crença na alma da morte que ou se vinga ela mesma ou força os parentes a realizar a vingança. O veregildo homérico, no entanto, também representa um estágio de transição entre a vingança irredimível da sociedade pré-homérica e os tribunais penais do Estado pós-homérico.[1023] O fato de que nos dois épicos os mortos ainda sejam considerados algo, mesmo que sejam apenas sombras irreais, indica que antes eles tinham desempenhado um papel mais decisivo. Durante o período pré-homérico,

---

1021 HOMERO. *The Odyssey*, livro XI. Loeb Classical Library. Cambridge: Harvard University Press, [s.d.], pp. 72 e ss. [ed. bras.: p. 299].

1022 HOMERO. *Iliad*, livro IX. Loeb Classical Library. Cambridge: Harvard University Press, [s.d.], pp. 632 e ss. [ed. bras.: pp. 309/310].

1023 Em Homero não há evidência da existência de qualquer jurisdição penal do Estado. A centralização da jurisdição penal não tem necessariamente de coincidir cronologicamente com a ampliação da comunidade jurídica para além da família, com o estabelecimento do Estado.

no culto aos mortos, e em grande medida também na religião das divindades ctônicas, eles eram os próprios portadores do princípio da retribuição. Uma vez que a função de retribuição foi assumida pelas divindades olímpicas, a religião homérica carecia de um dos principais motivos para a crença na sobrevivência real da alma. As sombras irreais dos mortos nos épicos de Homero são as "almas" dos mortos que perderam sua função social essencial e assim se tornaram meros "espíritos"; são demônios que, no que diz respeito à autoridade exclusiva dos deuses olímpicos, foram quase completamente despojados de seu caráter demoníaco. Somente os deuses olímpicos – acima de tudo Zeus – devem ser temidos.[1024]

1024 Rohde está, portanto, enganado ao interpretar o conceito homérico da existência etérea dos mortos como expressão de resignação. Nada era mais estranho à natureza combativa da aristocracia homérica do que a resignação (ROHDE, Erwin. *Psyche*: the Cult of Souls and Belief in Immortality among the Greeks. Trad. para o inglês de W. B. Hills. Londres: K. Paul, Trench, Trübner & Company, 1925, pp. 55 e ss.). Cada linha dos dois épicos mostra um fervoroso amor pela vida e uma profunda aversão à morte. Significativa é a afirmação de Homero de que Hades é "detestado pelos mortais e por todos os deuses" [*Iliad*, livro IX, p. 158 (ed. bras.: p. 294); cf. *Iliad*, livro XIII, p. 415 (ed. bras.: p. 397)]. Isso não é expressão de uma resignação cansada. Se os homens homéricos não acreditam na sobrevivência após a morte, não é por fraqueza (o que poderia impedir sua fantasia de realizar seus desejos?) Eles não precisam de tal crença, porque falta uma razão adequada para tal ideologia religiosa. Esses seres humanos, cujo conceito de vida não deve ser confundido com temperamentos ocasionais do poeta, estão, em geral, satisfeitos com sua existência na terra, pois estão convencidos de que a ordem de sua vida é boa e, portanto, justa. A ideia de uma sobrevivência da alma é desnecessária. Para esses nobres, a velha alma da morte que exerce retribuição não tem mais importância; sua função é desempenhada por Zeus. Por outro lado, ainda não chegou a hora de supor uma alma imortal que sofre retribuição. A ordem social do Estado e, com ela, a convicção da realização da justiça nesta terra permanece inabalável na consciência do homem homérico.

61 A crença na alma nas religiões órficas e pitagóricas pós-homéricas

No entanto, a crença na alma sobreviveu sob a superfície da religião homérica e continuou a ser, embora em um sentido bem diferente, um instrumento da ideia de justiça. Originalmente, a alma vingativa dos mortos havia sido o sujeito da retribuição; ela era concebida como um demônio com o caráter de divindade punitiva. Mais tarde, durante as revoluções sociais dos séculos VII e VI,[1025] a crença na realização da justiça neste mundo foi abalada, e

1025 Durante o século IX ou VIII a. C. o antigo "direito divino dos reis" foi abolido e substituído pelo governo de uma aristocracia economicamente dependente das grandes propriedades. Os camponeses, endividados e reduzidos à escravidão, eram frequentemente expulsos de suas casas e obrigados a emigrar. O comércio e a indústria também estavam em grande parte nas mãos da nobreza, embora as classes médias proprietárias começassem lentamente a participar do governo. A classe dominante era uma plutocracia composta por uma aristocracia de nascimento e uma nobreza mobiliária. A jurisdição estava unicamente nas mãos dessa classe. A violação do Direito no interesse dessa classe era algo comum. Prevalecia a formação consuetudinária do Direito; isso tornava quase impossível qualquer adaptação da ordem jurídica às circunstâncias sociais predominantes e, consequentemente, dificultava que o pobre obtivesse seus direitos. A poesia de Hesíodo expressa com eloquência essa situação social. O contraste social decisivo durante os séculos VII e VI a. C. é entre "os camponeses escravizados, arrendatários, diaristas, biscates e marinheiros, todos politicamente despojados de direitos, e as pessoas ricas, sejam suas riquezas herdadas ou adquiridas nos negócios e no comércio" (cf. LEHMANN-HAUPT, C. F. "Griechische Geschichte bis zur Schlacht bei Chaironea". *In*: GERCKE, Alfred; NORDEN, Eduard (Coord.). *Eirdeitung in die Alterlumswissenschaft.* 2ª ed. vol. III. Leipzig: B. G. Teubner, 1914, p. 14; cf. também BELOCH, K. J. *Griechische Geschichte.* 2ª ed. vol I. Estrasburgo: Verlag Karl J. Trübner, 1912, pp. 206 e ss., 264 e ss. e 347 e ss.). A derrubada do regime aristocrático-plutocrático frequentemente não leva à democracia, mas ao domínio dos tiranos, que se declaram representantes do povo subjugado. É significativo de sua atitude ideológica que eles favorecessem reavivamentos religiosos que tinham suas fontes nas crenças mais antigas do povo. Assim, os pisistratistas apoiaram a doutrina órfica.

Até o século VII a. C., prevaleceu na Grécia a visão de que o Direito é uma expressão da vontade divina e, como tal, sagrado. Naquela época, ocorreu uma "revolução de longo alcance". "O Direito Positivo, que prevalecia nos

o desejo de uma justiça compensatória no outro mundo tornou-se cada vez mais forte. No decorrer desse movimento social e religioso, a ideia de alma sofreu uma mudança radical. A alma tornou-se objeto de retribuição; ela prolongava a existência do indivíduo após a morte, não para punir ou recompensar os outros, mas para ser punida e recompensada, seja no outro mundo ou, depois de renascer, durante uma segunda vida neste mundo.

À medida que a alma foi mudada de sujeito para objeto da retribuição, de autoridade punitiva e recompensadora para sujeito a ser punido e recompensado, a qualidade da imortalidade tornou-se cada vez mais proeminente. Isso por si só sugere que a crença na justiça divina inteiramente realizada neste mundo diminuiu no mesmo grau em que a crença na origem divina do Direito foi abalada como resultado de convulsões sociais; o Direito foi finalmente reconhecido como obra humana. Se a divindade é apenas a causa remota do Direito humano, ou talvez nem mesmo uma causa, então torna-se necessário complementar a ordem jurídica imperfeita do Estado, o Direito empírico, com a retribuição sobrenatural de uma ordem transcendental; então a ideologia religiosa tem de obter um objeto adequado sobre o qual essa retribuição transcendental possa ser executada.

Esse conceito de retribuição transcendental é o centro da crença pós-homérica na imortalidade. Com suas ideias de julgamento dos

---

estados, agora era atribuído à legislação humana. A ordem jurídica dos tempos homéricos revelada pelos deuses (θέμις) é substituída pelos estatutos (θεσμός, νόμος), , um conceito totalmente estranho aos poemas épicos. A legislação humana, porém, pode ser suplantada pela legislação humana" (BELOCH, K. J. *Griechische Geschichte*. 2ª ed. vol. I. Estrasburgo: Verlag Karl J. Trübner, 1912, p. 351). Daí a exigência de codificação do Direito e o avanço da legislação consciente. O ponto decisivo nessa mudança da ideia de Direito é que ele não é mais considerado justo em si mesmo, como realização da justiça divina na terra; portanto, na medida em que a realidade jurídica é considerada injusta, surge a necessidade de uma ideologia que transfira a realização da justiça, a saber, a retribuição, para o outro mundo. Essa é a função específica da doutrina órfico-pitagórica.

mortos e transmigração da alma, essa crença é totalmente diferente da religião pré-homérica porque se baseia em outro conceito de alma. Os primórdios dessa crença remontam ao século VI e talvez até ao século VII.[1026] Ela forma o núcleo da doutrina órfica,

---

1026 De acordo com ROHDE, Erwin. *Psyche*: the Cult of Souls and Belief in Immortality among the Greeks. Trad. para o inglês de W. B. Hills. Londres: K. Paul, Trench, Trübner & Company, 1925, pp. 335 e ss. e 374 e ss. Gruppe supõe que a crença na justiça retributiva após a morte e a ideia de juízes dos mortos já existiam na cultura cretense; em outras palavras, toda essa ideologia procede do "passado mais remoto" (GRUPPE, O. *Griechische Mythologie und Religionsgeschichte*. (Série Handbuch der klassischen Altertumswissenschaft). vol. V, nº 2. Munique: C. H. Beck, 1906, parte II, pp. 862 e ss.). Também Peterich (PETERICH, Eckart. *Die Theologie der Hellenen*. Leipzig: Hegner, 1938, p. 12) conjectura que a crença na justiça retributiva exercida no outro mundo existia na religião pré-homérica. Se o elemento essencial dessa religião era o culto aos mortos, é muito improvável que houvesse também a crença na retribuição executada sobre os mortos. O culto dos mortos baseia-se na ideia de que os mortos são uma autoridade sobre-humana que pune e recompensa os vivos. Está tipicamente ligada à crença na justiça realizada neste mundo. A ideia de justiça realizada no outro mundo, e isso significa executada sobre os mortos, é incompatível com a verdadeira adoração dos mortos. Ela pressupõe uma mudança radical na ideia que os vivos têm dos mortos. A alma do morto deve ser transformada de uma autoridade sobre-humana, uma espécie de divindade, que interfere de maneira efetiva nos assuntos dos vivos, em humana, embora invisível e imortal, sem qualquer influência sobre os vivos – de um sujeito a um objeto da justiça.

Consequentemente, Rohde está certo quando acredita que a ideia "de uma justiça compensatória em uma vida após a morte... até onde veio a ser conhecida pela teologia grega posterior... só foi introduzida muito tardiamente, pela influência de um misticismo especulativo" (pp. 40 e ss.). Leist também declara que a ideia grega comum de justiça era que os deuses mantinham sua ordem – Direito – não no outro mundo, mas aqui na terra (LEIST, B. W. *Graeco-italische Rechtsgeschichte*. Jena: G. Fischer, 1884, pp. 536 e 573 e ss.). E ele vê aqui um contraste com a ideia egípcia segundo a qual o julgamento real e final do bem e do mal, a realização da justiça, ocorre no outro mundo por um tribunal dos mortos. Sobre Hesíodo, o "primeiro pensador religioso da Europa", Kern escreve: "Ele não esperava recompensa e punição do outro mundo como na escatologia dos mistérios; este filho da terra parecia cheio de confiança no cume do Helicon, no qual, como no Olimpo da Tessália, ao lado de Zeus, que substituiu o velho deus da montanha, a deusa da justiça reina na eternidade" (KERN, Otto. *Die Religion der Griechen*. vol. I. Leipzig: Weidmannsche Buchhandlung, 1926, p. 266).

bem como da pitagórica.[1027] O caráter fundamental de ambas é ético-religioso; seu motivo principal é a ideia de retribuição. Isso fica claramente aparente no mito de Dionísio, que é a base da religião órfica. A Dionísio, filho de Zeus e Perséfone, é deixado o domínio do mundo por seu pai. Mas ele é morto pelos Titãs, que rasgam seu corpo em pedaços e o devoram. Somente seu coração é levado a Zeus por Atena; Zeus o come para procriar com Semle o "novo Dionísio". Como punição pelo assassinato, os Titãs são mortos com raios por Zeus. De suas cinzas e, portanto, também das cinzas de Dionísio por eles devorado, surgem os seres humanos. Assim, a origem da humanidade também está aqui envolvida com crime e punição. Assim como a substância da qual são formados,

---

1027 Cf. WUNDT, Max. *Geschichte der griechischen Ethik*. vol. I. Leipzig: W. Engelmann, 1908, pp. 134 e ss. Wide e Nilsson (WIDE, Sam; NILSSON, Martin P. "Griechische und römische Religion". *In:* GERCKE, Alfred; NORDEN, Eduard. *Einleitung in die Altertumswissenschaft*. vol. II, tomo 2. Leipzig/Berlim: B. G. Teubner, 1933, p. 28) veem uma conexão entre a filosofia órfica e as revoluções sociais da época: "Nos séculos VII e VI a filosofia órfica despertou na Ática, particularmente entre os camponeses, um grande movimento religioso: a calamidade social e econômica nas classes baixas promoveram esse movimento. Pisístrato e seus filhos a promoveram por razões políticas" (cf. também NILSSON, M. P. "Die Griechen". *In*: BERTHOLET, A.; LEHMANN, E. *Lehrbuch der Religionsgeschichte*. vol. II. Tubingen: Mohr, 1925, p. 370). Sabe-se que a ordem religiosa, fundada por Pitágoras, perseguia fins políticos. A estreita relação entre o movimento aristocrático dos pitagóricos e a filosofia órfica pode presumivelmente ser explicada pelas mesmas razões que explicam por que um "tirano" como Pisístrato favoreceu os órficos. Nestle diz sobre os tiranos: "Esses homens sempre mostram um forte ethos religioso" (NESTLE, Wilhelm. *Griechische Religiosität von Homer bis Pindar und Äschylos* (Die griechische Religiosität in ihren Grundzuegen und Hauptvertretern von Homer bis Proklos I). Coleção Goschen. Berlim: De Gruyter, 1930, p. 56). Mas não seria mais correto dizer que eles tinham uma forte tendência às ideologias religiosas porque eram apoiados pelas classes mais baixas? É bem conhecido que Pisístrato (cf. NESTLE, p. 67), depois de ter deixado o poder em meados do século VI, fez um esforço bem-sucedido para recuperá-lo, sendo levado de volta a Atenas por uma bela mulher disfarçada como a deusa Atena. Assim, ele abusou conscientemente dos sentimentos religiosos do povo ingênuo, que se tornou vítima dessa fraude insolente.

a natureza dos seres humanos é meio titânica, meio dionisíaca: o corpo é titânico, a alma é dionisíaca. Assim, os órficos, bem como os pitagóricos, ensinam que a alma imortal vive como prisioneira do corpo mortal, que o domínio do corpo deve ser restringido pelo asceticismo e que após a morte do corpo a alma vai ao submundo para ser julgada e punida pelos males com que se maculou durante a vida.

A ideia do julgamento dos mortos, desenvolvida especialmente entre os órficos, está ligada, não muito organicamente e não sem alguma contradição, à ideia de uma transmigração da alma. A alma não permanece no submundo. Após o castigo sofrido ali, a alma deve retornar ao mundo superior para cometer em uma nova reencarnação novos pecados e assim sofrer também novos castigos. A alma torna-se prisioneira do corpo como punição pelos pecados cometidos em uma vida anterior. As más ações de sua vida anterior são retribuídas em sua próxima vida; tudo o que o homem infligiu aos outros anteriormente, ele deve sofrer agora. Assim, ele expia totalmente a antiga culpa. Esse é o sentido da filosofia órfica; ela nada mais é do que a ideia de retribuição. Segundo a doutrina dos pitagóricos, que também compartilham a crença na metempsicose, a natureza da justiça, da δίκαιον ἑ τὸ ἀντιπεπον?ς, que significa, ἅ τις ἐποίησε ταῦτ' ἀντιπα?εῖν.[1028] É o princípio do *talio*: dor por dor. Segundo Rohde, a doutrina da metempsicose é usada pelos teólogos órficos – e o mesmo deve ser verdade para os pitagóricos, que concordam com eles nesse ponto – para expressar enfaticamente "a concepção da conexão inevitável entre culpa e penitência".

1028 ARISTÓTELES. *Nicomachean Ethics*. Trad. para o inglês por H. Rackham. Loeb Classical Library. Cambridge: Harvard University Press, 1926, p. 278; sec. 1132b, nº 21 e ss.; *Magna moralia*. Trad. por J. A. Smith e W. D. Ross. Oxford: The Clarendon Press, 1908, p. 32, sec.1194a, nº 29 e ss.; cf. ROHDE, Erwin. *Psyche*: the Cult of Souls and Belief in Immortality among the Greeks. Trad. para o inglês de W. B. Hills. Londres: K. Paul, Trench, Trübner & Company, 1925, pp. 375 e 397.

O objetivo final dos órficos e dos pitagóricos é o estabelecimento de uma teodiceia, para provar a justiça do destino humano. A conquista desse objetivo se depara com dois obstáculos: o sofrimento sem culpa e a impunidade do mal. A crença no julgamento dos mortos remove o último; a doutrina da metempsicose, no entanto, remove ambos. O sofrimento visível neste mundo é o castigo pela culpa desconhecida de uma vida anterior que desapareceu de nossa consciência; por outro lado, a culpa que é visível, mas não expiada neste mundo, está fadada a ser punida numa vida posterior. Quão forte deve ser o desejo de retribuição capaz de levar a imaginação tão além do limite de toda experiência controlada pela razão! A doutrina órfica, bem como a pitagórica, é uma tentativa grandiosa de considerar justo o mundo, no centro do qual está a vida humana, interpretando-o como a realização do princípio da retribuição.

62 A ideia de retribuição nos Mistérios de Elêusis

O princípio da retribuição parece ter dominado também aquelas ideias religiosas no centro das quais estavam os mistérios de Elêusis. Provavelmente existentes desde os tempos pré-helenísticos, esses mistérios eram uma forma de adoração à deusa da terra Deméter.[1029] Na sua origem, o culto era praticado secretamente, pois era a religião de um povo conquistado que tinha que esconder a sua fé, reprimida pela religião dos vencedores. Como adoração de uma divindade da terra, os mistérios de Elêusis estavam desde os primeiros tempos intimamente ligados à adoração dos mortos e à antiga crença na alma da morte. Na Ática, de fato, os mortos eram chamados de "Demetriói", i. e., pertencentes a Deméter, a Mãe Terra.[1030] Uma

---

1029 Cf. PERSSON, Axel W. "Der Ursprung der eleusinischen Mysterien". *Archiv für Religionswissenschaft*, vol. XXI, 1922, pp. 287 e ss.; KERN, Otto. *Die Religion der Griechen*. vol. I. Leipzig: Weidmannsche Buchhandlung, 1926, p. 141.

1030 NESTLE, Wilhelm. *Griechische Religiosität von Homer bis Pindar und Äschylos* (Die griechische Religiosität in ihren Grundzuegen und Hauptvertretern von

representação da iniciação aos mistérios em uma urna cinerária romana mostra uma cobra,[1031] o típico animal da alma da morte, no colo de Deméter sentada. O chamado "quinto hino homérico" a Deméter, que foi escrito em meados do século VII, época em que os mistérios receberam novo impulso ligado aos movimentos sociais e ao renascimento religioso, trata da sua fundação. O mito começa com o rapto de Perséfone, filha de Deméter, por Hades. Trata-se de uma violação da lei cujo caráter criminoso é enfatizado pelo fato de Deméter ser uma antiga divindade do Direito, mais antiga até que Zeus, e de que o rapto é realizado com a aprovação de Zeus, a divindade do Direito mais jovem. Enfurecida, Deméter deixa o Olimpo, assume forma humana e, disfarçada como uma pobre velhinha, vai para Elêusis, onde é bem recebida na casa de Celeus, que lhe pede para cuidar de seu filho mais jovem. Quando Deméter declara-se uma deusa, um templo é estabelecido para ela. Lá ela se mantém separada de todos os outros deuses. Como punição pelo rapto ilegal de sua filha, ela retém as colheitas na terra. Não só os homens ficam incomodados com isso, mas também os deuses, pois sua ação torna impossível a oferta dos devidos sacrifícios. Então Hades é obrigado a permitir que Perséfone retorne à terra pelo menos durante parte do ano. Assim que Deméter vê sua filha novamente, ela suspende a infertilidade da terra. Grata aos homens por sua amável recepção, ela os ensina, entre outras coisas, os ritos sagrados. Assim, o mito interpreta a existência dos mistérios segundo o princípio da retribuição; eles são a recompensa pelo cumprimento de um dos deveres mais sagrados: a hospitalidade. Mesmo o pouco que sabemos sobre os próprios mistérios nos dá a certeza de que a ideia dominante era a realização da justiça e que essa justiça era a retribuição.

O processo pelo qual alguém era admitido no segredo de Elêusis era dividido em duas etapas: a preparação do neófito e

---

Homer bis Proklos I). Coleção Goschen. Berlim: De Gruyter, 1930, p. 59.

1031 SAMTER, Ernst. *Die Religion der Griechen*. 2ª ed. Leipzig: B. G. Teubner, 1925, p. 27.

a consagração propriamente dita. Os preparativos consistiam principalmente em ritos de purificação, como jejum, castidade e banho de mar. A já mencionada representação da iniciação nos mistérios mostra o rito de purificação que deve ser realizado antes da iniciação. O neófito, que está diante do sacerdote, é coberto por uma pele, aparentemente a pele de um animal sacrificado em seu lugar, um meio típico de identificar-se com um animal sacrificado. Tal identificação é necessária uma vez que a oferenda do animal tem caráter de punição substitutiva; por meio dela, o mal do qual o ser humano deve ser purificado parece ser expiado.[1032] Os ritos de purificação e expiação têm aqui o mesmo caráter que em todos os outros povos primitivos: a purificação visa à remoção do mal dos pecados, imaginado como substância que adere ao corpo ou existe nele e, portanto, que pode ser lavada ou expelida; a expiação é efetuada pelo autotormento antecipatório (jejum, castidade etc.) ou pela morte do objeto substitutivo (humano ou animal) com o qual o indivíduo em expiação se identifica. Assim, a punição temida é antecipada.[1033]

1032 PERSSON, Axel W. "Der Ursprung der eleusinischen Mysterien". *Archiv für Religionswissenschaft*, vol. XXI, 1922, p. 300.

1033 A ideia, típica da mentalidade primitiva, de escapar por uma autopunição antecipatória à punição real e mais pesada com que a autoridade sobre-humana ameaça torna-se claramente aparente em uma história de Polícrates (HERÓDOTO. *The Persian Wars*, livro III. Loeb Classical Library. Cambridge: Harvard University Press, 1920, cap. 40) que é comumente citada como exemplo da chamada "inveja dos deuses". Quando Amósis fica sabendo da sorte incomum de Polícrates, ele lhe dá o seguinte conselho: "Considere o que te parece mais precioso e o que você mais lamentará perder, e jogue-o fora para que nunca mais seja visto entre os homens". Quando Filipe da Macedônia um dia recebeu notícias de três eventos afortunados, ele levantou as mãos para o céu e orou: "Ó Deus, compensa isso com algum infortúnio moderado" (PLUTARCO. "A Letter to Apollonius". *In*: PLUTARCO. *Moralia*. vol. II. Trad. para o inglês de Frank Cole Babbitt. Loeb Classical Library. Cambridge: Harvard University Press, 1928, p. 125).

Costuma-se chamar a "pureza" assim alcançada de mera pureza "ritual", contrastando-a com a pureza "moral".[1034] Mas essa pureza "ritual" corresponde a uma forma de moralidade mais antiga, mais primitiva, caracterizada pelo pensamento substancializante

---

1034 Cf. ROHDE, Erwin. "Die Religion der Griechen". *Kleine Schriften*, vol. I. [s.l.]: [s.n.], 1901, pp. 222 e 295; também WAECHTER, Theodor. *Reinheitsvorschriften im griechischen Kult*. (Série Religionsgeschichtliche Versuche und Vorarbeiten). vol. IX, tomo 1. Giessen: A. Töpelmann, 1910, pp. 4 e 9. Qual é o sentido da pureza meramente "cultual" ou ritual? Certamente não o da pureza corporal, pois os procedimentos de purificação são frequentemente realizados com meios materialmente contaminantes, como sangue, urina etc. Assim, deve ter tido o sentido de pureza moral-jurídica. A ideia de uma pureza religiosa, distinta da pureza moral-jurídica, é a consequência problemática da suposição sociologicamente impossível de uma religião independente da moral e do Direito. O fato de que a ideia de moralidade e de Direito em que se baseiam os ritos de purificação ainda tenha um caráter primitivo não implica que esses ritos não tenham conexão com a moral e o Direito. Seu caráter moral-jurídico é corroborado pelo fato de que obviamente pressupõem a ideia de retribuição. Seu propósito é escapar da punição, eliminando sua condição, a saber, um malfeito, um pecado – o mal, de acordo com o princípio da retribuição. Finalmente, não se deve ignorar o fato de que o crime que torna o perpetrador mais "maculado" e "impuro" e que exige as mais severas cerimônia de "purificação" é em toda parte, especialmente entre os gregos, o crime de assassinato.

Pode, no entanto, acontecer de a moralidade expressa em certa religião e seus ritos ficar para trás em relação à realidade social da ideologia da qual ela originalmente surgiu, i. e., para trás do desenvolvimento real da ordem social e das ideias morais correspondentes a ela; assim, surge certa discordância entre a moral religiosa e a moral civil, ou pelo menos entre a moral convencional e a dos indivíduos filosoficamente avançados. A ideologia religiosa é mais conservadora do que outras ideologias e apenas lentamente se ajusta a qualquer mudança nos interesses reais a que deveria servir. Um exemplo de tal diferença entre moral religiosa e civil é a segunda declaração de Heráclito, frags. 129, 130 (BURNET, John. *Early Greek Philosophy*. 4ª ed. Londres: A. & C. Black, 1930, p. 141): "Eles se purificam em vão contaminando-se com sangue, como se alguém que tivesse pisado na lama lavasse os pés na lama. Qualquer homem que o visse fazendo isso o consideraria louco". SMITH, W. Robertson. *Lectures on the Religion of the Semites*. 3ª ed. Londres: MacMillan, 1927, p. 53, escreve: "Entre os semitas, como entre outras raças, a religião muitas vezes trabalhou contra uma moralidade superior, não porque fosse em sua essência um poder para o mal, mas porque se apegava ao padrão ético obsoleto de uma fase passada da sociedade".

e identificador do homem primitivo, um tipo de pensamento que possibilita a ideia de sofrimento vicário. Nos ritos preparatórios, o neófito se liberta de todos os seus pecados para evitar o castigo que, segundo a crença eleusina, o ameaça. Além disso, os mistérios exibem um grau ainda maior de moralidade, já que nos tempos sobre os quais temos informações, excluíam qualquer um maculado pelo assassinato. Contudo, os escravos eram livremente admitidos.

Estamos restritos a meras conjecturas sobre o que acontecia nos ritos principais de iniciação. Uma coisa é certa: os neófitos não eram ensinados sobre a doutrina, mas lhes eram mostrados objetos sagrados, como o colo da mãe da deusa, apresentações religiosas etc. A intenção da iniciação era retratar a morte e o renascimento do neófito. Isso é confirmado pela fórmula "Eu desci ao colo da rainha do submundo"[1035] e pelo chamado do Hierofante, "A venerável deusa deu à luz uma bem-aventurada, a forte deu à luz uma forte".[1036] O neófito morre e, como cobra, penetra no corpo da deusa para renascer por meio dela. Esse processo corresponde à antiga crença generalizada na reencarnação da alma. A cobra no colo de Deméter na representação mencionada anteriormente corrobora tal interpretação.[1037] O homem fica em pé diante da deusa e toca a cabeça da cobra com a mão, indicando assim sua relação com o réptil. A ênfase de todo o procedimento era posta sobre o que se via e experimentava durante o tempo entre a morte e o renascimento. O destino da alma após a morte parecia acarretar prazeres para os "homens bons" e sofrimentos para os "homens

---

1035 KERN, Otto. *Orphicorum fragmenta*. Berlim: Apud Weidmannos, 1922, p. 107, frag. 32c.

1036 KERN, Otto. *Die Religion der Griechen*. vol. II. Leipzig: Weidmannsche Buchhandlung, 1935, p. 193, escreve: "O Sacramento, a força mágica do culto de Elêusis, tinha sua base na reprodução do útero que o neófito devia tocar – não sabemos como – para renascer. Somente em Elêusis o devoto era considerado um verdadeiro filho da divindade".

1037 Cf. JONG, K. H. E. de. *Das antike Mysterienwesen*. 2ª ed. Leiden, Brill, 1919, pp. 23 e 27.

maus". Pela iniciação, qualquer um se torna um "homem bom". A felicidade o espera no outro mundo em virtude de ter experimentado a iniciação em Elêusis. No Hino de Deméter é dito: "Feliz é aquele entre os homens na terra que viram estes mistérios; mas aquele que não é iniciado e que não participa deles, nunca tem muitas coisas boas após a morte, lá embaixo na escuridão".[1038] É por isso que o cínico Diógenes ridicularizou os mistérios: "O que? Você quer dizer que Pataécio, o ladrão, terá melhor destino após a morte do que Epaminondas, só porque ele é iniciado?"[1039]

Mas, mesmo que a religião de Elêusis reserve recompensas no outro mundo apenas para seus próprios crentes e deixe os não iniciados aos tormentos do inferno, a ideia de retribuição no outro mundo não pode ser posta em dúvida. Que a ética religiosa identifique "bom" e "mau" com "crença verdadeira" e "incredulidade" é autoevidente. Mesmo uma religião com padrões morais tão elevados como a cristã atribui ao batismo uma importância não muito diferente daquela que a religião de Elêusis atribui à sua iniciação. A esse respeito, não se deve esquecer que durante o tempo decisivo para o desenvolvimento dos mistérios de Elêusis, os séculos VII e VI antes de Cristo, o sentimento religioso era caracterizado por um pessimismo moral que se manifestava nas chamadas práticas catárticas[1040] que apareceram naqueles tempos de revoluções sociais,

---

1038 HESÍODO. "Hymn to Demeter", pp. 480 e ss. *In*: HESÍODO. *Homeric Hymns and Homerica*. Loeb Classical Library. Cambridge: Harvard University Press, p. 323).

1039 PLUTARCO. "How To Study Poetry". *In*: PLUTARCO. *Moralia*. vol. I. Trad. para o inglês de Frank Cole Babbitt. Loeb Classical Library. Cambridge: Harvard University Press, 1927, p. 113, 21f; cf. também DIÓGENES LAÉRCIO. "Diógenes". *In*: DIÓGENES LAÉRCIO. *Lives of eminent philosophers*. Trad. para o inglês de R. D Hicks. Livro VI. Loeb Classical Library. Cambridge: Harvard University Press, 1925, nº 39, p. 41.

1040 Cf. NESTLE, Wilhelm. *Griechische Religiosität von Homer bis Pindar und Äschylos* (Die griechische Religiosität in ihren Grundzuegen und Hauptvertretern von Homer bis Proklos I). Coleção Goschen. Berlim: De Gruyter, 1930, p. 82.

em uma consciência aumentada de culpa, em um medo mórbido da mácula e em um desejo exagerado de purificação. Que todos são pecadores e que aquele que não consegue a própria salvação participando de certo culto será condenado no outro mundo são ideias que poderiam ser defendidas pelos sacerdotes do culto sem que ficassem muito atrás das noções morais médias de um mundo posterior, mais esclarecido.

O clímax do procedimento de iniciação era provavelmente uma representação do destino da alma no outro mundo. Provavelmente o próprio neófito desempenhava algum papel nessa atuação.[1041] Ele experimenta sua vida futura no submundo, sendo perseguido pelas Erínias e levado a julgamento. Se isso é verdade,[1042] então a participação nos mistérios implicava uma antecipação simbólica da retribuição temida no outro mundo. Como o símbolo e a realidade não se distinguem claramente no pensamento mítico-religioso e como na crença primitiva o símbolo não só representa, mas de fato é a realidade, a iniciação realizada significa que o homem iniciado já suportou o que o não iniciado ainda tem de esperar – punição no outro mundo. Portanto, ele pode esperar calmamente por sua morte real. Purificado nos ritos preparatórios, punido simbolicamente e renascido na iniciação principal, ele não precisa mais temer o outro mundo. Ele já cumpriu a lei da retribuição.

63 A ideia de retribuição em Píndaro

A relação entre os órficos e os mistérios de Elêusis[1043] não pode ser abordada conclusivamente aqui. De qualquer modo, a

---

1041 Cf. FOUCART, P. *Les Mysteres d'Eleusis*. Paris: A. Picard, 1914, pp. 392 e ss., 401 e ss. e 412 e ss.

1042 Como presume MAGNIEN, Victor. *Les Mystères d'Eleusis*. 2ª ed. Paris: Payot, 1938, pp. 208 e ss.

1043 Cf. MAGNIEN, Victor. *Les Mystères d'Eleusis*. 2ª ed. Paris: Payot, 1938, pp. 37 e ss.

ideias de Píndaro sobre a alma, a metempsicose e o juízo no outro mundo devem ser remontadas a influências órficas e pitagóricas.[1044] Do julgamento no outro mundo é dito na segunda Ode Olímpica:

> Mas se, de fato, quando possui essa riqueza [de virtude], sabe do futuro, de que imediatamente após a morte na terra os espíritos sem lei sofrem punição – e os pecados cometidos neste reino de Zeus são julgados por Aquele que pronuncia uma sentença severa e inevitável.

Aqui os bons são recompensados e os maus punidos.

> Enquanto os bons, para quem o sol brilha para sempre, por noites e dias iguais recebem a bênção de uma vida de atividades leve, não atormentando o solo com a força de suas mãos, nem a água do mar para ganhar meios de subsistência escassos; mas, na presença dos deuses honrados, todos os que costumavam se alegrar em manter seus juramentos compartilham uma vida que não conhece lágrimas, enquanto os outros suportam trabalhos que ninguém pode ver.

Sobre a metempsicose, o poeta diz:

> Aqueles que, habitando qualquer mundo, foram três vezes corajosos em manter suas almas puras de todos os atos de injustiça, passam pela estrada de Zeus até a torre de Crono, onde as brisas do oceano sopram ao redor das ilhas dos Bem-Aventurados, e flores de ouro resplandecem, algumas na praia pendendo de árvores radiantes, enquanto outras são nutridas pela água; e com suas grinaldas feitas delas entrelaçam suas mãos, e se coroam de acordo com os conselhos justos de Radamanto, que compartilha para sempre o

---

1044 ROHDE, Erwin. "Die Religion der Griechen". *Kleine Schriften*, vol. II, 1901, pp. 414 e ss.

> tribunal do poderoso Pai, o Senhor de Rhea com seu trono exaltado acima de tudo.[1045]

Ésquilo, nascido em Elêusis e iniciado nos mistérios, menciona a retribuição órfica no outro mundo, embora essa noção não afete em nada seu conceito de justiça. Assim, é dito em *As suplicantes*: "Ali também, dizem os homens, entre os mortos outro Zeus profere um juízo final sobre os crimes".[1046] E em *Eumênides*:

> Lá verás se algum outro homem
> Pecou em não reverenciar a Deus ou a um convidado,
> Ou aos pais queridos, que cada um recebe lá
> A recompensa do pecado que a Justiça prescreve
> Pois Hades é um árbitro poderoso
> Daqueles que habitam abaixo, e com uma mente
> Que escreve registros verdadeiros de todas as ações dos homens.[1047]

64 A ideia de retribuição em Platão

A metafísica órfico-pitagórica influenciou a filosofia de Platão, que é a principal fonte da doutrina moderna da imortalidade da alma. Os escritos de Platão em seu período pós-socrático têm um caráter essencialmente religioso-teológico. Suas ideias ético-políticas demonstram uma tendência metafísica. E motivos

1045 PÍNDARO. "The Olympian Odes II", pp. 56 e ss. *In*: PAGE, T. E. (Coord.). *The Odes of Pindar*. Loeb Classical Library. Cambridge: Harvard University, 1915.

1046 ÉSQUILO. *The Suppliant Maidens*. Loeb Classical Library. Cambridge: Harvard University Press, [s.d.], pp. 230 e ss.

1047 ÉSQUILO. "Eumenides". *In*: PLUMPTRE, E. H. *Aeschylos*. Boston: D. C. Heath & Co., 1901, pp. 258 e ss.

ético-políticos o levam a aceitar o dogma da imortalidade da alma em seu sistema filosófico.

O dualismo alma e corpo aparece claramente como um contraste entre o bem e o mal.[1048] Se em seu *Fédon*, Platão descreve a alma do mesmo modo que os órficos e pitagóricos, a saber, aprisionada em um corpo estranho que a macula, ele obviamente pretende interpretar a luta entre alma e corpo como um conflito entre bem e mal. A alma de Platão é o elemento bom no homem, e assim permite ao homem perceber o bem absoluto, a divindade. A alma espelha as ideias, embora seu reflexo seja muitas vezes obscurecido pelo corpo. Assim, a alma é, antes de tudo, uma espécie de reprodução da ideia central, a ideia do bem absoluto. A doutrina da imortalidade da alma em nenhum lugar serve tão direta e essencialmente à ideia de justiça como nos escritos de Platão. Três de seus diálogos mais importantes – *Górgias*, *Fédon* e *A República* – terminam com relatos que aproximam a crença na imortalidade à realização da justiça retributiva. No fim do diálogo dedicado inteiramente à questão da imortalidade da alma, o *Fédon*, desenha-se um retrato do outro mundo, para onde a alma vai após a morte do corpo. Ninguém pode deixar de reconhecer que toda a doutrina da alma de Platão culmina nesse conceito do outro mundo tirado de fontes órfico-pitagóricas.[1049] Seu único significado é que, após o julgamento das almas, algumas delas são punidas pelas injustiças cometidas durante a vida, enquanto as outras são recompensadas por sua justiça. É preciso ser justo neste mundo para assegurar um destino feliz para a alma no outro mundo.

1048 Cf. meu ensaio: KELSEN, Hans. "Platonic Justice". *Ethics*, vol. XLVIII, 1937/1938, pp. 367 e ss.

1049 Cf. ROHDE, Erwin. *Psyche*: the Cult of Souls and Belief in Immortality among the Greeks. Trad. para o inglês de W. B. Hills. Londres: K. Paul, Trench, Trübner & Company, 1925, pp. 467 e 481 e ss.

> São estas as realidades... que nos devem levar a tudo fazermos por participar da virtude e da sabedoria nesta vida. Bela é a recompensa e grande a esperança![1050]
>
> Considerando estas crenças, deve permanecer confiante sobre o destino de sua alma o homem que durante sua vida desprezou os prazeres do corpo e os ornamentos deste, principalmente, pois são, a seu ver, coisas estranhas e nocivas. O homem que, ao contrário, se dedicou aos prazeres que têm a instrução por objeto, e que dessa forma ornou sua alma, não com adornos estranhos e nocivos, mas com o que é propriamente seu e mais lhe convém, com a temperança, a justiça, a coragem, a liberdade, a verdade – esse aguarda confiante e corajoso o momento de pôr-se a caminho do Hades, quando seu destino o chamar![1051]

E o *Górgias* termina: "Pois ninguém que não seja absolutamente irracional e covarde teme a morte em si; teme, porém, ser injusto".[1052] Pois a morte nada mais é do que a alma imortal que se liberta do corpo para comparecer perante os juízes do mundo inferior. Por conseguinte, a alma deve esforçar-se para parecer saudável e isso significa o mais justa possível perante o tribunal dos mortos, que julga a punição e a recompensa enviando as almas injustas para o inferno de Tártaro e almas justas para o céu, paras as Ilhas dos Bem-Aventurados.

Assim como o diálogo de Platão sobre a imortalidade da alma – *Fédon* – termina com a justiça, seu grande diálogo sobre

---

1050 PLATÃO. "Phaedo". nº 114. *In*: JOWETT, B. (Coord.). *The Dialogues of Plato*. 3ª ed. vol. II. Londres: MacMillan, 1892. [ed. bras.: PLATÃO. "Fédon". *In*: OS PENSADORES. *Platão*: Diálogos. Trad. José Cavalcante de Souza, Jorge Paleikat e João Cruz Costa. São Paulo: Nova Cultural, 1972, p. 128].

1051 PLATÃO. "Phaedo". nº 114. *In*: JOWETT, B. (Coord.). *The Dialogues of Plato*. 3ª ed. vol. II. Londres: MacMillan, 1892. [ed. bras.: p. 129].

1052 PLATÃO. *Gorgias*. nº 522. *In*: JOWETT, Benjamin. *The Dialogues of Plato*. 3ª ed. vol. II. Londres: MacMillan, 1892. [LOPES, Daniel R. N. (Coord.). *Górgias de Platão*: obras II. São Paulo: Perspectiva, 2011, p. 441].

a justiça – *A República* – termina com a imortalidade da alma. Depois de ter provado que "nossa alma é imortal"[1053] e que a alma encontra seu maior bem na justiça,[1054] Platão conclui sua obra enumerando "as recompensas de toda natureza que a alma daí aufere, da parte dos homens e dos deuses, tanto durante a vida como após a morte".[1055]

No relato subsequente, a ênfase é coloca não tanto na prova de justiça neste mundo quanto na descrição da retribuição no outro mundo. Pois, para alcançá-lo, a vida deve continuar após a morte; consequentemente, deve existir um portador dessa vida após a morte, a saber, o ser humano morto, ainda mais vivo, o ser humano como alma separada do corpo. "Entretanto... [esses prêmios e recompensas] nada são, nem pelo número nem pela grandeza, em comparação com o que aguarda, após a morte, o justo e o injusto".[1056] Essa passagem é seguida por uma descrição visionária do outro mundo em que a ideia de retribuição é preeminente. Juízes sentam-se no limiar desse outro mundo. Eles dirigem as almas dos justos para um caminho à sua direita, que leva à felicidade, e as almas dos injustos para um caminho à sua esquerda, que leva a um amargo sofrimento. As últimas palavras de *A República* revelam, com a maior clareza possível, o sentido ético-político da "alma" platônica e sua imortalidade:

1053 PLATÃO. "The Republic", livro X. *In*: JOWETT, Benjamin. *The Dialogues of Plato*. 3ª ed. vol. III. Londres: MacMillan, 1892, nº 608 [GUINSBURG, J. (Coord.). *A república de Platão*: obras I. São Paulo: Perspectiva, 2019, p. 397].

1054 PLATÃO. "The Republic", livro X. *In*: JOWETT, Benjamin. *The Dialogues of Plato*. 3ª ed. vol. III. Oxford: Oxford University Press, 1892, nº 612 [ed. bras.: p. 402].

1055 PLATÃO. "The Republic", livro X. *In*: JOWETT, Benjamin. *The Dialogues of Plato*. 3ª ed. vol. III. Oxford: Oxford University Press, 1892, nº 612 [ed. bras.: p. 402].

1056 PLATÃO. "The Republic", livro X. *In*: JOWETT, Benjamin. *The Dialogues of Plato*. 3ª ed. vol. III. Oxford: Oxford University Press, 1892, nº 614 [ed. bras.: p. 404].

> Se, portanto, acreditais em mim, persuadidos de que a alma é imortal e capaz de suportar todos os males, como todos os bens, manter-nos-emos sempre na rota ascendente e, de todo modo, praticaremos a justiça e a sabedoria. Assim seremos amigos de nós mesmos e dos deuses, enquanto permanecermos aqui, e quando tivermos conquistado os prêmios da Justiça, como os vencedores nos jogos que recolhem de todos os lados seus troféus. E seremos felizes aqui na terra e no transcurso dessa viagem de mil anos que acabamos de contar.[1057]

Uma vontade como a de Platão, dirigida com força tão elementar à ideia de justiça, não só põe em movimento a imaginação para construir, ao lado deste mundo inadequado, outro mundo que satisfaça a exigência de justiça, mas também influencia essencialmente o conhecimento deste mundo inadequado. Assim, Platão tomou dos órficos e pitagóricos mais do que sua crença na alma com todo o seu mecanismo de retribuição; ele também aceitou sua interpretação ético-política da natureza. Em *A República* é dito que o conhecimento do bem é a ciência mais elevada; em conexão com a doutrina da imortalidade e da retribuição no outro mundo, a prioridade da ética como conhecimento do bem e do mal sobre todas as outras ciências – na verdade, seu valor exclusivo – é proclamada.[1058] Platão opõe conscientemente suas doutrinas da alma e das ideias à filosofia da natureza de seu tempo, que se torna cada vez mais uma ciência baseada nos princípios da causalidade. A interpretação da realidade de acordo com a doutrina das ideias de Platão, no entanto, tem um caráter puramente normativo, isto é, moral. É no diálogo *Fédon* que Sócrates, e por meio dele Platão,

---

1057 PLATÃO. "The Republic", livro X. *In*: JOWETT, Benjamin. *The Dialogues of Plato*. 3ª ed. vol. III. Oxford: Oxford University Press, 1892, nº 621 [ed. bras.: pp. 415/416].

1058 PLATÃO. "The Republic", livro VI. *In*: JOWETT, Benjamin. *The Dialogues of Plato*. 3ª ed. vol. III. Oxford: Oxford University Press, 1892, nº 509/10. [ed. bras.: pp. 257-259].

expressa sua profunda decepção com a ciência natural, que ele tanto apreciou em sua juventude. Na famosa polêmica contra a filosofia de Anaxágoras, ele declara que a mera compreensão da relação entre causa e efeito é absolutamente inadequada para compreender o significado do mundo. O conhecimento deve ser dirigido não à realidade natural percebida pelos sentidos ilusórios, mas às ideias, aos valores conhecidos pela razão, ao bem maior. É esse bem que mantém as cosias unidas. Somente nas ideias, cujo centro é a ideia de bem, pode-se perceber a verdadeira natureza coisas.[1059] A doutrina das ideias de Platão apresenta-se como a tentativa mais consistente de substituir a explicação científica do mundo, orientada para a lei da causalidade, por uma interpretação segundo um princípio normativo e um sistema de valores. Trata-se de uma visão de mundo cujo centro não é a natureza, mas a sociedade, isto é, o homem em seu relacionamento com seus semelhantes; uma filosofia cujo problema principal é a justiça; portanto, uma metafísica cujo dogma central é a imortalidade da alma, pois tal dogma deve necessariamente ser pressuposto para que se aceite o princípio da retribuição como a lei fundamental do mundo.[1060]

1059 PLATÃO. "Phaedo". nº 96 e ss. *In*: JOWETT, B. (Coord.). *The Dialogues of Plato*. 3ª ed. vol II. Londres: MacMillan, 1892.

1060 A estreita ligação entre crença na alma e a ideia de justiça encontra confirmação negativa na filosofia de Aristóteles. Um dos poucos pontos em que sua metafísica difere daquela de seu professor Platão é que ele, em contradição direta com Platão, sustenta que a justiça existe somente neste e não no outro mundo; consequentemente, a ideia de retribuição transcendental lhe é inteiramente estranha. Sua ética e sua política são ideologias do Estado concreto e do Direito Positivo e estão essencialmente restritas à esfera terrena. O tema da doutrina de Aristóteles, que é basicamente otimista, é a justiça terrena na qual o profundamente pessimista Platão, apesar de todas as tentativas contrárias, nunca acreditou realmente. Aristóteles, portanto, não via utilidade para o principal dogma da ética metafísica de Platão, a imortalidade da alma. Esse dogma nunca teve lugar em seu sistema, que não conhece retribuição no outro mundo. Para Aristóteles, a alma – se considerarmos as funções especificamente éticas – é principalmente um fenômeno psicológico-biológico; é a força vital, o centro das capacidades de nutrição, sensação, movimento etc. É a verdadeira alma da vida, e não a alma da morte, o assunto da psicologia de

O contraste entre a interpretação do mundo normativa e religiosa de Platão, essencialmente órfico-pitagórica, e o conceito científico causal da realidade na filosofia grega da natureza originalmente não era muito grande, pois seu esquema fundamental, a lei da causalidade, que essa filosofia desenvolveu pela primeira vez na história da mente humana, surgiu da norma da retribuição e se desvinculou apenas gradualmente desse princípio dominante do pensamento mítico-religioso. Esse processo será examinado no próximo capítulo.

Aristóteles, um sistema que não tem tanto um caráter ético quanto científico. Essa alma está, portanto, inseparavelmente unida ao corpo, e a ideia de que possa ter uma existência separada é, portanto, impossível.

É verdade, no entanto, que Aristóteles não manteve sempre esse conceito de alma. Ele distinguiu dentro da alma, em sentido amplo, um elemento especial, o *nus*, o portador do pensamento verdadeiro, que não se origina nem desaparece com as outras partes da alma e do corpo conectado a elas. O *nus*, ele mesmo pré-existente, penetra no homem de fora e não participa de sua morte. Assim, o *nus* sobrevive após a morte do corpo e a da alma da vida. Mas nessa pós-existência não tem substância; após sua separação do corpo, para de pensar e perde tanto a memória quanto a consciência. Mas Aristóteles não é capaz de dizer onde o *nus* existe após a morte do indivíduo ou que tipo de existência ele tem. Obviamente, é apenas um último resquício da influência platônica, a ideia da imortalidade da alma minada pela experiência científica natural – um resquício da alma metafísica da morte reduzida a uma palavra vazia. Com a rejeição da justiça no outro mundo, a substância da alma realmente imortal da teologia platônica tornou-se supérflua.

CAPÍTULO V

A LEI DA CAUSALIDADE E O PRINCÍPIO DA RETRIBUIÇÃO NA FILOSOFIA DA NATUREZA GREGA

65 A origem da filosofia da natureza no pensamento mítico-religioso

A filosofia da natureza grega surgiu do pensamento mítico-religioso de eras passadas. Daí sua especulação ter originariamente um caráter normativo. Essa primeira grande tentativa de compreensão científica da realidade era afetada pela concepção de valores derivados da esfera social. As categorias sociais eram aceitas sem questionamentos e consideradas parte tão incontestável do conhecimento humano que foram tomadas como ponto de partida para o primeiro esforço científico de apreensão da realidade. Na filosofia grega primitiva, bem como no pensamento mítico do homem primitivo, a natureza era explicada por analogia com a sociedade.

A comunidade autoritária, o Estado, fornece o padrão da ordem segundo a qual essa filosofia tenta compreender o universo. O homem se acostumou a conceber o Estado como a própria ordem e, devido a especulações teológicas muito mais antigas, como um valor absoluto. Mas a analogia entre natureza e sociedade enfraquece constantemente como resultado de observações progressivas. A ideia de uma lei universal da natureza, que a princípio era apenas a projeção da lei do Estado no cosmos, é assim visivelmente liberta de seu protótipo e recebe um significado totalmente independente. A lei do Estado, a norma, por um lado, e a lei da natureza, a lei da causalidade, por outro, tornam-se dois princípios totalmente diferentes. Joël[1061] não está exatamente correto quando diz que a ciência começou com uma "nacionalização [*Verstaatlichung*] da visão do mundo". Pois essa "nacionalização", ou melhor, socialização, da natureza já havia sido alcançada nos mitos. A nova ciência da natureza começava onde o mito terminava; mas desde o início essa ciência tendeu a separar φύσιζ de νόμος, natureza de sociedade, a contrastar ciência e política, ou pelo menos a estabelecer um dualismo entre ambas que era inteiramente estranho ao pensamento primitivo.[1062]

66 Tales, Anaximandro e Anaxímenes

Se Tales de Mileto, com quem a filosofia grega começa, além de Anaximandro e Anaxímenes, buscam um princípio fundamental, ἀρχή, pelo qual o universo pode ser uniformemente explicado, eles estão pensando em algo que governa o mundo como um monarca. Se Tales encontra esse algo na água – de maneira ainda muito semelhante ao mito homérico que declara o deus Ocanus a origem de todas as

1061 JOËL, K. *Geschichte der antlken Philosophie*. vol. I. Tubingen: Mohr, 1921, p. 258. Cf. também meu artigo: KELSEN, Hans. "Die Entstehung des Kausalgesetzes aus dem Vergeltungsprinzip". *Journal of Unified Science (Erkenntms)*, vol. VIII, 1939/1940, pp. 69 e ss.

1062 Os elementos de interpretação social na filosofia da natureza grega podem estar ligados ao fato de que os mais antigos filósofos da natureza eram politicamente ativos. Cf. BURNET, John. *Early Greek Philosophy*. 4ª ed., 1930, pp. 46, 52, 90 e ss. e 311.

coisas[1063] –, Anaximandro no ilimitado, ἄπειρον, Anaxímenes no ar, então os três interpretaram o cosmos como uma monarquia. A lei do ἀρχή estabelece aqui um μον-αρχία e significa não apenas "começo", mas também "governo" ou "regra"; e, como diz Heráclito, "...é lei [νόμος], também, obedecer a um conselho".[1064] Certamente não é acidental que essa filosofia da natureza tenha florescido em uma época em que a influência do despotismo oriental se tornou cada vez mais evidente na Grécia.[1065] Anaximandro afirma expressamente, segundo Aristóteles, que o princípio básico, ἄπειρον, "tudo abrange e tudo governa [κυβερνᾶν]".[1066] Anaxímenes, que considerava o ar o princípio básico, diz em um fragmento: "Assim como nossa alma, sendo ar, nos mantém juntos [συγκρατεῖ], também a respiração e o ar abrangem o mundo todo".[1067] Quando Anaxímenes declara que a alma é um ser aeriforme,[1068] deve-se notar que "ele sustentava que

---

1063 JOËL, K. *Der Ursprung der Naturphilosophie aus dem Geiste der Mystlk*. Jena: Diederichs, 1906, p. 6, escreve: "Ninguém pode espremer essa frase inocente do poeta Homero... para que dela resulte o princípio da água de Tales. Há um longo caminho desde o Oceanus pessoalmente concebido e espacialmente limitado até toda a água e ainda mais de toda a água até todo o ser". É verdade, mas há um caminho; e não é mais do que o do mito (ou mesmo o do misticismo) até a filosofia da natureza.

1064 Heráclito, frag. 110 (em BURNET, John. *Early Greek Philosophy*. 4ª ed. Londres: A. & C. Black, 1930, p. 140). Cf. também DIELS, Hermann. *Die Fragmente der Vorsokratiker*. 5ª ed. vol. I. Leipzig: Weidmann, 1934, frag. 33.

1065 JOËL, K. *Geschichte der antlken Philosophie*. vol. I. Tubingen: Mohr, 1921, p. 260.

1066 ARISTÓTELES. *Physics*. vol. I, livro III, cap. III, sec. 203b, nº 12 e ss. Trad. para o inglês por Philip H. Wicksteed e Francis M. Cornford. Loeb Classical Library. Cambridge: Harvard University Press, 1929.

1067 Anaxímenes, segundo Aécio, I, 3.4 (em BURNET, John. *Early Greek Philosophy*. 4ª ed. Londres: A. & C. Black, 1930, p. 73). Cf. também DIELS, Hermann. *Die Fragmente der Vorsokratiker*. 5ª ed. vol. I. Leipzig: Weidmann, 1934, frag. 2.

1068 Cf. CAPELLE, Wilhelm. *Die Vorsokratiker*. 2ª ed. Stuttgart: Alfred Kröner Verlag, 1938, nº 25, p. 97.

o ar é deus [*aera deum statuit*]"[1069] – portanto, um ser dotado de razão e vontade. Nesse sentido, o ar como princípio básico "governa" o mundo. Joël acredita que Anaxímenes via o ar como a alma do mundo. Para os antigos filósofos da natureza, a questão da origem do mundo implicava buscar não "um princípio de substancialidade, mas de mobilidade".[1070] Aristóteles[1071] diz de Tales que este parecia ter "concebido a alma como causa do movimento, se é verdade que ele afirmou que a pedra-ímã possui alma, porque atrai o ferro". A causa, como motor, ainda é pensada de maneira animista, ou melhor, personalista; ela põe algo em movimento intencionalmente, ela governa algo, ela atrai algo como um ímã atrai o ferro. Tal ideia, ainda hoje, não é inteiramente estranha ao conceito popular de causalidade. Podemos compreender a ideia de que a "alma" é a causa do movimento e, portanto, a própria causa, se não negligenciarmos o fato de que o conceito de alma surgiu daquele de alma da morte e que sua função original – seu primeiro "efeito", por assim dizer – era a vingança.

Essa ideia de causação lembra também em outros aspectos o conceito primitivo de retribuição; a causa atrai o efeito assim como o mal, ou, mais exatamente, o homem por seu ato ilícito atrai a punição. O fato de a ideia de retribuição desempenhar um papel

---

1069 CÍCERO. *De natura deorum*. vol. XIX, livro I, sec. x. Trad. para o inglês por H. Rackman. Loeb Classical Library. Cambridge: Harvard University Press, 1933. Diógenes de Apolônia, influenciado por Anaxímenes, escreveu (frag. 5): "E minha visão é que aquilo que tem inteligência é o que os homens chamam de ar, e que todas as coisas têm seu curso dirigido por ele, e que ele tem poder sobre todas as coisas. Por isso mesmo o considero um deus, e que chega a todos os lugares, e dispõe de tudo, e está em tudo..." (BURNET, John. *Early Greek Philosophy*. 4ª ed. Londres: A. & C. Black, 1930, p. 354).

1070 JOËL, K. *Der Ursprung der Naturphilosophie aus dem Geiste der Mystlk*. Jena: Diederichs, 1906, pp. 66 e ss.

1071 ARISTÓTELES. *De anima*, livro I. cap. 2, sec. 405a, nº 19. Trad. para o inglês por R. D. Hicks. Cambridge: The University Press, 1907. De acordo com a interpretação de Aristóteles (*De anima*, livro I, cap. 2, sec. 405a, nº 5 e ss.; livro I, cap. 3, sec. 406b, nº 15 e ss.; livro I, cap. 5, sec. 409a, nº 32ss.), a alma é também em Demócrito o princípio ou a causa do movimento.

decisivo na noção de ἀρχή, o princípio fundamental, é demonstrado principalmente na doutrina de que as coisas, uma vez que afetam umas às outras, devem ter origem na mesma fonte. Um fragmento de Diógenes de Apolônia[1072] diz o seguinte:

> Minha opinião é, para resumir tudo, que todas as coisas são diferenciações da mesma coisa, e são a mesma coisa. E isso é óbvio; pois, se as coisas que agora estão neste mundo – terra e água, ar e fogo, e as outras coisas que vemos existir neste mundo – se alguma dessas coisas, digo eu, fosse diferente de qualquer outra, diferente, isto é, por ter outra substância peculiar a si mesma; e se não fosse a mesma coisa que muitas vezes muda e se diferencia, então as coisas não poderiam de modo algum se misturar umas com as outras, nem poderiam fazer bem ou mal umas às outras. Nenhuma planta poderia crescer da terra, nem qualquer animal ou qualquer outra coisa poderia vir a existir a menos que as coisas fossem compostas de tal maneira que fossem as mesmas. Mas todas essas coisas surgem da mesma coisa; elas se diferenciam e assumem formas diferentes em momentos diferentes, e retornam novamente à mesma coisa.

Aristóteles[1073] diz: "A menos que todas as coisas fossem derivadas de uma, ação e paixão recíprocas não poderiam ocorrer". Somente quando as coisas se originam da mesma fonte elas têm a mesma natureza, e somente coisas semelhantes podem reagir umas às outras; isto é, somente coisas semelhantes em um sentido específico podem ajudar ou prejudicar umas às outras. Que coisas semelhantes possam influenciar apenas coisas semelhantes é uma ideia que pode ser encontrada em diferentes variações na filosofia da

---

1072 Diógenes de Apolônia, frag. 2 (BURNET, John. *Early Greek Philosophy*. 4ª ed. Londres: A. & C. Black, 1930, pp. 353 e ss.).

1073 ARISTÓTELES. *On coming-to-be & passing-away (De generatione et corruptione)*. livro I, parte 6, sec. 322b. Trad. para o inglês por H. H. Joachim. Oxford: The Clarendon Press, 1922.

natureza grega. Assim, Empédocles ensina que o igual só pode ser atraído pelo igual: "Então o doce apodera-se do doce, e o amargo corre para o amargo; o ácido vem do ácido, e o quente junta-se ao quente".[1074] Especialmente famosa é sua doutrina, retomada por Platão e também por Goethe, de que igual só pode ser entendido por igual. "Pois é com a terra que vemos a Terra, e a Água com a água; pelo ar vemos o Ar brilhante, pelo fogo destruindo, o Fogo. Pelo amor vemos o Amor, e o Ódio pelo ódio atroz".[1075]

A ideia de que somente coisas semelhantes podem afetar coisas semelhantes pode ainda ser encontrada entre os atomistas, que desvincularam o princípio da causalidade de suas origens mitológicas. Essa tese de que somente o semelhante pode afetar o semelhante, de que a causa deve ser igual ao efeito (forma na qual essa ideia subsistiu na física do século XIX), teve claramente sua origem no princípio da retribuição. Aqui está o seu sentido próprio, só aqui há um sentido cabível: que entre punição e justiça, entre recompensa e mérito, existe uma espécie de igualdade. Essa igualdade é primariamente qualitativa, pois o mal acarreta o mal, o bem acarreta o bem, pois o mal do malfeito está ligado ao mal da punição e o bem do mérito ao bem da recompensa. No interior da ideologia religiosa da retribuição já existia a ideia de que o mal gera, ou "dá à luz" o mal e que a igualdade entre o mal e a punição é do mesmo tipo que a igualdade entre os filhos e os progenitores. Em sua peça *Agamenon*, Ésquilo expressa o pensamento de que a crença tradicional de que muita fortuna traz má sorte é errônea. É antes o pecado que traz infortúnio, e o infortúnio consiste em cometer outro pecado, pois uma má ação gera outra, pois os

---

1074 Empédocles, frag. 90 (BURNET, John. *Early Greek Philosophy*. 4ª ed. Londres: A. & C. Black, 1930, p. 218; cf. também DIELS, Hermann. *Die Fragmente der Vorsokratiker*. 5ª ed. vol. I. Leipzig: Weidmann, 1934, frag. 90).

1075 Empédocles, frag. 109 (BURNET, John. *Early Greek Philosophy*. 4ª ed. Londres: A. & C. Black, 1930, p. 221; cf. também DIELS, Hermann. *Die Fragmente der Vorsokratiker*. 5ª ed. vol. I. Leipzig: Weidmann, 1934, frag. 109).

pais produzem filhos semelhantes a eles.[1076] A "igualdade" entre malfeito e castigo torna-se a identidade de ambos, pois a punição consiste em um novo malfeito. Porém, a semelhança entre malfeito e punição, mérito e recompensa, não é apenas qualitativa, mas também quantitativa. Quanto maior o erro, maior deve ser a punição; quanto maior o mérito, maior deve ser a recompensa. Um fragmento de Heráclito diz: "Mortos maiores ganham porções [recompensas] maiores".[1077]

Se a relação entre as coisas deve ser de causa e efeito, então as coisas devem ser "iguais" em natureza, assim como o malfeito e a punição, o mérito e a recompensa. Por essa razão, devem ter origem no mesmo elemento primário, água ou ar. Não é mera figura de linguagem quando Diógenes de Apolônia[1078] expressa o fato de que uma coisa influencia a outra com estas palavras: "Uma coisa causa 'bem' ou 'dano' a outra coisa". Pois "bem" é mérito e recompensa; "dano", contudo, é mal e punição.

A ideia de semelhança contida na noção de ἀρχή aparece, sob outro aspecto, como a ideia de equilíbrio, na medida em que essa ideia tem o sentido de justiça. Esse equilíbrio é a função específica da retribuição que equilibra a punição com o malfeito e a recompensa com o mérito, como na balança. Tales ensinou que a água era o elemento primário. Como a transformação dessa substância em outras coisas que não a água não era facilmente explicável, Anaximandro começou pelo ἄπειρον, isto é, pelo infinito – uma substância eterna, imperecível, da qual surgiram os opostos: molhado e seco, quente e frio. As coisas finitas estão sempre em conflito umas com as outras: fogo quente com ar frio, terra seca

---

1076 ÉSQUILO. *Agamemnon*. Loeb Classical Library. Cambridge: Harvard University Press, [s.d.], pp. 730 e ss.

1077 Heráclito, frag. 101 (BURNET, John. *Early Greek Philosophy*. 4ª ed. Londres: A. & C. Black, 1930, p. 140; cf. também DIELS, Hermann. *Die Fragmente der Vorsokratiker*. 5ª ed. vol. I. Leipzig: Weidmann, 1934, frag. 25).

1078 Cf. sobretudo, nº 12.

com mar úmido. A preponderância de um elemento sobre o outro é injusta; seu equilíbrio é justo. O calor cria injustiça no verão, o frio no inverno. Para atingir o equilíbrio, eles devem retornar à sua base comum, ao seu ἀρχή.[1079] Se o fogo secasse gradualmente toda a água, a "injustiça" da situação acabaria levando à destruição do mundo. Misturado com água, porém, o fogo perde sua natureza especial e torna-se substância primária; sua função, então, é produzir equilíbrio no sentido de justiça retributiva.[1080] Somente neste sentido de justificação universal ela fornece uma explicação universal do mundo. Se assumirmos que essa é a ideia fundamental de Anaximandro, pode-se entender o seguinte fragmento: "E naquilo de que as coisas nascem, elas voltam a desaparecer, como se vê, porque reparam e satisfazem umas às outras por sua injustiça de acordo com a ordenação do tempo".[1081] Aqui, pela primeira vez no pensamento da humanidade, a noção de uma lei imanente que governa todo o universo é compreendida.[1082] Trata-se da primeira afirmação da lei da causalidade. Mas, mesmo que generalizada, é ainda essencialmente a lei da retribuição.[1083] Cronologicamente,

---

1079 Cf. BURNET, John. *Early Greek Philosophy*. 4ª ed. Londres: A. & C. Black, 1930, pp. 50 e ss. Burnet diz, p. 54: "A afirmação atual de que o termo ἀρχή foi introduzido por ele [Anaximandro] parece se dever a um mal-entendido".

1080 Na ciência médica, a justiça corresponde à boa saúde. Assim, é fácil entender que Alcmeão de Crotona, médico intimamente ligado aos pitagóricos, considerasse sua teoria da saúde "isonomia" e observasse que "a maioria das coisas humanas eram duas"; com isso ele quis dizer (interpreta BURNET, John. *Early Greek Philosophy*. 4ª ed. Londres: A. & C. Black, 1930, p. 196) que "o homem era composto do quente e do frio, do úmido e do seco, e do restante dos opostos. A doença era apenas a 'monarquia' de qualquer um desses – a mesma coisa que Anaximandro chamou de 'injustiça', enquanto a saúde era o estabelecimento no corpo de um governo livre com leis iguais".

1081 Anaximandro, frag. 1 (DIELS, Hermann. *Die Fragmente der Vorsokratiker*. 5ª ed. vol. I. Leipzig: Weidmann, 1934; BURNET, John. *Early Greek Philosophy*. 4ª ed. Londres: A. & C. Black, 1930, p. 52).

1082 CAPELLE, Wilhelm. *Die Vorsokratiker*. 2ª ed. Stuttgart: Alfred Kröner Verlag, 1938, p. 75.

1083 Jaeger (JAEGER, Werner. *Paideia*: the Ideals of Greek Culture. Trad. para o inglês de Gilbert Highet. Oxford: The University Press, 1939, pp. 157 e ss.)

a causa deve preceder o efeito, bem como o malfeito a punição. Assim como a necessidade (τὸ χρεών) é a compulsão da regra jurídica de retribuição, também o é a ordem cronológica, o mais cedo e o mais tarde, a sequência de malfeito e punição. Nessa dinâmica da retribuição, o pensamento científico pela primeira vez percebe a categoria do tempo (τοῦ χρόνου τάξις).[1084] Ainda hoje a ciência moderna caracteriza a relação de causa e efeito como assimétrica e sustenta que a causa deve preceder o efeito no tempo porque, originalmente, a causa era o malfeito e o efeito era a punição.

---

diz que a lei referenciada no fragmento de Anaximandro é a lei da "pólis", a cidade-estado grega. Ele aponta que "Anaximandro estava formulando uma lei da natureza moral, não física. Há um significado religioso profundo nessa concepção de que os fenômenos naturais são governados por um padrão moral. Não é uma descrição resumida de eventos, mas uma justificação da natureza do universo: ele mostra que a criação é um cosmos 'em grande escala' – a saber, uma comunidade de coisas sob uma lei... O fragmento de Anaximandro nos mostra muito do processo pelo qual o problema da causalidade se desenvolveu a partir do problema dos caminhos de Deus até o homem. Sua ideia de Diké: é o primeiro estágio na projeção da vida da cidade-estado sobre a vida do universo".

1084 CASSIRER, Ernst. *Das Mythische Denken*: Philosophie der symbolischen Formen. Parte II. Berlim: Cassirer, 1925, p. 144 destaca que no pensamento mítico existe uma conexão "entre a ordem universal do tempo que rege todos os eventos e a ordem eterna da justiça a que esse evento está sujeito". Assim, por exemplo, na religião assíria babilônica, Marduk, o deus da justiça, i. e., da retribuição, após sua vitória sobre Tiamat, fixa as estrelas como morada dos deuses e determina seu curso (ver abaixo, nota 1089). Na religião egípcia, a divindade da lua, Toth, que, como agrimensor, é tanto o divisor do tempo quanto o senhor da medida correta, funciona como o escriba dos deuses e, ao mesmo tempo, como o juiz do céu. Foi ele quem concedeu o poder de enunciar e escrever; e por meio das artes de contar e calcular ele deixou deuses e homens saberem o que lhes pertence (Cassirer, p. 144). Na religião chinesa há conexões semelhantes entre a ordem do tempo e a ordem da justiça. Cassirer aponta também uma conexão entre a ordem da justiça e a ordem do tempo na religião dos povos indo-germânicos (cf. p. 145). Para a ideia do tempo como uma deusa da retribuição, cf. as referências acima citadas de Eurípides.

67 Heráclito

Como Anaximandro, Heráclito via na natureza uma tensão de opostos e a interpretava por meio de uma explicação puramente social, a saber, a da πόλεμος, a guerra. Diógenes Laércio relata que Heráclito disse: "Todas as coisas surgem pelo conflito dos opostos";[1085] e: "as coisas são harmonizadas pelo choque de correntes opostas".[1086] Igualmente conhecido e muito citado é o dito de Heráclito: "A guerra é o pai de todos e o rei de todos".[1087] Mas enquanto Anaximandro via injustiça nessa luta, Heráclito ensinava: "Devemos saber que a guerra é comum a todas as coisas e que a luta é justiça [δίκη], e que todas as coisas nascem e perecem pela luta".[1088] Nessa guerra que os elementos travam entre si, ele reconheceu uma lei universal da vida. Essa lei universal, o "conceito central de toda a filosofia", era "a ideia do *logos*, que significa o mesmo que a razão eterna, transcendental, universal que governa todas as coisas".[1089] Dessa lei universal (λόγος), que é eterna, ele disse:

> Os homens são tão incapazes de compreendê-la quando a ouvem pela primeira vez quanto antes de tê-la ouvido. Pois,

---

1085 DIÓGENES LAÉRCIO. "Diógenes". *In*: ______. *Lives of eminent philosophers*. Trad. para o inglês de R. D Hicks. Livro IX. Loeb Classical Library. Cambridge: Harvard University Press, 1925, nº 8, p. 415.

1086 DIÓGENES LAÉRCIO. "Diógenes". *In*: ______. *Lives of eminent philosophers*. Trad. para o inglês de R. D Hicks. Livro IX. Loeb Classical Library. Cambridge: Harvard University Press, 1925, nº 7, p. 415.

1087 Heráclito, frag. 44 (BURNET, John. *Early Greek Philosophy*. 4ª ed. Londres: A. & C. Black, 1930, p. 136; cf. também DIELS, Hermann. *Die Fragmente der Vorsokratiker*. 5ª ed. vol. I. Leipzig: Weidmann, 1934, frag. 53).

1088 Heráclito, frag. 62 (BURNET, John. *Early Greek Philosophy*. 4ª ed. Londres: A. & C. Black, 1930, p. 137; cf. também DIELS, Hermann. *Die Fragmente der Vorsokratiker*. 5ª ed. vol. I. Leipzig: Weidmann, 1934, frag. 80).

1089 CAPELLE, Wilhelm. *Die Vorsokratiker*. 2ª ed. Stuttgart: Alfred Kröner Verlag, 1938, p. 127.

> embora todas as coisas ocorram de acordo com essa Palavra [lei], os homens parecem não ter experiência delas.[1090]

Obviamente, "logos", segundo o qual todas as coisas acontecem, quer dizer lei da causalidade.

Assim, a lei da natureza era identificada com uma sina ou destino (εἱμαρμένη). Segundo Diógenes Laércio,[1091] Heráclito ensinava que "todas as coisas acontecem por destino"; e, segundo Aécio,[1092] ele disse: "O destino é a lei universal [*logos*] que, como resultado do sobe e desce de opostos, forma todas as coisas". Ele disse também: "Tudo ocorre de acordo com o destino e o destino é idêntico à necessidade". Além disso, Heráclito explicava o destino como "o logos que penetra todo o universo". A necessidade dos acontecimentos, essa função essencial da causalidade, era para Heráclito a vontade inviolável de uma divindade que se apresentava como personificação da razão. É a expressão da validade absoluta da ordem na qual se manifesta a vontade da divindade; como absolutidade, a inviolabilidade só pode aparecer como uma qualidade de uma autoridade transcendental que se supõe existir além de toda experiência. Essa necessidade, o destino, é expressa pela palavra εἱμαρμένη. O verbo μείρομα significa "receber uma parte"; etimologicamente, ele vem de σμέριομαι, cuja raiz é *smer*, "distribuir"; o termo correspondente em latim é *mereo*, "Eu

---

1090 Heráclito, frag. 2 (BURNET, John. *Early Greek Philosophy*. 4ª ed. Londres: A. & C. Black, 1930, p. 133; cf. também DIELS, Hermann. *Die Fragmente der Vorsokratiker*. 5ª ed. vol. I. Leipzig: Weidmann, 1934, frag. 1).

1091 DIÓGENES LAÉRCIO. "Diógenes". *In*: ______. *Lives of eminent philosophers*. Trad. para o inglês de R. D Hicks. Livro IX. Loeb Classical Library. Cambridge: Harvard University Press, 1925, nº 7, p. 415.

1092 Aécio, I, 7.22 (DIELS, H. *Doxographi Graeci*. Berlim: De Gruyter, 1929, p. 303); Aécio I, 27.1 (DIELS, H. *Doxographi Graeci*. Berlim: De Gruyter, 1929, p. 322); Aécio, I, 28.1 (DIELS, H. *Doxographi Graeci*. Berlim: De Gruyter, 1929, p. 323).

mereço".[1093] Possivelmente, a palavra que expressa necessidade causal significa originalmente "distribuição merecida". O destino de uma pessoa é o que lhe é distribuído como recompensa ou como punição. Presumivelmente, a ideia de retribuição leva ao conceito de destino ou sina. O destino, então, é a distribuição a alguém de acordo com o mérito ou malfeito, por meio da vontade inexorável de uma divindade retribuidora. Com efeito, para Heráclito o εἱμαρμένη é a inviolabilidade da norma jurídica, e a norma jurídica é, sem dúvida, a da retribuição.

O caráter totalmente normativo da lei universal de Heráclito, a norma que deve ser obedecida, mas que por insensatez às vezes não o é, torna-se evidente em vários de seus fragmentos. "Assim, devemos seguir o comum; ainda que minha Palavra [*logos* = a lei] seja o comum, muitos vivem como se tivessem uma sabedoria própria".[1094] Novamente,

> aqueles que falam com entendimento devem se apegar ao que é comum a todos como uma cidade se apega à sua lei [νόμος] e ainda mais fortemente. Pois todas as leis humanas são alimentadas [i. e., validadas] pela única lei divina. Ela prevalece o quanto quer e é suficiente para todas as coisas, com sobras.[1095]

Se as leis humanas derivam sua validade da lei universal divina, é porque a lei universal divina, a lei inviolável da causalidade, é apenas uma projeção da lei humana, isto é, a regra jurídica, no

1093 BOISACQ, Emile. *Dictionnaire étymologique de la langue grecque*. Heidelberg: C. Winter, 1916, p. 621.

1094 Heráclito, frag. 92 (BURNET, John. *Early Greek Philosophy*. 4ª ed. Londres: A. & C. Black, 1930, p. 139; cf. também DIELS, Hermann. *Die Fragmente der Vorsokratiker*. 5ª ed. vol. I. Leipzig: Weidmann, 1934, frag. 2).

1095 Heráclito, frag. 91b (BURNET, John. *Early Greek Philosophy*. 4ª ed. Londres: A. & C. Black, 1930, p. 139; cf. também DIELS, Hermann. *Die Fragmente der Vorsokratiker*. 5ª ed. vol. I. Leipzig: Weidmann, 1934, frag. 114).

cosmos. E essa regra jurídica projetada no cosmos é inviolável porque é considerada a vontade absoluta de uma divindade. É a ideia fundamental de todo Direito Natural no sentido de uma ordem jurídica natural que se formula aqui.

Que essa regra jurídica é a lei da retribuição está claramente expresso no famoso fragmento que pode ser chamado de contraparte daquele de Anaximandro. "O sol não ultrapassará suas medidas [i. e., o caminho prescrito]; se o fizer, as Erínias, as servas da Justiça [Diké], o alcançarão".[1096] As Erínias são os conhecidos demônios da vingança da religião grega. Diké, tal como aparece no fragmento a seguir, é a deusa da retribuição: "O mais estimado deles sabe apenas fantasias e apega-se a elas, mas a verdadeira justiça [Diké] ultrapassará os artífices da mentira e as falsas testemunhas".[1097] Diké é chamada de "inexorável" pelos órficos[1098] e de "a punidora daqueles que não cumprem a lei divina".[1099] O significado que o dito

---

1096 Heráclito, frag. 29 (BURNET, John. *Early Greek Philosophy*. 4ª ed. Londres: A. & C. Black, 1930, p. 135; cf. também DIELS, Hermann. *Die Fragmente der Vorsokratiker*. 5ª ed. vol. I. Leipzig: Weidmann, 1934, frag. 94).

1097 Heráclito, frag. 118 (BURNET, John. *Early Greek Philosophy*. 4ª ed. Londres: A. & C. Black, 1930, p. 141; cf. também DIELS, Hermann. *Die Fragmente der Vorsokratiker*. 5ª ed. vol. I. Leipzig: Weidmann, 1934, frag. 28).

1098 Demóstenes contra Aristógito I, 11: "E Orfeu, que revelou a nós os mistérios sagrados, diz que a inexorável e venerável Diké, sentada ao lado do trono de Zeus, observa todas as ações dos homens".

1099 CAPELLE, Wilhelm. *Die Vorsokratiker*. 2ª ed. Stuttgart: Alfred Kröner Verlag, 1938, nº 17, p. 39. PLATÃO. *Laws*, livro IV. Trad. para o inglês de B. Jowett. Oxford: The University Press, 1871, p. 715 [PLATÃO. *As leis*: incluindo Epitomis. Trad. Edson Bini. São Paulo: Edipro, 2021, p. 189]: "o deus que tem em suas mãos segundo a tradição antiga, o começo, o fim e o meio de todos os seres que existem, encaminha-se diretamente para sua meta entre as revoluções da natureza; acompanhando-o sempre a Justiça, que se vinga daqueles que infringem a lei divina". A ideia de inviolabilidade da lei universal, concebida como vontade divina, aparece em termos míticos entre os órficos. De acordo com DAMÁSCIO (*Damascii successoris dubitationes et solutiones de primis principiis, in Platonis Parmenidem*. vol. I, 123 bis., F. 205v. Editado por C. Ae. Ruelle. Paris: Klinckrieck, 1889, pp. 317 e ss.), uma doutrina órfica dizia o seguinte: "No princípio havia água e substância; desta,

de Heráclito tem para a história do pensamento científico reside no fato de que a inviolabilidade da lei da causalidade pela qual o sol segue seu caminho é a compulsão da deusa Justiça [Diké] – uma obrigação imposta por uma norma jurídica, uma necessidade normativa.[1100] A inviolabilidade da lei universal não consiste no fato de que ela seja sempre observada – a possibilidade de o sol ir além de sua medida não está excluída. A inviolabilidade consiste, em vez disso, no fato de que a violação da lei é punida sempre e sem exceção. Pois a lei universal, como uma regra jurídica, é uma norma que estabelece sanções; essa norma é, segundo seu teor, uma lei de retribuição e, como tal, a vontade inabalável de uma divindade. O logos de Heráclito é Diké, a deusa da vingança

---

formou-se a terra. Assim, água e terra foram os dois primeiros elementos. O terceiro originou-se deles; era um dragão com duas cabeças, uma de touro, a outra de leão; mas no centro estava o rosto de um deus, e nos ombros havia asas. Ele era chamado de "Cronos que não envelhece", e também Hércles. Com ele estava a Necessidade, que era um ser, como Adrasteia, sem corpo (ἀσώματος, forma corrompida, correta: δισώματος, de duplo sexo), e que se estende por todo o universo tocando seus limites. A necessidade é considerada o terceiro elemento... Mas ele considera que é de duplo sexo, indicando assim a causa que tudo cria". "Adrasteia" quer dizer "O inexorável" e é obviamente a personificação da inviolabilidade da lei universal, que, segundo a doutrina órfica, dominada pela ideia de recompensa e punição, só pode ser a lei da retribuição. É a punição da qual não se pode escapar. É significativo que a "inviolabilidade" da lei universal, a impossibilidade de qualquer fuga à retribuição, esteja ligada a Cronos, Tempo. No fim dessa descrição da teologia órfica, pode-se ler: "Essa teologia louva o 'primeiro Deus nascido" e o chama de Zeus, o governante de todas as coisas de todo o cosmos. Portanto, ele também é chamado de Pã (o deus Universal)".

1100 De acordo com tal concepção do mundo, a lei da gravidade é uma norma jurídica; a ordem da natureza e a ordem jurídica são idênticas. Sobre os planos criminosos de Medeia, Eurípides deixa o coro dizer (EURÍPIDES. *Ion Hippolytus Medea Alcestis*. Trad. para o inglês por Arthur S. Way. Loeb Classical Library. Cambridge: Harvard University Press, 1912, pp. 316/317):

"Para cima e de volta a suas fontes deslizam os rios sagrados;

A justiça se transformou em injustiça, a ordem dos antigos em confusão".

inescapável.[1101] A inviolabilidade da lei causal, tão contestada na ciência natural moderna, o caráter absoluto de sua validade, originou-se da inviolabilidade que o mito e a filosofia da natureza dele decorrente atribuíram ao princípio da retribuição como substância do divino, o que o torna absolutamente obrigatório. A partir desse

---

1101 A inviolabilidade da lei universal como vontade inabalável de uma divindade da justiça cuja função é a retribuição encontra-se também na epopeia babilônica da criação. O deus Marduk é caracterizado desta maneira (LANGDON, S. (Coord.). *The Babylonian Epic of Creation.* Oxford: The Clarendon Press, 1923):

TÁBUA 1

1. Ele construiu estações para os grandes deuses.
2. As estrelas, suas semelhanças, ele fixou, até mesmo Lumasi.
3. Ele fixou o ano e desenhou os signos (do zodíaco).
4. Para os doze meses ele colocou três estrelas cada.
5. Depois de ter definido os dias do ano por signos,
6. Ele estabeleceu o lugar de Nibiru para ordenar a todos,
7. Para que ninguém transgrida ou tarde.
8. Ele designou o(s) lugar(es) de Enil e Ea com ele (ou seja, ao lado do caminho de Anu).

Marduk, o deus que estabeleceu a ordem do cosmos e, assim, a ordem do tempo, era o deus da justiça. Algumas de suas atribuições eram:

TÁBUA VII

35. Ele é Sagzu, conhecedor dos pensamentos dos deuses, aquele que percebeu o plano.
36. Ele não permitiu que os malfeitores escapassem dele.
38. O subjugador do desobediente...
39. Administrador da justiça...
45. Quem põe fim a todos os maus...
132. Sua palavra é certa e seu comando inalterável.
133. O que sai de sua boca nenhum deus anula.

Já foi mencionado que Marduk é apresentado como um “vingador”, e que sua batalha contra Tiamat e seu anfitrião, bem como a aniquilação destes, são caracterizadas como ações de retribuição.

princípio de retribuição, as primeiras ciências naturais elaboraram sua lei da natureza.[1102]

Que o princípio da retribuição é a base da lei universal de Heráclito também é demonstrado por sua doutrina do fogo do mundo. De acordo com essa teoria, a causa original do mundo foi o fogo, do qual todas as coisas vieram e para o qual todas as coisas retornam.[1103] Um fragmento diz: "Todas as coisas são trocadas por Fogo, e o Fogo por todas as coisas, assim como produtos por ouro e ouro por produtos".[1104] O processo universal de transformação do fogo em coisas, e vice-versa, é representado como escambo, que é apenas uma forma especial de retribuição. O efeito segue a causa, assim como o ouro é dado pelos produtos. O nexo causal não é meramente comparado com o vínculo que o princípio da retribuição estabelece entre seus dois elementos, mas é considerado uma aplicação desse princípio. O bispo cristão Hipólito, portanto, não alterou muito a teoria heraclitiana da Ecpirose quando a representou, dizendo que

> um julgamento do mundo e de todas as coisas nele ocorre pelo fogo, expressando-se assim: "O trovão dirige todas as coisas", isto é, (as) direciona, trovão significando fogo eterno. Mas ele também afirma que esse fogo é dotado de inteligência e é causa da gestão do Universo e o denomina

---

1102 JOËL, K. *Der Ursprung der Naturphilosophie aus dem Geiste der Mystlk*. Jena: Diederichs, 1906, p. 87, diz referindo-se a Heráclito, (frag. 29 em BURNET, John. *Early Greek Philosophy*. 4ª ed. Londres: A. & C. Black, 1930; frag. 94 em DIELS, Hermann. *Die Fragmente der Vorsokratiker*. 5ª ed. vol. I. Leipzig: Weidmann, 1934) "que o conceito da lei da natureza é um antropomorfismo". Seria mais correto dizer que é um "sociomorfismo".

1103 SIMPLÍCIO DA CILÍCIA. *Commentaria in Aristotelem Graeca*: Simplicii in Aristotelis Physicorum libros quattuor priores comentaria. 5ª ed. vol. IX. Editado por H. Diels. Berlim: G. Reimiri, 1882, p. 480.

1104 Heráclito, frag. 22 (BURNET, John. *Early Greek Philosophy*. 4ª ed. Londres: A. & C. Black, 1930, p. 135; DIELS, Hermann. *Die Fragmente der Vorsokratiker*. 5ª ed. vol. I. Leipzig: Weidmann, 1934, frag. 90).

desejo e saciedade. Ora, o desejo é, segundo ele, o arranjo (do mundo), enquanto a saciedade é sua destruição. "Pois", diz ele, "o fogo que vem sobre (a terra), julgará e se apoderará de todas as coisas".[1105]

1105 HIPÓLITO. "Refutation of All Heresies", livro IX, cap. 5. *In*: SCHAFF, P. *et al.* (Coord.). *Ante-Nicene Christian Fathers*: Fathers of the Third Century: Hippolytus, Cyprian, Caius, Novatian, Appendix. vol. V. Edimburgo: T&T Clark, 1885, p. 127; DIELS, Hermann. *Die Fragmente der Vorsokratiker*. 5ª ed., vol. I. Leipzig: Weidmann, 1934, frags. 63-66). Essa descrição da doutrina do Fogo de Heráclito lembra a visão ético-jurídica do processo do mundo, característica da crença judaico-cristã no Juízo Final. A ideia, portanto, sugere que se considere a descrição de Hipólito como uma interpretação cristã da doutrina de Heráclito. Não se pode negar que os fragmentos inquestionavelmente genuínos de Heráclito exibem uma forte tendência normativa. JOËL, K. *Geschichte der antlken Philosophie*. vol. I. Tubingen: Mohr, 1921, p. 286 diz dele: "Ele não vê, ele avalia"; sua doutrina deu aos escritores cristãos muitos ensejos para suas interpretações específicas; sua atitude pessimista certamente contribuiu muito para tais interpretações. Suas palavras sobre a estupidez e a maldade dos homens lembram as orações iradas de certos profetas judaicos. Justino o chamou de "cristão" antes de Cristo. Por que, então, não se deve compreender sua doutrina do fogo (ἐκπύρωσις) como uma profecia de um juízo final sobre o mundo pecaminoso? Esse caráter essencialmente normativo, i. e., ético-jurídico, da concepção de mundo de Heráclito foi enfatizado por NIETZCHE, F. "Philosophy during the Tragic Stage of the Greeks". *In*: NIETZCHE, F. *Early Greek Philosophy*. Trad. para o inglês de M. A. Muegge. Nova York: MacMillan, 1924, p. 97 [ed. bras.: NIETZCHE, F. "A Filosofia na Época Trágica dos Gregos". *In*: OS PENSADORES. *Nietzsche - Obras incompletas*. Trad. Rubens Rodrigues Torres Filho. São Paulo: Nova Cultural, 1999, p. 257]. Sua descrição da doutrina dos efésios pode ser chamada neste ponto de uma imitação conveniente: "'Vejo o vir-a-ser', exclama, 'e ninguém contemplou tão atentamente esse eterno quebrar de ondas e ritmo das coisas. E o que vi? Conformidade a leis, certezas infalíveis, trilhas sempre iguais do justo. Por trás de todas as transgressões das leis vi Eríneas julgando. Vi o mundo inteiro como o espetáculo de uma justiça reinante e forças naturais demoniacamente onipresentes subordinadas a seu serviço. Não vi a punição do que veio a ser, mas a justificação do vir-a-ser. Quando se manifestou o crime, o declínio, nessas formas inflexíveis, nessas leis santamente respeitadas? Onde reina a injustiça há arbítrio, desordem, desregramento, contradição; mas onde, como neste mundo, regem somente a lei e a filha de Zeus, Diké, como poderia ser ali a esfera da culpa, da expiação, da condenação e como que o patíbulo de todos os danados?'". Mas Nietzsche ignora o fato de que Diké governa punindo a

68 Parmênides

A noção de que a necessidade que mantém o cosmos unido é a obrigação absoluta de uma norma jurídica divina e de que essa norma, a lei da natureza, como a lei do ser eterno, é retribuição, aparece não menos claramente em Parmênides do que em seu grande antagonista, Heráclito. Para chegar ao conhecimento dessa lei, ele partiu para a viagem imaginária descrita em seu poema teórico. Essa jornada o levou a Δίκη πολύποινος, à "deusa da retribuição".[1106] Ela tem a chave do portão que conduz ao caminho da luz, ao verdadeiro conhecimento. Diké, a deusa da justiça, é também a deusa da verdade. Pois nessa visão profundamente ético-jurídica do mundo, a verdade é idêntica à justiça, cuja inexorabilidade aparece aqui como "o coração inabalável [ἀτρεμὲς ἦτορ] da verdade completa".[1107]

A tese fundamental da ontologia de Parmênides, a saber, que o nascer e o morrer são meras ilusões, e que, em virtude da necessidade, existe apenas o ser eterno e imutável, é assim expressa: "Portanto, a Justiça [Diké] não solta seus grilhões e deixa algo vir a existir ou passar, mas o mantém firme".[1108] Trata-se de Δίκη πολύποινος, a deusa da retribuição. A mesma ideia é repetida mais tarde:

> Além disso, [o ser] está imóvel nos laços de poderosas correntes, sem começo e sem fim; já que o vir a ser e o deixar

---

injustiça; consequentemente, segue o pessimista Heráclito, que assume que este mundo é uma "esfera de culpa".

1106 BURNET, John. *Early Greek Philosophy*. 4ª ed. Londres: A. & C. Black, 1930, frag. 1, p. 172, trad. "Avenging Justice". Cf. também DIELS, Hermann. *Die Fragmente der Vorsokratiker*. 5ª ed. vol. I. Leipzig: Weidmann, 1934, frag. 1.

1107 BURNET, John. *Early Greek Philosophy*. 4ª ed. Londres: A. & C. Black, 1930, p. 172.

1108 Parmenides, frag. 8 (BURNET, John. *Early Greek Philosophy*. 4ª ed. Londres: A. & C. Black, 1930, p. 175; cf. também DIELS, Hermann. *Die Fragmente der Vorsokratiker*. 5ª ed. vol. I. Leipzig: Weidmann, 1934, frag. 8).

de ser foram afastados, e a crença verdadeira os expulsou... pois a dura necessidade ['Ἀνάγκη] o mantém nos laços do limite que o prende firme por todos os lados.[1109]

E Parmênides escreve ainda: "O destino [μοῖρα] o acorrentou para ser inteiro e imóvel".[1110] A "dura necessidade" e o "Destino" são idênticos a Diké, a deusa da retribuição. A determinação da lei da natureza, a regra inviolável da existência (ser), é a compulsão de uma norma jurídica absoluta. A inviolabilidade da lei universal, "o coração inabalável da verdade", é a vontade de ferro da divindade da justiça, a inescapabilidade da retribuição. Essa mesma ideia foi expressa pelo poeta Ésquilo em seu *Prometeu acorrentado*, no qual a necessidade é um poder que está acima até mesmo de Zeus. O líder do coro pergunta: "Quem é então o timoneiro da Necessidade?" Ao que Prometeu responde: "Os Destinos triformes e as atentas Fúrias".[1111]

69 Empédocles

A retribuição é também um conceito – se não o conceito fundamental – da filosofia de Empédocles, influenciada por elementos órficos e pitagóricos. No centro dessa filosofia está a ideia de transmigração da alma,[1112] de acordo com a qual o pensador

---

1109 Parmenides, frag. 8 (BURNET, John. *Early Greek Philosophy*. 4ª ed. Londres: A. & C. Black, 1930, p. 175; cf. também DIELS, Hermann. *Die Fragmente der Vorsokratiker*. 5ª ed. vol. I. Leipzig: Weidmann, 1934, frag. 8).

1110 Parmenides, frag. 8 (BURNET, John. *Early Greek Philosophy*. 4ª ed. Londres: A. & C. Black, 1930, p. 176; cf. também DIELS, Hermann. *Die Fragmente der Vorsokratiker*. 5ª ed. vol. I. Leipzig: Weidmann, 1934, frag. 8).

1111 ÉSQUILO. *Prometheus Bound*. Loeb Classical Library. Cambridge: Harvard University Press, [s.d.], pp. 515 e ss.

1112 JOËL, K. *Der Ursprung der Naturphilosophie aus dem Geiste der Mystlk*. Jena: Diederichs, 1906, p. 142, acredita que os filósofos da natureza mais antigos foram fortemente influenciados pelos órficos; na verdade, eles "concordavam tanto com os órficos que não precisavam de sua influência". O

de Akragas, que foi mais profeta do que filósofo, interpreta seu próprio destino. Aqui, como em todos os lugares, a doutrina da transmigração da alma é uma ideologia específica da retribuição.

> Há um oráculo da Necessidade [᾿Ανάγκη], uma antiga ordenança dos deuses, eterna e selada por amplos juramentos, que diz que sempre que um dos demônios, cuja porção é a duração dos dias, maculou pecaminosamente suas mãos com sangue, prosseguiu com a discórdia ou cometeu perjúrio, ele deve vagar três vezes dez mil estações das moradas dos bem-aventurados, nascendo ao longo do tempo em todas as formas de seres mortais, alternando de um penoso caminho de vida para outro. Pois o poderoso Ar o empurra para o Mar, e o Mar o vomita sobre a Terra seca; a Terra o lança nos raios do Sol abrasador, e este o arremessa de volta aos redemoinhos do Ar. Um o toma do outro, e todos o rejeitam. Um desses sou eu agora, um exilado e um errante dos deuses, com minha confiança posta na insensata discórdia.[1113]

É a própria natureza, cujos quatro elementos, segundo a doutrina de Empédocles, são ar, água, terra e fogo, que pune o malfeitor. Assim, a função da retribuição é reconhecida como parte da própria natureza.

O mal que provoca a reação retributiva não é de forma alguma uma mal social, uma ofensa infligida por um indivíduo a outro na sociedade humana. A noção de que a alma humana pode encarnar em outros seres, animais ou plantas leva aqui, como também nos

---

núcleo da doutrina órfica é a crença na metempsicose. E Joël afirma, p. 151, que reconhece "na doutrina da metempsicose uma base necessária para a antiga filosofia da natureza". A doutrina da metempsicose é, no entanto, apenas uma ideologia do princípio da retribuição.

1113 Empédocles, frag. 115 (BURNET, John. *Early Greek Philosophy*. 4ª ed. Londres: A. & C. Black, 1930, p. 222; cf. também DIELS, Hermann. *Die Fragmente der Vorsokratiker*. 5ª ed. vol. I. Leipzig: Weidmann, 1934, frag. 115).

sistemas totêmicos, à ideia de uma sociedade que abrange não apenas os homens, mas também todos os outros seres. Essa sociedade é constituída por uma ordem que submete todos os seres à mesma lei e, principalmente, garante a todos os seres o mesmo direito de viver. A norma fundamental dessa ordem é a proibição de matar. Dessa forma, a natureza obviamente torna-se parte da sociedade; consequentemente, a lei da retribuição torna-se a lei da natureza. Diógenes Laércio[1114] relatou sobre Empédocles que "ele diz... a alma... assume todas as várias formas de animais e plantas". Também sobre isso, Aristóteles[1115] disse:

> De fato, há uma ideia geral de justo e injusto de acordo com a natureza, para todos os homens de uma maneira divina, mesmo que não haja comunicação nem acordo entre eles... É como diz Empédocles a respeito de não matar o que tem vida, pois isso não é certo para uns e errado para outros.

Em Cícero[1116] encontram-se estas palavras:

> Pitágoras e Empédocles declaram que os mesmos princípios de justiça se aplicam a todas as criaturas vivas (*unam omnium animantium condicionem iuris*), e insistem que penalidades inevitáveis ameaçam aqueles que ferem um animal.

Uma declaração de Empédocles proferida verbalmente é: "Não cessareis essa matança tão ruidosa? Não vedes que estais

---

1114 DIÓGENES LAÉRCIO. "Diógenes". *In*: ______. *Lives of eminent philosophers*. Trad. para o inglês de R. D Hicks. Livro VII. Loeb Classical Library. Cambridge: Harvard University Press, 1925, nº 77, p. 391.

1115 ARISTÓTELES. *The Art of Rhetoric*, livro I, cap. xiii, sec. 1373b, nº 2. Trad. para o inglês por J. H. Freese. Loeb Classical Library. Cambridge: Harvard University Press, 1926.

1116 CÍCERO. *On the Republic*. On the Laws. Livro III, seção xi, nº 19. Trad. para o inglês por Clinton W. Keyes. Loeb Classical Library. Cambridge: Harvard University Press, 1928.

devorando uns aos outros na negligência de vossos corações?"[1117] Outra declaração explica:

> E o pai ergue seu próprio filho em uma forma mudada e o mata com uma oração. Tolo apaixonado! E eles correm para os sacrificadores, implorando misericórdia, enquanto ele, surdo aos seus gritos, os massacra em seus salões e prepara o banquete do mal. Da mesma maneira o filho apodera-se de seu pai, e dos filhos de sua mãe, arranca sua vida e come a carne de seus parentes.[1118]

Parece que Empédocles considerava essa lei da vida que governa os homens, os animais e as plantas sancionada pela retribuição – por "penalidades inevitáveis" – como um caso especial de uma lei ainda mais geral que domina todo o universo. Ele caracterizou essa lei com as seguintes palavras: "(Isso não é lícito para alguns e ilícito para outros;) a lei estende-se para todos por toda parte, pelo ar que rege amplamente e pela luz infinita do céu".[1119] Essa lei universal é, em sua opinião, uma lei da retribuição.[1120]

1117 Empédocles, frag. 136 (BURNET, John. *Early Greek Philosophy*. 4ª ed. Londres: A. & C. Black, 1930, p. 225; cf. também DIELS, Hermann. *Die Fragmente der Vorsokratiker*. 5ª ed. vol. I. Leipzig: Weidmann, 1934, frag. 136).

1118 Empedocles, frag. 137 (BURNET, John. *Early Greek Philosophy*. 4ª ed. Londres: A. & C. Black, 1930, p. 225; cf. também DIELS, Hermann. *Die Fragmente der Vorsokratiker*. 5ª ed. vol. I. Leipzig: Weidmann, 1934, frag. 137).

1119 Empédocles, frag. 135 (BURNET, John. *Early Greek Philosophy*. 4ª ed. Londres: A. & C. Black, 1930, p. 225; cf. também DIELS, Hermann. *Die Fragmente der Vorsokratiker*. 5ª ed. vol. I. Leipzig: Weidmann, 1934, frag. 135).

1120 Joël (JOËL, K. *Der Ursprung der Naturphilosophie aus dem Geiste der Mystlk*. Jena: Diederichs, 1906, p. 156) observa: "O processo do mundo, em Anaximandro assim como em Heráclito, nos escritos dos pitagóricos bem como em Empédocles, é um processo moral".

Essa lei universal manifesta-se na filosofia de Empédocles como o eterno e necessário intercâmbio de duas forças fundamentais: um princípio que une os elementos e os mistura, o outro que os separa e isola. Ele os chama de "Amizade" (φιλία'Αφροδίτη) e "Discórdia" (νεῖκος). De modo algum ele usa essas concepções metaforicamente; sem dúvida, ele tem em mente as categorias sociais de associação e dissociação, embora ainda em um sentido mítico-sociológico. Pois a Amizade e a Discórdia aparecem para ele não apenas como condições ou fenômenos objetivos no interior dos elementos da natureza, mas como seres pessoais, como divindades ou demônios que lutam entre si; ora vence um, ora outro.

> Contarei uma história com duas faces. Em certo tempo, tornou-se um só partindo muitos; em outro, dividiu-se para ser muitos em vez de um. Há um duplo vir-a-ser das coisas perecíveis e um duplo deixar de ser. A união de todas as coisas gera o ser o destrói; a outra cresce e se dispersa à medida que as coisas se dividem. E essas coisas nunca param de mudar continuamente de lugar, em um momento unem-se todas em uma única pela Amizade, em outro cada uma é levada em direções diferentes pela repulsão da Discórdia. Assim, na medida em que é de sua natureza crescer em uma entre muitas, e tornar-se muitos novamente quando uma é separada, até agora elas vêm a ser e sua vida não permanece. Mas, visto que nunca cessam de mudar de lugar continuamente, são sempre imóveis enquanto giram ao redor do círculo da existência.[1121]

Que na Amizade e na Discórdia estejam envolvidas não apenas uma atração e repulsão mecânica, mas também as relações sociais implícitas sob esses nomes, é confirmado pelo fato de que

1121 Empédocles, frag. 17 (BURNET, John. *Early Greek Philosophy*. 4ª ed. Londres: A. & C. Black, 1930, pp. 207 e ss.; cf. também DIELS, Hermann. *Die Fragmente der Vorsokratiker*. 5ª ed. vol. I. Leipzig: Weidmann, 1934, frag. 17).

Empédocles fala em sua especulação dedicada à mera interpretação da natureza de "fluxo suave e imortal da Amizade irrepreensível"[1122] e de "Discórdia cruel".[1123] Um dos fragmentos contém as seguintes palavras:

> Pois todos esses – sol, terra, céu, mar – são um com todas as suas partes que são lançadas longe deles em coisas mortais. E mesmo assim, todas as coisas que são mais adaptadas à mistura são semelhantes entre si e unidas no amor por Afrodite. Aquelas coisas; novamente, que mais diferem na origem, na mistura e nas formas impressas em cada uma, são maximamente hostis, totalmente desacostumadas a se unir e muito desoladas com a Discórdia obrigatória, uma vez que ela forjou seu nascimento.[1124]

O ciclo eterno do processo do mundo, governado ora pela Amizade, ora pela Discórdia, começou com um período em que a Amizade governava sozinha – um estado de harmonia, felicidade e paz. Todas as coisas formavam um todo, o redondo "Esferos" sobre o qual falou Empédocles:

> Lá [na esfera] não se distinguem os membros velozes do sol, nem a terra hirsuta em seu poder, nem o mar – tão rápido era o deus envolto na estreita cobertura da Harmonia, esférica e redonda, regozijando-se em sua solidão circular.[1125]

1122 Empédocles, frag. 35 (BURNET, John. *Early Greek Philosophy*. 4ª ed. Londres: A. & C. Black, 1930, p. 212; cf. também DIELS, Hermann. *Die Fragmente der Vorsokratiker*. 5ª ed. vol. I. Leipzig: Weidmann, 1934, p. 35).

1123 Empédocles, frag. 20 (BURNET, John. *Early Greek Philosophy*. 4ª ed. Londres: A. & C. Black, 1930, p. 208; cf. também DIELS, Hermann. *Die Fragmente der Vorsokratiker*. 5ª ed. vol. I. Leipzig: Weidmann, 1934, frag. 20).

1124 Empédocles, frag. 22 (BURNET, John. *Early Greek Philosophy*. 4ª ed. Londres: A. & C. Black, 1930, p. 209; cf. também DIELS, Hermann. *Die Fragmente der Vorsokratiker*. 5ª ed. vol. I. Leipzig: Weidmann, 1934, frag. 22).

1125 Empédocles, frag. 27 (BURNET, John. *Early Greek Philosophy*. 4ª ed. Londres: A. & C. Black, 1930, p. 210; cf. também DIELS, Hermann. *Die Fragmente*

Além disso, o filósofo salientou que "não há discórdia nem conflito indecoroso entre seus membros".[1126] Mais tarde veio a Discórdia, e o processo de desarmonia e isolamento começou. A condição original do universo é surpreendentemente paralela ao estado original da sociedade que Empédocles retrata como uma espécie de idade de ouro, de paz e felicidade.[1127] "E à medida que se tornam diferentes, pensamentos diferentes se apresentam às suas mentes (em sonhos)";[1128] e "Pois todas as coisas eram mansas e gentis para o homem, tanto as bestas quanto os pássaros, e sentimentos amigáveis eram despertados por toda parte".[1129] Essa idade de ouro, pode-se conjecturar com segurança, terminou com a eclosão da Discórdia. E pode-se supor que com sua cosmologia Empédocles projetou suas ideias sociofilosóficas no universo.[1130]

Que φιλία e νεῖκος no cosmos são apenas as projeções da Amizade e da Discórdia humanas é confirmado pelo princípio mencionado anteriormente, segundo o qual coisas semelhantes só podem ser reconhecidas por coisas semelhantes. Pois, quando se diz que somente por nosso amor (o amor dentro de nós) podemos

---

der Vorsokratiker. 5ª ed. vol. I. Leipzig: Weidmann, 1934, frag. 28).

1126 Empédocles, frag. 27a (BURNET, John. *Early Greek Philosophy*. 4ª ed. Londres: A. & C. Black, 1930, p. 211).

1127 "Tampouco eles tinham [os que viveram na Idade de Ouro] Ares como deus ou Kydoimos, nem Rei Zeus, Crono ou Poseidon, mas Kypris, a Rainha... A ela eles ofereceram presentes sagrados, figuras pintadas e perfumes de fragrância sutil, oferendas de mirra pura e incenso de doces cheiros, lançando no chão libações de mel marrom. E o altar não cheirava a puro sangue de touro, mas isso era tido como a maior abominação entre os homens, comer os belos membros arrancados à vida (Empédocles, frag. 128 [BURNET, John. *Early Greek Philosophy*. 4ª ed. Londres: A. & C. Black, 1930, p. 244; cf. também DIELS, Hermann. *Die Fragmente der Vorsokratiker*. 5ª ed. vol. I. Leipzig: Weidmann, 1934, frag. 128]).

1128 Empédocles, frag. 108 (BURNET, John. *Early Greek Philosophy*. 4ª ed. Londres: A. & C. Black, 1930, p. 221).

1129 Empédocles, frag. 130 (BURNET, John. *Early Greek Philosophy*. 4ª ed. Londres: A. & C. Black, 1930, p. 225).

1130 Cf. DÜMMLER, F. *Akademika*. Giessen: Ricker, 1889, p. 221.

perceber o Amor (no cosmos) e o Ódio (νεῖκος) pelo ódio doloroso, isso não deve ser entendido em um sentido biológico; não é por causa dos elementos do amor e do ódio contidos em nosso sangue que somos capazes de reconhecer o Amor cósmico e o Ódio cósmico.[1131] Em vez disso, devemos entender que esses processos cósmicos são iguais aos fenômenos sociais que experimentamos como amor e ódio e, portanto, são reconhecíveis por nós. Assim como esses fenômenos são divindades nos mitos, também aparecem como tais na cosmologia de Empédocles. Assim, um fragmento diz: "Mas como a divindade estava misturada com a divindade" [i. e., a Amizade com a Discórdia].[1132] E outro: "Mas quando a Discórdia se tornou grande nos membros do deus e surgiu para reivindicar suas prerrogativas, na plenitude do tempo alternativo estabelecido para eles pelo poderoso juramento".[1133] Aristóteles apontou que "Empédocles parece indicar que a alternância de poder entre atração (amor) e repulsão (conflito) como motor efetivo das coisas sempre existiu por necessidade e, entre eles, os períodos de repouso".[1134] De fato, Aristóteles estava certo quando interpretou a luta entre as duas forças hostis e alternadamente vitoriosas nos escritos de Empédocles como o antagonismo entre bem e mal.[1135]

1131 Cf. CAPELLE, Wilhelm. *Die Vorsokratiker*. 2ª ed. Stuttgart: Alfred Kröner Verlag, 1938, nº 1, p. 236.

1132 Empédocles, frag. 59 (BURNET, John. *Early Greek Philosophy*. 4ª ed. Londres: A. & C. Black, 1930, p. 214; cf. também DIELS, Hermann. *Die Fragmente der Vorsokratiker*. 5ª ed. vol. I. Leipzig: Weidmann, 1934, frag. 128, frag. 59).

1133 Empédocles, frags. 30, 31 (BURNET, John. *Early Greek Philosophy*. 4ª ed. Londres: A. & C. Black, 1930, p. 211; cf. também DIELS, Hermann. *Die Fragmente der Vorsokratiker*. 5ª ed. vol. I. Leipzig: Weidmann, 1934, frag. 128, frag. 30).

1134 ARISTÓTELES. *Physics*, vol. II, livro VIII, cap. I, sec. 252a. Trad. para o inglês por Philip H. Wicksteed e Francis M Cornford. Loeb Classical Library. Cambridge: Harvard University Press, 1934.

1135 ARISTÓTELES. *Metaphysics*, vol. I, livro I, cap. IV, sec. 984b, 985a. Trad. para o inglês por Hugh Tredennick. Loeb Classical Library. Cambridge: Harvard University Press, 1933.

Essa consideração do processo do mundo como uma luta entre o bem e o mal pressupõe inevitavelmente a ideia de retribuição, pois é essencialmente a reação contra o malfeitor que sugere a ideia de uma "luta" contra "o mal".

Por meio do exame cuidadoso dos fragmentos disponíveis, tem-se a impressão de que, em Empédocles, a lei da alternância eterna e necessária entre a Amizade e a Discórdia tem o significado de retribuição. A discórdia é o mal. É o mal daqueles que recorrem à discórdia; ao mesmo tempo, é a sua punição.[1136] Na mitologia grega, muitas vezes é a mesma divindade que seduz alguém para fazer o mal e depois pune o malfeitor. Em um fragmento em que o caráter retributivo da transmigração da alma é expresso junto com a autoconfissão de Empédocles, lemos:[1137]

> ... sempre que um dos demônios... prosseguiu com a discórdia... ele deve vagar três vezes dez mil estações... Um desses sou eu agora, um exilado e um errante dos deuses, com minha confiança posta na insensata discórdia.

1136 Assim como a Discórdia é pecado e ao mesmo tempo castigo, não é apenas divisão e, portanto, um princípio mau, mas também um princípio de união e, portanto, bom. Aristóteles (ARISTÓTELES. *Metaphysics*, vol. I, livro I, cap. iv, sec. 985b. Trad. para o inglês por Hugh Tredennick. Loeb Classical Library. Cambridge: Harvard University Press, 1933) diz: "Empédocles, de fato, usa causas em maior escala do que Anaxágoras, mas não o suficiente; ele tampouco alcança a consistência em seu uso. De qualquer forma, a Amizade muitas vezes diferencia e a Discórdia combina: porque sempre que o universo é diferenciado em seus elementos pela Discórdia, o fogo e cada um dos outros elementos são aglomerados em uma unidade; e sempre que todos eles são combinados novamente pela Amizade, as partículas de cada elemento são necessariamente diferenciadas novamente".

1137 Cf. Empédocles, frag. 53 (BURNET, John. *Early Greek Philosophy*. 4ª ed. Londres: A. & C. Black, 1930, p. 222; cf. também DIELS, Hermann. *Die Fragmente der Vorsokratiker*. 5ª ed. vol. I. Leipzig: Weidmann, 1934, frag. 53).

Hipólito interpreta essa passagem assim: "Essa é a punição que o Demiurgo [Discórdia] inflige...".[1138]

A Discórdia pela qual a pessoa é seduzida a envolver-se no mal inflige punição ao malfeitor. Tal retribuição não é exercida apenas sobre o homem pecador – pecador porque engajado em discórdia – mas também sobre os próprios elementos separadores. No fragmento citado anteriormente que trata das coisas "unidas no amor por Afrodite" e das coisas "que mais diferem na origem, na mistura e nas formas impressas em cada uma", estas últimas são caracterizadas pelas palavras: "[Elas] são maximamente hostis, totalmente desacostumadas a se unir e muito desoladas com a Discórdia obrigatória".[1139] É a vontade da Discórdia, obviamente punindo e exercendo retribuição, que torna as coisas "desacostumadas a se unir e muito desoladas". A interpretação de Hipólito recebe confirmação completa aqui. Quando as coisas passam do estado de amizade, que é uma condição de bem e, portanto, de paz e felicidade, para o estado de discórdia, que é uma condição de mal, elas são ao mesmo tempo atingidas pelo infortúnio, isto é, pela punição. A lei eterna que governa essa mudança é a lei da retribuição. Sua inviolabilidade tem, portanto, um caráter especificamente normativo. O "oráculo da Necessidade" decreta essa lei, essa "antiga ordenança dos deuses", "eterna e selada por amplos juramentos". Consequentemente, essa norma é tão firme quanto uma promessa selada por um juramento. O juramento é uma garantia específica da lei. Também em Empédocles, Ananke é idêntico a Diké, e a inviolabilidade da lei da natureza é o absolutismo de um vínculo normativo.

1138 HIPÓLITO. "Refutation of All Heresies", livro VII, cap. 17. *In*: SCHAFF, P. *et al.* (Coord.). *Ante-Nicene Christian Fathers*: Fathers of the Third Century: Hippolytus, Cyprian, Caius, Novatian, Appendix. vol. V. Edimburgo: T&T Clark, 1885.

1139 Empédocles, frag. 22 (BURNET, John. *Early Greek Philosophy*. 4ª ed. Londres: A. & C. Black, 1930, p. 209; cf. também Diels, frag. 22).

70 Os atomistas

O conceito moderno de causalidade foi, em princípio, estabelecido nos escritos dos atomistas Leucipo e Demócrito. Esses fundadores da ciência natural pura chegaram à separação quase completa entre lei da causalidade e princípio da retribuição, eliminando de maneira consistente todos os elementos teológicos de sua interpretação da natureza e rejeitando estritamente as causas que são simultaneamente fins. Enquanto a ordem do mundo é concebida como expressão de uma vontade mais ou menos pessoal, racional e, portanto, que funciona com base em um propósito, a lei da natureza deve ter o caráter de uma norma, que por analogia com a norma social, o Estado de Direito, garante o estado normal das coisas por meio de sanções. A lei universal deve ser a lei da retribuição. Qualquer desvio dos acontecimentos em relação a essa lei é considerado a condição de uma reação procedente de uma vontade divina que tende a restabelecer o equilíbrio da natureza. Encontramos a mesma ideia na ciência do Direito moderna. O delito é a condição da sanção; e a sanção, especialmente a pena, a reação contra o delito, é considerada o restabelecimento da lei. Consequentemente, a inviolabilidade da lei da natureza, sua necessidade absoluta, não se refere tanto ao fato de que a natureza obedece sem exceção à lei a que está sujeita, mas ao fato de que a reação contra uma possível desobediência, o castigo de Diké, deusa da justiça, é inevitável. O sol deve seguir sua órbita prescrita; mas, se uma única vez se desviasse de seu caminho, seria sem irresistivelmente corrigido pelos demônios punitivos da deusa da retribuição. Heráclito ainda considerava a lei da natureza dessa maneira. Mas para os atomistas ela deixou de ser uma norma, i. e., a expressão da vontade divina. Tornou-se a manifestação de uma necessidade objetiva impessoal.[1140]

1140 Os atomistas, bem como os filósofos, especialmente Anaximandro, Heráclito e Aristóteles, não usavam o termo "lei da natureza", embora tivessem uma ideia clara das regras gerais que determinam os eventos naturais. Eles não

"Demócrito", diz Aristóteles,[1141] "deixando de lado a causa final, reduz à necessidade [εἰς ἀνάγκην] todas as operações da Natureza". Demócrito não considerava que o universo tivesse sido construído por algum ser pessoal. "Demócrito presume", escreve Pseudoplutarco,[1142] "que o todo é infinito porque nunca foi criado por ninguém... Cujas causas que ocorrem agora não tiveram início; tudo o que foi, é ou será existe desde toda a eternidade e já está no colo da necessidade". Nada é mais característico do espírito verdadeiramente científico dos atomistas, baseado inteiramente em uma concepção mecânica do mundo, do que a sentença atribuída a Demócrito de que preferia "descobrir uma única lei de causação do que receber o reino da Pérsia".[1143]

A libertação da interpretação da natureza em relação ao princípio da retribuição na filosofia dos atomistas é exatamente paralela à emancipação análoga da teoria social na filosofia dos sofistas. Protágoras, contemporâneo de Leucipo, ensinava que a técnica específica da ordem estatal, que reage a um ato socialmente

designavam essas regras como "leis" (νόμοι), pois na linguagem filosófica dos gregos lei e natureza – νόμος e φύσις – eram opostos (cf. ZILSEL, Edgar. "The Genesis of the Concept of Physical Law". *Philosophical Review*, vol. LI, 1942, pp. 249 e ss.). Não obstante, as regras que determinavam a natureza eram, em geral, consideradas normas. Somente no conceito atomista de ἀνάγκη as regras da natureza perderam qualquer sentido normativo. É mais significativo que a expressão "lei da natureza" (παρὰ τοὺς τῆς φύσεως νόμους) possa ser encontrada apenas em Platão (Timeu, seção 83e), pois a filosofia de Platão é uma interpretação puramente teológica e, portanto, normativa, jurídico-moral do universo.

1141 ARISTÓTELES. *Generation of Animals (De generatione animalium)*, livro V, sec. 789b. Trad. para o inglês por A. L. Peck. Loeb Classical Library. Cambridge: Harvard University Press, 1942.

1142 Pseudo-Plutarco, Stromat. 7 (DIELS, H. *Doxographi Graeci*. Berlim: De Gruyter, 1929, p. 581). Cf. também CAPELLE, Wilhelm. *Die Vorsokratiker*. 2ª ed. Stuttgart: Alfred Kröner Verlag, 1938, nº 48, p. 415.

1143 Dionísio de Alexandria, em EUSÉBIO DE CESAREIA. *Preparation for the Gospel*, livro XIV, cap. xxvii. Trad. para o inglês de E. H. Gifford. [s.l]: [s.n.], 1903.

danoso com um ato coercitivo dirigido contra o malfeitor, não se justifica pela ideia religiosa de retribuição, mas pela intenção racional de prevenção. A punição é infligida não por alguma razão obscura, mas por um propósito claro.

> Não se pune o malfeitor pela noção, ou pela razão, de que ele fez algo errado – somente a fúria irracional de uma besta atua dessa maneira. Mas aquele que deseja infligir punição racional não retalia por um mal passado que não pode ser desfeito; ele olha para o futuro e deseja que o homem que é punido, e aquele que o vê sendo punido, possa ser dissuadido de cometer males novamente. Pune-se em nome da prevenção.[1144]

Assim, a lei do Estado, como a lei da natureza, foi libertada do mito da retribuição.

O princípio causal, contudo, mesmo na forma purificada que assumiu nos escritos dos atomistas, não pode negar inteiramente sua origem. Segundo Aécio,[1145] Leucipo afirma que tudo acontece por necessidade (κατ' ἀνάγκην), que é idêntica ao destino (εἱμαρμένη). "Nada acontece à toa, mas tudo a partir de um fundamento e por necessidade" [ἐκ λόγου τε καὶ ὑπ' ἀνάγκης]. O conceito de causa é aqui expresso por λόγος. Essa é a λόγος de Heráclito, cuja doutrina influenciou fortemente os atomistas. A λόγος de acordo com a qual, em Heráclito, "todas as coisas acontecem [γινομένων γὰρ πάντων κατὰ τόν λόγον]",[1146] é transformada na

---

1144 PLATÃO. "Protagoras". *In*: JOWETT, B. (Coord.). *The Dialogues of Plato*. 3ª ed. vol. II. Londres: MacMillan, 1892, nº 324, p. 116. O fato de o próprio Platão aderir à doutrina da retribuição prova que a teoria defendida no diálogo por Protágoras era especificamente sofista.

1145 Aécio I. 25, 4 (DIELS, H. *Doxographi Graeci*. Berlim: De Gruyter, 1929, p. 321; BURNET, John. *Early Greek Philosophy*. 4ª ed. Londres: A. & C. Black, 1930, p. 340).

1146 DIELS, Hermann. *Die Fragmente der Vorsokratiker*. 5ª ed. vol. I. Leipzig: Weidmann, 1934, frag. 1; BURNET, John. *Early Greek Philosophy*. 4ª ed. Londres: A. & C. Black, 1930, p. 133.

doutrina de Leucipo na ideia de causa mecânica. Se esta opera, aqui com absoluta necessidade (ἀνάγκη), derivou essa qualidade da vontade inviolável da divindade, que é a λόγος de Heráclito.

A origem da ideia de causalidade estrita é ainda mais clara em Demócrito. Segundo Aécio, ele parece ter entendido por necessidade (ἀνάγκη) os golpes e contragolpes dos átomos que se chocam uns contra os outros.[1147] Para compreender essa formulação da causalidade física, é preciso perceber que, segundo Demócrito, a mudança é apenas a colisão e separação de átomos; nada existe além de átomos, que "estão em desacordo uns com os outros" e colidem uns contra os outros no espaço vazio. Dessa maneira, as coisas aparecem e desaparecem. Diógenes Laércio[1148] apresenta a teoria de Leucipo assim:

> O mundo passa a existir assim. São levados pela "abscisão do infinito" muitos corpos de todos os tipos de figuras "para um grande vazio", e sua reunião produz um único vórtice. Nele, quando colidiram um com o outro e ricochetearam para todas as direções, aqueles que eram semelhantes foram separados e tornaram-se afins.

Os fatos decisivos são a colisão e a separação, os golpes e contragolpes dos átomos. É nesses fatos que a ἀνάγκη, a necessidade que chamamos de "causalidade", manifesta-se. Isso significa que os atomistas viam a causalidade em um fenômeno cujo esquema é a ação e reação. Essa ideia é semelhante ao princípio da retribuição, que conecta uma ação com sua reação específica, o mal com

---

1147 Aécio I. 26. 2 (DIELS, H. *Doxographi Graeci*. Berlim: De Gruyter, 1929, p. 321).

1148 DIÓGENES LAÉRCIO. "Diógenes". *In*: ______. *Lives of eminent philosophers*. Trad. para o inglês de R. D Hicks. Livro IX. Loeb Classical Library. Cambridge: Harvard University Press, 1925, nº 31 e ss, pp. 441 e ss. (cf. BURNET, John. *Early Greek Philosophy*. 4ª ed. Londres: A. & C. Black, 1930, p. 338).

a punição, o mérito com a recompensa. Os átomos chocam-se uns com os outros "em desacordo" – assim como em Heráclito as coisas estão constantemente "em guerra" – e "são postas em harmonia pelo choque de correntes opostas".[1149] Os elementos conectados pelo princípio da retribuição são opostos quanto à direção de sua ação, mas não quanto à sua natureza, pois o semelhante é correspondido pelo semelhante. Assim, de acordo com a lei da causalidade de Demócrito, entre os átomos que estão "em desacordo" apenas o semelhante pode afetar o semelhante. No papiro de Hibeh[1150] encontra-se a seguinte passagem: "...ele [Demócrito] diz que uma substância úmida semelhante é (atraída) pelo semelhante como em toda a criação, e assim o mar foi criado e tudo o mais que é... pela combinação de átomos homogêneos". Da mesma maneira, em um fragmento de Demócrito, lê-se:

> Os animais associam-se com a mesma espécie de animais – pombos com pombos, grous com grous e o restante dos animais de maneira semelhante. O mesmo vale para as coisas sem vida, como se pode ver no caso de grãos de semente peneirados promiscuamente e no caso de seixos na rebentação. Pois no primeiro caso, um movimento giratório da peneira efetua uma separação e lentilhas unem-se a lentilhas, cevada a cevada, grãos de trigo a grãos de trigo. Assim, os seixos compridos são levados aos seixos compridos, os redondos aos redondos pela ondulação da rebentação como se a semelhança peculiar das coisas criasse entre elas um poder de atração.[1151]

1149 DIÓGENES LAÉRCIO. "Diógenes". *In*: ______. *Lives of eminent philosophers*. Trad. para o inglês de R. D Hicks. Livro IX. Loeb Classical Library. Cambridge: Harvard University Press, 1925, nº 7, p. 415; cf. Heráclito, frag. 10 (DIELS, Hermann. *Die Fragmente der Vorsokratiker*. 5ª ed. vol. I. Leipzig: Weidmann, 1934).

1150 GRENFELL, B. P.; HUNT, A. S. (Coord.). *The Hibeh Papyri*. Londres: Kegan Paul, Trench, Trübner & Co, 1906, parte 1, nº 16, pp. 62 e ss.

1151 Demócrito, frag. 164 (DIELS, Hermann. *Die Fragmente der Vorsokratiker*. 5ª ed. vol. I. Leipzig: Weidmann, 1934).

Aristóteles diz:[1152]

> A maioria está de acordo ao afirmar que o semelhante nunca é afectado pelo semelhante, porque nenhum é mais activo ou passivo do que o outro (pois dizem que a coisas semelhantes pertencem no mesmo grau todas as propriedades que tenham idênticas), e que são as coisas dissemelhantes e diferentes que, por natureza, actuam e padecem entre si. Neste sentido, mesmo quando um fogo menor é destruído por um fogo maior, dizem que é afectado por causa da contrariedade, pois o muito é contrário ao pouco. Demócrito, porém, divergiu dos outros e foi o único que formulou uma teoria peculiar, afirmando que o agente e o paciente são o mesmo, ou seja, semelhantes, pois não é possível que coisas diversas e diferentes sejam afectadas umas pelas outras; pelo contrário, ainda que as coisas, sendo diversas, possam exercer alguma acção entre si, não é enquanto diversas que tal sucede no seu caso, mas enquanto detentoras de alguma propriedade idêntica.

É porque "semelhante é atraído por semelhante" que o ímã atrai o ferro. "Com essa suposição", disse Alexandre de Afrodísias,[1153] "ele [Demócrito] presume que o ímã e o ferro consistem do mesmo tipo de átomo". Assim, o mal atrai uma punição que é essencialmente semelhante a ele; por exemplo, assassinato atrai assassinato (como vingança de sangue ou pena de morte); mérito atrai recompensa porque são essencialmente semelhantes. Assim, o ímã atrai o ferro porque é "semelhante" a ele. Quando Demócrito

---

1152 ARISTÓTELES. *On coming-to-be & passing-away (De generatione et corruptione)*, livro I, parte 7, 323b. Trad. para o inglês por H. H. Joachim. Oxford: The Clarendon Press, 1922. [ed. port.: ARISTÓTELES. *Sobre a geração e a corrupção*. Trad. Francisco Chorão. Coleção Obras completas de Aristóteles, volume 2, tomo 3. Lisboa: Imprensa Nacional-Casa da Moeda, 2009, p. 95].

1153 CAPELLE, Wilhelm. *Die Vorsokratiker*. 2ª ed. Stuttgart: Alfred Kröner Verlag, 1938, nº 37, p. 410.

descreveu o fato de que uma causa tem um efeito sobre uma coisa dizendo que a coisa "sofre" o efeito, a ideia de "sofrer" punição estava em segundo plano.

71 O significado de αἰτία

A afirmação de Plínio[1154] de que Demócrito reconhecia apenas duas divindades, *Poenam et Beneficium* (Punição e Recompensa), é bastante compreensível. Quando Aristóteles[1155] retratou a lei atomística da causalidade nestas palavras, "...que nada, de fato, vem a ser por acaso, mas que há uma causa determinada de tudo que dizemos vir a ser por acaso ou pelo espontâneo" (τι αἴτιον), e quando, em Demócrito[1156] assim como em outras partes da antiga filosofia da natureza, "causa" significa αἰτία, então não se deve esquecer que o significado original dessa palavra era "culpa".[1157]

1154 Plínio, *Natural history*, ii. 14 (DIELS, Hermann. *Die Fragmente der Vorsokratiker*. 5ª ed. vol. I. Leipzig: Weidmann, 1934, 68A; 76): "Innumeros quidemc redere (deos)... aut, ut Democrito placuit, duos omnino, Poenam et Beneficium". "Beneficium" significa "mérito" bem como "recompensa"; a linguagem aqui indica a "igualdade" dos dois elementos conectados pelo princípio da retribuição. M. Wellmann (segundo DIELS, Hermann. *Die Fragmente der Vorsokratiker*. 5ª ed. vol. II. Leipzig: Weidmann, 1934, p. 103) atribui esse fragmento "a Mendesiano que, como pitagórico, conhecia a doutrina da retribuição". Que Bolo de Mendes, um seguidor de Demócrito, pertencia à escola dos pitagóricos e assim conhecia a doutrina da retribuição certamente não é razão suficiente para presumir um erro por parte de Plínio. A doutrina da retribuição, ou mesmo o princípio da retribuição, como uma norma básica de todo o sistema da ética era um elemento principal do pensamento grego.

1155 ARISTÓTELES. *Physics*, vol. I, livro II, cap. IV, 196a. Trad. para o inglês por Philip H. Wicksteed e Francis M Cornford. Loeb Classical Library. Cambridge: Harvard University Press, 1929. [ARISTÓTELES. *Física I-II*. Trad. Lucas Angioni. Campinas: Ed. Unicamp, 2009, p. 51].

1156 E.g., DIELS, Hermann. *Die Fragmente der Vorsokratiker*. 5ª ed. vol. I. Leipzig: Weidmann, 1934, frag. 83.

1157 A palavra αἰτία que aparece pela primeira vez em Píndaro e Ésquilo, significa aqui "culpa". Mas no prólogo de Heródoto a sua história ela significa "causa". Em Homero o substantivo αἰτία não aparece, mas são encontrados

A causa é "responsável" pelo efeito. Essa é a conexão interna entre os dois elementos da lei da causalidade; e a ideia de tal conexão interna entre causa e efeito ainda não desapareceu inteiramente do pensamento da ciência natural moderna.

o adjetivo αἴτιος e o verbo αἰτιάομαι; o primeiro significa "culpado", e o segundo "acusar", "responsabilizar". A palavra possivelmente está relacionada à antiga palavra indiana *ainas*, que significa "sacrilégio", "pecado" ou "culpa" (cf. MEYER, Leo. *Handbuch der griechischen Etymologie*. vol. II. Leipzig: S. Hirzel,1901, pp. 80/81). Werner Jaeger (JAEGER, Werner. *Paideia*: the Ideals of Greek Culture. Trad. para o inglês de Gilbert Highet. Oxford: The University Press, 1939, p. 159) escreve que a noção grega "de Causa (αἰτία) era originalmente a mesma usada para a ideia de Responsabilidade e foi transferida da terminologia jurídica para a física. Intimamente ligada a isso está a transferência paralela das palavras relacionadas cosmos, diké e tisis da esfera do Direito para a da natureza".

PARTE III

CIÊNCIA MODERNA

CAPÍTULO VI

A LEI DA CAUSALIDADE NA CIÊNCIA NATURAL MODERNA

72 A crítica de Hume ao conceito de causalidade

Originalmente desenvolvido nas doutrinas dos atomistas, o princípio da causalidade absolutamente válida, que como lei natural não admitia exceções, foi posteriormente adotado por Epicuro e seus seguidores. Após o triunfo do cristianismo, no entanto, essa ideia corria o risco de se perder novamente na visão teológica do mundo que prevaleceu na Idade Média. Mas a nova ciência natural fundada por Bacon, Galileu e Kepler ressuscitou e revisou o princípio da causalidade, de tal modo que permaneceu como único esquema de interpretação da natureza até muito recentemente, quando em certas esferas da física moderna foi questionado, se não completamente negado. Se hoje se fala, com ou sem razão, em uma crise desse princípio, não se pode esquecer que essa crise começou com a famosa crítica de Hume à crença na causalidade. As objeções de Hume são dirigidas principalmente contra a ideia, ainda predominante em seu tempo, de que existe uma conexão objetiva entre causa e efeito, uma conexão inerente às próprias coisas – um vínculo interno tal que a causa de alguma forma produz o efeito; a causa faz algo que induz o efeito. Assim, a causa é concebida como um agente, uma substância que emite força.[1158] Tal ideia parece ter sido apoiada pela experiência da operação de vontade do homem, que considerava seu eu ou sua "alma" (conceito semelhante ao de força) a "causa" de suas ações. A virada decisiva que Hume deu ao problema da causalidade foi a transferência da conexão entre causa e efeito da esfera objetiva à subjetiva, criando assim um problema epistemológico a partir de um ontológico. Para situá-lo mais corretamente, ele dividiu o problema da causalidade em componentes ontológicos e epistemológicos, afirmando que na natureza não há causalidade no sentido de uma conexão necessária, mas apenas uma sucessão regular de eventos. A ideia de uma lei geral de causalidade, segundo a qual causas semelhantes necessariamente produzem efeitos semelhantes, é apenas um hábito de pensamento que, a partir da observação de sucessões regulares de eventos, torna-se uma firme convicção.[1159] Partindo desse ponto e

---

1158 HUME, David. *An Enquiry concerning the Human Understanding*. Editado por L. A. Selby-Bigge. Oxford: The Clarendon Press, 1894, seção VII, p. 63 [ed. bras.: HUME, David. "Uma investigação sobre o entendimento humano". *In*: HUME, David. *Investigações sobre o entendimento humano e sobre os princípios da moral*. Trad. José Oscar de Almeida Marques. São Paulo: Unesp, 2003, p. 99]: "Quando olhamos para os objetos ao nosso redor e consideramos a operação das causas, não somos jamais capazes de identificar, em um caso singular, nenhum poder ou conexão necessária, nenhuma qualidade que ligue o efeito à causa e torne o primeiro uma consequência infalível da segunda. De fato, tudo o que descobrimos é que o efeito realmente se segue à causa". "Não há, na realidade, nenhuma porção de matéria que revele, por suas qualidades sensíveis, qualquer poder ou energia, ou que nos dê razões para imaginar que poderia produzir alguma coisa ou ser seguida por qualquer outro objeto que pudéssemos denominar seu efeito". A ideia de "força" inerente à causa que produz o efeito é somente a expressão animista da necessidade de conexão entre causa e efeito.

1159 HUME, David. *An Enquiry concerning the Human Understanding*. Editado por L. A. Selby-Bigge. Oxford: The Clarendon Press, 1894, pp. 75 e ss. [ed. bras: HUME, David. "Uma investigação sobre o entendimento humano". *In*: HUME, David. *Investigações sobre o entendimento humano e sobre os princípios da moral*. Trad. José Oscar de Almeida Marques. São Paulo: Unesp,

seguindo a direção indicada por Hume, Kant chegou à sua própria doutrina. Ele declarou que a mera observação da realidade não poderia estabelecer a necessidade de uma conexão entre dois fatos, como causa e efeito; consequentemente, assinalou, o conceito de causalidade é uma noção inata, uma categoria a priori, uma forma de cognição inevitável e necessária por meio da qual ordenamos mentalmente o material empírico da percepção sensorial.

73 A ideia da necessidade objetiva da conexão causal

De onde vem, então, a ideia de que a necessidade da conexão entre causa e efeito é objetiva e, portanto, inerente aos acontecimentos? Qual é a base para a crença de que a causa produz ou induz o efeito? E, finalmente, por que existe não apenas um *post hoc*, mas também um *propter hoc* entre causa e efeito? A explicação de Hume não é suficiente. Ele diz apenas:

> tendo descoberto, em muitos casos, que dois tipos quaisquer de objetos – chama e calor, neve e frio – estiveram sempre associados um ao outro, se a chama ou a neve se apresentarem novamente aos sentidos, a mente é levada pelo hábito a esperar calor ou frio, e a *acreditar* que tal qualidade está presente e irá revelar-se se examinada de perto.[1160]

2003, pp. 113/114]: "...que, após uma repetição de casos semelhantes, a mente é levada pelo hábito, quando um dos acontecimentos tem lugar, a esperar seu acompanhante habitual e a acreditar que ele existirá. Essa conexão, portanto, que nós sentimos na mente, essa transição habitual da imaginação que passa de um objeto para seu acompanhante usual, é o sentimento ou impressão a partir da qual formamos a ideia de poder ou conexão necessária. Nada mais está presente na situação... Quando dizemos, portanto, que um objeto está conectado a outro, queremos apenas dizer que eles adquiriram uma conexão em nosso pensamento".

1160 HUME, David. *An Enquiry concerning the Human Understanding*. Editado por L. A. Selby-Bigge. Oxford: The Clarendon Press, 1894, p. 46 [ed. bras.: p. 79].

Nossa mente é levada pelo hábito a esperar que certo fenômeno será sempre seguido no futuro pelo mesmo fenômeno que o seguiu regularmente no passado. No entanto, nossa mente não é levada pelo hábito a acreditar que uma exceção está absolutamente excluída. A teoria de Hume é obviamente influenciada pela ideia de Direito Consuetudinário, predominante na Inglaterra de seu tempo. A esse respeito, ele afirma expressamente: "O hábito é... o grande guia da vida humana".[1161] Mas mesmo o hábito não constitui regras sem exceções. A ideia de que a conexão entre causa e efeito tem caráter de absoluta necessidade não pode ser resultado de um hábito ou costume de pensamento. Provavelmente, como o desenvolvimento da filosofia grega antiga mostrou, ela surge do princípio da retribuição.

Esse princípio é a expressão de uma vontade transcendental, independente dos seres humanos a ela submetidos, de uma autoridade especificamente objetiva que liga a punição com o malfeito e a recompensa com o mérito, distribuindo punições "por causa" do malfeito e recompensas "por causa" do mérito. Enquanto existir a ideia de uma autoridade transcendental dotada de razão e vontade, não pode haver distinção entre a conexão de malfeito e punição ou mérito e recompensa, por um lado, e causa e efeito, por outro, pois em cada caso essa conexão deve ser efetuada pela vontade da autoridade. Assim, não se pode diferenciar lei moral e lei da natureza enquanto ambas são consideradas a vontade da divindade. Enquanto houver uma crença na existência de uma autoridade transcendental que governa tanto a sociedade humana quanto a natureza, a vontade dessa autoridade é o vínculo objetivo que mantém a causa e o efeito unidos, mesmo que a lei da causalidade tenha se separado do princípio da retribuição.

1161 HUME, David. *An Enquiry concerning the Human Understanding*. Editado por L. A. Selby-Bigge. Oxford: The Clarendon Press, 1894, p. 44 [ed. bras.: p. 77].

A tentativa de eliminar a ideia de uma vontade transcendental da interpretação da natureza nem sempre teve êxito total. A vontade transcendental foi simplesmente metamorfoseada na causa metafísica. É a causa que "quer" o efeito. E o resultado é o mesmo se a relação entre causa e efeito for concebida em analogia com a conexão que se supõe entre a alma do homem – i. e., a divindade dentro do homem – e as ações do homem "causadas" por sua alma. Já no pensamento mítico, a conexão entre o malfeito e a punição provocada pela vontade da divindade havia sido projetada nos fatos conexos; a vontade punitiva da divindade era imaginada como tendo seu assento de alguma forma no mal substancialmente concebido. Na Bíblia, o sangue derramado clama por vingança, pois nele está a alma vingativa do homem assassinado. Assim, também no mito grego, as Erínias se originam do sangue de Urano, castrado criminosamente por seu filho Crono. O vínculo objetivo imaginado entre causa e efeito é a vontade transcendental projetada na natureza. Ao transformar a causalidade de uma conexão objetivamente necessária de causa e efeito, imanente à natureza, em um princípio subjetivo do pensamento humano, Hume e Kant apenas libertaram a lei da causalidade de um elemento que ela herdou enquanto sucessora do princípio da retribuição.

74 A equivalência de causa e efeito (o princípio da equivalência)

Outro elemento do conceito de causalidade do qual a física moderna discorda é a tese de que o efeito deve ser igual à causa: *causa aequat effectum*. Mach já mostrou que essa proposição, que Robert Mayer,[1162] – o descobridor do princípio da conservação

1162 Em seu ensaio: MAYER, J. R. "Bemerkungen über die Kräfte der unbelebten Natur". *In*: ______. *Die Mechanik der Wärme*. Stuttgart: Cotta, 1874.

da energia – usou com frequência é completamente "vazia".[1163] E Philipp Frank[1164] é da opinião de que

> é uma característica principal do conceito popular de causalidade que causa e efeito devam de alguma forma ser iguais ou pelo menos proporcionais. Quanto mais forte a causa, mais forte o efeito. No entanto, faltava um método adequado para medir todas as causas e efeitos possíveis, um método para determinar quando certa parte de uma causa era igual a certa parte do efeito. De qualquer modo, acreditava-se ter um pressentimento disso. Finalmente, no princípio físico de que qualquer sistema de corpos só pode aumentar sua energia na medida em que retira energia dos corpos circundantes, aparece a formulação concreta equivalente do fato de que o efeito deve ser igual à causa. Driesch afirma explicitamente: "A energia é a medida da causalidade".

Frank, no entanto, depois de chamar a atenção para o caráter problemático da concepção de energia,[1165] sustenta que, do ponto de vista da física, é impossível simplesmente "considerar a energia como uma medida geral de causalidade".[1166]

Mas, mesmo que se suponha que o princípio "A causa deve ser igual ao efeito" tenha levado ao princípio fisicamente verdadeiro da conservação da energia, não se pode declarar, como às vezes se faz, que o princípio da causalidade é idêntico ao princípio da energia ou

---

1163 MACH, Ernst. *Die Mechanik in ihrer Entwicklung*. 3ª ed. Leipzig: F.A. Brockhaus, 1897, pp. 493, 406.

1164 FRANK, Philipp. *Das Kausalgeset und seine Grenzen*. Viena: Julius Springer, 1932, p. 136.

1165 FRANK, Philipp. *Das Kausalgeset und seine Grenzen*. Viena: Julius Springer, 1932, pp. 136 e ss. Na página 139, Frank afirma: "O respeito com que os filósofos usam o conceito de 'energia' deriva em grande medida do termo, no qual podem perceber algo como uma alma, 'psicoide'".

1166 FRANK, Philipp. *Das Kausalgeset und seine Grenzen*. Viena: Julius Springer, 1932, p. 140.

que o primeiro é o "equivalente lógico" do segundo.[1167] O princípio de que, pelo desaparecimento de certa quantidade de energia de um tipo, certa quantidade de energia de outro tipo passe a existir tem um significado completamente diferente do princípio de que a causa deve ser igual ao efeito.[1168] Somente por uma mudança radical de significado ele poderia levar ao princípio da equivalência de energias. Em um capítulo anterior sobre a antiga filosofia da natureza, já apontamos que esse elemento da teoria da causalidade também se originou da doutrina da retribuição – do princípio de que o semelhante deve ser dado pelo semelhante.[1169] Aqui se pode observar que a ideia de uma medida objetiva de ambos os fatos, interligados entre si pelo princípio da retribuição, bem como a consequente exigência de que quanto maior o malfeito, maior deve ser a punição,

---

1167 Cf., e.g., SCHMIDT, Heinrich. *Philosophisches Woerterbuch*. (Coleção Kröners Taschenausgabe). 9ª ed. vol. XIII, 1934, artigo "Energie".

1168 MAUTHNER, Fritz. *Wotrterbuch der Philosophie*. vol. I. Munique e Leipzig: Verlag Georg Müller, 1910, p. 275 observa de maneira contundente: "O velho princípio escolástico, *causa aequat effectum*, perdeu sua validade. Desde Carnot e Clausius, sabemos que com a transformação de calor em energia, uma quantidade considerável de calor é gasta inutilmente e não transformada no efeito pretendido. Se essa lei puder ser generalizada, o princípio teórico da conservação da energia permanece intacto, mas a causa não é mais igual ao efeito (ao efeito que nos interessa); a causa é dividida em duas forças, uma produz um efeito, a outra desaparece sem que nenhum efeito útil seja produzido".

1169 Que o princípio da equivalência de energias procede de uma esfera de pensamento normativo também é corroborado pelo fato de que esse princípio é às vezes usado como ponto de partida de uma especulação que conduz a essa esfera normativa. A visão de que com referência à energia o efeito deve ser igual à causa leva, de acordo com FRANK, Philipp. *Das Kausalgeset und seine Grenzen*. Viena: Julius Springer, 1932, p. 136, "à suposição de que as mudanças nas quais a energia permanece inalterada não precisam de nenhuma causa física. Assim, muitos esperavam ter encontrado uma maneira pela qual se pudesse compreender a intervenção de fatores espirituais sobrenaturais no mundo de nossa experiência física e poder tornar o primeiro compatível com os resultados da ciência exata. Tal intervenção é muitas vezes necessária para salvar o chamado livre-arbítrio". A presunção do livre-arbítrio tem sentido, se a considerarmos necessária para fundamentar a responsabilidade ético-jurídica do indivíduo, somente do ponto de vista da especulação normativa.

e quanto maior o mérito maior a recompensa, fundamenta-se na tendência substancializante do pensamento primitivo. Essa tendência transforma todas as qualidades, condições e forças, "boas" e "más", em substâncias quantitativamente determináveis. Assim, a culpa, o malfeito e o pecado, considerados como substâncias e ligados ao malfeitor, são lavados nos ritos de purificação; ou, em outros casos, são considerados substâncias que residem dentro do malfeitor e são cuspidas, vomitadas ou expulsas pela fala na confissão.

Somente quando o mal da injustiça e o mal da punição são substâncias quantitativamente determináveis, eles podem ser contrabalançados na retribuição. No Direito Penal, se a ideologia da retribuição e, portanto, a ideia de que o mal e a punição são substâncias, for abandonada e, no lugar da retribuição, aceitarmos a prevenção como finalidade da punição, então a equivalência entre malfeito e punição perde seu sentido. Pois a punição sob essas condições não seria mais infligida "por causa" do mal cometido, mas para evitar o mal futuro. Nem o malfeito nem a punição são quantidades objetivamente mensuráveis. No entanto, algo como a equivalência entre malfeito e punição parece ser imaginável. Quanto mais prejudicial for considerado um fato qualificado como errado, mais deve ser temido o mal que ameaça impedi-lo e mais "severa" deve ser a punição. O caráter problemático dessa proporção é corroborado pelo fato de que as medidas dos dois elementos não têm caráter objetivo, mas representam mera avaliação subjetiva. Para a teoria da prevenção, a equivalência entre malfeito e punição tem – na medida em que pode ser defendida – um significado totalmente diferente daquele que tem para a teoria da retribuição; e assim mesmo, o princípio da equivalência de energias, interpretado como proporcionalidade quantitativa – se tal interpretação for possível – tem um significado totalmente diferente do princípio da igualdade entre causa e efeito da teoria da causalidade mais antiga. Na Física, a energética parece constituir o mesmo tipo de progresso que a teoria da prevenção no pensamento jurídico; ambas significam um triunfo sobre o princípio da retribuição.

75 O caráter bipartite da lei da causalidade

O caráter problemático da afirmação de que a causa deve ser igual ao efeito, e vice-versa, também é discernível na ideia relacionada de que uma causa tem apenas um efeito e que um efeito é remontável a apenas uma causa. O princípio da causalidade, segundo sua concepção popular, tem caráter essencialmente bipartite. Como, porém, cada causa deve ser considerada sucessivamente como efeito de outra causa e cada efeito como causa de outros efeitos, cada ponto a ser determinado causalmente está em uma cadeia interminável de causalidade que tem o caráter de um *continuum*. Os fenômenos descritos como "causa e efeito" constituem uma conexão direta, embora nem sempre imediatamente perceptível, de eventos. O que se chama de "causa" transforma-se imperceptivelmente no que se chama de "efeito".[1170] Causa e efeito são, nas palavras de Goethe, "um fenômeno indivisível". Que os separemos um do outro, no entanto, até mesmo opondo-os um ao outro; que isolemos intencionalmente da cadeia contínua de inúmeros elementos apenas dois como *a* causa e *o* efeito que é imputado somente a essa causa deve-se ao antigo hábito de interpretar a natureza de acordo com o princípio da retribuição. Este conecta um evento particular, caracterizado como errado, com a punição, considerada um evento precisamente determinado e claramente separado cronologicamente do primeiro. A possibilidade de isolar esses dois fatos de um fluxo contínuo de eventos se deve ao fato de que ambos são "arbitrariamente" determinados e ligados entre si pela vontade divina ou humana expressa pela norma da retribuição. Esse método de isolar os fenômenos, derivado do pensamento normativo, não impede a obtenção de resultados teóricos e práticos úteis no campo das ciências naturais.

1170 SCHMIDT, Heinrich. *Philosophisches Woerterbuch*. (Coleção Kröners Taschenausgabe). 9ª ed. vol. XIII, 1934, artigo "Kausalität".

Mas esses resultados devem ser corrigidos pela percepção de que cada efeito tem um número infinito de causas e cada causa um número infinito de efeitos. Tal correção é tanto mais necessária quanto uma análise realista mostra que cada efeito não é apenas o fim de uma cadeia de causas, mas também o início de uma nova cadeia e, ao mesmo tempo, o ponto de interseção de um número infinito de cadeias. Nenhum evento depende somente de uma causa. A partir desse fato, alguns filósofos abandonaram completamente o conceito de causa como inútil e o substituíram pelo de "condições" ou "componentes" do evento.[1171] Da mesma forma, o conceito de efeito teve de ser substituído pelo de "resultados". No entanto, considerou-se necessário indicar uma das condições ou componentes de um evento como "decisivo". Distinguiu-se assim a "causa" como concepção coletiva de todas as condições de um efeito tomadas em conjunto, e a "causa" no sentido mais estrito de uma condição "imediata", ou "variação decisiva"[1172] de uma das circunstâncias condicionantes. Assim, a noção de causalidade não foi realmente abandonada, mas apenas modificada. Abandonou-se apenas um elemento, a saber, a ideia de que a causalidade é uma conexão apenas entre dois fatos, de que o princípio da causalidade é bipartite, noção que se originou na esfera da retribuição. Há somente um caso para o qual essa ideia é incontestavelmente apropriada: um delito, uma punição. A postulação de que não se deve punir mais de uma vez pelo mesmo delito, que a lei da retribuição deve se exaurir em uma única reação a um fato e, portanto, é literalmente bipartite, é expressa pela máxima: "*Ne bis in idem*". A crítica à lei da causalidade, feita pelo que se convencionou chamar de "condicionismo",[1173] visa apenas à sua separação do princípio da retribuição.

1171 SCHMIDT, Heinrich. *Philosophisches Woerterbuch*. (Coleção Kröners Taschenausgabe). 9ª ed. vol. XIII, 1934, artigo "Ursache".

1172 Cf. MAUTHNER, Fritz. *Wotrterbuch der Philosophie*. vol. I. Munique e Leipzig: Verlag Georg Müller, 1910, p. 96.

1173 VERWORN, Max. *Die Frage nach den Grenzen der Erkenntnis*. Jena: Verlag von Gustav Fischer, 1908, pp. 15 e ss. e 44: "A observação cuidadosa mostra

76 A sequência temporal de causa e efeito

De acordo com o princípio da retribuição, as duas partes estão conectadas no sentido de que uma deve preceder cronologicamente a outra: primeiro o crime, depois a punição; primeiro o mérito, depois a recompensa. Mas elas não são intercambiáveis. E sua simultaneidade é inconcebível. A lei da causalidade é, ou foi originalmente, considerada sob essa luz, a saber, em analogia com o princípio da retribuição, cujas duas partes estão ligadas em uma sequência cronológica irreversível. Nessa forma de princípio assimétrico, a lei da causalidade foi concebida como a forma fundamental da lei da natureza. Assim que se tornou necessário abandonar a suposição da conexão imanente de causa e efeito e substituí-la pelo conceito de dependência puramente funcional, essa ideia deixou de ser sustentável. A sequência cronológica dos fenômenos não é, portanto, um elemento essencial de uma lei da natureza. A dependência funcional pode existir mesmo entre eventos simultâneos. Mas se eventos simultâneos exibem dependência funcional, eles também são reversíveis. Na verdade, a ciência natural moderna conhece muitas conexões em que nenhuma diferença temporal aparece entre os elementos conectados.[1174] Assim, há leis da natureza que não correspondem ao esquema original de causalidade. Certamente, essas conexões ainda são frequentemente representadas "causalmente", isto é, como relações de uma causa cronologicamente anterior com um efeito cronologicamente

---

que um evento nunca é produzido por um único fator. Se abandonarmos a ideia de que um evento pode ser produzido por uma única causa e reconhecermos que deve haver duas ou mais causas que produzem o evento, então o conceito de causa perde seu sentido e torna-se idêntico ao conceito de condição... Uma coisa condiciona a outra e a ciência pode, se quisermos ser exatos, consistir apenas no estabelecimento das condições de dependência. Se quisermos ter um 'ismo", deve ser o 'condicionismo' e não o 'causalismo'". Cf. também Mauthner, artigos "Bedingung" e "Konditionismus".

1174 Cf. ZILSEL, Edgar. "Über die Asymmetrie der Kausalität und die Einsinnigkeit der Zeit". *Die Naturwissenschaften*, vol. XV, 1927, pp. 280 e ss.

posterior. Mas, na realidade, do ponto de vista do conhecimento físico, existem conexões funcionais entre fenômenos simultâneos. Assim, o fato de um corpo lançado, sob a influência da força da gravidade, seguir uma órbita parabólica, explica-se ao dizermos que a gravidade é a causa que tem como efeito a órbita parabólica do corpo. A relação decisiva, porém, é aquela entre posição, velocidade e aceleração, que são elementos existentes simultaneamente.[1175] A lei de Boyle, por exemplo, estabelece uma relação entre a pressão e o volume de um gás, que são elementos simultâneos,[1176] embora seja costume dizer que o aumento ou diminuição da pressão é a causa do aumento ou diminuição do volume. De acordo com a terceira lei de Kepler, certo período de rotação está associado a certa distância de um planeta em relação sol; mas também se pode dizer o contrário, que certa distância do sol está associada a certo período de rotação.[1177] Na lei de Kirchhoff, absorção e emissão estão conectadas funcionalmente uma com a outra. Ambas são coeficientes existentes simultaneamente.[1178] Assim, nenhuma pode ser chamada de "causa" ou "efeito" da outra.

Isso significa que a causalidade – usando o termo em seu sentido original – perdeu seu significado. A visão moderna da lei da natureza como um conceito de dependência funcional foi emancipada da antiga noção de causalidade como concatenação de dois eventos conectados um ao outro de maneira imanente, em uma ordem cronológica irreversível. A escolha agora é entre duas

---

1175 De acordo com FRANK, Philipp. *Das Kausalgeset und seine Grenzen*. Viena: Julius Springer, 1932, p. 142.

1176 De acordo com FRANK, Philipp. *Das Kausalgeset und seine Grenzen*. Viena: Julius Springer, 1932, pp. 142 e ss.

1177 De acordo com ZILSEL, Edgar. "Über die Asymmetrie der Kausalität und die Einsinnigkeit der Zeit". *Die Naturwissenschaften*, vol. XV, 1927, pp. 280 e ss.

1178 De acordo com ZILSEL, Edgar. "Über die Asymmetrie der Kausalität und die Einsinnigkeit der Zeit". *Die Naturwissenschaften*, vol. XV, 1927, pp. 284 e ss.

possibilidades: ou deixar de identificar esse conceito ampliado de lei natural com o de lei causal, já que não é desejável falar de causalidade no caso de eventos simultaneamente existentes[1179] e, assim, aceitar leis da natureza que não são leis de causalidade, ou, de acordo com o desenvolvimento histórico, ver na lei da natureza moderna, que compreende a dependência funcional dos eventos simultâneos, uma modificação da lei da causalidade. Se fizermos esta escolha, a lei da causalidade pode ser formulada da seguinte forma: em geral, um evento específico – o efeito – ocorre quando outro evento específico – a causa – ocorreu anteriormente ou ocorre simultaneamente.[1180] Assim, a lei da causalidade, mesmo em um sentido modificado, permanece a forma fundamental de toda lei natural. Essa modificação no sentido da lei da causalidade significa também a sua emancipação em relação ao princípio essencialmente assimétrico da retribuição.[1181]

77 Necessidade absoluta ou probabilidade estatística

Em geral, aceita-se que o golpe capital na lei da causalidade foi desferido pela mecânica quântica recentemente desenvolvida, a mecânica das partículas subatômicas. A suposição, baseada

---

1179 Assim, e.g., SCHLICK, M. "Die Kausalität in der gegenwärtigen Physik". *Die Naturwissenschaften*, vol. XIX, 1931, p. 146, diz: "Não falamos de causalidade se os eventos existem ao mesmo tempo".

1180 Cf. a definição do conceito de causalidade no artigo "Kausalität" em SCHMIDT, Heinrich. *Philosophisches Woerterbuch*. (Coleção Kröners Taschenausgabe). 9ª ed. vol. XIII, 1934.

1181 HERMANN, Grete; MAY, Eduard; VOGEL, Thilo. *Die Bedeutung der modernen Physik für die Theorie der Erkenntnis*. Leipzig: S. Hirzel, 1937, pp. 80 e ss. descreve como no pensamento físico o *propter hoc*, bem como o *post hoc*, é eliminado do conceito de causalidade. "Se o tempo físico é reversível, então o nexo causal na física também deve ser reversível. Uma relação matemática de dependência pode ser lida da direita para a esquerda; causa e efeito são intercambiáveis". May acredita que as tentativas de evitar a reversibilidade do nexo causal matemático-físico podem ser consideradas fracassadas.

na lei da causalidade, de que os fenômenos mecânicos podem ser predeterminados em seu curso prescrito pelo conhecimento do estado inicial do movimento provou-se inútil, pois na esfera da física atômica o estado inicial do movimento nunca pode ser totalmente determinado. Das duas variáveis que constituem o estado inicial do movimento – por exemplo, posição e velocidade, ou tempo e energia – somente uma pode ser medida com precisão comparativa, pois a imprecisão do valor de uma variável aumenta proporcionalmente ao grau de precisão alcançado na medição da outra. Se uma variável é determinada com precisão absoluta, a outra variável permanece absolutamente indeterminada. Esse é o "princípio da indeterminação", descoberto e formulado por Heisenberg.[1182] Se adotarmos a previsibilidade como critério de causalidade,[1183] como é feito na moderna filosofia da natureza, e declararmos que um evento é causalmente determinado quando pode ser previsto com segurança, então, de acordo com a interpretação geral, não há causalidade na esfera da mecânica quântica, ou pelo menos a causalidade não pode ser provada mesmo quando está "objetivamente" dada. Mas diz-se que a determinação causal dos processos subatômicos é desnecessária para se chegar às leis físicas dos fenômenos macroscópicos. Certamente, tais leis não expressariam uma necessidade absoluta, mas meramente uma probabilidade estatística.

Reichenbach[1184] interpreta a crise da física moderna não como uma questão que envolve a substituição da causalidade por leis estatísticas, mas, mais corretamente, como uma modificação do conceito de causalidade. É uma modificação na direção de uma

---

1182 A formulação do princípio da indeterminação, de acordo com PLANCK, Max. *Der Kausalbegrijf* em *der Physik*. Leipzig: Barth, 1932, p. 13.

1183 PLANCK, Max. *Der Kausalbegrijf* em *der Physik*. Leipzig: Barth, 1932, p. 4, escreve: "Um evento é causalmente determinado quando ele pode ser previsto com certeza".

1184 REICHENBACH, Hans. "Das Kausalproblem in der Physik". *Die Naturwissenschaften*, vol. XIX, 1934, pp. 713 e ss.

transição da certeza absoluta para a mera probabilidade, um desenvolvimento que começou, no entanto, na física clássica. "Toda afirmação de causalidade aplicada à previsão de um evento natural tem a forma de uma afirmação de probabilidade". O conceito de probabilidade usado aqui é o da estatística, e ele não é "um intruso perturbador, mas uma parte necessária de toda descrição da realidade por meio da qual o princípio da causalidade alcança algum sentido concebível". Bermann[1185] formula o resultado da crítica da física moderna da seguinte forma:

> Em vez de pressupor a necessidade absoluta de um evento individual, é necessário contentar-se com o postulado de que tudo o que possui a maior probabilidade matemática ocorre proporcionalmente mais frequentemente na natureza.

Aqui a "probabilidade" substitui a "necessidade" na formulação anterior da lei da causalidade. A suposição de que existe uma conexão necessária entre causa e efeito é substituída pela suposição de que a conexão é apenas provável.[1186]

Às vezes, porém, os filósofos negam que os resultados da mecânica quântica nos obriguem a substituir a presunção de causalidade no sentido de uma conexão absolutamente necessária entre causa e efeito por uma concepção mais fraca da lei da natureza, a saber, a presunção de mera probabilidade.[1187] Essa

---

1185 BERGMANN, H. *Der Kampf um das Kausalgesetz in der juengsten Physik*. (Coleção Vieweg). caderno 98. Brunsvique: Vieweg & Sohn, 1929, p. 49; SCHLICK, M. "Naturphilosophie". *In*: DESSOIR, M. (Coord.). *Lehrbuch der Philosophie*. vol. 2. Berlim: Ullstein Verlag, 1925, p. 457.

1186 REICHENBACH, Hans. "Die Kausalstruktur der Welt". *In*: SITZUNGSBERICHTE DER BAYERISCHEN AKADEMIE DER WISSENSCHAFTEN. *Math. naturw. Abe*. Munique: Verlag der Bayerischen Akademie der Wissenschaften, 1925, p. 133.

1187 HERMANN, Grete; MAY, Eduard; VOGEL, Thilo. *Die Bedeutung der modernen Physik für die Theorie der Erkenntnis*. Leipzig: S. Hirzel, 1937, p. 43.

concepção baseia-se essencialmente no fato de que a própria mecânica quântica pressupõe o princípio da causalidade estrita como postulado epistemológico. Mas, mesmo que isso seja verdade, a fórmula de Reichenbach mencionada acima não seria afetada, pois ele aparentemente vê a causalidade como uma lei da natureza que descreve a realidade, enquanto os defensores da teoria da causalidade estrita a compreendem como um postulado epistemológico. Enquanto tal, ela poderia muito bem ter a forma de uma norma inviolável. É a norma que exige que se busque uma causa para cada evento. J. Loewenberg,[1188] comparando a categoria causal de Kant com seu "imperativo categórico", diz: "Como este último, que insiste que o dever é cumprir o próprio dever, a categoria causal é apenas um comando de julgar causalmente". Isso quer dizer que a causalidade enquanto categoria, no sentido da filosofia de Kant, é uma norma dirigida ao pensamento humano. Essa norma pode ser válida sem exceção, mesmo que a experiência permita apenas uma conformidade aproximada com ela e garanta uma descrição da realidade apenas em termos de probabilidade estatística.

78 A "inteligência absoluta" de Laplace e a previsibilidade como critério de causalidade

Se a substituição da necessidade absoluta pela probabilidade estatística no conceito de lei natural remonta ou não à mecânica quântica com seu princípio de indeterminação é algo que podemos deixar de lado. Se a lei da causalidade fosse usada para prever eventos futuros, mesmo antes da descoberta de Heisenberg, apenas um

---

1188 LOEWENBERG, J. "The Elasticity of the Idea of Causality". *University of California Publications in Philosophy*, vol. XV, 1932, p. 22.

cálculo de probabilidade seria possível.[1189] Em seu *Ensaio filosófico sobre as probabilidades*, Laplace[1190] escreveu:

> Uma inteligência que em dado momento conhece todas as forças que são eficazes na natureza e a respectiva situação dos seres que a compõem – uma inteligência suficientemente vasta para submeter esses dados a análise – abrangeria na mesma fórmula os movimentos dos maiores corpos do universo e os dos átomos mais leves. Nada seria incerto para ela, o futuro, como o passado, estaria aberto a ela. A mente humana, na perfeição que alcançou em astronomia, é um modelo fraco dessa inteligência... Todos os seus esforços na busca da verdade tendem incessantemente a aproximar a mente humana da inteligência que acabamos de mencionar, mas da qual sempre permanecerá infinitamente distante.

Como é quase impossível para a mente humana – sempre infinitamente distante da inteligência absoluta de Laplace – conhecer todas as forças em um dado momento, ela só pode prever o futuro em termos de probabilidade. Mesmo assim, pode explicar o presente pelo passado apenas com a probabilidade, uma vez que conhece o passado também de maneira imperfeita. É certo que, à pergunta sobre qual papel Deus desempenha em seu sistema, Laplace respondeu que ele não precisa dessa hipótese. Mas sua inteligência

---

1189 PLANCK, Max. *Der Kausalbegrijf* em *der Physik*. Leipzig, Barth, 1932, pp. 5 e ss., sustenta, sem se referir ao princípio da indeterminação de Heisenberg: "Em nenhum caso é possível prever exatamente um evento físico". Mesmo quando estamos usando os melhores instrumentos de medição, "há sempre um mínimo de incerteza". No mundo dos nossos sentidos, nenhuma causalidade estrita pode ser estabelecida. Tal causalidade é uma hipótese que só pode ser aplicada à visão de mundo formulada pela ciência da física; e essa visão de mundo "é – até certo ponto – uma construção intelectual arbitrária". Uma distinção clara entre o mundo dos nossos sentidos e a visão física do mundo é, segundo Planck, indispensável.

1190 LAPLACE, Pierre Simon. *Essai philosophique sur les probabilites*. 4ª ed. Paris: Mme. Ve Courcier, 1819, pp. 3/4.

onisciente é apenas uma circunscrição eufemística para a noção de Deus, vestida com o disfarce de uma ficção epistemológica.

Na distância infinita entre Deus e o homem, a teologia desde tempos imemoriais expressou a limitação do ser humano, em contraste com a infinitude de Deus. Só Deus pode prever o futuro com absoluta certeza, pois só Deus conhece plenamente o presente; e somente Deus pode compreender plenamente o presente, visto que somente Deus conhece plenamente o passado. A ideia de causalidade estrita, a necessidade absoluta da conexão entre causa e efeito, só se realiza no conhecimento ilimitado de Deus, não no conhecimento limitado do homem; e a esse respeito não faz diferença se se trata da determinação do futuro pelo presente ou do presente pelo passado. Transferida da esfera emocional para a esfera racional, essa é apenas a velha ideia de que a lei que rege o mundo é a vontade de Deus e, portanto, uma norma. A norma determina o que deve acontecer no futuro. A lei da natureza, ao contrário, explica a realidade buscando a causa dos eventos presentes no passado. As leis da natureza pelas quais a ciência descreve uma dada realidade da maneira mais geral e mais simples são resultados da experiência, e a experiência não é extraída do futuro, mas do passado. A previsibilidade é um critério, embora de forma alguma o único critério, de causalidade; mas não é a própria causalidade. A presença de um nexo causal é provada não apenas pelo fato de que como em um experimento, um efeito previsto realmente ocorre, mas também pelo fato de que a existência passada de um fato assumido como a causa de um determinado evento pode ser demonstrada. A aplicação da lei da causalidade aos acontecimentos futuros, aplicação que se originou da necessidade prática, é uma função secundária resultante do fato de que a cognição, embora independente da volição e da ação, é posta a seu serviço. O futuro pode ser deduzido do presente somente se presumirmos que o passado, segundo o qual o presente é explicado, repetir-se-á no futuro. O que quer que se apreenda do futuro por meio do conhecimento é, no fundo, apenas o passado. Se percebermos a essência da lei da causalidade no fato de ela determinar o futuro, mesmo que apenas para uma inteligência laplaceana, então confirmamos, talvez inconscientemente, a origem normativa da lei da causalidade.

79 A lei da causalidade como norma

Partindo do pressuposto de que as leis da natureza predizem eventos futuros, T. H. Huxley[1191] considerou as regras jurídicas leis

---

1191 HUXLEY,T. H. *Introductory*. (Coleção Science Primers). Nova York, Cincinnati, Chicago: American Book Co., 1890, pp. 12 e ss.: "Uma lei do homem nos diz o que podemos esperar que a sociedade faça sob certas circunstâncias; e uma lei da natureza nos diz o que podemos esperar que os objetos naturais façam sob certas circunstâncias. Ambas contém informações dirigidas à nossa inteligência". Isso não está correto. A "lei do homem" não diz o que a sociedade *fará*, mas o que os homens na sociedade *devem fazer*. O termo "lei", mesmo em seu sentido jurídico, é ambíguo. Significa a norma como produto do processo de criação do Direito (costume ou legislação) e a regra pela qual o jurista representa essas normas ao descrever a ordem jurídica. A primeira é dirigida à nossa vontade, não à nossa inteligência; a segunda, é verdade, dirige-se à nossa inteligência e tem o caráter de uma informação. No entanto, não é uma informação sobre o que os homens *farão*, mas sobre o que os homens *devem fazer*.

Huxley destaca que "as leis da natureza não são as causas da ordem da natureza, mas apenas nossa maneira de afirmar o que descobrimos sobre essa ordem. As pedras não caem no chão por causa da lei (de que qualquer coisa pesada cai no chão se não for apoiada), como as pessoas às vezes dizem descuidadamente; mas a lei é uma maneira de afirmar que isso invariavelmente acontece quando corpos pesados na superfície da terra, pedras entre os demais, estão livres para se mover". Isso é correto; mas Huxley se equivoca quando continua: "As leis da natureza são, de fato, a esse respeito, semelhantes às leis que os homens fazem para guiar sua conduta uns em relação aos outros. Existem leis sobre o pagamento de impostos e existem leis contra roubo e assassinato. Mas a lei não é a causa de o homem pagar seus impostos, nem é a causa de sua abstenção do roubo e do assassinato. A lei é simplesmente uma declaração do que acontecerá a um homem se ele não pagar seus impostos e se ele cometer roubo ou assassinato". Se a lei prevê sanções e se tal lei se torna o conteúdo da consciência do homem, pode muito bem tornar-se um motivo de seu comportamento e, portanto, uma causa do pagamento de seus impostos e da abstenção do roubo e do assassinato. Um legislador promulga normas apenas porque acredita que essas normas, como da natureza, pois predizem como os homens se comportarão. A regra jurídica típica diz, segundo Huxley: "Se um homem roubar, um juiz o punirá". Isso não está correto. Como normas, as regras jurídicas expressam atitudes moto-afetivas, e não cognitivas. Normas, especialmente normas jurídicas, não são declarações sobre eventos futuros; não são nem mesmo afirmações sobre a realidade. Elas não podem ser verdadeiras ou falsas. São normas que indicam o que deve acontecer: portanto, são boas ou más, úteis ou danosas. As normas, no entanto, referem-se a eventos futuros; em uma mente divina, mas não em uma mente humana, o que deve acontecer é idêntico ao que vai acontecer. Estamos inclinados a ignorar a diferença entre regra jurídica e lei da natureza porque a lei da natureza era originalmente uma regra jurídica que expressava a vontade de Deus.

Se o seu desenvolvimento histórico for cuidadosamente seguido, chega-se à surpreendente conclusão de que, na Era Cristã, pelo menos até Hume, a ideia de causalidade era considerada meramente uma norma, pois era sentida como expressão da vontade divina. Deus não é apenas a autoridade moral absoluta que determina por sua vontade as normas da vida social; ele é também o criador do universo, sua *prima causa*; e se os eventos naturais ocorrem de acordo com uma regra definida, essa regra é apenas uma manifestação de sua vontade onipotente. Em outro lugar falamos de Gênesis, capítulo 1, no qual a criação é representada como obediência aos mandamentos que Deus dirige a coisas ainda não existentes. "E disse Deus: Haja luz; e houve luz". O efeito obedece à causa. Em Jó 28:26 é dito: "Deus fez uma lei para a chuva e um caminho para os relâmpagos e trovões". E. Zilsel,[1192] que cita essa

motivos na mente do homem, são capazes de induzi-lo ao comportamento por ele desejado.

1192 ZILSEL, Edgar. "The Genesis of the Concept of Physical Law". *Philosophical Review*, vol. LI, 1942, p. 247.

passagem em um interessante artigo sobre a origem do conceito de lei física, comenta:

> O texto hebraico usa a palavra *chok* [para expressar a ideia de "lei"]. Ela deriva do verbo *chokak*, que significa gravar, e é o mesmo termo usado para leis morais e rituais no Antigo Testamento. A Septuaginta traduz muito livremente "ele numerou a chuva (ἠρίθμησεν)", a Vulgata dá literalmente "*ponebat legem*".

Em Jó 38:11 lemos que o Senhor diz ao mar: "Até aqui virás, e não mais adiante, e aqui parará o orgulho das tuas ondas".

Se compararmos o conceito de lei natural (lei da natureza) no Antigo Testamento com o de Anaximandro e Heráclito, notamos que o primeiro não prevê sanções. Isso pode ser explicado pelo fato de que no Antigo Testamento a ideia da onipotência de Deus era tão predominante que a desobediência da natureza parecia impossível, e as sanções contra a natureza eram, portanto, supérfluas. É lógico que, de acordo com Agostinho e Tomás de Aquino, a lei eterna pela qual o universo é governado é interpretada como vontade ou providência de Deus. Copérnico compara o universo, no que diz respeito às regularidades nele observadas, com uma máquina; ele fala da "máquina do mundo fundada pelo melhor e mais regular artífice";[1193] e William Gilbert, ao discutir a precessão do ponto vernal, de uma "regra e norma de igualdade" que pode ser atribuída a complicados movimentos astronômicos por alguma hipótese.[1194] A natureza, de acordo com Galileu, origina-se, assim como a Sagrada Escritura, no Verbo Divino – a Escritura como um ditado do Espírito Santo, a natureza como "uma executora das

---

1193 Citado por ZILSEL, Edgar. "The Genesis of the Concept of Physical Law". *Philosophical Review*, vol. LI, 1942, p. 261.

1194 GILBERT, William. *De Magnete*. vol. VI, nº 9, 1600, p. 237, citado por ZILSEL, Edgar. "The Genesis of the Concept of Physical Law". *Philosophical Review*, vol. LI, 1942, p. 261.

ordens de Deus".[1195] Gassendi aceita a teoria dos átomos de Epicuro, mas afirma que Deus, que é a causa de tudo, deu o impulso aos átomos.[1196] Kepler explica o curso regular dos planetas pelo fato de que Deus está "procedendo de maneira matemática"; ele afirma que Deus ordenou o universo de acordo com o princípio da "beleza geométrica".[1197] Descartes usou o princípio da causalidade como prova da existência de Deus e derivou as leis da natureza de seu livre-arbítrio. Ele disse dessas leis que Deus as "colocou na natureza".[1198] Segundo Newton, tudo está em Deus; portanto, também as leis da natureza são estabelecidas por sua vontade.[1199]

1195 ZILSEL, Edgar. "The Genesis of the Concept of Physical Law". *Philosophical Review*, vol. LI, 1942, p. 263.

1196 WENTSCHER, Else. *Geschichte des Kausalproblems in der neueren Philosophie*. [s.l.]: [s.n]: 1921, pp. 6 e ss. e 15.

1197 ZILSEL, Edgar. "The Genesis of the Concept of Physical Law". *Philosophical Review*, vol. LI, 1942, p. 266.

1198 WENTSCHER, Else. *Geschichte des Kausalproblems in der neueren Philosophie*. [s.l.]: [s.n]: 1921, p. 23; ZILSEL, Edgar. "The Genesis of the Concept of Physical Law". *Philosophical Review*, vol. LI, 1942, p. 267.

1199 ZILSEL, Edgar. "The Genesis of the Concept of Physical Law". *Philosophical Review*, vol. LI, 1942, p. 275. Ele chama nossa atenção para o fato de que a expressão "lei da natureza" muito raramente ocorre nas obras de Newton ou nos escritos dos primeiros cientistas da era moderna. O termo não foi geralmente aceito antes do fim do século XVII. Mas a ideia de regras gerais que determinam o curso da natureza era conhecida dos filósofos e cientistas da Grécia antiga e nos tempos modernos pelo menos desde Galileu. ZILSEL, Edgar. "The Genesis of the Concept of Physical Law". *Philosophical Review*, vol. LI, 1942, p. 245, excede-se ao afirmar que o conceito de leis naturais (físicas) "era praticamente desconhecido na Antiguidade e na Idade Média, e que não surgiu antes de meados do século XVII". O próprio Zilsel diz (p. 262), por exemplo, que "uma abundância de leis físicas pode ser encontrada em Galileu", embora este "não conhecesse o termo 'lei natural'". A questão decisiva é se as regras gerais segundo as quais o cientista interpreta a natureza são consideradas normas no mesmo sentido que as regras de Direito, as normas jurídicas. Uma distinção clara entre leis da natureza e normas sociais é, no entanto, impossível enquanto prevalecer a ideia de que não apenas a sociedade, ou seja, o comportamento humano, mas também a natureza é determinada pela vontade onipotente de Deus. Assim, certas tentativas empreendidas no século XVII de separar os conceitos de norma,

A teoria de Malebranche pode ser mencionada como um exemplo particularmente característico. Ele ensinou que, com base em nossa experiência, não podemos perceber nenhuma conexão necessária entre fenômenos e nenhuma força de causação. Podemos observar apenas sucessões regulares. Considerando o fenômeno de uma bola em movimento que bate contra uma estacionária e a põe em movimento, ele afirmou que os homens não devem concluir

> que um Projétil posto em Movimento é a causa principal e verdadeira do abalo de outro Projétil que ele encontra no caminho, já que o primeiro não tinha o poder do Movimento em si mesmo. Eles só podem determinar que a reunião de dois Projéteis é uma ocasião para o Autor do Movimento da Matéria executar o Decreto de sua Vontade, que é a Causa universal de todas as coisas...[1200]

---

que regula a sociedade, i. e., o comportamento humano, e o de regra que determina os eventos naturais, não tiveram influência decisiva no desenvolvimento do pensamento científico. Zilsel (ZILSEL, Edgar. "The Genesis of the Concept of Physical Law". *Philosophical Review*, vol. LI, 1942, p. 259) cita Francisco Suárez, que em seu *Tractatus de legibus* (Coimbra: Didacum Gomez de Loureiro, 1612) "apega-se à distinção entre 'moral' e 'natureza' e restringe o termo 'lei', em seu sentido próprio, à primeira". Suárez diz (bol. I, par. 2): "As coisas que carecem de razão propriamente não são capazes nem de lei nem de obediência. Nisso a eficácia do poder divino e a necessidade natural... são chamados de lei por uma metáfora". Zilsel cita ainda (p. 273) Robert Boyle, que em seu "Free inquiry into the vulgarly received Notion of Nature" (redigido em 1666 e republicado em BIRCH, Thomas (Coord.). *The Works of the Honourable Robert Boyle*. vol. V. Londres: A. Millar, 1744, p. 170), declara o termo "lei", quando aplicado a coisas inanimadas, "uma expressão imprópria e figurativa". "Na explicação", escreve Zilsel (p. 273): "ele estranhamente supõe que a lei-metáfora atribui tendências teleológicas a objetos físicos. Quando uma flecha, atirada por um homem, move-se em direção ao alvo, 'ninguém dirá que ela se move por uma lei, mas por um impulso... externo' (p. 171). No entanto, ele mesmo fala em seguida muitas vezes de 'leis do movimento prescritas pelo autor das coisas' (p. 177, cf. pp. 194, 225, 251 e 252)".

1200 MALEBRANCHE, N. *Search after Truth*. vol. II. Oxford: L. Lichfield, 1694, pp. 40 e ss.

A conformidade do comportamento das coisas com a lei é interpretada como a execução de uma ordem divina. Malebranche transferiu a relação causal que não encontrava nas coisas finitas para a esfera transcendental, para Deus – ou, mais precisamente, para a vontade de Deus. Isso significa que ele concebeu a lei da causalidade como norma; ele a caracterizou diretamente como "Decreto". Nisso Malebranche não diferia essencialmente de Spinoza, que reduz a causalidade finita das coisas à causalidade infinita, isto é, à onipotência de Deus,[1201] e caracteriza "as leis imutáveis e universais da natureza" como "decretos de Deus";[1202] ou de Leibniz, Locke e Berkeley.[1203] Este último diz:

> Se, portanto, considerarmos a diferença que há entre os filósofos naturais e outros homens, no que diz respeito ao conhecimento dos fenômenos, veremos que ela não consiste em um conhecimento mais exato da causa eficiente que os produz – pois não pode ser outra coisa que não a vontade de um espírito – mas apenas em uma maior amplitude de compreensão.[1204]

Thomas Reid,[1205] um contemporâneo de Hume, examina nossa crença de que o futuro será sempre semelhante ao passado,

---

1201 WENTSCHER, Else. *Geschichte des Kausalproblems in der neueren Philosophie.* [s.l.]: [s.n]: 1921, p. 41.

1202 ZILSEL, Edgar. "The Genesis of the Concept of Physical Law". *Philosophical Review*, vol. LI, 1942, p. 270. Na página 267, Zilsel refere-se a Francesco Patrizi ("Pancosmia", nº 12. *Nova de Universis Philosophia.* 2ª ed. Veneza: [s.n.], 1593, fol. 91, col. 3), que compara a obediência das estrelas à providência de Deus à obediência de soldados em manobra à ordem do oficial.

1203 Cf. WENTSCHER, Else. *Geschichte des Kausalproblems in der neueren Philosophie.* [s.l.]: [s.n]: 1921, pp. 41, 68 e 76 e ss.

1204 BERKELEY, George. "A Treatise concerning the Principles of Human Knowledge". *In*: SAMPSON, George (Coord.). *The Works of George Berkeley.* vol. I, par. 105. Londres: G. Bell and Sons, 1897, pp. 225 e ss.

1205 REID, Thomas. "An Inquiry into the Human Mind". *In*: HAMILTON, Sir William (Coord.). *The Works of Thomas Reid, D. D.*: Now Fully Collected.

pressuposto fundamental da previsibilidade dos acontecimentos e, portanto, segundo alguns autores modernos, da causalidade. Reid nega que essa crença seja baseada na experiência; nenhum homem pode ver uma conexão necessária entre dois fatos.

> A experiência nos informa que eles foram conjugados no passado; mas nenhum homem jamais teve qualquer experiência do que é o futuro: e esta é a própria questão a ser resolvida, como passamos a acreditar que o futuro será igual ao passado?

Nossa crença na causalidade, na continuidade do curso da natureza, é "efeito do instinto, não da razão". É Deus quem garante essa continuidade estabelecendo as "leis da natureza atuais".

> Ele governa a natureza por meio de leis fixas, de modo que encontramos inúmeras conexões entre coisas que prosseguem ao longo das eras. Sem essa estabilidade do curso da natureza, não poderia haver experiência... Ele implantou nas mentes humanas um princípio original pelo qual acreditamos e esperamos a continuidade do curso da natureza e a continuidade daquelas conexões que observamos no passado.

A causalidade existe somente na vontade de Deus.

A verdadeira realização de Hume não consiste em apontar que nenhuma conexão necessária de causa e efeito pode ser presumida com base na experiência. Isso já havia sido apurado antes dele. Ela consiste antes no fato de que ele desistiu de procurar a necessidade do nexo causal na vontade de Deus e abandonou essa ideia junto com toda a noção anterior de causalidade. A lei da causalidade deixou de ser uma expressão da vontade divina, uma norma. O único elemento ao qual a necessidade absoluta podia estar ligada,

---

vol. I. Edimburgo: Maclachlan and Stewart, 1863, pp. 197 e ss.

a vontade transcendental que estabelecia a conexão objetiva entre causa e efeito, era agora posto de lado.[1206] Somente uma norma pode

---

1206 Mesmo no século XIX, alguns filósofos – como, por exemplo, Schelling e Schopenhauer – sustentaram que o nexo causal é estabelecido por uma "vontade". RANK, Otto. *Seelenglaube und Psychologie*. Leipzig e Viena: Franz Deuticke, 1930, p. 182, diz: "A doutrina de Jesus de que nenhum pardal cai sem a vontade de Deus e a descoberta de Newton de que nenhuma maçã poderia cair no chão sem leis cósmicas têm sua fonte na mesma ideologia voluntarista... O princípio da causalidade e o princípio do voluntarismo são, no fundo, idênticos".

A história da ideia de causalidade mostra por que um elemento metafísico, a tendência a uma autoridade transcendental, a vontade de Deus, é inerente a essa ideia, e por que o conhecimento antimetafísico, positivista e empírico tende a recusar esse conceito ou, pelo menos, dar-lhe uma interpretação radicalmente nova. A tentativa de defender o conceito de causalidade estrita na física leva a ficções, como, por exemplo, a da "inteligência absoluta" de Laplace. Um exemplo muito característico é o ensaio de Planck sobre o problema da causalidade. Para defender esse conceito contra certas objeções, ele é compelido a deixar o campo da ciência e apelar para a religião. Ele escreve (PLANCK, Max. Der *Kausalbegrijf em der Physik*. Leipzig: Barth, 1932, p. 22): "Temos que nos ater a nosso ponto de partida, a afirmação de que um evento é causalmente determinado se ele puder ser previsto com certeza. Caso contrário, perderíamos nossa única base. Por outro lado, permanecemos presos à outra afirmação de que em nenhum caso é possível prever um evento com certeza. Consequentemente, temos que modificar a primeira afirmação para manter o princípio da causalidade da natureza". A modificação, no entanto, deve referir-se não ao conteúdo do enunciado, mas ao sujeito que é capaz de prever eventos futuros. Para ser causalmente determinado, um evento não precisa necessariamente ser previsto com certeza por um ser humano, o que é impossível. Mesmo um meteorologista cientificamente instruído, equipado com os melhores instrumentos, não pode prever hoje com absoluta certeza o tempo de amanhã. Mas é possível supor que "um espírito ideal (*idealer Geist*), que conhece perfeitamente todos os eventos físicos de hoje, seria capaz de prever o clima de amanhã em todos os detalhes com absoluta certeza; e isso se aplica a qualquer outra previsão de eventos físicos". "A impossibilidade de prever eventos com certeza" é, "do ponto de vista da física clássica e da física quântica, a consequência natural do fato de que o homem com seus órgãos dos sentidos e seus instrumentos de medição é ele mesmo parte da natureza e sujeito às suas leis, das quais não pode fugir. Esses são limites que não existem para um espírito ideal". O "espírito ideal" de Planck evidentemente nada mais é do que a "inteligência absoluta" de Laplace. É um disfarce filosófico do Espírito Santo. Planck escreve: "Temos que estar em guarda contra a tentação de submeter

reivindicar a inviolabilidade, pois uma norma não é uma afirmação sobre a realidade e, portanto, nunca pode contradizê-la. A realidade, porém, como agora se apresenta ao conhecimento humano, não admite uma lei inviolável como esquema de interpretação.[1207]

---

o espírito ideal à crítica científica". Pois é um assunto além do alcance do conhecimento humano. Contra a objeção de que o conceito de tal espírito é "vazio e supérfluo" Planck afirma: "Nem todas as declarações que não podem ser logicamente fundamentadas são cientificamente inúteis". Tal "formalismo estreito" sufoca apenas aquelas fontes "a partir das quais homens como Galileu, Kepler, Newton e muitos outros grandes físicos alimentaram seu amor pela pesquisa. Para todos esses homens, sua devoção à ciência era – consciente ou inconscientemente – uma questão de fé imperturbável em uma ordem racional do mundo".

A "ordem racional do mundo" é, acima de tudo, uma ordem justa. Tal ordem só pode ser obra de um ser sobre-humano dotado de razão e vontade. A "fé" em tal ordem é a fé em Deus. Aí fica muito clara a estreita conexão entre o conceito de causalidade estrita e as ideias de razão absoluta e de vontade absoluta de Deus. A lei inviolável da natureza só é concebível como expressão da razão e da vontade divinas.

No entanto, mesmo com a ajuda da ficção de Laplace-Planck de uma "inteligência absoluta" ou "espírito ideal", não é possível sustentar a ideia de determinação causal estrita e, portanto, perfeita previsibilidade de eventos futuros. Pois não há passado, presente ou futuro para uma inteligência "absoluta" ou espírito "ideal" que não esteja restrito aos limites do conhecimento humano; e o tempo é apenas uma forma humana de percepção, um de seus limites específicos. Consequentemente, a teologia tem que presumir que Deus existe fora do tempo. Portanto, o conceito de previsibilidade – e isso significa, segundo Planck, causalidade – não tem sentido do ponto de vista de uma "inteligência absoluta" ou "espírito ideal".

1207 FRANK, Philipp. *Das Kausalgeset und seine Grenzen*. Viena: Julius Springer, 1932. p. 287 fala de um "antagonismo" existente entre o fato de que sempre confiamos na lei da causalidade na vida prática – chegando a basear nossa segurança nela – e o fato de que é impossível formular essa lei de uma maneira que possamos prever eventos futuros com certeza. Na p. 288, no entanto, ele diz que, na vida prática, não nos apoiamos na "lei da causalidade", mas em leis especiais "que têm a forma da lei causal". Na "prática", isso significa que na teoria pré-científica ingênua, não pressupomos nenhuma causalidade absoluta, mas apenas certa regularidade. Neste ponto não há diferença essencial entre homens civilizados e primitivos, ou mesmo entre homens primitivos e animais. Seu comportamento é baseado na observação de associações recorrentes de certos eventos ou qualidades. Mas a confiança

A transformação da noção de causalidade, cujo último passo é a substituição da necessidade absoluta pela simples probabilidade estatística, é corretamente considerada "revolucionária" no pensamento científico. Seu significado reside no fato de que a noção de causalidade foi despojada de seu elemento mais importante, com o qual ainda estava sobrecarregada como herdeira do princípio da retribuição: Ἀνάγκη. Essa é a necessidade com a qual Δίκη, a deusa da retribuição, pune os malfeitores e ao mesmo tempo mantém a natureza em seu curso prescrito.

---

que depositamos no curso normal dos acontecimentos às vezes é violada. As coisas reagem de maneira diferente do que esperávamos. É apenas a "prática" que nos mostra que a regularidade na qual confiamos não está isenta de exceções. Nesse ponto não existe antagonismo entre a "prática" e a teoria da causalidade – pelo menos a moderna.

CAPÍTULO VII

CIÊNCIA NATURAL E CIÊNCIA SOCIAL

80 A emancipação da lei da causalidade em relação ao princípio da retribuição

Na metamorfose do princípio da retribuição em lei da causalidade, duas tendências são de grande importância. A necessidade de explicação do homem primitivo limita-se aos fatos que afetam diretamente seus interesses individuais. Fatos que ele, com sua consciência orientada para o coletivo, considera úteis ou prejudiciais ao seu grupo. Somente eles o pressionam à interpretação. Como o indivíduo interpreta os fatos nocivos como punição e os fatos úteis como recompensa, por meio dos quais a vontade inviolável da autoridade sobre-humana reage ao comportamento humano de que gosta ou não, ele acredita em certa rigidez que governa os eventos – não há punição sem malfeito, nem recompensa sem mérito. Com o avanço dos componentes racionais da consciência individual em detrimento de seus componentes emocionais, o círculo de fatos a serem interpretados se ampliou para incluir objetos que não estimulam sentimentos imediatos de prazer ou dor. O homem passa a tentar interpretar todos os fatos, mesmo aqueles que não têm importância direta para a vida física de seus semelhantes. A curiosidade do homem, seu desejo de compreender o mundo que o cerca, aumenta. Surge o gosto pela investigação e, portanto, a ciência como atividade humana independente. Consequentemente, os fatos não podiam mais ser concebidos como punição ou recompensa no sentido original e mais restrito. A punição e a recompensa tornaram-se "efeito" e não podiam mais ser associadas à injustiça ou ao mérito. Antes a regra fundamental era: "Não há punição sem culpa" (a culpa do malfeitor). Depois foi: "Não há evento sem culpa, a culpa significando causa". Como já observamos, a palavra grega αἰτία significa tanto culpa quanto causa. O efeito ainda estava ligado à causa da mesma forma que a punição estava relacionada ao malfeito e a recompensa ao mérito. Uma vez que o efeito, como uma espécie de punição ou recompensa, estava conectado à causa, concebida como uma espécie de malfeito ou mérito, a conexão manteve o caráter de necessidade absoluta, de Ananke.

Junto com a generalização da noção de Direito anda certa objetivação, que consiste no fato de que o ponto de vista egocêntrico, ou mais exatamente, sociocêntrico, é abandonado na interpretação da natureza. Quando a natureza é interpretada segundo princípio da retribuição, os fenômenos, na medida em que requerem explicação, estão relacionados ao indivíduo ou a seu grupo, pois o grupo é coletivamente responsável. Quando o princípio da retribuição é generalizado e assume o sentido de causalidade, os fatos como efeitos ligam-se a outros fatos como causas; em tais circunstâncias, esses fatos de modo algum refletem meramente o comportamento de indivíduos contrários ou em conformidade com as normas da ordem social. A lei da causalidade não liga mais o evento natural ao membro individual da sociedade, como fazia o princípio da retribuição, mas conecta os fatos no interior da natureza, por assim dizer. O sujeito da cognição é assim separado de seu objeto. A causalidade não é uma conexão central dos fatos, como o princípio da retribuição; é uma associação periférica. O último resquício da interpretação antropocêntrica, i. e., sociocêntrica da natureza ligada ao princípio da retribuição, a concepção ptolomaica do universo com a terra como ponto central, desapareceu com introdução do pensamento causal puro na astronomia de Copérnico e Kepler.

81 A separação entre o conceito de natureza e o conceito de sociedade (lei da causalidade e norma)

Junto com a emancipação da lei da causalidade em relação ao princípio da retribuição ocorreu o divórcio das noções de natureza e sociedade. A natureza parecia fazer parte da sociedade quando interpretada segundo o princípio da retribuição. Após a extensão do princípio da retribuição a lei universal, ainda considerado norma e modelo original de todas as leis sociais, a natureza apareceu como a sociedade ideal, pois era uma ordem absolutamente justa, em relação à qual o ser humano e a sociedade pareciam uma cópia imperfeita. A ideia da natureza como sociedade ideal surge especialmente na teologia cristã. Aqui, as normas que, como mandamentos, Deus dirige à natureza – isto é, aos seres animados e inanimados, com exceção do homem – não precisam de sanções. A onipotência de Deus em relação à natureza exclui qualquer desobediência e, portanto, torna toda sanção supérflua. A natureza é a sociedade perfeitamente obediente. Exatamente neste ponto existe uma diferença muito característica entre a teologia cristã e a antiga teologia grega. De acordo com esta, o poder da autoridade divina manifesta-se não no fato de que a natureza não pode violar a lei divina que prescreve seu curso, mas no fato de que toda violação, sem exceção, encontra sua punição. Assim, a lei universal é formulada por Anaximandro e Heráclito como lei penal. Mas a ideia de que é impossível desobedecer aos mandamentos de Deus pode ser sustentada pela teologia cristã somente em relação à natureza, não em relação à sociedade, i. e., ao comportamento humano. Pois aqui a possibilidade de violação das leis divinas, a existência do mal, do pecado, é muito evidente. Aqui, e somente aqui, não em relação à natureza, surge o problema da teodiceia. Portanto, aqui, e somente aqui, a teologia é obrigada a admitir um limite da onipotência de Deus. Para explicar a existência do mal, a teologia estabelece a ideia do livre-arbítrio. Somente o homem que vive em sociedade tem livre-arbítrio; tal coisa não existe na natureza. Portanto, somente as leis divinas que se referem à sociedade têm o caráter de normas que punem e recompensam. O princípio da retribuição permanece na sua base, ao passo que não desempenha qualquer papel nas leis divinas dirigidas à natureza.

Assim, certo dualismo entre natureza e sociedade surge no interior da visão teológica do mundo. O livre-arbítrio do homem significa não apenas um limite da onipotência divina, que a teologia, é claro, tenta disfarçar, mas também uma restrição do princípio da causalidade, que a teologia enfatiza. A posição excepcional concedida ao homem na natureza constitui uma contradição aberta no sistema teológico. Dessa contradição se origina o dualismo teológico entre natureza e sociedade. Trata-se de um dualismo intrassistemático. Pois ainda é um dualismo entre Direito Natural (no sentido de uma ordem jurídica natural) e sociedade, i. e., entre Direito Natural e Direito Positivo. A ideia de "Direito Natural" como ordem jurídica natural está essencialmente ligada à ideia de que a natureza é uma criação de Deus, que suas leis são uma expressão da vontade de Deus e, portanto, são normas; consequentemente, essas leis são essencialmente semelhantes às leis sociais, i. e., jurídicas, leis cujo verdadeiro conteúdo resulta da ordem da natureza.

Com a emancipação da causalidade em relação à retribuição e da lei da natureza em relação à norma social, natureza e sociedade revelam-se como dois sistemas inteiramente diferentes. A ideia de um sistema de normas que regula o comportamento humano e constitui a sociedade como uma ordem totalmente diferente das leis da natureza é possível sem a ficção do livre-arbítrio e, portanto, sem contradição com o princípio da causalidade. Desse ponto de vista, sociedade e natureza são dois sistemas diferentes, cuja diferença reside no fato de que os fenômenos, e especialmente o comportamento humano, são interpretados de acordo com dois tipos essencialmente diferentes de "leis". A ideia de uma lei natural (no sentido de uma ordem jurídica "natural"), a lei de uma sociedade natural cuja ordem corresponde à da natureza, torna-se impossível. É incompatível com o dualismo pressuposto entre natureza e sociedade. A ideia de lei natural, como vimos, pressupõe um dualismo no interior da natureza concebida como uma sociedade universal; a sociedade humana real e inadequada é contrastada com a sociedade cósmica ideal. É o antagonismo entre homem e Deus, entre empírico e transcendental. Com a emancipação do causal em relação à interpretação normativa da natureza, i. e., da natureza como criação de Deus e sob o domínio da vontade divina, o antagonismo entre empírico e transcendental desaparece da esfera da ciência. Portanto, não há mais espaço para uma ordem jurídica natural por trás ou acima da ordem jurídica positiva.

82 O dualismo entre natureza e sociedade

O dualismo entre natureza e sociedade não é de forma alguma o último passo na evolução da ciência. No curso de uma análise crítica sobre a natureza da norma esse dualismo também se torna problemático. A pretensão do "dever ser" a um significado completamente daquele do "ser", isto é, a pretensão da norma de ser uma lei da sociedade diferente e independente da lei da causalidade como lei da natureza, é caracterizada por alguns teóricos como mera "ideologia" por trás da qual se escondem os interesses mais concretos de indivíduos e grupos. Se esses indivíduos e grupos chegam ao poder, eles representam seus interesses como "normas". O dualismo entre natureza e sociedade é substituído por aquele entre realidade e ideologia. Para a sociologia moderna, um evento social aparece como parte da realidade, determinada pelas mesmas leis que um evento natural. Deixa de existir qualquer diferença essencial entre as leis naturais e as leis sociais, i. e., entre as leis que determinam a natureza e as leis que determinam a sociedade, tão logo a própria lei natural abandone sua pretensão de necessidade absoluta e se contente em ser uma afirmação de probabilidade estatística. Não há impedimento fundamental para que a sociologia chegue a esse tipo de lei em seu domínio próprio. Na especulação religiosa, a natureza era parte da sociedade governada de acordo com a lei da retribuição. Após a completa emancipação da causalidade em relação à retribuição na noção moderna de Direito, a sociedade é – do ponto de vista da ciência – uma parte da natureza.

REFERÊNCIAS BIBLIOGRÁFICAS

A PAKEHA MAORI. *Old New Zealand*. Londres: R. Bentley, 1884.

ACHELIS, Thomas. *Die Religion Naturvölker im Umriß*. Hamburgo: Severus, 1919.

ADAIR, James. *History of the American Indians*. Editado por S. C. Williams. Tennessee: National Society of the Colonial Dames of America, 1930.

AELIANUS, Claudius. *Varia historia*, livro III. Trad. Thomas Stanley. Londres: impresso a pedido de Thomas Dring, 1665.

______. *Variae historiae*, livro xii. [s.l]: apud Ioan. Tornaesium, 1600.

AGINSKY, B. W. "The Socio-psychological Significance of Death among the Pomo Indians". *American Imago*, vol. I, nº 3, 1940.

ALLIER, Raoul. *Magie et religion*. Paris: Berger-Levrault, 1935.

AMIRA, Karl von. *Thierstrafen und Thierprocesse*. Innsbruck: Verlag der Wagnerschen Universitäts-Buchhandlung, 1891.

ANDREE, Richard. *Die Flutsagen*. Braunschweig: F. Vieweg und sohn, 1891.

______. *Ethnographische Parallelen und Vergleiche*. Leipzig: Veit & Comp., 1878.

ANKERMANN, Bernhard. "Die Religion der Naturvölker". *In:* BERTHOLET, Edvard; LEHMANN, Alfred. *Lehrbuch der Religionsgeschichte.* 4ª ed. Tubingen: Mohr, 1925.

______. "Totenkult und Seelenglaube bei afrikanischen Voelkern". *Zeitschrift für Ethnologie*, ano 50, 1918.

ANNALES de la propagation de la foi: recueil Périodique Des Lettres Des Évéques Et Des Missionnaires Des Missi. vol. XIV. Lyon: Editeur des Annales, 1842.

ANRICH, Gustav. *Das antike Mysterienwesen in seinem Einfluss auf das Christentum.* Gotinga: Vandenhoeck u. Reuprecht, 1894.

ARBMAN, Ernst. "Seele und Mana". *Archiv für Religionswissenschaft*, vol. XXIX, 1931.

______. "Untersuchungen zur primitiven Seelenvorstellung mit besonderer Ruecksicht auf Indien". *Le Monde oriental*, vol. XX, 1926; vol. XXI, 1927.

ARISTÓTELES. *The Art of Rhetoric.* Trad. para o inglês por J. H. Freese. Loeb Classical Library. Cambridge: Harvard University Press, 1926.

______. *De anima.* Trad. R. D. Hicks. Cambridge: The University Press, 1907.

______. *Física I-II.* Trad. Lucas Angioni. Campinas: Ed. Unicamp, 2009.

______. *Generation of Animals* (*De generatione animalium*). Trad. para o inglês por A. L. Peck. Loeb Classical Library. Cambridge: Harvard University Press, 1942.

______. *Magna moralia.* Trad. para o inglês por J. A. Smith e W. D. Ross. Oxford: The Clarendon Press, 1908.

______. *Metaphysics*, vol. I. Trad. para o inglês por Hugh Tredennick. Loeb Classical Library. Cambridge: Harvard University Press, 1933.

______. *Nicomachean Ethics.* Trad. para o inglês por H. Rackham. Loeb Classical Library 73. Cambridge: Harvard University Press, 1926.

______. *On coming-to-be & passing-away* (De generatione et corruptione). Trad. para o inglês por H. H. Joachim. Oxford: The Clarendon Press, 1922.

______. *Physics*, vol. I. Trad. para o inglês por Philip H. Wicksteed e Francis M. Cornford. Loeb Classical Library. Cambridge: Harvard University Press, 1929.

______. *Physics*, vol. II. Trad. para o inglês por Philip H. Wicksteed e Francis M. Cornford. Loeb Classical Library. Cambridge: Harvard University Press, 1934.

______. *Sobre a geração e a corrupção*. Trad. Francisco Chorão. Coleção Obras completas de Aristóteles, vol. 2, tomo 3. Lisboa: Imprensa Nacional-Casa da Moeda, 2009.

ASHLEY-MONTAGU, M. F. *Coming into Being among the Australian Aborigines*. Londres: Routledge and sons, 1937.

BAIN, Francis W. *A Digit of the Moon and Other Love Stories from the Hindoo*. Trad. a partir dos manuscritos originais. Nova York: G.P. Putnam's sons, 1910.

BANCROFT, Hubert Howe. *The Native Races of the Pacific States of North America*. vol. III. Nova York: D. Appleton, 1875.

BANDELIER, Adolph F. *The Islands of Titicaca and Koati*. Nova York: Hispanic Society of America, 1910.

BARRETT, S. A. "A Composite Myth of the Pomo Indians". *Journal of American Folk-Lore*, vol. XIX, 1906.

BASTIAN, Adolf. *Die Vorstellungen von der Seele*. Sammlung gemeinverstaendlicher wissenschaftlicher Vortraege. Edição de Rud. Virchow e Fr. von Holtzendorff, série 10, caderno 226. Berlim: Lüderitz, 1875.

BATCHELOR, John. "Items of Ainu Folk-Lore". *Journal of American Folk-Lore*, vol. VII, 1894.

BAUMANN, Hermann. *Schöpfung und Urzeit des Menschen im Mythos der afrikanischen Völker*. Berlim: Dietrich Reimer (Andrews & Steiner), 1936.

BELLOWS, Henry Adams (Coord.). *The Poetic Edda*. Nova York: The American-Scandinavian Foundation, 1923.

BELOCH, Julius. *Griechische Geschichte*. 2ª ed. vol I. Estrasburgo: Verlag Karl J. Trübner, 1912.

BENDANN, Effie. *Death customs*: an analytical study of burial rites. Londres: Kegan Paul, Trench, Trubner & Co, 1930.

BENEDICT, L. W. "A Study of Bagobo Ceremonial, Magic and Myth". *Annals of the New York Academy of Sciences*, vol. XXV, 1916.

BÉRARD, Victor. *Introduction a l'Odyssée*: le poème représenté. Le poème édité. 2ª ed. tomo I. Paris: Société d'Édition "Les Belles Lettres", 1933.

BERGAIGNE, Abel. *La Religion védique*. vol. I. Paris: Vieweg, 1878.

BERGMANN, H. *Der Kampf um das Kausalgesetz in der juengsten Physik*. Coleção Vieweg, caderno. 98. Brunsvique: Vieweg & Sohn, 1929.

BERKELEY, George. "A Treatise concerning the Principles of Human Knowledge". *In*: SAMPSON, George (Coord.). *The Works of George Berkeley*. vol. I. Londres: G. Bell and Sons, 1897.

BERKUSKY, H. "Totengeister und Ahnenkultus in Indonesien". *Archiv für Religionswissenschaft*, vol. XVIII, 1915.

BEST, Elsdon. "Maori Forest Lore". *Transactions of the New Zealand Institute*, vol. XLII, parte III, 1909.

______. *Maori Religion and Mythology*: Dominion Museum Bull. nº 10. Wellington: W.A.G. Skinner, 1924.

______. *The Maori*. vol. I e II. Wellington: H.H. Tombs, 1924.

BLONDEL, Charles. *La Mentalité primitive*. Paris: Stock, 1926.

BLUMENTRITT, F. "Der Ahnenkultus und die religiösen Anschauungen der Malayen des Philippinen-Archipels". *In*: CHAVANNE, Josef (Coord.). *Mitteilungen der Kais. Und Kön. Geographischen Gesellschaft in Wien*. [s.l.]: [s.n], 1882.

______. "Die Igorroten von Pangasinan: Nach den Mitteilungen des Missionars P. Fr. Mariano Rodriguez". *Mitteilungen der k. k. Geographischen Gesellschaft in Wien*, vol. XLIII, 1900.

______. "The Quinganes of Luzon". *Popular Science Monthly*, Nova York, vol. XXXIX, 1891.

______. *Vershuch riner Ethnographic der Phillippinen*. Gotha: Justus Perthes, 1882.

BOAS, Franz. "The Eskimo of Baffin Land and Hudson Bay". *Bulletin of the American Museum of Natural History*, vol. XV, 1907.

______. *Indianische Sagen von der nordpazifischen Kueste Amerikas*. Berlim: A. Asher & Co., 1895.

______. "The Central Eskimo". *In*: POWELL, John Wesley. *6th Annual Report of the Bureau of Ethnology*. Washington: Government Printing Office, 1888.

_____. *A mente do ser humano primitivo*. Trad. José Carlos Pereira. Petrópolis: Vozes, 2010.

_____. "Kathlamet Texts". *Bureau of American Ethnology Bull*, vol. 26. Washington: Government Printing Office, 1901.

_____. *The Mind of Primitive Man*. Nova York: MacMillan, 1938.

BOGORAS, Waldemar (Coord.). *Memoirs of the American Museum of Natural History*. vol. XI, parte I - The Chukchee. Reimpressão do vol. VII, parte I de The Jesup North Pacific Expedition. Leida: E. J. Brill, 1904.

_____. *Memoirs of the American Museum of Natural History*. vol. XI, parte II - The Chukchee. Reimpressão do vol. VII, parte I de The Jesup North Pacific Expedition. Leida: E. J. Brill, 1907.

BOGORAS, Waldemar. "The Folk-Lore of Northeastern Asia, as Compared with That of Northwestern America". *American Anthropologist*, N. S., vol. IV, 1902.

BÖHME, Joachim. *Die Seele und das Ich im homerischen Epos*. Londres: MacMillan, 1929.

BOISACQ, Emile. *Dictionnaire étymologique de la langue grecque*. Heidelberg: C. Winter, 1916.

BOLINDER, Gustaf. *Die Indianer der tropischen Schneegebirge*. Stuttgart: Strecker und Schröder, 1925.

BOSCANA, Father Friar Geronimo "Chinigchinich, a Historical Account of the Origin, Customs, and Traditions of the Indians at the Missionary Establishment of St. Juan Capistrano, Alta California Called the Acagchemem Nation". *In*: ROBINSON, Alfred. *Life in California*. Nova York: Wiley & Putnam, 1846.

BOURKE, John G. *The Snake-Dance of the Moquis of Arizona*. Nova York: Scribner's Sons, 1884.

BOYLE, David. "On the Paganism of the Civilized Iroquois of Ontario". *Journal of the Anthropological Institute of Great Britain and Ireland*, vol. XXX, nº III, 1900.

BOYLE, Robert. "Free inquiry into the vulgarly received Notion of Nature". *In*: BIRCH, Thomas (Coord.). *The Works of the Honourable Robert Boyle*. vol. V. Londres: A. Millar, 1744.

BRAUNS, David. *Japanische Märchen und Sagen*. Leipzig: W. Friedrich, 1885.

BRETT, W. H. *The Indian Tribes of Guiana*. Londres: Bell and Daldy, 1868.

BRINTON, Daniel G. *The Myths of the New World*. Nova York: Leypoldt & Holt, 1868.

______. *Nagualism*. Filadéfia: MacCalla &Company, 1894.

______. *Religions of Primitive Peoples*. Nova York/Londres: G.P. Putnam's Sons, 1897.

BRITISH ASSOCIATION FOR THE ADVANCEMENT OF SCIENCE. *Fourth Report of the Committee on the North-western Tribes of the Dominion of Canada*. Londres: British Association for the Advancement of Science, 1889.

BROWN, A. R. *The Andaman Islanders*. Cambridge: The University Press, 1922.

BROWN, George. *Melanesians and Polynesians*. Londres: MacMillan, 1910.

BRUGSCH, Heinrich. *Die neue Weltordnung nach Vernichtung des sündigen Menschen-geschlechtes*. Berlim: S. Calvary & Co., 1881.

BURCHELL, William J. *Travels in the Interior of Southern Africa*. vol. II. Londres: Longman, Hurst, Rees, Orme, and Brown, 1824.

BURNET, John. *Early Greek Philosophy*. 4ª ed. Londres: A. & C. Black, 1930.

BURTON, Richard Francis. *The Lake Regions of Central Africa*. vol. II. Londres: Longman, Green, Longman, and Roberts, 1860.

CALONNE-BEAUFAICT, A. de. *Le Mouvement sociologique international*. vol. X. Bruxelas: A. Dewit; Office international de bibliographie, 1909.

CAPELLE, Wilhelm. *Die Vorsokratiker*. 2ª ed. Stuttgart: Alfred Kröner Verlag, 1938.

CARVER, J. *Travels through the Interior Parts of North America*. Londres: [s.n.], 1781.

CASALIS, E. Les Bassoutos. Paris: Meyrueis, 1859.

CASSIRER, Ernst. *A filosofia das formas simbólicas*: o pensamento mítico. vol. 2. Trad. Cláudia Cavalcanti. São Paulo: Martins Fontes, 2004.

_____. *Das Mythische Denken*: Philosophie der symbolischen Formen. Parte II. Berlim: Cassirer, 1925.

CASTREN, M. A. *Reisen im Norden*. Trad. alemã do livro de H. Helms. Leipzig: Avenarius u. Mendelssohn, 1853.

CASTRÉN, Ola *et al*. *Festskrift Tillegnad Eduard Westermarck*. Helsinki: J. Simelii arvingars boktryckeri, 1912.

CAYZAC, P. P. "La Religion des Kikuyu (Afrique orientale)". *Anthropos*, vol. V, 1910.

CHALMERS, James; GILL, William Wyatt. *Work and Adventure in New Guinea*. Londres: The Religious tract Society, 1885.

CHAMBERLAIN, A. F. "Report on the Kootenay Indians of South-Eastern British Columbia". *In*: BRITISH ASSOCIATION FOR THE ADVANCEMENT OF SCIENCE. *Eighth Report of the Committee on the North- Western Tribes of Canada*. Londres: British Association for the Advancement of Science, 1892.

CHARLEVOIX, Pierre-François-Xavier de. *Journal of a Voyage to North America*. vol. II (1761). Editado por Louise Phelps Kellogg. Chicago: Caxton Club, 1923.

CHATELIN, L. N. H. A. "Godsdienst en bijgeloof der Niassera". *Tijdschrift voor Indische Taal, Land- en Volkenkunde*, vol. XXVI, 1881.

CHRIST, W. "Geschichte der griechischen Literatur". *In*: MÜLLER, Iwan von. *Handbuch der klassischen Alterlumswissenschaft*. 6ª ed. vol. VII, parte I. Munique: C. H. Beck, 1912.

CÍCERO. *De natura deorum*. Trad. para o inglês por H. Rackman. Loeb Classical Library. Cambridge: Harvard University Press, 1933.

_____. *On the Republic, On the Laws*. Trad. para o inglês por Clinton W. Keyes. Livro III, seção xi, nº 19. Cambridge: Harvard University Press, 1928.

CODRINGTON, R. H. *The Melanesians*. Oxford: The Clarendon Press, 1891.

COLLE, R. P. *Les Baluba*. Collection de monographies ethnographiques, editadas por C. Van Overbergh. vol. XI, nº 2. Bruxelas: Dewit, 1913.

COLQUHOUN, Archibald Ross. *Amongst the Shans*. Nova York: Scribner & Welford, 1885.

CONARD, E. L. M. "Les Idées des Indiens Algonquins relatives à la vie d'outre-tombe". *Revue de l'histoire des religions*, vol. XLII, 1900.

COOPER, J. M. *Analytical and Critical Bibliography of the Tribes of Tierra del Fuego and Adjacent Territory*. Washington: Government Printing Office, 1917.

COULANGES, Fustel de. *La Cité antique*. 26ª ed. Paris: Hachette, 1920.

COUSINS, W. E. *Malagasy Customs*. Antananarivo: L.M.S. Press, 1896.

CRANTZ, David. *The History of Greenland*. Londres: Longman, Hurst, Rees, Orme, and Brown, 1820.

CRAWLEY, Ernest. *The Idea of the Soul*. Londres: A. and C. Black, 1909.

______. *The Mystic Rose*. vol. I e II, nova ed. de Theodore Bestermann. Londres: Methuen and Co., 1927.

CURR, E. M. *The Australian Race*. vol. I. Melbourne: J. Ferres, 1886-1887.

CUSHING, Frank Hamilton. "Outlines of Zuñi Creation Myths". *In*: POWELL, J. W. *13th Annual Report of the Bureau of Ethnology*. Washington: Government Printing Office, 1896.

CZEKANOWSKI, Jan. *Forschungen im Nil-Kongo-Zwischengebiet*. vol. II. Leipzig: Klinkhardt, 1924.

DAEHNHARDT, Oscar. *Natursagen*. vol. III. Leipzig: Teubner, 1910.

______. *Natursagen*. vol. IV. Leipzig: Teubner, 1912.

DAMÁSCIO. *Damascii successoris dubitationes et solutiones de primis principiis, in Platonis Parmenidem*. vol. I. Editado por C. Ae. Ruelle. Paris: Klinckrieck, 1889.

DANCKELMAN, Freiherr von. *Mitteilungen von Forschungsreisenden und Gelehrten aus den deutschen Schutzgebieten*. vol. XIII. Berlim: Ernst Siegfried Mittler und Sohn, 1900.

DANZEL, Theodor Wilhelm. *Kultur und Religion des primitiven Menschen*. Stuttgart: Strecker u. Schröder, 1924.

DARWIN, Charles. *The Descent of Man, and Selection in Relation to Sex*. 2ª ed. revisada e aumentada. vol. I. Boston: D. Appleton, 1888.

DAVIS, C. O. B. *Maori Mementos*. Auckland: Williamson and Wilson, 1855.

DAWSON, James. *Australian Aborigines*. Melbourne: George Robertson, 1881.

DE BRANDT, L. "Vertellingen van den Balubas". *Congo*, vol. II, 1922.

DENNETT, Richard Edward. *At the Back of the Black Man's Mind*. Londres: MacMillan, 1906.

_____. *Notes on the Folklore of the Fjort*. Londres: Folk-Lore Society, 1898.

DIEHL, E. *Anthologia Lyrica*. Leipzig: Teubner, 1936.

DIELS, Hermann. *Die Fragmente der Vorsokratiker*. 5ª ed. vol. I. Leipzig: Weidmann, 1934.

_____. *Doxographi Graeci*. Berlim: De Gruyter, 1929.

DIETERICH, Albrecht. *Mutter Erde*. 3ª ed. Leipzig: Teubner, 1925.

_____. *Nekyia*. 2ª ed. Leipzig: Teubner, 1913.

DIÓGENES LAÉRCIO. "Diógenes". *In*: _____. *Lives of eminent philosophers*. Trad. para o inglês de R. D Hicks. Livro VI. Cambridge: Harvard University Press, 1925.

DOBRIZHOFRER, Martin. *An Account of the Abipones*. vol. II. Londres: John Murray, 1822.

DOKE, Clement M. *The Lambas of Northern Rhodesia*. Londres: G. G. Harrap & Co., 1931.

DORSEY, George A. *The Pawnee*: mythology. Parte I. Washington: Carnegie Institution of Washington, 1906.

DORSEY, George A.; VOTH, H. R. *The Mishongnovi Ceremonies of the Snake and Antelope Fraternities*. vol. III, nº 3. Chicago: Field Columbian Museum, 1902.

DORSEY, J. Owen. "Teton Folklore Notes". *Journal of American Folklore*, vol. II, 1889.

DRIBERG, J. H. *The Lango, a Nilotic Tribe of Uganda*. Londres: T. Fisher Unwin, 1923.

DÜMMLER, Ferdinand. *Akademika*. Giessen: Ricker, 1889.

_____. *Prolegomena zu Platons Staat und der Platonischen und Aristotelischen Staatslehre*. Basileia: L. Reinhardt, 1891.

DUNDAS, Charles. "Native Laws of Some Bantu Tribes of East Africa". *Journal of the Royal Anthropological Institute of Great Britain and Ireland*, vol. LI, 1921.

_____. "The Organization and Laws of Some Bantu Tribes in East Africa". *Journal of the Royal Anthropological Institute of Great Britain and Ireland*, vol. XLV, 1915.

_____. *Kilimanjaro and Its People*. Londres: H F & G Whitherby, 1924.

DURKHEIM, Émile. *As formas elementares da vida religiosa*: o sistema totêmico na Austrália. Trad. Paulo Neves. São Paulo: Martins Fontes, 1996.

_____. *Da divisão do trabalho social*. Trad. Eduardo Brandão. São Paulo: WMF Martins Fontes, 2010.

_____. *On the Division of Labor in Society*. Trad. de George Simpson. Nova York: MacMillan, 1933.

_____. *The Elementary Forms of the Religious Life*. Trad. J. W. Swain. Nova York: MacMillan, 1915.

EELLS, M. "Traditions of the 'Deluge' among the Tribes of the North-West". *American Antiquarian*, vol. I, 1878/1879.

EHRENREICH, Paul. *Beitraege zur Voelkerkunde Brasiliens*. Berlim: Spemann, 1891.

_____. "Die Mythen und Legenden der Südamerikanischen Urvölker". *Zeitschrift für Ethnologie*, Suppl., vol. XXXVII, 1905.

_____. *Die allgemeine Mythologie und ihre etknologischen Grundlagen. Mythologische Bibliothek*. Leipzig: J. C. Hinrich'sche Buchhandlung, 1910.

ELLIS, A. B. *The Yoruba-speaking Peoples of the Slave Coast of West Africa*. Londres: Chapman and Hall, 1894.

ELLIS, William. *Polynesian Researches*. vol. I e III. Londres: Fisher, Son & Jackson, 1831.

ERMAN, Adolf. *Die Religion der Aegypter*. Berlim: De Gruyter, 1934.

ÉSQUILO. "Eumenides". *In*: PLUMPTRE, E. H. *Aeschylos*. Boston: D. C. Heath & Co., 1901.

_____. "*Persas* (tradução integral)". *Letras clássicas*, nº 6, 2002.

_____. "Prometeu acorrentado". *In*: ÉSQUILO; SÓFOCLES; EURÍPIDES; ARISTÓFANES. *O melhor do teatro grego*: edição comentada. Trad. de Mário da Gama Kury. Rio de Janeiro: Zahar, 2013.

_____. "The Persians". *In*: PLUMPTRE, E. H. *Aeschylos*. Boston: D. C. Heath & Co., 1901.

______. *Agamemnon*. Cambridge: Loeb Classical Library, [s.d.].

______. *Eumenides*. Editado e explicado por K. O. Müller. Gotinga: Dieterich, 1833.

______. *Eumenides*. Loeb Classical Library. Cambridge: Harvard University Press, [s.d.].

______. *Niobe*. Cambridge: Loeb Classical Library, [s.d.].

______. *Oresteia I*: Agamêmnon. Trad. de Jaa Torrano. São Paulo: Iluminuras, 2004.

______. *Oresteia II*: Coéforas. Trad. de Jaa Torrano. São Paulo: Iluminuras, 2004.

______. *Prometheus Bound*. Cambridge: Loeb Classical Library, [s.d.].

______. *Suplicantes*. Trad. de Carlos A. Martins de Jesus. Coimbra: Festea, 2012.

______. *The Libation-bearers*. Cambridge: Loeb Classical Library, [s.d.].

______. *The Persians*. Cambridge: Loeb Classical Library, [s.d.].

______. *The Suppliant Maidens*. Cambridge: Loeb Classical Library, [s.d.].

EURÍPIDES. "Antiope". *In*: WODHULL, Michael (Coord.). *The Nineteen Tragedies and Fragments of Euripides*. vol. III. Londres: J. Walker, 1809.

______. "Archelaus". *In*: NAUCK, J. A. (Coord.). *Tragicorum Fragmenta*. Leipzig: Teubner, 1889.

______. "Bellerophontes". *In*: WODHULL, Michael (Coord.). *The Nineteen Tragedies and Fragments of Euripides*. vol. III. Londres: J. Walker, 1809.

______. "Chrysippos". *In*: WODHULL, Michael (Coord.). *The Nineteen Tragedies and Fragments of Euripides*. vol. III. Londres: J. Walker, 1809.

______. "Héracles". Trad. de Jaa Torrano. *Codex – Revista de Estudos Clássicos*, Rio de Janeiro, vol. 6, nº 1, jan.-jun. 2018.

______. "Hercules furens". *In*: BUCKLEY, Theodore Alois (Coord.). *The Tragedies of Euripides Literally Translated or Revised*. Nova York: Harper & Brothers, 1892.

______. "Ifigênia em Táurida". *Organon*, Porto Alegre, vol. 31, nº 60, jan.-jun. 2016.

______. "Melanippe". *In*: MURRAY, Gilbert (Coord.). *The Athenian Drama*, vol. III. Nova York: Longmans, Green and Co., 1912.

_____. "Phoenix". *In*: WODHULL, Michael (Coord.). *The Nineteen Tragedies and Fragments of Euripides*. vol. III. Londres: J. Walker, 1809.

_____. "Phrixus". *In*: WODHULL, Michael (Coord.). *The Nineteen Tragedies and Fragments of Euripides*. vol. III. Londres: J. Walker, 1809.

_____. *Cyclops*. Cambridge: Loeb Classical Library, [s.d.].

_____. *Electra*. Cambridge: Loeb Classical Library, [s.d.].

_____. *Hippolytos Kalyptomenos*. [s.l.], [s.n.], [s.d.].

_____. *Hippolytus*. Cambridge: Loeb Classical Library, [s.d.].

_____. *Ion Hippolytus Medea Alcestis*. Trad. para o inglês por Arthur S. Way. Loeb Classical Library. Cambridge: Harvard University Press, 1912.

_____. *Iphigeneia in Taurica*. Loeb Classical Library. Cambridge: Harvard University Press, [s.d.].

_____. "Oinomaos". *In*: NAUCK, J. A. (Coord.). *Tragicorum Fragmenta*. Leipzig: Teubner, 1889.

_____. *Suppliants*. Cambridge: Loeb Classical Library, [s.d.].

EUSÉBIO DE CESAREIA. *Preparation for the Gospel*. Trad. para o inglês de E. H. Gifford. [s.l], [s.n.], 1903.

FANTA, Adolf. *Der Staat in der Ilias und Odyssee*. Innsbruck: Verlag der Wagnerschen Universitäts-Buchhandlung, 1882.

FARABEE, William Curtis. *Indian Tribes of Eastern Peru*. vol. X. Cambridge: Peabody Museum Press, 1922.

_____. *The Central Arawaks*. Série The University Museum Anthropological Publications, University of Pennsylvania, vol. IX. Filadélfia: University Museum, 1918.

FARNELL, L. R. *The Evolution of Religion*. Nova York: G. P. Putnam's Sons, 1905.

FINSLER, Georg. *Homer*. 3ª ed. parte I, seção 2. Leipzig: Teubner, 1924.

FISCHER, H. T. "Indonesische Paradiesmythen". *Zeitschrift für Ethnologie*, ano 64, 1932.

FORTUNE, R. F. *Manus Religion*. (Série: Memoirs of the American Philosophical Society). vol. III. Filadélfia: American Philosophical Society, 1935.

______. *Sorcerers of Dobu*: the Social Anthropology of the Dobu Islanders of the Western Pacific. Londres: G. Routledge & Sons, 1932.

FOUCART, P. *Les Mysteres d'Eleusis*. Paris: A. Picard, 1914.

FOX, C. E. "Social Organization in San Cristoval, Solomon Islands". *Journal of the Royal Anthropological Institute of Great Britain and Ireland*, vol. XLIX, 1919.

______. *The Threshold of the Pacific*. Londres: Kegan Paul, Trench, Trubner & Co., 1924.

FRANK, Philipp. *Das Kausalgeset und seine Grenzen*. Viena: Julius Springer, 1932.

FRAZER, James George. *The Belief in Immortality and the Worship of the Dead*. vol. I. Londres: MacMillan, 1913.

______. *Folk-Lore in the Old Testament*. vol. I. Londres: MacMillan, 1919.

______. *Psyche's Task*. Londres: MacMillan, 1913.

______. *The Golden Bough*. Londres: MacMillan, 1920.

______. *The Worship of Nature*. vol. I. Nova York: MacMillan, 1926.

FRIEDMANN, Max. "Über die Entwicklung des Urteils bei Naturvölkern". *In*: DRITTEN INTERNATIONALEN KONGRESSES FÜR PSYCHOLOGIE IN MUENCHEN. *Anais*, 1897.

______. "Description de l'enterrement d'un chef à Ibouzo (Niger)". *Anthropos*, vol. II, 1907.

FROBENIUS, Leo. "Atlantis, Volksmaerchen und Volksdichtungen Afrikas". vol. XII. *In*: ______. *Dichtkunst der Kassaiden*. Jena: Diederichs, 1928.

______. *Die Weltanschauung der Naturvölker*. Weimar: E. Felber, 1898.

______. *Unter den unstraeflichen Aethiopen*. Série Und Afrika sprach, vol. III. Berlim: Vita, 1913.

GASON, S. "The Dieyerie Tribe of Australian Aborigines". *In*: CURR, E. M. *The Australian Race*. vol. II. Melbourne: J. Ferres, 1886-87.

GEROULD, Gordon Hall. *The Grateful Dead*. Londres: Folk-Lore Society, 1908.

GILBERTSON, Albert Nicolay. "Some Ethical Phases of Eskimo Culture". *Journal of Religious Psychology*, vol. VI, 1913.

GODDARD, Pliny Earle. *Life and Culture of the Hupa*. (Série: American Archaeology and Ethnology, da University of California Publications). vol. I, nº 1. Berkeley: The University Press, 1903.

GOMME, George Laurence. *Folklore as an Historical Science*. Londres: Methuen, 1908.

GOTTSCHLING, E. "The Bavenda: A Sketch of Their History and Customs". *Journal of the Anthropological Institute of Great Britain and Ireland*, vol. XXXV, 1905.

GRABOWSKY, F. "Die Theogonie der Dajaken auf Borneo". *Internationales Archiv für Ethnographie*, vol. V, 1892.

GRAEBNER, Fritz. *Das Weltbild der Primitiven*: Eine Untersuchung der Urformen weltanschaulichen Denkens bei Naturvölkern. Munique: Ernst Reinhardt, 1924.

GRANDIDIER, A.; GRANDIDIER, Guillaume. *Ethnographie de* Madagascar: histoire physique, naturelle et politique de Madagascar. tomo III, vol. IV. Paris: Imprimerie nationale, 1917.

GRENFELL, B. P.; HUNT, A. S. (Coord.). *The Hibeh Papyri*. Londres: Kegan Paul, Trench, Trubner & Co, 1906.

GRESSMANN, Hugo. *Das Gilgamesch Epos*. Gotinga: Vandenhoeck & Ruprecht, 1911.

GREY, George. *Journals of Two Expeditions of Discovery in North-West and Western Australia during the years 1837,38, and 39*. vol. II. Londres: T and W. Boone, 1841.

______. *Polynesian Mythology and Ancient Traditional History of the New Zealanders*. Londres: John Murray, 1855.

GRINNELL, George Bird. *Blackfoot Lodge Tales*. Nova York: Scribner, 1892.

GRUBB, W. B. *An Unknown People in an Unknown Land*. Londres: Seeley, Service & Co., 1911.

GRUPPE, O. *Griechische Mythologie und Religionsgeschichte*. (Série Handbuch der klassischen Altertumswissenschaft). vol. V, nº 2. Munique: C. H. Beck, 1906.

GUERLACH, J.-B. "Moeurs et superstitions des sauvages Bahnars". *Les Missions catholiques*, vol. XIX, 1887.

GUINSBURG, J. (Coord.). *A república de Platão*: obras I. São Paulo: Perspectiva, 2019.

GUSINDE, Martin. *Die Feuerland-Indianer*: Die Selknam. vol. I. Sankt Augustin: Anthropos, 1931.

_____. *Die Feuerland-Indianer*: Die Yamana. vol. II. Sankt Augustin: Anthropos, 1931.

GUTMANN, Bruno. "Die Imkerei bei den Dschagga". *Archiv für Anthropologie*, N. F., vol. XIX, 1922.

_____. *Das Recht der Dschagga*. Munique: C.H. Beck, 1926.

HAECKEL, Ernst. *Die Lebenswunder*. Stuttgart: Kröner, 1904.

HALE, Horatio. "Huron Folk-Lore". *Journal of American Folk-Lore*, vol. I, 1888.

HARRISON, Jane Ellen. *Themis*: a study of the social origins of greek religion. Cambridge: The University Press, 1912.

HARTLAND, Edwin Sidney. *Primitive Law*. Londres: Methuen & Company Limited, 1924.

_____. *Primitive Paternity*. vol. I. Londres: D. Nutt, 1909-1910.

_____. *Primitive Society*. Londres: Methuen & Co. Ltd., 1921.

_____. *The Legend of Perseus*. vol. I e II. Londres: D. Butt, 1894-1896.

_____. *Transactions of the Third International Congress for the History of Religion*. vol. I. Oxford: The Clarendon Press, 1908.

HASEMAN, J. D. "The Pawumwa Indians of South America". *American Anthropologist*, N. S., vol. XIV, 1912.

HECKEWELDER, John. "An Account of the History, Manners, and Customs of the Indian Nations Who Once Inhabited Pennsylvania and the Neighbouring States". *In*: AMERICAN PHILOSOPHICAL SOCIETY COMMITTEE. *Transactions of the Historical and Litterary Committee of the American Philosophical Society*, vol. I. Filadélfia: Abraham Small, 1819.

HENRY, A. "The Lolos and Other Tribes of Western China". *Journal of the Anthropological Institute of Great Britain and Ireland*, vol. XXXIII, 1903.

HENRY, J. *L'Ame d'un peuple africain*: Les Bambara. (Série Biblioteque Anthropos). Tomo I, fasc. 2. Münster: Aschendorff, 1910.

HERMANN, Grete; MAY, Eduard; VOGEL, Thilo. *Die Bedeutung der modernen Physik für die Theorie der Erkenntnis*. Leipzig: S. Hirzel, 1937.

HERMANN, K. F. "Über Grundsätze und Anwendung des Strafrechts im griechischen Altertum". *Abhandlungen der Kgi. Ges. der Wissensch. in Goettingen*, vol. VI, 1855.

HERÓDOTO. *The Persian Wars*. Loeb Classical Library. Cambridge: Harvard University Press, 1920.

HESÍODO. *Os trabalhos e os dias*. Trad. de Alessandro Rolim de Moura. Curitiba: Segesta, 2012.

______. *Teogonia*: a origem dos deuses. Trad. de Jaa Torrano. São Paulo: Iluminuras, 1991.

______. *Theogony*. Cambridge: Loeb Classical Library, [s.d.].

______. *Works and Days*. Cambridge: Loeb Classical Library, [s.d.].

HILDEBRAND, Richard. *Recht und Sitte auf den primitiveren wirtschaftlichen Kulturstufen*. Jena: G. Fischer, 1907.

HIPÓLITO. "Refutation of All Heresies". *In*: SCHAFF, P. *et al*. (Coord.). *Ante-Nicene Christian Fathers*: Fathers of the Third Century: Hippolytus, Cyprian, Caius, Novatian, Appendix. vol. V. Edimburgo: T&T Clark, 1885.

HOBLEY, C. W. "British East Africa: Anthropological Studies in Kavirondo and Nandi". *Journal of the Anthropological Institute of Great Britain and Ireland*, vol. XXXIII, 1903.

______. *Bantu Beliefs and Magic*. Londres: H. F. & G. Witherby, 1922.

HOFFMAN, W. J. "The Menomini Indians". *In*: POWELL, J. W. *14th Annual Report of the Bureau of Ethnology*. Washington: Government Printing Office, 1896.

HOGBIN, H. Ian. *Law and Order in Polynesia*. Londres: Christophers, 1934.

HOLLIS, A. C. *The Masai*. Oxford: Clarendon Press, 1905.

______. *The Nandi*. Oxford: Clarendon Press, 1909.

HOMERO. *Iliad*, livro II. Cambridge: Loeb Classical Library, [s.d.].

______. *Ilíada*. Trad. Frederico Lourenço. São Paulo: Companhia das Letras, 2020.

______. *Odisseia*. Trad. Frederico Lourenço. São Paulo: Companhia das Letras, 2020.

______. *The Odyssey*, livro XXIV. Cambridge: Loeb Classical Library, [s.d.].

HOOPER, W. H. *Ten Months among the Tents of the Tuski*. Londres: John Murray, 1853.

HOSE, C; MCDOUGALL, W. "The Relations between Men and Animals in Sarawak". *Journal of the Anthropological Institute of Great Britain and Ireland*, vol. XXXI, 1901.

HOWITT, A. W. "Further Notes on the Australian Class System". *Journal of the Anthropological Institute of Great Britain and Ireland*, vol. XVIII, 1889.

______. *The Native Tribes of South-East Australia*. Londres: MacMillan, 1904.

HUMBOLDT, A. V. *Siles des Cordillères et monuments des peuples indigènes de l'Amérique*. Paris: L. Guérin et Cie, 1869.

HUMBOLDT, Wilhelm von. Über *die Kawi-Sprache auf der Insel Java*. vol. I. Berlim: Druckerei der Königlichen akademie der wissenschaften, 1836.

HUME, David. "Uma investigação sobre o entendimento humano". *In*: ______. *Investigações sobre o entendimento humano e sobre os princípios da moral*. Trad. de José Oscar de Almeida Marques. São Paulo: Unesp, 2003.

______. *An Enquiry concerning the Human Understanding*. Editado por L. A. Selby-Bigge. Oxford: The Clarendon Press, 1894

HUXLEY, T. H. *Introductory*. (Coleção Science Primers). Chicago: American Book Co., 1890.

IM THURN, Everard Ferdinand. *Among the Indians of Guiana*. Londres: K. Paul, Trench & Company, 1883.

JAEGER, Werner. *Paideia*: the Ideals of Greek Culture. Trad. para o inglês de Gilbert Highet. Oxford: The University Press, 1939.

JAGOR, F. *Travels in the Philippines*. Londres: Chapman and Hall, 1875.

JAMES, Edwin. *Account of an Expedition from Pittsburgh to the Rocky Mountains*. vol. I. Filadélfia: H.C. Carey and I. Lea, 1823.

JARVES, James J. *History of the Hawaiian or Sandwich Islands*. Londres: E. Moxon, 1843.

JESUÍTAS. *The Jesuit Relations and Allied Documents*. vol. LVIII. Cleveland: Burrows Bros. Co., 1672-1673.

______. *The Jesuit Relations and Allied Documents*. vol. VI. Cleveland: Burrows Bros. Co., 1634.

______. *The Jesuit Relations and Allied Documents*. vol. X. Cleveland: Burrows Bros. Co., 1636.

______. *The Jesuit Relations and Allied Documents*. vol. XII. Cleveland: Burrows Bros. Co., 1637.

JETTE, Julius. "On Ten'a Folk-Lore". *Journal of the Royal Anthropological Institute of Great Britain and Ireland*, vol. XXXVIII, 1908; vol. XXXIX, 1909.

______. "On the Superstitions of the Ten'a Indians (Middle Part of the Yukon Valley, Alaska)". *Anthropos*, vol. VI, 1911.

JOËL, K. *Der Ursprung der Naturphilosophie aus dem Geiste der Mystlk*. Jena: Diederichs, 1906.

______. *Geschichte der antlken Philosophie*. vol. I. Tubinga: Mohr, 1921.

JUNOD, H. A. *The Life of a South African Tribe*. 2ª ed. vol. I. Londres: MacMillan, 1927.

KAPLAN, Leo. *Das Problem der Magie und die Psychoanalyse*: Die magische Bibliothek. vol. II. Berlim: Merlin, 1927.

KARSTEN, Rafael. *The Origin of Worship*. Vasa: F. W. Unggren, 1905.

______. "Blood Revenge, War, and Victory Feasts among the jibaro Indians of Eastern Ecuador". *Bureau of American Ethnology Bull.*, nº 79. Washington: Government Printing Office, 1923.

______. *The Civilization of the South American Indians*. Londres: K. Paul, Trench, Trübner & Company, 1926.

______. *The Origins of Religion*. Londres: K. Paul, Trench, Trübner & Company, 1935.

KARUTZ, Richard. "Der Emanismus". *Zeitschrift für Ethnologie*, ano 45, 1913.

KEATING, William H. *Narrative of an Expedition to the Source of St. Peter's River*. vol. I. Filadélfia: H. C. Carey, 1825.

KEES, Hermann. "Aegypten". *In*: BERTHOLET, Alfred (Coord.). *Religionsgschichtliches Lesebuch*. nº 10. Tubingen: Mohr, 1928.

KELSEN, Hans. "Die Entstehung des Kausalgesetzes aus dem Vergeltungsprinzip". *Journal of Unified Science* (Erkenntms), vol. VIII, 1939/1940.

______. "L'Arne et le droit". *Annuaire de l'Institut Internationtd de Philosophie du Droit et de Sociologie Juridique*, vol. II, 1936.

______. "The Soul and the Law". *Review of Religion*, vol. I, 1937.

KERN, Otto. *Die Religion der Griechen*. vol. I. Leipzig: Weidmannsche Buchhandlung, 1926.

______. *Die Religion der Griechen*. vol. II. Leipzig: Weidmannsche Buchhandlung, 1935.

KEYSSER, C. "Aus dem Leben der Kai-Leute". *In*: NEUHAUSS, R. *Deutsch Neu-Guinea*. vol. I. Berlim: D. Reimer, 1911.

______. "Vom Sattelberg zum Markham". *Zeitschrift für Ethnologie*, ano 44, 1912.

KIDD, Dudley. *Kafir Socialism*. Londres: Adam and Charles Black, 1908.

______. *The Essential Kafir*. Edimburgo: A & C Black, 1904.

KING, Irving. *The Development of Religion*: a Study in Anthropology and Social Psychology. [s.l.], [s.n.], 1910.

KINGSLEY, Mary. *West African Studies*. 2ª ed. Londres: MacMillan, 1901.

KITCHING, A. L. *On the Backwaters of the Nile*. Londres: Charles Scribner's Sons, 1912.

KLAATSCH, Hermann. *Die Anifaenge von Kunst und Religion in der Urmenschheit*. Leipzig: Verlag Unesma, 1913.

KOCH-GRÜNBERG, Theodor. "Zum Animismus der suedamerikanischen Indianer". *Internationales Archiv für Ethnographie*, Suppl., vol. XIII, 1900.

______. "Zwei Mythen der Arekuna Indianer". *Archiv für Religionswissenschaft*, vol. XVIII, 1915.

KOCOUREK A.; WIGMORE J. H. *Evolution of Law*. vol. I. Boston: Little Brown & Co., 1915.

KOELLE, S. W. *African Native Literature*. Londres: Church Missionary House, 1854.

KOOTZ-KRETSCHMER, Elise. *Die Safwa*: Ein ostafrikanischer Volksstamm in seinem Leben und Denken. vol. I. Berlim: Reimer, 1926-1929.

KOTY, J. “Die Behandlung der Alten und Kranken bei den Naturvölkern”. *Forschungen zur Völkerpsychologie und Soziologie*, vol. XIII, 1934.

KRAUSE, Aurel. *Die Tlinkit-Indianer*. Jena: Hermann Costenoble, 1885.

KREGLINGER, R. “La Mentalité primitive et la signification primière des rites”. *In*: CONGRES INTERNATIONAL D’HISTOIRE DES RELIGIONS. *Anais*, vol. I. Paris: 1925.

KROEBER, A. L. “Handbook of the Indians of California”. *Bureau of American Ethnology Bull.*, nº 78, 1925.

KRUIJT, A. C. “Measa, parte II”. *Bijdragen tot de Taal- Land- en Vollcenkunde uan Nederlandsch-Indie*, vol. LXXV, 1919.

______. “Measa, parte III”. *Bijdragen tot de Taal- Land- en Vollcenkunde uan Nederlandsch-Indie*, vol. LXXVI, 1920.

______. “Regen lokken en Regenverdijven bij de Toradjas van Midden Celebes”. *Tijdschrift voor Indische Taal- Land- en Volkenkunde*, vol. XLIV, 1901.

______. *Het Animisme in den Indischen Archipel*. Haia: M. Nijhoff, 1906.

KUBARY, J. “Die Religion der Pelauer”. *In*: BASTIAN, A. *Allerlei aus Volks- und Menschenkunde*. vol. I. Berlim: Ernst Siegfried Mittler und Sohn, 1888.

KÜSTER, Erich. *Die Schlange in der griechischen Kunst und Religion*. (Série Religionsgeschichtliche Versuche und Vorarbeiten, editada por Richard Wiinsch und Ludwig Deubner). vol. XIII, tomo 2. Giessen: A. Töpelmann, 1913.

LA BORDE, Sieur de. “Relation de l’origine, moeurs, coustumes, religion, guerres et voyages des Caraibes sauvages des Isles Antilles de l’Amérique”. *In*: JUSTEL, Henri (Coord.). *Recueil de divers voyages faits en Afrique et en l’Amérique qui n’ont point esté encore publiez*. Paris: Chez Loüis Billaine, 1684.

LABOURET, Henri. *Les Tribus du Rameau Lobi*. (Série: Travaux et mémoires de l’Institut d’Ethnologie). vol. XV. Paris: Institut d’ethnologie, 1931.

LAFITAU, P. *Mœurs des sauvages américains comparées aux mœurs des premiers temps*. vol. II. Paris: Chez Saugrain l'aine/Charles-Estienne Hochereau, 1724.

LAGAE, C. R. *Les Azande ou Niam-Niam*. Bruxelas: Vromant, 1926.

LANGDON, S. (Coord.). *The Babylonian Epic of Creation*. Oxford: The Clarendon Press, 1923.

LAPLACE, Pierre Simon. *Essai philosophique sur les probabilites*. 4ª ed. Paris: Mme. Ve Courcier, 1819.

LASCH, Richard. *Der Eid, seine Entstehung und Beziehung zu Glaube und Brauch der Naturvölker*. Stuttgart: Strecker & Schröder, 1908.

LE ROY, Alexander. *The Religion of the Primitives*. Trad. Newton Thompson. Nova York: MacMillan, 1922.

LEENHARDT, Maurice. *Notes d'ethnologie Neo-Caledonienne*. (Série: Travaux et Memoires de l'Institut d'Ethnologie). vol. VIII. Paris: Institut D'Ethnologie, 1930.

LEHMANN-HAUPT, C. F. "Griechische Geschichte bis zur Schlacht bei Chaironea". *In*: GERCKE, Alfred; NORDEN, Eduard (Coord.). *Eirdeitung in die Alterlumswissenschaft*. 2ª ed. vol. III. Leipzig: Teubner, 1914.

LEIST, B. W. *Graeco-italische Rechtsgeschichte*. Jena: G. Fischer, 1884.

LETOURNEAU, C. *La Psychologie ethnique*. Paris: Schleicher Frères, 1901.

LÉVY-BRUHL, Lucien. *How Natives Think*. Trad. autorizada de Lilian A. Clare. Londres: Allen & Unwin, 1926.

______. *Primitives and the Supernatural*. Trad. autorizada de Lilian A. Clare. Nova York: E.P. Dutton & Co., 1935.

______. *Primitive Mentality*. Trad. autorizada de Lilian A. Clare. Nova York: MacMillan; Londres: George Allen & Unwin Ltd., 1923.

______. *The Soul of the Primitive*. Trad. autorizada de Lilian A. Clare. Londres: George Allen & Unwin Ltd., 1928.

LICHTENSTEIN, Henry. *Travels in Southern Africa*. vol. I. Trad. para o inglês por Anne Plumptre. Londres: H. Colburn, 1812.

LIPPERT, Julius. *Die Religion der europaeischen Kulturvoelker*. Berlim: Hofmann, 1881.

LIVINGSTONE, David. *Missionary Travels and Researches in South Africa*. Nova York: Harper & Brothers, 1858.

LOCKMAN, John. *Travels of the Jesuits into Various Parts of the World: Compiled from Their Letters*. vol. II. Londres: John Noon, 1743.

LOEWENBERG, J. "The Elasticity of the Idea of Causality". *University of California Publications in Philosophy*, vol. X, 1932.

LOPES, Daniel R. N. (Coord.). *Górgias de Platão*: obras II. São Paulo: Perspectiva, 2011.

LOSKIEL, George Henry. *History of the Mission of the United Brethren among the Indians in North America*. Londres: Brethren's Society for the furtherance of the Gospel, 1794.

LOWIE, Robert H. *Primitive Religion*. Londres: George Routledge and Sons Limited, 1925.

______. *Primitive Society*. Nova York: Boni and Liveright, 1920.

LUBBOCK, Sir John. *Prehistoric Times*. 7ª ed. Londres: Williams and Norgate, 1913.

LUMHOLTZ, Carl. *Unknown Mexico*. vol. I. Nova York: Charles Scribner's Sons, 1902.

MacDONALD, D. *Oceania*. Melbourne: Hutchinson, 1889.

MacDONALD, James. "Bantu Customs and Legends". *Folk-Lore*, vol. III, 1892.

MACH, Ernst. *Die Mechanik in ihrer Entwicklung*. 3ª ed. Leipzig: F.A. Brockhaus, 1897.

MACRAE, John. "Account of the Kookies or Lunctas". *Asiatic Researchs*, vol. VII, 1801.

MAGNIEN, Victor. *Les Mystères d'Eleusis*. 2ª ed. Paris: Payot, 1938.

MAGYAR, Ladislaus. *Reisen In Süd-afrika In Den Jahren, 1849-1857*. Leipzig: Von Lauffer & Stolp, 1859.

MAINE, Henry James Sumner. *Ancient Law*. Everyman's Library, nº 734. Londres: Murray, 1897.

MALEBRANCHE, N. *Search after Truth*. vol. II. Oxford: L. Lichfield, 1694.

MALINOWSKI, Bronislaw. *Crime e costume na sociedade selvagem*. Trad. Maria Clara Corrêa Dias, Brasília/São Paulo: UnB/Imprensa Oficial, 2015.

______. *Crime and Custom in Savage Society*. Nova York: Harcourt Brace and Company, 1932.

______. "Baloma, the Spirits of the Dead in the Trobriand Islands". *Journal of the Royal Anthropological Institute of Great Britain and Ireland*, vol. XLVI, 1916.

______. *A vida sexual dos selvagens*. Trad. Carlos Sussekind. Rio de Janeiro: F. Alves, 1982.

______. *The Sexual Life of Savages in north-western Melanesia*: an ethnographic account of courtship, marriage and family life among the natives of the Trobriand Islands, British New Guinea. Nova York: Eugenics Pub. Co., 1929.

MALLAT, J. *Les Philippines*. vol. II. Paris: A. Bertrand, 1846.

MAN, E. H. "On the Aboriginal Inhabitants of the Andaman Islands". *Journal of the Royal Anthropological Institute of Great Britain and Ireland*, vol. XII, 1883.

______. "On the Inhabitants of the Andaman Islands". *Journal of the Anthropological Institute of Great Britain and Ireland*, vol. XII, 1883.

MANNHARDT, Wilhelm. *Wald- und Feldkulte*. 2ª ed. vol. I. Sttutgart: Gebrüder Borntraeger, 1904.

MARETT, R. R. *Faith, Hope, and Charity in Primitive Religion*. Nova York: MacMillan, 1932.

______. *The Threshold of Religion*. 2ª ed. Londres: Methuen, 1914.

MARINER, William. *An Account of the Natives of the Tonga Islands, in the South Pacific Ocean*. Compilado e organizado por John Martin. vol. II. Londres: [s.n.], 1818.

MARTIUS, P. von. *Beitraege zur Ethnographie und Sprachenkunde Amerikas, zumal Brasiliens*. vol. I. Leipzig: Friedrich Fleischer, 1867.

MATTHEWS, W. "A Part of the Navajo's Mythology". *American Antiquarian*, vol. V, nº 3, 1883.

MAUSS, Marcel. "Essai sur le don: forme et raison de l'échange dans les sociétés archaiques". *L'Annee sociologique*, N.S., vol. I, 1923-1924.

______. *Ensaio sobre a dádiva*: forma e razão da troca nas sociedades arcaicas. Trad. Paulo Neves. São Paulo: Ubu, 2017.

MAUTHNER, Fritz. *Wotrterbuch der Philosophie*. vol. I. Munique e Leipzig: Verlag Georg Müller, 1910.

MAYER, J. R. "Bemerkungen über die Kräfte der unbelebten Natur". *In*: _____. *Die Mechanik der Wärme*. Stuttgart: Cotta, 1874.

McCULLOCH, W. *Account of the Valley of Munipore and of the Hill Tribes*: With a Comparative Vocabulary of the Munnipore and Other Languages. Calcutá: Bengal Printing Company, 1859.

MEDEIROS, Elton Oliveira Souza de (Coord.). *Hávamál e os poemas rúnicos*. Edição bilíngue. São Paulo: Wyrd, 2021.

MEEK, C.K. *A Sudanese Kingdom*: an Ethnographical Study the Jukun-speaking Peoples of Nigeria. Londres: Kegan Paul, Trench, Trubner & Co., 1931.

_____. *Law and Authority in a Nigerian Tribe*. Oxford: Oxford University Press, 1937.

_____. *The Northern Tribes of Nigeria*. Londres: OUP, 1925.

_____. *Tribal Studies in Northern Nigeria*. Londres: Kegan Paul, Trench, Trubner & Co., 1931.

MEEKER, Louis L. "Siouan Mythological Tales". *Journal of American Folk-Lore*, vol. XIV, 1901.

MEIER, Joseph. "Kritische Bemerkungen zu J. Winthuis' Buch, 'Das Zweigeschlechterwesen'". *Anthropos*, vol. XXV, 1930.

MEIER, P. Josef. *Mythen und Erzählungen der Küstenbewohner der Gazelle-Halbinsel* (Neupommern). Série Anthropos-Bibliothek, 1ª ed. vol. I. Münster: Aschendorff, 1909.

MEINERS, C. *Allgemeine kritische Geschichte der Religionen*. vol. I. Hannover: Helwing, 1806-1807.

_____. *Die Religionen der Afrikaner in ihrem Zusammenhang mit dem Wirtschaftsleben*. Oslo: H. Aschehoug & Co. (W. Nygaard); Cambridge: Harvard University Press, 1926.

MELLAND, Frank H. *In Witch-bound Africa*: an Account of the Primitive Kaonde Tribe & Their Beliefs. Londres: Seeley, Service & Co., 1923.

MELLAND, Frank H.; CHOLMELEY, Edward H. *Through the Heart of Africa*. Londres: Constable & Co. Ltd., 1912.

METRAUX, A. *La Religion des Tupinamba et ses rapports avec celie des autres tribus Tupi-Guarani*. Paris: E. Leroux, 1928.

MEYER, Leo. *Handbuch der griechischen Etymologie*. vol. II. Leipzig: S. Hirzel,1901.

MOLINA, J. Ignatius. *The Geographical, Natural, and Civic History of Chili*. vol. II. Londres: Longman, Hurst, Rees and Orme, 1808.

MOONEY, James. "Myths of the Cherokee". *In*: POWELL, J. W. (Coord.). *19th Annual Report of the Bureau of American Ethnology*. Washington: Government Printing Office, 1900.

MOSBACHER, Ernst. "Untersuchungen zum Suendenbegriff der Naturvölker". *Baessler Archiv*, vol. XVII, nº 1, 1934.

MOSS, Rosalind. *The Life after Death in Oceania and the Malay Archipelago*. Oxford: Oxford University Press, 1925.

MOSZKOWSKI, Max. *Auf neuen Wegen durch Sumatra*. Berlim: Dietrich Reimer/Ernst Vohsen, 1909.

MÜLLER, Max (Coord.). *The Sacred Books of the East*: the Zend-Avesta. Trad. para o inglês de J. Darmesteter. vol. IV. Oxford: The Clarendon Press, 1880.

______. *The Sacred Books of the East*: Satapatha-Brâhmana. Trad. para o inglês de Julius Eggeling. vol. XII. Oxford: The Clarendon Press, 1882.

MUSS-ARNOLT, W. (Coord.). *The Chaldean account of the Deluge* (Gilgamesh Epic). Biblical World, vol. III, 1894.

NÄGELSBACH, K. F. *Die nachhomerische Theologie des griechische Volksglaubens*. Nuremberg: Verlag von Conrad Geiger, 1857.

______. *Homerische Theologie*. 2ª ed. Nuremberg: J. A. Stein, 1861.

NANSEN, Fridtjof. *Eskimo Life*. Londres: Longmans, Green and Co.,1893.

______. *The First Crossing of Greenland*. vol. II. Londres: Longmans, Green and Co., 1890.

NASSAU, Robert Hamill. *Fetichism in West Africa*. Nova York: C. Scribner's Sons 1904.

NELSON, E. W. "The Eskimo about Bering Strait". *In*: POWELL, J. W. (Coord.). *Eighteenth Annual Report of the Bureau of American Ethnology to the Secretary of the Smithsonian Institution*. parte I. Washington: Government Printing Office, 1896/1897.

NESTLE, Wilhelm. *Euripides, der Dichter der griechischen Aufklaerung*. Stuttgart: W. Kohlhammer, 1901.

______. *Griechische Religiosität von Homer bis Pindar und Äschylos* (Die griechische Religiosität in ihren Grundzuegen und Hauptvertretern von Homer bis Proklos I). Coleção Goschen. Berlim: De Gruyter, 1930.

NEUHAUSS, R. *Deutsch Neu-Guinea*. vol. I. Berlim: D. Reimer, 1911.

NEUMANN, K. *Zeitschrift für allgemeine Erdkunde*. Berlim: Reimer, 1856.

NIETZCHE, F. "A Filosofia na Época Trágica dos Gregos". *In*: OS PENSADORES. *Nietzsche*: obras incompletas. Trad. Rubens Rodrigues Torres Filho. São Paulo: Nova Cultural, 1999.

______. "Philosophy during the Tragic Stage of the Greeks". *In*: ______. *Early Greek Philosophy*. Trad. para o inglês de M. A. Muegge. Nova York: MacMillan, 1924.

NIEUWENHUIS, A. W. "Die Sintflutsagen als kausallogische Naturschoepfungsmythen". *In*: KOPPERS, Wilhelm (Coord.). *Festschrift Publication d'hommage offerte au P.W. Schmidt*. Viena: [s.n], 1928.

______. *Quer durch Borneo*. vol. I e II. Leiden: Buchhandlung und druckerei vormals E. J. Brill, 1904.

NILSSON, M. P. "Die Griechen". *In*: BERTHOLET, A.; LEHMANN, E. *Lehrbuch der Religionsgeschichte*. vol. II. Tubingen: Mohr, 1925.

______. "Existe-t-i1 une conception primitive de l'âme?" *Revue d'histoire et de philosophie religieuses*, vol. X, 1930.

______. *Die Religion der Griechen*. (Série Religionsgeschichtliches Lesebuch). Nº 4. Tubingen: Mohr, 1927.

NIMUENDAJU-UNKEL, Curt. "Die Sagen von der Erschaffung und Vernichtung der Welt als Grundlage der Religion der Apapocuva-Guarani". *Zeitschrift für Ethnologie*, ano 46, 1914.

NITZSCH, G. W. *Erklärende Anmerkungen zu Homer's Odyssee*. vol. I. Hannover: Hahn, 1826.

NORDENSKIÖLD, Erland. "La Conception de l›âme chez les Indiens Cuna de l›isthme de Panama". *Journal de la Societe des Americanistes*, N.S., vol. XXIV, 1932.

______. *Indianerleben*. Leipzig: Albert Bonnier, 1912.

OBERG, K. "Crime and Punishment in Tlingit Society". *American Anthropologist*, N.S., vol. XXXVI, 1934.

OLDENBERG, Hermann. *Die Religion des Veda*. Berlim: Verlag von Wilhelm Hertz, 1894.

ORPEN, J. M. "A Glimpse into the Mythology of the Maluti Bushmen". *Cape Monthly Magazine*, vol. IX, 1874.

OTTO, W. F. *Die Gottler Griechenlands*. [s.l.]: [s.n.], 1929.

______. *Die Manen Oder Von den Urformen des Totenglaubens*. Berlim: Springer, 1923.

PAGE, T. E. (Coord.). *Elegy and Iambus*. vol. I. Cambridge: Loeb Classical Library, [s.d.].

PARKER, K. Langloh. *Australian Legendary Tales*. Londres: David Nutt, 1896.

______. *The Euahlayi Tribe*. Londres: Constable, 1905.

PARKINSON, Richard. *Dreissig Jahre in der Suedsee*. Stuttgart: Strecker & Schröder, 1907.

PASCHA, Emin. *Sammlung von Reisebriefen*. Editad por Schweinfurth e Ratzel. Leipzig: F. A. Brockhaus, 1888.

PATRIZI, Francesco. "Pancosmia". *In*: PATRIZI, Francesco. *Nova de Universis Philosophia*. 2ª ed. Veneza: [s.n.], 1593.

PAUSÂNIAS. *Description of Greece*. Cambridge: Loeb Classical Library, [s.d.].

PAYNE, E. J. *History of the New World Called America*. vol. II. Oxford: The Clarendon Press, 1899.

PECHUEL-LOESCHE, E. *Die Loango-expedition ausgesandt von der deutschen Gesellschaft zur Erforschung Aequatorial-Africas*, 1873-1876. seção III, parte II. Stuttgart: Strecker & Schröder, 1907.

______. *Die Loango-Expedition*: Dritte Abtheilung, Zweite Haelfte. Stuttgart: Strecker & Schröder, 1907.

PERCIVAL, Robert. *An Account of the Island of Ceylon*. Londres: C. and R. Baldwin, 1803.

PERHAM, J. "Sea Dyak Religion". *Journal of the Straits Branch of the Royal Asiatic Society* (Singapura), nº 10, 1883.

PERREGAUX, Edmond. "Chez les Ashanti". *Bulletin de la Société Neuchâteloise de Géographie*, tomo XVII, 1906.

PERSSON, Axel W. "Der Ursprung der eleusinischen Mysterien". *Archiv für Religionswissenschaft*, vol. XXI, 1922.

PETERICH, Eckart. *Die Theologie der Hellenen*. Leipzig: Hegner, 1938.

PETITOT, Émile. *Autour du grand lac des esclaves*. 2ª ed. Paris: A. Savine, 1891.

______. *Traditions indiennes du Canada Nord-Ouest*. Paris: Maisonneuve frères et C. Leclerc, 1886.

PHILLIPS, Richard Cobden. "The Lower Congo". *Journal of the Anthropological Institute of Great Britain and Ireland*, vol. XVII, 1888.

PHILLIPS, W. S. *Indian Fairy Tales*. Chicago: Star Publishing Co., 1902.

PIAGET, Jean. *La Représentation du monde chez l'enfant*. Paris: F. Alcan, 1938.

PIEDRAHITA, L. F. *Historia general de las conquistas del Nuevo Reyno de Granada*. Colômbia: [s.n.], 1688.

PÍNDARO. "The Olympian Odes II". *In*: PAGE, T. E. (Coord.). *The Odes of Pindar*. Loeb Classical Library. Cambridge: Harvard University, 1915.

PLANCK, Max. *Der Kausalbegrijf em der Physik*. Leipzig: Barth, 1932.

PLATÃO. "Apology". *In*: JOWETT, B. (Coord.). *The Dialogues of Plato*. 3ª ed. vol. II. Londres: MacMillan, 1892.

______. "Defesa de Sócrates". *In*: OS PENSADORES. *Sócrates*. Trad. de Jaime Bruna. São Paulo: Nova Cultural, 1987.

______. "Fédon". *In*: OS PENSADORES. *Platão*: Diálogos. Trad. de José Cavalcante de Souza, Jorge Paleikat e João Cruz Costa. São Paulo: Nova Cultural, 1972.

______. "Phaedo". *In*: JOWETT, B. (Coord.). *The Dialogues of Plato*. 3ª ed. vol. II. Londres: MacMillan, 1892.

______. "Protagoras". *In*: JOWETT, B. (Coord.). *The Dialogues of Plato*. 3ª ed. vol. II. Londres: MacMillan, 1892.

______. "The Republic" *In*: JOWETT, Benjamin. *The Dialogues of Plato*. 3ª ed. vol. III. Oxford: Oxford University Press, 1892.

______. *As leis*: incluindo Epitomis. Trad. de Edson Bini. São Paulo: Edipro, 2021.

______. "Gorgias, nº 522". *In*: JOWETT, Benjamin. *The Dialogues of Plato*. 3ª ed. vol. II. Londres: MacMillan, 1892.

______. *Laws*. Trad para o inglês de B. Jowett. Oxford: The University Press, 1871.

PLOSS, H. *Das Kind in Brauch und Sitte der Voelker*. 2ª ed. vol. II. Leipzig: T. Grieben, 1884.

PLUTARCO. "A Letter to Apollonius". *In*: PLUTARCO. *Moralia*. bol. II. Trad. para o inglês de Frank Cole Babbitt. Loeb Classical Library. Cambridge: Harvard University Press, 1928.

______. "How To Study Poetry". *In*: PLUTARCO. *Moralia*. vol. I. Trad. para o inglês de Frank Cole Babbitt. Loeb Classical Library. Cambridge: Harvard University Press, 1927.

______. *Plutarch's Morals*. vol. V. Editado por W. W. Goodwin. Boston: Little, Brown, and Co., 1883.

POLACK, J. S. *Manners and Customs of the New Zealanders*. vol. II. Londres: James Madden & Co., 1840.

POTANIN, G. N. *Očerki Severo-Zapadnoj Mongolii*. vol. IV. São Petersburgo: V. Trudy, 1883.

POWERS, Stephen. *Tribes of California*. Washington: U.S. Government Printing Office, 1877.

PRELLER, L.; ROBERT, C. *Griechische Mythologie*. 4ª ed. vol. I, revisado por Carl Robert. Leipzig: Weidmann, 1894.

PREUSS, K. T. "Der religiöse Gehalt der Mythen". *Sammlung gemeinverstaendlicher Vortraege und Schriften aus dem Gebiete der Theologie und Religionsgeschichte*, nº 162, 1933.

______. "Menschenopfer und Selbstverstuemmelung bei der Totentrauer in Amerika". *In*: BASTIAN, Adolf (Coord.). *Festschrift für Adolf Bastian zu seinem 70*. Geburtstag. Berlim: D. Reimer, 1896.

______. *Die geistige Kultur der Naturvölker*. 2ª ed. Leipzig/Berlim: Teubner, 1923.

______. *Die Nayarit Expedition*. vol. I. Leipzig: Teubner, 1912.

______. *Religion und Mythologie der Uitoto*. vol. I. Gotinga: Vandenhoeck & Ruprecht, 1921.

______. *Tod und Unsterblichkeit im Glauben der Naturvölker*. Sammlung gemeinverstaendlicher Vortraege. vol. 146. Tubingen: Mohr, 1930.

RADIN, Paul. "The Winnebago Tribe". *In*: HODGE, F. W. (Coord.). *37th Annual Report of the Bureau of American Ethnology*. Washington: Government Printing Office, 1923.

______. *Primitive Man as Philosopher*. Nova York/Londres: D. Appleton and Company, 1927.

______. *Primitive Religion*: Its Nature and Origin. Nova York: Viking Press, 1937.

RANK, Otto. *Psychoanalytische Beitraege zur Mythenforschung*. Leipzig: Internationaler Psychoanalytischer Verlag, 1922.

______. *Seelenglaube und Psychologie*. Leipzig e Viena: Franz Deuticke, 1930.

RASMUSSEN, Knud. *Intellectual Culture of the Iglulik Eskimos*. vol. VII, nº 1 do Report of the Fifth Thule Expedition, 1921-1924. Copenhagen: Gyldendalske Boghandel, 1929.

______. *Neue Menschen*. Berna: Verlag A. Franke, 1907.

______. *The People of the Polar North*. Londres: K. Paul, Trench, Trübner & Company, Limited, 1908.

RATTRAY, R. Sutheland. *Religion and Art in Ashanti*. Oxford: The Clarendon Press, 1927.

______. *Ashanti Proverbs*. Oxford: The Clarendon Press: 1916.

RAY, Verne F. *The Sanpoil and Nespelem*. (Série: University of Washington Publications in Anthropology). vol. V. Seattle: University of Washington Press, 1932.

REED, William Allan. *Negritos of Zambales*. Washington: Bureau of Public Printing, 1904.

REICHENBACH, Hans. "Das Kausalproblem in der Physik". *Die Naturwissenschaften*, vol. XIX, 1931.

______. "Die Kausalstruktur der Welt". *In*: SITZUNGSBERICHTE DER BAYERISCHEN AKADEMIE DER WISSENSCHAFTEN. *Math. naturw. Abe. Munique*: Verlag der Bayerischen Akademie der Wissenschaften, 1925.

REID, Thomas. "An Inquiry into the Human Mind". *In*: HAMILTON, Sir William (Coord.). *The Works of Thomas Reid, D. D.*: now Fully Collected. Edimburgo: Maclachlan and Stewart, 1863.

REINACH, S. *Cultes, mythts, et religions*. vol. I Paris: E. Leroux, 1905.

REINISCH, Leo. *Die Bilin-Sprache*. vol. I. Leipzig: Th. Grieben's Verlag, 1883.

REITZENSTEIN, J. von. "Der Kausalzusammenhang zwischen Geschlechtsverkehr und Empfaengnis in Glaube und Brauch der Natur-und Kulturvoelker". *Zeitschrift für Ethnologie*, ano 41, 1909.

REKLAW, Monsord. "Afaiau the Hermit". *Bulletin de la Société des Etudes océaniennes*, nº 9, 1924.

RESCHKE, Heinz. "Die Zauberstabmythen der Batak". *Zeitschrift für Ethnologie*, ano 67, 1935/1936.

RIDLEY, William. *Kamilaroi, and Other Australian Languages*. 2ª ed. Sidney: Thomas Richards, 1875.

RIEM, Johannes. *Die Sintflut in Sage und Wissenschaft*. Hamburgo: Agentur des Rauhen Hauses, 1925.

RIGGS, S. R. "Mythology of the Dakotas". *American Antiquarian*, vol. V, nº 2, 1883.

RINK, Henry. *Tales and Traditions of the Eskimo*. Edimburgo: William Blackwood and Sons, 1875.

RIVERS, W. H. R. "The Primitive Conception of Death". *Hibbert Journal*, vol. X, 1911-1912.

_____. *The Todas*. Londres/Nova York: MacMillan,1906.

RIVET, P. "Les Indiens Jibaros". *L'Anthropologie*, vol. XIX, 1908.

ROHDE, Erwin. "Die Religion der Griechen". *Kleine Schriften*, vol. II, 1901.

ROMILLY, Hugh Hastings. *From My Verandah in New Guinea*. Londres: D. Nutt, 1889.

ROSCOE, John. *The Baganda*. Londres: MacMillan, 1911.

ROSKOFF, Gustav. *Das Religionswesen der rohesten Naturvölker*. Leipzig: F. A. Brockhaus, 1880.

ROTH, Walter E. "An Inquiry into the Animism and Folk-Lore of the Guiana Indians". *In*: HOLMES, W. H. (Coord.). *30th Annual Report of the Bureau of American Ethnology*. Washington: Government Printing Office, 1915.

ROY, Sarat Chandra. *The Birhors*. Ranchi: [s.n.], 1925.

SACCONI, Karen Amaral. *Electra de Eurípides*: estudos e tradução. São Paulo: Faculdade de Filosofia, Letras e Ciências Humanas da Universidade de São Paulo, 2012. (Dissertação de mestrado).

SAMTER, Ernst. "Altroemischer Regenzauber". *Archiv für Religionswissenschaft*, vol. XXI, 1922.

SAMTER, Ernst. *Die Religion der Griechen*. 2ª ed. Leipzig: Teubner, 1925.

SCHEBESTA, Paul. "Religiöse Anschauungen der Semang über die Orang Kidop (die Unsterblichen)". *Archiv für Religionswissenschaft*, vol. XXIV e vol. XXV, 1927.

_____. *Among Congo Pigmies*. Trad. para o inglês de Gerald Griffin. Londres: Hutchinson & Co., 1933.

_____. *Among the Forest Dwarfs of Malaya*. Trad. para o inglês de Arthur Chambers. Londres: Hutchinson & Co., 1929.

_____. *Bambuti*: Die Zwerge vom Kongo. Leipzig: F.A. Brockhaus, 1932.

_____. *Orango-Utan*: Bei den Urwaldmenschen Malayas und Sumatras. Leipzig: White Lotus Press, 1928.

_____. *Vollblutneger und Halbzwerge, Forschungen unter Waldnegern und Halbpygmaeen am Ituri in Belgisch Kongo*. Salzburgo: A. Pustet, 1934.

SCHENKL, K. "Die politischen Anschauungen des Euripides". *Zeitschrift für oesterreichische Gymnasien*, vol. XIII, 1862.

SCHLEIERMACHER, P. C. "Religiöse Anschauungen und Gebraeuche der Bewohner von Berlinhafen (Deutsch-Neuguinea)". *Globus*, vol. LXXVIII, 1900.

SCHLICK, M. "Die Kausalität in der gegenwärtigen Physik". *Die Naturwissenschaften*, vol. XIX, 1931.

_____. "Naturphilosophie". *In*: DESSOIR, M. (Coord.). Lehrbuch der Philosophie, vol. 2. Berlim: Ullstein Verlag, 1925.

SCHMIDT, Heinrich. *Philosophisches Woerterbuch*. (Coleção Kröners Taschenausgabe). 9ª ed. vol. XIII, 1934.

SCHMIDT, Leopold. *Die Ethik der alten Griechen*. vol. I. Berlim: W. Hertz, 1882.

SCHMIDT, Wilhelm. *Das Eigentum auf den aeltesten Stufen der Menschheit*: Das Eigentum in den Urkulturen. vol. I. Münster: Aschendorff, 1937.

_____. *Der Ursprung der Gottesidee*. vol. I. Münster: Aschendorffsche Verlagsbuchhandlung, 1912.

______. *Der Ursprung der Gottesidee*. vol. II. Münster: Aschendorffsche Verlagsbuchhandlung, 1929.

______. *Der Ursprung der Gottesidee*. vol. III. Münster: Aschendorffsche Verlagsbuchhandlung, 1931.

______. *Der Ursprung der Gottesidee*. vol. IV. Münster: Aschendorffsche Verlagsbuchhandlung, 1935.

SCHOOLCRAFT, Henry R. *Informations respecting the History, Conditions, and Prospects of the Indian Tribes of the United States*. Parte II. Filadélfia: Lippincott, Grambo, 1852.

SCHULTZE, Fritz. *Psychologie der Naturvölker*. Leipzig: Veit & comp., 1900.

SCHWABE, Johann Joachim. *Allgemeine Historie der Reisen zu Wasser und zu Lande*. vol. II. Leipzig: Arkstee und Merkus, 1748.

SEIDEL, A. *Anthologie aus der asiatischen Volkslitteratur*. Weimar: E. Felber, 1898.

SELIGMAN, C. G. *The Melanesians of British New Guinea*. Cambridge: The University Press, 1910.

SELIGMAN, C. G.; SELIGMAN, Brenda Z. *The Veddas*. Cambridge: The University Press, 1911.

SETHE, Kurt. *Die altaegyptischen Pyramidentexte*. Leipzig: J.C. Hinrichs, 1908.

SHORTLAND, Edward. *Maori Religion and Mythology*. Londres: Longmans, Green, and co., 1882.

SICK, Eberhard von. "Die Waniaturu (Walimi)". *Baessler Archiv*, vol. V, 1915.

SILESIUS, Angelus. *Angelus Silesius*: a Selection from the Rhymes of a German Mystic. Trad. para o inglês de Paul Carns. Chicago: Open Court Publishing Company, 1909.

______. *Angelus Silesius*: Selections from the Cherubinic Wanderer. Trad. para o inglês e introdução de J. E. Crawford Flitch. Londres: G. Allen & Unwin Limited, 1932.

SIMPLÍCIO DA CILÍCIA. *Commentaria in Aristotelem Graeca*. 5ª ed. vol. IX - Simplicii in Aristotelis Physicorum libros quattuor priores comentaria. Editado por H. Diels. Berlim: G. Reimiri, 1882.

SIN-LÉQI-UNNÍNNI. *Epopeia de Gilgámesh*: ele que o abismo viu. Trad. de Jacyntho Lins Brandão. (Coleção Clássica). Belo Horizonte: Autêntica, 2017.

SKEAT, W. W. *Malay Magic*. Londres: MacMillan, 1900.

SKEAT, Walter William; BLAGDEN, Charles Otto. *Pagan Races in the Malay Peninsula*. vol. II. Londres: MacMillan, 1906.

SKINNER, Alanson. "Social Life and Ceremonial Bundles of the Menomini Indians". *Anthropological Papers of the American Museum of Natural History*, vol. XIII, parte 1, 1913.

SMITH, E. R. *The Araucanians*. Londres: Harper & Brothers, 1855.

SMITH, Edwin W. *The Religion of Lower Races, as Illustrated by the African Bantu*. Nova York: MacMillan, 1923.

SMITH, Edwin W.; DALE, Andrew Murray. *The Ila-speaking Peoples of Northern Rhodesia*. vol. I. Londres: MacMillan, 1920.

SMITH, W. Robertson. *Kinship and Marriage in Early Arabia*. Cambridge: The University Press, 1903.

______. *Lectures on the Religion of the Semites*. 3ª ed. Londres: MacMillan, 1927.

______. *Lectures on the Religion of the Semites*. Londres: A. & C. Black, 1894.

SMYTH, Robert B. *The Aborigines of Victoria*. vol. I. Melbourne: J. Ferres, 1878.

SÓFOCLES. "Antígona". *In*: SÓFOCLES. *A trilogia tebana*. 8ª ed. Trad. de Mário da Gama Kur. Rio de Janeiro: Zahar, 1989.

______. "Édipo rei". *In*: SÓFOCLES. *A trilogia tebana*. 8ª ed. Trad. de Mário da Gama Kur. Rio de Janeiro: Zahar, 1989.

______. *Antigone*. Cambridge: Loeb Classical Library, [s.d.].

______. *Electra*. Cambridge: Loeb Classical Library, [s.d.].

______. *Oedipus at Colonus*. Cambridge: Loeb Classical Library, [s.d.].

______. *Oedipus, the King*. Cambridge: Loeb Classical Library, [s.d.].

______. *The Dramas of Sophocles Rendered in English Verse*. Trad. para o inglês de Sir George Young. Londres/Nova York: Everyman's Library - J. M. Dent & Sons Ltd. /E. P. Dutton & Co., Inc., 1916.

SPEISER, Felix. *Ethnographische Materialien aus den Neuen Hebriden und den Banks-Inseln*. Berlim: C.W. Kreidel, 1923.

SPENCER, Baldwin; GILLEN, F. J. *The Northern Tribes of Central Australia*. Londres: MacMillan, 1904.

SPENCER, Herbert. *Principles of Ethics*: Justice. Parte IV. Nova York: Harper & Brothers, 1892.

_____. *The Principles of Sociology*. vol. I e II. Nova York: D. Appleton and Company, 1898.

SPIETH, J. *Die Religion der Eweer in Süd-Togo*: Quellen der Religions-Geschichte. vol. III. Gotinga: Vandenhoeck & Ruprecht, 1911.

SQUIER, E. G. *Historical and Mythological Traditions of the Algonquins*. Nova York: [s.n.], 1849.

STARN, Father N. "Bantu Kavirondo of Mumias District (near Lake Victoria)". *Anthropos*, vol. XIV-XV, 1919-1920.

STEFANSSON, Vilhjalmur. *My Life with the Eskimo*. Nova York: MacMillan, 1913.

STEINEN, Karl von den. *Unter den Naturvölkern Zentral-Brasiliens*. Berlim: D. Reimer (Hoefer & Vohsen), 1894.

STEINMETZ, S. R. "Das Verhiiltnis zwischen Eltern und Kindern bei den Naturvolkern". *Zritschrift für Sozialwissenschaft*, ano I, 1898.

_____. *Ethnologische Studien zur ersten Entwicklung der Strafe*. 2ª ed. vol. I. Groninga: P. Noordhoff, 1928.

STELLER, George W. *Beschreibung von dem Lande Kamtschatka*. Frankfurt: J.G. Fleischer, 1774.

STERNBERG, Leo. "Die Religion der Giljaken". *Archiv für Religionswissenschaften*, vol. VIII, 1905.

STEVENSON, M. C. "The Zuiñi Indians". *In*: POWELL, J. W. (Coord.). *23rd Annual Report of the Bureau of American Ethnology*. Washington: Government Printing Office, 1904.

STEVENSON, Tilly E. "The Religious Life of the Zuiñi Child". *In*: POWELL, J. W. (Coord.). *5th Annual Report of the Bureau of Ethnology*. Washington: Government Printing Office, 1887.

STREHLOW, C. *Die Arandja- und Loritja-Staemme in Zentrol-Australien*. Frankfurt am Main: J. Baer & Co., 1907-1920.

SUÁREZ, Francisco. *Tractatus de legibus*. Coimbra: Didacum Gomez de Loureiro, 1612.

SWANTON, John R. “Social Conditions, Beliefs, and Linguistic Relationship of the Tlingit Indians”. *In*: HOLMES, W. H. (Coord.). *26th Annual Report of the Bureau of American Ethnology*. Washington: Government Printing Office, 1908.

TALBOT, P. Amaury. *In the Shadow of the Bush*. Nova York: George H. Doran, 1912.

______. *The Peoples of Southern Nigeria*. vol. III. Londres: Humphrey Milford/Oxford University Press, 1926.

TAPLIN, George. “The Narrinyeri”. *In*: WOODS, J. D. *The Native Tribes of South Australia*. Adelaide: E.S. Wigg & Son, 1879.

TAUXIER, L. *Le Noir du Yatenga*. Paris: Larose, 1917.

TAYLOR, G. “Folk-Lore of Aboriginal Formosa”. *Folk-Lore Journal*, vol. V, 1887.

TERNAUX-COMPANS, H. *Essai sur l’ancien Cundinamarca*. Paris: Arthus Bertrand, 1842.

TESSMANN, Guenther. “Religionsformen der Pangwe”. *Zeitschrift für Ethnologie*, vol. XLI, 1909.

______. *Die Bubi auf Fernando Poo*. (Série Kulturen der Erde). vol. XIX. Hagen: Folkwang-Verlag, 1923.

______. *Die Pangwe*. vol. II. Tubingen: Ernst Wasmuth, 1913.

THE KOOTENAY Indians. *Journal of American Folk-Lore*, vol. III, 1890.

THEAL, George McCall. *Kaffir Folk-Lore*. 2ª ed. Londres: Swan Sonnenschien, 1886.

THURNWALD, Richard. “Geistesverfassung der Naturvölker”. *In*: PREUSS, K. T. *Lehrbuch der Voelkerkunde*. Stuttgart: Ferdinand Enke Verlag, 1939.

______. “Im Bismarckarchipel und auf den Salomo Inseln, 1906-1909”. *Zeitschrift für Ethnologie*, ano 42, 1910.

______. “Neue Forschungen zum Mana-Begriff”. *Archiv für Religionswissenschaft*, vol. XXVII, 1929.

______. “Primitives Denken”. *In*: EBERT, Max. *Reallexikon der Vorguchichte*, vol. X, 1927-1928.

_____. "Die Gemeinde der Banaro". *Zeitschrift f. vergleichende Rechtswissenschaft*, vol. XXXVIII, 1920.

_____. "Psychologie des primitiven Menschen". *In*: VON KAFKA, Gustav. *Handbuch der vergl. Psychologie*. vol. I. Munique: Reinhardt, 1922.

TICKELL, S. R. "Memoir on the Hodésum (improperly called Kolehan)". *Journal of the Asiatic Society of Bengal*, vol. IX, parte II, 1840.

TOUT, Charles Hill. "Report on the Ethnology of the Statue of British Columbia". *Journal of the Anthropological Institute of Great Britain and Ireland*, vol. XXXV, 1905.

TRILLES, R. P. *Les Pygmées de la Forêt équatoriale*. (Série Bibliotheque Anthropos). vol. III. Paris: Librairie Bloud & Gay, 1932.

TRUMBULL, H. Clay. *The Blood Covenant*. 2ª ed. Mineapólis: James Family Christian Publishers, 1893.

TURNER, G. *Samoa, a Hundred Year Ago and Long Before*. Londres: MacMillan, 1884.

TURNER, Lucien M. "Ethnology of the Ungava District, Hudson Bay Territory". *In*: POWELL, J. W. (Coord.). *11th Annual Report of the Bureau of Ethnology*. Washington: Government Printing Office, 1894.

TYLOR, E. B. "Primitive Society". *Contemporary Review*, vol. XXI, 1873.

_____. *Primitive Culture*. 6ª ed. vol. I e II. Londres: Murray, 1920.

UNGNAD, Arthur. "Zur Geschichte des Ichbewusstseins". *Zeitschrift für Assyriologie*, vol. XXXVI, 1925.

_____. *Die Religion der Babylonier und Assyrier*. (Série: Religiöse Stimmen der Völker). Jena: E. Diederich, 1921.

USENER, Hermann. *Die Sintflutsagen*. Bonn: F. Cohen, 1899.

VAN DER LEEUW, G. "La Structure de la mentalité primitive". *Revue d'histoire et de philosophie religieuses*, vol. VIII, 1928.

VAN GENNEP, Arnold. *Mythes et legendes d'Australie*. Paris: E. Guilmoto, 1905.

VEDDER, H. *Die Bergdama*. Hamburgische Universitaet: Série Abhandlungen aus dem Gebiet der Auslandskunde, vol. XI, tomo I. Hamburgo: L. Friederichsen, 1923.

VERWORN, Max. *Die Frage nach den Grenzen der Erkenntnis*. Jena: Verlag von Gustav Fischer, 1908.

VYASA, Krishna-Dwaipayana.*The Mahabharata*. Trad. ao inglês por Protap Chandra Roy. 2ª. ed. Calcutá: Bharata Press, 1889.

WAECHTER, Theodor. *Reinheitsvorschriften im griechischen Kult*. (Série Religionsgeschichtliche Versuche und Vorarbeiten). vol. IX, tomo 1. Giessen: A. Töpelmann, 1910.

WAITZ, T. *Anthropologie der Naturvölker*. vol. VI. Leipzig: F. Fleischer, 1872.

WALLACE, Alfred Russel. *A Narrative of Travels on the Amazon and Rio Negro*. Londres: Reeve and Company, 1889.

WALLIS, Wilson D. *Religion in Primitive Society*. EUA: F.S. Crofts & Co., 1939.

WARNECK, J. "Der Batak'sche Ahnen- und Geister-Kult". *Allgemeine Missionsteitschrift*, vol. XXXI, 1904.

_____. *Die Religion der Batak: ein paradigma fur Animistischen Religionen des Indischen Archipels*. (Série: Quellen der Religionsgeschichte). Gotinga: Vandenhoeck & Ruprecht, 1909.

WARNER, W. Lloyd. *A Black Civilization*. Nova York: Harper & Brothers, 1937.

WEEKS, John H. *Among Congo Cannibals*. Londres: J.B. Lippincott, 1913.

_____. *Among the Primitive Bakongo*. Londres: Seeley, Service & Company, limited, 1914.

WESTERMANN, Diedrich. *Die Kpelle*. (Série: Quellen der Religionsgeschichte). Gotinga: Vandenhoeck & Ruprecht, 1921.

WESTERMARCK, Edward. *Early Beliefs and Their Social lnfluence*. Londres: MacMillan, 1932.

_____. *The Origin and Development of the Moral Ideas*. 2ª ed. vol. I. Londres: MacMillan, 1912.

_____. *The Origin and Development of the Moral Ideas*. 2ª ed. vol. II. Londres: MacMillan, 1917.

WEYER, Edward Moffat. *The Eskimos*. New Haven: Yale University Press, 1932.

WHITE, John. *Ancient History of the Maori*. vol. I. Wellington: Government Printer, 1887.

_____. *Ancient History of the Maori*: His Mythology and Traditions. vol. II. Wellington: Government Printer, 1887.

WIDE, Sam; NILSSON, Martin P. "Griechische und römische Religion". *In*: GERCKE, Alfred; NORDEN, Eduard. *Einleitung in die Altertumswissenschaft*. vol. II, tomo 2. Leipzig/Berlim: Teubner, 1933.

WIEDEMANN, Alfred. *The Religion of the Ancient Egyptians*. Londres: H. Grevel, 1897.

WILAMOWITZ-MOELLENDORFF, Ulrich. *Der Glaube der Hellenen*. vol. I. Berlim: Weidmannsche buchhandlung, 1931.

______. *Griechische Tragödien*. 9ª ed. vol. II. Berlim: Weidmannsche Buchhandlung, 1922.

WILLIAMS, F. E. "Trading Voyages from the Gulf of Papua". *Oceania*, vol. III, 1932.

______. *Orokaiva Society*: Anthropology Series, relatório nº 10. Londres: Oxford University Press/Humphrey Milford, 1930.

WILLIAMS, Thomas; CALVERT, James. *Fiji and the Fijians*. Nova York: D. Appleton, 1859.

WILLOUGHBY, W. C. *Race Problems in the New Africa*: a study of the relation of Bantu and Britons in those parts of Bantu Africa which are under British control. Oxford: Claredon,1923.

WILSON, Godfrey. "An African Morality". *Africa*, vol. IX, 1936.

WILSON, J. Leighton. *Western Africa*. Nova York: Harper & brothers, 1856.

WILSON, William. *A Missionary Voyage to the Southern Pacific Ocean*. Londres: T. Chapman, 1799.

WILSON-HAFFENDEN, J. R. "Notes on the Kwottos of Tato". *Journal of the African Society*, vol. XXVII, 1927-1928.

WINTERBOTTOM, T. *An Account of the Native Africans in the Neighbourhood of Sierra Leone*. vol. I. Londres: C. Whittingham, 1803.

WINTHUIS, J. "Das Zweigeschlechterwesen". *In*: THURNWALD, R. (Coord.). *Forschungen zur Völkerpsychologie und Soziologie*. vol. V. Leipzig: Hirschfeld, 1928.

WIRZ, P. *Die Marind-anim von Hollaendisch-Sued-Neu-Guinea* (Hamburgische Universitaet, Abh. aus dem Gebiet der Auslandskunde). vol. II, parte IV. Hamburgo: Friederichsen & Co., 1922.

_____. *Die Marind-anim von Hollaendisch-Sued-Neu-Guinea* (Hamburgische Universitaet, Abh. aus dem Gebiet der Auslandskunde). vol. X, nº I, parte II. Hamburgo: Friederichsen & Co., 1922.

_____. *Die Marind-anim von Hollaendisch-Sued-Neu-Guinea* (Hamburgische Universitaet, Abh. aus dem Gebiet der Auslandskunde). vol. XVI, nº II, parte III. Hamburgo: Friederichsen & Co., 1925.

WUNDT, Max. *Geschichte der griechischen Ethik*. vol. I. Leipzig: W. Engelmann, 1908.

WUNDT, Wilhelm. *Völkerpsychologie*: Mythus und Religion. parte II. Leipzig: Engelmann, 1906.

_____. *Völkerpsychologie*: Mythus und Religion. parte III. Leipzig: Alfred Kröner: 1915.

_____. *Völkerpsychologie*: Mythus und Religion. vol. IV, 2ª ed. parte I. Leipzig: Engelmann, 1910.

XENOFONTE. *Cyropaedia*, livro VIII, seção VII, nº 17. Loeb Classical Library. Cambridge: Harvard University Press, [s.d.].

XIMENEZ, R. P. F. Francisco. *Las Historias del origen de los Indios de esta provincia de Guatemala*. Trad. de la lengua Quiche al Castellano para mas comodidad de los ministros del S. Evangelio (1721). Edição de C. Scherzer. Viena: C. Gerold E Hijo, 1857.

ZASTROW, B. von. "Die Herero". *In*: SCHULTZ-EVERTH, E.; ADAM, L. *Das Eingeborenenrecht*. vol. II. Stuttgart: Strecker und Schröder, 1930.

ZEITSCHRIFT FÜR AFRIKANISCHE UND OZEANISCHE SPRACHEN. vol. V. Berlim: Geographische Verlagshandlung D. Reimer, 1900.

ZIEGLER, Leopold. *Überlieferung*. Leipzig: Hegner, 1936.

ZILSEL, Edgar. "Über die Asymmetrie der Kausalität und die Einsinnigkeit der Zeit". *Die Naturwissenschaften*, vol. XV, 1927.

_____. "The Genesis of the Concept of Physical Law". *Philosophical Review*, vol. LI, 1942.

ZIMMERN, Heinrich. *Biblische und babylonische Urgeschichte*. (Série Der alte Orient). ano 2, 3ª ed. Leipzig: J.C. Hinrichs, 1903.

NOTAS

NOTAS

NOTAS

A Editora Contracorrente se preocupa com todos os detalhes de suas obras! Aos curiosos, informamos que este livro foi impresso no mês de outubro de 2022, em papel Pólen Natural 80g, pela Gráfica Copiart.